RAÍZES

Folclore nacional I

Folclore nacional I
Festas, bailados, mitos e lendas

Alceu Maynard Araújo

Fotografias do autor
*Desenhos de Oswaldo Storni, Osny Azevedo,
do autor e de outras fontes*

martins fontes

Copyright © 2004, Livraria Martins Fontes Editora Ltda.,
São Paulo, para a presente edição.

1ª edição
1964 (Ed. Melhoramentos)
3ª edição
agosto de 2004
1ª reimpressão
novembro de 2011

Transcrição das partituras
Vitor Steiner Ferreira
Acompanhamento editorial
Helena Guimarães Bittencourt
Preparação original
Solange Martins
Revisões gráfica
Marise Simões Leal
Renato da Rocha Carlos
Dinarte Zorzanelli da Silva
Produção gráfica
Geraldo Alves
Paginação
Moacir Katsumi Matsusaki

Dados Internacionais de Catalogação na Publicação (CIP)
(Câmara Brasileira do Livro, SP, Brasil)

Araújo, Alceu Maynard, 1913-1974.
 Folclore, nacional I : festas, bailados, mitos e lendas / Alceu Maynard Araújo ; fotografias do autor ; desenhos de Oswaldo Storni, Osny Azevedo, do autor e de outras fontes. – 3a ed. – São Paulo : Martins Fontes, 2004. – (Coleção raízes)

 ISBN 85-336-2002-0

 1. Bailados – Brasil 2. Festas – Brasil 3. Folclore – Brasil 4. Lendas – Brasil 5. Mitologia brasileira. I. Storni, Oswaldo. II. Azevedo, Osny. III. Título. IV. Série

04-3438 CDD-398.0981

Índices para catálogo sistemático:
 1. Brasil : Folclore 398.0981

Todos os direitos desta edição para a língua portuguesa reservados à
Martins Editora Livraria Ltda.
Av Dr. Arnaldo, 2076
01255-000 São Paulo SP Brasil
Tel. (11) 3116-0000
info@martinseditora.com.br
www.martinsmartinsfontes.com.br

ÍNDICE

Apresentação XI
Duas palavras (Herbert Baldus) XV

FOLCLORE NACIONAL I
Festas, bailados, mitos e lendas

Introdução | Áreas culturais e o folclore brasileiro 5

Capítulo I | Festas

Definição de festas 17
Festas do Divino 22
 Localização geográfica | Histórico | Função social | As festas do beira-mar | As festas no serra-acima | A festa do Divino de São Luís | A festa do Divino de Tietê | A festa do Divino em Piracicaba | Geografia da festa do Divino de Cunha | Apêndices
Festas do solstício de inverno 111
 Localização geográfica | Histórico | Função social | Festa de Santo Antônio | O São João no bairro do Bate-pau | O São João nordestino | Festa de São Pedro | Mastros de junho | Procissão das carroças de lenha | Apêndices
Festas do solstício de verão 149
 Localização geográfica | Folias de Reis de Cunha | Presépios | Lapinha | Pastorinhas | Santeiros | Fuga para o Egito | Lendas e parlendas | Pastoris | Outras festas do ciclo do verão

As festas dos negros 221
Localização geográfica | Calendário | Os irmãos de São Benedito | Coroação do Rei de Congo do Brasil | Festa de Nossa Senhora do Rosário de Cunha

Festas em ocaso 242
Festa de São Roque | Festa de São José

Calendário de festas folclóricas 245

Festas e turismo 249

Capítulo II | Bailados

Definição de bailados 255

Congada 258
Localização geográfica | Histórico | Função social | Terno de congada dos "Periquitos" | Baile de São Benedito | Fidalgos de França na congada

Marujada 360
Histórico | Localização geográfica | Marujada de Iguape | Marujada de Piaçabuçu

Moçambique 421
Histórico | Localização geográfica | Evolução e dinâmica | Função religiosa | Função medicinal | A dança dentro da capela | Coroação | Coroação do rei e da rainha de moçambique de Cachoeirinha | Organização | Uniforme | Instrumentos musicais | Embaixada | Apêndice

Caiapó 461
Histórico | Participantes | Indumentária | Instrumentos musicais | Implemento | Bailado | Calendário

Quilombo 468
Participantes | O traje | Preparação | O espetáculo

Lambe-sujo 474

Cabocolinhos 476

Reisado 479
Indumentária | Participantes | Danças

Guerreiros 483

Bumba-meu-boi 484
Histórico | Localização geográfica | Entrecho | Calendário | Personagens | Instrumental | Repartimento | Que será do boi?

Pássaros 493

Capítulo III | Mitos e lendas

Definição de mitos e lendas 497

Mitos

Mitos primários 509
Saci | Mula-sem-cabeça | Lobisomem | Curupira | Caipora

Mitos secundários gerais 513
Onde mora o Boitatá | A Mãe-de-Ouro | Minhocão

Mitos secundários regionais 516
Corpo seco | Porco preto | Porca e os sete leitões | Cavalo branco | Mão de cabelo | Pisadeira | Onça maneta | Papa-figo (papa fígado)

Lendas

Lendas do beira-mar 523
Tiago, o negro do Corcovado | A gruta que chora | Pedra de raio | Um santo que cumpriu pena na cadeia | O Pontal da Cruz | Gruta da Tapagem | Rio das Mortes | A sepultura

Lendas planaltinas ou do serra-acima 529
Alferes do diabo | Pai Jacó | A moça vestida de branco | Padre do diabo | Procissão das caveiras de padres | Alma penada | Dinheiro enterrado | Rumeiro! | João Palavrão | Serra Negra, Serra Negra! | Jantar ao diabo | Ana Freira | Almas rezando | A moça de anel de brilhantes | Prisão da bandeira do Divino | A flor-de-são-joão | O cururu e o urubu | O galo no folclore paulista

Crendices 551
Gravidez | Parto (cuidados com a parturiente) | Cuidados com a criança | Aleitamento | Infância (batismo, crescimento, dentição, moléstias da infância) | Iniciação | Namoro | Noivado | Casamento | Alimentação | Vestuário | Sonhos (mundo psíquico) | Trabalho | Vida social | Outras atividades | Parentesco | Partes do corpo | Doença | Morte | Habitação

Índice de fotos 579
Índice onomástico e de assuntos 581

APRESENTAÇÃO

O encontro de Alceu Maynard Araújo – meu tio, pelo lado paterno – com o folclore brasileiro se deu por intermédio das narrativas maravilhosas, lendas e cantigas ouvidas na infância, nas cidades paulistas de Piracicaba e Botucatu, de seus avós maternos, o tropeiro Virgílio Maynard (depois aportuguesado para Maynardes), natural de Castro, no Paraná, e a professora botucatuense Olympia de Souza Nogueira.

Tropeiro que percorria os caminhos entre o Rio Grande do Sul – onde comprava os animais – e a cidade do Rio de Janeiro – onde os vendia –, com passagem obrigatória pela feira de Sorocaba (SP), o mais importante ponto de compra, venda e troca de cavalos e burros na época, Virgílio Maynard também trazia na bagagem as histórias e músicas dos folclores gaúcho, catarinense, paranaense e carioca.

Alceu costumava reproduzir para os sobrinhos, nos anos 1940, muitas das histórias contadas pelos avós Olympia e Virgílio, como as sinistras aventuras do *Mão de Cabelo*, cuja presença impalpável enchia de pavor e estremecimento a escuridão inquieta das noites das crianças no Brasil rural da época. O *Mão de Cabelo* constituía uma "assombração" que, à noite, passava as mãos sedosamente macabras sobre o rosto de garotos e garotas que não conseguiam pegar no sono... Graças à vividez suculenta da descrição do tio Alceu, o expediente funcionava com rara eficiência para garantir o sono da garotada e o sossego dos adultos.

Alceu, no entanto, não foi o primeiro na família a ter o interesse despertado pelas manifestações do folclore brasileiro. Diva, irmã mais velha de Alceu, quando jovem estudante da Escola Normal de Botucatu (que formava os professores do então ensino primário), em meados da década de 1920, mantinha um preciso e extenso registro de lendas e cantigas em circulação em seu meio familiar e social. Mais tarde professora e diretora do Colégio Piracicabano, excepcional pianista e organista, ativa participante da Igreja Presbiteriana local, Diva cantava ao piano as cantigas e canções recolhidas em sua juventude para as novas gerações da família. Não por outra razão, os filhos de Diva e Lázaro de Lemos – Virgílio, radicado no Rio de Janeiro, e Alceu, piracicabano que não abandona a terra natal –, ambos médicos psiquiatras, são também notáveis pianistas clássicos – e também jazzístico, no caso de Alceu – e continuam a cultivar a música folclórica, parte da herança cultural que receberam. Alceu é autor de uma bela peça musical clássica para piano inspirada no folclore piracicabano, *Variações em torno das lendas do rio Piracicaba*. Virgílio é autor da monografia *Édipo nos pampas: o folclore gaúcho e o divã do doutor Freud*.

O pai de Alceu Maynard Araújo, o itapetiningano transformado em tatuiano convicto Mário Washington Álvares Lobo de Araújo (mais tarde reduzido para Mário Araújo), dentista de profissão, ao lado de seus deveres profissionais exercia um ofício e possuía uma diversão típicos do folclore paulista, hoje considerados politicamente incorretos (ofício e diversão abordados neste *Folclore nacional*): "gaioleiro" e apreciador de brigas de galos. Como "gaioleiro", Mário Araújo construía as mais afamadas gaiolas para pássaros da região de Tatuí; como freqüentador das rinhas da cidade, era capaz de reconhecer, logo nos "treinos", as virtudes e as potencialidades de um galo lutador, bom de briga, ou seu inapelável fracasso na arena quando "galo corredor", com vocação mais para "franga" do que para gladiador de penas... Hoje, em Tatuí e cidades vizinhas, ainda existem gaiolas feitas pelo velho Mário Araújo, naturalmente abrigando periquitos e outros pássaros exóticos, de faunas estrangeiras, e não mais canários-da-terra, coleirinhas (papa-capim), sanhaços (azulões), cardeais, sabiás, pintassilgos, pintarroxos, curiós (avinhados), caboclinhos, bicudos, entre outros pássaros canoros ou de grande beleza, muitos atualmente em processo de extinção. E parte da culpa pelo desaparecimento de várias espécies de pássaros cabe aos ingênuos "gaioleiros" de antigamente, inconscientes do mal que estavam inflingindo à fauna nativa.

Com esse histórico familiar, Alceu Maynard Araújo desenvolveu intensa, consistente e inovadora carreira de pesquisa e interpretação do folclore brasileiro, que culminou com a publicação, no ano aziago de 1964, dos três volumes do *Folclore nacional*. Há muito fora do alcance do público leigo e de estudantes e especialistas, *Folclore nacional* é relançado graças ao descortino intelectual dos dirigentes da Editora Martins Fontes, que decidiram investir em um título fundamental para a compreensão da nossa cultura popular.

Folclore nacional representa, em sua essência, uma absoluta e arrebatada atenção ao que era concreto – o que funcionava, no espírito do povo mais simples de um país ainda rural e dominantemente preso a estruturas agrárias oligárquicas, como um verdadeiro desdobramento do sensível. Isto faz da obra menos um compêndio admiravelmente organizado e catalogado e mais um depoimento apaixonado, que flutua entre uma declaração de amor e uma espécie quase micheletiana de narrativa sobre a formação, os hábitos, a imaginação e – por que não? – as próprias perversões de certos estratos sociais no Brasil, no que podiam possuir, ainda, de mais puro e intocado. Ou, pelo menos, de mais impermeável a tudo que podia soar exógeno ou excêntrico (no sentido etimológico mais original e glorioso do termo, de tudo que se encontra fora de seu eixo e de suas virtualidades).

A releitura de *Folclore nacional* revela, nos três volumes desta trilogia ou tríptico, uma forte atmosfera cuja temperatura, textura e sabor soam sintomaticamente próximos do mesmo ar que se respira em clássicos, certamente de outro registro, mas nem por isso menos arrebatados, como *Casa-grande e senzala* e *Visão do paraíso*. Em sua modulação, Alceu Maynard Araújo parece descobrir como a mesma civilização brasileira de que falava Gilberto Freyre ou Sérgio Buarque de Holanda continua vicejando, humilde e cheia de lendas, casos e modinhas, em receitas populares, letras de música, simpatias domésticas – o mesmo vento que batia no Piauí acabava se refletindo na região Central até perder-se em ecos distantes mas aparentados, que se filtravam pelos traços de uma mesma arquitetura, as fantasias de sonhos idênticos e obsessões de um mesmo caráter.

Ler, hoje, os três volumes de *Folclore nacional* e *Medicina rústica* (também relançada pela Editora Martins Fontes) significa, por isso, redescobrir, em sua riqueza ao mesmo tempo desconcertante e perturbadora, um Brasil não mais formado de padrões de sociologia ou das grandiosas descrições da antropologia – um Brasil infenso ao marxismo, ao estruturalismo e a virtualmente toda moda que só conseguiria vislumbrar no folclore ou uma coleção aritmética de combinações ou um catálogo de argumentos para justificar mais uma vez a luta de classes.

O Brasil de Alceu Maynard Araújo, indiferente a qualquer estratégia ideológica ou acadêmica, era um Brasil que visava, antes de tudo, ao sabor, à história, e às histórias cuja moral não se esquece com facilidade pelo sólido motivo de que parecem impregnar nossa vida cotidiana. O retrato em branco-e-preto desse Brasil ainda um enigma em busca de decifradores foi o inestimável legado de Alceu Maynard Araújo para as futuras gerações.

LUTHERO MAYNARD

DUAS PALAVRAS

Começo este prefácio pedindo desculpas pelo fato de eu o escrever. Não tenho competência científica no assunto aqui tratado. Mas, se bastar a competência sentimental, tenho-a suficiente. O folclore muito me comove. Lá estão os contos e as lendas que a gente ouviu quando pequeno e que nos lembram para sempre a infância tão encantada pela distância dos anos e a terra onde nascemos. Lá está o belo que do folclore penetrou em todas as artes: em poemas, composições de grandes músicos e pintores; até em esculturas de catedrais. Lá está o religioso que senti, por exemplo, quando reverenciei São Gonçalo, dançando durante uma noite inteira no casebre de velhos pretos num subúrbio da capital de São Paulo. Lá, por fim, está, para quem pode senti-la, aquela força composta da saudade, da estética, dos estremecimentos por causas sobrenaturais e de mil imponderáveis, força essa que age como fator integrante na formação da nacionalidade.

Tudo isso, porém, nunca me teria encorajado a prefaciar uma obra monumental sobre folclore. Para isso era preciso um ataque sentimental mais direto e este me veio, irresistivelmente, do próprio autor.

Conheço Alceu Maynard Araújo há vinte anos. Com aquele jeito radiante de saúde física e espiritual que o caracteriza até hoje, apareceu na Escola de Sociologia e Política de São Paulo para assistir às minhas aulas. Queria saber tudo sobre o índio, pois vinha com uma nobre ambição: tornar-se o David Livingstone do Brasil, o explorador de seus sertões e o salvador dos silvícolas. O corpo já estava preparado para as façanhas, pois Alceu, pessoa conhecida nos meios esportivos, era campeão paulista de atletismo. Quanto à alma, ele era cristão praticante. Faltava só afiar um pouco mais o intelecto. Alceu era bastante inteligente para compreender que um missionário sem preparo etnológico se parece com um cirurgião que nunca ouviu falar em anatomia e nunca tivera bisturi na mão. Com a falta de inibições dum mata-borrão novo chupava, agora, tudo o que podia fazê-lo entender melhor o futuro catecúmeno. Mas não apenas absorvia o que podia ouvir nas minhas preleções. Sendo extrovertido por excelência, Alceu tornou-se o aluno ideal também nos meus seminários, pelo menos para o meu gosto, pois gosto de aluno que pergunta, duvida, discute e contagia os companheiros com o seu entusiasmo. Fiquei tão contente com Alceu que o convidei para ser um dos meus assistentes de campo na pesquisa que realizei, em 1946, entre os índios kaingang da região do Ivaí. Lamento ainda hoje que ele, naquela época funcionário público municipal, não tivesse conseguido a devida licença para me acompanhar. Mas para não me deixar, completamente, sem uma colaboração sua, auxiliou-me, mais tarde, com muito boa vontade e perfeita habilidade, fazendo os desenhos de cerâmica por mim coletada.

Mais sorte do que eu para obter Alceu como assistente tiveram dois colegas meus da Escola de Sociologia e Política de São Paulo, os sociólogos Emílio Willems e Donald Pierson. Foi assim que o nosso amigo chegou a especializar-se em pesquisas de comunidades rurais, dedicando todo o seu amor ao caipira e pensando cada vez menos no filho nu da mata virgem. Sei que num prefácio não se deve falar mal da obra prefaciada. Mas como este é um prefácio sentimental de uma obra científica, portanto um prefácio fora da regra, não posso deixar de me queixar amargamente que nesses três grossos volumes o índio quase não aparece, deslizando a sua sombra apenas furtivamente nas danças do caiapó e toré.

Prefaciador tão contraproducente merece ser aniquilado, porém, pela voz de um cientista de verdade. Eis o mestre Florestan Fernandes que, em "Os estudos folclóricos em São Paulo", trabalho inserto no seu livro *A etnologia e a sociologia no Brasil*, escreve a respeito das "principais contribuições dos folcloristas hodiernos": "Pelo volume, qualidade ou continuidade das contribuições, salientam-se as figuras de Oneyda Alvarenga, no campo do folclore musical, de Aluísio de Almeida, especialmente no da literatura popular e no do folclore infantil, e de Alceu Maynard Araújo, no do folclore caipira. Os três são trabalhadores infatigáveis, que se distinguem tanto pela tenacidade com que se devotam à formação de coleções, quanto pela ambição de alcançar algum domínio geral sobre setores limitados do folclore brasileiro. E, a rigor, a obra de qualquer um deles poderia ilustrar a convicção de Oneyda Alvarenga, de que a exposição descritiva representa uma 'condição essencial do método folclórico'" (pp. 260-1).

Modéstia à parte, nessa frase encontro o que Alceu quis dizer quando, ao escolher-me como prefaciador, alegava a minha influência sobre sua maneira de trabalhar. De fato, como professor procurei incutir nele a importância do empirismo e a desconfiança contra a especulação teórica. Essa orientação científica combinou-se com sua grande capacidade de entabular relações humanas, sua bondade natural, sua alegria, sua constante disposição de sacrificar qualquer conforto pessoal em prol de um ideal, seu fino senso de observador, seu dinamismo perpétuo em colher dados escrevendo, desenhando, gravando, fotografando e filmando, e, por fim, sua facilidade em elaborar e reproduzir esses dados. Resultado: "a exposição descritiva" que lhe trouxe não somente o reconhecimento oficial por meio de prêmios e títulos, mas – o que vale mais – fez seus numerosos artigos e monografias serem publicados por revistas de alto padrão científico e casas editoras de renome.

A presente obra é, novamente, um verdadeiro Alceu. Reflete, antes de mais nada, suas experiências pessoais nas diversas partes do Brasil, especialmente do estado de São Paulo, e entre várias espécies de seus habitantes, de preferência entre os caipiras. Ensina a todos os que ainda querem sonhar numa época de intolerante mecanização: na vastidão deste país há tesouros já quase ocultos que não se podem obter com dinheiro, pois são tesouros da alma e pertencem a todos os que sabem ainda viver com os sentidos ingenuamente abertos. Alceu Maynard Araújo é um grande descobridor dessa riqueza da Pátria.

HERBERT BALDUS

Folclore nacional I
Festas, bailados, mitos e lendas

À memória
DE MEU SAUDOSO PAI

INTRODUÇÃO
ÁREAS CULTURAIS E O FOLCLORE BRASILEIRO

O Brasil, graças ao vasto território, oferece-nos paisagens geográficas diferentes. Várias tentativas têm sido feitas por estudiosos, além dos geógrafos, de dividi-lo em zonas, áreas e regiões. Uns tomam a abordagem da alimentação (Josué de Castro – as áreas da fome), outros o processo da ocupação humana (M. Diegues Júnior) ou geoeconômica (Dirceu Lino de Matos). Donald Pierson e Mário Wagner Vieira da Cunha apontam cinco áreas culturais, Charles W. Wagley registra cinco regiões naturais. Dentre os vários estudiosos, destacamos Joaquim Ribeiro, que em *Estudos do folclore brasileiro* propõe a divisão do Brasil em seis áreas de homogeneidade cultural, dividindo-as em ciclos. A divisão proposta por esse ilustre folclorista brasileiro está mais de acordo com nosso interesse, isto é, o enfoque sob o prisma do folclore. A área cultural é uma extensão onde há características próprias de uma determinada cultura, e onde um elemento (ou conjunto de elementos) a difere de outras (áreas), mesmo de uma vizinha. Para o antropólogo social, as áreas culturais podem ser delimitadas tanto pela presença como pela ausência de elementos complexos.

Para nós, o ideal seria ressaltar os tipos estruturais diferentes de sociedade; fazer surgir na homogeneidade nacional a heterogeneidade, sentir essa diferenciação que nos conduz a uma compreensão melhor dos fenômenos pelos quais a evolução social se processa. Perscrutar os fenômenos evolutivos que as várias regiões vêm sofrendo, onde o carro de bois passa gemendo por entre torres de petróleo ou onde, ao lado de fábricas de automóveis, há feiras para onde a mercadoria vem nos jacás e bruacas no lombo de lerdos asnos, onde o passado coabita com o presente. Não nos foi dado fazer o que desejávamos porque, entre outros fatores, não nos foi possível prescindir por completo da geografia para a caracterização das áreas culturais, mormente pelo fato de as técnicas de subsistência terem muito "sabor geográfico". Entretanto, são elas que melhor nos possibilitam vislumbrar a caracterização dos diferentes tipos de estrutura da sociedade brasileira. O folclore precisa da geografia.

No preâmbulo destes estudos do folclore nacional, propomos a divisão do Brasil em *áreas culturais*, baseando-nos nas *técnicas de subsistência* observadas em nossas andanças pelos quatro pontos cardeais do território nacional. É óbvio, as técnicas de subsistência fazem parte da paisagem geográfica que se compõe de diversos elementos: o *natural* e mais aqueles onde há a intervenção do homem – o *cultural*: população, habitação, produção, comunicações.

As técnicas de subsistência são, em geral, circunscritas pelas limitações geográficas (paisagem natural). Essas limitações transcendem muitas vezes o campo do gênero de vida das coletividades humanas, influindo também nas maneiras de pensar, de sentir, de agir e na própria cosmovisão, dando assim aos membros dos agrupamentos humanos diferentes formas de experiência. Muitas dessas experiências constituem o *fato folclórico*. E, em particular, o folclore (ramo das ciências antropológicas que é) examina-o pelo processo empírico-indutivo.

A sobrevivência de fatos culturais nem sempre está ligada ao fenômeno geográfico das "ilhas continentais", isto é, de povoados isolados nas montanhas, pois o isolamento (geografia física) é apenas uma condição, não a essencial, e é provável que se relacione muito mais com o gênero de vida (geografia humana). Não negamos que, com o escasseamento dos contatos, empobrece-se a tradição oral, na qual a cultura rústica se baseia. Mas o folclore liga-se, isso sim, à estrutura social. O novo conceito dado ao gênero de vida, o das técnicas de subsistência, é mais amplo do que o da geografia humana porque o é da antropologia cultural.

O insulamento de certas populações em relação ao folclore brasileiro pode levar-nos a dois pontos: conservação ou perda. Caso lançássemos mão apenas do folclore para a nossa divisão, poderíamos ser levados a incidir em erros (por exemplo, área da viola, do bumba-meu-boi), pois as estradas e caminhos, portanto as comunicações, poderão modificar ou não, fazer desaparecer certas manifestações; no entanto, aquilo que se faz para a manutenção da vida é um meio mais seguro para se sentir, examinar a continuidade dos traços folclóricos. Acreditamos ser a técnica de subsistência a melhor linha demarcatória. E não se pode negar a existência de um liame muito forte entre o folclore e os grupos institucionalizados, sendo estes a base onde repousam as tradições.

Há outras inter-relações das técnicas de subsistência com as causas geográficas, por exemplo, as condições climáticas, a dispersão da população, que se refletem, por sua vez, também no folclore.

Já estudamos em "Ciclo agrícola, calendário religioso e magias ligadas às plantações" a inversão climática ocasionando uma transformação agrícola e conseqüentemente cultural, é claro que nem sempre total por causa das sobrevivências européias, resultando daí uma valorização maior ou menor das festas que recebemos de Portugal.

O que não resta dúvida é que as condições de alimentação estão em íntima relação com o folclore. Não se deve entretanto desprezar outras causas, como as étnicas e históricas ao traçar as delimitações das áreas.

Quanto às causas históricas, citemos, por exemplo, o resultado de ter o grande Alexandre de Gusmão tentado colocar como baluarte contra os castelhanos, povoando-os com vários casais, a Ilha de Santa Catarina e continente, transmigrando-os de Açores, a partir de 1748 a 1756. A bagagem cultural catarinense se deve em grande parte aos açoritas que difundiram seus usos e costumes numa larga faixa litorânea, na vizinhança para o norte até Cananéia (SP) e para o sul no Porto dos Casais, lá nos pampas gaúchos. Dosagem étnica proporcional, de igualdade em número de nativos e outros (brancos) já existentes para cerca de cinco mil açorianos, portadores da arqueocivilização lusíada. Esta prevaleceu nos seus usos e costumes, no seu amor à vida agrícola, na lavrança da terra.

Influência que se manifesta nas culturas espiritual e material, revelada nas pombinhas que ornam os beirais das casas de alvenaria; no tipo dos carros de boi; na olaria das "louças de barro"; no artesanato das rendas de bilro; no peditório do pão-por-Deus; no ritual do "aigizein" presente no boi-na-vara; nas folias de reis do ciclo natalino; nas festas do Divino; nas danças de fandangos; nos cantadores repentistas.

Além dos fatores citados, o próprio folclore recebeu diversificações graças às técnicas de subsistência; por exemplo, o folclore *urbano* é bem desenvolvido no Nordeste; já no Sul do país, é o folclore *rural* que penetra nas cidades grandes – amostra sem jaça das sobrevivências lusas e das tradições do rurícola africano que veio para o eito dos grandes latifúndios agrícolas, para o cafezal.

Claro que não usamos a língua para estabelecer as áreas culturais, pois ela é partilhada igualmente por todos os brasileiros, então lançamos mão das técnicas de subsistência, elemento cultural partilhado por certos grupos humanos, portanto uma característica delimitadora.

Como instrumento de trabalho procuramos dividir o Brasil em áreas culturais, para que pudéssemos localizar no espaço os fenômenos da cultura, isto é, do "conjunto da tradição social".

As áreas serão delimitadas graças ao predomínio de determinados padrões culturais tipificadores desse espaço geográfico, e foi-nos possível, através das *técnicas de subsistência*, traçar as que utilizaremos ao relacionar os fatos folclóricos. É óbvio que traçamos com um critério maleável e plástico por se tratar de um fenômeno da antropologia cultural como é o folclore. Por outro lado, o folclore auxilia a caracterização das paisagens culturais porque ele constitui um elemento desta. Folclore e geografia têm estreitas ligações.

O fato folclórico, como fenômeno cultural que é – vivência na realidade brasileira onde pode ser recoltado, desempenhando função social, trazendo em seu bojo as características do popular, do anônimo e do tradicional, transmitido quase sempre pela oralidade –, necessita num país tão vasto, para ser estudado, escudar-se em base geográfica, porque na verdade esta influiu também, entre outros fatores, para a diversificação de suas variadas manifestações. Ao constatarmos tal influência, tomamos o contexto do gênero de vida, ou melhor, das *técnicas de subsistência,* para traçarmos as *áreas culturais* e suas subdivisões em *regiões culturais.* Nossa divisão é proposta, sugerida apenas, com o fito de servir como instrumento de trabalho ao se fazer um estudo de alguns aspectos do folclore brasileiro.

As áreas culturais brasileiras segundo as *técnicas de subsistência* são: I) da *pesca*, compreendendo as *regiões* a) da *jangada* e b) da *ubá*; II) *agrícola*, compreendendo as *regiões* a) *açucareira*, b) *cafeicultora*, c) de *novas culturas*; III) da *mineração*, compreendendo as *regiões* a) do *minerador*, b) do *garimpeiro*; IV) *pastoril*, compreendendo as *regiões* a) do *vaqueiro*, b) do *campeiro*, c) do *boiadeiro*; e finalmente V) a *amazônica*.

Ao traçarmos as áreas culturais pensamos também no fator histórico para a sua ordenação, daí partirmos do litoral, das técnicas empregadas pelo morador do beira-mar, seguindo-se as da lavoura açucareira, que se localizou nos primórdios da vida social brasileira na mancha do massapê nordestino, depois a da mineração, que suscitou o ciclo econômico pastoril.

A vasta área amazônica, graças à sua típica configuração, se nos apresenta como um grande todo sob o predomínio do extrativismo e da catança. Na verdade, nessa região predominante é o quadro natural; o elemento cultural é pouco representativo.

As *áreas culturais* compreendem subáreas, ou melhor, regiões. Assim, a *área da pesca* compreende a da jangada e a da ubá. Esses dois tipos de imple-

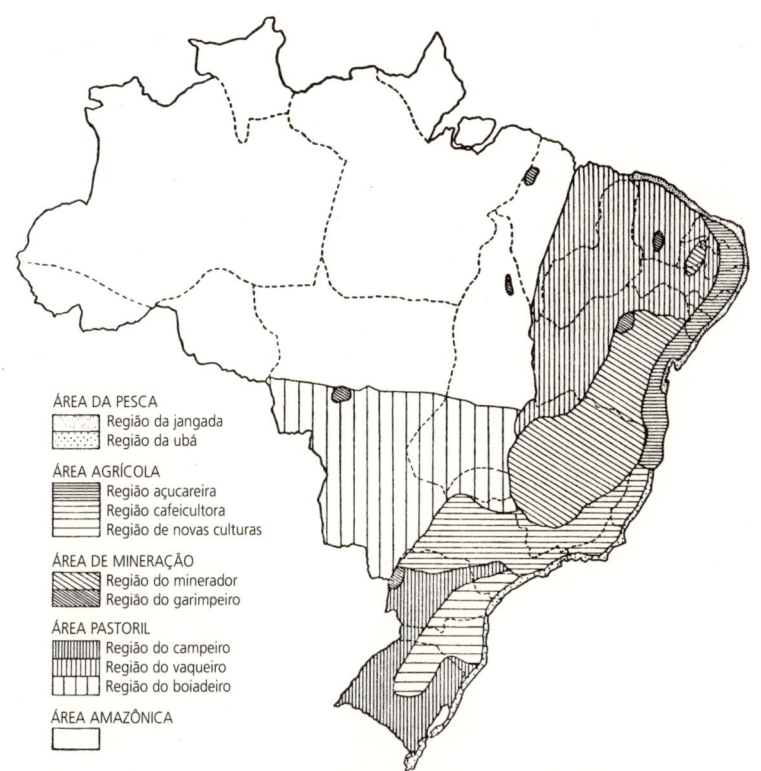

Áreas culturais segundo as técnicas de subsistência.

mentos usados na pesca no litoral brasileiro, de contexturas diferentes, empregados, porém, para a mesma finalidade, suscitaram diferenças sutis na própria haliêutica. O jangadeiro difere do caiçara, e ambos são pescadores das costas brasileiras. Jangada e ubá não diferem apenas como elementos da cultura material: aqueles que de uma ou de outra se utilizam são portadores de alguns traços da cultura imaterial ou espiritual diferentes. Parece que a jangada infunde ao pescador um sentido mais amplo de arrojo, de intrepidez, de aventura do que a ubá. A jangada propicia a luta direta com o pescado, a ubá transporta a rede que vai arrastar os muitos peixes para a praia. Não há luta. Há, portanto, diferenças entre uma região e outra, embora ambas tenham como técnica de subsistência a pesca.

A *área agrícola* historicamente começa pela região açucareira, vindo depois a cafeicultora e na atualidade as de novas culturas. Aquelas duas primeiras receberam larga influência negra, sentiram a presença do escravo portador da arqueocivilização do ábrego continente; a última não, ela é portadora de uma contribuição nova, os colonos alemães, italianos, japoneses. Na região agrícola açucareira, poderíamos destacar sub-regiões onde há o cultivo do cacau, do coco. A região cafeicultora, se estendendo por cinco estados, comporta na atualidade outras culturas. Entretanto, nesta o gênero de vida predominante é o que está ligado ao café. É claro que há indústrias, mas o folclore, notadamente o de origem negra, é encontrado com maior abundância justamente na faixa territorial *por onde andou o café*.

A *área da mineração* é aquela onde esteve presente o bandeirante, e anote-se também o fenômeno do nômade garimpeiro que renova de bateia tanto quanto abandona as corrutelas e arraiais, fazendo surgir as cidades fantasmas, repletas de lendas, as cidades mortas-vivas de folclore.

Nessa área estão também as cidades novas, nascidas ao lado das grandes jazidas de minério que as novas exigências do progresso estão sequiosas de obter: xelita, cassiterita, tantalita, colombita, vanádio, manganês ou outros, desentranhando-os do solo. Em vários pontos do Nordeste brasileiro tais cidades, brotando no agreste ou no sertão ressequido, vêm fixando os migrantes que descem em "pau-de-arara" para o Sul. Filhos de vários estados nordestinos vêm se concentrando nesses novos povoados e cidades, perdendo, recriando, fundindo o folclore ante a nova técnica de subsistência que adotaram – a mineração.

A *área pastoril* compreende três regiões distintas: a do *campeiro*, reinado do gaúcho, a do *vaqueiro*, onde está presente o "homem encourado" do agreste, que vive bordejando o polígono das secas, e a do *boiadeiro*, que vai dos pantanais do Mato Grosso até aos frigoríficos do Norte paulista, dominando o Sul de Goiás e Triângulo Mineiro. Campeiro, vaqueiro e boiadeiro, sob o signo da mesma técnica de subsistência, têm a partir da própria cultura material – a indumentária – diferenças marcantes; basta olhar para o chapéu do vaqueiro nordestino, cuja copa afunilada e aba curta e recurvada nos faz lembrar o elmo dos soldados holandeses da invasão, ou o chapéu de aba larga do boiadeiro ou o do gaúcho, onde se fundem os estilos dos dois. Por outro lado, a paisagem natural condiciona-lhes maneiras distintas de cuidar do rebanho, de "conversar" com o animal, pelo aboiar. Estas repercutem, e não poderia deixar de ser, na cultura espiritual, portanto, no folclore.

As áreas culturais não podem obedecer a um limite rígido como os administrativos, com linhas demarcatórias fixadas por leis e decretos. Sendo mais elásticas, elas não admitem a fixidez das linhas arbitradas. A divisão proposta, repetimos, é um mero instrumento de trabalho para facilitar essa apresentação de estudos da poranduba brasileira. Na divisão sugerida não inserimos a zona salineira, mancha cultural nos estados potiguar, sergipano e fluminense, ou a da erva-mate, não chegando a constituir propriamente uma região.

Queremos ser o primeiro a denunciar a fragilidade dos nossos instrumentos de trabalho no campo das ciências sociais, oriundos quem sabe da própria precariedade do material coletado, do pequeno acervo de observações realizadas por um pesquisador que jamais contou com o oficialismo e os cofres públicos para executar pesquisas no campo do folclore nacional. Hoje, talvez ainda não possuamos material suficiente para a propositura dessa divisão de áreas culturais brasileiras, e desejamos apontar certas observações para mostrar como a própria técnica de subsistência ainda não é a delimitadora ideal.

Embora não seja a ideal, ela é um *ponto de partida*. A técnica de subsistência que caracteriza uma região, quando substituída, permitirá a existência de um hiato cultural mantenedor das antigas formas típicas ligadas a ela, como sejam as da recreação, dos costumes; enfim, aí se encontrará o que apropriadamente será chamado de *sobrevivências*. Exemplifiquemos com as observações que vimos realizando desde 1944 na bacia do Paraíba do Sul e seus principais formadores, na vasta região entre a serra do Mar e da Mantiqueira, na parte vetusta da região cafeicultora brasileira, onde em vários pontos as técnicas ligadas ao café foram abandonadas, substituídas por outras, evoluindo para o ciclo pastoril (São Luís do Paraitinga, Cunha), e noutras onde houve uma substituição abrupta pela industrialização (Taubaté), mas, nesse todo, no "vale do Sol" ficaram as marcas indeléveis na cultura espiritual do piraquara que ainda vive por onde andou o café.

Por onde andou o café?

Sim, ele passou por aqui. Passou e hoje ficaram as trilhas por onde seus pés andavam a passos de gigante, grimpando e descendo o "mar de morros" marginal do Paraíba do Sul. Nas marcas de suas pegadas, com os desencantos, ficaram os cantos do passado, os ricos temas do folclore que surgiu quando por essas plagas apareceu esse que por aqui andou – o café.

Por aqui andou o café. Com ele partiram os moços piraquaras – foram ser machadeiros na zona pioneira. Ficaram os velhos. As mulheres também ficaram. Elas são as portadoras e conservadoras da tradição. Elas ficaram para nos contar estórias e as narrativas da crueldade de muitos feitores e dos muitos lobisomens, sacis, mães-de-ouro, que povoaram a região. Ficaram os velhos e com eles o jongo também ficou.

O café foi-se embora. De foice na mão, os velhos, companheiros de juventude do nascente café, derrubaram matas para plantá-lo; hoje eles não têm mais força para vibrá-la de encontro às árvores maningüeras ou os machados nos troncos das perobeiras, dos jequitibás, das cabriúvas que não existem mais "nem para remédio". De tronco só restou o toco seco e perfurado do tambu. Ah! esse sim, os velhos costumam vibrar esse tronco membranofonizado, fazendo sua voz rouquenha ecoar estentórica nas reboadas das montanhas da Mantiqueira e do Mar, mensagem musical enviada dali do pátio da capela, da praça da cidade do tempo do Brasil Império. Esse vozerio nada mais é do que o canto ritmado das passadas pelos caminhos por onde andou o café. Os velhos não têm mais força para trabalhar de sol a sol; ficou, porém, para eles a noite, a noite que é do jongo também.

É aqui a zona folclórica jongueira de São Paulo. Ela nasceu com o plantio do café, pois veio com a escravaria de Angola e do Congo a dança do jongo. Café e jongo em São Paulo são coevos, são gêmeos. Das entranhas da terra paulista nasceram os cafezais num vagido atabaqueado de candongueiros e tambus; extertorado ao ritmo de anguaias e guzungas, o jongo nasceu. Jongo e café são dióscuros.

O café entrou pela baixada fluminense, subiu o vale do Paraíba do Sul, tomou conta de pequenos burgos, fundados alguns anteriormente pelos bandeirantes, fez florescer cidades importantes, uma delas a Imperial Cidade de São Luís do Paraitinga, e o rubro de suas bagas deu sangue de nobreza a esses vilarejos que se tornaram cidades e cabeça de comarca. O café andou por aqui. Caminhou depois rumo ao Norte, entrou por Minas Gerais e está em Oliveira e onde hoje é Governador Valadares, andou se espichando no Espírito Santo. Esse mundão de terras por onde andou o café, antes da República dealbar e antes do refulgir do 13 de maio, esse é hoje o grande feudo folclórico do jongo. É uma zona em São Paulo, Minas Gerais e Espírito Santo, zona folclórica jongueira. Não importa que o nome de tal dança negra seja diferente nesta vastidão territorial: caxambu ou jongo ou angona, nessa dança de origem angolo-conguesa todos confabulam nos "pontos" uma conversa ininteligível aos seus patrões, porém clara para os jongueiros. É a crítica, os desabafos musicais contra os senhores prepotentes. Função catártica do folclore.

Mas os jongueiros não sabiam que o café iria embora, daria um outro passo gigante, pisaria nas terras de Campinas, Ribeirão Preto, depois em Marília, hoje no Norte do Paraná e se esgueirando pelo Mato Grosso. Os jongueiros continuaram a chacoalhar as anguaias pondo "ponto", rodeando o "pai toco", "saravando os santos, o céu e a mãe terra", terra onde se substituiu o cafezal pelas pastagens de criatório de vacas leiteiras. Com a entrada do gado a zona jongueira despovoou-se. O "gado traz o deserto". A condição social dos jongueiros é a mais precária de todos os trabalhadores rurais – homens idosos cuja capacidade para a lide na agricultura é pequena.

Por aqui andou o café e levou com ele a riqueza material, mas ficou com os negros velhos a riqueza musical do jongo.

A casa-grande da fazenda, ao lado o terreiro de café, lá embaixo a senzala, ficaram desertos como ficou também solitário o sobradão da cidade. No terreiro hoje dançam os novos moçambiqueiros, passos ágeis, com algumas figurações, mais parecendo cavaleiros árabes exercitando-se. Já nos imensos salões do sobradão da cidade não se ouvem mais, antes do baile de gala da aristocracia rural cafeicultora, os negros escolhidos, de camisolão branco dançando o moçambique e cantando loas a São Benedito. Agora, no dia de São Benedito, isto é, na segunda-feira que se segue ao Domingo de Ressurreição, é que aparecem outros moçambiqueiros, geralmente um grupo de gente moça a dançar, manejando bastões como se fossem cimitarras. Sim, no "terno de dançadores de São Benedito", a maioria é de moços, pois os velhos não entram no moçambique, os velhos dançam é o jongo. São moços que se vestem só de branco que é a cor preferida pelos mouros. Há no bailado do moçambique, não só na coregrafia, mas no trajar também, um pouco de árabe. Moçambique é a mesma *morris-dance* dos ingleses.

No presente, o ponto de concentração dos moçambiqueiros é Aparecida do Norte, localizada no coração da zona cafeicultora do passado. Tem aí essa dança de características mouriscas, na Meca do catolicismo romano em terras brasileiras, seu melhor centro de irradiação, de difusão. A imitação exerce um poder incomensurável; muitos romeiros da Aparecida se converteram – são moçambiqueiros. A música insinuante dos tocadores de adufes, caixas, violas, rabecas, cavaquinhos, tem o condão de evangelizar os romeiros, todos os anos, por ocasião da vacância agrícola de agosto e primeira semana de setembro, fazendo-os cavaleiros trajados de branco, de bastão na mão a dançar o moçambique – mensagem artística que os mouros deixaram na Península Ibérica e os portugueses nos legaram. É um pouco dos "pauliteiros de Miranda" (Portugal) a dançar e a cantar pela boca dos caboclos, mulatos, negros, caipiras e piraquaras da zona moçambiqueira do vale do Paraíba do Sul, por onde andou o café.

Nesse vale, numa vasta extensão, não existe mais a técnica de subsistência ligada ao cultivo do café. O "estilo de vida", como disse André Varagnac, declinou, o folclore ligado ao café *sobrevive* por enquanto, mas, uma vez substituído tal "estilo de vida", é certo, desaparecerá o folclore tradicional. E é o que está acontecendo.

Neste estudo do folclore brasileiro que estamos apresentando, os fatos folclóricos ficarão enfeixados em dez grupos que também não são estanques; tal divisão é apenas de ordem didática, ou melhor, maneira mais prática para trabalharmos com o acervo de vivências e sobrevivências que nos foi dado recoltar em nossas andanças e estudos da deuterose brasílica, nestes três últimos lustros. Estes são os grupos propostos: I) *Festas*; II) *Bailados*; III) *Mitos e lendas*; IV) *Danças*; V) *Recreação*; VI) *Música*; VII) *Ritos*; VIII) *Sabença*; IX) *Linguagem*; e X) *Artes populares e técnicas tradicionais*.

A cada fato folclórico apresentado precederá um pequeno estudo histórico para localizá-lo na realidade brasileira e procurar-se-á situá-lo nas áreas culturais propostas (geografia do folclore), assinalando-se as modificações que possa haver em uma região cultural e outra onde se apresente.

Vasta é a seara onde respigamos os fatos folclóricos que ora apresentamos, visando dar ao leitor uma visão dessa riqueza pouco conhecida que é o *folclore* brasileiro. E nessa longa viagem palmilhando os caminhos da tradição, uma bússola norteou sempre as nossas pesquisas – a Fidelidade.

Este livro, embora imperfeito e incompleto, é um culto das coisas e da gente do Brasil para sempre. Nestas páginas procuramos concretizar nosso lema: "BRASILAE RERUM GENTISQUE CULTUS IN AEVUM."

CAPÍTULO I
Festas

DEFINIÇÃO DE FESTAS

Dentre as manifestações da vida social nos agrupamentos humanos podemos destacar a festa, cujo aparecimento data das mais remotas eras, certamente quando o *homo faber*, deixando de ser mero coletor de alimentos, praticante da técnica de subsistência da catança, passou a produzi-los, plantando. Há na aurora das festas aquela preocupação mágica de agradecer a natureza ou suplicar para que ela, entidades supraterrenas ou divindades não permitam as pragas, danos ou malefícios nas plantações, praticando portanto ritos protetivos e produtivos.

A festa inter-relaciona-se não só com a produção, mas também com os meios de trabalho, exploração e distribuição. Ela é portanto conseqüência das próprias forças produtivas da sociedade; por outro lado, é uma poderosa força de coesão grupal, reforçadora da solidariedade vicinal cujas raízes estão no instinto biológico da ajuda, nos grupos familiares. Certamente nessa época, tratar-se-ia da solidariedade mecânica, própria das sociedades não estratificadas, primitivas, segundo nos ensina Durkheim.

Provavelmente a periodicidade da produção agrícola induziu o homem a, em determinadas épocas, na semeadura ou na colheita, congregar os demais da vizinhança para regozijo, para agradecimento ou pedido de proteção. Festa de produção ou de consumo que chegaram até nós como acontece com as manifestações populares das festas de São João ou do Divino Espírito Santo.

O grupo social, repetindo em consonância com essa periodicidade nos ciclos agrícolas as reuniões, acabou dando à festa uma função comemorativa.

À festa, com o correr do tempo, foram se associando outros elementos tais como padroeiros, entidades sobrenaturais, mais tarde substituídas pelos santos do hagiológio católico romano. Não faltou a comezaina. Ao lado desta, a bebedeira que caracterizou as bacanais. Aquelas comemorações foram adicionando, através dos tempos e dos povos, o engalanamento, as máscaras, os disfarces, os trajes custosos e garridos, a música, o baile, a procissão, o préstito, a liturgia, o exibicionismo... As festas tiveram uma origem comum: uma forma de culto externo tributado a uma divindade, realizado em determinados tempos e locais desde a arqueocivilização. Recebeu, porém, roupagens novas após o evento do cristianismo. A Igreja Católica Romana determinou certos dias para que fossem dedicados ao culto divino, considerando-os *dias de festa*, formando o seu conjunto o *ano eclesiástico*. Essas festas são distribuídas em dois grupos distintos: as festas do Senhor e os dias comemorativos dos santos. Modernamente as festas de Nossa Senhora estão perdendo aquele caráter intermediário para se colocarem ao lado do grupo principal, isto é, das festas do Senhor.

As festas do Senhor rememoram anualmente a paixão e morte de Cristo e, em torno dos demais episódios da sua vida, gravitam as outras comemorações. O Pentecostes é uma festa do Senhor. Algumas das festas são móveis, outras fixas: a da Páscoa é do primeiro grupo; já o Natal, Epifania são fixas.

As festas dos santos em geral são fixas; elas se referem a personagens bíblicas, apóstolos, sumos pontífices, virgens, mártires, anjos e à Virgem Maria. Nestas estão inscritas as dos padroeiros que as cidades brasileiras possuem.

No esquema litúrgico acima podemos integrar a divisão clássica das festas religiosas populares, as *calendárias* e as de *padroeiro*, aquelas que acompanham as mais solenes formas do culto ao longo do curso do ano e têm caráter universal como sejam as festas do Senhor, e estas que satisfazem particularmente as exigências locais, comemorativas de santos.

A partir de 1º de janeiro de 1961, entrou em vigor o Novo Código de Rubricas na Igreja Católica Romana. Embora não faça alterações essenciais na liturgia, introduz modificações no Missal, no Breviário Romano e no Calendário. Essas modificações (do calendário) certamente irão refletir nas festas que ora estamos estudando. Pelo novo código, os domingos são de duas classes e as festas de santos são distribuídas em três classes. Foram suprimidas as antigas festas simples, que serão apenas comemoradas. As oitavas da Páscoa e Pentecostes, assim como a de Natal, gozam de preferência.

Poderíamos dividir, segundo a influência dos solstícios, em apenas dois grandes grupos de festas religioso-profanas que envolveriam as calendárias, as de padroeiros e outras, distribuídas em festas do ciclo *do verão* e do ciclo *do inverno*, porque não resta dúvida do poder que existe nos solstícios de congregar ou dispersar os membros de um agrupamento humano, principalmente aqueles que vivem no meio rural, ligados às técnicas de subsistência, as quais colocam o homem em contato mais direto com a paisagem natural. Há, portanto, maior inter-relação entre solstícios e festas.

Em sendo o Brasil um país de grande extensão territorial e de povoamento disperso, portanto com várias áreas e regiões folclóricas, pode-se notar ainda mais, laborando com os fatores socioeconômicos, aquele que poderíamos chamar de solsticial. Justificaríamos tal afirmativa pelo fato de serem mais acentuadas as manifestações do folclore nortista e nordestino por ocasião do período solsticial do verão, e as do centro-sul, no de inverno.

Período solsticial não é propriamente o dia do solstício, mas aqueles que estão próximos, antecedendo ou sucedendo tal dia. São os dias que marcam as estações extremas: o inverno e o verão. Aqui a geografia é apenas uma *ancilla folclórica*, daí usarmos a expressão solsticial – *que vem ou sucede no solstício, para caracterizar um período de dias.*

Para as festas assinala-se mobilidade no tempo. E é bem provável que tal se dê porque as festas folclóricas, na sua maioria, foram produzidas artificialmente pelos jesuítas, não estão portanto bem cristalizadas, daí sua pequena duração. Para que o folclore seja cristalizado é preciso que seja muito antigo e esteja ligado à superestrutura econômica e social.

Além dessa mobilidade no tempo, pode-se adiantar que as festas do solstício de inverno, no centro-sul do país, ou pelo menos no estado de São Paulo, têm maior interesse por parte dos moradores da roça – a de São João, e mesmo a do Divino, da qual dia a dia mais se acentua sua proximidade desse solstício, no serra-acima paulista principalmente na do tipo de terra. As festas do solstício de verão, pode-se afirmar, estão se tornando, cada vez mais, festas urbanas, nas quais a presença de novos elementos, como a árvore de Natal e Papai Noel, expulsadores dos traços folclóricos já bruxuleantes dos presépios, lapinhas, folias de Reis e até do São Nicolau, dia a dia está se firmando mais. Além do processo de secularização percebe-se o de substituição.

A festa de Natal, pelo fato de se localizar no solstício de verão, atrai para seu ciclo a de carnaval, ambas de grande aceitação nas cidades, ao passo que São João e do Divino, hoje festas de comunidades rurais, estão no solstício do inverno. Apesar das correntes imigratórias, do cinema, do rádio e televisão que têm introduzido elementos exóticos no folclore brasileiro, apesar de tudo, pode-se apontar um começo de cristalização na poranduba brasileira. Cristalização que se dá em torno de quatro grandes datas: de Natal e carnaval, de São João e Divino Espírito Santo.

No ciclo do Natal, artificial embora, porém muito marcado pelos elementos católicos romanos, pode-se incluir a do carnaval. Este é festa da arqueocivilização, aquele não. É óbvio que o carnaval atual é recente, data da época da guerra do Paraguai, é a continuação do *entrudo*. Nessa festa pode-se apontar também a mobilidade étnica: o entrudo era dos brancos, carnaval é dos pretos. Acrescente-se ainda ao carnaval o seu valor como festa urbana dos destituídos economicamente. Parece que o carnaval é uma festa qual receptáculo em que várias outras folclóricas vêm desembocar. O carnaval folclórico tem grande importância no Rio de Janeiro, Recife e na Bahia, envolvendo, portanto, várias outras manifestações.

Outro ciclo é o de São João, em cuja órbita está a data do folclore artificial da festa do Divino, sendo a joanina festa da arqueocivilização.

Nas festas de padroeiro estão inscritos os muitos santos do hagiológio católico romano. Uns mais populares, outros menos. É claro que a eles são celebradas festas religiosas promovidas pelo líder religioso das comunidades brasileiras, isto é, o padre. Entre Santo Antônio, São João e São Sebastião, não se pode afirmar qual seja o que apadrinha maior número de cidades brasileiras. E as santas? Nossa Senhora sob as mais variadas invocações poderá levar a palma.

Em muitas festas de padroeiros podem-se ainda encontrar as manifestações tradicionais que se poderia chamar a "parte folclórica" dessas comemorações, tal qual a cortada do mastro, a puxada e fincada, como acontece em algumas cidades capixabas. A cortada do mastro é a fase inicial observada nas festas do mastro, consiste na cerimônia de um grupo de fiéis irem à mata e lá cortar um mastro para a bandeira do santo padroeiro. Depois vem a puxada do mastro, cerimônia que antecede aos festejos da fincada do mastro. A condução do mastro é feita nos ombros dos devotos ou por carro de bois. Neste caso, em geral o carro de bois é decorado como se fora uma barca, puxado não por bovinos, mas pelos fiéis, havendo uma corda enorme onde todos desejam, cumprindo promessas, puxar o mastro do seu padroeiro. Finalmente a fincada do mastro, na cidade.

Nos intervalos das grandes festas religiosas, as menores, realizadas aos domingos, são chamadas "dominga". Ainda, em Alagoas, costumam chamar a festa e dança dos quilombos de "dominga dos negros".

Nuto Sant'Ana, o historiador dos fastos históricos de São Paulo de Piratininga, em "Festas religiosas e profanas", assinala a existência, há cem anos passados, de quatro importantes festas religiosas da Paulicéia: Corpo de Deus, São Sebastião, Santa Isabel ou Visitação de Nossa Senhora e Anjo Custódio, pouco depois reduzidas para as duas primeiras. Para a festa de Corpo de Deus até editais eram lavrados pela Câmara para que se fizesse a limpeza por onde passaria sua procissão. Quem em São Paulo hoje se lembra de festejar o Anjo Custódio?

Muitas festas desapareceram, outras estão desaparecendo; entretanto, nas regiões das novas culturas, algumas estão aparecendo. Não só as festas de produção (vinho, trigo, laranja, maçã etc.), mas as que rememoram aquelas que existiam na terra donde se originaram. É o caso do *kerbe*, introduzido pelos alemães no Rio Grande do Sul. Compõe-se de duas partes distintas: a primeira, em que os pares de dançantes, trajando-se à moda antiga ou garridamente, participam das cerimônias religiosas, e a seguir, com acompanhamento de música, entram num salão onde a parte lúdica tem início com a descoberta de uma garrafa de bebida, adrede escondida. O descobridor fica com o direito de pagar a bebida toda que for consumida em um determinado intervalo das danças. A garrafa é colocada no alto e os casais de dançantes passam bailando, desfilando ao som de marchas. Quando a música se interrompe, os cavalheiros esforçam-se para conquistar a garrafa, substituindo assim o descobridor dela. Além dessa dança há: *schottisch*, lanceiro e quadrilha. O melhor par é premiado por uma comissão que assiste ao desenrolar do *kerbe*.

O homem do meio rural usa três vocábulos distintos para designar as festas. Festa é a atividade de cunho religioso, como, por exemplo: festa de Nossa Senhora do Rosário, festa de Nossa Senhora da Penha, festa de São Sebastião, padroeiros de várias cidades tradicionais do Brasil. Emprega também para aquelas de sentido religioso-profano, tais como: festa do Mastro, festa das Canoas, festa dos Congos. Em vários municípios do Espírito Santo, a festa dedicada ao padroeiro da principal cidade de uma região é chamada festa do Mastro, cerimônias profano-religiosas ligadas ao símbolo dendrolátrico. Festa das Canoas, denominação capixaba da festa do Divino. Festa dos Congos, denominação regional interiorana da Bahia das congadas. No Nordeste, a atividade profana importante como a vaquejada chamam-na de festa da Apartação. Usa-se o vocábulo *festaria* para designar o conjunto de festas em que ora é parte religiosa, procissões, ora é dança, leilão de prendas, bailados etc. Emprega-se *festança* para designar a festa profana em que há muita bebedeira, gritaria, como as que são realizadas após as carreiras de cavalos, os mutirões de fazer estrada, as gineteadas gaúchas etc.

Graças às oportunidades que as festas dão para que o tradicional se repita, para que as vivências e sobrevivências confluam, oferece-se também o ensejo ao pesquisador para estudá-las e ao escritor ocasião para realizar uma fotografia em parágrafos, fixando um flagrante da vida brasileira no dealbar da sexta década do século XX.

FESTAS DO DIVINO

Localização geográfica

Encontrada em franca decadência na área da pesca, na região da ubá (Rio de Janeiro[1], Parati; São Paulo, Ubatuba, Itanhaém; Santa Catarina; Rio Grande do Sul, há vestígios dela em Porto Alegre). No Espírito Santo existiu graças aos açoritas; foi proibida pela Igreja, que obteve o concurso da polícia para sua extinção, atividade bruxuleante já na festa das Canoas de poucos municípios capixabas. Na região *açucareira* e também na da jangada, já há muito que desapareceu. Na *açucareira*, as bandeiras de Maio em Recife têm algo que se assemelha às folias do Divino. E é só. Na região do *vaqueiro* constatamos apenas em São Luís do Maranhão, que se assemelha à da Amazônica, graças, entre outros fatores, à sua proximidade territorial.

Em São Luís do Maranhão é uma cerimônia que está ligada aos pretos, fenômeno sociológico digno de nota, pois tal festa, noutras partes do Brasil (a não ser na Amazônica), é tipicamente de brancos. Só depois da Lei Áurea é que o preto passou a participar da festa do Divino, porque deles é a festa da Coroação do Rei de Congo, que, a despeito de multifários fatores, persiste ainda em Guaratinguetá, estado de São Paulo.

Em um subúrbio de São Luís é realizada no mês de maio, no domingo de Pentecostes, pois, a partir do sábado de Aleluia até Ascensão, as caixas rufam no peditório, colhendo óbolos, esmolados pelos "impérios" e devotos, depo-

---

[1] A notícia mais antiga de uma festa do Divino em território fluminense é dada por Manuel Antônio de Almeida em *Memórias de um sargento de milícias*. A de Parati ainda persiste, já tivemos oportunidade de assistir a ela, assemelha-se muito à de Ubatuba.

sitando-os na casa da festa. Nesta levantam um mastro, batizado com vinho tinto e enfeitado com os produtos da terra.

Nos tronos, "tribunais", os enfeites de papel de seda de variadas cores dão um aspecto garrido, ainda mais quando nas proximidades, nos tabuleiros de doces, pintalgam os alfenins, papos-de-anjo, pudins, suspiros de mil e uma formas, enfim uma doçaria bem brasileira que põe água na boca...

Bem característico nas festas dos negros é o uso do traje branco, pois na festa do Divino desse bairro de São Luís do Maranhão o branco é obrigatório.

Na quinta-feira que antecede ao domingo do Divino Espírito Santo, os "impérios são coroados" após a missa simples; pomposa, porém, é a missa do domingo: ruidosamente anunciada pelo foguetório ensurdecedor. Finda a parte religiosa, vem a profana, as danças de roda dentro da casa onde estão os "tronos", executada por meninas, as "caixeiras", com seus adufinhos coloridos, bailam e cantam saudando o imperador, a imperatriz, o trono.

Já é meio-dia. O estômago, refeito e reforçado pelo chocolate e guloseimas, dá aos participantes força nova, alegria renovada. Todos se reúnem em torno do mastro para a "alvorada" cantada estentoricamente pelas caixeiras para suplantar os membranofônios ruidosamente percutidos. A comezaina faz calar a todos, preocupados apenas com os verbos mastigar e beber... Há um interregno pequeno porque a noite se avizinha e no samba frenético "pontofinalizam" a festa do Divino em São Luís do Maranhão.

Digno de nota é ter recebido influência negra e não índia. Aliás, no Brasil todo, a festa do Divino não padece de influência índia.

Na área *agrícola* é vigente na região cafeicultora, realizada anualmente em algumas cidades tradicionais paulistas, constituindo um dos mais importantes acontecimentos religioso-profanos da comunidade. Estas serão descritas e estudadas porque tipificam perfeitamente a festa na atualidade brasileira.

Na área *pastoril* é encontrada em franca decadência na região do boiadeiro[2] em Goiás e Mato Grosso. No início deste século desapareceu da região do campeiro[3].

Em franca decadência na área da *mineração* antiga onde as características são as do tipo serra-acima, como a de Diamantina que felizmente ainda persiste, sem o brilho de outrora. Na de *garimpo* não existiu, nem nas novas minerações.

---

[2] José A. Teixeira, *Folklore goiano*, São Paulo, Nacional, 1941, p. 73: "se refugiou nas roças e vilarejos do sertão". Tal festa, segundo os versos registrados por J. A. Teixeira, são do tipo serra-acima, pois "o dono da casa que recebe a bandeira" (p. 74).
[3] Augusto Meyer, *Guia do folclore gaúcho*, Rio de Janeiro, Aurora, 1951, pp. 67-70.

Na área *amazônica*, em Manaus e no interior, no passado constituiu uma das mais importantes celebrações profano-religiosas, quando as Câmaras Municipais chegavam a patrocinar, ou melhor, a dar todo apoio à festa do Divino. O que a distingue, quer no passado bem como no presente, das demais do Brasil é ser praticada pelos negros, eles é que realmente a realizam, fazem peditório e festa. Outro elemento não encontrado noutras partes do país é a bandeira branco-azul; porém está presente, como em todas as outras, a pomba simbólica, bem no centro do pano "sagrado". No peditório estão ausentes os cordofônios (violas) e sim membranofônios, justificadores da presença do negro.

Na região das águas abundantes onde predomina a estrada líquida, as procissões fluviais constituíam no passado o motivo de atração principal da festa, hoje, quando muito, há o "tiramento da jóia", isto é, o peditório é feito em algumas canoas, arrecadando "jóia de farinha", "jóia de ovo", "jóia de galinha" e outros produtos da terra. Na canoa capitânea vai o membranofônico principal, arauto da visita que irão fazer pelos furos e igarapés, acompanhado pelo percutir dos demais "tambores de onça" das demais montarias.

Persistiu até há pouco, começo desta meia centúria, em Belém do Pará; noutros lugares dessa vastidão, transformou-se em parte, ou melhor, a cerimônia é mais ou menos a mesma, apenas é diferente o nome do padroeiro da festa, não é o Divino Espírito Santo, mas, por exemplo, São Joaquim, como acontece no Alto Uaupé, em meados de agosto (proximidades do solstício). O esposo de Sant'Ana, portanto avô de Jesus Cristo, é o padroeiro em torno do qual gira toda a festaria, com peditório e recebimento de esmolas em espécie, saída de duas bandeiras brancas que percorrem a região, redistribuição de alimentos, novenas, procissões, sorteio de juiz e juíza da festa, mordomos e mordomas, estes da parte religiosa-profana e do programa propriamente profano à escolha do mestre-sala, do procurador, do artilheiro (para as salvas de tiros com ronqueira), do juiz do mastro. Na casa da festa ou do festeiro fica um mastro e o outro defronte à igreja. Esse resumo do programa e personagens da festa de São Joaquim no Alto Uaupé nos revela a persistência da festa do Divino nessa área, com outro nome.

Histórico

A festa do Divino Espírito Santo é originariamente européia. Segundo alguns estudiosos portugueses, é oriunda da Alemanha, introduzida em Alenquer, Portugal, graças à iniciativa da rainha Isabel (Teófilo Braga, *O povo portu-*

Os "irmãos da canoa" vão à frente da procissão, na festa do Divino Espírito Santo. Tietê.

Cortejo para buscar o "imperador do Divino" em sua residência e acompanhá-lo até à casa da festa do Divino. Nazaré Paulista. À direita: Em Cunha, vão buscar São José ou a "Sagrada Família" do Bairro da Bela Vista para que as imagens participem da festa do Divino Espírito Santo.

Fiéis chegando a uma capela de roça.

Os moçambiqueiros ajoelham-se quando passa a procissão do Divino. Natividade da Serra. À direita: Chegada do "imperador novo" para receber a coroa. Santa Isabel.

guês). Bem mais remota, porém, é sua origem. Os povos germânicos, em contato com os romanos, destes a receberam através da cerimônia do *panis gradilis*, ou mesmo do repasto sagrado, praticado por todos os cidadãos gregos, pois na Grécia acreditava-se que a salvação da cidade dependia de tal cerimônia. Aristóteles em *Política* aponta tal usança entre oscos, ausônios e enótrios.

Vários autores citam a introdução da festa do Divino no Brasil em 1765 por ilhéus lusitanos, na Matriz de Santo Antônio de Além Carmo da Bahia. É óbvio que a falta de pesquisas leva-os a repetir tal data. Acreditamos, entretanto, tenha sido introduzida no Brasil no século XVI[4], e, no estado de São Paulo, há uma referência anterior àquela, é a de 1761, encontrada no Livro Tombo da Matriz de Guaratinguetá[5]. Segundo essa ordem, a festa do Divino era de há tempos praticada na então vila vale-paraibana, certamente desde o século XVII.

Em Portugal era hábito fazer vigílias nas igrejas e, para passar o tempo mais depressa, havia comida a fartar. Em geral a comezaina terminava em orgia; por isso, foram abolidos os "vodos de comer e beber na igreja", sendo permitidos somente os "vodos do Espírito Santo", por ocasião dos Pentecostes. Nas "Ordenações Filipinas", Livro V, título 5, parágrafo 1º, encontramos a permissão para os "vodos do Divino". Essa lei esclarece que as festas do Divino eram com acompanhamento e música, como ainda se observa hoje em alguns lugares do Brasil.

---

4 Luiz da Câmara Cascudo, *Dicionário do folclore brasileiro*, Rio de Janeiro, INL, 1954, verbete "Divino", p. 236.

5 Livro Tombo da Matriz de Guaratinguetá, folha nº 5, ano de 1761: "Com bastante magoa e mayor sentemº fui informado da grande irreverencia com que nesta Villa se trata a Imagem do Menino Deos na ocasião da Festa do Espírito Santo, levando em um andor da Caza do Emperador pa. a Egreja e aly ser coroado em lugar daquelle, indo nesta occazião os homens cubertos, acrecendo mais deixarem por alguns dias a mesma Imagem do Deos na caza ou throno do Emperio por sendo sem decencia pela publicidade em que está, e por isso exposta amayores irreverencias. E porque similhante abuso se deve desterrar das Catholicas ordens emando, que o Rmo. Vigario desta Ega. não consinta que daqui em diante se faça similhante funcção com a Imagem do Menino Deos – sob pena de excomunhão mayor e pagamento de cincoenta cruzados."

Louvamo-nos na pesquisa de nossa saudosa colega Dra. Lucilla Hermann, publicada na *Revista de Administração*, ano II, mar.-jun./1948, ns. 5/6, "Evolução da estrutura social de Guaratinguetá num período de trezentos anos", p. 49: "Em 1761, a festa sofre alteração por ordem do comissário do Santo Ofício e cônego da catedral de São Paulo, que, em visita a Guaratinguetá, que escandalizado com a união do profano e do sagrado, nessas festas, proíbe o uso da imagem do Menino Deus, nas mesmas, sob pena de excomunhão maior e multa de 50 cruzados." A citada, em publicação anterior, "Aspectos culturais de Guaratinguetá", na revista *Filosofia, Ciências e Letras*, órgão do Grêmio da Faculdade de Filosofia da Universidade de São Paulo, set./1945, nº 9, p. 29, faz a seguinte afirmação: "O apogeu econômico do café dá às festas do Divino, já existentes, desde o início da Vila, mas modificadas em 1761, um extraordinário esplendor." A autora baseia sua afirmação no Anuário de Guaratinguetá de 1904. A mesma citação também se encontra na primeira obra citada, p. 193, último parágrafo.

No meio rural e mesmo nas cidades tradicionais do interior paulista, a festa de Pentecostes é conhecida por festa do Divino Espírito Santo.

Dizem que a sua organizadora foi a rainha esmoler Santa Isabel, esposa de Dom Dinis, o Lavrador – rei que plantou os pinheirais de Portugal. A distribuição de comida por ocasião das festas não será um arremedo do "milagre das rosas"? Conta-nos a lenda que a rainha gostava de dar esmolas aos pobres. (Dom Dinis era um "barba-de-farelo", "pão-duro", conforme a gíria atual.) Ao derredor do palácio sempre havia pedintes. O rei proibiu tanta prodigalidade. Certa feita, Isabel, carregando no regaço uma quantidade de côdeas de pão para distribuí-las aos pobres, depara com o rei. Este pergunta-lhe o que levava na abada. "Levo rosas", responde a rainha caridosa. O rei quer ver. E vê rosas, rosas lindas! Do "milagre das rosas", do *panis gradilis* da civilização romana, levada para Portugal, ou tradições dos povos germânicos, donde é que virá o costume de distribuir pão ao povo, esse *potlatch* das festas do Divino?

Aqui se aclimatou a festa do Divino. O Brasil, nos fins do século XVIII, era colônia, mas de há muito já existia nas nascentes vilas e freguesias um Império... o do Divino, erigido por ocasião das festas que lembravam a descida do Espírito Santo – o Paráclito.

As cidades brasileiras em geral nasceram ao redor da igreja. À paróquia pertencia a coroa de prata, anualmente sorteada para coroar o imperador do Divino, isto é, o festeiro, pessoa que tomaria o encargo da realização da festa. Festa de consumo, sempre após as colheitas.

FUNÇÃO SOCIAL

Nós a recebemos de Portugal. O folclore europeu aqui se modificou para se adaptar às realidades brasileiras, e as diferenças regionais apresentadas devem concordar com a estrutura social; daí termos formas distintas relacionadas com o gênero de vida das populações e com a situação geográfica paulista: *beira-mar* e *serra-acima*[6].

Deslocou-se no calendário ao chegar em terras brasileiras, o que provocou algumas modificações, mas, ao mesmo tempo, ela se tornou a polarizadora de várias festas populares do calendário folclórico paulista. Provavelmente isso resulte de sua proximidade do solstício de inverno ou pelo fato de ela ser contrária à de São João: ela é festa do consumo, enquanto a de São

---

6 Usamos os termos *beira-mar* para designar o litoral e *serra acima* para nomear o planalto paulista ou as regiões do planalto atlântico, depressão paleozóica e planalto ocidental.

João é de produção, onde há esperança de colheita, promessa de casamento. É a festa da alegria, do agradecimento, do pagamento de promessas. Os elementos dominantes são os alimentares. O Brasil é um país de população pobre e subalimentada, por isso a grande, a boa festa precisa ter o que comer. O brasileiro reflete em parte um pouco da tradição do bom povo português, que é gente que come muito, mas alimenta-se mal, é abundante no comer, mas a comida é pouco substancial. Na quebra anual do jejum de carne de vaca em que vivem os nossos trabalhadores rurais, os que vêm para a festa, em geral ficam doentes depois dela, por causa da comezaina. A doença é o "empanzinamento"; afirmam ser conseqüência do pecado da gula.

Para poder proporcionar tantos alimentos, o festeiro tem um ano de prazo, sendo escolhido assim com tanta antecedência para que possa ter a despensa cheia deles para toda a comunidade, inclusive presos e doentes da Santa Casa, também participantes desse *potlatch*. As Folias angariam a provisão alimentar pelo município, marcando as etapas, data por data, sua passagem pelos bairros rurais, fazendas e sítios. Os dados por nós colhidos ao acompanhar boa parte da "recorrida da folia" nos dão elementos para estudar se a rota percorrida corresponde a uma região política, geográfica ou religiosa, conforme assinalamos em *Geografia da folia do Divino*.

O gênero de vida influi decisivamente quanto ao tipo de pagamento de promessa, de oferta ao Divino: no *beira-mar*: peixe seco, camarões, farinha manema (de mandioca); no *serra-acima*: ovos, galinhas, leitões, gado, cereais e farinha de milho, tão do sabor dos piraquaras[7], pirangueiros[8] e caipiras[9].

As pessoas componentes da folia do Divino são portadoras de poderes, de certas virtudes, pois a crença geral é de que por onde passam levam a bênção, afugentam doenças dos homens e animais e pragas das plantações. Não há lugar melhor para o estudo sociológico dos elementos poéticos do folclore do que aqueles em que se desenvolvem à noite nos pousos *da bandeira*. E é por ocasião da passagem da folia que a arqueocivilização se recompõe nos cantos, contos, lendas, "puias" (adivinhas) e danças que aí são repetidos.

Os festeiros realizam através do desempenho da incumbência uma forma de propaganda de si, é enfim o desejo de assumir uma liderança na comuni-

---

7 Piraquara: o morador do vale do Paraíba do Sul.
8 Pirangueiro: o morador do vale do rio Tietê.
9 Caipira: é o vocábulo usado, não raro de forma pejorativa, para designar o morador do serra-acima e caiçara, para o habitante do beira-mar paulista. Hoje, graças a Cornélio Pires, caipira é um designativo de paulista genuíno. O autor, por exemplo, se considera *caipira piracicabano*, isto é, paulista de Piracicaba.

dade, temporária é certo, mas que lhes dá projeção. Embora o festeiro (Imperador do Divino) ganhe *status* social, é-lhe vedado tirar lucros materiais da festa. Várias são as sanções. Acreditam mesmo que aquele que não respeitar a proibição "ficará mal de vida", tudo lhe "dará pra trás", "morrerá na miséria em conseqüência de sua desonestidade". Daí outra precaução tomada em algumas cidades: um parente próximo do festeiro não pode encarregar-se da festa subseqüente, a fim de não se locupletar.

Quando nos referimos aos poderes dos quais se reveste o festeiro na comunidade, pode parecer que sejam apenas o social, o político ou o econômico. Há porém outros e dentre eles poderíamos destacar aquele que chamaríamos de mágico. Em Nazaré Paulista, por exemplo, compete ao festeiro, só a ele, desamarrar as fitas e lenços das cabeças das pessoas que fizeram promessa. Por isso mesmo é comum ver-se número incontável de devotos de lenço ou fita amarrados na cabeça acompanhando as procissões nos dias da festa. Após a procissão, no Império, o festeiro desamarra fitas e lenços de um por um dos devotos que, em fila indiana, vão passando para esse cerimonial, às vezes excessivamente demorado.

Em Anhembi, o poder mágico se estende também aos "irmãos-da-canoa", quer os de rio acima, quer os de rio abaixo, pois desempenham a função de saltar por cima dos corpos dos devotos. Estes, para cumprir promessa, vestem mortalha e se deitam em geral de costas, mãos cruzadas sobre o peito, colocando sobre o ventre, cabeça ou local da doença da qual sarou uma oferta para o Divino. Os irmãos-da-canoa saltam o "devoto penitente", e o bandeireiro da folia vai recolhendo as esmolas. Só depois desse cerimonial é que o devoto se levanta, despindo-se da mortalha. A mortalha, explicou-nos Lazinho Bento, é para a gente se lembrar da "magra" (morte), da qual se livrou graças à promessa feita ao Divino.

A festa do Divino também desperta a coesão social, a cooperação. Há um tipo de promessa que tem caráter diferente das demais, ela é paga com o trabalho, a ajuda nos muitos afazeres na casa da festa: cozinhar, carregar água etc. Ao pagamento dos trabalhos que foram premiados com tantas bênçãos da produção agrícola ou pastoril junta-se outro – a promessa de "prestar ajutório".

É uma festa em que não é a esperança que domina, mas sim o agradecimento; daí os grandes, tradicionais e populares divertimentos de acordo com as regiões: cavalhada, tourada, bailados do moçambique, da congada e do caiapó e danças do batuque, jongo, cateretê, cururu e fandango.

Duas festas dão oportunidade para o povo se lembrar da ascendência que o clero tinha sobre as casas governantes: só a ele competia aclamar os reis e coroar os imperadores. Aquela por ocasião da Coroação do Rei de Congo (Guaratinguetá, Cunha) e esta, na festa do Divino. Embora considerada modalidade externa da festa de Pentecostes, o momento culminante dela se dá quando o padre tira da cabeça do "imperador velho" a coroa para colocá-la na do "imperador novo". Revive assim o estatuído para Carlos Magno no *Pontificale Romanum*. No passado a Coroação do Rei de Congo era a festa típica dos negros, e a do Divino, a dos brancos. Havia uma forma de acomodação social para as duas classes: um rei para os escravos e um imperador para os senhores. O rei dos pretos era aclamado e o imperador era escolhido por sorteio, ambos porém coroados, fugindo do que havia em Portugal: rei é aclamado, e imperador, coroado.

Moradores de algumas cidades tradicionais ou antigas de São Paulo costumam relacionar a decadência, a desgraça, a falta de progresso de seu município com o abandono ou pouca importância dada às festas do Divino. Em Tietê, por exemplo, assinala Benedito Pires de Almeida o fato de a festa ter-se interrompido por alguns anos, sobrevindo conseqüentemente a decadência da cidade, mais acentuada ainda graças à maldição lançada por um frade. "Voltando a ser observada a tradição, desapareceram os malefícios como por encanto."[10] E muitos acreditam que foi essa a razão de o progresso bafejar novamente a terra de Cornélio Pires e Marcelo Tupinambá (Fernando Lôbo).

Noutros lugares pesquisados, a decadência das cidades é devida também a alguma praga ou maldição[11] que padre ou frade lançaram sobre elas. Assim alguns povoados (ou mesmo cidades) decadentes justificam o seu marcar passo na marcha do progresso paulista. Como em Tietê, é um frade maltratado o autor de uma praga, sendo semelhantes as narrativas recoltadas quer no vale do Paraíba do Sul quer no do Tietê. É mais fácil justificar por meio de crendices do que explicar pelos fenômenos socioeconômicos a decadência de algumas cidades paulistas. Por outro lado, quando o progresso material e espiritual que se verificou nas suas cidades deixa de existir, o povo atribui o fato ao abandono das manifestações religiosas tradicionais e assim se justifica: "a gente rica de agora não se interessa mais pela festa do Divino"; outros dizem: "basta essa gente se formar, botar anel no dedo, caçoa das festas, já não toma mais parte nelas e acha que elas são uma velharia fora da moda", e finalmen-

---

10 Benedito Pires de Almeida, "A festa do Divino", *Revista do Arquivo Municipal*, 1939, n.º LIX, p. 38.
11 A mais impressionante foi a de Embaú Velho, próximo de Cruzeiro, onde a maldição lançada por um frade jamais permitiu que a cidade – passagem de bandeirantes – um dia progredisse. Em Areias, certo padre que tinha sua teúda e manteúda, um dia descoberta sua vida fora dos moldes preconizados, ao ser escorraçado pela população – dizem os informantes –, lançou uma praga sobre aquela "Cidade Morta".

te, quando há introdução de novos padrões religiosos, é comum ouvir-se: "essa gente virou protestante, estes viraram crentes, não querem mais saber dessas bobagens e até riem de quem anda seguindo a folia ou festando".

AS FESTAS DO BEIRA-MAR

As festas do Divino do beira-mar, da região da ubá, estão prestes a desaparecer. Além de outros fatores, o estado de miserabilidade em que se encontram os caiçaras tem contribuído decisivamente para isso. Por outro lado, de alguns anos para cá, o paulistano descobriu o litoral. A faixa litorânea próxima das cidades tradicionais de São Paulo (Ubatuba, São Sebastião, Itanhaém, Peruíbe, Cananéia) está agora quase toda tomada por vilas e balneários onde os moradores da Capital passam suas férias e fins de semana. Não só a gente honesta, mas principalmente os muitos "grileiros" compraram a "preço de banana" vastas extensões de praias e procederam a loteamentos. Assim os caiçaras foram expulsos ou, com o pouco de dinheiro da venda de suas terras, foram tentar a vida na Capital. Muitos dos que ficaram passaram a ser caseiros ou a trabalhar apenas nas temporadas de férias. Este fenômeno socioeconômico influiu sobremaneira nas festas do Divino, pois houve emigração das famílias antigas, ali radicadas e, portanto, continuadoras da tradição. Nos municípios litorâneos mais próximos da Capital a festa do Divino deixou de existir porque os "intrusos" não se interessam por ela. E é bem provável que em Ubatuba ela esteja nos seus últimos dias. De junho de 1947 são as notas adiante sobre a festa do Divino e quando em 1956, novamente pesquisando na cidade da praia histórica de Iperoig, constatamos a acentuada decadência dessa tradicional usança ubatubana, uma das últimas do beira-mar paulista.

A festa em Ubatuba se dá logo após a safra das tainhas. No litoral não se observa a regência do ciclo agrícola sobre as festas, porém pode-se perceber que há um ritmo socioeconômico a imperar.

O município é percorrido por duas bandeiras, uma que sai para o norte e outra para o sul. Os foliões são popularmente denominados *os tripulantes do Divino*[12]. No dia 16 de junho de 1947, a folia almoçou em casa de José Silvano dos Santos no sertão do Taquara, meia légua distante da cidade. Cantaram

---

12 A folia era assim constituída: Mestre Antônio Francisco dos Santos, vulgo "Seu Macuco", tocador de caixa; Pedro Rei de França, contramestre, violeiro; Benedito José dos Santos, tocador de viola; Arlindo Joaquim Barbosa, tocador de rabeca; o menino de 14 anos de idade, Manuel Bento, tocador de triângulo e o tiple da "tripulação". O preto Benedito José dos Santos, ótimo violeiro, também é contramestre. A tripulação do norte, da qual demos a composição, estava finalizando sua recorrida no dia em que a acompanhamos no seu peditório.

depois no bairro da Olaria e foram pedir pouso em casa do pescador Candinho Manduca na praia do Perequê-açu. A esposa de Silvano, Malvina Joaquina de Jesus, foi a "carregadeira da bandeira". *Aliás, no litoral é privilégio das mulheres o conduzir a bandeira de uma casa para outra. Em geral as donas das casas onde ela pousa levam-na até àquela onde será seu próximo pouso*[13]. Quando cantam defronte do oratório nas casas, é menina ou donzela quem segura a bandeira durante a cerimônia toda. O homem só a recebe na porta da casa, depois passa-a para sua esposa.

Notamos ser bem pequeno, no litoral, o número de acompanhantes da bandeira e folia no seu giro de visita aos fiéis. Mestre Macuco afirmou: "O desejo de ganhá dinheiro é que está afastano o pessoal que acompanha a folia, a cantoria. É a vontádi di matá tainha e ganhá o dinheiro dos banhista da temporada que tira esse gosto de festá e segui a riligião." Adiantou mais o informante: "A folia faz dois mês que está andano. Nós, os tripulantes, ganhamo muito poco. A metádi do que nóis ganha é pro Santo. Temo que dividi por nóis cinco que temo que andá de canoa e por terra no pedimento. Na costa rende mais ou menos dois conto de réis (Cr$ 2.000,00), mais ou menos. Aí só dão dinheiro, no 'sertão' (município adentro) os devoto dá farinha de mandioca, frango, cereais, mas tudo muito cuí (pouco). No tempo de dante é que havia fartura. Agora ninguém qué dá, não há mais casa da festa; na cidade si quisé um pão bento tem que trocá por vela e vela custa dinheiro. Os devoto não tem mais aligria, tá haveno muita exploração dos padres, nem o que cumê já num hai mais. Tudo tá munto mudado. De premero os poderoso (ricos) dava bastante pra reparti pros pobre, agora já não querem dá porque sabe que o que querem é explorá. Quano é que se viu no tempo de dante se falá em trocá um pão por uma vela? Tudo o de cumê era de graça. Veio um padre e inventô esse negócio de trocá um pão por uma vela. A folia recorre, dá o dinheiro pros festero, eles compra o pão, chega na barraca lá está o padre; pra se ganhá um pão tem que levá uma vela. O padre fica com a vela e torna a vendê ela. Os pobre num come e a festa perdeu a graça, essa é a reclamação que nóis ouve munto aí quano a nossa tripulação tá no serviço de pedimento pro Sinhô Divino."

No pouso

Grande é o respeito na casa onde pousa o Divino. Há depois do jantar os cantos religiosos. O oratório, geralmente localizado num canto da sala, sobre

---

13 Graças a famoso quadro pintado por Benedito Calixto, em Itanhaém, no começo deste século, pudemos confirmar nossas observações. O quadro é *A bandeira do Divino* – e é uma mulher a "carregadeira".

uma mesa, é aberto. Ladeando-o, ficam os donos da casa e seus familiares. Havendo menina ou moça solteira, estas segurarão a bandeira durante a cerimônia, na falta destas, será a esposa do recepcionista da folia. Os foliões postam-se à frente do oratório, olhando para ele, persignam-se e dão início aos cantos. Na reza cantada o mestre não canta, somente os dois violeiros e o tiple ao finalizar o verso cantado faz um "aê" prolongado.

A dona da casa pediu para a folia cantar um "rosário" e uma "folia", a folia do Monte Serrat. Há muito respeito quando cantam rezas. Enquanto estavam cantando a folia, algumas pessoas permaneceram sentadas, porém, quando teve início a reza, todos se levantaram para ouvi-la em pé. Duas são as rezas cantadas na folia do Divino: o Bendito e o Rosário. Informou-nos o mestre que a reza do "Martírio reza-se somente na capela; em casa precisa haver muito respeito, pois ela é reza pesada só rezada em momento muito especial". Quando há danças, elas se realizam nas casas dos vizinhos, pois nos pousos é falta de respeito realizá-las; daí, findas as rezas vespertinas, cobrem a pomba com a própria bandeira e deixam-na ao lado do oratório onde ficará durante a noite toda uma luz acesa. Os tripulantes em geral se dirigem à casa próxima onde haverá o fandango. Dançarão o trançado, o sarrabalho, a tonta, a andorinha, a ciranda, a marrafa e outras. O xiba será também uma das melhores distrações.

Cedo, pela manhã, há cantoria agradecendo o pouso, depois da reza dirigida pelo mestre. A folia prosseguirá no seu trabalho, mestre Macuco disse para os demais membros da "tripulação": "Se arrume, percisamo tocá pra frente que é o nosso serviço, vamo, eu tô ca mão meio geci (adormecida) de tanto batê adufe, mas que fazê, tocá é nosso serviço."

A festa

Finda a recorrida das tripulações que saíram pelo norte e sul do município, há a novena, uma semana antes do domingo da festa. No setenário as folias tocam na cidade as alvoradas pelas ruas, acompanhando os "príncipes" a pedir esmolas. Todas as noites há leilões.

Defronte à igreja é armada uma barraca chamada império. O padre permanece no império durante muito tempo para trocar as velas dos promesseiros por pão bento. O festeiro fornece os pães e os promesseiros trazem velas embrulhadas nos lenços para trocar pelo pão que o padre benze na hora. O padre recebe as velas e vende-as depois aos fiéis, ficando com o dinheiro.

No sábado anterior ao domingo do Divino, a procissão *da esmola* sai antes da missa: crianças, filhas do festeiro, vestidas de príncipe e princesa, acompanhadas pela banda de música e povo, saem pela cidade, esmolando com uma salva de prata, são os "príncipes esmoleiros". No domingo à tarde outra procissão encerra os festejos. Nessa ocasião a coroa é entregue ao novo imperador eleito logo após a procissão.

Nas cerimônias todas, a bandeira do Divino é carregada por meninas, fato que distingue a comunidade das demais estudadas onde em geral é o homem quem a carrega ou raramente mulheres idosas. Em Ubatuba, só a carregará uma senhora casada ou de idade quando não houver uma donzela ou menina para conduzi-la.

Não há distribuição de comida aos devotos, primeiramente em junho de 1947 pouco doce era distribuído, hoje (1956) nem isso. Dia a dia diminui a arrecadação feita pela folia em seu peditório. Acredita Macuco que "os protestantes estão ajudando muito para escangalhá com a festa, pois por esses mato, por essas bera de praia agora anda cheio dos tais envangelista, esses tais do Gróris, Gróris (Assembléia de Deus), gente que não qué sabê de festa e nem de baile. Eta gente danada, vira para aquela religião, não bebe mais cachaça, não pita mais cigarro e tamém não querem mais sabê de festa do Senhô Divino, diz eles que essas festa é só pra enchê a barriga dos padre".

A festa do Divino, aquela de características populares e tradicionais nestas praias dos tamoios, está vivendo seus últimos tempos. Brevemente será apenas uma festa lembrada com saudade por um ou outro caiçara ainda residente em Exaltação da Santa Cruz do Salvador de Ubatuba.

As festas no Serra-acima

Em São Paulo, duas são as formas distintas da festa do Divino, no serra-acima, a de *terra* e a do *rio*; já no beira-mar, teríamos uma terceira à qual chamaríamos de *mista*, em vias de desaparecimento, onde os foliões recorrem o município ora de canoa, ora fazendo longas caminhadas por terra, e a festa, sem o brilho das demais do planalto, se dá sem "encontro de canoas ou de bandeiras".

Caracteriza-se a de *rio* pela divisão do município em dois "distritos" religiosos: os bairros rurais que formam o "distrito" da Irmandade do rio acima e os do rio abaixo. Duas folias percorrem o município, sendo a parte empolgante da festa a que se dá por ocasião do "encontro" das duas bandeiras. A festa está mais presa à época do rio cheio do que ao calendário agrícola. Nisso ela revive em parte o fato de se realizar justamente no momento também escolhido pelos antigos monçoeiros, isto é, quando o rio está cheio, o que lhes facilitava passar certas cachoeiras. Por outro lado tal período se aproxima do solstício de verão (Tietê, Anhembi). (Apêndice nº 1.)

A de *terra* é caracterizada pelo fato de estar mais ligada ao calendário agrícola, pós-colheita do principal produto do município, quase sempre coincidente com o solstício de inverno (Cunha, São Luís). Uma só folia percorre o município, uma só bandeira e o momento de alta importância da festa é o encontro das bandeiras à porta da cidade. Em ambos os tipos acima citados, o limite percorrido pela folia no afã de angariar os donativos é a área municipal. Um fenômeno religioso circunscrito às divisas administrativas.

Quando nos municípios, por vários motivos, vão deixando de dar importância às festas do Divino, as comemorações vão ficando no olvido, passam a coincidir com o calendário religioso. Pode-se notar um *gradient* na secularização de tal festa. A primeira etapa é a não saída da folia. Sairá então uma *bandeira escoteira* (escoteira porque não é acompanhada pela folia, anda sozinha) e o "alferes" tem ordenado fixo (Redenção da Serra, Natividade da Serra). Outra etapa será aquela em que várias bandeiras percorrerão o município, como acontece em Nazaré Paulista. (Ver apêndice nº 2.)

Todas são *bandeiras escoteiras* e os portadores delas contratam com o festeiro, para receber, como ordenado, 20% do que render do peditório. Há uma terceira etapa. A bandeira escoteira permanece aos sábados à porta do Mercado Municipal e aos domingos à porta da matriz para receber os óbolos (Pindamonhangaba)[14]; já não visitará mais o município.

Sem dúvida é a bandeira o símbolo de maior resistência no tempo, de todos os demais da festa do Divino. Ela é a última a desaparecer. Quando a festa se descaracteriza[15], quando perde seu aspecto popular, quando desapa-

---

14 Em Pindamonhangaba, na festa, sem o brilho de outrora, realizada a 25 de maio de 1957, a que assistimos distribuíram doces aos pobres, levaram almoço aos presos e no matadouro houve leilão de gado. Pequena foi a porção de carne distribuída ao povo. A parte religiosa continua sendo a mesma: missa e procissão; banda de música abrilhantando as festividades, quermesses e jogos "inocentes" nas barracas. Dessa parte profana a igreja também toma conta.

15 Em Natividade da Serra (1-6-1957) observamos que a casa da festa se transformou em casa do café. Ali amanhecem os participantes da festa do Divino, aqueles que não arranjaram cômodos na cidade. Na casa do café é desta forma que a nossa bebida exportável é preparada: na engenhoca bicilíndrica moem a cana-de-açúcar e a garapa é colocada a ferver num grande tacho de cobre; quando está fervente, com uma espumadeira retiram a espuma para limpar o caldo e a seguir despejam pó de café e deixam ferver. A seguir passam a bebida em grande coador de pano. Verificamos que usam muito fubá misturado com os grãos de café quando estão torrando, para render mais. Não há lauta comezaina, apenas é oferecido café com farinha de milho, cangalinhas, broas de fubá.

O festeiro Benedito Alves de Morais conseguiu realizar um programa interessante com a apresentação de cavalhada, moçambique, jongo, boi acompanhado por tocadores de zabumba e caixa de guerra. Chamou a atenção o casal gigantesco João Paulino e Maria Angu, feitos pelo artista popular Florival P. Leite.

rece a folia, a distribuição de alimentos[16], a casa da festa, o império, resta apenas um símbolo – a bandeira. Ela resiste mais, porque esteve sempre em contato com o povo. Perdura porque além da cor vermelha, primária, para o povo simples, a bandeira possui dons especiais, medicinais e preventivos. Tão duradouro é o símbolo que na capital bandeirante, em 1954, encontramo-nos com uma *bandeira escoteira* vinda de Santo Amaro. E na rua Maria Antônia, o alferes batia em uma porta para pedir esmolas. Contou-nos, depois, que há 25 anos esse devoto dá ofertas para o Divino de Santo Amaro. O informante disse percorrer várias casas na capital, todos os anos, pois há trinta ele é "alferes".

Apontamos como sendo um dos fatores do desaparecimento da festa o seu afastamento do calendário agrícola. Quanto maior, em razão direta será também o seu grau de secularização e conseqüente desaparecimento como festa popular, isto é, religioso-profana. Esta inter-relação entre festa do Divino e calendário agrícola vem indicar-nos que ela é uma versão católica romana da festa hebraica de Pentecostes. Quando a Igreja a adotou, deu nova significação à "festa da colheita, dos primeiros frutos", celebrada cinqüenta dias após o décimo sexto dia do mês de nisan hebraico, dois dias após a celebração da Páscoa, daí os rabinos chamarem-na de "festa dos cinqüenta dias". No catolicismo romano, herdeiro das religiões etruscas e também do judaísmo, sincretismo de ambas, seus sacerdotes chamaram-na pelo nome grego de Pentecostes, festa comemorativa dos fatos gloriosos do Cristo. Era, portanto, festa de alegria. Com a descida das línguas de fogo, forma materializada do Espírito Santo (bem como a pomba é outra, corpórea, vista por ocasião da iniciação do Enviado), a descida do Paráclito era uma vitória da então nascente reforma do judaísmo e mais tarde, a partir do século IV, com pompas especiais de influência etrusca e pagã a Igreja começou a festejar o Pentecostes. Era o dia propício

---

16 Em Avaré conservam ainda a tradição de distribuir roscas (feitas com farinha de trigo) após a missa solene das 10 horas. Nesta foi sorteado festeiro para 1951, Luís Bastos Cruz. Depois do meio-dia, leilão de gado e de lenha; à tarde procissão e à noite quermesse. A distribuição de roscas por nós presenciada em Avaré, a cinco de agosto de 1950, certamente é usança que se filia às mais antigas cerimônias da festa do Divino em Portugal – os bodos ou vodos (pron.: bôdos, vôdos).

Na Capital, a festa do Divino perdeu completamente o cunho popular, tão bem descrito por Afonso A. de Freitas (*Revista do Instituto Histórico e Geográfico de São Paulo*, v. XXIII, 1925, pp. 117-29). Embora à testa da igreja do Divino Espírito Santo (rua Frei Caneca) esteja o Monsenhor Paulo Florêncio da Silveira Camargo, historiador e amante de nossas tradições, a cerimônia que realiza todos os anos tem apenas cunho religioso. De popular e tradicional só restaram os títulos de juízas e a inovação "vice-juiz", mordomos da coroa e mordomo da bandeira. A bandeira do Divino no período das festas fica hasteada no pináculo do templo enquanto na pequena praça fronteira e rua, enfeitadas e fartamente iluminadas, nos dias do Pentecostes, sempre de acordo com o hagiológio católico-romano, funciona a quermesse com leilão de prendas.

para o batismo de catecúmenos; também, como se fazia no sábado de aleluia, benziam-se as fontes. Na Idade Média, época em que o teatro ainda não havia saído dos átrios, criaram-se ações simbólicas, representações que impressionavam os fiéis: estopas ardentes eram lançadas das galerias bem como flores eram arremessadas em grande quantidade e pombas eram soltas fazendo sua revoada no interior do templo até poderem sair.

Esses simbolismos do século IV são revividos entre nós, nos dias de hoje, em algumas cidades paulistas nas festas do Divino. Em São Luís do Paraitinga, dos janelões do frontispício da igreja, dezenas de pombos são soltos, e o festeiro, ao chegar para as cerimônias principais, missa, por exemplo, é recebido com chuva de pétalas.

A festa do *khagdhadmischim*, que deixara de ser a festa da colheita dos judeus, continua em muitas cidades paulistas ligada ao calendário agrícola, daí ser realizada depois da colheita – sujeita, portanto, ao grande apelo da arqueocivilização – para que o devoto possa pagar suas promessas. É a folia um símbolo do catequista, do apregoador dos favores do Divino Espírito Santo ao povo; os devotos, quais catecúmenos, vêm para a festa a fim de receber o batismo, a unção do espírito de alegria que pervade todos os corações, que confraterniza, num século de ódios, os membros de uma comunidade brasileira.

A festa do Divino é atividade típica de comunidade. Apresentaremos duas do serra-acima, capazes de representar os caracteres da dicotomia que propomos para elas: *a de terra* – de São Luís do Paraitinga – e *a de rio* – a de Tietê.

A FESTA DO DIVINO DE SÃO LUÍS

Em São Luís do Paraitinga, após o sorteio e coroação do novo imperador, uma das primeiras providências a ser tomada é a de contratar a folia do Divino. Em geral o mestre é profissional, vive desse trabalho. Uma vez contratada, ajustados os salários, designa também o alferes, pessoa de sua absoluta confiança, quase sempre seu filho ou parente. Em 1951, o festeiro Juca Pião contratou o mestre Ismael Gomes Gouveia e seus companheiros: José Maria (contramestre), Jorge Dias dos Santos (caixa e contralto) e o menino Benedito Galvão Gouveia (tiple e tocador de triângulo). Luís da Silva Pião, sobrinho do festeiro, era o alferes da bandeira. O mestre tocava viola, o contramestre[17], rabeca, e eram respectivamente primeira e segunda vozes.

---

17 Viola – ver "Instrumentos musicais e implementos", do autor, *Revista do Arquivo Municipal de São Paulo*, nº CLVII.

A folia, ao visitar as casas nas roças, vai "caranguejando", isto é, indo de um lado para outro, a fim de não ficar uma casa sequer sem ser visitada. Graças ao conhecimento da região, o mestre sabe o número de casas que poderão ser visitadas num dia. Assim é que depois do almoço determina que o cargueiro, onde vão as roupas, remédios etc., dos foliões, siga para pedir pouso. O cargueiro é recebido com foguetes, cuja finalidade é avisar os moradores do bairro para as festanças da noite em que pousará, nesse sítio ou bairro rural, o Divino. O portador, encarregado do cargueiro, leva o pedido verbal do mestre da folia. Ele é um arauto, convencionalmente suas notícias são transmitidas através do foguetório que o dono da casa faz questão de soltar, saudando o local onde dormirá o Divino. Pousará e não dormirá, nos corrigiu um informante: "o Divino não dorme e sim pousa".

Ao cair da tarde, os foliões chegam ao local onde foi pedido o pouso. Ali um jantar suculento os espera. Vem o alferes à frente e carregando a bandeira, logo atrás o tocador de caixa rufando um toque especial para a chegada. Quando as casas são próximas, a folia se desloca a pé, porém distantes, a cavalo. Nem sempre é o alferes quem carrega a bandeira, porque o dono da casa visitada faz questão de levá-la até a próxima. Ela está repleta de fitas e a pombinha do topo é sempre beijada pelos devotos. O alferes vai recolhendo as esmolas, os oferecimentos e anotando. Designa também nos bairros rurais um encarregado para recolher as promessas e prendas por ocasião da festa; geralmente quem desempenha tal papel é o inspetor de quarteirão.

A folia canta para pedir e agradecer. Assim é que, nas casas visitadas, em geral são cantadas duas ou três quadras. Nos pousos cantam doze e no império cantam vinte e quatro quadras. Ismael Gouveia afirmou: "No império se canta vinte e quatro verso e nos pouso doze. Quano o vigitado fáiz uma boa ismola, então a folia canta uma arvorada[18] e a segui o agardecimento. A arvorada é feita nas ruas e na igreja. Nos dia de setenário a folia entra e sai cantano na igreja. Na semana da festa, a folia sai de madrugada do império e volta adespois de apercorrê a rua, cantano arvorada. Antes da reza e depois, se canta também de noite a arvorada."

Um canto de agradecimento:

> Deus le pague meu sinhô,
> Deus le há de agardecê,

---

18 O canto da "alvorada" é distinguido do comum pelo fato de o mestre solar a seguinte quadra: "O Devino le agardece / a sua santa ismola, / mais bunito há de sê / a sua chegada na grória." Enquanto sola, os instrumentos acompanhadores tocam em surdina. Logo que o solista acaba de cantar um verso, os demais componentes da folia começam a cantar; dá-nos isso a impressão de um canto de cânone.

sempre cum vida e saúde
pra no mundo vivê.

Deus le pague a dona sinhora
e tamém sua minina
e há de sê bem ajudado
da bandera do Devino.

O canto de alvorada:

O Devino le agardece
a sua bunita ismola,
mais bunita há de sê
a sua chegada na grória.

Essa alvorada foi cantada no interior da casa de um sitiante, pelo fato de ter dado uma boa oferta.

Por ocasião do pouso da bandeira no bairro da Cachoeirinha, no dia 13 de maio de 1951, anotamos as doze quadras cantadas. (Apêndice n.º 3.)

Quando a folia se aproxima de uma casa, os foliões cantam:

A todos desta boa casa
veio o Devino visitá
e pra sua grande festa
uma ismola vem tirá.

A bandeira, depois de visitar todos os cômodos da casa, e depois de ter passado sobre as camas, leitos de doentes, sobre a cabeça das crianças, é trazida até a sala, defronte ao oratório familiar, onde a folia se despede e agradece:

A ismola que vós deste
com vossa boa vontádi,
o Devino recompensa
na groriosa iternidádi.

Agardecemo sua ismola
dada di bão coração,
o Devino concederá
a todos a sarvação.

Finda a "recorrida" de todas as casas dos moradores católicos romanos do município, em dia combinado, geralmente num sábado à tarde, o encontro da bandeira se dá nas portas da cidade. Vão receber a bandeira velha, aquela que percorreu o município todo sob o sol ou chuva. A bandeira velha é a nova da festa anterior. O festeiro convida o povo para o encontro da bandeira velha. Levará consigo a bandeira nova. Esta reverenciará a velha, é encostada nela, recebendo as "forças" da que acaba de chegar. A nova servirá para os festejos do ano vindouro (para percorrer o município) e o atual festeiro guardará em sua casa a velha, como lembrança. Ela será sempre uma lembrança do brilho que a sua festa alcançou na comunidade. Em São Luís do Paraitinga um festeiro poderá, depois de algum tempo, ser novamente sorteado.

Bandas de música, padre, coroinhas e povo se dirigem até à Ponte Velha, onde irão receber a bandeira conduzida pela folia e quando lá distante aparece o alferes com a "bandeira desbotada já pelo muito recorrer", os músicos rompem dobrados festivos, cada qual procurando ser melhor aplaudido. Três bandas de música numa cidade tão pequena! (Apêndice nº 4.)

É bem provável que a emulação, a disputa entre elas lhes tenha dado longevidade. Chico Bárbara ateia fogo à bateria ensurdecedora de bombas. A folia entra na cidade à frente do cortejo e se dirige à casa da festa até à sala do império, onde estão a Coroa Imperial e o Divino de Prata (conservados até hoje na matriz de São Luís). A casa da festa, que estava fechada, foi aberta por uma menina vestida de anjo ao desatar um laço de fita vermelha. Todos subiram a escadaria do sobradão. A música toca e a comezaina se inicia. Doces e bebidas em abundância, é o folclore alimentar.

Os festejos na cidade durarão nove dias e a folia permanecerá visitando as casas. É o "setenário da rua" que ela cantará:

> Devino Esprito Santo
> na rua está passano
> vigitano seus devoto
> e vai le abençoano.

No domingo que se segue ao encontro da bandeira e nos dias da semana que antecedem o domingo do Espírito Santo, a cidade é desde a madrugada percorrida pelas bandas de música, e foliões acompanham o povo. A bandeira segue à frente segurada por pessoas que estejam cumprindo promessas e, como ainda é escuro (4 horas da madrugada), há muitos fiéis segurando tocheiras, ceroferários. À noite, terminada a reza do setenário, fazem novamente o percurso da cidade.

Para as crianças, após a "alvorada", é servido lauto café com torradas e biscoitos, as famosas cangalhinhas. Tigelas, balaios de taquara com torradas, pratos de paçoca de amendoim, chaleiras de café bem mostram a fartura.

Alguns meninos, por molecagem, entram debaixo da mesa e atiram café nas calças bem passadas dos "almofadinhas" e gritam: "Viva a fartura que a miséria ninguém atura." E as crianças criam suas rimas com o nome dos servidores voluntários da mesa: "Ó seu Mendró, café com mocotó", outros em coro: "Ó seu Damião, café com requeijão."

Nos sete ou nove dias que antecedem à festa começam a chegar as dádivas, as promessas, e como esta só se dá por ocasião da vacante agrícola, isto é, após a colheita, são cargueiros e cargueiros de mantimentos a chegar. No quintal da casa da festa há chiqueiros de porcos, de cabritos e carneiros, galinheiros para perus, patos, marrecos e galinhas. Mantas de carne verde de vitela e vaca são dependuradas nos varais improvisados. Sob um barracão, diversos pilões. Num deles, muito grande, quatro mulheres fortes, num compasso certo, ritmadamente e com alegres cantos, socam café torrado. Noutro, é arroz com casca socado por duas mulatas roliças e joviais. No vasto quintal do sobradão há longas mesas em forma de "L" para servir a comida ao povo. Na rua colocam a mesa para os foliões do Divino e, enquanto o povo come, os foliões tocam, sendo revezados por outros. Folias de municípios vizinhos, cujas festas se realizam em datas diferentes (também vacante), aparecem, pois é tácito que a de São Luís irá auxiliá-las por ocasião das suas. Algumas vezes comparecem quatro ou cinco folias da vizinhança.

A comunidade toda participa da festa. São abatidos muitos bovinos. No carro de bois vão os pesos de carne verde para a distribuição na cidade, feita nas casas pelo próprio imperador, e a folia canta:

> Aqui vai o imperadô
> nesta hora de benção
> carregano esta bandera
> pa seus fílio dano os pão.

Os moradores da roça vão buscar a carne no açougue da casa da festa. Tal distribuição acima descrita se dá no último sábado. Porém, todos os dias, durante a festa, levam comidas para os doentes da Santa Casa e para os presos. A folia canta:

> Meus sinhores incarcerado
> console seus coração
> que o Devino aqui chegô
> trazê sua santa benção.

Na Santa Casa cantam:

O andor do Divino Espírito Santo na festa de 1948. Tietê. À direita: *Tope de uma bandeira do Divino, todo enfeitado de fitas de promessas. Piracicaba.*

Princesa e príncipe do Divino. Ubatuba. À direita: *folia do Divino Espírito Santo visitando a casa de Candinho Manduca, pescador da praia do Perequê-açu. Ubatuba.*

Imperador e imperatriz do Divino "guardados" pelas autoridades civis de Itanhaém. O primeiro, da esquerda para a direita, é o autor.

Rica coroa de ouro maciço, do imperador do Divino. Jacupiranga. À direita: Coroa e cetro do Divino (prata lavrada). Ao lado: algumas ofertas. Santa Isabel.

Aqui está o Esprito Santo
nesta hora abençoada
abençoano meus sinhores
e a doença será curada.

O programa do sábado que antecede o dia da festa é extenso: alvorada pela manhã e à noite se dará a última; à tarde procissão do mastro e seu levantamento defronte da igreja de Nossa Senhora do Rosário. O povo desce pelo Beco do Império (local onde se originou a cidade) e se dirige até o campo de futebol ao lado do rio Paraitinga para assistir a todos os lances da cavalhada. Quando a procissão do mastro demanda a praça fronteira à igreja do Rosário, muitos vão pensando – quem será o festeiro? Isso porque ao levantar o mastro, do lado que a bandeira do tope virar, dali sairá o novo festeiro. É ela quem faz a primeira escolha. Então, uma pessoa encarregada pelo padre arrola o nome dos moradores do lado que a bandeira virou, para na manhã seguinte, após a missa, proceder ao sorteio que se dará na igreja.

No dia da festa, domingo do Espírito Santo, data móvel e não coincidente com a do hagiológio católico romano, porém de acordo com o calendário agrícola, isto é, após a colheita, em julho ou agosto, a cidade é acordada às 4h30 da manhã pela tradicional salva de 21 tiros. Bandas de música fazem a alvorada percorrendo as ruas com alegres e festivos dobrados. Às 11 horas, missa solene. Para assistir a ela, o festeiro virá acompanhado pelas bandas, sendo, juntamente com seus familiares, conduzido processionalmente até à igreja; meninas vestidas de anjo fazem um quadrado de fitas vermelhas cercando o festeiro. Este leva a coroa do imperador e antes de se iniciar a missa, coloca-a no altar.

O povo acompanha o festeiro sem atropelos, embora haja muita gente. Tem início a missa solene, acompanhada pela banda musical.

Ao "Glória" da missa ouve-se o repique festivo dos sinos, das campas e de fora entra o pipocar estrondoso de foguetes e baterias. Dos janelões do frontispício da igreja, soltam pombinhos brancos com laços de fita (papel de seda vermelho) amarrados no pescoço, os quais fazem uma revoada pelo largo da matriz procurando desvencilhar-se do incômodo enfeite.

A igreja estava toda enfeitada com cortinas vermelhas e galões dourados; na entrada, nos arcos de bambu, à guisa de portal, dependuraram centenas de copinhos de diversas cores, com azeite e lamparinas dentro. À noite, essas pequenas e multicoloridas luzes e mais as lanternas de vidro com velas de estearina colocadas nas torres dão um toque de beleza àqueles enfeites que serão usados hoje pela última vez, quando da coroação do festeiro.

Acabada a missa, são colocados em dois copos os cartõezinhos adrede preparados com o nome das pessoas para o sorteio. Ali estão somente os nomes das pessoas apontadas pela bandeira do mastro. Num dos copos os nomes, em geral 12, e, noutro, 11 papeizinhos em branco e um com a seguinte inscrição: "Festeiro do Divino Espírito Santo." Ficam todos à espera da sorte. Um "anjo" por sua vez tira um papel e o entrega a um dos muitos padres presentes. Este lê o nome. Outra menina vestida de anjo tira um bilhete do outro copo e entrega ao padre: Enquanto não sai o festeiro, diz "branco". Ao sair o nome do sorteado, a banda de música toca, os sinos repicam, soltam muitos foguetes. Acabado o sorteio o festeiro "velho" regressa para casa acompanhado pelo povo, banda de música e às vezes pelo "novo" festeiro. Deixa, porém, a coroa na matriz, que será entregue depois da procissão, à tarde, ao recém-sorteado, pelo padre.

Assim que é dada a notícia do novo festeiro os seus amigos soltam foguetes e nos bares, por conta dele, comem doces e bebem cerveja ou pinga. Quando acontece estar o futuro "imperador" ainda na roça (sítio ou fazenda, o que é muito raro) vai um portador para levar a notícia e trazê-lo para o recebimento da coroa.

À tarde, imponente procissão percorre as ruas da cidade conduzindo o novo festeiro com sua senhora, tal qual fizeram com o atual quando foi à missa. Agora, o imperador velho faz parte do séquito que acompanha o novo. Seguem todos para a cerimônia final – a coroação. A procissão termina dentro da igreja com os atos litúrgicos e a seguir vem a cerimônia da entrega da coroa ao novo festeiro: o padre entrega ao imperador velho a coroa, este tirando-a de sua cabeça a entrega ao sacerdote que a coloca na cabeça do imperador novo.

O povo e as bandas de músicas esperam a saída do novo festeiro, que é recebido com efusão. Grande é o acompanhamento que o levará até sua residência, onde muitas moças com flores atiram pétalas ao chegar o imperador, levando a coroa que será depositada no novo império. Enquanto a banda de música toca, há distribuição de doces e bebidas para os graúdos, os licores feitos de casca de mexerica, vinho de jabuticaba... e café com bolos de arroz para os mais simples.

O último leilão tem início ao anoitecer. Na praça há queima de fogos de artifício preparados pelo Lulu Daniel. Ele é quem "bota fogo na girândola". Depois das infernais baterias, vêm os fogos de vista e nas duas últimas peças pode-se apreciar o esmero do pirotécnico luisense, em que apresenta um quadro com a estampa do Divino e outro com os seguintes dizeres: "Homenagem do povo luisense a seu velho festeiro e exma. família." E não faltou seu espírito jocoso no foguetão do adeus: "Adeus festa boa / todo povo comeu doce / bebeu vinho / comeu leitoa."

Não faltaram os divertimentos. Perto do Asilo de São Vicente, à noite, o jongo ferveu. Durante o dia, as companhias de moçambique de vários bairros vieram prestar sua homenagem ao Divino. O caiapó saiu com um número reduzido de participantes. A dança-de-velhos empolgou: uma dezena mais ou menos de homens com roupas mal-ajambradas no corpo, bastão, longos cabelos brancos (postiços), barbas intonsas, calçados desemparceirados, arrastando os pés sob o ritmo de velha valsa "do tempo do Onça" tocada por concertina, acompanhada por violões. Era antigamente dança de salão, hoje mero arremedo e com participantes "pegados a laço", cujo fito é provocar hilariedade. Embora sendo só para criança, o pau-de-sebo, o quebra-potes, o porco ensebado, a corrida de sacos e a dança-de-fitas chamaram a atenção de centenas de adultos. À tardinha, João Paulino e Maria Angu, a Miota e o Boi, fizeram suas estripulias. E na voz alegre das crianças a farandolar, com desfastio a quadrinha tradicional foi revivida:

> O meu boi morreu,
> o que será da vaca,
> pinga com limão
> cura urucubaca.

A FESTA DO DIVINO DE TIETÊ

Caracteriza bem aquelas onde a parte espetacular se passa no rio. Entre as festas da industrial e culta Piracicaba e da pequenina e bucólica Anhembi, a de Tietê é o meio-termo. Há entre elas traços comuns no que se refere à utilização do rio.

Nas regiões pioneiras, cidades novas situadas à beira do Tietê, não há festas populares. Festa do Divino com império, casa da festa, encontro, é coisa do passado. Acontece, também, que algumas cidades marginais do Paraíba do Sul, embora centenárias, não a possuem porque o município não se utilizava do rio como estrada líquida, bem como outros fatores, outros gêneros de vida aí existiam, afastando portanto tal tipo de festa, como acontece em Pindamonhangaba, Guaratinguetá, onde a recorrida obedecia ao "aranhol" que a folia traçava no município, utilizando raramente ou nunca o rio, fazendo tal qual se faz em Cunha[19] e São Luís do Paraitinga. Há mesmo maior semelhança, os padrões são praticamente os mesmos, entre todas as festas do Divino das cidades do vale do Paraíba do Sul do que entre as do vale do rio Tietê.

No vale do lendário Anhembi, a não ser aquelas três apontadas, Piracicaba, Tietê e Anhembi, existentes em nossos dias, rapidamente desapareceram neste século, como as de Itu, famosas por causa da entrada das carroças de lenha, as de Moji das Cruzes com a "entrada dos palmitos", as de Santo Amaro, São Paulo e Cotia. As de Itapecerica da Serra e Santana de Parnaíba, sem o brilho de antanho, vêm resistindo, em vias de desaparecimento, como aconteceu com as demais da periferia da Capital, erradicadas graças às portarias severas de d. Duarte Leopoldo e Silva, que terminou para sempre essa tradição popular paulistana, motivada, dizem, pelo abuso dos bandeireiros. (Ver apêndice n° 5.)

Dois elementos podem ser apontados servindo para distinguir as festas de rio e as de terra: o dia do recebimento da coroa e o prazo da recorrida da folia do Divino. Nas de terra a demora é em geral grande, vários meses, nas do rio é em geral de pequena duração. Em São Luís do Paraitinga e Cunha a folia leva praticamente um ano, isto é, de festa a festa. Em Tietê, a folia sai antes da festa 33 dias para recorrer o rio acima e em 20 dias a parte do rio abaixo é percorrida; em Anhembi, mais ou menos 140 dias.

O recebimento da coroa nas de terra se dá no último dia da festa. Já nas de rio, há uma cerimônia especial que se dá geralmente no último domingo de agosto ou raramente[20] no dia de Pentecostes do hagiológio católico romano. Mas o mais comum é ser realizada quando se inicia a recorrida, pois tal ceri-

---

19 Em nosso estudo estamos usando exclusivamente os dados recolhidos em nossas pesquisas, observações feitas desde 1944 quando nos iniciamos no campo da antropologia cultural, na qualidade de assistente do antropólogo Emílio Willems. Não recorremos mesmo às citações bibliográficas sobre o assunto, mas em Tietê presenciamos as festas ao lado de Benedito Pires de Almeida (autor do melhor trabalho sobre a festa do Divino de sua terra natal) e de nosso primo Cornélio Pires (o bandeirante do folclore paulista) e em Piracicaba nosso companheiro de pesquisas é João Chiarini, abalizado conhecedor de nosso folclore.

20 No dia 25 de agosto de 1946, a convite de nosso saudoso amigo Menênio Campos Lobato e de meu irmão Mário Araújo Júnior, professores da Escola Normal de Tietê, lá estivemos assistindo e colhendo dados sobre a festa da Recepção da Coroa e partida dos foliões.

mônia decorre de seu prazo para peditório. A coroação está mesmo ligada à partida dos foliões para dar início aos trabalhos na seara religiosa dos fiéis, dos que darão esmolas, dos que pagarão promessas.

O recebimento da coroa em Tietê é uma cerimônia destacada da grande festa náutica do encontro. Festeiro e festeira sorteados logo após o encontro (28-12-1945), irão receber (25-8-1946) a coroa que esteve depositada na matriz de Tietê. Às 9 horas da manhã, 32 remeiros em seus uniformes brancos, empunhando seus remos, tendo à frente a folia (composta de tocadores de viola, rabeca, caixa e triângulo) se dirigiram à casa do festeiro. À testa de cada uma das duas colunas de remeiros[21], dois pretos idosos, cada qual com uma bandeira vermelha, pararam defronte da casa donde saiu um casal – os festeiros. Ele de azul-marinho e ela de branco, empunhando uma salva de prata. Postaram-se entre as bandeiras que estão à testa das colunas de remeiros[22]. Atrás dos festeiros estão os dois "salveiros" com seus trabucos centenários. Entre o povo e remeiros está a banda de música. Os dobrados festivos são um convite para o povo que se agrega, a cada esquina que passa, ao grupo que segue até a matriz para a missa solene das 10 horas.

Nessa ocasião, antes da missa, e outras vezes três domingos antes da descida dos canoeiros, há o levantamento do mastro. Os remeiros, empunhando lenços, dois a dois, pegando nas pontas, conduzem o mastro pela cidade até onde será levantado, isto é, ao lado da matriz. É o festeiro quem conduz a bandeira que irá no tope; antes de ser colocada, é benzida pelo padre.

Entram foliões e remeiros formando duas alas para a passagem dos festeiros. Os 32 remeiros, com seus remos arvorados, assistem à missa, ajoelhando-se apenas na hora da elevação. Finda a cerimônia religiosa, os festeiros que a ela assistiram em lugar de destaque, ladeados pelos remeiros, recebem do padre a coroa do Divino. Lá fora do templo a banda de música toca o Hino Nacional Brasileiro. Retiram-se os festeiros, agora levando a coroa para o império (casa da festa), onde há um almoço para os remeiros e foliões. Ao

---

21 Quando estão defronte da igreja ou logo após o desembarque, a seguir o encontro, há uma cerimônia que tem grande importância para os irmãos-da-canoa: é o *cruzamento dos remos*. Aqueles que se dispõem a cruzar os remos devem não guardar ressentimento, não ter rancor, inveja de um qualquer irmão. Por outro lado, remos cruzados, com as pás apoiadas no chão para receberem o benzimento do padre, simbolizam uma cruz, dois a dois, cruz que afasta o demônio, pensamentos maus, ódios e perigos que possam atacar os irmãos-da-canoa.

22 Na festa de encontro, dia 29-12-1956, os festeiros ficaram entre as duas bandeiras das folias que percorreram o município, colocando-se à retaguarda dos remeiros, mais de 80 ao todo entre adultos e meninos. Notamos também que não cantam mais a "saranga", cantochão acaipirado que tem início quando avistam os irmãos que se aproximam em sentido oposto. Cantavam antigamente a saranga tal qual se faz nas rezas, repartindo. Um grupo canta, outro responde.

entardecer, do Porto Geral, numa cerimônia simples, porém tocante, partem os foliões para a recorrida. Naquelas pessoas mais simples, presentes ao embarque, comum é observar-se que seus olhos ficam marejados de lágrimas quando os foliões cantam a despedida – um cantochão acaipirado. À noite, porém, vai haver música no jardim... para alegrar os que ficam na cidade.

Com o recebimento da coroa, levantamento do mastro e partida dos foliões está iniciado o período da festa do Divino em Tietê.

Nos pousos

Certamente, quando os monçoeiros partiam seguindo as trilhas líquidas do Anhembi para fecundar a terra virgem com a semente da civilização, as despedidas naquele mesmo Porto Geral eram também tristes. Mas, para os foliões do Divino, a tristeza logo desaparece porque o salveiro, de estirão a estirão do rio, vai dando salvas de trabuco. O estampido do velho bacamarte é ouvido pelos pirangueiros, que céleres se dirigem até a casa do primeiro pouso da bandeira naquele ano. Ali se congregarão os moradores do bairro rural ribeirinho. É a vigiliatura em que o tradicional desperta, acorda, revive após um ano de adormecimento.

Descem dos barcos os foliões e se dirigem à casa do primeiro pouso. Este e o último são em geral os mais pomposos, mais concorridos graças à proximidade da cidade, podendo muitos moradores dela participarem de tão lindas solenidades populares, dentre elas a dança do cururu, para a qual são convocados os melhores da região: Sebastião Roque, João David, Zico Moreira, Pedro Chiquito, Salvador, Júlio Pais, Formiga, Saúva etc.

No terreiro da casa, param os membros da folia, e o bandeireiro, também mestre violeiro, dá início ao canto de pedimento de pouso:

>Meu sinhô dono da casa
>Deus veio le vigitá,
>sabê a sua saúde
>e a famia cumo está.
>
>No meu devino chegá
>sua casa afroresceu,
>veiu pra le dá a bença
>o nosso Devino Deus.
>
>Essa pomba veiu vuano
>pra sentá na sua mão,

veiu le pedi posada
e agazaio pros ermão.

Quem pede essa posada
é o Devino Esprito Santo,
le pede a posada
e tamém uma djanta.

O Devino tamém pede
um lugá no seu artá,
que esta pomba verdadera
vem cansado de vuá.

Em pé, na porta da casa, o seu dono com os familiares ouvem respeitosos o canto de pedimento de pouso findo, o qual adianta-se, recebe a bandeira das mãos do bandeireiro. Beija-a, esfrega-a na cabeça ou noutras partes do corpo, com fins curativos, ou simplesmente cobre a cabeça com ela, passa-a depois a cada um e entra levando-a e visita todos os cômodos da casa; a seguir coloca-a sobre o altar adrede preparado: mesa com toalha alvinitente, flores e folhagens silvestres completam a beleza simples do pouso do Divino, onde se vê um crucifixo e um quadro de Bom Jesus de Pirapora, o ícone mais popular da região, encontrado nas mesmas águas por onde navegam os irmãos-da-canoa, nome pelo qual o povo designa os remeiros do Divino.

Entram os foliões colocando seus instrumentos musicais (viola, reco-reco, triângulo e adufe) sobre o altar, e o bandeireiro dá início à reza. Júlio Pais, mestre folião há mais de 20 anos, desempenha, além dessa função, outras: é o bandeireiro, é o capelão-caipira, isto é, dirigente de rezas, e no cururu é o "pé-mestre" ou "pedreste".

Na casa onde pousa a bandeira do Divino o único divertimento permitido é o cururu. Nas casas vizinhas, às vezes dançam o fandango, cana-verde, samba rural, cateretê, o mandado, o passa-pachola e mesmo o batuque. No cururu rural amanhecem os "canturiões" em porfia. De quando em quando, ouve-se um estrondo. É uma salva dada pelo salveiro[23], outras vezes é a ron-

---

23 O salveiro desempenha papel importante na folia e também na festa. A ele compete fazer os avisos no dia do encontro, sendo a primeira salva dos salveiros: três tiros para sair do Porto Geral para a partida dos barcos de rio abaixo e rio acima. Quando a folia está percorrendo os bairros rurais, dá uma salva de pólvora seca na hora da chegada, na hora do almoço dá duas e, na casa onde irá pousar, dá três. Durante a reza dará uma salva para cada "Glória Pátria". À meia-noite é obrigado a dar três salvas e ao amanhecer, logo após o galo cantar, dará duas salvas. Nos pousos a ronqueira dá salvas de hora em hora, o que não se confunde com as do salveiro, pois o estampido dela é muito mais forte do que o de um bacamarte.

queira que entra em ação de hora em hora. Ao amanhecer, quando se despedem, após o café matinal, há o canto de agradecimento e a folia continuará no seu trabalho de visitar as casas dos muitos devotos do Divino, dos pirangueiros, muitos deles da mesma linhagem dos monçoeiros.

Como observadores participantes registramos a cena doméstica da despedida da bandeira: reunidos defronte do altar estão os foliões e os membros da família. O mestre-bandeireiro, com a frente voltada para o altar, tem ao seu lado o dono da casa segurando a bandeira. Os meninos da folia cantam com as costas voltadas para o altar, olhando para o bandeireiro que segura a sua viola na posição religiosa. Ao lado, pouco mais atrás estão os cururueiros.

Antes de dar início ao canto pelo mestre, o bandeireiro recebe as fitas de promessa e as amarra no mastro da bandeira e por sua vez deixa que muitas pessoas tirem fitas que ali estavam amarradas, pois "elas têm poder curativo". "Basta colocar no local onde está doente para que sare." O dono da casa auxilia a troca de fitas, assim os devotos tiram umas e amarram outras. As fitas são de várias cores, predominando porém as brancas, promessas de casamento. Poucas são as de viúva (fitas amarelas, "desespero"), e as demais são rosa ou vermelhas.

Quando a folia vai saindo, ainda em frente ao altar dão um viva ao dono da casa e ao Divino. Os presentes procuram beijar a bandeira antes da saída. É visível a satisfação estampada no rosto das pessoas da casa. Assim finaliza a festa no último pouso da bandeira, justamente no dia em que se dará o encontro. As pessoas saem, vão à missa da matriz e os outros vão descansar para participar do encontro, marcado para as 16 horas. (Ver apêndice nº 6.)

Ao saírem da casa do pouso, os foliões cantaram:

> Meu sinhô dono da casa
> o sinhô cumo manheceu?
> Chegue todos tomá a bença
> do nosso Devino Deus.

> Meu sinhô dono da casa
> Deus le dê alegre bão dia,
> manheceu le dano a bença
> e pra tuda a cumpanhia.

Primeiro e último pousos são os mais rumorosamente festejados. O último se dá da noite para o dia do encontro, por isso mesmo o número de assistentes que se dirigem até a Chácara da Baronesa é sempre grande, os que vêm de longe procuram reviver um pouco de seu passado já envolto em saudades, participando daquela noite simples, mas encantadora, da última vigília do Divino. Depois dessa noite, diz Júlio Pais, "o Devino só estará cum a djente no ano que vem, pois a coroa fica guardada na igreja, as bandera são recoída, o Sinhô Devino fica tamém no coração daqueles que procede bem, isso é certo, percisa é tê fé e esperá o ano que vem pra ele vigitá novamente os devoto nas suas casa".

O encontro

Cerca das 16 horas, do velho Porto Geral partiram os barcos. O número de batelões varia: em 1945 eram sete, em 1946 apenas quatro, em 1956, cinco. No ano de 1946, em dois barcos ia a Irmandade do Rio Acima, dirigida pelo presidente[24] Francisco Ribeiro, e noutros dois estava a Irmandade do Rio Abaixo, onde Zeca Machado era o cabo da Irmandade, o primeiro auxiliado pelo Irmão Andante, uma espécie de ajudante-de-ordens. No barco onde ia o pesquisador participante o piloto era Moacir Ribeiro, valioso informante.

Proeiro, popeiro, salveiro, piloto e demais remeiros, todos usam o mesmo uniforme, isto é, calça e camisa brancas, punhos e golas azuis, faixa vermelha na cintura com o nó à esquerda, *chechia* ou, melhor, gorro de nauta português, vermelho, enfeitado com galões prateados ou dourados, tendo na ponta um pompom, e todos os irmãos-da-canoa, para demonstrar humildade, andam descalços[25], ou melhor, assim o fazem devido à permanência do velho hábito do caipira paulista de não usar sapatos. Alguns irmãos trazem uma divisa: num pequeno escudo de pano claro, de bordas douradas, no centro as letras

---

24 A Irmandade é regida por um regulamento oral, folclórico, ao qual todos obedecem. "O presidente dá o regulamento e o cabo tem, no seu grupo, o direito de expulsar da Irmandade um irmão que desobedeça." Transcrevemos (sic) o Regulamento:
"1) Bebida alcoólica não pode beber fora da quantia, será expulso na hora e não tem relação para voltar mais para a Irmandade.
2) Dançá baile não pode.
3) Não namorar. Enquanto tiver a divisa não pode namorar, o divertimento único é o cururu.
4) Não pode desobedecê a ordem do superior. O que ele falar, atender."
Pode-se constatar o poder assimilador da tradição, do folclore, pois, em Tietê, muitos filhos de italianos fazem parte da Irmandade. Pagam Cr$15,00 anuais e participam das festas, na qualidade de remeiros, irmãos-da-canoa. Os diretores das irmandades prestam contas ao presidente, este ao festeiro e o festeiro ao vigário. O diretor tem grande ascendência sobre os irmãos, não permite que fumem no barco e mesmo na vida profana há reflexos de sua autoridade.

25 Notamos na festa de 29-12-1956 grande número de irmãos-da-canoa usando tênis branco e não descalços. Deve-se ressaltar, porém, que somente os pretos – e em Tietê há muitos – estavam calçados de sapato branco de borracha, porque os caboclos e caipiras estavam, religiosamente, descalços, seguindo a tradição dos "antigos devotos da canoa".

D E S e embaixo desta um I. Os membros da folia possuem idêntico distintivo, porém em vez de I, um F. A Irmandade do Rio Acima coloca a ponta da carapuça sobre o ombro direito, e a do Rio Abaixo, sobre o esquerdo. As duas irmandades ficam distantes uma da outra cerca de quinhentos metros. Cada batelão comporta mais ou menos quarenta pessoas. Nos barcos, além dos tripulantes vão algumas crianças com o uniforme dos irmãos-da-canoa; assim o fazem para cumprir promessa. Provavelmente estas crianças serão no futuro membros ativos da irmandade e a tradição continuará... Nos barcos do rio abaixo vão os foliões, diretor, salveiro, remeiros e o Divino. A canoa onde o Divino é conduzido está muito bem enfeitada, predominando a cor vermelha. Do rio acima, num batelão onde há muitas pessoas, vêm o padre e o festeiro e no outro, as bandas de música. Os barcos sobejamente enfeitados com bandeirolas deslizam sobre as águas do histórico Anhembi, enquanto o povo se apinha em suas margens. O encontro é também a oportunidade para "matar as saudades". Tieteenses, moradores hoje nos mais distantes rincões do Brasil, voltam para rever os seus e a terra natal nestes dias de festa. Hoje é o dia "dos capivaras"[26], dos "barrigas-verdes", diz sorridente velho conhecido ao abraçar outro que vem rever a querência.

Por ordem do festeiro, o salveiro do rio acima faz o primeiro disparo de seu trabuco. Ouve-se logo a resposta que o do rio abaixo dá. Com o terceiro estampido tem início a movimentação dos barcos, navegam para o encontro. Os remeiros seguem o ritmo ditado pelo bater de pé do proeiro, que bate o direito firmemente na proa. Os contraproeiros à testa das duas linhas de remeiros, e estes executam as remadas com movimentos flexíveis, harmônicos. Firme no leme vai o piloto e ao seu lado o salveiro. De quando em vez o proeiro diz: "Vira remo", todos os remeiros trocam de lugar, os que estão a estibordo passam para bombordo e vice-versa. Bastam apenas duas pancadas rápidas com o pé, dadas pelo proeiro, todos arvoram remos[27].

Embora a folia venha num dos barcos, as bandas de música noutro, que se ouve durante o percurso antes do encontro é apenas a saranga – cantochão acaipirado, cantado pelos remeiros da canoa onde está o Divino. É uma reza

---

26 Benedito Pires de Almeida, op. cit., assinala a saída de muitas famílias de Tietê, passando a morar em várias cidades de São Paulo ou de outros estados.
  Em Botucatu, por exemplo, davam aos tieteenses o apelido de "capivaras" e em Tatuí são chamados de "barriga-verde". Em represália os de Tietê chamam os da terra de Chico Pereira e Paulo Setúbal de "pé-vermelho".
27 Os remos são pintados de vermelho e azul, tanto o cabo como a pá. Nesta, numa das faces, estão as iniciais do remeiro, e na outra, as iniciais da Irmandade a que pertence aquele irmão da canoa: R A B (rio abaixo) e R A C (rio acima).

Há os que fazem promessa para cozinhar na casa da festa. São Luís do Paraitinga.

Na festa do Divino Espírito Santo há comida para todos. Nazaré Paulista.

"Comem à tripa forra." Promiscuidade: dois ou três comem no mesmo prato. São Luís de Paraitinga.

Café em tigelas, dado em abundância: é só chegar e beber... Nazaré Paulista.

Folia do Divino Espírito Santo, de Cunha: caixa, violeiro, mestre-violeiro, triângulo e alferes da bandeira.

Mestre-violeiro da folia do Divino Espírito Santo. Tietê.

Leilão. O leiloeiro apregoa as prendas, na barraca improvisada.

onde se percebe o dueto tão do gosto de nossos modinheiros e violeiros paulistas. Cada vez que arrematam uma saranga ou "serenga" é obrigado a dar uma salva, informa o salveiro. Os batelões do rio acima vêm mais próximos das margens, e os do rio abaixo, mais pelo centro. As distâncias entre os barcos das duas irmandades é cada vez menor. Encontram-se.

É o tão esperado encontro. As bandas de música rompem o Hino Nacional Brasileiro. Nas margens do rio atroam bombas, e rojões riscam de branco o céu azulado. O salveiro, apressado, tirando de seu polvarinho na mão encovada boa medida de pólvora, mete-a boca adentro do bacamarte, preparando a arma vetusta para novas salvas, recordando assim o monçoeiro que fazia sua escopeta tonitruar os ares do sertão virgem. O espetáculo do encontro é indescritível, digno de ser visto[28].

Após o encontro rumam para o Porto Geral, onde desembarcam e em procissão seguem até à igreja matriz. A irmandade da canoa vem à frente da procissão: irmãos do rio abaixo com os remos pousados no ombro direito e os do rio acima com o remo no ombro esquerdo. Formam duas filas indianas, à direita a irmandade do rio abaixo e à esquerda a do rio acima; à testa das colunas estão os proeiros, à retaguarda, ao lado dos festeiros, os salveiros. Sobem as ruas tradicionais por onde desciam os monçoeiros e dirigem-se à matriz.

Enquanto a procissão demandava a igreja, todos queriam carregar pelo menos um pouco a bandeira do Divino. Há quatro bandeiras além daquela mui rica onde se vê bordada em prata a pomba simbólica, carregada exclusivamente pela festeira garbosamente ao lado do festeiro com a coroa de prata numa salva argêntea. Os sinos não param de repicar enquanto a procissão se aproxima. O povo se acotovela na porta da igreja à espera da chegada do Divino. Na procissão há gente de todas as classes sociais, mas pode-se ver que o elemento negro é o que predomina. Bandas de música revezam-se a tocar dobrados festivos. Às 19 horas teve início a reza, ouvindo-se um sermão sobre o "encontro"[29]; enquanto festeiros assistem reverentes à cerimônia, os remeiros cercam-nos rodeando as cadeiras especiais dos imperadores. Os irmãos-da-canoa, em pé, remos arvorados, capuz repousando num dos ombros, constituem a guarda de honra.

---

28 Uma companhia paulistana de turismo já levou turistas a Tietê, em 1950, e vem repetindo. Em 1960 houve outras concorrentes.
29 Em 1945 o padre proferiu eloqüente e belíssimo sermão sobre o encontro, um verdadeiro panegírico à tradição, porém, em 1946, o então orador sacro fez uma verdadeira arenga, cheia de azedume contra o comunismo, espiritismo e protestantismo, os "únicos culpados dos males e desgraças do nosso queridíssimo Brasil".

Terminada a reza, retiram-se, e os irmãos-da-canoa vão tomar café[30] ou um buré (sopa de milho verde onde se coloca cambuquira ou couve rasgada) numa casa noutra margem do rio. Na casa da festa poucas pessoas, geralmente as autoridades civis, religiosas e militares, saboreiam frangos assados, leitoas etc.

À noite, a cidade está burburinhante. Tudo é alegria na mais linda noite de Tietê – terra natal do folclorista Cornélio Pires, o bandeirante do folclore paulista. Num dos bairros suburbanos da terra de Marcelo Tupinambá, o samba rural paulista e o batuque completaram a noitada de festa e de alegria. Não faltou o quentão, as barracas com comes e bebes, as broas e biscoitos de polvilho, a gengibirra que faz estalar os lábios, o doce de batata-doce, de abóbora, cidra, a rapadura com gengibre embrulhada na palha de milho e muitos outros.

Provavelmente a festa do Divino de Tietê se realizará por muitos anos, ainda mais agora que a prefeitura local a tem favorecido e descobriu nela uma faceta turística que pode ser explorada. Os envelopes das cartas enviadas dos tieteenses para fora, a partir de novembro, já trazem estampada a pomba simbólica do Divino e um convite para que se visite Tietê. Belo exemplo a ser imitado é o que Tietê aponta aos demais municípios paulistas possuidores de festas tradicionais.

A FESTA DO DIVINO EM PIRACICABA

Em Piracicaba a grande festa se dá no rio, nas proximidades do Porto Velho, isso desde o tempo em que a "Noiva da Colina" era a Vila da Constituição. Ainda o povo hoje desce a rua Direita para assistir, da margem esquerda, ao espetáculo empolgante do encontro, agora sem aquele esplendor de antanho, embora as rádios e jornais convidem a todos e peçam que as indústrias e o comércio fechem suas portas, para que haja grande assistência.

A festa do Divino é de data móvel, de acordo com o calendário agrícola e aqui muito mais condicionada à época da baixa do rio. Nos lugares onde a

---

30 Benedito Pires de Almeida assinala em seu excelente trabalho os vários cafés (certamente a duas mãos) distribuídos aos remeiros durante o dia; refere-se ao número de refeições feitas pela Irmandade do Rio Acima, jantar no sábado e duas refeições no domingo, terminando o compromisso alimentar com eles nessa noite dominical; já os da Irmandade do Rio Abaixo terão as mesmas três refeições dos demais remeiros e mais o almoço de segunda-feira, porque estes voltarão de batelão para a Capela de São Sebastião, bairro rural onde residem, só depois da festa da SS. Trindade que é na segunda-feira. Devemos lembrar que a SS. Trindade é a padroeira de Tietê.

festa do Divino é apenas uma tradição guardada "carinhosamente", onde ela é quase que tão-somente uma cerimônia teatral como em Piracicaba, em geral prevalece o calendário religioso, isto é, o sétimo domingo da Páscoa. Numa cidade industrializada como Piracicaba, se não fora a beleza do encontro, já havia desaparecido ou se transformado radicalmente tão preciosa tradição religioso-profana. A mobilidade das datas acelera o desaparecimento das festas, que hoje são patrimônio de nosso folclore. Ao festeiro compete marcar a data da festa, geralmente em maio ou junho, por ocasião da vazante do rio. Só em 1944, devido às chuvas, ela foi realizada em julho. Em 1947, a festa que estamos descrevendo foi realizada aos 24 de maio, um dia piracicabanamente ensolarado.

Em Piracicaba, ao contrário do que acontece noutros municípios paulistas, não há sorteio para a escolha do festeiro. Uma pessoa se oferece para realizar a festa. A condição *sine qua non* é ser católico romano. Um festeiro poderá realizar uma só festa em sua vida. Não pode repetir. Parentes de festeiro também não podem se oferecer para realizar a próxima festa. Caso um festeiro se ofereça, e se constate que é parente daquele que a realizou anteriormente, é destituído das funções. Aceita-se, então, o oferecimento de outro.

O festeiro terá que efetuar muitos gastos. Em 1947, o padre cobrou, só para participar do encontro, a importância de oitocentos cruzeiros. Rezas e procissão também são pagas. E há muitas despesas. Segundo nos informaram, aqui não há contabilidade do que se recebe e do que se gasta.

Os participantes diretos da festa do Divino, aqueles que saem no batelão e nas canoas, são popularmente chamados "marinheiros". A uniformização dos marinheiros hoje é diferente. Militarizou-se. A antiga *chechia* vermelha de zuavo, tão do gosto dos nautas portugueses, se transformou em quepe. A camisa branca de golões e punhos azuis se tornou em dólmã de "meganha". Os remeiros agora são marinheiros e usam sapatos, coisa que os irmãos-da-canoa da Irmandade do Divino, em tempos idos, não usavam. Era pecado usar. Somente o vermelho da bandeira é que não foi mudado, pois são as cores do Divino, embora o "vermelho" seja hoje cor perigosa... O número de barcos diminuiu. Hoje, do encontro participam quatro barcos apenas: a balsa do rio acima e três batelões do rio abaixo.

O pouso, presentemente, tem apenas a função de ponto de encontro dos participantes dos barcos do rio abaixo, nem é casa de moradia, é apenas uma venda, onde se reúnem os marinheiros. Ali aguardam a hora de remar rio acima.

"Bons tempos aqueles, quando no último pouso a gente passava a noite 'ferrada' num cururu! Pela manhãzinha, os 'agardecimentos de poso'. A folia com o alferes da bandeira, o caixa, o triângulo e eu, na viola, cantávamos o 'Deus le pague a boa esmola, dado de bão coração, no reino do céu se veje o sinhô e sua geração'. Bons tempo"... suspirou o violeiro, apertando a cravelha do canutilho de sua viola. Era um "mochinho". (Sabem que a mais piracicabana das violas paulistas é o *mochinho*? É genuinamente barranqueira!)

Às 16h30 descem todos os marinheiros do rio abaixo para a barranca da margem esquerda do rio Piracicaba. Piracicabano é barranqueiro. Tomam seus lugares nos três batelões. No primeiro, próximo à margem esquerda, vai a bandeira do Divino na proa do barco capitânia, segura por José Júlio Fischer, chefe dos marinheiros, com as divisas de sargento no braço. Sincretismo religioso-militar. Neste barco também está a folia, organizada na hora: Barbosão na viola, Barbosinha cantando e Zé Félix no pandeiro. Oito remadores e o popeiro. O barco vai pesado... No segundo vão cinco remeiros, popeiro e fogueteiro, este vindo de Pereiras especialmente. Já não usam mais o trabuco e sim rojões. No terceiro barco, seis remeiros, popeiro e dois meninos de branco cumprindo promessa. Já os remeiros não sobem remando nem cantam a "serenga". Tradição que se foi e que ainda existe em Tietê e Anhembi.

A partida dos barcos foi dada por meio de um sinal de rojão, ordenada pelo festeiro. Sobem os marinheiros do rio abaixo, remando sob o comando de José Júlio. Ao primeiro apito (é um apito feito de chifre) arvoram os remos, deixando-os na posição horizontal; ao segundo cruzam em cima e ao terceiro principiam a remar.

A folia do Divino, já sem triângulo e caixa, apenas com viola e um intrometido pandeiro, sem tiple e contralto, apenas com a primeira e segunda vozes, vai cantando. A toada já não é o cantochão acaipirado das melodias da folia do Divino, nela já existe muito do ritmo do cururu. E Barbosinha canta. É um bom modinheiro. Seu canto é bonito, e os versos são "do repente". E o repentista dá-nos uma descrição do encontro:

> O Devino Esprito Santo
> nesta bandera sagrada
> vem vino de casa em casa
> visitá nossas morada.
> O Devino tira esmola
> mais num é de percisão
> ele vai de casa em casa
> exprimentano os coração.

O Devino pede esmola
mais num é de percisão
ele chega em toda casa
pra dá sua bênção.
Agora eu canto dereito,
vô fazê tudo bem feito,
vô deixá na otra mão.

A nossa linda irmandade
rio acima vai subino,
cum gosto e sastifação,
pra acompanhá nosso Devino.
Vô subino rio acima,
devagá, eu vô chegano,
entregá nossa bandera
pro festero deste ano.

Ai, meu amigo Zé Félix
mecê preste bem atenção
nossas hora tá chegada
em cima do batelão,
por isso eu canto pra você
pois eu quero escrarecê
o que é ruim e o que é bão.

Debaxo vai subino os batelão
com os remo tudo trançado,
o Zé Fiche na bandera
que é o comandante da esquadra
dos marinhero que tá embarcado,
e o Barbosinha e o Barbosão,
em todas ela tem remero,
na do meio, o foguetero
que tá sortano rojão.

É só rojão que sobe pro ar,
que faiz grande exprosão,
e nas marges do rio
gente vê a povoação,
e muitos devoto ajoeiado

que tão ficano sussegado
por cumpri a devoção.
Avistei a barca de cima,
como vem carregado.

Lá vem a barca de cima
com o padre e o festero
que bonita procissão,
encontrá cum os que vai debaxo.
Ai no barco dos folião
tem um escritô que escreve desesperado,
ai, este home dá valô
pra estes cantadô,
que anda pra todos lado.

Ai, o padre está benzeno,
ai, o nosso rico povoado,
toda nossa povoação
que está na bera do rio
com grande satisfação,
está benzeno o povoado,
tão alegre e sussegado,
com grande devoção.

Amigo Zé Félix, ai,
o barco vem balanciado,
é só rojão pro ar,
que estora de tudo lado,
cumprino coa devoção,
devoto que é batismado*
O Devino está na frente,
amigo Zé Félix diga
si num tá acertado?

    Do rio acima desce a balsa. No tablado flutuante vêm autoridades eclesiásticas (três padres e um capuchinho), civis e militares, também a banda de música ituana, garbosamente uniformizada, o festeiro e mordomos. Num altar a bordo, está a coroa de prata.

---

* Batismado = batizado.

Grandes Festas

EM LOUVOR AO

DIVINO ESPIRITO SANTO

Como em todos os anos, serão realisadas as tradicionais Festas do Divino

PROGRAMA

Triduo solene, de 14 a 16 de Julho, na Catedral provisoria. Ás 19,30 horas, reza solene, canto de "Veni Cuator", ladainha de N. Senhora, sermão e benção com o Santissimo.

Dia 16 - ás 17 horas, dar-se-á o encontro das Bandeiras no Rio Piracicaba, e a seguir, o cortejo até a Catedral Provisoria, onde haverá sermão e benção com o Santissimo. Pregará o Revmo. Pe. Oscar Chagas.

Dia 17 - DIA DA FESTA DO DIVINO ESPIRITO SANTO, ás 6, 7, 8 e 9 horas, missas rezadas.

Ás 10 horas, solene missa pontifical, oficiando o Exmo. e Revmo. sr. Bispo Diocesano.

A's 17 horas, imponente procissão, havendo à entrada, sermão e benção com o Santissimo; logo em seguida, nomeação dos novos festeiros para o ano de 1950.

Dia 15, 6.a Feira - Grandioso leilão de ricas prendas, assadas, deliciosos cuscus, preparados por eximio cozinheiro; logo após o leilão, haverá grande queima de fogos de artificio, executada pelo habil pirotecnico José Bolesteiro.

Os festeiros pedem um auxilio, e tambem convidam todos os catolicos, afim de que a festa se realise com toda a pompa e brilho, e desde já agradecem e pedem a Deus que derrame sua benção sobre todos os fieis.

Visto: Pe. Francisco Mutscheli - Vigario Auxiliar da Catedral

Os Festeiros: José Barbosa de Mattos e Encarnação R. de Mattos Barbosa

Dia 16 - Grande Cururu, no Teatro Santo Estevão, com uma afamada turma de cantadores, em beneficio da Festa.

TIP. DO JORNAL DE PIRACICABA

A balsa só poderia estar enfeitada com bambus. Folclore paulista sem bambu não é bem brasileiro. Acreditamos que o bambu faz parte integrante de nossas festas tradicionais bem paulistas. Os quatro bambus "verdinhos da silva", presos nos quatro cantos do palco flutuante, cruzam em cima, e na cúpula, a doirada pomba do flamejante Divino. Um pano vermelho em volta da balsa, que é acionada por varejões de bambu manejados pelos 16 remeiros do rio acima.

A distância entre as três barcas que sobem e a balsa que desce cada vez se torna menor. Na margem direita o fogueteiro, Balesteiro, risca um palito de fósforo e ateia fogo ao estopim da "bateria". Dá-se o encontro. O estopim comunica fogo às bombas que estrondam ensurdecedoramente. Ressoa o Hino Nacional Brasileiro. Soltam pombos. Os devotos que apinham a margem esquerda do rio Piracicaba ajoelham-se, persignam-se e pedem bênçãos ao Divino. Espoucam rojões. Só isso ficou e não se modificou das festas, festanças e festarias do passado.

A secularização tem sua cabeça-de-ponte no festejo, no comércio que se faz nessa ocasião solene: há um batelão todo enfeitado, cujo dono cobra Cr$ 2,00 por pessoa. O que rende, não será em benefício da festa, mas do "sabido" que proporciona tal passeio de barco aos ádvenas, pois piracicabano que se preza não entra neles... é pecado. Pecado contra a tradição. Uns "mocinhos bonitos" atrapalham, com as marolas de seus barcos-motores, a beleza tradicional da festa. Onde se viu motor em festa de varejões e remos? "Em festa de jacu, inambu não pia"...

As canoas e balsas encostam no Porto Velho. O povo procura beijar a bandeira que veio do rio abaixo. Está pesadíssima, são milhares de fitas amarradas no seu topo – as promessas. As fitas brancas são as das noivas e namoradas. Há muitos nós atados nelas. As mulheres querem se casar – e cedo é melhor – por isso um nó bem apertado.

Forma-se a procissão, que segue atrás da bandeira. Logo a seguir há o altar, um andor carregado pelos marianos. É a imitação de um tronco de árvore, coberto de papel prateado e no topo a pombinha doirada. Sobe a antiga rua Direita (hoje Morais Barros), toda enfeitada de bambus. Dirige-se para a igreja. Houve um padre que não era amante da tradição e proibiu a entrada dos remeiros na igreja. (Padres e delegados de polícia, quando não são esclarecidos, atrapalham muito as manifestações públicas de nosso folclore, matam a tradição.) Na igreja termina a festa do encontro, geralmente realizada aos sábados. Há reza, e ao finalizá-la é entregue a bandeira ao novo festeiro. Após esta cerimônia, há um lauto jantar em casa do festeiro. Nosso folclore é por excelência alimentar.

À noite, no teatro Santo Estêvão, porfiarão os cururueiros convidados pelo festeiro para abrilhantar a festa do Divino Espírito Santo. Nesse mesmo teatro, os cururueiros do Centro de Folclore de Piracicaba, em noitadas memoráveis, organizadas pelo folclorólogo João Chiarini, também porfiam. Ali pode-se ouvir um Antônio Vilanova – o Condoreiro do Cururu Urbano –, ou um João David – o Salmista do Cururu Rural.

A jogatina "inocente" campeia nas festas religiosas. Areias.

Nhô Juca Teles, do Sertão da Cutia, dá a nota de alegria e jocosidade nas festas tradicionais de São Luís do Paraitinga.

Pau-de-sebo.

Nessa noite porfiaram os cururueiros brancos *versus* os de cor. Serviu de "pedreste" o cururueiro Lazinho Marques. O cururu, que era dança só de caboclos, hoje urbanizando-se o é também de gente de cor. Dois pretos "batutas" cantaram nessa noite: João David e Pedro Chiquito. Enfrentaram dois brancos "cueras": Sebastião Roque e Zico Moreira. O espetáculo durou até ao romper do dia. O "pedreste" entrou cantando:

> Ai, boa noite, meus sinhores,
> minha destinta povoação,
> ai, meu prazê nunca se acaba,
> povo de Piracicaba,
> em cima deste parco se acha
> Lazinho Marque,
> cum prazê no coração...

No domingo, às 16h30 saiu imponente procissão encerrando os festejos. À frente, crianças de branco. Depois os marinheiros formando duas alas. Alguns com uniformes já sujos. No centro cinco meninas com uniforme de marinheiras, carregando a bandeira do rio abaixo. A seguir um casalzinho de crianças, filhos do festeiro, com ricas vestes, carregando uma almofada finíssima, sobre ela a coroa de prata do imperador do Divino. Da almofada saem fitas, cujas pontas são seguras pelos pajens que estão atrás. Estes eram sete meninos vestidos de camisa branca, calção de veludo vermelho, gorro e penacho da mesma cor. Espetáculo suntuoso de indumentárias e cores. A seguir, o andor do Divino carregado por quatro marinheiros, ladeados pela irmandade de São Benedito. Atrás um séqüito de anjos. Como dá anjos em Piracicaba!!! Festeiro e senhora carregando a rica bandeira do rio acima. Sob o pálio, dois padres. Entre o poviléu e o pálio, a banda de música, com seus dobrados festivos. Começa a anoitecer. "Cai a tarde tristonha e serena, num macio e suave langor" lá bem distante, porque aqui na cidade tudo é alegria e festa. Recolhe-se a procissão. Vem a reza. E "acabou-se o que era doce, quem comeu arregalou-se". Assim é a festa do Divino Espírito Santo em nossa querida terra natal, que tinha rio como meio de comunicação nos albores de sua formação, daí nele realizar-se o "ex-voto" coletivo da população participando da festa em louvor à terceira pessoa da Trindade que a salvou das febres dizimadoras.

A descrição da festa do Divino Espírito Santo de Piracicaba vem confirmar o que dissemos a respeito de suas origens. É o passado português, numa lavrantaria fecunda, a tecer com os fios das tradições as mais ricas filigranas de nossas festas populares.

Geografia da festa do Divino de Cunha

Nos primórdios da colonização do Brasil, ao lado das ínvias trilhas que penetravam o âmago do sertão, nos pousos que assinalavam jornadas de sol a sol, muitos arraiais nasceram. Em virtude do comércio de trânsito, alguns se desenvolveram, embora fossem incipientes as suas indústrias domésticas ou sua produção agropecuária; outros desapareceram.

O arraial do Facão, antigo pouso à margem do "caminho velho"[31] que, partindo de Parati, ia até à região das Minas dos Cataguás ou São Paulo de Piratininga, teve origem idêntica à de muitas cidades brasileiras. Quem partisse do porto marítimo, para vencer a estrada serpenteante da serra do Mar, logo no planalto atlântico, muito antes de alcançar as margens do Paraíba do Sul encontraria uma elevação central e longitudinal, onde as tropas teriam, forçosamente, de parar em virtude das dificuldades da passagem e do adiantado da hora em que aí chegavam. Nasceu nesse lugar o arraial do Facão, mais tarde Freguesia do Facão que, aos 15 de setembro de 1785, é elevada a vila por ordem do capitão-general Francisco da Cunha Meneses, sob a invocação de Nossa Senhora da Conceição. E a cidade tomou o nome do primeiro sobrenome daquele capitão-general – Cunha.

Acontece que antes de atingir o arraial, que ficava no facão da estrada, existiam duas pequenas paradas: a da Aparição e a da Bela Vista. Por que o escravo carregado ou a tropa arreada não fazia seu pouso num desses locais e sim no Facão? É que o Sol ainda estava alto para quem tivesse partido do porto marítimo antes de ele nascer. A mais preponderante razão, porém, era esta: a partir do Facão, os caminhos se bifurcavam. Um era palmilhado pelos preadores de índios e seguia rumo de Piratininga; outro, para as lavras de ouro. Como acentua Mário Wagner Vieira da Cunha[32], o caminho nunca teve importância como ligação a São Paulo e sim a Minas, e a Freguesia do Facão chegou mesmo a ser valhacouto de aventureiros, quando da corrida do ouro.

Um dia trocaram-lhe o nome: de Freguesia do Facão passa a chamar-se cidade de Cunha. A que era "boca do sertão" passa a ter valor por ser "porta do caminho do mar. É o pouso forçado antes de descer a serra"[33]. Já não é também o escravo que carrega o fardo, grimpando a serra, e, sim, a tropa

---

31 Basílio Magalhães, *O café – na história, no folclore e nas belas-artes*, São Paulo, Nacional, série 5ª Brasiliana, Biblioteca Pedagógica Brasileira, 1930, p. 95, v. 174.
32 Mário Wagner Vieira da Cunha, "O povoamento do município de Cunha", in *Anais* do IX Congresso Brasileiro de Geografia, v. III, 1944, p 642.
33 Vieira da Cunha, op. cit.

arreada, que sobe e desce. Alargam-se as trilhas, que são calçadas com grandes pedras, a Estrada Imperial.

Situada no encontro de estradas, que vinham de prósperas regiões, o pequeno burgo serrano conheceu de perto o progresso, que o bafejou até à época em que o "caminho novo", Areias-Mambucava, foi aberto por Garcia Rodrigues Pais, em 1700, e proibido o uso do "caminho velho", o que se acentuou com o aparecimento da Estrada de Ferro Central do Brasil, tornando-se obsoleta essa via de comunicação, uma das maiores do Brasil meridional. Data daí o olvido a que foi relegada a heróica cidade-trincheira da epopéia constitucionalista de 1932. Caindo no mais notório esquecimento por parte das autoridades estaduais, passou a viver de sua opulenta tradição e do escambo.

Como quase todas as cidades que apareceram há mais de dois séculos, Cunha também possui a lenda da sua fundação. O padre coloca a imagem em uma nova capela, ela desaparece, e isso se repete por três vezes, voltando sempre ao pouso primitivo, que é sua edícula. Foi assim mesmo que sucedeu com Nossa Senhora da Conceição – a padroeira –, que não queria ficar na matriz, cercada por várias casas de telha. Voltava lá para seu nicho, no pouso primitivo, perto do ribeirão, onde há "uma elevação central e longitudinal na estrada, dificultando sobremodo a passagem de veículos" – no facão. Outras lendas também existem: panelas de ouro enterradas; aparição de escravos com suas correntes e algemas, gemendo e pedindo clemência. É lenda, tão-somente. Cunha nunca dispôs de riqueza advinda do café ou do açúcar, porque não os cultivava. Se ouro houve, foi de malogradas lavras, faiscamento que não dava para pagar as despesas de desmontar cascalhos. Cunha foi durante quase dois séculos essencialmente agrícola.

Está situada em um contraforte do espigão do Divino Mestre (ou Menino Mestre), que é o divisor das águas do Paraibuna e do Paraitinga, formadores do Paraíba do Sul. Sua altitude medeia entre 1.000 e 1.200 metros: clima, portanto, de montanha, nas proximidades do litoral. Terra para o cultivo de cereais, muitas aguadas, córregos e rios cortam a região. E nesse "mar de morros" há muitas cachoeiras, das quais a maior é a de nome Pimenta, cujo potencial hidráulico ainda está por ser explorado.

Sendo um município montanhoso, os meios de transporte se limitam ao "lombo de burro". Tropas arreadas são utilizadas nesse mister. Data de muito pouco tempo a construção da estrada de rodagem, levada a efeito por ocasião da Revolução Paulista de 1932, que faz a ligação com a importante cidade vale-paraibana de Guaratinguetá.

Os núcleos principais de povoamento são dois: a cidade de Cunha, atualmente com cerca de 1.000 habitantes, e Campos Novos, seu distrito de paz, com 37 casas; outros são bairros rurais. Campos Novos, por estar mais próximo de Lorena, cidade servida por estrada de ferro, pode-se dizer que esteja muito mais ligada àquela cidade do que a Cunha. A partir de 1945, perdeu Lagoinha, que também está muito mais próxima da "Imperial Cidade de São Luís do Paraitinga" e com esta faz, mesmo, seu comércio. Não havia contato entre as duas povoações. Cunha só contava com os parcos recursos do imposto da gleba e urbano. Este vinha do pequeno núcleo de 72 casas, alguns sobrados, uma igreja matriz e mercado. Há inúmeros bairros rurais ligados de fato à cidade de Cunha, e em todos eles há cruzes, santa-cruz ou capela para as festas familiares ou de bairro. Há portanto dois tipos de habitantes: os moradores da roça e os da cidade. É por ocasião das grandes festas religiosas ou cerimônias que os moradores dos mais distantes bairros rurais de Cunha demandam a cidade. É sem dúvida a festa do Divino Espírito Santo a que melhor consegue congregar os moradores do município. É também nessa ocasião que muitos filhos da terra, moradores agora quer na Capital ou nas mais distantes cidades brasileiras, procuram-na em tal oportunidade para rever amigos, encontrar os velhos companheiros. A festa do Divino tem esse condão – o de permitir rever os entes queridos, relembrar o passado, cultuar a tradição.

Na cidade de Cunha é realizada às vezes nos fins de julho ou princípios de agosto, logo após a colheita do principal produto agrícola do município – o milho. Aí, há muitos anos se comemora essa festa que, por não ser oficializada pela Igreja Católica Romana, foi proibida durante os anos de 1939 a 1944. Felizmente restaurada em 1945, proporcionou-nos o ensejo de estudá-la a partir desta época para cá e então podemos afirmar que em Cunha prevalece o calendário agrícola sobre o religioso. Em torno da festa do Divino gravitam muitas outras. Ela é a conseqüência de um voto coletivo para receber bênçãos e facilita a cada pessoa a possibilidade de cumprir seus votos.

Embora Cunha esteja se tornando uma região pastoril por causa do abandono da lavoura, transformação de tratos agrícolas em fazendas de pastagem para gado leiteiro, ainda os moradores remanescentes desse precioso celeiro agrícola que foi a Freguesia do Facão se congregam para participar da mais concorrida festa religioso-profana do município. Com a saída dos antigos moradores, êxodo provocado pela falta de trabalho agrícola, cada vez mais se acentuará a decadência de tal festa. É o que temos notado em nossas mais recentes observações, daí descrevermos a primeira por nós observada, podendo assim fazer coro com os saudosistas: foi uma das mais interessantes e pomposas que temos visto em São Paulo.

Em maio, Lau Guilherme foi escolhido festeiro, por sorteio presidido pelo vigário local, padre Septímio Ramos Arantes. Esse sacerdote deixou bem marcada sua passagem por essa cidade, fazendo reviver festejos tradicionais, encorajando a organização de companhias de moçambique, cedendo a casa paroquial para as refeições dos "dançadores irmãos de São Benedito" por ocasião de outras festas.

O festeiro contratou os serviços do mestre de folia, José Gomes dos Santos, pagando-lhe o ordenado mensal de Cr$ 480,00, além de pagar também aos demais auxiliares da companhia. A profissão de Gomes dos Santos é a de "empreteiro de folia do Divino". É a profissão que figura no Recenseamento. Há mais de 18 anos ele exerce tal profissão. É um dos mais impressionantes violeiros que temos conhecido, entre os 818 por nós entrevistados no estado de São Paulo!

Em outubro, sai a folia para o peditório. Compõe-se ela de dois violeiros: mestre e contramestre, primeira e segunda vozes, um menino tocador de triângulo (canta o "tiple", voz atenorada) e um tocador de adufe (contralto). Nela existe ainda o alferes da bandeira (o filho do festeiro ou pessoa de sua confiança), cuja função é anotar as esmolas em espécie e receber as que são ofertadas em dinheiro. A folia percorre o município todo angariando óbolos. (Ver apêndice n.º 7.)

No dia 17 de janeiro de 1945, J. G. dos Santos nos deu o roteiro por onde a folia passa. E, como esses caminhos ele os percorre há 18 anos, com muita facilidade citou um a um os nomes dos locais percorridos, sendo que alguns deles foi-nos possível localizar no mapa, outros não.

O mestre da folia do Divino divide o município em três "eitos" ou "linhas". O tempo do "regulamento" para percorrer esses eitos é de sete meses, sendo três meses no primeiro eito (de outubro até meados de dezembro); outros três meses no segundo eito (meados de janeiro até meados de abril); e, por fim, o último eito, de fins de maio a junho. Reserva sempre alguns dias de julho para o rocio. Entre cada período de percurso de um eito, há um pequeno repouso, feito na residência do mestre da folia, na cidade. Contou-nos também que nos meses restantes, quando não trabalha na folia, puxa enxada para ganhar seu sustento.

Ao caminho percorrido pela folia do Divino Espírito Santo chamaremos Roteiro. Nele estão assinaladas algumas paradas para dormir, chamadas de *pouso*, onde à noite várias danças ou festas conjugadas à recepção da bandeira têm lugar. Em geral o pouso e a festa são patrocinados pelo morador economicamente mais bem aquinhoado do bairro. Na linguagem do caipira o roteiro da folia é a recorrida.

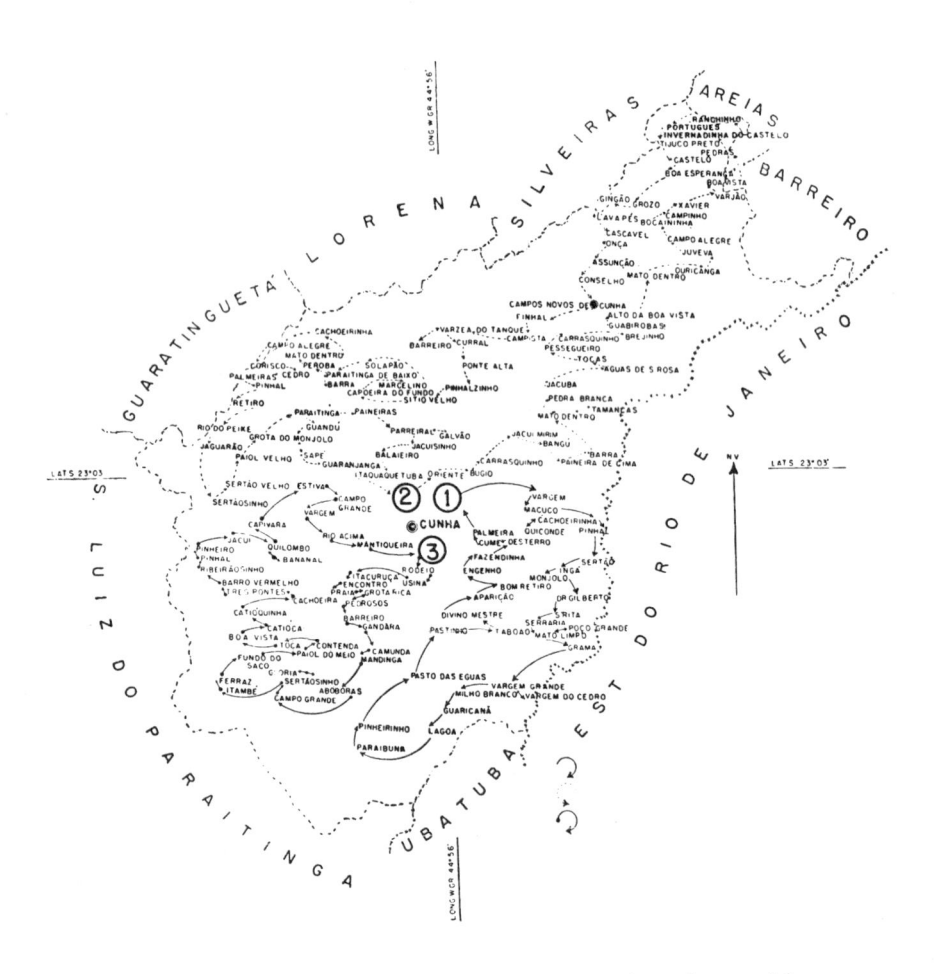

No município estudado a topografia é quase que de morros e morros que se sucedem, drenada por abundantes rios, córregos e pequenas aguadas que despencam por sobre pedras. Não sendo os rios navegáveis, os caminhos são, em geral, nas fraldas, meia encosta. Somente grimpam os morros quando têm que vencer um divisor de águas.

Muitas trilhas transitadas por tropas arreadas, quase que o único meio de transporte da região, constituem um verdadeiro aranhol, por onde os homens se comunicam. É por essas trilhas que a folia do Divino passa, atingindo assim os pontos mais distantes do município, levando até lá as bênçãos e a presença da bandeira vermelha com a pomba dourada, caravana renovadora e reavivadora do folclore, da tradição adormecida por falta de oportunidade para revelar-se.

A divisão do roteiro em três *eitos* distintos e duração diferente não obedece apenas a fatores de ordem geográfica, aproveitando as rotas existentes, que facilitam as comunicações, como também a fatores de ordem econômica e social.

Seguindo-se as rotas já existentes, torna-se possível a visitação aos mais recônditos lugares do município. O trabalho dos foliões, no primeiro e segundo eito, tem a duração de três meses, e no terceiro, a de um mês. O tempo gasto em percorrer esses eitos, perfazendo o roteiro, foi calculado (e executado) na base de 18 anos de experiência do mestre de folia. Um conhecedor como ninguém de sua terra, afirmou que atualmente, com a transformação do município, que outrora era de pequenas e grandes propriedades agropastoris, hoje só de grandes fazendas de gado vacum, por um lado, seu trabalho religioso de folião do Divino foi facilitado pelo despovoamento, que diminuiu o número de casas a serem visitadas, e por outro lado, dificultado pelo aparecimento de novas cercas, pela retirada de outras, pelo abandono de alguns caminhos que se tornaram intransitáveis e desapareceram, atrasando assim a caravana coletora de promessas. Desse modo é difícil de ser encontrado o "rumo", porque o "mar de morros" impede de ver as trilhas e também porque, em geral, as casas ficam situadas nas baixadas e nos pequenos vales que intermedeiam os morros.

A situação geográfica e econômica nos três eitos é quase a mesma. A discriminação da população de cor é também quase a mesma, em todo o município, embora no bairro do Capivara haja uma maior concentração de negros. A situação social, porém, é diferente. Se no primeiro e segundo eitos predominam os adeptos da crença católica romana, no terceiro predominam os protestantes. O bairro das Abóboras, cujo nome os protestantes mudaram para Jericó, é o mais forte núcleo rural de protestantes metodistas do estado de São Paulo, possuindo mesmo um pastor residente. Os cristãos evangélicos não participam dessa festa.

De todos os eitos, aquele que apresenta maior volume social de participantes é o n.º 1, como prova o fato de levarem três meses para visitá-lo todo, numa área geográfica muito menor que a do número dois, três vezes maior, com o qual se gasta também o mesmo tempo. Se fosse possível registrar o número de casas percorridas pela folia, poder-se-ia estudar o roteiro estatisticamente. Infelizmente, só em poucos nos foi possível pernoitar com foliões. Do conhecimento que temos de quase todo o município, tendo viajado pelos seus pontos cardeais em peregrinação de estudo antropológico e, mais tarde, para recolta de folclore, tentamos explicar a relação geográfica e social com o tempo gasto no percorrer os eitos do roteiro, como se verá nos dados seguintes:

EITO n.º 1: neste, o volume social é muito maior que no terceiro, e os participantes são menos rarefeitos, ou seja, mais concentrados. Daí a necessidade de levar três meses para a realização das visitas.

EITO n.º 2: neste, o volume social é, talvez, mais ou menos igual ao do primeiro, mas há rarefação da população devido às barreiras geográficas (serra da Bocaina), que impedem a concentração da população e aumentam as distâncias a serem percorridas, exigindo, também, três meses para a visitação da folia.

EITO n.º 3: as causas que influem neste são: a) pequeno volume social dos participantes devido à concentração de cristãos evangélicos nessa área ecológica; b) esse pequeno volume é ainda rarefeito porque os católicos romanos estão dispersos pela região; c) facilidade de comunicações, boas estradas; d) pressa em arrematar o trabalho da folia devido à proximidade da festa. São essas as causas que, a nosso ver, facilitam a visita num mês apenas.

O roteiro é também uma prova palpável da relação existente entre o ciclo agrícola e as festas. A execução dele tem início quando começa a faina agrícola do plantio e finaliza quando esta termina com a colheita. Quando a vacância do trabalho agrícola se avizinha (pequena, média e grande vacância), também entram em férias os trabalhadores da folia.

Digno de nota é essa coincidência da época do trabalho do homem na lavoura, amanhando a terra, e do trabalho "religioso" dos foliões na seara mística dos trabalhadores da terra.

O mestre da folia adiantou-nos que neste ano (1945) estava encontrando sérias dificuldades para percorrer os eitos no prazo determinado, porque todo mundo queria receber os foliões e oferecer-lhes pouso, visto que há seis anos a folia não saía, e a bandeira escoteira que saíra no ano anterior fora um fracasso. "Agora, com a saída da folia, com a passagem da bandeira, tudo está melhorando: as roças e as criações", disse o mestre da folia, "assim sendo, o tempo está-se tornando escasso, porque todo o povo quer cumprir suas promessas e pedir bênçãos ao Divino. Amarram fitas no topo da bandeira encarnada, em cumprimento de promessas feitas para obter a cura de dor de cabeça, de febre, de caxumba, de dor de dentes" etc. Havia tantas fitas na bandeira que o alferes já sentia dificuldades para carregá-la.

No município de Cunha sai somente uma bandeira, ao passo que nos municípios onde há rio navegável saem duas, nesta região serrana, uma só bandeira percorre todo o município. No primeiro e terceiro eitos a folia, em seu percurso, descreve um círculo movimentando-se no sentido solar, isto é, seguindo a direção dos ponteiros do relógio; no segundo eito, a folia descreve um círculo no sentido lunar, sentido inverso ao dos ponteiros do relógio.

A passagem da folia do Divino Espírito Santo é uma oportunidade para a renovação do tradicional. Encontra ambiente para a persistência, para a cristalização do nosso folclore, mantendo essa festa.

Nos pousos há comes e bebes para 40 a 50 pessoas. Estas largam o trabalho ao ouvir o som da caixa e adufe da folia, quando passa pelo seu bairro ou roça. Dirigem-se para o local de pouso da bandeira. O toque característico dos instrumentos é o convite suficiente para que se congreguem para rejubilarem-se. "O toque da caixa da folia afasta os maus-olhados das plantações. Por isso é bom que ela passe pela roça. É por isso, também, que não queremos bandeira escoteira" (isto é, sem a folia), afirmam os moradores da roça.

A família que oferece pouso faz questão de recepcionar da melhor maneira possível os foliões. Dá largamente para, no dia da festa, também comer... comer à tripa forra. A pessoa de posses dá e gosta de ver o pobre comer, assim afirmou-nos um fazendeiro. É, sem dúvida, uma redistribuição, aplainando as diversidades de posses e classes, atenuando os antagonismos. Função acomodadora também, que derruba as barreiras sociais.

A bandeira, ao ser recebida na casa, é levada de cômodo em cômodo para abençoá-la toda. Na casa onde a bandeira dorme, há uma lauta mesa ao jantar. E as danças completam a alegria da noite. Uma delas é o xiba, dança de origem ameríndia e entremeada de canto, com ensinamentos geralmente de cunho religioso. (É o cateretê mesmo, apenas com nome diferente, porque ele, noutros lugares do estado, se chama também catira.) Sapateado e palmeado, o xiba tem o condão de levar os presentes pela noite afora, numa alegria constante até ao dealbar do dia. De pouso em pouso, revivem não apenas os rituais da recepção da bandeira ao entrar pelos cômodos, ao passá-la na cabeça das crianças para crescerem com juízo, ou no leito dos doentes para que sarem, como também há jubilosa manifestação através das danças tradicionais. Aqueles que não estão dançando acercam-se do fogo para pitar e fazem as suas "puias" ou "caçadas" que são as adivinhas, no que se percebe o espírito de observação de nosso caipira. Outros se acercam da dupla de violeiros, que veio para a festança do Divino do bairro e tocam, também, a pedido, modas amorosas e chorosas. Entre elas está a de nome "A B C". Amanhecem nas danças; somente os foliões é que vão dormir, para continuar seu trabalho noutro dia.

A folia do Divino só anda durante o dia, em oposição à de Reis de Caixa ou de Música, que sai somente à noite, imitando os reis magos, que foram guiados pela estrela. De uma casa para outra, de um bairro para outro, os foliões deslocam-se a pé. Somente quando têm um longo percurso a fazer é que usam cavalos. Há pessoas que fazem promessa de carregar a bandeira de uma casa para outra. As folias não atravessam os limites do município, sendo que estes coincidem com os paroquiais.

Na matalotagem dos foliões há um animal cargueiro que leva uma canastra ou bruaca, onde vai a roupa individual dos esmoladores. Estes usam trajes comuns no desempenho de sua "profissão de foliões". A pessoa que toma conta do cargueiro segue na frente da folia para pedir pouso onde o mestre determina. Todos os animais usados na folia são tomados por empréstimo: há promessas nesse sentido, de maneira que raramente o festeiro usará os próprios.

Depois que a bandeira passa, os devotos só vão vê-la na festa (fins de julho ou agosto), após a colheita, porque a festa do Divino é a festa da abundância, do consumo. Se, porventura, casualmente se encontram com ela na estrada, tiram o chapéu, ajoelham-se e beijam-na.

Em cada bairro, por onde passa a folia, é nomeado um procurador do Divino que, na véspera da festa, se encarrega de recolher os donativos em espécie e levá-los para a casa da festa. Quando a folia passa, há um compromisso místico de dar algo para o Divino. É, no fundo, uma técnica propiciatória de que o devoto lança mão para obter auxílio e prevenir castigos ou vinganças dos poderes sobrenaturais e com que procura afastar todo e qualquer mal que possa acontecer para si, para sua plantação ou seu gado. Em geral, há certa homogeneidade nas ofertas, por constituírem elas o resultado das colheitas e criações: cereais, aves e gado.

O festeiro tem um livro onde registra os nomes dos procuradores e respectivos bairros. Aliás, tudo é muito bem organizado, porque o festeiro, finda a festa, presta contas ao padre, e este afixa, em lugar visível na igreja, tal prestação. É um belo exemplo de honestidade. É geral esta crença: festeiro que fica com o dinheiro ou prenda, dada ao Divino e que deveria ser distribuída ao povo, fica pobre, "vai pra trás", morre na miséria. Citaram-nos o nome de quatro pessoas de posses, fazendeiros, que ficaram na miséria, atribuindo-se-lhes a culpa de terem ficado com dinheiro do Divino.

As ofertas são levadas para a casa da festa, onde, na semana dos festejos, é armado o império. Este fica numa sala de frente, da qual uma parede é forrada de pano vermelho, tendo ao centro um altar encimado por uma pomba dourada; sobre o altar, numa salva de prata, repousa a coroa; ao lado desta, o cetro e as velas dos mordomos. Há, também, uma bandeira do Divino, da qual algumas pessoas se aproximam para amarrar fitas de promessas. No império, algumas pessoas fazem promessa para dar "guarda", ficando horas e horas na sala.

No dia de levar as ofertas à casa da festa, é hábito tingir as galinhas de azul ou vermelho e enfeitar os garrotes com papel de seda vermelho. São os animais que vêm para o sacrifício, e que serão imolados para quebrar o jejum anual de carne de vaca que o rurícola faz. No dia da chegada dos animais ofertados pode-se saber que tipo de animal chegou à casa da festa pelo sinal dado pelo rojão. O foguete com três bombas é para festejar a chegada de gado bovino; o simples, de uma bomba só, para gado miúdo (cabritos, carneiros, leitões) e cereais.

Nos últimos 15 dias que antecedem à festa, a folia percorre o rocio. Uma semana ou quatro ou cinco dias antes da festa, há o encontro da bandeira. O festeiro, banda de música, padre, autoridades e povo vão até à entrada da cidade, no local onde termina o terceiro eito, para receber a bandeira, que percorreu todo o município, dispensando tantas bênçãos como símbolo, que ela é, do Divino. O fogueteiro assinala esta cerimônia do encontro com uma infernal "bateria". O festeiro recebe a bandeira das mãos do alferes da bandeira e entra com o povo, folia e banda de música em procissão na cidade, dirigindo-se para a casa da festa. Esta, depois de cortada a fita de entrada pelo padre, é franqueada ao público.

No decorrer da semana, a folia não mais pede esmolas. Sai diariamente pelas 4 horas da madrugada para cantar a alvorada. À noite, depois da reza da novena, ali pelas 21 horas, também sai pela cidade e cantam mais ou menos durante umas duas horas. Entre as quadrinhas da madrugada, a primeira é:

> O Divino Espírito Santo
> cum gosto e aligria,
> está fazeno o seu arvorada
> logo no rompê do dia.

Durante a semana, à noite, há leilão após a reza da novena. Há muitos fogos de artifício e jogos "inocentes" nas barracas como do caipira, argolinhas e outros. Pregadores sacros são convidados para abrilhantar as cerimônias. Seus temas sempre abordam os dons do Divino Espírito Santo: do entendimento, da ciência, da sabedoria, do conselho, da piedade, da fortaleza e do temor de Deus. Há missas e comunhões.

Na cidade, sai o festeiro carregando a bandeira e uma salva de prata pedindo esmolas. A banda de música acompanha-o. Recebida a oferta, um gostoso dobrado (da bandinha do Emílio Nubelli) ajuda a congregar mais pessoas, crescendo assim o bando urbano esmolador, chefiado pelo festeiro, o imperador.

Na casa da festa começa azafamado o preparo das comidas. Enquanto trabalham para o santo, usam um lenço grande na cabeça, porque julgam que o uso do chapéu é falta de respeito. Parece-nos que é um traço da cultura árabe o uso pelo homem do lenço na cabeça.

O festeiro que não tratar bem perderá seu *status*. É mesmo um meio de ganhar maior consideração do povo dispensar bom tratamento. O festeiro fica mesmo sendo uma espécie de governador temporário da população de devotos. Ele decide quase todas as questiúnculas. No desempenho de suas atribuições desdobra-se, providenciando e supervisionando tudo, desde a matança de sete a oito bois para alimentar o povo na casa da festa, até aos mínimos detalhes dos festejos. (Em 1945 e 1950 não se fez a distribuição de carne à população como se fazia outrora, quando saía no sábado pela manhã um carro de bois e o festeiro entregava carne de casa em casa.) Toda a comunidade participa da festa. A comida é também levada aos presos, num tabuleiro de salgados e doces. A solidariedade se revela nos mínimos gestos do povo. As famílias tradicionais da cidade cedem suas casas e se alegram com isso, oferecendo pouso para as pessoas que vêm para a festa porque a cidade fica superlotada de devotos.

Há ligação da festa do Divino com a de São José. Assinalada é a influência que tem São José na vida agrícola de Cunha, e é por isso que na sexta-feira, no clímax da festa do Divino, trazem a imagem de São José (Sagrada Família) do bairro da Boa Vista, sendo recebida no alto do Cruzeiro. Depois do encontro, levam a imagem até a matriz. Neste caso não é uma sanção punitiva ao santo, mudando-o de edícula, como fazem por ocasião das secas prolongadas, mas revela o desejo de que São José participe da festa que tem grande força integradora da comunidade em estudo.

No dia da festa há o cortejo, que percorre nas ruas da cidade serrana, indo à frente a esposa do festeiro com a coroa na salva de prata, o festeiro ao lado direito com o cetro na mão direita, ladeados pelos filhos, conduzindo velas com fitas vermelhas trançadas: são os mordomos.

Todos os dias, depois da missa, voltam para casa com acompanhamento da banda de música e povo. Rojões espocam no ar de momento a momento.

É ruidosa e festiva a casa da festa. Há grande alegria para os ricos também, pelo fato de verem o pobre comer à tripa forra, com fartura, nesses dias.

No sábado, na reza, às 19 horas, após a bênção do Santíssimo Sacramento há, às vezes, o sorteio do novo festeiro, quando isto já não foi feito no mês de maio, no domingo de Pentecostes, segundo o hagiológio católico romano. Caso tenha sido sorteado nessa ocasião, naquele dia há somente a bênção da nova bandeira. (Em geral o sorteio do novo festeiro é feito no domingo do Espírito Santo, em maio.) O padre escolhe 12 nomes de pessoas de posição social e econômica, raramente um "sem eira nem beira", que se oferecem para realizar a festa. "São 12, porque representam os apóstolos", informou-nos o mestre da folia. O padre procede ao sorteio, e é proclamado o festeiro. "Sai o que o Divino escolheu para festeiro." Algumas pessoas fazem promessa para ser o festeiro, ou para receber uma bênção especial ou porque já a receberam. No caso do falecimento do festeiro sorteado, a própria família procura desincumbir-se da alta função para a qual fora investido, por sorteio, o falecido.

O domingo é o fim da festa. Após a missa na igreja, há a entrega da coroa. A esposa do festeiro velho beija a coroa e a entrega à esposa do festeiro novo. Investido o novo festeiro, este abre sua casa para receber o povo. Logo depois o velho faz a recepção de despedida. E a tradição continua.

As companhias de moçambique se exibem nos complicadíssimos passos de seu espetacular bailado, um quase teatro de rua. A companhia do bairro do Capivara, dirigida por Benedito Teresa, vulgo Marechal, é impressionante: 32 dançarinos e 16 músicos: rabecas, violas, violões, cavaquinhos, adufes, tamborins, reco-recos. A novel companhia do Cume também baila pelas ruas da cidade. O moçambique é um bailado com várias danças, que nos fazem lembrar a influência moura que certamente recebeu.

As danças arrematam a festa. No jongo, amanhecem. Os tambus, candongueiros, guzungas, angonas do Guto Rita atabaquearão noite toda, e a anguaia pontofinalizará, com "pontos" difíceis de serem "desamarrados", a alegria festiva da festa do Divino Espírito Santo. O que importa para os participantes da festa é a alegria de se reverem nestes dias. Percebe-se perfeitamente que tal festa solidifica o sentimento de solidariedade humana. A função de aproximação dos homens é enorme nessa festa. A solidariedade humana se derrama e se espraia em todos os participantes. Nem as crianças são olvidadas. Há o pau-de-sebo, o porco ensebado, o quebra-potes para os meninos, e, para as meninas, a dança-de-fitas. Para alegria dos pequenos e também dos "barbados", há o "João Paulino e Maria Angu", enorme casal que percorre as ruas numa algaravia da criançada. O "Boi pintadinho" e o "Cavalo marinho", simulacro da tourada, são car-

navalescos nos seus cantos, jocosidade e investidas... quando a "Miota" não monopoliza a atenção de todos acompanhada pelo "Boi espaço".
Antigamente a tourada era indispensável. Em geral o "Circo de touros" era armado na praça ao lado da igreja do Rosário. Hoje fazem papel de farpeadores e capeadores os acompanhantes do "Boi pintadinho" e do "Cavalo marinho", brinquedos carnavalescos, porque a tourada desapareceu das festas do Divino. E as cavalhadas ficaram no olvido há meio século – foi o que aconteceu com a pomposa exibição dos cavalheiros cavaleiros da linda e bucólica cidade de Cunha.

Dois divertimentos da festa do Divino Espírito Santo

As festas do calendário católico caipira estão em relação estreita com os solstícios e conseqüentemente com o ciclo agrícola. A do Divino Espírito Santo localiza-se justamente no solstício do inverno, bem próxima da época das colheitas porque é uma festa de consumo.

Na região cafeicultora, a festa do Divino Espírito Santo parece polarizar as demais festanças, festarias e festejos. Temos observado que há um esforço atualmente da parte de alguns párocos do vale do Paraíba do Sul, por exemplo, para que as comemorações populares e profanas sejam por ocasião do dia de Pentecostes, tal qual marca o calendário religioso católico romano e não após a colheita, como tradicionalmente sói acontecer. Como poderá o devoto pagar as promessas antes da colheita, se elas foram feitas quando pediram ao Divino, representado na bandeira, uma boa safra, evitar as intempéries, granizo, geada e até mau-olhado, pagando pela proteção dispensada do ano agrícola com o bom resultado do que colhesse? Tal festa tem mesmo que obedecer ao calendário agrícola. Este tem que se sobrepor ao religioso. É um apelo da arqueocivilização. E por que não atendê-lo se nosso folclore é quase todo artificial? A teima em situar a festa antes da colheita contribuirá para que seu desaparecimento seja mais rápido.

Em 1947, a festa do Divino foi realizada em São Luís do Paraitinga, de 19 a 24 de agosto, prevalecendo então o calendário agrícola. Foi sem dúvida uma bela festa, assim julgamos, embora de nossa opinião tenham discordado vários antigos moradores da "Imperial Cidade de São Luís do Paraitinga". O festeiro foi o próprio pároco monsenhor Gioia, há dezenas de anos pastor espiritual dali.

Num sobradão perto da praça principal, funcionou a casa da festa, onde eram recebidas as ofertas em espécie e distribuíam fartamente comida para todos os participantes desse *potlatch*.

O município da cidade natal do cientista Osvaldo Cruz já não é mais essencialmente agrícola como há 40 ou 50 anos passados, por isso mesmo suas festas do Divino já não possuem mais aquele brilho ímpar tão decantado pelos luisenses mais idosos. É justificável tal saudosismo. As atividades agrícolas vão cedendo lugar às pastoris; vai-se despovoando o município e a própria folia do Divino, que voltava outrora farta de ofertas, hoje vem parca.

Os foliões nos relataram com tristeza e desapontamento o pouco que recolhem com tanto trabalho religioso de cantar e pedir, levando a bandeira que abençoa e que faz prosperar as plantas e criações. Escasseou a oferta em relação ao passado.

A feição dos festejos mudou bastante. A festaria durava mais tempo. O programa religioso ainda é o mesmo: missas solenes, rezas, procissões etc. O profano é diferente, a festança é bem menor, resta porém alguma coisa. Nas barracas armadas pela praça há vendas de comes, bugigangas, bebidas alcoólicas e há muita jogatina. Jogos inocentes como dizem, por exemplo, tômbola, que funciona em uma barraca fronteiriça à Matriz e cujas rendas revertem em benefício da igreja e são empregadas para fins de reforma etc. Nas barracas que ficam perto do cinema há outros jogos: argola, tiro ao alvo, pires, pratos, cigarros, buzo etc., sendo as rendas em "benefício" da algibeira do dono das "ramadas".

Dos divertimentos profanos que chamam a atenção do grande público ainda há a cavalhada, moçambique, jongo, dança-de-velhos e, rarissimamente, o caiapó. Não só os adultos são recreados e atropelados pelo Boi e Miota... as crianças são lembradas também: pau-de-sebo, porco ensebado, quebra-potes, dança-de-fitas e o casal João Paulino e "sua esposa" Maria Angu, gigantões de taquara armada que revivem a tradição portuguesa na região cafeicultora.

João Paulino e Maria Angu

Um dos muitos artistas da cidade, Pedrinho do Mestre Pedro, teceu dois jacás bem grandes, de modo a cada um comportar dentro uma pessoa. Colocou neles grandes cabeças de papelão e braços cheios de trapos. Pintou muito bem as cabeçorras, uma com traços femininos e outra masculinos, vestindo-os com os respectivos trajes. João Paulino com paletó de brim escuro e calças riscadas e d. Maria Angu com um vestido de chita ramada. Enfeitou-a. Seus brincos são um par de lâmpadas elétricas, bem proporcionais à altura. É um casal agigantado, com quase quatro metros, e o homem é mais alto do que o gigante Golias.

Logo após a procissão do dia do encontro da bandeira, que se dá na ponte sobre o rio Paraitinga, da casa do império do Divino sai o casal a passear pelas ruas da cidade. Um tocador de bombo acompanha uma centena de crianças em algaravia, brincando, numa algazarra ensurdecedora, fazendo corte ao casal gigantesco que se recolhe ao entardecer.

A máscara de João Paulino parece reproduzir os traços fisionômicos de um sírio, ou melhor, do "turco da lojinha". Significará isso, porventura, uma atitude de hostilidade para com o elemento alienígena, que mal chegando ao nosso país prospera e se torna logo quase dono da cidade? Será uma crítica inconsciente?

O Boi e a Miota

Antes do aparecimento do casal João Paulino e Maria Angu, por ocasião das festas, já existiam a Miota e o Boi.

A Miota é representada por uma mulher alta e magra, vestida com roupa de metim. É feita engenhosamente com uma série de carretéis enfiados num cordel, de tal forma que a pessoa que vai dentro da armação, puxando as cordinhas adrede colocadas, comunica à Miota movimentos de títere, fazendo-a mexer seus braços esguios e balançar desordenadamente a cabeça de megera.

Como as crianças gostam de empurrar e mesmo derrubar a Miota, esta sai com um companheiro, o Boi, que, conforme a cor com a qual aparece nas festas, chama-se Araçá, Pitanga, Barroso, Espaço etc.

O Boi, que tinha primeiramente apenas a função de defender a Miota, pois dava investidas afugentando a criançada que procurava molestá-la, passou a ser utilizado para provocar hilariedade. Com as suas investidas, as pessoas mais afoitas se apressam em desviar-se dele e caem ou correm desengonçadamente, provocando gargalhadas e mofas dos presentes.

O Boi é feito de uma armação de madeira, tendo numa das extremidades uma caveira desse animal com os respectivos chifres, e na outra a cauda. É coberto de fazenda preta ou de outra cor, com largas malhas brancas pintadas. Dentro da armação vão duas pessoas. A que ficar atrás (geralmente um menino) segura firmemente na cintura do que fica na frente (um adulto), o que torna possível coordenar melhor os movimentos nas investidas.

Conforme informou João Cândido Cabral, no tempo da sua infância (há 60 anos!), o Boi saía à noitinha. Atualmente, porém, aparece durante o dia, sempre acompanhado por um violeiro e um tocador de caixa ou adufe. Antigamente, numa praça ou rua onde havia agrupamento de pessoas, o violeiro cantava uns versos sobre o Boi. Enquanto isto se verificava, o Boi ia-se deitando... É que ele estava morrendo. A seguir, o violeiro verificava se o Boi estava morto, e então começava a cantar versos, "repartindo" o animal, oferecendo os melhores pedaços aos amigos e... o chifre a determinada pessoa. Nesse momento o boi ressuscitava porque havia muita chacota e algazarra. Começavam as brincadeiras com a pessoa presenteada com o chifre, e chistes com intenções pornográficas.

Não nos é possível precisar desde quando foi introduzido em São Luís do Paraitinga esse folguedo do Boi e de Miota. Todos, porém, são unânimes em afirmar que já existia antes do João Paulino e Maria Angu.

O violeiro canta muitos versos improvisados e outros que são tradicionais. Alguns se referem à procedência do Boi e depois de ele morto, à distribuição de sua carne. Bem presentes nesta "brincadeira da criançada" estão a morte e a ressurreição do Boi, elementos da civilização tradicional, da arqueocivilização como diria André Varagnac.

Digna de nota é a ressurreição do Boi, também encontrada no bumba-meu-boi, do Norte, e no boi-de-mamão, do Sul (Santa Catarina). Este Boi, porém, não se confunde com aqueles bailados dos reisados, do ciclo de Natal nordestino.

Recolhemos os versos. A musicografia foi gentileza do poeta e músico luisense Elpídio dos Santos:

> Mandei buscá o Araçá
> na banda di Curitiba,
> investe meu boi, investe
> na banda di Curitiba. (Solo)
>
> Meu boi Barroso,
> meu boi Pitanga,
> o seu lugá
> é lá na canga.
>
> Num sô daqui, ai,
> sô lá de fora,
> adeus morena,
> que vô m'imbora. (Coro)
>
> O meu lindo boi Barroso,
> é um boi di boa cria
> nasceu nu meiu du campo,
> nu meiu da vacaria.
>
> O rabo do boi Espaço
> servirá de abanadô,

pra abaná as morena
quanu estivé com calô.

Vô mandá fazê um laço
du coro du jacaré,
pra laçá meu boi Barroso
i u meu lindu Pangaré.

O meu lindo boi

1ª vez

Integrados num contexto cultural diverso, alguns traços de origem ibérica continuam vivos, embora aculturados, como é o caso do Boi, companheiro da Miota. Certamente é o que resta das antigas touradas realizadas por ocasião das festas do Divino Espírito Santo. O espetáculo de sol, sangue frio e coragem das touradas vive apenas na memória dos mais antigos luisenses. Há mais de um quartel de século deixaram de armar o circo onde toureiros e capeadores se exibiam nos eletrizantes "pegas" com ou sem "garrocha". Das "quadrilhas" de toureiros um ou outro nome (Ferrugem, Pimenta, Parafuso, Fumaça) é recordado, e o prestígio da distância lhes atribui façanhas quase lendárias.

Na falta das touradas, o Boi atual, palhaçada que provoca hilariedade, aparece quando o major Benedito de Sousa Pinto se dispõe a encomendar a Miota ao Pedrinho do Mestre, "buscar" o Boi Araçá na "fazenda" de "Nhô Juca Teles do Sertão das Cotias" e convidar um violeiro "provocador".

APÊNDICES

Apêndice n.º 1

Antigamente os irmãos-da-canoa usavam embarcações monóxilas feitas de ximbaúva ou cedro, hoje batelões. O número de canoas era muito maior. Cornélio Pires ofertou-nos uma foto tirada há 40 anos, que vem confirmar a existência exclusiva de canoas nessa época.

O casal João Paulino e Maria Angu.

À direita: *João Paulino e Maria Angu. Escultura popular. Iconoteca do autor.*

João Paulino e Maria Angu – alegria de crianças e adultos. Natividade da Serra.

Acima e abaixo: *o pau-de-fitas ou dança das fitas.* São Luís do Paraitinga.

Acima e abaixo: aspectos do "encontro" das canoas das irmandades do rio abaixo e rio acima no lendário rio Tietê, na festa do Divino Espírito Santo. Tietê.

*Irmãos-da-canoa de Tietê. O gorro lembra a carapuça do nauta português.
À direita: Marinheiros do Divino. Piracicaba.*

Batelão do Divino. Piracicaba. À direita: Entre os quatro marinheiros do Divino, dois meninotes cumprem promessas. Piracicaba.

Irmãos-da-canoa. A participação destes canoeiros mirins é para cumprir promessa e assegurar a continuidade da tradição. Tietê. À direita: Irmãos-da-canoa do rio abaixo, aguardando a salva para a partida e encontro com a irmandade do rio acima. Tietê.

A festa de Anhembi ocorre nos últimos dias de janeiro. Dela participam os "remeiros" divididos em dois grupos distintos: "irmãos de cima" e "irmãos de baixo" (rio acima e rio abaixo). O traje é branco, golões azuis, gorros vermelhos, faixa na cintura e pés nus. Os barcos são coloridos, ora azuis, ora vermelhos ou mesclados.

Dois são os festeiros, daí duas casas da festa. A casa da festa do sábado, dia do encontro das duas bandeiras, e a casa da festa do domingo. A festa se compõe de duas partes distintas: a profana ou semi-religiosa, que é a do sábado, dia do encontro, em que são observadas todas as normas tradicionais, e a parte religiosa com sua casa da festa do domingo, fornecedora de alimentos aos assistentes da missa, escolha de festeiros e procissão.

A parte popular, cênica, se dá mesmo ao sábado. Logo após a missa, levantamento do mastro pelos "remeiros". Mastro de cor vermelha conduzido pelos devotos na procissão que não lhe tocam a mão, apenas os lenços, "porque ele é sagrado". Após o encontro das bandeiras, um espetáculo emocionante é o que apresentam os devotos vestidos de mortalha deitados no chão, para serem saltados pelos "irmãos remeiros", e os bandeireiros vão recolhendo as ofertas. O que arrecadar será somado ao que foi angariado pelas folias. Na folia o violeiro também desempenha o papel de bandeireiro e três meninos a completam: tocadores de adufe, triângulo e caracaxá, nome do reco-reco de bambu rachado.

Apêndice n.º 2

Na festa de Nazaré Paulista de 28 de junho de 1947, por ocasião da procissão à noite, 36 bandeiras rodeavam o andor onde ia o Divino que saiu da casa do festeiro e foi até à igreja. Guardam as bandeiras na casa do festeiro após as cerimônias, missa, procissão etc. No império havia várias, fácil porém é reconhecer a do festeiro porque somente ele pode usar no tope do mastro uma coroa no centro da qual se vê a pomba simbólica.

As bandeiras saem escoteiras pelo município. Nesse ano saíram cinco a esmolar. A pessoa que sai com a bandeira a pedir esmolas para o Divino recebe 20% sobre o arrecadado. Acontece que às vezes atravessam as fronteiras municipais, então tiram licença com o delegado de polícia, festeiro e padre do município vizinho.

A folia só trabalha por ocasião da festa, em geral uma novena de dias. Ela se compunha de um mestre violeiro (Roque Barbosa), um contramestre (Miriano Pires Batista), um tocador de caixa (Ozir Silveira) ao mesmo tempo contralto, um pandeirista (Orlando Lourença da Silva) também tiple.

A folia se incumbe de percorrer a cidade cantando e esmolando. Aqueles bandeireiros que saíram com a bandeira escoteira e receberam os 20% estão proibidos de sair na cidade nestes dias. Agora é comum pessoas de alta posição econômica e social (fazendeiros, negociantes, funcionários etc.), humildemente, com os pés descalços, saírem empunhando a bandeira e a esmolar pelas ruas de Nazaré Paulista, cumprindo assim promessa.

Há casa da festa onde em grandes mesas em forma de "L" é distribuída lautamente a comida ao povo. Foram sacrificados 16 bois cujos couros ficaram para o festeiro. Houve distribuição de carne aos moradores da cidade. Carne sem sal, conforme a tradição. (O sal quebra os encantos, diz um texto de reza de benzimento: "Em nome da Virgem e de todos os santos com este sal eu quebro todos os encantos.") A ausência de sal nos faz lembrar os pães ázimos da celebração hebraica.

O festeiro contratou dois ternos de congada para abrilhantar os festejos, duas bandas de música e pagou Cr$ 2.500,00 ao padre pelos trabalhos religiosos. O festeiro está isento de prestar contas dos gastos que faz, assim nos afirmou o informante Honoreste Ferreira de Almeida, pois todos são homens de bem, condição para serem escolhidos.

O festeiro e a festeira, cada qual é acompanhado por quatro moças inteiramente vestidas de branco; são as "Virgens" que em todas as solenidades fazem corte aos imperadores.

Da folia recolhemos os seguintes cantos:

De alvorada: Deus vos sarve ô rico Império
entre flores e botão,
donde chega os pecadô
pra pedi a Deus perdão.

Pedido de esmola: Deus vos sarve nobre casa
e também quem nela mora,
drento dela pede ismola
o Esprito Deus da grória.

Agradecimento de esmola: Pra ismola que vóis deste
pra esta sagrada bandera,
vós serão bem ajudado
no corrê da vida intera.

Pedido de pouso: Quano foi hoje bem cedo
meu Devino maginô

de chegá na sua casa
dependê do seu favô.

E o favô qui Ele pede
me contai si pode ou não
de dá poso po Devino
e também pos folião.

Meu sinhô dono da casa
escutai a nossa vóiz,
dai o poso po Devino
e tratai de todos nóis.

Agradecimento de pouso: Deus te sarve nobre casa
porque Deus abençuô,
debaxo da sombra dela
o meu Devino posô.

Meu sinhô dono da casa
nos mostrô bom coração,
deu pôso po Devino
e também pos folião.

Apêndice n.º 3

1 Hoje no crareá do dia
que a noite é craridade
foi uma das treis pessoa
da Santíssima Trindade.

2 Vamo arrecebê a bênção
do esprito de alegria
o que nos há de guiá
desta Virge Santa Maria.

3 Vamo recebê a bênção
da santa image do oratório,
é o que nos há de guia
para o caminho da grória.

4 O estai o Esprito Santo
nesta bandera tão bela

abençoai esta morada
ajudai ao dono dela.

5 Devino Esprito Santo
verdadero e poderoso,
vem le dá sua bênção
e agardecê o bão poso.

6 Nos trataro muito bem
e para nóis nada fartô
e aí está nessa bandera
quem le paga ao seu favô.

7 Deus le pague a dona sinhora
os trabaio que teve cum nóis,
aí está nesta bandera
e quem le pagará p'a vóis.

8 Devino Esprito Santo
vai fazê a dispidida,
foi munto alegri na chegada
e hoje é triste na saída.

9 Meu sinhô e dona sinhora
munto bão de coração,
o Devino ele vai s'imbora
e pro sinhô fica a benção.

10 Meu sinhô e dona sinhora,
sua licência tô quereno,
e para nóis fazê saída
e pra porta que nóis entremo.

11 Devino Esprito Santo
nessa bandera incelente
se despede do meu sinhô
cum tudo que le pertence.

12 Se despede a companhia,
até pro ano que vem
meu sinhô fica cum Deus
e nóis cum Deus vamo tamém.

Apêndice n.º 4

Estas são as bandas de música de São Luís do Paraitinga: a do *Santíssimo Sacramento*, fundada em 19-4-1828, conhecida também como dos "Paraguaios", conta atualmente com 16 músicos; a de *Santa Cecília*, fundada a 7-7-1858, popularmente conhecida como a *"dos Ursos"*, são 24 músicos; e a mais recente, a de *São Benedito*, com 16 músicos. Segundo afirmam os moradores mais antigos da cidade, na época de seu fastígio (1873) havia 30 pianos, demonstrando ser o povo propenso à cultura musical. Das quatro bandas então existentes, sobrevivem três, cada qual invocando o nome de um santo para padroeiro; porém, são mais conhecidas pela alcunha popular: Banda Musical Santa Cecília, conhecida por "Banda dos Ursos"; Banda Musical do Santíssimo Sacramento, conhecida por "Banda dos Paraguaios"; Banda Musical de São Benedito, prestes a se dissolver por motivos de ordem econômica.

Como houve rixas entre "Paraguaios" e "Ursos", essa pendência emulativa levou-os à continuação. Existiam entre as bandas, contribuindo para maior animosidade, as simpatias políticas: "os Paraguaios" eram do Partido Conservador, e os "Ursos" do Partido Liberal. Por causa da grande disputa os "Paraguaios" (também chamados de "Muquiranas") tinham ardorosas defensoras, entre elas a ex-escrava Maurícia, sendo o suficiente fazer-se o gesto de matar piolho entre as unhas dos polegares, para que ela brigasse, pois "muquirana" era o apelido *pejorativo* dos "Paraguaios".

Gentil Camargo, fundador da Sociedade de História e Folclore de Taubaté, ilustre professor, poeta e jornalista, deu-nos esta preciosa informação: "As denominações das bandas de música 'Banda dos Ursos' e 'Banda dos Paraguaios' não são privativas de São Luís. Em Taubaté, até há bem pouco tempo, subsistiam essas denominações que, aliás, nada tinham de pejorativas; eram até ostentadas com entusiasmo."

Tivemos oportunidades de ver, e custou-nos acreditar, o que nos diziam: pessoas analfabetas (João Pistão) colocadas à frente de uma parte de música executando, com maestria, uma peça musical. Nosso cepticismo de pesquisador fez-nos duvidar. Fizemos repetir, nota por nota, um trecho musical e aquele preto analfabeto, porém músico, executou-o com perfeição. Havia também orquestra para as cerimônias religiosas. Era a "meia-orquestra", sob a regência de João Batista Salgado. O mestre Batista era também o maestro da Banda dos Paraguaios.

Apêndice nº 5

Em Itu, no dia que antecedia à festa, realizava-se a entrada de centenas de carros de bois enfeitados de fitas e flores nos chifres, canzis e cangas. Eram os carros de lenha a grande prenda ofertada ao Divino pelos fazendeiros. Ao devoto pobre estava reservado um tipo de promessa cujo cumprimento era levar potes e potes d'água até à casa do império. Durante os dias de festa, pela cidade angariando óbolos saía o festeiro com a coroa, acompanhando a folia do Divino em seu peditório cantado. O alferes da bandeira e um membro da família do festeiro, com uma salva de prata, de casa em casa, arrecadavam as ofertas.

A distribuição de carne à população era farta. Terminou tal usança e isso contribuiu também para o desaparecimento da festa. Motivados pelas inovações feitas, deixaram de distribuir carne. O gado oferecido ao Divino era vendido em benefício da festa, e isto, por trazer muitos dissabores aos ofertantes, acelerou o desaparecimento dessa comemoração popular profano-religiosa. Tirou a parte alimentar, aquela comezaina, consumo ostentatório eliminado, tradição se foi também.

A nosso ver, uma das partes mais interessantes da festa do Divino de Itu não eram os homens de sobrecasaca e luvas fazendo parte do séqüito do festeiro – sempre um economicamente potentado da terra –, era porém a distribuição das roscas de farinha de trigo pura aos carreiros e candeeiro (guia, auxiliar do carreiro) na casa do Império. Estes eram em geral homens pobres, empregados das fazendas; eles é que traziam os carros de bois carregados de lenha e como forma de gratidão recebiam um copo de cerveja (ou vinho) e uma rosca. Dois elementos que nos fazem lembrar a ceia cristã, onde há distribuição de pão e vinho.

A "entrada dos palmitos" constituía o motivo mais importante da festa do Divino da cidade de Moji das Cruzes (SP). Depois que os carros de bois foram proibidos de entrar na cidade, terminou esta parte tradicional e festiva das cerimônias por ocasião de Pentecostes, com a chegada de palmeiras que eram afincadas, não para enfeite, pois já havia os bambus, porém como tradicional ex-voto cuja razão de ser não conseguimos saber, e nossa hipótese é de que é um traço rememorativo da dendrolatria.

Apêndice nº 6

Em outras casas, outros pousos, além dos versos acima anotamos mais estes na chegada e na saída:

Chegada

1) Essa pomba veiu voano
   na sua mão veiu sentá
   veiu le pidi um poso
   o sinhor podeno, dá?

2) O Devino Esprito Santo
   está sentado em sua mão,
   Ele pidiu um poso
   um agasaio pros ermão.

3) Quem pede o poso ao sinhor
   que na sua mão tá sentado,
   pede poso, pede djanta,
   tratá de seus camarada.

4) O Devino pede o poso
   pro sinhô cum sua famia,
   pede o poso pra ermandade
   pra esta rica cumpanhia.

Saída

1) Meu Devino le agardece
   o poso pros ermão
   quem há de le pagá
   está drento de sua mão.

2) Gardecemo a boa djanta
   que matô a nossa fome
   sinhores vai ganhá pão do céu
   manjá qui os anjo come.

3) Gardecemo a boa djanta
   dada com tanta franqueza
   quem está na sua mão
   quem le faz a sua despesa.

4) Gardecemo a boa djanta
   e tamém o seu bom café
   vós ganhai um lugá na gróría
   pro marido e pra sua muié.

5) Gardecemo a posada
que vós deste pros ermão,
quem há de le pagá
tá drento das sua mão.

6) Gardecemo a boa djanta
que matô a nossa fome
quem há de le pagá
Nossa Sinhora Mãe dos Home.

7) Quem está na sua mão
é o Devino reis da grória
que le agardece a posada
tamém le pede ua ismola.

8) O Devino se dispede
dos grande e dos piqueno,
que os ânju lá do céu
seus nome tão escreveno.

9) O Devino se dispede
até pro ano que vem,
vançuncês fique cum Deus,
cum Deus nóis vamo também.

Os foliões cantam primeiramente dois versos de uma quadra, repetindo-os, e a seguir cantam os dois restantes, porém sem repetir. Ao finalizar estes, cantam um "ahn" prolongado que mais se assemelha a um "Amém". Destaca-se a voz dos meninos, docemente atenorada, principalmente do negrinho que toca o triângulo.

Apêndice n.º 7

FOLIA DO DIVINO

Quando chegam numa casa durante o dia, cantam:

1) Pela porta adentro chegaro
ai, o pai sagrado e virtuoso,
perguntando aos moradores
pela perfeita saúde.

2) São as minha obrigação,
   mandado de Deus louvado,
   de salvá todo os santo em vorta
   e os que mora nos santo quadro.

3) Chega com todo os prazê
   o pai de nossa aligria,
   para abraçá o seu coração,
   senhora Dona Maria.

4) Este Deus, linda senhora,
   por todo lugá, ai, responde,
   saúde pra os filhos da casa
   e tamém os que estão longe.

A dona da casa pede para cantar um Rosário e uma *folia*.

REZA DO ROSÁRIO DE MARIA

1) Bendito lovado seja
   o rosário de Maria,
   se ela não viesse ao mundo
   ai de nóis, o que seria?

2) Quano Deus andô no mundo   (bis)
   no mundo mesmo vivia,
   na sua mão, oi, trazia
   o rosário de Maria.

3) O rosário de Maria,
   todos devemo rezá,
   que é pra socorrê as alma,
   que desejam se salvá.

4) Donde veio tanta água,
   que no mundo não havia?
   Veio lá do céu em fontes,
   do rosário de Maria.

5) Ô água do rio Jordão,
   fonte de tanta valia,
   João Batizô a Cristo,
   filho da Virge Maria.

6) João Batizô a Cristo,
   Cristo batizô a João,
   ambos foram batizado,
   com as água da redenção.

7) No céu saiu uma voz
   no pino do meio-dia,
   eram os anjo que cantava
   o rosário de Maria.

8) Água do mar sagrada,
   água de tanta valia,
   onde os anjo navegava
   co rosário de Maria.

9) Os inimigo pelejavam
   com tão forte valentia,
   se valiam do amparo,
   do rosário de Maria.

10) Era um pobre navegante,
    nas onda do mar seguia,
    acharo o porto seguro,
    no rosário de Maria.

11) Lá no céu se vê umas vozes,
    por todo mundo se ouvia,
    eram os anjo que cantava
    o rosário de Maria.

12) Jesus Cristo é um home,
    que por si mesmo se fez,
    que por nóis morreu na cruis
    e arressucitô otra veis.

13) Jesus Cristo nos promete
    de nos dá o seu sacrário,
    e a virge Nossa Senhora
    de nos dá o seu rosário.

14) O saclário está aberto
    e o Sinhô já saiu fora

a percura de uma alma
que do mundo foi s'imbora.

15) As almas estão tão triste,
no mundo sem alegria,
é por não trazerem consigo,
o rosário de Maria.

16) Jesus Cristo foi nascido
num presépio em Belém,
para nos dar o céu e glória
para todo sempre. Amém.

17) Ofereço este rosário
com umas palavra de oração.
Pedimo ao Esprito Santo
para nos dá a salvação.

O canto da reza é "repartido". O mestre canta uma parte, e os demais (contramestre, "tiple" e contralto), os dois versos finais de cada quadra.
Cantam uma *folia*:

1) Chegai o Divino amante, ai,
derramai a sua benção,
que pra isto vós sois Pai
de todos os filho de Adão.

2) Otra veis novamente, ai,
ai, com Jesuis que é chegado,
pra um filho desta senhora
que mora em Guará e é casado.

3) Dai um bejo na bandera, ai   (bis)
e se cubra com o santo manto,
para dar saúde a seus filhos, ai   (bis)
ai, naquela terra de Santos.

4) Ai! este sagrado Divino
avoô do céu na terra,
ai! para nos trazê saúde,
nos livrá da peste e guerra.

DESPEDIDA (A dona da casa segura a bandeira)

    1) Ai, vamo dar a despedida,   (bis)
       o Divino nos mandô,
       pra esta dona com seus filho,
       filhos de Nosso Senhô.

    2) Senhora dona Maria,
       que a santa bandera abraça,
       Deus lhe dê vida e saúde
       e cubra coas santa graça.

    3) O mata-bicho que nos deste,
       com tão leal coração, ai
       bebemo a nossa vontade,   (bis)
       inda sobrô uma porção.   (bis)

CHEGADA à noite dos foliões

    1) Boa noite para todos!
       acendeu-se as clara luis.
       Vamo nóis dá louvô,
       ao amoroso Jesuis.

    2) Na sua casa chegô
       o amoroso Divino,
       sarvando Dona Maria
       e seu amante Candinho.

    3) Que descanso tão bonito
       teve a bandera tão bela,
       chegô por todo Brasil
       sobre os braço da donzela.

    4) Quando entremo pa drento,
       já estamo dando trabaio,
       nóis pedino os seus favô
       e o Divino agasaio.

Para dormir, cobrem a pombinha com a própria bandeira, para não cair poeira...

Cedo pela manhã, há cantoria agradecendo o pouso e depois a reza. O mestre é que dirige a reza. Antes de sair vão rezar no altar.

1) O Divino vem chegano!
   aonde fez o aposento
   para perto do altá
   para dá o agardecimento?

2) Vamo nóis agardecê
   com todo contentamento
   que nos deu o alimento.
   ajudai e favoreça.

3) Saímo da sua mesa
   com a nossa barriga cheia,
   em louvô desta bandera,
   que neste mundo passeia.

4) O Divino Esprito Santo
   que nesta bandera bria
   ajudai e favoreça
   a esta nobre famia.

5) Também vô agardecê
   eu e os meu cumpanhero,
   ganharás a recompensa
   desse Pai tão verdadero.

SAÍDA DO DIVINO

Quando vai sair a bandeira do Divino Espírito Santo, acendem-se as luzes do oratório, uma das pessoas pega a bandeira e fica na frente dos foliões.

1) Abre seu lindo oratório   (bis)
   seje para sempre. Amém.   (bis)
   Para o Divino louvá   (bis)
   As image de Belém.   (bis)

2) O Divino Esprito Santo
   Veio do Santo Aposento
   para frente do oratório,
   para dar o agradecimento.

3) Do alimento que nos dero,
   para mim e os meus companhero,

        serão bem recompensado
        por este Pai verdadero, o ãi...

4) Saímo de sua mesa
   c'oa nossa barriga cheia, ãi.
   em louvô desta bandera,
   que neste mundo passeia.

5) E o café que hoje dero, ãi,
   com todo agrado e carinho,
   ganharão manjar de Deus, ãi,
   lá do céu, de pão e vinho.

6) Tamém a mimosa cama, ãi,
   que dero pá nóis dormi, ãi,
   O Divino Esprito Santo, ãi,
   queira le ajudá e remi.

7) Vos rogo meu Deus do céu, ãi,
   desta bandera tão bela,
   dai saúde a este casal, ãi,
   boa sorte pra donzela.

Pararam para afinar os instrumentos e cantaram a reza do Bendito.

BENDITO

1) Este bendito é louvado,
   foi feito com fundamento,
   recordai as nossa culpa,
   suspendei meus pensamento.

2) Minhalma bem subesse,
   a recordava em todas hora,
   que a morte e paixão de Cristo
   é a dor de Nossa Senhora.

3) A dor de Nossa Senhora
   pus-me a considerá,
   sempre trago na lembrança
   pra com ela me salvá.

4) Sete lançada que destes,
   Longuinho por vossas mão,

A folia do Divino Espírito Santo chega numa casa.

E o dono da casa recebe a bandeira do Divino da mão dos foliões.

transpassou a Jesuis no peito,
Maria, no coração, ãi.

5) O judeu já eram tanto,
que a Jesuis atromentavam,
no seu rosto lhe guspiam,
outros na barba puxavam.

6) Ô que reza tão bonita,
que oração tão singulá,
quem esta oração rezá
a sua alma não perderá.

7) Abris a porta do céu,
quero entrá no jardim,
eu peço a Nossa Senhora
para abri a porta pra mim.

8) Eu peço a Nossa Senhora,
rogo a meu Jesuis também,
pra nos dar o céu e glória
para todo sempre. Amém.

9) Eu ofereço este Bendito,
com palavras de oração,
a sua rica donzela,
Com sua bandera na mão.

REZA DO MARTÍRIO DE JESUS

1) O meu Senhô Jesuis Cristo
lumeia que nem espeio,
é da nossa obrigação
todos rezá de joeio.

2) Ó meu Senhô Jesus Cristo!
Vossa cruis é de olivera,
Vóis sois o mais rico cravo,
que nasceste entre as rosera.

3) Vossa sagrada cabeça,
que lhe cravaram d'espinho,

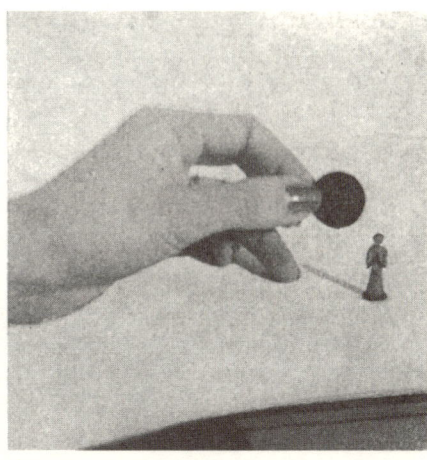

Mastros com as bandeiras dos santos do ciclo junino: Antônio, João e Pedro. À direita: Santo Antônio e o vintém. O santo acha burros desguaritados no pasto, só por um vintém...

No mastro de São João colocam as primícias da terra. À direita: Fogueira que ilumina e aquece as festas do ciclo junino.

Na casa da festa há "comes e bebes". Tatuí.

Fogueteiro... responsável pelo foguetório.

Distribuição das bandeirolas de enfeite das carroças da Procissão das Carroças de Lenha. Tatuí.

pra mode os nosso pecado
   meu amoroso Divino.

4) Vosso sagrado cabelo,
   mais fino do que o ouro,
   não deixai ninguém entrá,
   meu Deus, no vosso tesoro.

5) Os vosso sagrado zóio
   afirmado para o chão,
   pra mode os nosso pecado
   sofrestes tanta paixão.

6) O vosso sagrado rosto,
   cheio de escarro nojento,
   pra mode os nosso pecado
   sofreste tanto tormento.

7) A vossa sagrada boca
   le pusero amargo fé,
   pra mode os nosso pecado
   é meu Deus de Nazaré.

8) O vosso sagrado braço,
   que le abriro na cruis,
   pra mode os nosso pecado
   meu amoroso Jesuis.

9) O vosso sagrado peito
   todo cravado de lança,
   pra mode os nosso pecado
   sofreste tanta vingança.

10) O vosso sagrado imbigo,
    le ataram de toalha,
    pra mode os nosso pecado
    o bom Jesuis do Carvalho. (Calvário)

11) Le amarraro de lençor
    a vossa sagrada cintura,
    andavam le arrastando
    pelas ruas da amargura.

12) O vosso sagrado joeio,
 le cravaram de cravo,
 pra mode os nosso pecado
 sofreste tanto agravo.

13) Pregaram cum grandes prego
 o vosso sagrados pé,
 pra mode os nosso pecado
 Bom Jesuis de Nazaré.

(fazem o oferecimento)

14) Da cepa nasceu a rama,
 da rama nasceu a flô,
 de Ana nasceu Maria,
 de Maria o Redentô.

(Cada verso é um "pé")

Ficam todos em pé para a reza, pois enquanto cantavam o Divino Espírito Santo estavam sentados. A menina filha da casa segurando a bandeira, os donos em pé. As duas rezas que fazem quando saem com a bandeira do Divino Espírito Santo é o Bendito e o Rosário de Maria. A reza do Martírio só é feita em capela, e, quando em casa, é preciso que haja muito respeito. A reza é feita com os foliões olhando para o oratório ou altar.

Retiram-se e vão para outra casa.

FESTAS DO SOLSTÍCIO DE INVERNO

Localização geográfica

As festas da santa-cruz e as de junho são realizadas em todo o Brasil. A primeira francamente decadente. A de São João é a principal festa do solstício de inverno realizada em todo o território brasileiro; as demais são satélites. Festa profundamente humana, traz em seu bojo os apelos da arqueocivilização, é o ritual pagão que se trasladou para o catolicismo romano que lhe deu como padroeiro um santo cuja data agiográfica se localiza no período solsticial, época no Brasil do início das colheitas, dentre as quais se destaca a do milho.

Enquanto os demais santos são apresentados nas iconografias como adultos, São João Batista, o precursor, figura como menino de cabelos encaracolados e tem, ao contrário dos outros, a sua festa realizada na noite que antecede o seu dia.

Festa presente em todas as áreas culturais brasileiras, nas quais uniformemente gira em torno do fogo, nela se tiram sortes prevendo o futuro, e, embora seja nosso país tropical, onde a vigília é dispensável, é esta elemento que permanece, pois nessa noite come-se muito e principalmente os alimentos chamuscados pelo fogo: batata-doce assada, a onipresente mandioca (macaxeira). Lá no setentrião é a castanha-do-pará ou de caju, no sul é o pinhão. Bebe-se o produto da terra – a cachaça, que tem no Brasil mil e um nomes: bebida pura ou de mistura com frutas (limão) ou cocção de raízes (gengibre), dando o "quentão"; licor de maracujá ou de jenipapo.

Nas festas juninas estão bem marcados os tipos de comidas e bebidas preferidos pelo povo. No Amazonas come-se carne de boi, de tartaruga, de galinha, de peixe, de caças de pêlo e pena e as frutas: abacaxi, banana, ananás, laranja, bacaba, açaí. Estas, ao lado da macaxeira, batata-doce, pupunha. Flores enfeitam os mastros, em cujo tope se vê uma bandeirinha branca.

No Ceará come-se sarrabulho, lingüiça, carne assada com pirão, cabidela, batata-doce, inhame, pamonha, canjica, mungunzá, milho assado, pé-de-moleque, cocada, tapioca, bolo, grude, beiju, broa, castanha de caju assada e bebe-se capilé, jinjibirra, aluá, mocororó, cauim, licor e cachaça.

Em Goiás come-se paçoca de carne, batata-doce assada, pé-de-moleque, pipoca, biscoito de fubá, mandioca, milho verde, bebe-se garapa de cana e dança-se o saruê, dança jocosa que se assemelha à quadrilha, confusa na marcação.

Diferem também nas várias áreas as danças e cantos preferidos pelo povo. No Amazonas dançam a polca, *schottish*, quadrilha, valsa, desfeiteira e sambas. No Pará, cerca de cem ou mais pessoas mascaradas, acompanhadas por uma banda de música de uma dúzia de figuras, formam o grupo de foliões popularmente chamados "mascarados", que nessa noite percorre as ruas, de mistura com os "bichos", que freqüentam as festanças paraenses. No Nordeste, o coco, coco-de-praia, o bambelô, o boi de São João, sambas, marchas e roda-pagode. Esta é a atividade lúdica dos adultos do baixo São Francisco por ocasião das festas de plenitude ou principalmente na pequena vacância agrícola do inverno, pelo "mês de São João". Em torno das fogueiras, grupos alegres de adultos de ambos os sexos, de mãos dadas, cantam, saltam-nas, passam de uma fogueira para outra, misturam-se os grupos. Estes vão se avolumando até reunirem-se todos ao redor de uma grande fogueira numa praça pública. Ali todos cantam e a roda-pagode alagoana põe no corpo da gente uma vontade insopitável de dançar, de bailar, pois seu ritmo é convidativo. Ela congraça os membros adultos da comunidade, caem as barreiras sociais, pobres e ricos, moradores das casas de tijolos e das choupanas de palha – mocambos –, de mãos dadas, alegres cantam esquecendo-se das tricas políticas, das desditas, das mágoas, das rixas e intrigas familiares, do bate-boca de comadres, dos desníveis sociais. Ali todos pertencem à grande família alagoana – una, alegre e feliz. As cantigas são tradicionais e traduzem em versos fatos e coisas do hábitat do ripícola são-franciscano, mas a roda-pagode dá-lhes vida nova – a comunicabilidade, a alegria congraçadora que eclode nessa "noite em que São João Batista está dormindo". Na região cafeicultora, o cateretê, cana-verde, samba-lenço, ciranda, quadrilha e batuque.

No Nordeste, o grupo de foliões que acompanha a procissão de São João é a Capela, no Sul é o Rancho.

Quanto aos mastros, não confundir o que em todo o Brasil é chamado *mastro* com aquela denominação regional dada às arvorezinhas que estudaremos em

"Mastros de junho". É elemento presente nas festas da cidade, dos povoados e das roças. O mastro recebe tratamento especial por parte daqueles que vão prepará-lo: a escolha da madeira, qualidade e forma. Tem que ser a mais reta possível, deve ser cortada numa sexta-feira da minguante por três pessoas que, antes de iniciarem a derrubada, de empunharem o machado, rezarão um padre-nosso. Quando a árvore tomba, devem tirar o chapéu e evitar cuspir no chão no local do desgalhamento. Daí para a casa ou local onde será levantado, deverá ir sobre madeiras à guisa de andor ou no ombro, servindo de bangüê os próprios cabos dos machados. Preparado, é pintado ou não. Quando o pintam, no setentrião é muito comum usar uma só cor, no sul geralmente duas e quase sempre o azul e o vermelho são as cores preferidas. Evitam colocar pregos no mastro.

A fogueira é em geral acesa logo que o Sol se põe. Pode ser antes ou depois da reza, porém sempre antes da meia-noite. Em geral quem acende é o dono da festa, ou melhor, o dono da casa.

A armação da fogueira varia de lugar para lugar. Pode ser quadrada, arredondada, piramidal, cônica, empilhada. Sua altura varia. Nos lugares onde há abundância de lenha é costume fazê-la o mais alta possível, pois tal dará prestígio a quem a armou.

Depende da região a madeira empregada: pinho, peroba, maçaranduba, piúva, galhos secos de qualquer tipo de madeira menos de cedro e imbaúba. Estas duas madeiras, bem como as ramas da videira, não são queimadas: de cedro dizem ser a cruz de Cristo; há uma lenda que relata ter Nossa Senhora se escondido num acecrópia quando da fuga para o Egito; a videira dá a uva, uva que se faz o vinho, vinho símbolo do sangue de Cristo.

Junto às fogueiras soltam os balões que sobem levando um recado para o santo, por isso é bom fazer-se um pedido quando está subindo. Caso se queime, o pedido não será atendido. E sobem os balões com as mais variadas formas: balão comum de seis, oito, dez ou mais gomos, tipo charuto, zepelim, cebola, cruz, almofada, pião...

O foguetório nessa noite espouca pelos quatro cantos cardeais do país. Este apelo da arqueocivilização, do paganismo, é reforçado pelo ritmo da vida agrária, embora haja desencontro de estações (pois foi o português que no-la legou). Consegue atrair um elemento doutro solstício – o boi totêmico presente no bumba-meu-boi que se aquece nas fogueiras mudando apenas de nome na vastidão territorial brasiliana: boi-bumbá (Amazonas), boi-de-jacá (Santa Catarina), boi-calemba (Paraíba), boi-de-mamão...

Nas áreas rurais brasileiras a festa ao Batista se apresenta com as mesmas características, porém, na cidade grande há um anacronismo, há um falseamento, um arremedo grotesco da alegria sadia que pervague o sertão, por isso os clubes se enchem de imitadores fantasiados de campônio cujo nome varia de uma para outra área: caipira ou matuto, tabaréu ou sertanejo, caboclo ou caiçara. Há porém uma razão sociológica para que nas grandes urbes se apresentem assim fantasiados na festa joanina – é que esta festa tem a imantação telúrica, pagã, que na cidade atrai o carnaval, deslocando-o da influência axial natalina, e no meio rural, atrai para seu ciclo a do Divino Espírito Santo, estudada em páginas anteriores.

Traços da festa da santa-cruz têm passado para as de São João e desta para aquela. É o que veremos em procissão das carroças de lenha, na dança da santa-cruz. No Nordeste, na região açucareira, a festa do dia 3 de maio está praticamente olvidada; em compensação, a festa de São João está tão arraigada na vivência nordestina que se equipara ao Natal. Nela se comemora a passagem do ano cósmico – com a fartura dos alimentos que nascem da terra – o milho verde que cresceu nos cercados.

Histórico

As festas em louvor aos três santos de junho se localizam no Brasil no solstício de inverno. Deslocaram-se, portanto, porque em sendo festas tradicionalmente portuguesas, uma vez introduzidas em nossa terra, respeitando a data do hagiológio romano, vieram situar-se na época do frio, nas vésperas das colheitas do produto da terra, início do ano agrícola, quando acreditam precisar de maior contato com as forças extraterrenas, necessitar de maior aproximação e auxílio das divindades protetoras nessa mudança do ano cósmico, evitando com esse apego a presença de espíritos maléficos, perturbadores.

As festas de São João nos colocam na arqueocivilização européia, pois há muitos elementos das velhas civilizações celtas, godas, de permeio com as atuais práticas joaninas. A tese da arqueocivilização de André Varagnac é oposta à de Arnold van Gennep, que segundo Roger Bastide foi superado pelos sociólogos modernos que se dedicam ao estudo do folclore. Ao aceitarmos em parte a tese da arqueocivilização, sabemos que nem todos os elementos europeus são encontrados em todas as regiões brasileiras, apenas alguns traços persistem, porque muitos se perderam na memória coletiva, como os dias fastos e nefastos romanos, para este caso. Restam alguns traços dominantes, os quais serão analisados.

Seria melhor chamar de festas juninas do que joaninas. Não se trata de um dia de festa, mas de um ciclo que se inicia a 13 (dia de Santo Antônio) e vai até 29 (São Pedro). Constatamos que este ciclo em algumas regiões brasileiras (pelo menos no estado de São Paulo) se torna mais amplo, podendo-se assinalar o início a 3 de maio, com as festas da santa-cruz.

Ao ciclo junino poderemos afirmar que se agrega, pelo menos em São Paulo, a festa da santa-cruz. (Ver apêndice nº 8.)

Alguns elementos desta passaram a figurar nas festas de São João. Uma das reminiscências da festa do mês de maio europeu presente na de São João brasileira é a colheita de plantas ornamentais e das flores do cipó-de-são-joão (*Pyrostegia venusta miers*) para fazer remédio contra tosses. Flores também usadas pelos homens, nas carteiras ou na algibeira, junto às notas, pois elas têm o poder mágico de atrair mais dinheiro. Em um caso e noutro, o caipira acredita que só terão valor quando colhidas na noite de São João.

Das festas de maio apontaríamos mais um elemento da arqueocivilização européia, qual seja o mastro ou árvore que no Brasil, no vale do Paraíba do Sul (SP), situa-se no mês de junho – são os *mastros de junho*. Parece-nos que os mastros são elementos de fecundidade e podem tornar-se pressagos: um sinal de prosperidade ou de morte, conforme o lado para onde virar a bandeira do tope. Nas árvores transparecem os ritos de fertilidade, como surrar as laranjeiras no dia de Santa Cruz para dar frutos saborosos ou pendurar, com a mesma finalidade, laranjas, espigas de milho ou flores no mastro de São João.

É, porém, nas festas do mês de junho que se intensifica o uso das bombas, dos rojões, dos balões, do fogo que é o elemento central de tais comemorações, e aquela que é o clímax do ciclo junino, a joanina, está estritamente ligada aos cultos pirolátricos, por isso fogueiras e barulho. Barulho que também existe em Portugal, estampidos para afugentar o demônio nessa fase perigosa de transição entre duas estações. A de São João no fundo é a festa que marca o começo da estação agrícola, localizada próxima da colheita, festa da produção. É claro que nos dias de hoje ninguém relacione mais o espocar de bombas com a finalidade de tais estrondos na Idade Média produzidos para espantar o diabo, muito temido ainda hoje sob outras formas em nossa sociedade contemporânea, além daquelas com chifre, peludo, com rabo, cheirando a enxofre, como teimam ainda em apresentá-lo. Tão desacreditado está Belzebu no Brasil que nem é muito mais procurado para fazerem pacto com ele[34], como acontece em Portugal na noite de São João. Aqui o "príncipe

---

34 Em Cunha e em São Luís do Paraitinga, recolhemos: "para aprender a tocar viola, é suficiente colocá-la debaixo de um pé de samambaiaçu (*Dicksonia* Sellowiana HK.), em uma mesa coberta com toalha branca, e estar nesse lugar à meia-noite de sexta-feira santa. Dizem que o CAPETA AÍ APARECE E A PESSOA CONTRATA ENTÃO COM ELE PARA APRENDER A TOCAR VIOLA. Desse

das trevas" é procurado para tal finalidade na sexta-feira santa[35], quando o Cristo está sob a terra e ele está solto, tem o domínio do mundo. À noite de São João dão-lhe outro significado – é o primeiro dia de ano do rurícola.

O rito pluvial trazido pelos portugueses consiste na lavagem no rio, tanque ou mar, da imagem de São João. Os nossos ancestrais receberam-no certamente dos árabes – as abluções. Na Europa tal costume de banhar o santo desapareceu praticamente no século XIX. Persistem, entretanto, algumas práticas relacionadas à aspersão, como, por exemplo, na Romênia, e em Marselha, onde derrubam os devotos nas poças d'água – ritos estes encontrados em todo folclore mediterrâneo mas não propriamente na festa de São João[36 e 37]. O banhar a imagem de São João é portanto festa pagã dos árabes, que se manteve. De fato o banho é para abençoar tudo que se relaciona com a água e até mesmo o controle das chuvas. A procissão de lavagem do santo em alguns lugares do interior brasileiro é chamada a "orvalhada".

Os elementos dominantes acima apontados, como a colheita de flores, lavagem do santo, mastros, não persistem em todas as regiões do Brasil, porém os presságios sim, e é o que caracteriza a festa de São João no Brasil: a sorte é sobre casamento ou amor, felicidade ou morte. Na Europa esses presságios ainda existem, sortes ligadas à fogueira e não à festa de São João, ligadas ao carvão, ao fogo. No Brasil, porém, tem-se a impressão de que diversos traços folclóricos dispersos se acumulam todos na festa de São João, ligados ao carvão, ao fogo. Quanto a este não encontramos o folclore diferenciado que A. Varagnac[38] estuda. Aqui não há papéis nitidamente distribuídos por grupos de idade, a não ser o de homens (adultos), carregando o mastro, e de meninas, carregando a bandeira que irá para o tope. A estrutura social ligada ao fogo é a estrutura colonial das casas-grandes: mastro levado por parentes, e o "paterfamílias" é quem solta os fogos, dirige a reza, determina o local de cavoucar o buraco onde será levantado o mastro, acende a fogueira onde nascerão novos laços de compadrio – forma de parentesco que liga os membros de um bairro rural por liames às vezes muito mais fortes do que os de sangue.

---

lugar não se deve ouvir o canto do galo. Para aprender a domar, leva-se arreio em vez de viola. Para aprender a capinar sem cansar o braço, leva-se a enxada com cabo que ele tempera e encaba. Há uma outra condição: vencer o demônio na luta, que então se trava".

35 No Ceará, Juvenal Galeno assinala o pacto com o diabo, tal qual se fazia na Europa na noite de São João.
36 F. Benoit, "Le rite de l'eau dans la fête du solstice d'hiver en Provence et en Afrique", Rev. Anthropologie, 1, 3, 1935.
37 F. Benoit, "L'immersion des reliques", Rev. Folklore Française, n.º 2, 1935.
38 André Varagnac, Civilisation traditionnelle et genres de vie, Paris, Albin Michel, 1948.

A noite de São João termina com danças de origem ameríndia, africanas e lusas, dependendo da região brasileira onde ela se processa, e é bem provável que se possa apontar nesse fim de festa o ressurgir da velha estrutura social brasileira – os brancos dançam na casa, no salão (o fandango, o cateretê, o cururu, a cana-verde), e os pretos "ferverão" no terreiro (o jongo, o batuque, o samba de roda, o samba-lenço) ao lado da fogueira, ao lado das brasas apagadas por pretos, brancos e caboclos quando à meia-noite passaram por sobre elas numa demonstração de fé – "quem tem fé não queima o pé". Embora no ritual de saltar a fogueira e de se fazerem compadres tal se dê indistinta e simultaneamente entre brancos e pretos, nas danças, porém, em geral, estão separados, revivendo a "nossa arqueocivilização brasileira" de senhores e escravos.

Além das determinantes geográficas, os fatores socioeconômicos nos deram, pelo menos em São Paulo, dois tipos de festas de São João: as da zona sul e vale do médio Tietê (*O São João no bairro do Bate-pau*) e as do vale do Paraíba do Sul, da impropriamente chamada zona norte paulista (*Mastros de Junho*).

A festa baiana tipifica bem as comemorações joaninas na região açucareira (*O São João nordestino*).

Função social

O Compadrio – É por ocasião das festas juninas que, entre outras funções sociais, se reforçam os laços de solidariedade através dessa instituição que está se tornando folclórica – o compadrio. No Nordeste brasileiro, muito mais do que noutras partes, uma das formas pelas quais os moradores das comunidades rurais, dos "bairros", das aglomerações urbanóides, demonstram a cordialidade é a escolha do compadre. Verdadeira instituição, paralela à da família, chegando às vezes a entrelaçar um número bem maior de membros através do "parentesco pelo coração" do que pelo do sangue. Há provas evidentes nas comunidades rurais nordestinas de que os liames afetivos que prendem um compadre ao outro são, por vezes, em certos aspectos, tão fortes como aqueles que unem a irmãos. Acontece muitas vezes que estes são rotos por interferência de ordem econômica, como é o caso de partilha de herança, quase sempre fatal para o bom andamento das relações amistosas interfraternais. Há também casos em que os irmãos são entrelaçados pelos liames do compadrio. É tão importante este tipo de relações que o próprio tratamento entre eles se modifica. Deixam ambos de se tratar apenas pelo nome, mas antepõem sempre o compadrio. Tratamento respeitoso que não sofre solução de continuidade, caso venha a falecer o afilhado.

Estabelecem-se entre os compadres certos liames que chegamos a acreditar sejam às vezes mais fortes do que entre parentes, tais como entre tios e sobrinhos. É comum o uso de luto durante três meses, por causa do falecimento de um compadre, cujo compadrio date de vários anos.

Há no Nordeste (Alagoas, por exemplo) dois tipos de compadre: o da *igreja* e o da *fogueira*. O da igreja é aquele que leva a criança, o afilhado, para receber o sinal de iniciação – o batismo na igreja católica romana. O de *fogueira* é o caso em que não há criança a ser batizada, são apenas compadres, que passam a tratar-se respeitosamente por tal. Não há apenas os compadres de fogueira, há tios, sobrinhos, pais e filhos de fogueira. Basta que um afeto forte os aproxime para que no dia de São João, ao saltar a fogueira, façam antes um juramento e a seguir saltem em cruz três vezes a fogueira. Desse momento em diante passam a tratar-se de acordo com o que adrede ficou combinado. Ao saltar a fogueira revivem, sem o saber, um ritual de origem celta.

O juramento que precede ao salto da fogueira é o seguinte:

"Eu juro por São João, São Pedro e São Paulo e todos os santos da corte do céu." A seguir saltam a fogueira dizendo:

> São João dormiu
> São Pedro acordô,
> vamo sê cumpadre
> que São João mandô.

Repetindo três vezes de cada lado passam a tratar-se por compadres ou tios e sobrinho, pai e filho etc.

Quando tal não se dá por ocasião do dia de São João o fazem então na fogueira do dia de São Pedro, último santo junino a ser festejado. No juramento, o primeiro a ser invocado então é Pedro e a quadrinha repetida é:

> São Pedro dormiu
> São João acordô,
> vamo sê cumpadre
> que São Pedro mandô.

Quando é um menino que convidou uma pessoa adulta para ser seu padrinho, o juramento é o seguinte: "Eu juro por São João, por São Pedro e São Paulo e todos os santos da corte do céu que o sinhô vai sê meu padrim e eu vô sê seu afilhado que São João mandou." Saltam a fogueira, repetem a quadrinha, o afilhado repete três vezes: "vai sê meu padrim", e o padrinho: "vai sê meu afilhado".

Muitas vezes, um menino não tem mais padrinho porque este faleceu, arranjam-no na fogueira, e as relações passam a ser respeitosas.

Festa de Santo Antônio

Pelo Brasil afora as festas populares de Santo Antônio praticamente não existem mais. No meio rural, casamenteiro é São Gonçalo de Amarante e, na cidade, onde Santo Antônio arrumava os casamentos, está este Santo entrando em franco desprestígio, em parte graças à independência que dia a dia a mulher brasileira vem ganhando na sociedade atual.

Santo Antônio, que chegou a receber soldo de coronel do Exército Nacional até nos dias da República, está sendo olvidado. Em certas zonas paulistas, na serrana, na Mantiqueira, Santo Antônio recebe um vintém para achar os animais perdidos nas capoeiras; para porco alongado voltar ao chiqueiro, uma pequena moeda de cobre é colocada sob a imagem.

Em vários lugares do Brasil ainda as moças solteiras, desejosas de se casar, colocam-no de cabeça para baixo atrás da porta ou dentro do poço ou enterram-no até o pescoço. Fazem-lhe o pedido, e enquanto não são atendidas, lá fica a imagem de cabeça para baixo. Embora seja como os demais santos juninos, mui queridos, donos mesmo de deliciosos acalantos, é no Santo Antônio que aplicam sanções.

Nas cidades e mesmo nas capitais, há no dia 13 a busca do "pãozinho de Santo Antônio". Os fiéis vão às igrejas (em São Paulo é na de São Francisco) buscar o pão dado gratuitamente pelos frades. É claro que em troca o crente oferece um óbolo. O pão é bento e acreditam que se deve colocá-lo junto aos demais mantimentos para que estes não faltem jamais nas casas dos que assim procederem.

Comum entre a classe burguesa das grandes cidades paulistas é dar aos pobres no dia 13 de junho um determinado número de quilos de pão correspondente ao peso da pessoa que fez a promessa a Santo Antônio.

Santo Antônio Preto ou de Categeró, embora não seja popular no Brasil, sua imagem é venerada na Igreja de São Francisco na capital paulista.

Dos santos juninos somente Santo Antônio é que é feito de madeira, de tamanho tão pequeno, menor mesmo do que um vintém. "É bom carregá-lo na algibeira, é para proteger." Em geral, é esculpido em nó de pinho, daí ter surgido:

> Meu querido Santo Antônio
> feito de nó de pinho,
> com vós arranjo o que quero,
> porque eu peço com jeitinho.

Dizem os "marmanjos" que as moças solteiras fazem o seguinte pedido ao santo lisboeta:

> Meu querido Santo Antônio
> feito de nó de pinho,
> me arranje um casamento
> com um moço bonitinho (ou bonzinho).

Feito um pedido a Santo Antônio, caso a pessoa tenha pressa em ser atendida, é rezar um Padre-Nosso pela metade que o santo atenderá logo, para que o suplicante termine a oração.

Sem as festas que lhe atribuíam outrora é ainda um santo lembrado nos acalantos:

> Numa ponta, Santo Antônio,
> noutra ponta, São João,
> no meio, Nossa Senhora,
> com seu raminho na mão.

O São João no bairro do Bate-pau

Zico Brandão – fabricante de violas caipiras – ano após ano realiza em Tatuí (SP) a festa de São João, onde não faltam fogos de artifício, fogueira, leilão, procissão, quentão e cateretê ou fandango, onde muita gente ao anoitecer de 23 de junho aparece em sua casa modesta no bairro do Bate-pau.

Em 1953 a festaria de São João promovida pelos "reis da viola" foi deveras concorrida. Numa sala estava armado um altar onde, em destaque, se via a imagem de São João Batista vestido com seu manto de pele de camelo, motivo por que o chamam de "santo-menino", pois "está de calça curta", tendo ao lado o carneiro com uma fita vermelha – "o carneirinho de São João". Quer nas bandeiras, quer nas imagens, a representação do Batista é a de um menino de cabelos encaracolados. Representação que é um apelo aos nossos instintos paternais – a criança é objeto de nosso afeto, amor. (Ver apêndice nº 9.)

Logo após o crepúsculo vespertino, Zico Brandão ateou fogo à grande pilha de lenha; assim, quando regressarem os devotos que levaram o santo para a lavagem no riacho, poderão ver um brasido esplêndido para ser "pisado por aqueles que têm fé".

Às 19h30 teve início a reza dirigida pelo Zico, que, ao lado de sua esposa, Adelaide, "puxaram" dois terços. Finda a reza, levantaram o mastro com a bandeira do santo. Enquanto mocinhas enterravam cabelo na cova e outras amarravam no mastro fitas, flores, cipós, os "puxadores de reza" cantaram:

> – São João Batista, batista João,
> levanto a bandera
> co livro na mão,
> o nosso corpo é uma podridão,
> no fundo da terra,
> no centro do chão.

O povo presente em coro cantou o estribilho:

> – São João adormeceu
> no colo de sua tia.
> Se meu São João soubesse
> quano era seu dia
> descia do Céu na Terra
> cum bandera de alegria.

Findo o levantamento do mastro, teve início a queima dos fogos. No quintal, a um canto, estava armado o "castelo". Em um arame estirado da porta do quintal até ao castelo via-se uma peça pirotécnica parecida com uma pomba (outros diziam que era um "lagarto" de fogo). Num estopim, o promotor da festaria risca um fósforo. O estopim se inflama. Pelo engenho do fogueteiro, aquele pássaro de fogo, preso ao arame "voa" vertiginosamente até ao tope do castelo, que se incendeia. É um espetáculo deslumbrante a queima dos "fogos de vista". Queimam-se primeiramente as três coroas píricas, cada qual representando um santo junino; a do centro, a coroa maior é a de São João. Quando esta termina de queimar, desenrola-se a bandeira do santo vinhetada pelas multifárias cores dos fogos. Pistolões, estrelinhas, bichas, busca-pés... e das girândolas partem foguetes com bombas ensurdecedoras, e os rojões de lágrimas, numa orgia de cores, traçam linhas ígneas rabiscando o negror do céu.

Finda a queima dos fogos, os presentes tomam tigelas de quentão distribuído farta e gratuitamente. Às 21 horas tem início o leilão: frangos assados, leitoas, cuscuz, bolinhos, laranjas, churrasco, recebem bons lances e o dinheiro arrecadado será para o pagamento das despesas com a festança. Em quatro latas de vinte litros (latas de querosene) sobre os tacurubas fervem raízes de gengibre para o preparo do quentão. Havia muita gente "quente" ao arrematar as leitoas assadas no leilão, graças às libações feitas com a bebida popular paulista...

Após o leilão, mais ou menos às 23 horas, os presentes se preparam para a procissão. Saem quatro andores. À frente, numa charola amarela, a imagem de Santo Antônio, a seguir num *ferculum* cor-de-rosa, São Pedro; depois, numa *sella gestatoria* azul-celeste, a imagem de Nossa Senhora Aparecida e, por último, em um andor ricamente enfeitado de flores vermelhas naturais e artificiais, o santo festejado – São João Batista.

Zico Brandão distribuiu entre os presentes velas feitas por ele mesmo: fios de barbante (algodão) torcidos e embebidos em estearina. Estas velas serviram também para, no rio, procurarem a imagem refletida nas águas. Cantando, o povaréu presente em procissão se dirigiu ao rio para a lavagem do santo:

> Meu São João Batista,
> filho de Santa Isabel,
> batizou a Jesuis Cristo
> por nome de Emanuel.
>
> Pelo trabaio que faço,
> não hei de me amofiná,
> que a graça de Deus é grande
> com Ele hei de me apegá.
>
> Aleluia, Aleluia,
> louvemo a Senhora,
> Jesuis Cristo nasceu,
> louvemo a Senhora.
>
> Foi por obra divina
> que Jesuis nasceu,
> para remi o mundo
> que Adão prometeu.
>
> Por que tanta riqueza,
> por que tanto cabedá?
> A Nossa Senhora
> poderá nos dá.
>
> O seu pai era o cravo
> sua mãe era a rosa,
> seu fiio é açucena
> de flores mimosa.
>
> Vamo minha gente
> no rio do Jordão,
> vamo minha gente
> batizá meu São João.

Ao chegar à margem do rio, desceram apenas a imagem de São João para ser lavada. Zico Brandão e dona Adelaide lavaram o santo. Este voltou para o andor, sem se enxugar, borrifado d'água. Em vários pontos do rio estavam os devotos procurando, iluminados pela vela rústica, divisar sua imagem refletida nas águas. Alguns rojões assinalaram a volta da procissão. Os devotos cantaram:

> São João da donde veio
> que veio todo orvaiado,
> veio do rio do Jordão,
> veio daquele rio sagrado.
>
> São João Batista, batista João,
> se São João subesse
> qual era o seu dia,
> o mundo acabava de tanta alegria.

Cerca de duas horas da madrugada, finalizaram a procissão de lavagem do santo no ribeirão, quando entraram na casa e os santos retornaram ao altar. No terreiro, sobre as brasas, muitas pessoas passaram descalças. Um menino que há muito sofria reumatismo, tirou os sapatos, cruzou os dedos da mão, e, rezando um Padre-Nosso, atravessou sobre as brasas vivas; outra pessoa rezou um "Crendospadre" e pediu a São João que seus pés não se queimassem. E o ritual continuou até que as brasas se extinguiram graças aos muitos pés desnudos que as pisaram.

Os violeiros completaram a festaria daquela noite dando o ritmo buliçoso a homens alegres e não dormidos num movimentado cateretê. Batata assada, pinhão cozido, amendoim torrado, paçoca, quentão estimularam os presentes nessa vigília da noite mais fria do ano.

Algumas mulheres, enquanto os outros folgavam, achegaram-se ao altar para cantar rezas a São João:

> Meu Santo Antonho
> espelho de Portugá,
> venha me ajudá a vencê
> esta batalha reá.
>
> O padre dizeno missa,
> São João rezano no artá,
> quero tê prazê no mundo
> pro lugá que nóis andá.

Quando o Sol despontou, dispersaram-se os participantes da festaria de São João. Alguns, pelos cantos do terreiro, encostados nas cercas ou no beiral da casa, já dormiam por causa do quentão, não viram o raiar do Sol do primeiro dia do ano cósmico no bairro do Bate-pau em Tatuí.

O São João nordestino

Depois do Deus Menino reverenciado nas festas do Natal, São João Batista é o santo mais enternecidamente festejado em todo o Brasil. E é bem possível que as alegrias do Natal, no interior baiano, por exemplo, não sejam tão grandes como aquelas que o povo manifesta por ocasião da passagem do solstício do inverno, no dia dedicado "ao senhor São João".

É um dia santificado à moda brasileira: não se precisa ir à igreja. A guarda desse dia é externada pela espera feita em casa, ou melhor, ao redor da fogueira. É a vigília que milhões de brasileiros religiosamente realizam, guardando a seu modo esse dia santificado.

A partir do meio-dia do dia 23 ninguém mais trabalha, vão para casa. São João é festa de família, cimentadora da solidariedade vicinal. Quem está trabalhando fora vai para casa. Esta é engalanada com flores silvestres ou artificiais.

Nas fazendas, sítios, bairro rural, nas aglomerações urbanóides, nas ruas, onde é possível fazer fogueira, aí estará esta presente. Nas casas pobres, quando não foi possível catar ou comprar lenha, uma vela acesa no batente da janela e ramas de cana ou outra planta enfeitam a presença do fogo.

A agitação na véspera toma a todos. Os mercados, as feiras, as casas comerciais, ficam regurgitando de gente que vai comprar os preparos para a comezaina apropriada para o dia do "senhor São João", destacando-se a canjica, presente na mesa do rico e do pobre. Nelas não faltarão o "bolo de São João" também chamado "bolo de carimã com ovos", amendoim cozido, carne e não se fala em bebida, porque o licor de maracujá ou jenipapo já está esperando para ser degustado.

Nesse dia há pirâmides de espigas de milho verde para serem vendidas na feira. Homens e mulheres passam carregando mãos de milho verde para o preparo de comidas, pois esta prodigiosa gramínea é o alimento típico desta festa, com a qual coincide a época de início de sua colheita.

As barracas, as bancas nos mercados e feiras, as casas comerciais, os caminhões, as carroças se engalanam com enfeites coloridos, porém o mais comum é a rama de cana com a sua ponta de folhas, muito verdes por haverem recebido há pouco as chuvas de inverno.

Nas cidades grandes, nas capitais nordestinas (Salvador, por exemplo), nos bares e cafés, os empregados, como se faz no Sul por ocasião do Natal, escrevem nos vidros das vitrinas e colocam caixas para receber espórtulas e nelas escrevem dísticos alusivos ou um simples "*VIVA SÃO JOÃO*", que fazem lembrar os pedidos e votos de "boas-festas" da época natalina.

A alegria é grande porque no inverno no Nordeste preliba-se a fartura, muito maior quando se teve a presença das chuvas, e neste de 1961 muitas fogueiras foram apagadas pela chuva dadivosa e promissora.

A alegria não escolhe classe social, ela invade o coração de todos. Os ricos, para suas fazendas e chácaras levam os parentes congregando-os ao redor da fogueira grande no pátio enfeitado de farfalhantes bandeirolas de papel multicoloridas. Na árvore adrede plantada perto da fogueira foram colocadas laranjas, milho verde, coco, charutos, cigarros, presentes, garrafas de bebidas.

No dia do "senhor São João" no Nordeste, nesse Nordeste onde se sente nitidamente a separação e o distanciamento entre as únicas duas classes sociais existentes – a dos pobres e a dos ricos –, nesse dia, não se nega comida a ninguém, vizinhos e conhecidos pobres vão entrando nas chácaras, ou fazendas ou nas mansões e vão comendo de tudo que há, sem que se faça distinção entre as pessoas. Só não se oferece cachaça nesse dia, mas muito e muito licor de maracujá e jenipapo.

A sanfona vai tocar e os pares vão dançar marchas, polcas, mazurcas, quadrilhas e para tal já se fantasiaram com roupas de tabaréu.

A ceia de São João na sala da casa rica está posta na mesa. Bem ao centro a imitação de uma fogueira ostentando um ramo florido. Ricas imitações de fogueira e flores artificiais primorosas (Feira de Santana). Esta imitação é rodeada pelas comidas típicas regionais: vatapá, caruru, xinxim, efó, bolo de milho, canjica, muita canjica, espigas de milho verde cozido, peru, galinha assada, carneiro...

Ricos e pobres vão *esperar a chegada do São João*. Estes enfeitaram a casa com flores silvestres e galhos verdes, destacando-se as ramas de cana. Quando armam a fogueira na frente da porta da casa, plantam uma arvorezinha bem verde: bananeira, mamão-macho (porque está sempre florido) ou outra planta e nela nunca faltam presentes pendurados em seus galhos ou folhas.

Homens e mulheres procuram vestir as melhores roupas, as moças garridamente e as crianças são trajadas de branco, "à marinheira", usam chapéus de seda de cores berrantes, sombrinhas de papel crepom colorido. Flores nos cabelos das meninas-moças e muitos adultos, em geral os velhotes, passam janotas com seu cravo vermelho na lapela. Há flores por toda parte: flores artificiais e as naturais que "se alteiam belas, puras, singelas, orvalhadas, vivas" após as chuvas de inverno que, quando precedem o dia de São João no agreste brasileiro, o tornam mais alegre.

Logo que o Sol se põe e a noite vem chegando, acendem-se as fogueiras, rezam e cantam hinos ao "senhor São João" ao seu redor. Queimam os fogos, os poucos fogos de artifício que a carestia permite comprar: o simples traques-de-velha, foguetes, fósforo bengala, fósforo de cor, chuveiro, cobrinha, traques de massa, busca-pés, espadas. A terrível espada, sem estrondo, preparada com limalha de ferro, e que permite a luta, a disputa entre os moços, que as aparam no peito, que se desafiam e porfiam como fazem em Cruz das Almas (Bahia), em verdadeiro duelo que torna as ruas intransitáveis... para os que não querem se queimar com esse tipo de foguete.

De meia-noite em diante canta-se e dança-se com as músicas profanas que fazem esquecer as rezas de antes dessa hora que marca o dia do "senhor São João".

Quando vai alta a madrugada, bem antes do quebrar da barra do dia, soltam foguetões com bomba e o povo grita: "Acorda São João!". Soltam outros foguetões repetindo o álacre "acorda São João!". Nessa vigília amanhecem. Os namorados buscam também o aconchego da fogueira.

Caso alguma casa esteja com portas fechadas (não sendo casa de "crentes" evangélicos) e com uma luz acesa, batem na porta convidando seus moradores para cantar e dançar. É uma alegria contagiante. Tão grande que emendam a vigília ao dia de São João nessa festiva e envolvente manifestação coletiva de confraternização, onde muitos afilhados-de-fogueira se batizam nesse fogo que tem o condão de aproximar os homens.

As moças tiram sortes, colocam água na boca e se escondem atrás da porta para ouvir um nome masculino. As que acaso ouvirem, casar-se-ão com um homem que tenha esse nome. Enfiam a faca na bananeira, pois muitas não tiveram sorte com o bilhete que enviaram a Santo Antônio. Muitos homens fazem orações para o fechamento do corpo, e elas só serão eficazes se feitas no dia do Santo. Tira-se a sorte por meio de jogos cuja finalidade é saber o futuro, em geral quanto à nupcialidade, o que vem a ser prática de ritos de passagem.

A fogueira crepitante armada entre a casa e a arvorezinha verde que fora plantada, atingindo-a, fá-la murchar e pender. Quando ela tomba os circunstantes procuram apanhar os presentes que foram colocados em seus galhos. Não é necessário disputar, há presente para todos. A árvore é a própria árvore ariana queimada nas fogueiras do agreste ou do ressequido sertão nordestino. É a mensagem da arqueocivilização, da árvore que renasce após o inverno, lá na Europa distante crestada pelo gelo, aqui pelo fogo. Gelo de maio europeu, fogo de São João brasileiro.

Mas todos estão atentos para presenciar de que lado a árvore vai cair, pois caso tombe para o lado da casa de quem a plantou esse fato é sinal de agouro para o plantador e sua família; porém, pendendo para o lado oposto, para o lado de fora, o caso é sinal de sorte. Redobra-se a alegria.

Alegria até para o ano que vem!

Algumas sortes de São João

– Apanhar pimentas num pé de pimenteira, com os olhos vendados. Caso a moça apanhe pimenta verde, noivo jovem; madura, casamento com velho ou viúvo; pimenta verdolenga para madura, "inchada", casamento com homem de meia-idade.

– Quebrar um ovo dentro de um copo, deixá-lo ao relento. Ao amanhecer (de 24 de junho) interpretar o que está desenhado na clara: torre de igreja, casamento (em algumas regiões do Brasil) ou ingresso na vida religiosa (Maranhão); um túmulo ou caixão ou rede de defunto, morte na certa (em algumas regiões, esse tipo de rede é interpretado como sendo renda e renda é véu de noiva, noutros lugares afirmam que é cortinado e cortinado faz lembrar cama, então é casamento também). Este cortinado sobre a cama, por outro lado, nos revela que em tais regiões há muitos pernilongos...

– Jejum forçado de três dias que se aplica a um galo. À noite, no terreiro iluminado, colocam-se montículos de milho nos pés dos moços e moças que fizeram uma grande roda. Solta-se o galináceo faminto no centro. O montículo escolhido pelo galo será daquele que se casará em breve.

– Passar descalço sobre as brasas da fogueira, com uma faca nova na mão. Finda a passagem, enfiar a faca numa bananeira. Noutro dia, pela manhã, retirá-la e interpretar o desenho, ou melhor, as iniciais do nome do futuro cônjuge.

– Com um gole d'água na boca, ficar atrás da porta. Ao ouvir o primeiro nome, engolir. Será o nome do futuro cônjuge.

– No dia de São João, o primeiro mendigo que pedir esmolas, indagar-lhe o nome. Esse será o do futuro cônjuge.

– Escrever três nomes em pedaços de papel. Dobrá-los bem. Colocar, sem reconhecer, um no fogão, outro na rua e o último sob o travesseiro. Ao amanhecer, desdobrar o que está sob o travesseiro, esse será o nome do futuro cônjuge.

– Sobre a mesa foram colocados pratos contendo: flores, água e um terço ou rosário. Os candidatos à sorte vão entrando com os olhos vendados e postam-se atrás de uma das cadeiras em cuja frente estão os pratos, cuja sorte é: com flores, casamento; com terço, ingresso na vida religiosa; com água, viagem. Esta água nos informa que é uma sorte própria das regiões fluviais ou marítimas brasileiras.

– Quando estão soltando balão, "colocar" nele um pensamento. Alcandorando, acontecerá o que se pensou, mas caso se incendeie, tristeza e frustração ao "sorteiro" que certamente ficará solteiro...

Festa de São Pedro

É claro que estamos tratando de festas populares, pois as religiosas são realizadas anualmente ao pescador-apóstolo, promovidas pela Igreja, mas o povo já não dedica ao "chaveiro do céu" aquelas honrarias profano-religiosas de antanho. Tal festa na atualidade se tornou um eco abafado da joanina. Está se tornando comum a conclusão dos festejos juninos com apenas o espocar dos foguetes que sobraram e que a umidade do clima tropical arruinará, não permitindo que fiquem guardados para o ano vindouro. É foguetório para São Pedro, homenagem ao "chaveiro do céu", santo junino do hagiológio católico romano que a tradição afirma ser o primeiro papa, cujo dia festivo é a 29 de junho, e que é cultuado como protetor dos pescadores com procissões marítimas em quase todo o litoral brasileiro e pelas viúvas do vale do São Francisco.

Há, por parte do povo, uma certa irreverência e liberdade no tratamento com São Pedro. Chover é obra de São Pedro. Quando os trovões começam a aturdir e as crianças, amedrontadas, choram, as mães as consolam: "é a barriga de São Pedro que está roncando" ou "ele está mudando de lugar os móveis"... Para se entrar no céu é necessário que o chaveiro – claviculário-santo – abra as portas. Embora simbolizado como velho, não o respeitam devidamente. De maneira impiedosa e desrespeitosa é pábulo de milhares de anedotas, algumas inocentes, outras picantes. Serve para comparar e justificar os erros humanos: "Até São Pedro errou, posso errar também."

Na área da pesca, nas duas regiões da ubá ou da jangada, onde lhe dedicam procissões marítimas, estas se assemelham à de Ubatuba, litoral norte paulista, realizada à noite, consistindo numa pomposa procissão marítima. Num barco grande – o capitânia – vai a imagem do protetor dos pescadores rodeada por inúmeros tocheiros. Atrás segue uma centena mais ou menos de canoas, de ubás, todas ostentando tochas apropriadas que se não apagam com o vento, levando breu na composição. Dão uma volta pela baía, regressando à igreja. A procissão noturna oferece um espetáculo de inigualável beleza. De longe, as luzes das tochas no séquito de canoas dão-nos a impressão de um enorme colar luminoso sobre as águas do mar, ali defronte da lendária praia de Iperoig.

Na região da jangada, no Ceará, na praia de Iracema em Fortaleza, havia pomposa procissão das jangadas levando a imagem ao Mucuripe, até o dia em que foi proibida pelo bispo. E a igreja de São Pedro da praia romântica deixou de ser freqüentada pelos jangadeiros...

Fato curioso ser a festa a São Pedro, na região do alto e médio rio São Francisco, promovida pelas viúvas, consistindo na atualidade apenas no transporte, em canoa, de imagem (santo em *vulto* [escultura] ou em registro [fotografia]) de uma casa até uma capela ou outra casa onde há reza em conjunto. Uns poucos foguetes pipocam no ar no início do terço e ao final da cerimônia, "reza puxada por uma tiradeira".

Tal culto prestado pelas viúvas origina-se certamente da lenda sobre a mãe ou, segundo outra versão, a sogra de São Pedro que era muito egoísta. Certo dia, ao limpar umas folhas de tempero deixou cair uma folhinha tenra e verde de cebola que foi levada pelas águas do rio onde a lavava; não podendo apanhá-la disse: "Que fique para as almas." Ao morrer, para entrar no céu foi-lhe muito difícil: nunca tinha dado nada, foi sempre somítica, mesquinha. Acontece que para alcançar o paraíso só tinha aquela folhinha de cebola para auxiliá-la. Agarrou-se a ela, mas eis que outras almas penduraram-se na velha. Tanto esta esperneou que ficou aí pelos ares "belibeteando"...

Em alguns lugares do Brasil, ainda pelo dia de São Pedro, nas casas de seus xarás economicamente mais aquinhoados do que os demais pescadores, é comum fincar um pau-de-sebo com um prêmio no topo.

Não deve ser este pau-de-sebo confundido com os mastros de junho que são arvorezinhas ou mastros encimados pela bandeira do santo. É escorregadio, revive em parte a tradição milenar européia, ariana, da árvore completamente desnuda pelo inverno, em torno da qual dançavam, tal qual se faz hoje com o pau-de-fita ou dança-de-fitas (Rio Grande do Sul, Santa Catarina, São Paulo). É apenas o pau-de-sebo que desafia a meninada para vencê-lo e tirar vitoriosa a nota de dinheiro de seu topo. Após a disputa é posto abaixo, derrubado.

No baixo São Francisco seus homônimos acendem pequenas fogueiras nas portas de suas casas e, no dia 29 de junho, amarrando-se uma fita no braço de um Pedro terreno, ele se vê na obrigação de dar um presente ou pagar um beberete que será tomado na primeira bodega em homenagem ao celeste.

Em Cunha (SP) registramos um acalanto onde figura, entre outros santos, São Pedro:

> Acordei de madrugada,
> fui varrê a Conceição,
> incontrei Nossa Sinhora
> com dois livrinho na mão.
>
> Eu pedi um com ela,
> ela me disse que não;
> eu tornei a lhe pedi,
> ela me deu um cordão.
>
> Numa ponta tinha São Pedro,
> na outra tinha São Juão,
> no meio tinha um letrero
> da Virge da Conceição.

MASTROS DE JUNHO

Há uma relação marcante entre a época da colheita e as festas regionais. No solstício do inverno, realiza-se a maior de todas as festas caipiras, a de São João, que parece ser a festa da plenitude, embora bem próximas estejam as preocupações que a vacante lhes poderá trazer, porque ela é um período de apreensão – que faremos no ano vindouro?

As três festas do mês de junho são, por excelência, festas caseiras, mormente a de São João, que também nos dá impressão de revivescência do culto ao fogo, uma forma pirolátrica. É uma celebração que congrega a família em torno da fogueira.

As festas juninas têm início a 13 de junho, dia de Santo Antônio, atingem seu clímax no dia 24, dedicado a São João Batista, e encerram-se quase friamente, no dia 29, data de São Pedro... que merece alguma atenção porque, afinal de contas, "ele tem as chaves do céu"...

Quando da proximidade da colheita muitas esperanças estão presentes na alma do roceiro. As festas dessa época, portanto, não deixam de envolver número bem grande de ritos protetivos. Tais festas também não trazem grandes despesas, não havendo necessidade de locomoção, porque se realizam na casa do patriarca da família, dela participando somente a parentalha.

No vale do Paraíba do Sul (SP) é comum, de junho a dezembro, ao passar pela frente de uma casa, constatarmos a presença de três arvorezinhas plantadas. As espécies geralmente escolhidas são: peloteira, quaresmeira, guamerim (*miconia pusilliflora* Tr.).

Ao anoitecer de 12 de junho, o promotor da festa solta alguns foguetes, sinais de chamada para se congregarem os parentes e compadres. O compadrio, às vezes, é um parentesco mais forte do que o do sangue... Todos reunidos fazem, respeitosamente, uma reza. Enquanto estão rezando, uma pessoa que fizera promessa cava um buraco, de dois palmos de profundidade, na frente da casa. Pronta a cova, finalizada a reza, vão levantar a arvorezinha: enquanto isso, ouve-se uma "Salve Rainha", cantada por todos os presentes. Vão "repartindo[39]" a reza até que esteja findo o levantamento da arvorezinha e o buraco fechado.

Quando estão tampando o buraco, colocam ovos de galinha, grãos de milho, feijão. Dessa forma asseguram boa colheita e as galinhas reproduzirão; não há pestes.

Na arvorezinha amarram fitas, prendem flores, espetam laranjas nos galhos e enlaçam cipó-de-são-joão (*Pyrostegia venusta miers*). As primícias da roça de milho são colocadas, descascam um pouco da palha com a qual as amarram no galho, ficando a espiga a mostrar o milagre da terra: cem grãos em troco de um que foi plantado! Debulham mais tarde essas espigas e misturam as sementes às demais, que irão plantar em setembro.

No dia consagrado ao santo, a sua arvorezinha amanhecerá plantada. No dia 13, a que foi oferecida a Santo Antônio; no dia 24, ao lado da primeira

---

39 Repartir uma reza é o capelão caipira cantar em solo um trecho da reza e o "ajudante" ou "repartidor" (acólito) e demais pessoas presentes cantarem outro, alternando sempre.

A criançada aguarda o jogo do quebra-pote.

O porco ensebado... já foi apanhado pela criançada. Tatuí. À direita: Mastros de junho.

está a de São João, que goza o privilégio de ficar sempre entre as outras duas, pois no dia 29 aparece a de São Pedro.

Quando, porventura, não podem fazer festa, levantam apenas as arvorezinhas nos três dias santificados. Nas casas sempre há os devotos desses três santos que, embora de origem judaica e portuguesa, são os mais brasileiros do hagiológio católico romano, os mais queridos e adorados de nossa gente simples, ingênua e boa do interior. Seria injustiça omitir neste rol celeste São Benedito, o advogado de todos os pretos do Brasil, ou melhor, de todos os que pertencem às classes destituídas de bens.

Atualmente, as festas que eram realizadas nos três dias passaram a ser realizadas apenas no dia de São João. Embora nos outros façam a reza, levantem as arvorezinhas, é somente na noite de 23 para 24 que realizam a primeira das festas do ciclo da vacante, pois é nesse dia que no calendário do rurícola tem início esse período, que vai da colheita até ao começo do plantio, isto é, ao dia de Nossa Senhora das Brotas, 8 de setembro.

Noite de São João!

Ao anoitecer de 23, soltam alguns rojões. No centro do terreiro está a lenha, empilhada em quadrados sobrepostos para a fogueira. Quando o fogo é ateado, não demora muito, as labaredas arredondam o quadrado, e ela acaba tomando a forma circular e os paus incandescentes parecem raios, enfim, uma representação do Sol. A fogueira é um símbolo do Sol, fogo que fecunda a terra. Escondem-se aí, quem sabe, os ritos da fecundação da Natureza? É o festeiro quem ateia o fogo na lenha não falquejada. O festeiro, que em geral é o "paterfamilias", solta três rojões quase ao mesmo tempo. É um sinal convencional anunciando o início da reza. Toda a parentada reunida, filhos, netos, sobrinhos, compadres e afilhados, aproxima-se do festeiro, que "puxa" o terço e todos cantam. Enquanto uns rezam, outros escavam o lugar para levantar o mastro (o que tem a bandeira do santo), um buraco de três palmos de profundidade. Tanto às arvorezinhas como ao mastro chamam, indistintamente, de mastro.

De dentro da casa, finda a reza, saem para levantar a arvorezinha. Ouve-se a "Salve Rainha", enquanto são lançados no buraco ovos, milho e feijão. Levantada a arvorezinha, aproximam-se do mastro. Levantam-no, deixando-o em posição horizontal e, quantos couberem, põem-se sob ele para carregá-lo. As meninas carregam a bandeira do santo na frente de pequena procissão organizada em rápidos instantes. O mastro é carregado processionalmente, dando uma pequena volta pelos arredores da casa do festeiro, e quando a roça é próxima, procuram chegar até lá. Vão rezando, cantando, enquanto carregam mastro e bandeira do santo batista. Será o mastro um símbolo da dendrolatria ariana, que sobrevive no culto católico apostólico romano além do culto à árvore de Natal e daquela simbolizada pela cruz do dia 3 de maio? Estes de origem ariana; aquele, latina. Por que o enfeitam com flores e fitas, será que simboliza a passagem da vegetação que morre para a que vive? O certo é que todos querem carregá-lo e só mesmo depois de todos os participantes terem tido a oportunidade de conduzi-lo ao menos um pouco ele é finalmente levantado.

O mastro não passa de um pau de mais ou menos cinco a seis metros de comprimento, com um diâmetro entre 10 e 15 centímetros. É todo pintado de branco, com desenhos de flores ou apenas anéis, coloridos de azul ou vermelho. Na ponta do mastro colocam a bandeira do santo, de modo que possa balouçar ao sopro do vento. Há bandeiras simples, de um santo só, e há também outras que têm três faces, aparecendo, em cada uma das faces: São Pedro, São João e Santo Antônio. Nas casas de caboclos roceiros, porém, são mais comuns as bandeiras de um santo só, que é o da devoção do morador. Embora existam muitos Antônios e Pedros, porém, o santo mais encontrado é São João. É costume, quando uma pessoa tem um daqueles nomes, ser devoto do seu homônimo celeste.

O promotor da festa, chefe da família, o mais considerado do bairro rural, lança fogo na lenha adrede colocada para a fogueira, logo que o mastro é levantado. Há um hiato no meio de tanto canto religioso. Param quase instantaneamente no momento em que o mastro é todo levantado. É um instante de expectativa e perplexidade quando o mastro atinge a posição em que deve ficar, porque todos estão ansiosos para ver para que lado a bandeira do santo virará. Se virar na direção da casa do festeiro é sorte e felicidade para ele; caso contrário, desgraça e morte na família. A bandeira tem, também, a função de benzer, e quando vira na direção de quem está embaixo, significa que ela o está abençoando. Por isso os piraquaras rezam e dizem orações de gratidão, cheios de esperanças de um ano vindouro feliz.

Este conjunto de elementos observados nesta ocasião, as previsões, as ansiedades, as sortes, dão a impressão de que é nessa época que transcorre a passagem do ano para o rurícola e não por ocasião das festas do Menino Deus e Reis. Parece que o nosso calendário urbano, que se inicia a primeiro de janeiro, está em desacordo com o do rurícola, que mais parece ser regido pelo ciclo agrícola, e começar no dia de São João. Embora venha logo a plenitude que advém da colheita, a comezaina, o endinheiramento que terão com a venda do produto da terra, dinheiro que lhes dará a possibilidade de participar das romarias e peregrinações de agosto, ou das festas do Divino, é porém nessa época que lhes vêm muitas preocupações. É na vacante que eles mudam de rotina de vida; vão roçar pastos, plantar eucaliptos, fazer outros trabalhos, até que possam aceirar terrenos e dar início ao amanho da terra, para o novo plantio. É o período de transição; vem a seca, a roçada, a queimada, novo plantio e as crenças são satisfeitas com o poder de São João. A nova etapa é por ele favorecida, a crença do rurícola precisa como que de muletas que amparem a sua fé – as promessas.

Depois de presenciar o levantamento do mastro, entram para a casa, vão rezar a São João. Finda a reza, saem para divertir-se, pois a fogueira está crepitante e convidativa e o caipira, que sempre anda vestido com parcas peças de roupa, com um "brinzinho", aceita mais que depressa o convite do calor, achega-se para "aquentar fogo". Batatas-doces, mandiocas, pinhas de pinhão e muitos nós de taquara, para dar salvas, são lançados à fogueira. Quando um nó explode, os que estão ao redor da fogueira dão alegres vivas ao santo.

À meia-noite seguem em procissão até ao rio ou riacho próximo, para lavar o santo. E depois dessa hora realizam-se os "sortilégios" e sortes. Vão rezando e cantando:

> Deus ti sarvi Juão
> Batista sagradu,
> o teu nascimentu
> nos tem alegradu.

e muitos solteiros comovidamente cantam:

> – Deus ti sarvi Juão
> Batista sagradu,
> nu ano qui vem
> queru stá casadu.

O banho que é dado no santo (imagem de São João Batista) no rio é para favorecer tudo que tem relação com a água. Assegura mesmo o controle das chuvas, pois há necessidade delas para a germinação das sementes que em breve serão lançadas à terra. À beira do rio olham na torrente e, se por acaso vêem o rosto refletido na superfície das águas, é porque viverão aquele ano. Quando, porém, nada conseguem enxergar, senão uma rede de defunto[40],

---

40 Hoje é raro ver-se uma rede de defunto no estado de São Paulo. Só nos mais remotos rincões é que é usada para levar o defunto para o sepultamento no "sagrado" cemitério. O Serviço Sanitário não permite a entrada de redes de defunto na cidade. Porém, nessa noite de sortilégio procuram ver uma rede e não um caixão de defunto.

voltam tristes e a festa perde muito, porque a alegria lhes foge; acreditam piamente que aquele companheiro não verá o outro São João. E quantos voltam "jururus"! Se no decorrer do ano adoecem, deixam de se tratar, porque "estava escrito que ele morreria". Quando tudo corre bem e viram seu rosto refletido na água do ribeirão, voltam joviais e alegres. As brasas são espalhadas no chão, e os devotos, os que têm fé, passam descalços sobre elas. Acreditam que o fogo, depois de meia-noite, já no dia de São João portanto, não queima os pés de quem pisar o brasido. Basta ter fé no santo para atravessar sobre as brasas, sem que haja uma queimadura. E quantos vimos atravessar! O fogo é milagroso. Quem pular a fogueira é abençoado o ano todo. Os que sofrem reumatismo ou encarangamento das pernas procuram pisar nas brasas da fogueira de São João para sarar. O resíduo do culto do fogo aí o encontramos, quando o rurícola apanha três tições e os guarda, para colocá-los nos cantos da sua roçada, a fim de protegê-la de praga, roedores, inveja e mau-olhado. E é com um tição dessa fogueira que mais tarde o piraquara dá início à queimada do ano agrícola que se avizinha.

As moças, muito mais do que os rapazes, entregam-se a tirar sortes. Sortes sempre relacionadas com o casamento, que deixam transparecer os ritos da fecundação. Plantam três dentes de alho, à meia-noite em ponto, correspondendo cada um ao nome de um seu suposto pretendente, e antes de o Sol nascer, vão verificar; o que tiver brotado é com quem vai se casar. (Há também algumas moças que plantam os dentes, três dias antes, para a verificação ser feita à meia-noite do dia de São João. Elas sempre têm três pretendentes. Se os três dentes estiverem murchos, não se casará com nenhum dos que escolheu... Até no alho classificam seus pretendentes: o mais rico, será o alho plantado sem descascar; o de meias posses, descascado até ao meio, em "mangas de camisa"; e o pretendente "pé-rapado", pobrezinho, é representado pelo dente de alho pelado de toda casca...

Outras sortes que as moças gostam de fazer são as do ovo e da agulha. Os rapazes, e também, raramente, as moças, fazem-nas com o alecrim.

A do ovo é a seguinte: pouco antes da meia-noite, quebram um ovo num prato novo que está colocado sobre uma toalha nova, usando também palito de fósforo de uma caixa nova. À meia-noite em ponto, acendem o lume do fósforo e a seguir olham. Se tiverem que se casar aparecerá o noivo e se tiverem que morrer, aparecerá uma rede, que significa "defunto". Muitas moças saem tristes, porque, em vez de um rosto masculino, vêem uma rede...

A sorte tirada com a agulha é a seguinte: colocam um prato cheio d'água sobre a mesa, e uma moça apanha uma agulha e a esfrega, por diversas vezes, entre as mãos, balbuciando umas palavras inaudíveis. Depois solta-a sobre a água. Se a agulha afundar, não se casará, mas se flutuar casar-se-á naquele ano. No meio da caieira de lenha, planta-se um pé de alecrim. Depois colocam fogo e a lenha vai-se desmantelando em brasas: se o alecrim conservou-se verde, quem o pôs ali se casará, se murchar, não se casará. Essa é a sorte predileta dos rapazes.

Na noite de São João realizam a grande vigília, não "pregam as pestanas", não dormem. Amanhecem ao lado da fogueira, comendo batata-doce assada e pinhão cozido, bebericando o roxo[41] ou pinga, comendo bolinhos com café, café com farinha de milho ou mandioca – uma espécie de jacuba, doce de laranja, de abóbora ou de cidra, furundum, talhada, arroz-doce, paçoca de amendoim, pipoca. Na casa vai animada a função; dançam várias danças do fandango: o Dão Celidão, Ubatubana, Tirana, Caranguejo, Rodagem, Marrafa e, no terreiro, o jongo entretém os demais... e os "pontos do jongo" vão se alternando, e a anguaia é insistentemente balançada e os tambus, candongueiros, guzungas, sangaviras batem o ritmo monótono e convidativo. Amanhece, e o 24 de junho dá-nos a impressão de ser o primeiro dia do ano do calendário do rurícola paulista.

Hoje raramente soltam balões por causa do prejuízo das queimadas. Então os saudosistas se referem ao tempo de dantes, quando "seu fulano" fazia balões em formato de almofada, cruz, bola, pião, elefante, girafa, homem, charuto, barrica, estrela, etc. Bom assunto é o recordar, ajuda a manter acordados aqueles que participam da vigília da noite de mudança do ano cósmico.

Das festas restam os mastros. (Já dissemos e repetimos, as arvorezinhas, bem como o madeiro que traz na ponta a bandeira do santo, são chamados indistintamente de "mastros".) Eles não entram no ano novo (do calendário civil), são retirados pouco antes do Natal. (Só os mastros com a bandeira de Santa Cruz é que permanecem de maio a maio. Mas é outra festa.) Não presta deixar passar o ano, por isso arrancam-se as arvorezinhas e desce-se o mastro antes do dia do Menino Deus. Não atravessarão o novo solstício. O mastro será pintado de novo e ficará seis meses encostado ao longo de uma cerca ou mangueirão até à festa do ano vindouro. Quanto às arvorezinhas, serão queimadas no terreiro da casa ou no fogão, guardando-se o tição. Quando queimam no fogão, tomam o devido cuidado para não aproveitarem o fogo com fim utilitário, por exemplo, cozinhar. "O tição é como se tivesse recebido a bênção do padre" e é guardado religiosamente. Dos três mastros, o toco de

---

41 Roxo é a mistura de café com cachaça.

tição preferido é o da arvorezinha de São João. E para tal já marcaram a madeira para retirarem esse, que tem maiores poderes do que os outros dois, que são desprezados. Deixam mesmo virar cinza e carvão, depois lançam-nos ao rio.

O tição é um toco carbonizado. Ele tem grande valor; serve para ser queimado nos dias escuros, quando ameaçam tempestades e trovoadas. Na falta de uma vela ou palma benta, queima-se o tição; isso evitará que a tempestade desabe e estrague as plantações, ou que a trovoada faça gorar os ovos. Um pedaço de tição também é guardado no galinheiro para proteger as galinhas contra peste. "O tição vale por uma oração", afirma Vicente Gomes dos Santos, morador do bairro da Cachoeirinha, em São Luís do Paraitinga, e a sexagenária Maria José Arruda (Comadre Zeca) confirmou. O tição é guardado no oratório, ao lado da palma benta, recebida na igreja, no Domingo de Ramos. Tição e palma benta desempenham a mesma função. Para fazer cessar a chuva, disse-nos o sr. Vicente, "é muito fácil; basta colocar o tição no fogo, abrir um pouco a porta e, olhando para a chuva, rezar a oração de Santa Bárbara. A chuva vai embora e a tempestade amaina".

Se porventura o tição não desempenhar durante o ano as funções controladoras da Natureza, porque as palmas e velas bentas foram mais usadas, este foi poupado, ao chegar no São João imediato, irá para a fogueira, pois no ano agrícola entrante não terá as mesmas prerrogativas daquele que foi plantado no ano em curso. O seu poder mágico nunca vai além de um São João a outro. É este mais um elemento no qual nos baseamos para asseverar que o ano do rurícola parece iniciar-se no dia de São João, e não a 1º de janeiro.

A árvore é cultuada, ora conduzida como mastro, enfeitada com flores, frutos e fitas, e, quando tem a felicidade de se tornar uma arvorezinha-mastro de São João Batista, os restos dela têm, pois, poderes mágicos, sendo elemento que serve para controlar as forças da natureza.

PROCISSÃO DAS CARROÇAS DE LENHA

Na trilha da "estrada real", por onde transitavam as tropas que subiam do Rio Grande do Sul para a Feira de Muares de Sorocaba, no antigo pouso de tropeiros, hoje viceja uma cidade acolhedora: Tatuí. Na língua de nossos antepassados bugres, em tupi, significa "a água ou rio do tatu, onde moram tatus". No folclore, encontramos uma explicação para o nome dessa acolhedora cidade paulista. Ali, na volta do vai-e-vem, no rio Lavapés, certa vez um camarada, numa noite de luar, saiu a caçar um tatu que vira, justamente quando estava ocupado a apear as bruacas de seus animais vaqueanos. (E um

*A "furiosa", como é popularmente chamada a banda de música, põe a nota de alegria nas festas tradicionais.
À direita: Procissão das carroças de lenha. Tatuí.*

As carroças passam em frente da igreja matriz para o padre benzê-las. Tatuí. À direita: Quem dá mais?

E o leilão das carroças de lenha prossegue... Tatuí.

tatu, não sendo tatu-cavalo, não é pitéu que se perca.) Procura que procura. O dono da tropa chama pelo seu piá, puxador da égua madrinheira, dizendo-lhe que não perdesse tempo, que fosse dormir. Este responde: "Não patrão, eu vô inté onde o *tatu i*"... Cada vez que passavam pelo pouso, repetiam a "história" do "*tatu i*". Segundo a pitoresca explicação verbal de um "tatuiano de pé vermelho", assim ficou se chamando aquele pouso de tropeiros à beira do rio, rente ao cerrado onde cantam os melhores curiós paulistas (*oryzoborus angolensis Lin.*), os afamados avinhados "rio Tatuí".

A cidade foi rica de tradição, hoje desaparecida. E muitos tatuianos dizem que a repressão policial foi sua maior inimiga. Delegados de polícia têm estragado muito com o nosso folclore, não só em Tatuí. É, aliás, a queixa de quase todos os folcloristas e estudiosos de tradições populares. Os cururueiros e violeiros de Tatuí eram afamados em todo o estado. Desapareceram. O virtuose da viola Gustavo Pinheiro Machado, morador em Itapetininga, sempre se referia com entusiasmo aos violeiros de Tatuí. Ainda existem violas de fama, aí construídas. Em geral as violas têm um nome, às vezes garatujado na tampa, e assim ficam conhecidas: "Pinheiro bão", "Chorosa", "Chora-morena". Zico Brandão é conhecido como o melhor fabricante de violas, é "O Reis da Viola", assim se intitula. Sua viola de 14 cordas, cuja caixa de ressonância é uma casca de tatu, traz, na tampa de madeira, um desenho e seu título de realeza! Os sambistas e batuqueiros de Tatuí, quando apareciam em Pirapora, no dia de Bom Jesus, eram respeitados, eram de "fechar o comércio", sabiam cantar e dançar. Isso tudo desapareceu.

Durante muitos anos ficou também esquecida a tradicional festa da santa-cruz, com a Procissão das Carroças de Lenha. O pároco atual, monsenhor Silvestre Murari, procurou revivê-la. "Nada melhor do que a tradição para opor barreira às idéias dissolventes; uma das mais belas tradições religiosas introduzidas no Brasil pelos antigos portugueses é, sem favor algum, a festa da santa-cruz, símbolo augusto de nossa fé, esperança única de nossa salvação", foram suas palavras.

Talvez seja Tatuí a única cidade paulista que ainda realiza esta tradicional festa da santa-cruz, com a procissão das carroças de lenha. É a festa que foi implantada em primeiro lugar nas plagas cabralinas, uma tradução caipira das festas lusas da vegetação, que se processavam na "santa terrinha" (Portugal), no início de maio.

A antiga festa pagã da "Árvore de Maio", objeto de dendrolatria da arqueocivilização, catolicizada, resultou na da santa-cruz, para aqui trazida pelo jesuíta e usada na catequese. A cruz se tornou uma representação cristã da árvore.

Em 1948, foi realizada uma das festas da santa-cruz mais pomposas, com procissões das carroças de lenha, leilões, cururu, foguetório, banda de música, barracas, pau-de-sebo, leitão ensebado, quebra-potes, festa, festança e festaria como há muito não se fazia em Tatuí. Antigos moradores afirmaram que há 50 anos não se fazia uma festa tão concorrida e popular como essa.

A festa foi implantada pelos jesuítas. Acontece, porém, que no vale do médio Tietê e adjacências, possui características próprias, diferenciando-se das que temos visto no vale do Paraíba do Sul, onde parece ser de cunho caseiro, ou melhor, festança de um bairro rural. No vale do médio Tietê é uma festa na qual há a participação de toda a comunidade católica romana do município. Por isso mesmo se realiza na cidade. Assim é em Itaquaquecetuba, Araçariguama, Carapicuíba, Guarulhos. Em Tatuí, ela congrega quase todos os moradores dos bairros rurais do município[42] e moradores católicos da cidade. Os que desejam receber graças especiais se oferecem para serem escolhidos como *festeiros*; falam ao padre ou se comunicam por carta com ele, manifestando seu desejo. Há então o sorteio. Em 1948, saiu festeiro Pedro de Campos Camargo (Pedro Quadra) e sua esposa. Esmeraram-se para que a festa, segundo vontade do monsenhor Murari, fosse uma verdadeira ressurreição dessa usança tradicional tatuiana, há muito adormecida. O festeiro saiu pelos sítios e fazendas pedindo prendas aos fazendeiros. A prenda desejada é a *carroça de lenha*, lenha que será posta em leilão, no qual também entrarão as ofertas em cereais, aves e gado miúdo.

No bairro do Bate-pau, ao lado da então capelinha de Santa Cruz, o preto Benedito Vieira Pinto era o "dono do samba". Hoje com seus 78 anos de idade, ainda se recorda dos seus versos:

> Maria Gabriela, saia na jinela,
> quano a Lua sai, dai um bejo nela.

> Dona Maria, dexa esta dona Maria,
> amô de longe, num pode vim tudo dia.

> Comadre Rosa, sua pinga acabô,
> era poco, pru que inventô?

Amanheciam no samba que fervia a noite toda, ao som do bumbo, da cai-

---

[42] Na cidade há a comissão presidida pelo festeiro. Este designa, nos bairros, ajudantes e geralmente o encargo recai nas mãos do inspetor de quarteirão (antiga instituição portuguesa, ainda viva entre nós), ao qual dão o nome de "festeiro de bairro". Participaram 19 bairros.

xinha, do pandeiro, do adufe, do chocalho e da buzina. Estes eram os instrumentos do samba. Nele também há "ponto", tal qual no batuque e no jongo. "Certa vez", disse Benedito, "botei um ponto":

> – o pai num pode i,
> só levo a fiia diverti.

"Eu tinha me esquecido do bumbo (o pai) e truxe apenas a caixinha (filha) para o samba", foi a explicação do ponto cantado.

Noutro canto da praça estavam os batuqueiros. Lá "nhô" João Cachoeira (João Antônio Roldão) era o dono. "Naquele tempo nosso batuque tinha tambu, quinjengue, mulemba, puíta e guaiá. Depois que morreu o 'nhô' João do Sarapuí, nunca mais ninguém tocou urucungo no batuque." Ele cantava na sua língua atrapalhada de africano:

> Ê Sum Zuzé é home di bataia,
> e no campo di Santana
> ai Jesuis, Sum Bento,
> que Sum Zuzé more di facada
> e Mané Maria, more di porete.

O negro velho gingava o corpo como se fosse jogar capoeira. "No Batuque que eu cantava linhado ou fazia poesia, punha meus pontos:

> Eu fui no mato, buscá cavalo,
> mas achei carrapicho...

desate o nó desse ponto se for capaz", concluiu "nhô" João Cachoeira.

As festas antigas, como o 13 de maio, desapareceram. O entrudo hoje é o carnaval. Carnaval afamado onde todos os anos sai o "Cordão-de-Bichos". Nos clubes irmana-se a grande família tatuiana.

Há ainda algumas boas e populares festas de São João, com lavagem do santo no ribeirão, levantamento de mastro, sortes, batata assada, quentão, pinga, cururu, cateretê e fogueira onde muitos devotos passam, à meia-noite, descalços sobre as brasas.

A casa da festa, por uma dessas grandes coincidências, foi na casa onde nasceu Paulo Setúbal, rua XI de Agosto, 534, atual moradia do festeiro. (O ilustre escritor e poeta tatuiano, quem sabe lá no céu, comentou com seu antigo professor, o protótipo do mestre-escola, Chico Pereira: "Isso sim é que é festa!") O festeiro armou na casa da festa mesas e mais mesas para o lauto almoço oferecido a todos que se achegassem para "encher o bandulho". Mesa brasileira, farta e acolhedora. Notável herança portuguesa.

A festa popular começou no dia 1º de maio. Pela manhãzinha, rojões espocaram, e a casa da festa preparou azafamada os comes e bebes. As carroças de lenha prometidas para Santa Cruz iam chegando dos bairros rurais e concentrando-se na praça do Mercado. Chegaram 39 carroças de burro e um carro de boi. Ali pelas 10 horas, apareceram os distribuidores de bandeirinhas verdes e vermelhas para enfeitar as carroças. João Ferreira de Albuquerque, João Batista Valêncio e José Vieira de Paula logo se desincumbiram da distribuição, ajudando assim o festeiro. As carroças enfeitadas, os carroceiros empunhando bandeirinha, prontos para o início da procissão das carroças de lenha. A "furiosa", Banda de Música "Ferroviária de Santo Antônio", sob a direção do maestro Ernesto de Oliveira Cardoso, posta-se à frente da procissão. No percurso pela cidade (que é feito pela rua XI de Agosto, passando pela frente da casa da festa, pelo largo da matriz e voltando pela rua 15 de Novembro ao mercado), os dobrados festivos e as músicas alegres trouxeram para as janelas e ruas milhares de curiosos. É a Procissão das Carroças de Lenha que passa.

Em frente à matriz, monsenhor Murari, amante das tradições nacionais, contente com o brilhante êxito da festa, lança a bênção sobre as prendas. Quarenta carroças de lenha! E prontamente comentou, depois: "Lenha na festa da santa-cruz é mato!"

Retornam ao mercado todas as carroças de lenha, e o leiloeiro sobe em cima de uma delas dando início ao leilão. Vem o primeiro lance. "Quem dá mais?", grita estentoricamente Pedro Malasartes, apelido do melhor leiloeiro de Tatuí, Pedro Bueno.

Pedro Malasartes vai entre sorrisos, piadas e um bom humor contagioso, apregoando uma a uma as carroças de lenha. São 40 a serem vendidas. Um anotador vai registrando as vendidas, o nome do arrematador e respectivo pagamento. O pesquisador, entretido com sua reportagem fotográfica, sem prestar atenção, aproxima-se demais das patas traseiras de uns burros de uma carroça. Pedro Malasartes interrompe o leilão e grita: "Ô, moço! Minha avó já dizia, em traseira de burro e dianteira de padre não se fia." Uma risada geral, espontânea, muito de acordo com o bom humor tatuiano, algaraviou o leilão.

Ao arrematador de cada carroça, vendida em hasta pública, o leiloeiro dizia: "Santa Cruz que ajude." Aliás, o festeiro, com esta frase, agradecia toda contribuição e prenda recebidas.

Findo o leilão, seguem os carroceiros e muita gente para o almoço na casa da festa. Há beberetes e um almoço puxado a sustância, de arromba. Comidas tipicamente paulistas: leitoa assada com farofa, frango assado com recheio de miúdos, arroz mole (branco que nem mulher que levou susto), feijão com beiço de porco, quibebe, guisado de carne com cará, farinha de milho e muitos doces gostosos na sobremesa. Uns cartuchos cheinhos de guloseimas, para as crianças.

Ao iniciar o almoço, o festeiro mandou soltar muitos rojões e também à hora de se dirigirem ao bairro do Bate-pau, onde fica a igreja de Santa-Cruz, para o levantamento do mastro, fronteiro à capela.

Espocam rojões, os sinos bimbalham, os homens presentes tiram os chapéus, o capitão do mastro da festa, ajudado por mais seis companheiros, levanta o mastro. As atenções se voltam para a bandeira do tope, onde está desenhada uma cruz em azul.

A igrejinha, tão bem cuidada por dona Adelaide Tavares, está hoje toda enfeitada. Foram as mulheres grávidas que a varreram. Para isso fizeram promessa para serem bem-sucedidas no parto. O cumprimento da promessa consta de duas partes: varrer a igreja quando grávidas; depois, a primeira visita que fizerem com o recém-nascido será à igreja. Velha usança que só pode ser feminina...

O largo fronteiro à igreja está todo enfeitado de bandeirolas. Barbantes com milhares de bandeirinhas de papel de cores, trançados de poste a poste desde a casa do festeiro até à igreja de Santa-Cruz. Enfeite tipicamente caipira. O coreto está caprichosamente enfeitado. Nele a "furiosa", especialmente contratada para a festa, tocará nos intervalos do leilão que irá até ao dia 3, o seu "ra-ta-chim-chim" festivo e buliçosamente compassado, cada vez que uma prenda é arrematada num lance "polpudo" e disputado. Pela praça há mais de vinte barraquinhas, onde, à noite, estão sempre presentes o delicioso quentão ou a fresca garapa de cana, pinhão cozido, amendoim torradinho, paçoca, pipoca, batata assada, sonho, doce de cidra, biscoito de polvilho, sequilho, pé-de-moleque, arroz-doce, cafezinho e dona pinga, "casada" ou "solteira", isto é, com limão (sem marido) ou solteira, pura.

O leilão só tem início à noite. À tarde, as crianças não foram esquecidas: quebra-potes, porco ensebado e corrida de sacos atraíram também a atenção dos adultos presentes.

Pena que não brincam mais de "cadeia". Era tão bom! As moças bonitas – e há muitas – prendiam os homens, e estes tinham que pagar a soltura.

As comemorações começaram com solene tríduo em preparação à festa da santa-cruz, com ladainhas, prática e bênção do Santíssimo Sacramento, nos últimos dias de abril, e teve sua grande festa popular no dia 1º. de maio. No dia 2, logo após a reza, em frente à capela, realizou-se o leilão de prendas.

Todos os dinheiros arrecadados nos leilões e ofertas são empregados para o custeio da festa e pagamento de reformas ou reparos na igreja de Santa-Cruz.

No dia 3, da Santa Cruz, às 5 horas da madrugada, houve alvorada festiva com repique de sinos, salva de 21 tiros e banda de música. Às 7 horas, na capelinha, foi rezada missa solene e comunhão geral. Às 9 horas, missa cantada, pelo coro da paróquia de Tatuí. Às 17 horas, saiu da igreja de Santa-Cruz imponente procissão. Um grupo de oito moças conduziu o andor, e os inspetores de quarteirão dos bairros fizeram a guarda de honra. Após a procissão, teve início o último leilão. Osório "Pinga" instalou um microfone e várias duplas caipiras se exibiram. O alto-falante encheu de música aquele mesmo local onde, há meio século, os cururueiros, catereteiros, batuqueiros e sambistas amanheciam, cada qual na sua dança preferida, os brancos naquelas duas primeiras e os pretos nestas duas últimas.

A festa da santa-cruz, festa religiosa e que foi também a primeira de cunho nacional entre nós, porque a Igreja comemorava também a data do descobrimento do Brasil, está sendo relegada ao esquecimento. E é uma pena...

Louvado seja o esforço do monsenhor Silvestre Murari, que, prestigiando-a, dando-lhe incentivo, fez reviver, nesta festa da santa-cruz, a tradicional procissão das carroças de lenha, cuja beleza e pompa traduzem muito bem o sentido de união e confraternização do bom povo tatuiano.

APÊNDICES

Apêndice nº 8

Em nossa monografia "Ciclo agrícola, calendário religioso e magias ligadas às plantações", assinalamos uma festa da santa-cruz em Cunha: "Dia 3 – Santa-cruz. É bem possível que no passado a festa da santa-cruz tenha sido muito mais concorrida do que no presente. Acreditamos mesmo que havia, nesse dia, cerimônias na cidade das quais participavam centenas e centenas de fiéis. Hoje ela é uma festa de bairro, que congrega os parentes e compadres. Consta de levantamento de mastro que precede a procissão de capela a capela. Ao lado das santas-cruzes ou capelas de roça levantam um mastro de santa-cruz com a bandeira branca, onde se vê pintada em azul uma cruz e garatujado, ao sopé desta pintura: 'VIVA SANTA-CRUZ'. O 's' vem sempre às avessas.

O mastro é carregado de longe. Levantam-no perto da capela. Fazem fogueira e os paus da fogueira também são contra chuvas de trovoada.

Noutras zonas do estado de São Paulo, é uma festa quase que só de caboclos. Aqui não. Dela participam brancos, negros e caboclos que, em geral, estão ligados por laços de sangue ou de compadrio.

Ela (a santa-cruz) vem à noite de seu dia para benzer as fruteiras. É por isso que antes do dia de santa-cruz não se deve chupar laranjas, porque no meio delas há uma que é venenosa. Na sua noite, ela benze as frutas e fruteiras e a que tem veneno cai. Então pode-se chupar as demais. Quando uma fruteira é nova, as primícias não devem ser chupadas. Noutro ano já não há perigo.

No dia de santa-cruz faz-se uma festa; dela participam todos os moradores do bairro. Há danças, distribuição de café com mistura, fogueira e muitos fogos. O foguete serve para aviso. Perdeu a função que tinha na Idade Média, de afugentar o demônio. Hoje sua finalidade precípua é a de avisar que há festa. Quanto maior o foguetório, mais importante a festa.

Nas festas de bairro, solta-se foguete com as seguintes finalidades:

a) Os primeiros foguetes – para começar o ajuntamento; *b)* os segundos – para mostrar que estão satisfeitos com a chegada do pessoal; *c)* na hora de levantar o mastro, soltam outros mais; *d)* por ocasião do leilão – conforme as prendas, soltam foguetes para festejar as prendas de alto valor, agradecer quem as deu e saudar quem as arrematou; *e)* para começar a reza; *f)* quando termina a Ladainha e começa a Salve Rainha, solta-se um rojão de três bombas; *g)* quando começa oração cantada; *h)* soltam três ou quatro rojões para avisar que acabou a reza; *i)* antes de começar as danças soltam rojões. No moçambique, quando dançam uma parte bonita, soltam foguete; *j)* no final da festa soltam os foguetes que sobraram."

Apêndice nº 9

Em 1953, para nosso programa de documentários cinematográficos da PRF-3 Televisão Tupi de São Paulo, produzimos uma fita sobre a festa de São João realizada na cidade de Tatuí (SP). O documentário número 59 de "Veja o Brasil" tem o seguinte *script* para filme sonoro de 16mm:

"Dentre as mais lindas tradições brasileiras está sem dúvida a de São João, que nos fala mais de perto ao coração.

Realizada no solstício do inverno, não poderia deixar de ter a fogueira. Para não fugir à tradição, ao pôr-do-sol ateiam fogo à pilha de lenha e o mastro é levantado, tendo no topo a bandeira do santo festejado.

Logo que escurece tem início a reza em louvor a São João Batista. No altar estão os três santos do mês de junho: Antônio, João e Pedro. Foram os portugueses que nos legaram esta linda tradição. Ouçamos uma reza: 'Meu São João Batista / filho de Santa Isabel / batizou Jesus Cristo / por nome Emanuel.'

Finda a reza tem início o leilão de prendas e o leiloeiro apregoa os frangos, as leitoas, as laranjas e o povo alegremente vai arrematando.

A festança só é boa quando há comes e bebes, por isso mesmo está sempre presente o quentão, o cafezinho... e uma cachacinha para rebater as gorduras das leitoas assadas...

À meia-noite sai a procissão que se dirige ao rio para o banho do santo. A cerimônia é feita com alegria, rojões que espocam e cantos religiosos. O banho do santo no rio é para favorecer tudo que tem relação com a água, assegura mesmo o controle das chuvas. À beira do rio olham na torrente para ver se o rosto está refletido nas águas. Ao voltar do rio, o povo vem cantando: 'São João donde veio / que veio todo orvalhado? / Veio do rio do Jordão / veio daquele rio sagrado.'

As moças casadouras tiram sortes. Noite de São João! Linda noite dos namorados e de todos que vivem de esperanças!

De volta do rio, descem os santos dos andores; São João vai novamente para o altar, vão queimar os fogos e o fandango vai ter início. A fogueira até há pouco crepitante é esparramada e sobre as brasas vivas passam descalços os devotos de São João.

Noite alegre e linda de São João, a grande festa do fogo. Fogo subindo para o céu e o povo cantando: 'São João Batista, batista João, / se São João soubesse / qual era o seu dia, / o mundo se acabava de tanta alegria.'"

FESTAS DO SOLSTÍCIO DE VERÃO

Localização geográfica

A principal festa deste solstício é a de Natal. É folclore artificial que o catequista implantou. Embora tendo um sentido ecumênico, é mais jubilosa, intensa e ruidosa da Bahia para o Nordeste e Norte. Reveste-se no setentrião brasileiro de caráter mais profano, suntuário, exibicionista, enfim festa de consumo; no meridiano é mais sacro, é a "obrigação religiosa das folias de Reis" preparatória de um banquete comum no dia de Reis (ou de Nossa Senhora das Candeias), portanto de consumo também.

Nas comemorações natalinas das áreas amazônicas, da jangada, do vaqueiro, agrícola açucareira, estão presentes os reisados, guerreiros, o bumba-meu-boi, os pastoris, os baianas e até os quilombos alagoanos (e o lambe-sujo sergipano) a elas se agregam.

Nas regiões da ubá, cafeicultora, das novas culturas, mineradora, do boiadeiro e do campeiro, os ternos-de-reis, os tiradores-de-reis, com seu canto-chão-acaipirado, percorrem, à noite, quais os reis magos, cantando e pedindo óbolos para a sua *festa de Reis*. A folia se reveste de um caráter sagrado, são os representantes dos reis magos visitando os devotos, havendo um ritual especial de visitas e reverência nas casas onde há presépios. Na cantoria os versos giram em torno destes temas: anunciação, nascimento, estrela-guia, reis magos, adoração, ofertório, agradecimento e despedida.

A presença de palhaços em algumas folias de Reis não lhes tira o caráter sagrado do peditório. Nas folias, a função do palhaço varia. Não só a função bem como o simbolismo. Nas capixabas eles representam o satanás, daí trajarem-se de vermelho, chapéu cônico, mascarados e o inseparável relho. Não entram nas casas e locais onde há imagens de santos, presépios ou cruzes. Já em Minas Gerais, são os representantes de Herodes, seus espias que seguiram os reis magos e acabaram convertendo-se ao cristianismo. São também chamados "guardas da companhia", mocorongo ou morongo, ou marongo, Sebastião ou Bastião, todos porém usam disfarce – a máscara.

Varia o número de palhaços: numa dois, noutras três. A presença dos palhaços nas folias de Reis é anotada em várias regiões. Mas deve-se adiantar que num mesmo estado é encontrado em vários municípios, noutros não, como acontece em São Paulo, Minas Gerais, Rio de Janeiro e Espírito Santo. Neste, quando o grupo tem palhaços é chamado *folia de Reis*, quando não, é *bandeira* ou *terno de Reis*. Os palhaços nas folias de Reis da região do minerador chegam além das fronteiras de Minas Gerais, até nas folias baianas. Não existem nas do beira-mar na região da ubá, a não ser no Rio de Janeiro, onde os encontramos. Ainda em Minas Gerais, há a denominação de *turundu* dada à folia de Reis, que mais se parece reisado; número de membros é de cerca de trinta, inclusos os tocadores de instrumentos liderados pela viola e rabeca. O peditório é feito à noite. Cantam e dançam e o solo é o *turundum* propriamente.

A folia de Reis na Bahia é acompanhada por um terno de zabumba e não como sói acontecer no Sul, por violeiros, pandeiros ou adufes, rabeca, cavaquinhos e caixa. (Neste período aparece a *caretada*, folguedo popular baiano, rancho que sai com vários fantasiados e com máscaras – as caretas.) Aliás, em Minas Gerais, nos "santos-reis" o número de cantadores e participantes das folias varia, chega a ser mais ou menos dez: violas, cavaquinhos, rabeca, caixas, porta-estandarte, palhaços, "embaixador" ou "capitão da companhia". O embaixador e o tirador de versos entregam o estandarte como se faz na folia do Divino. No Rio Grande do Sul, no terno de Reis (tiradores-de-reis, tiradores, bando-de-reis ou reses) há violões, caixa, rabeca e ferrinhos.

Quando nas folias há palhaços, evitam o encontro de dois grupos porque após a porfia nos cantos, o terno perdedor é obrigado a dar ao vencedor o fardamento, relho, máscaras e até instrumentos. Os palhaços dão rasteiras, rabo-de-arraia, cambapé até tirar o capacete do adversário. Tais disputas empanam, em parte, o brilho e caráter religioso das folias, mas, por outro lado, afirmam que os palhaços devem assim proceder porque são espias de Herodes, são satanases e, como tal, devem semear a cizânia. No Rio Grande do Sul assinala-se a prisão de "tiradores" por outro grupo.

Implemento das festas natalinas é o presépio que dia a dia vai sendo olvidado em todo o Brasil. Graças ao cinema e a outros fatores socioeconômicos, não se desprezando também o da imitação, as árvores de Natal vêm substituindo paulatinamente o presepe. O fenômeno evolutivo que sofremos reflete-se nesse folclore, mais intensamente numa área do que nas outras, dependendo do "estilo de vida" a cuja configuração esteja ligado, pois o declínio de tal "estilo de vida" determinará o desaparecimento dessas manifestações tradicionais, das usanças que aprendemos e nos foram legadas pelo povoador português.

As lapinhas e presépios representam a cena bucólica da manjedoura de Belém Efrata. O presépio que na região cafeicultora paulista pode ser denominado "presépio-caipira" comporta 21 figuras. Já em Minas Gerais é comum encontrar-se presepes mecânicos que oferecem real atração principalmente para as crianças, porque, ao lado da cena da manjedoura, há outras que retratam a vida e costumes das gentes das Alterosas. Nas terras pisadas por Bartolomeu Bueno – em Goiás – armam simples grutas ou presépios onde a presença da maquinaria de antanho usada no Brasil chama a atenção: munjolos, alçapremas, pilões, carros de bois…

Nas capitais arma-se também o presépio. Em São Paulo, durante 52 anos seguidos, o saudoso coronel Alfredo Firmo da Silva armou magnífico presépio mecânico reproduzindo a Paulicéia antiga do começo deste século. Com o falecimento desse venerando membro da *Associação Brasileira de Presepistas*[43], São Paulo perdeu um dos mais lindos atrativos para crianças e… adultos.

Há também comezainas por ocasião das festas de Natal. No Rio Grande do Sul, come-se queijo, rosca de trigo, bolo de coalhada, peru, toma-se café, bebe-se o bom vinho gaúcho e chupam-se uvas. Em Goiás come-se leitoa assada, frango frito, tutu de feijão com arroz, broa de fubá, biscoito de polvilho, bebe-se cachaça, dá-se o vivório agradecendo e dança-se o catira. Em

---

43 Associação Brasileira de Presepistas, instituição por nós fundada em 1952 para congregar os presepistas, incentivar a prática do presepismo, opondo-se às formas alienígenas da Árvore do Natal e Papai Noel.

Sugeriu-se que as próprias pessoas poderão fazer o seu presépio familiar; é um *hobby* que distrairá adultos e crianças, com finalidade educativa. Poder-se-á fazer um concurso de presépios (principalmente os de vitrinas das casas comerciais).

Distinguimos quatro tipos de presépios: a) familiar (em geral é o adulto que o faz), b) infantil (feito pela criança), c) presépio de arte (criação pessoal), d) presépios de vitrina de casas comerciais.

Quanto aos presépios de criação pessoal, apontamos o valioso estímulo dado ao presepismo pela "Asociación de Pesebristas de Barcelona", pela "Federação Internacional de Presepistas", pelos "Hermanos del Pesebre de Buenos Aires", pela "Associazione Italiana Amici del Presepio".

Por que o presépio? A sua prática deve atingir todos os cristãos: católicos romanos, protestantes e espíritas. Ele é o centro de interesse de uma aula sobre a FRATERNIDADE. O que a A. B. P. propugna é pela liquidação das formas comerciais que invadiram a mais linda festa.

Quem recebe presentes? São os homens. Quando Jesus nasceu, a humanidade naquela época recebeu o presente da restauração do homem. Hoje devemos dar presente a Ele. Não é fácil dar-lhe presente, pois é o Rei da Glória, não precisa de nada. Numa civilização que nós afirmamos ser cristã, nós precisamos dar algo de nós mesmos: O AMOR AO PRÓXIMO.

Este é o programa da Associação Brasileira de Presepistas.

Minas Gerais, feijão tropeiro ou tutu de feijão, couve mineira, picadinho de carne com quiabo e angu de milho, suã de porco com quirera ou arroz pilado em casa, biscoito fofão feito com queijo e polvilho e canjica até fartar.

As danças variam de norte a sul. Na Amazônia o boi-bumbá e o próprio sairé pleno de sincretismo religioso, participando doutras festas também. No Pará o carimbé ou carimbó e o marambiré onde se presencia o sincretismo de tradições indígenas e portuguesas, sendo alguns cantos em língua tupi, no avanheenga. Nesse bailado está presente a rainha do congo, vestida garridamente, portadora de jóias cintilantes, berloques e adereços, personagem que merece todas as honras dos participantes do marambiré. Dançam, cantam ou declamam ao som da viola, puítas, pífanos e tambores. Às danças do entremeio dão o nome de lundum, lundu ou landu. O boi-bumbá na região amazônica, bem como o boi-de-reis e reisado no Ceará, se prolongam até o carnaval, no Piauí o boi-de-reis, enfim na região do vaqueiro prevalece o bumba-meu-boi. Em Alagoas, por ocasião das "festas do reisado", podem-se apreciar: os guerreiros, convergência ou nova versão dos antigos reisados, os pastoris visitando e representando junto aos presépios ou praças, as cheganças, fandangos, os cabocolinhos, quilombos, baianas e taieras. Ajunte-se o samba-de-matuto que de Pernambuco foi para Alagoas. Aliás, é bem provável que outras manifestações como o maracatu, cheganças, bailes pastoris, reisados, tenham chegado à terra dos Marechais via Pernambuco e Bahia. Nesta os bailes pastoris são notáveis. Daremos noutras páginas um pastoril. No Espírito Santo, o boi-de-reis vai do Natal até São Sebastião, quando não até dia de Nossa Senhora das Candeias. E o alardo é o bailado capixaba do dia de São Sebastião, é natalino. Em Minas Gerais estão presentes o catopé dos negros, o lundu e guaiano dançado por ocasião das visitas das folias de Reis; as pastorinhas, meninas de 8 a 15 anos, sendo que uma delas se traja de marrom para representar São José nas visitações aos presépios e lapinhas.

Em São Paulo, nas chamadas zonas pioneiras bem como na própria capital, onde há grande número de nordestinos, dançam pastoris e guerreiros. Em Santa Catarina, há ternos-de-reis onde se encontram mulheres como *cantadeiras* de folia, do que não temos notícia noutras regiões. A presença dos "santos-reis" é maior na região da ubá do que na das novas culturas. Os cacumbis, o boi-de-mamão que vai do Natal ao carnaval, cuja principal atração neste é o ritmo quente de suas músicas carnavalescas. Nele aparecem vários personagens: Pai Mateus, Catirinas (há mais de uma), cavalinho, vaqueiro, médico (para examinar o boi), cantador de fados e a bernúncia, animal descomunal, síntese de vários monstros que habitaram a mente medieval e chegou até nós. É algo de bicho-papão que habita a angústia infantil, disforme, hórrida. Já olvidaram a Maricota, tipo de virago que ainda persiste em Maria Angu ou Miota, gigantões das antigas procissões ibéricas.

Velha usança da época natalina catarinense é o *pão-por-Deus*. No início do último trimestre, é costume enviar mensagens em papéis rendilhados, com filigranas, coloridos, no interior dos quais, em versos, vinha o pedido de uma dádiva. Quem recebe um pedido de pão-por-Deus fica na obrigação de responder pelo Natal, enviando uma oferta ao solicitante. Tais mensagens em geral têm a forma de coração, daí ser chamada também *corações*. É uma forma artística do "pedir-os-reis" da região da ubá.

No Rio Grande do Sul os "reses" são festejados com boizinhos que é o mesmo bumba-meu-boi, a jardineira ou arco de flores, pau-de-fita, cujo mastro é sustentado ao centro da dança por um menino "Pai João". Do tope saem pares de fita que são seguras por 8 ou 12 meninas para a dança ariana que se realiza dentro das salas ou salões sob a direção do guião que as comanda no dançar, bem como as autoriza a "assaltar", isto é, visitar as casas. A música que as acompanha em geral é a sanfona. Violões e pandeiros nunca faltam.

Em todas as áreas culturais do Brasil vão se diluindo pouco a pouco certos traços ligados às festas natalinas. Até há bem pouco tempo, isto é, antes de 1930, nas cidades paulistas tradicionais havia, entre as famílias conhecidas, o costume de mandar presentes no Natal. No dia de Reis, retribuía-se o recebido. Voltavam então as bandejas com as guloseimas retribuitórias das que foram saboreadas no Natal.

FOLIAS DE REIS DE CUNHA

Localização geográfica

Em poucas regiões do estado de São Paulo ainda são comemoradas as festas de Natal e Reis com as características tradicionais e religiosidade que lhes emprestam na cidade de Cunha, situada numa região privilegiada pelo clima e salubridade. Por longos anos, Cunha ficou isolada das demais cidades que cresceram às margens do Paraíba do Sul.

O isolamento é um dos fatores precípuos para a vitalidade do folclore.

O ciclo das festas situa-se no solstício de verão, vai de 24 de dezembro a 6 de janeiro ou 2 de fevereiro e nele estão inclusos os festejos do Nascimento do Deus Menino (25 de dezembro), da Adoração dos Reis Magos ou dia de Reis (6 de janeiro) e os da Purificação ou dia de Nossa Senhora das Candeias (2 de fevereiro).

Histórico

São João Crisóstomo e São Jerônimo muito se esforçaram a fim de que os fiéis, nos primórdios do cristianismo, não fizessem confusão misturando as festas de Natividade com as da Epifania, esforço que parece não ter atingido os nossos patrícios do Sul do país, pois parecem inclinados a enfeixar todas as festividades numa só – *as folias de Reis*.

Desde o alvorecer da religião cristã, comemorou-se a festa do nascimento de Jesus Cristo, e não raro com festejos característicos. Tais festas foram reguladas no ano 138 pelo papa São Telésforo, que a tradição diz ser o nono sucessor de São Pedro. Não havia data fixa; ora os festejos eram realizados em janeiro, ora em abril. Foi o papa Júlio I que no ano 376 fixou a data de 25 de dezembro. Cem anos mais tarde foi permitido aos sacerdotes dizer três missas nesse dia, inclusive a primeira à meia-noite, que veio a ser chamada popularmente "A Missa do Galo".

A Epifania ("amanhecer da luz do dia", que é uma festa coletiva de vários fatos da vida de Jesus) também não tinha data fixa e, como na Roma pagã, celebrava-se o tríplice triunfo de Augusto César, pacificador do Império, a 6 de janeiro; não é de estranhar que a Igreja tenha escolhido esta data para comemorar a festa que se celebra com o caráter de manifestação da divindade de Cristo, ou simplesmente o dia da Adoração dos Reis. É um folclore artificial, baseado nos elementos da arqueocivilização, repetimos.

O dia 2 de fevereiro, dedicado à Nossa Senhora das Candeias, é também chamado o dia da Purificação. Conforme a lei de Moisés, Maria apresentou-se no templo de Jerusalém, perante Simeão e a profetisa Ana para purificar-se. Neste dia encerram-se os festejos. A folia não canta mais; porém, pela manhã, vai-se à missa e, à noite, os foliões de Reis de Música têm a sua lauta ceia, e os foliões de Reis de Caixa, em cumprimento de promessa, promovem um leilão, danças de jongo, moçambique, xiba, cana-verde, cirandinha, baile comum (urbanizado) e muita comezaina. Folclore nacional é antes de tudo alimentar!

Folias

A partir da noite de 24 de dezembro até 6 de janeiro ou 2 de fevereiro, os sítios e a cidade são percorridos por dois bandos de músicos que saem somente à noite, cantando e louvando o nascimento do Deus Menino e pedindo óbolos. Saem à noite, imitando os reis magos que viajavam guiados por uma estrela. (Bem diferente da folia do Divino Espírito Santo que anda somente durante o dia.) O grupo destes representantes dos reis magos é chamado *folia de Reis*. A que percorre os sítios e fazendas, *folia de Reis de Caixa*, e a que canta na cidade sem sair do rocio é a *folia de Reis de Banda de Música*, ora chamada *folia de Reis de Banda*, ora de *folia de Reis de Música*.

Folia de Reis de Música

A *folia de Reis de Música* inicia seus cantos logo depois das 22 horas. Nesta cidade, como em todas as comunidades rurais brasileiras, é hábito dormir cedo, assim os foliões têm certeza de que nas casas onde devem cantar já estarão dormindo. As louvações prolongam-se até 4 ou 5 horas da madrugada.

Às vezes, a folia de Reis de Música encerra as suas atividades no dia 6 de janeiro, quando o grupo pode sair todas as noites, a partir da noite de Natal até a noite de Reis. Quando os foliões, por motivo de serviço, não podem sair, suas atividades vão até o dia 2 de fevereiro, saindo então nas noites de sábado, e nas de véspera de dia santo, para poderem descansar no outro dia. Embora hajam encerrado a cantoria no dia 6 de janeiro, a ceia será realizada no dia de Nossa Senhora das Candeias. O grupo assistirá à missa pela manhã, e à noite seus membros participarão da ceia.

O rancho de foliões é composto de mais ou menos 15 pessoas e quase todos os seus componentes cantam. Nesse grupo há pretos, mulatos, brancos, todos moradores da cidade. Dada a organização da folia de Reis de Música, que tem apenas um chefe, sendo todos os demais componentes tocadores de instrumentos ou apenas cantores, qualquer pessoa pode segui-los, contanto que faça silêncio e respeite o alferes, que é o chefe da folia.

Os instrumentos são os seguintes: três violões, um cavaquinho, um pandeiro, um pistão e um tantã. Afirmou o maestro Emílio A. Nubelli, fundador da Corporação Musical do Sagrado Coração de Jesus, em 1932, que, por volta de 1925, os foliões de Reis de Música usavam, além dos instrumentos acima citados, mais os seguintes: um pistão, um clarinete, um baixo e dois saxofones em mi bemol.

O chefe da folia de Reis de Música é Quito Veloso, mulato, de 43 anos de idade, tropeiro, que tem uma grande ascendência sobre os demais. Todos tratam-no com grande respeito a que faz jus. É o guardador das "esmolas", o tesoureiro. Numa folia quem desempenha tais funções tem o nome de "alferes de folia de Reis".

Os músicos tocam e cantam. Bom tocador de pistão, Quito Veloso dá introdução e logo a seguir canta deixando de tocar. Quando vai finalizando a quadra retoma o instrumento.

Os foliões não cantam apenas nas casas onde há presépios. Afirmam que "em casa de protestantes, convidados para cantar, eles irão, senão passarão de longe".

Chegam à porta de uma casa, onde todos dormem, cantam três quadras de "Ó tu que dorme, dorme". Esperam um pouco em silêncio. Se não abrem a porta nem acendem a luz, retiram-se silenciosos, sem comentar. Indagados por que alguns moradores assim procedem, responderam que é para não dar "esmolas" aos foliões. É crença corrente que o fato de receber os foliões, dar-lhes um óbolo, ou como fazem em algumas casas onde há presépio, oferecer-lhes um "café acompanhado", implica o recebimento de bênçãos, pois são os emissários do Deus Menino, representam os reis magos. São os legítimos imitadores dos reis que cantaram por ocasião do nascimento do Salvador, e como "reis devem ser recebidos".

Se na casa visitada acende-se uma luz, eles cantam "Acordai quem está dormindo". Aparece então o chefe da família à janela, ou abre a porta e permanece respeitoso com seus familiares. Quando acabam de cantar, conversam um pouco com o chefe da casa que os convida para entrar, tomar café, "que vai fazer fogo para ferver água etc.". O chefe dos foliões agradece as atenções e faz menção de retirar-se. O dono da casa e demais membros da família ofertam dinheiro para as comemorações. Todos se despedem e o alferes convida-os para assistirem à missa em data designada. Cantam o "Hino de Reis" e dois versos de "Agradecimento" (com a música de Adoração do Presépio). Retiram-se e vão cantar noutras casas. Na casa onde não há presépio não entram, mesmo que abram a porta e insistam. (Os foliões de Reis de Caixa mesmo onde não há presépio entram e esperam que se passe café.)

Em algumas casas, mediante prévia combinação, oferecem café com bolinhos de arroz. Este bolinho de arroz é uma das especialidades dos cunhenses, que dele se orgulham, tal qual um baiano se orgulha do vatapá, mungunzá, etc. ...[44] Os moradores esperam a visita dos foliões que se dará alta madruga-

---

[44] *Bolinho de arroz cunhense* – Receita dada por Rita de Cássia Veloso (Ritoca), conhecida quitandeira de Cunha:
   "Põem-se de molho dois quilos de arroz (arroz inteiro), ali pelas seis horas da manhã, e ao meio-dia escorre-se a água e deixa-se enxugar à sombra.
   Depois soca-se em pilão, bem socado, passando em peneira bem fininha. Cozinha-se batata (doce ou inglesa, ou ainda abóbora), passa-se na peneira ou numa máquina de moer carne; um litro dessa massa é que será aproveitado. Põe-se a abóbora (ou batata), banha, cinco ovos e desmancha o fermento para esta massa. Ajunta-se um pouco de água de sal. Bate-se tudo bem, depois coloca-se fubá de milho e uma xícara de farinha de mandioca, e mistura-se tudo. Depois vai-se fazendo a água doce, quente, e vai pondo até tomar ponto. Ele fica ralo. Deixa pousar e cobre. Noutro dia põe banha nas fôrmas e assa em forno bem quente." O bolinho é mais gostoso "quando comido ao pé do forno, isto é, quente".

da, já deixando a mesa pronta. Nas casas onde há presépio é que oferecem este lanche. A recepção dos foliões faz parte da promessa que fizeram de armar o presépio sete anos seguidos. Eles são recebidos com visível prazer e alegria pelos donos da casa. Oferecem-lhes bolinho e café e, às vezes, doces. Não vimos oferecerem bebidas alcoólicas. (Aos Reis de Caixa oferecem "pinga", que tomam com satisfação.) Percebe-se a alegria estampada no rosto daqueles que têm a honra de receber a visita dos foliões em sua residência. Os semblantes prelibam as bênçãos do Deus Menino.

 Os raios de luz da candeia, que permanece acesa a noite toda, escoando pelas frinchas das portas e janelas, denunciam a presença de um presépio. Os foliões se aproximam e cantam uma de suas músicas. O dono da casa abre a porta, convida os foliões a entrar. Tiram o chapéu em frente ao presépio, persignam-se. Cantam três quadras de "Adoração do presépio". "São três quadras", dizem, "porque são três os reis magos." Enquanto estão cantando, respeitosos os donos da casa queimam incenso, cujo perfume invade a casa tosca. Se, porventura, oferecem algo para comer, comem, bebem e conversam animadamente. O dono da casa oferece uma esmola em nome da família. O alferes a recebe. Cantam quatro quadrinhas agradecendo a esmola e o café, e também "Acordai quem está dormindo", isso porque o último verso diz "boa noite nobre gente". Ao saírem da casa já não fazem a mesma genuflexão para o presépio nem o sinal-da-cruz; dão as costas para ele, colocam o chapéu e saem. O chefe dos foliões não deixou de avisá-los da missa que será celebrada a 2 de fevereiro e para a qual eles contribuíram de "bom coração". O alferes é sempre o primeiro a entrar numa casa e também o último a sair. Os foliões não visitam duas vezes a mesma casa.

 O alferes vai angariando "as esmolas", termo que para eles não tem o sentido pejorativo que lhe emprestamos, isto é, auxílio que se dá por caridade aos necessitados, mas sim uma dádiva, um ajutório a uma causa sagrada. Com essa importância arrecadada, mandam rezar uma missa no dia de Nossa Senhora das Candeias, e pagam as despesas da ceia, na qual tomam parte somente os foliões.

 Quito Veloso e José Matias dos Santos (seu substituto em casos de impedimento), mulato, trabalhador braçal, andam contrariados "porque antes uma missa ficava em 15 mil réis e agora fica em 30 mil réis, como haviam combinado com o padre, sobrando assim pouco dinheiro para a ceia". Recebemos o convite para participar dessa ceia que seria no dia 2 de fevereiro, dia também em que todos os presépios seriam desarmados. Conclui-se que, para ter ingresso no grupo de foliões de Reis de Música, é bastante acompanhá-los, noite após noite, sob o sereno daquela cidade serrana.

Uma das cenas mais interessantes foi presenciada em uma das noites, quando fizeram questão de ir cantar na casa de um cego que atualmente vive da caridade, dos óbolos que lhe deixam nas mãos estendidamente súplices. Esse cego é Roque Cipriano Moreira, ex-padeiro. Disseram: "Há tempos passados, quando ele tinha vista, era nosso companheiro; saía cantar conosco, agora vamos até lá para alegrá-lo." Foi comovente o momento em que o cego fez a sua oferta ao sr. Quito. Este não queria recebê-la, mas ele fez questão de dá-la: "Era a folia de Reis Magos que visitava a sua casa; a sua alma se iluminara com a luz pura e linda do Menino Jesus, por isso ele queria contribuir." Todos os foliões elogiaram a sua atitude, e as palavras do cego foram repetidas nos comentários dos dias subseqüentes.

Quando os primeiros albores da madrugada vêm aparecendo, o grupo se dissolve, para reunir-se novamente à noite.

Letras e músicas da folia de Reis de Música

Ó TU QUE DORME, DORME

Ó tu que dorme, dorme,
placidamente há quanto,
abra a janela
escuta o nosso pobre canto.

A noite é calma e longa
que paz tranqüila enorme,
tudo repousa,
tudo agora muito dorme.

"Foi num presépio há tempo
que a nossa Mãe querida
pôs a Jesus,
que goza eterna, pura vida.

"Esta melodia", disse o maestro Emílio Aparecida Núbelli, funcionário municipal, "eu a ouvi em Parati, há mais de 25 anos; trouxe-a para cá e um moço daqui colocou os versos. Esse moço é hoje o professor Benedito Carlos Freire. É uma música muito antiga e popular em Parati" (estado do Rio).

HINO DE REIS

É como dever que temos
imposto por gratidão,
são as festas que trazemos
do fundo do coração.   (bis)

Em novo céu, nova estrela
a todos nós vem luzir
com sua luz pura e bela
para aqui nos conduzir.   (bis)

Ante o presépio divino,
louvemos com toda fé,
ao Salvador Deus Menino,
Jesus, Maria, José.   (bis)

À Santa Mãe com amor,
modelo de castidade,
imploremos com fervor,
para todos nós, caridade. (bis)

A Deus com perseverança,
consolador dos aflitos,
pedimos com esperança,
felicidade e contritos.   (bis)

O maestro Emílio Aparecida Núbelli registrou a música "Acordai quem está dormindo", que era cantada por sua mãe. Ele recorda-se que, a partir de 1925, a música voltou a ser cantada nas folias.

ACORDAI QUEM ESTÁ DORMINDO

Acordai quem está dormindo,
levantai quem está acordado,
venha ver a Deus Menino
na sua porta parado.   (bis)

Os três Magos do Oriente,
foram visitar Jesus,
trouxeram por suas guias
a brilhante estrela luz.   (bis)

A estrela que nos guia
já surgiu lá no Oriente,
precisamos caminhar,
boa noite, nobre gente.   (bis)

Segundo o sr. Núbelli, as letras foram adaptadas dos Reis de Caixa. Há para elas três músicas. Numa delas costumam acrescentar um estribilho, que o sr. Quito Veloso diz ser de sua autoria:

O galo canta, nasceu Jesus,
o mundo inteiro encheu-se de luz.   (bis)

ADORAÇÃO DO PRESÉPIO

Salvamos a Deus Menino,
no colchão de ouro fino,
para dar exemplo ao mundo,
nasceu Deus tão pobrezinho. } (bis)

Salvamos a Deus Menino,
filho da Virgem Maria,
que glória no Céu
e na Terra alegria. } (bis)

Foi onde nasceu Jesus,
no presépio em Belém,
salvamos a Deus Menino
e a Maria também. } (bis)

"Quando dão café", de acordo com o sr. Núbelli, é uma antiga melodia religiosa adaptada, que sua mãe aprendera com sua avó".

(Quando dão café)

AGRADECIMENTO

Agradecemos o bom café
dado de bom coração,
no reino do céu se veja
o senhor e sua geração.

Agradecemos o bom café
dado em tão boa hora,
no reino do céu se veja,
aos pés de Nossa Senhora.

(Quando dão esmola)

Agradecemos a boa esmola
dada de bom coração,
no reino do céu se veja
o senhor e sua geração.

Agradecemos a boa oferta,
dada em tão boa hora,
no reino do céu se veja,
aos pés de Nossa Senhora.

Estes versos são cantados com a música de "Adoração do presépio".

Folia de Reis de Caixa

A folia de Reis de Caixa, grupo que percorre somente os sítios, fazendas e rocio (vem cantar em algumas casas da cidade quando convidada, e como deferência), inicia seus cantos logo após o anoitecer. Ali pelas 20 horas já está em demanda do local onde vai cantar. Na folia de Reis de Caixa são usados os seguintes instrumentos: duas violas, um pandeiro e uma caixa. O grupo é composto de dois violeiros, um tocador de caixa, um tocador de adufe e do chefe, que é o alferes. Um dos violeiros é o mestre e o outro o contramestre. Um canta a primeira voz e outro a segunda, ou, como dizem, "um canta por baixo e outro por cima". O mestre é a primeira voz, e o contramestre a segunda. O tocador de caixa é o tiple, ou "a voz por cima de todos", e o tocador de adufe é o contralto, ou "a voz por baixo de todos". Em geral o tiple é um menino.

A disposição dos foliões quando cantam é a seguinte: mestre e contramestre defrontam-se; à direita do mestre fica o tiple, e à esquerda do contramestre fica o contralto. Estes também ficam um na frente do outro. Um pouco mais ao lado, à direita do grupo, fica o alferes. Não raro o alferes se faz acompanhar de um de seus filhos, que carrega a "caixinha" onde está o Deus Menino, é o "bandeireiro". O grupo todo usa roupa comum. Somente tiram o chapéu para cantar quando estão defronte de um presépio ou oratório.

Na folia de Reis de Caixa, os tiples e contralto nem sempre são bem afinados e treinados como acontece na folia de Divino Espírito Santo, isso porque, nesta, ser folião constitui uma profissão, pois o trabalho numa folia é de 9 a 10 meses por ano. Neste caso a voz infantil do tiple é educada, porém no caso da folia de Reis de Caixa só nos últimos dias dos festejos é que se pode apreciar um conjunto harmonioso de todas as vozes, sobressaindo em suavidade a voz do tiple no final dos versos, quando cantam duetado, tipe e contralto, um "ãhn" prolongado.

A "caixinha" é feita de madeira, mede mais ou menos 10 × 15 × 10 cm e é toda recoberta de papel prateado, tirado dos envólucros dos cigarros e enfeitada também com papel vermelho e verde. No fundo está pregada uma estampa de São Benedito. A "caixinha" é envolvida por uma pequena toalha branca de filé ou crochê. Dentro da "caixinha" há uma imagem de Jesus, escultura popular, feita de barro cru, pintada de cor de carne, nuzinho, deitado sobre um berço também feito de barro, colorido de verde-escuro.

Do dia 24, à noite, ao dia 6 de janeiro, o Deus Menino permanece deitado. A partir desse dia, até o fim dos festejos, retiram o berço e deixam a mesma imagem ou outra em que o Deus Menino está em pé, tendo numa das mãos uma bola azul, que simboliza o mundo.

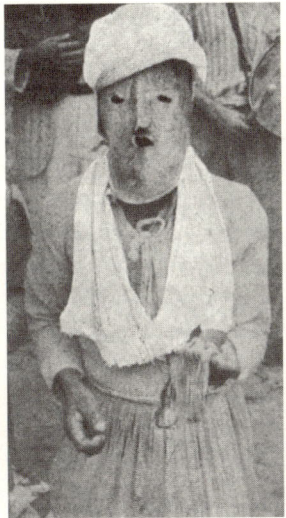

*Palhaço, um dos três mascarados da folia de Reis de Cunha. No meio: Catirina com seus trejeitos femininos...
e a "vissaca" para esmolar. À direita: Pai João, com relho.*

*A folia de Reis de Caixa: dois violeiros, tocador de adufe e tocador de caixa. Cunha. À direita: A folia de Reis de
Caixa e os mascarados.*

"Nós somos os foliões de Reis, representamos os reis magos que alegraram o nascimento do Deus Menino, com cantos e música, mas o Rei verdadeiro é o que está na 'caixinha'."

Certamente este é o fato precípuo que leva muitas pessoas a fazer promessa de carregar nas folias a "caixinha", de casa em casa, somente cedendo aos donos de uma casa visitada que manifeste o desejo de transportá-la de sua residência até à próxima onde irá a folia. Não é esta "caixinha" que dá nome à folia, e sim a caixa, instrumento musical. A função da caixinha em parte se assemelha à da bandeira do Divino, pois carregá-la implica receber bênçãos especiais.

Na roça, aos domingos e feriados, na folia aparecem mais três personagens, fantasiados e com máscaras: Pai João, Catirina e Palhaço. Os três carregam relhos com os quais ameaçam aqueles que desejam saber a todo custo quem é a pessoa que está sob a máscara. A curiosidade é aguçada, ainda mais porque implica uma bênção o fato de os personagens não serem reconhecidos durante os festejos. Os três também são portadores de pequenas sacolas de pano que chamam "vissaca", onde recolhem o dinheiro angariado.

O Pai João usa uma máscara feita de couro de quati. Como paletó, um velho dólmã amarelo de soldado de polícia, uma calça branca comum, pés no chão, uma toalha no pescoço e um alforje a tiracolo. Procura executar movimentos imitando o andar de um negro velho, "ginga-gingando", falando grosso e compassado, disfarçando assim sua voz.

Catirina traz uma máscara feita de couro de cabrito branco. Procurou-se nela imitar o rosto de mulher, porém dele o que fizeram bem-feito foram os lábios carminados. Traja um vestido bem comprido, de algodãozinho ramado, toalha no pescoço, gorro branco, pés descalços. Procura imitar o andar e a fala femininos.

A máscara do Palhaço é também de couro, cobrindo a face e se prolonga acima da cabeça em forma cônica, com uma pelota na ponta. A máscara, toda enfeitada de fitas, é de cor pardo-escura. Sua roupa é inteiriça, paletó e calça de um pano só, vermelho ramado, calças muito ajustadas, toalha no pescoço. O Palhaço pouco fala, porém pula muito, e é o que mais procura brincar com as pessoas que deparam na estrada, nas casas ou nas vendolas à beira do caminho.

Foi com dificuldade que se obteve o nome dos personagens; não queriam dar. Primeiro pediram licença ao alferes, e a seguir falaram baixinho com cuidado para não serem ouvidos pelos demais circunstantes. Pai João – Antônio Simão, 19 anos de idade, preto, roceiro; Catirina – Genésio Olegário, 19 anos, branco, roceiro; Palhaço – Jovino Adão Gonçalves, 37 anos, preto, retireiro de leite.

Foi-lhes proposta a compra das máscaras, nenhum quis vender a sua. "Este é o nosso único divertimentozinho daqui" disseram.

Antônio Vitoriano, caboclo, 60 anos de idade, mestre de folia, nestes versos de sua autoria esclareceu-nos acerca da composição de sua folia de Reis de Caixa.

1   Meu sinhô aqui estamu
esta nossa cumpania
viva quem vié atendê
cum prazê i aligria.

2   Vou dizê pra sinhora
qui a palavra é muito exatu,
veio o mestre i contramestre
arferis, tiple i contrartu.

3   O resto da cumpanhia
veiu numa reunião,
também a Catirina,
Paiaçu e Pai Juão.

4   Viému tudu encarriadu,
pa vim vê u sinhô,
veio u Arferis da Bandera
qui é u nossu superiô.

5   Veiu o arferis da Bandera
qui é u nossu superiô,
qui carrega u Santos Reis,
i nu santinhu tem amô.

6   Eu num le sarvei ainda,
vós quera mi descurpá,
vô pedi pa Santos Reis
qui por mim vem sarvá.

Imitando os reis magos, como já dissemos, os foliões de Reis saem à noite. (Não foi pequena a dificuldade para conseguir que se reunissem durante o dia para serem cinegrafados e fotografados.) Aproveitando a reunião da folia, que seria no dia 1º de janeiro, José Tomás da Silva (Tomazinho), alferes da folia, para que esta fosse filmada, manifestou o desejo de "cantar os Reis durante o dia, porque na noite anterior não puderam percorrer todas as casas que tinham que visitar". Uma das senhoras que havia esperado a noite passada a visita dos Reis, e que não fora visitada, opôs-se terminantemente a recebê-los de dia, "pois não é folia de Divino, os Reis só andam à noite". Estava amargurada porque havia esperado a noite toda, chegando a perder o Te Deum e a primeira missa do ano; foi "empuiada", não apareceram. Este diálogo foi travado entre a senhora que esperava a visitação dos Reis e o mestre da folia. Ele em resposta declarou que "o que o alferes decidisse eles fariam, porque Deus é o primeiro guia, e o segundo guia da folia é o alferes". Excepcionalmente a folia de Reis poderá sair durante o dia.

Na noite de 24 de dezembro, de permeio com a grande massa de fiéis que vêm para assistir à "Missa do Galo", estão os foliões de Reis, pois, finalizado o "beijamento" do Deus Menino, terão início as suas atividades. Ao terminar a "Missa do Galo" é costume em algumas paróquias o padre colocar uma cadeira bem no centro da igreja, sentar-se e tomar entre as mãos um pequeno berço onde está deitado o Deus Menino. Os fiéis formam uma longa fila e vêm um a um para o "beijamento".

Ao sair da missa tem início a "cantoria". Os Reis de Música ficam na cidade e os de Caixa se dirigem para o rocio ou sítios próximos.

Chegam silenciosos. O grupo é pequeno, dois ou três acompanhantes, além dos membros da folia. Ao aproximar-se da casa vão afinando as violas, que estão "temperadas" na afinação "dos 4 pontos" ou "oitavada". Pigarreiam, e as violas dão a introdução, cantam em dueto mestre e contramestre. Ao finalizarem os versos da quadrinha cantada, entram em dueto contralto e tiple, cantando um "ãhn" prolongado, que nos dá a impressão de "Amém".

A caixa ao ser tocada afigura-se-nos o ritmo de música oriental, e o pandeiro não é batido no couro, mas o polegar desliza sobre ele, a fim de que os guizos produzam um som de castanholas, reforçando talvez a impressão que dá de música oriental ou mourisca.

A música de saudação da chegada e agradecimento de ofertas é caipira, porém a que é cantada em frente do Presépio é um misto de música sacra e caipira.

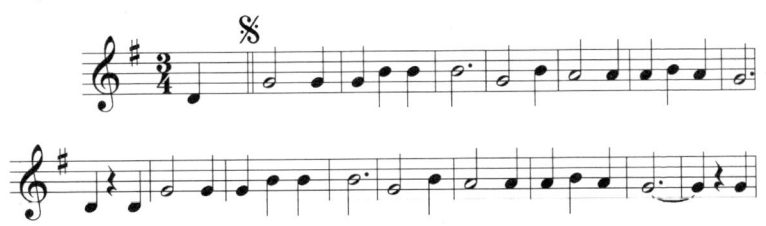

Há diversas folias de Reis de Caixa percorrendo os sítios (uma só folia do Divino Espírito Santo percorre todo o município), por isso foi possível recolher mais de um canto de agradecimento, de chegada. Cada mestre improvisa seus versos. Se por acaso uma folia encontra a outra, param e saúdam-se mutuamente com cantos. Cada qual esmera-se o mais possível para ser a melhor. Não há desafio, mas uma exibição dos melhores versos.

Cantos de chegada

DE PAULO RITA, DO BAIRRO DO CAPIVARA

1 Ô di casa meu sinhô,
   acordai si estais durminu
   arrecebei a vigita alegri
   na chegada du sinhô Mininu.

2 Ô di casa meu sinhô,
   ô di casa otra veis,
   quem vem cheganu na sua casa,
   pois é u nossu nobri Reis.

3 O meu sinhô i sua famia
   di saúde cumo vão?
   O nobre Reis aqui chegô,
   nesta hora di alegria.

4 O nobre Reis aqui chegô
   pur'aqui anda passianu,
   e fais vigita e li incunvida
   pedi uma esmola abençoanu.

5 Qui a sinhora dona da casa
  nesta mesma ocasião,
  a festera li incunvida,
  pedi uma prenda pru leilão.

6 E cantanu cuns instrumentu,
  nesta hora di alegria,
  incunvida pra i à festa
  u meu sinhô i a sua famia.

7 Já dormiu u primeru sonu
  alevanti du segundu,
  alevanti i venha vê,
  a Maravia du Mundu.

8 Levantai si está dorminu
  nesse seus corchão de pena,
  arrecebei Jesuis Mininu
  orvaiadu di serenu.

DE FRANCISCO NASCIMENTO, DA FAZENDA DO CUME

1 Ô di casa meu sinhô
  ô de casa otra veis,
  da banda du Oriente,
  são chegadu us Treis Reis.

2 A chegada du Deus Mininu
  alegrô a sua morada,
  alegrô meu sinhô
  cum sua famia honrada.

3 A chegada du Mininu
  nesta tão divina hora
  vem visitá u sinhô,
  mandadu du Reis da Grória.

4 Aqui chegô u nobre Reis
  cantanu cum instrumentu,
  veio le pedi esmola
  im louvô du nascimentu.

5 O festeru li incunvida
　o sinhô i a sua famia,
　pa i na festa du Mininu
　quano fô marcadu u dia.

6 O festeru mandô pedi,
　cum amô nu coração,
　uma prenda coa sinhora
　pa oxiliá u leilão.

DE VIRGOLINO BENTO, DA VÁRZEA DO GOUVEIA

1 Acordai si está dorminu
　nu seu ricu belu sonu,
　venha vê Jesuis Mininu
　qui hoje Eli desceu du tronu.

2 Acordai si está dorminu
　nu seu sonu tão pesadu,
　aqui chegô Jesuis Mininu,
　tá na sua porta paradu.

3 Meu sinhô donu da casa
　a sua porta venha abri,
　vem recebê Jesuis
　u fio da Virge Maria.

4 Louvadu seje meu Deus,
　a sua casa crariô,
　venha recebê Jesuis,
　u fio di Nosso Sinhô.

DE AMARO OLIVEIRA MONTEIRO, DA CACHOEIRINHA

1 Boa noite, meu sinhô,
　o di fora quem será,
　venha vê u nobre Reis
　qui viero le vigitá.

2 Boa noite, meu sinhô,
　escutai u qui eu direi,
　venha logo abri a porta
　qui são chegadu us treis rei.

3 Acordai si estais dorminu
   levantai si está deitadu,
   venha arrecebê os treis Reis
   na sua porta está chegadu.

4 Venha arrecebê u Reis
   andai logu sem demora,
   venha arrecebê u Reis
   qui vem pro mandu afora.

5 Acordai si estais dorminu
   nesti sonu tão prefundu,
   pra ver u Deus Mininu,
   qui é a maravia du mundu.

6 Aqui chegô us treis reis dorienti
   que dandu vorta viero vinu
   pelu sinar duma estrela
   qui acharu Deus Mininu.

O canto de chegada demora mais ou menos 25 minutos. Se, porventura, os moradores vão receber a visita dos Reis, acendem uma luz. A dona da casa vai à cozinha atear fogo na lenha e dar início ao preparo do café. Quando finalizam o canto, o dono da casa abre a porta, cumprimenta-os e recebe das mãos do bandeireiro ou alferes a "caixinha" que é beijada respeitosamente; os demais familiares que estejam acordados imitam-no. Os foliões entram e conversam animadamente. Enquanto esperam o café, os violeiros tocam a música de um xiba e os presentes "palmeiam"; embora sentados, batem os pés nos seus próprios lugares, acompanhando a música, brincando de dançar. Há muita alegria. O alferes brinca com o dono da casa: "Si tem que dá esmola, dê logo"... e é prontamente satisfeito seu pedido. O café é distribuído em tigelas de louça branca. Há uma rodada, depois outra. Alguns tomaram o "roxo". Roxo é uma mistura de café com pinga.

Os foliões levantam-se e cantam o agradecimento:

DE PAULO RITA

1 Agardecemu a ismola
   qui deu pro Mininu Jesuis,
   ismola são caridadi,
   caridadi são luis.

2. Agardecemu a rica esmola
   dada coa mão aberta,
   quanu vóis chegá nu céu,
   a sua sarvação é certa.

3. Deus le pague u bom agradu
   qui o sinhô feis na chegada,
   quem le pague u meu sinhô,
   é u Mininu Crucificadu.

4. Deus pague u bom café
   tamém a boa tigela,
   quem li pague po meu sinhô
   é nossa Sinhora da Capela[45].

5. Ô meu sinhô donu da casa
   sua licência nóis queremu
   nóis queremu i saínu
   pos portais qui nóis entremu.

6. Vamos dá a dispidida
   cumo deu Cristu im Belém,
   u sinhô fica cum Deus,
   cum Deus vamu tamém.

A dona da casa, que, durante o tempo em que cantavam, ficou respeitosamente olhando para a "caixinha" que seu esposo deixara sobre a mesa, ao finalizar o canto deu ao alferes uns níqueis de oferta, e os foliões cantaram agradecendo:

1. Agardecemu a rica ismola
   cá sinhora veiu nus dá,
   não li vai fartá nenhum,
   Jesuis Mininu vai li ajudá.

2. Agardecemu a boa ismola,
   dado di gosto i alegria,
   qui li pague pa sinhora
   u fio da Virge Maria.

---

[45] Nossa Senhora da Capela é o nome que os caipiras antigos dão à Nossa Senhora da Aparecida.

Versos de agradecimento de outros cantores:

DE PAULO RITA

1 Deus li pague a boa ismola,
   qui sinhô deu coa mão aberta,
   pa quanu vóis chegá nu céu
   a sua sarvação é certa.

2 A ismola são caridade,
   po meu sinhô serve de luis,
   lá no céu quanu chegá,
   na presência di Jesuis.

3 Agardeço a boa ismola,
   muito bem agardecidu,
   na hora qui u sinhô deu,
   lá nu céu foi arrecebidu.

4 Deus li pague a boa ismola
   muito bem agardecida,
   quem paga é a Nossa Sinhora
   Virge Mãi Aparecida.

DE VIRGOLINO BENTO

1 Agardecemu a rica ismola
   que meu sinhô vai nus dá
   Jesuis Mininu qui ajude,
   Jesuis Mininu li ajudai.

2 Agardecemu a boa ismola,
   desti meu nobri sinhô,
   quando vóis chegá nu céu,
   será coroadu di frô.

3 Agardecemu a rica ismola
   dadu im nota di papé,
   qui li pague u meu sinhô
   meu fio de São Jusé.

4 Ismola são caridadi,
   caridádi são luís,

      que li pague o meu sinhô,
      u nossu Mininu Jesuis.

5 O meu sinhô dono da casa
    dá licência nóis queremo,
    nóis queremo i saíno,
    pelos portais que nóis entremo.

6 Vamo dá a dispidida
    cumu deu Jesuis Mininu
    vançuncê fica cum Deus,
    nóis cum Deus já vamu inu.

7 Vamus dar a dispidida,
    cumu deu São Jusé,
    nóis despedi nesti anu,
    inté nu outru si Deus quisé.

Eram 23 horas do dia 31-12-1947

DE FRANCISCO NASCIMENTO

1 A ismola qui o sinhô deu,
    foi grandi, num foi piquena,
    Deus le dê gosto nu mundu,
    na gróia, sem passá pena.

2 Agardecemu a boa ismola,
    qui o sinhô deu cum alegria,
    Deus Mininu é quem li paga
    u sinhô i sua famia.

3 Deus li pagui a boa ismola,
    dada im prata amarela,
    que li paga u sinhô
    é Nossa Sinhora da Capela.

4 Agardecemu a ismola,
    da criancinha di braçu,
    quem agardece num é nóis,
    é Nossu Sinhô dus Passu.

5 Agardecemu a boa ismola,
dada po mão da minina,
Nossa Sinhora quem li paga
é quem li dá uma boa sina.

6 Vamu agardecê u agradu,
desta famia querida,
quem agardece po Sinhô,
é Nossa Mãi Aparecida.

7 Vamo agardecê u agradu,
que pra nóis u sinhô feis,
quem li agardece não é nóis,
é u Groriosu Santu Reis.

Uma das pessoas visitadas não os tratou como soem ser tratados, pois não recebeu em suas mãos a "caixinha". Os violeiros não viram tal coisa e deram início aos cantos, a pessoa visitada ofertou-lhes apressadamente 10 cruzeiros, não beijando a "caixinha".

O alferes recebeu o dinheiro, e logo saíram da casa. Todos comentaram a atitude do dono por não ter recebido a "caixinha".

– "Acho que ele virou protestante", disse o mestre violeiro.

– "Por desaforo, com o dinheiro que ele deu, vou comprar uma garrafa de pinga, não misturo este dinheiro com os outros que foram dados de bom coração, esse fica marcado, o ano que vem não passaremos na casa dele", concluiu o alferes da folia de Reis de Caixa, José Tomás da Silva.

Na casa visitada, havendo presépio, há o "Encontro" das imagens. Ao chegar na frente do presépio, todos se ajoelham respeitosamente e colocam o Deus Menino da "caixinha" ao lado do que está na lapinha. Os foliões cantam ajoelhados os versos do "Encontro". Acontece também que em algumas casas, havendo Deus Menino no oratório, a pedido do dono cantarão o "Encontro", a fim de que o Deus Menino da "caixinha" benza os santos do oratório. (Os versos do "Encontro" são de Virgolino Bento, mestre da folia que mais acompanhamos.) Em frente ao oratório ajoelham-se primeiramente os dois violeiros, o mestre à direita e o contramestre à esquerda. O contralto à esquerda do contramestre e o tiple à direita do mestre, pouco mais atrás. Cantam com a curva da viola apoiada no mento, olham para o chão, ou fecham os olhos; é *posição religiosa*, bem diferente da *posição profana*, usada quando tocam um xiba, isto é, a viola fica na altura do peito.

CANTO DO ENCONTRO

1 Qui incontru tão bonitu
 que nóis tivemu nesta hora
 ô encontrô Jesuis Mininu
 co'as image du oratóriu.

2 Incontrô, si incontrô-si
 quem devia si incontrá
 na feição são deferente,
 na vertude são inguá.

3 Deus li sarvi oratóriu
 feitu di frô di papé,
 aondi istá o Nosso Pai,
 ai Jesuis, Maria, Jusé.

4 Deus li sarvi oratóriu,
 muitu bem aperparadu,
 aondi istá santus i santas
 i u Mininu Crucificadu.

5 Deus li sarvi oratóriu,
 na maió delicadeza,
 aonde santas i santus
 Rainha du Céu Princesa.

6 Deus li sarvi oratóriu,
 cercadu di oração,
 aondi chegô us pecadô
 pa pidi cum Deus perdão.

7 Já sarvei u oratóriu,
 pelu efeitu qui tem,
 sinão ficaru bem sarvadu,
 Jesuis Mininu sarvi tamém.

Quando há presépio, a saudação é descritiva:

DE AMARO DE OLIVEIRA MONTEIRO

1 Benditu lovadu seje
 quanu aqui cheguemu,

Deus Mininu na lapinha
foi u premeru qu'incontremu.

2 Benditu lovadu seje,
nesta hora di alegria,
avistei Jesuis Mininu
São Jusé e Santa Maria.

3 Vô sarvá u seu presépiu
dá licença meu sinhô,
pra sarvá u Deus Mininu
di nóis u sarvadô.

4 São Jusé, Santa Maria
viemu aqui li vigitá,
qui di vóis nasceu Meninu
a folia qué adorá.

5 Benditu lovadu seje
Mininu Jesuis nasceu,
todu galu já cantô
u sinu du céu bateu.

6 U galu du céu cantô
u da terra cantô tamém,
nasceu Jesuis Mininu,
na Lapinha de Belém.

7 Vô sarvá u galu bentu
qui cantô na bendita hora,
cantô: Jesuis nasceu
fio de Nossa Sinhora!

8 Já chegô tudu as criação,
vamu vê u qui aconteci,
nasceu Jesuis Mininu
num lindu campu di frorésti.

9 Deus ti sarve esti galu,
qui cantô nu nascimentu,
Nossa Sinhora abençuô
po benditu galu bentu.

10 Sarvi a vaca i a burrica,
   qui bafejô u Deus Mininu,
   Nossa Sinhora abençuô
   cum seus podê devinu.

11 Deus sarvi a raposinha,
   qui foi fazê sua caridadi,
   Nossa Sinhora abençuô
   po vê a sua boa vontadi.

12 Deus ti sarvi o carnerinhu
   quanu Nossa Sinhora deu a luis
   profetizô u nascimentu:
   – lá im Belém, nasceu Jesuis.

13 Deus ti sarvi ô Anjo Gróia,
   qui sua corneta já tocô
   anuncianu u nascimentu,
   du Mininu Sarvadô.

14 Já chegô suas vigita,
   cum grandi gostu i alegria,
   vamu bejá u Deus Mininu,
   fio da Virge Maria.

15 Sarvi as frô i us matinhu,
   qui nasceu da linda terra,
   cum seus podê sempre verdinho,
   conservadu da primavera.

16 Sarvo as frô i us matinhu,
   e us treis Reis dorienti,
   tamém sarvo as figura,
   sarvo tudu im gerarmenti.

17 Vô sarvá u seu presépiu,
   qui está bem aperparadu,
   infeitadu coas conchinha
   da água du mar sagradu.

18 Deus Mininu na lapinha,
   nu seu corchãozinhu adoradu,

cobertu cum lindu mantu
mais galantinhu bordadu.

19 Bençoada seje a mão,
qui infeitô esta lapinha,
há di tê Nossa Sinhora,
pra sê sua Madrinha.

20 Bençoada seje a mão,
qui acendeu aquela luis,
há di sê bem ajudadu,
du Mininu di Jesuis.

21 Já sarvei u seu presépiu,
já sarvei tudu im gerarmenti,
u sinhô sua rica famia,
e tudu qu'istão aqui presenti.

22 Já sarvei u seu presépiu,
nesta hora di alegria,
tamém sarvu u meu sinhô,
i sua rica famia.

23 Deus ti sarvi ô Reis Magu
que vai chegá por derraderu
pa visitá u Deus Mininu
vão chegá im Seis di Janeru.

24 Esti é o derraderu versu,
vô fazê u sinar da cruis,
Deus Mininu mi ajudi,
para sempri, Amém Jesuis.

Quando os donos de uma casa onde há presépio pedem para cantarem, cantam os versos do Nascimento. Informaram que os mestres mais antigos é que sabiam direito os 25 versos do Nascimento. Agora são poucas pessoas que pedem para cantá-los; daí esquecerem por falta de uso. Em outros lugares chamam a este conjunto de 25 versos de *trelado*. Indagados de onde tiraram os fatos que cantam sobre o Nascimento, disseram que leram no Livro. Mais tarde foi possível verificar que o Livro não era a Bíblia, porém um pequeno opúsculo de História Sagrada.

Versos sobre o Nascimento de autoria de José Gomes que infelizmente não se recordava de todos.

1. A vinti quatru di márçu
   a Virge foi anunciada,
   qui nascia o Mininu
   numa bela madrugada.

2. Foi um anju Gabrié,
   qui avisô a Santa Maria,
   qui a vinti e cincu di dezembru,
   Mininu Deus nascia.

3. A Virge Santa Maria
   cum sua consagração
   avisô santa Isaber
   a sua anunciação.

4. A Virge Santa Isaber
   pidiu qui lhi avisassi,
   quanu u Mininu nascessi,
   a bandera hasteassi.

5. São Jusé i a Virge Maria
   marcharu pra Belém,
   pela estrela du Orienti,
   seguiro muitu bem.

6. Quanu chegaro im Belém
   Maria istava cansada,
   São Jusé então saiu,
   procurando uma posada.

7. São Jusé quanu vortô,
   disse pra Virge Maria,
   posada nóis num achô,
   vamu pra hospedaria.

8. Batero de porta im porta,
   posada num acharu
   aos pés da manjedora,
   aondi si agasaiaru.

9 Mininu quanu nasceu
   antis du galu cantá,
   nasceu na estrevaria,
   abafejadu dus animá.

10 Tudu quantu foi passarinhu,
   cantaru di alegria,
   por vê u Mininu Deus,
   fio da Virge Maria.

11 Na cidadi di Belém,
   entri muitos moradô,
   u Mininu foi adoradu
   primeru pelus pastô.

12 U nascimentu di Cristo,
   é u nascimentu di Jesuis,
   quanu u Mininu nasceu
   crareou cum toda luis.

Mestres mais moços recordam apenas quatro versos dos 25 do "Nascimento", como acontece com Virgolino Bento:

1 Esta noiti, meia-noite,
  quem tava acordadu fui eu,
  us galu du céu cantô,
  aqui du mundu arrespondeu.

2 Os galu já estão dizenu,
  Jesuis Mininu nasceu
  o mundu briô di luis,
  us ar arresprandeceu.

3 Jesuis Mininu desceu du céu,
  na maió delicadeza,
  quanu Ele andô pro mundu,
  Ele é u pai da riqueza.

4 Santu Reis desceu du céu
  cercadu di toda luis,
  u nossu verdadeiru pai,
  é u nossu Mininu Jesuis.

♩= 60

A-cor-dae pas-tô-res. A ma-nhã já vem.
Va-mo ver o Cris-to Va-mo a Be-lém.

ORAÇÃO DO SENHOR MENINO

1   Vinte e cinco de dezembro!
    Meia-noite deu sinal.
    Rompeu hora em primavera,
    meia-noite do Natal!

2   Bateu asa e cantô os galo,
    quano o Sarvadô nasceu!
    Canta os anjo nas artura
    uma grória no céu se deu!

3   Do licor nasceu a rosa!
    Da rosa nasceu a luz!
    Nasceu um cravo encarnado,
    que dele nasceu Jesuis!

4   Este nome são tão doce,
    que eu me admiro!
    Este nome veio do céu,
    que da terra são mentira!

5   O meu amado Minino,
    demissiar do coração.
    E o que nos estamo fazeno
    esta sua adoração.

6   Minino quando nasceu,
    nasceu em pé dos favô.
    Hoje em que riqueza está
    sendo nosso Sarvadô!

7 Menino quano nasceu,
   nasceu tão pobrezinho!
   Hoje em que riqueza está,
   coberto do ouros finos.

8 Nós estava pensano
   que este filho era meu!
   Arrespondeu Nossa Senhora,
   a Mãe de Jesuis sô eu.

9 Sabemo que se chama
   este galante Minino.
   Chama-se Manoer Cordero,
   filho do Amante Devino.

10 Lá i vem os treis Reis Mago.
   Na lapinha vão chegá,
   pedino sua licência,
   que o Minino qué beijá.

11 Lá i vem os treis Reis Mago!
   Na lapinha vão chegando
   Também quero tomá abença,
   do meu amado Sertano.

12 Vamo lová em coro,
   por quem nasceu em Belém,
   temos que saudá o Minino,
   filho da Virge tamém.

13 Quano os galo cantaro,
   os anjos cantaro tamém.
   Quando Minino nasceu,
   Maria estava em Belém.

14 Bendito e lovado seja,
   Minino Jesuis nascido,
   junto do ventre sagrado,
   nove meis andô escondido!

Ao chegar numa casa, pedem licença:

1 Ó de casa nobre gente,
   Escutai que ouvireis!

　　　　Estas cantigas incelente,
　　　　que se canta pelo Reis.

　　2　Ó de casa nobre gente,
　　　　Diga se eu posso chegá,
　　　　se houvé algum envargo,
　　　　diga que eu quero arribá.

Dentro da casa, cantam a *profecia*:

　　1　Os treis Reis que já partiro,
　　　　pela partida do Ariente,
　　　　passaram im corte di Herode
　　　　perguntaram de repente.

　　2　Aonde será nascido
　　　　o verdadero Mersias?
　　　　Respondeu o rei Herode,
　　　　quero vê na Profecia.

　　3　O que a profecia reza,
　　　　que há de nascê em Belém,
　　　　se de lá passais por aqui,
　　　　qu'eu quero i vê tamém.

　　4　Os treis Reis que apena viram
　　　　uma tão nobre embaxada,
　　　　com seus hamirdes varsales
　　　　se punharum na jornada.

　　5　Das entranha de Maria,
　　　　o Minino estamo vendo,
　　　　o incenso, mirra mortais
　　　　que se vai oferecendo.

　　6　A cabana era pequena,
　　　　não cabia todos os treis,
　　　　os treis Reis munto contente,
　　　　cada qual por sua veis.

　　7　Os pastores de Belém
　　　　ganharam ricas oferta.
　　　　Venha nois abri a porta,
　　　　que a nossa oração está certa.

8 Bem podia Deus nascê
   em corchão de ouro fino.
   Mas para inzempro do mundo,
   nasceu Deus tão pobrezinho!

9 Lá ao pé de uma cabana,
   duas estrela aparecia!
   Era o neto de Santana,
   filho da Virge Maria.

10 Meu sinhô que estais dormino
   em seu sono tão profundo!
   Acordai e venha vê
   a maravia do mundo!

11 De tás de uma cabana,
   duas estrela se parô!
   Era o neto de Santana,
   que Jesuis Cristo adorô.

A partir do dia 6 de janeiro cantam mais estes versos:

Ao dias seis de janeiro,
aqui vem o Reis cantá!
Em casa do home honrado,
num nos farta o que dá.

Os componentes de uma folia de Reis de Caixa geralmente fizeram a promessa de sair cantando por ocasião das festas de natividade pedindo as esmolas. É costume armar o presépio sete anos seguidos. Findo esse tempo, a pessoa que fez a promessa sai com a folia angariando dinheiro para a realização de uma festa de roça. Organiza a sua própria ou adere à de um vizinho ou compadre. Terá que angariar, em seu bairro, uma boa soma de dinheiro para satisfazer às despesas que terá com a festa no dia de Nossa Senhora das Candeias. Haverá um leilão, com prendas. Não faltará um jongo, um moçambique, xiba, canoa, cana-verde, cirandinha e, se a casa de um dos foliões for assoalhada, um "arrasta-pé", que é o baile comum, urbanizado, onde não faltará por certo uma sanfona, a qual chamam gaita.

O bailado do moçambique é dançado durante o dia, logo após a missa. No terreiro à noite o jongo atrai todos os pretos. Na sala, quando de terra batida, os violeiros comandam o xiba bem "palmeado", e alternando com esta dança vem a cana-verde, cheia de versos bonitos e não raro de motes com os quais esgrimem verbalmente horas seguidas; a canoa bem rodada ou ainda a cirandinha preferida pelos rapazes, pois nessa dança podem pegar nas mãos de suas namoradas e reqüestá-las.

A grande atração das festas não deixa de ser a comezaina. Há comida em abundância, e o café ocupa lugar de destaque. Em Cunha não há festa onde não figure o café como a bebida por excelência. "Café com duas mãos", isto é, café com mistura; "cafezinho", café simples; "roxo", que é o café com pinga... "mais caninha do que café..."; "café amargo, sem açúcar" para curar bebedeira; "café com limão" para curar resfriado e tosses; "café com sal" para males do estômago; "pó de café" para cortar envenenamento; "pó de café" para queimar com incenso; "pó de café", molhado n'água, coloca-se sobre queimadura...

Com festas, danças, cantos, comedeiras, encerram os festejos de Natividade e Reis.

Presépios

Tanto na cidade como na roça é hábito armar o presépio, onde procuram reproduzir com animais, figuras, casinhas, pequenas conchas, arvorezinhas, grama etc. a cena bucólica da manjedoura de Belém. "Quem armar um ano terá que armá-lo sete anos seguidos, senão acontecerá uma desgraça." "O marido armará primeiramente sete anos, depois a mulher poderá armar outros sete anos"; é pois a crendice popular que contribui em parte para perpetuar esse costume, certamente em via de desaparecimento. É a transição de uma cultura rural.

Em Cunha há dois tipos distintos de presépio. Há o tradicional, que os cunhenses chamam de "presépio armado à nossa velha maneira", e há outro que chamam desprezivamente os "presépios dos mineiros". (É sabido que em Cunha há grande número de filhos de Minas Gerais.)

A moda "mineira" é a seguinte: sobre uma mesa colocam uma toalha branca, rendada, e arrumam ali as "figuras". Uma pequena casa de madeira, coberta de sapé, imitando uma manjedoura, é a peça maior. Na manjedoura, o Deus Menino deitado no berço de palha; ao derredor deste, Maria e José. Esparramam sobre a toalha alvinitente os animaizinhos. Há espelhos à guisa de lagoa, onde nadam patos de celulóide. Há um pires com níqueis e velhos castiçais ou lamparinas.

A "nossa velha maneira", como dizem os cunhenses, é a seguinte: sobre uma mesa ou estrado, colocam blocos de terra com capim. Fazem uma arca-

Um presepe da cidade de Cunha.

Os três reis magos. Artesanato popular de barrista figureiro. Cunha.

Presépio caipira. Cunha.

da com quatro ramos de bambu, formando um zimbório de vegetal. Colocam pedras, fazendo uma pequena gruta, uma pequena choupana da madeira representando a manjedoura. A "barba-de-pau" (*nigella damascena Lin.*), parasita ranunculácea, é usada em profusão. Não aparecem os pés da mesa, pois são escondidos com plantas, parasitas, formando um tufo vegetal. Do pequeno cômoro, onde fizeram a gruta e manjedoura, descem caminhos sinuosos feitos de areia colhida no rio. As 21 esculturas compradas dos santeiros são colocadas cuidadosamente. Todas têm um lugar certo[46].

A manjedoura, que é um casinha de quatro esteios, coberta de sapé, fica no centro. Dentro dela colocam um pequeno leito, o cocho dos animais, onde está deitado o Deus Menino. Ao seu redor, Maria e José, em posição de adoração. Com a cabeça sobre a grade que cerca a manjedoura, uma vaca e uma jumenta, como que bafejando o recém-nascido. Pouco mais além, uma gambá. Atrás dos pais e do Deus Menino, o anjo da guarda. Em pé, sobre o teto da manjedoura, um galo. Pendente sobre a cumieira da manjedoura, um anjo, o Anjo Glória, que traz uma faixa na mão onde se lê: "Gloria in excelsis Deo." Muitos não trazem nada escrito. Bem alta, uma estrela prateada, de lata, ou de cartão, pintada de purpurina argêntea.

Na relva, nas proximidades da manjedoura, há um carneiro branco, com fita vermelha cruzada nas costas; "a fita vermelha mostra que ele é criação de São João Batista", daí ser chamado "carneirinho de São João". Às vezes há mais ovelhas espalhadas. Na porta da gruta há um caçador com uma espingarda na mão e um cachorro aos seus pés.

Mais afastados estão dois animais que foram amaldiçoados: o burro e o cabrito. Há três pastores; dois deles estão tocando instrumentos, pífano e saltério, e o terceiro traz nos ombros um carneirinho. Há uma camponesa com uma braçada de flores e frutos nas imediações do estábulo.

Com areias alvadias representaram os caminhos coleantes. Os três reis magos estão no centro do caminho, em demanda da manjedoura. Nos primeiros dias os reis estão distantes; o Rei Branco está na frente, seguindo o Rei Caboclo e, por último, o Rei de Congo. Estão todos a cavalo.

---

[46] No interior paulista, o presépio característico, ao qual se pode chamar de presépio caipira, além da manjedoura, tem 21 figuras: Deus Menino, José, Maria, Anjo Glória (com a faixa e inscrição), Anjo da guarda, Gaspar, Melchior, Baltasar, Pastor (com a ovelha nos ombros), músico (pastor tocando pífano), outro músico (pastor tocando saltério ou sanfona), camponesa (com flores e frutos na cesta), caçador (com o cão ao lado), o profeta Simeão (apoiado no bastão), galo do céu, carneirinho de São João, vaca, jumenta, gambá, cabrito e mula. Às vezes aparecem figuras compostas de dois elementos: o pastor e a ovelha, o caçador e o cão, porém o piraquara a considera uma figura apenas.

Na cidade também são encontrados os reis cavalgando camelos. (Tais coleções são compradas em Guaratinguetá numa casa que faz imagens. Os santeiros piraquaras não fazem camelos, e sim cavalos.) Diariamente os donos do presépio mudam os reis fazendo-os aproximar-se da manjedoura. No dia 6 de janeiro são retirados os reis de cima de suas alimárias e colocados ajoelhados diante do Deus Menino. Estando bem perto o Rei de Congo, depois do Rei Caboclo e, por último, o Rei Branco. Depois do dia de Reis, repõem os reis nos seus animais, retirando-se por outro caminho, de volta para seus reinos. Também a partir desta data retiram o pequeno berço onde o Deus Menino está deitado, colocando uma imagem de um Menino que tem na mão direita uma esfera azul que representa o mundo. "Ele é o Rei do Mundo."

Há uma pequena vasilha, pires ou latinha, onde queimam, ao entardecer, incenso puro ou misturado com pó de café.

Nunca se esquecem de colocar uma lamparina, candeia, copo lavrado ou castiçal com vela, que acendem após o pôr-do-sol, permanecendo acesa a noite toda. "O presépio tem que pousar iluminado, porque quando nasce uma criança é preciso ter uma luz acesa na casa até ser batizada." "O Deus Menino também requer uma luz; ele é pagão, não pode dormir no escuro, pois a bruxa pode vir chupar o sangue, como acontece às crianças não batizadas quando dormem no escuro." "Não deve ficar no escuro porque Ele é a luz do mundo", dizem outros.

Logo que escurece, uma candeia é acesa. Durante todo o tempo em que estiver armado, o presépio permanecerá iluminado pela luz bruxuleante de um pavio.

Pela luz da lamparina, que passa através das frinchas das janelas e portas, é fácil localizar, na escuridão da noite, as casas onde há presépio.

No dia de desarmar um presépio, as pessoas vizinhas, que por quaisquer motivos não puderam armá-lo em sua casa, vêm com seus oratórios para assistir à cerimônia que é bastante simples, reza e distribuição de café. O capelão[47] do bairro dirige a reza. Retiram as "figuras"; umas são guardadas no

---

47 Capelão é o dirigente de uma reza de roça. Há muitos capelães. São homens que se especializaram em dirigir rezas, quer nos ofícios fúnebres ou em rezas dos dias festivos. É conhecedor de um grande número de orações e, geralmente, é o curandeiro, o benzedor. Suas rezas curam certas doenças, quebrantos, mau-olhado, dor de dentes, erisipela, picada de cobra, caxumba, etc. Quando uma senhora se especializa em dirigir rezas e curar, chama-se "benzedeira". A benzedeira, além das curas que pratica com suas rezas, é a "prática", isto é, a parteira. Assiste a todas as parturientes da região e faz a família observar todas as proibições e tabus por ela conhecidos e relacionados com o parto. Tanto o capelão como a benzedeira são os que maior número de compadres têm no bairro onde residem. A "prática" Chicona disse-nos ter mais de quinhentos afilhados. Chicona é também uma ótima jongueira. É preta, 60 anos.

oratório, outras, em caixas. A areia voltará para o rio. A terra e todas as plantas, agora murchas, são atiradas na corrente do rio, ou queimadas... talvez reminiscência do culto do fogo. "Não presta pisar em cima do que serviu no oratório, por isso vai pro rio, pois a água é sempre abençoada." "Se fizerem fogueira de São João, poderão guardar os restos vegetais do presépio para queimarem naquele dia." "Havendo trovoada ou chuva forte, nos dias em que estiver armado o presépio, é bom tirar um ramo dele e queimar no fogo da cozinha, que se amainarão."

A data certa para desarmar o presépio é a 2 de fevereiro, dia de Nossa Senhora das Candeias, também chamado o dia da Purificação. É o prazo último para desarmar os presépios. A partir desse dia, no seu lugar, costumam colocar a "Fuga para o Egito", em figura ou escultura de madeira ou barro, aí permanecendo até vésperas do entrudo. Usa-se também, quando não se possui a fuga em escultura ou estampa, colocar apenas uma vela acesa.

Caso o presépio tenha sido desarmado antes do dia de Nossa Senhora das Candeias, nele colocam uma lapinha para que ela não amaldiçoe a casa.

É no dia de Nossa Senhora das Candeias que o padre benze as velas. Servem para ser acesas nos dias de trovoada ou chuva brava. São colocadas também nas mãos dos moribundos que, morrendo com uma vela na mão, alumiam o caminho da morte.

A igreja distribui impresso isto: "Vela Benta". É um Sacramental que "dá a *bênção de Deus a quem a usa. Tende-a acesa durante as tempestades e trovoadas. Nas orações em comum. Ao benzer as casas e entronização. Na hora decisiva da morte. Cada lar católico deve ter uma vela benta da Igreja da devoção das velas. Sua luz afugenta as trevas do mal e a cegueira dos vícios. Ela dá a luz da Fé, firmada pelo Espírito Santo*". (O grifo é nosso.) Publicações como estas é que reforçam a crença e a execução de magias positivas ou negativas para chamar ou afastar a chuva. Aliás, acreditamos que seja influência árabe o domínio mágico das chuvas por meio do fogo, neste caso a luz da vela.

Jamais foi visto num presépio da roça um pinheirinho. Foram visitados mais de 30 presépios em Cunha, e em nenhum foi constatada essa influência nórdica, bem como não foi ouvida referência ao Papai Noel. Conforme testemunho de velhos moradores de Cunha, antigamente, em quase todas as casas da cidade, armavam anualmente o presépio, agora, porém, muitas famílias estão deixando de fazê-lo, o que causa tristeza para as pessoas que procuram guardar intatas as tradições. Reputam tal fato como falta de religião, mundanismo, modernismo e influência dos protestantes. Em Cunha tivemos oportunidade de visitar só na cidade 18 presépios: uns simples, outros ricos e bem enfeitados. Quando acompanhávamos a folia de Reis de Música, constatamos o carinho com que procuram rememorar a cena que interrompeu a viagem de Maria e José quando demandavam a Belém, para o recenseamento ordenado por César Augusto.

Grande é o respeito que têm ao presépio. Pela manhã ou à tardinha, quando voltam do trabalho, os roceiros descobrem-se e ficam olhando reverentemente, pela janela, o presépio, recitando suas orações.

Quando chegam a uma casa onde há presépio, beijam-no ao entrar e rezam; quando se retiram, fazem o mesmo.

À noite, um por um da família antes de ir se deitar, vem beijar o presépio e faz o sinal-da-cruz. O mesmo acontece com as visitas que, ao se retirarem, despedem-se primeiramente do presépio, depois dos donos da casa.

Lapinha*

Nas casas onde não é armado o presépio, é costume colocar o Deus Menino na "lapinha". A lapinha é feita da seguinte maneira: um pedaço de tábua retangular, medindo mais ou menos 25×15cm; nos quatro cantos são colocadas varetas ou fios de arame de mais ou menos 30cm de comprimento. Essas varetas são unidas e amarradas no centro, para dar a forma de abóbada. Sob o encontro das quatro hastes é que ficará pendente o "Anjo Glória". A tábua e as hastes são recobertas com papel de seda e enfeitadas com flores artificiais.

Uma vez pronta a lapinha, colocam o Deus Menino deitado num cocho e coberto com um pano enfeitado de rendas. No dia 6 de janeiro levantam o Deus Menino, colocam-no em pé e, à noite, fazem uma reza para guardar a lapinha. Ficará um ano guardada, só no dia 24 de dezembro é que será novamente usada.

Em geral, a lapinha é guardada dentro do oratório; ou às vezes, num recanto da capela. Uma lapinha dura muitos anos, somente os enfeites de flores e de papel de seda é que são reformados ou trocados anualmente.

A lapinha é, enfim, o presépio do pobre, das classes destituídas de recursos e, como tal, recebe todas as reverências e respeito que soem dar ao símbolo sagrado aceito pela cristandade católica romana – o presépio.

---

* No Nordeste, onde a seca está sempre presente, as lapinhas ou as palhinhas do presépio são queimadas para que não sejam profanadas pelos pés de alguém. No Sul, onde há abundância de água, as palhinhas, areias e barba-de-pau que enfeitaram o presépio são atiradas no rio ou riacho. Fogo e água não permitem a profanação do sagrado. Há, na verdade, certa analogia entre o tratamento dos restos do presépio e o encontro "miraculoso" dos santos: no Nordeste, após um incêndio, e no Sul, nas águas (Nossa Senhora da Aparecida, Bom Jesus de Iguape etc.).

Contou-nos Amaro de Oliveira Monteiro que "a lapinha é igual à lapa onde nasceu Jesus porque os pastores e camponeses, quando souberam do nascimento do Deus Menino, trouxeram flores, foram amontoando, amontoando, ao redor da manjedoura". "A lapinha é, pois, uma cópia exata do lugar do nascimento do Deus Menino; quem não puder fazer presépio deve, ao menos, fazer uma lapinha para ser abençoado o ano todo."

PASTORINHAS

Em 1945 o padre Septimio Ramos Arantes, então vigário de Cunha, sacerdote que sempre procurou cultuar a nossa tradição, revivendo as festas tradicionais daquela cidade, convidou a senhora Rita de Cássia Veloso para organizar um grupo de meninas de 8 a 12 anos de idade, para representarem as pastorinhas. Eram 12 meninas bem ensaiadas, que cantavam desembaraçadamente, preparadas por Rita de Cássia, que utilizou as músicas do livro *Brasil cantando*, indicado pelo pároco.

As pastorinhas faziam visitas aos presépios da cidade, cantavam nas casas e pediam esmolas que revertiam em benefício do Natal das crianças pobres. "Faziam visitas aos presépios porque a camponesa foi visitar o Deus Menino; elas imitavam-na." As meninas trajavam-se de saias compridas e abalonadas, de chitão ramado, um corpete escuro, lenço vermelho no pescoço e chapéu de palha com as abas viradas para cima, preso por longas fitas.

Quando chegavam a uma casa cantavam os seguintes versos na porta:

1 Entrai, entrai pastorinhas,
   por este portal sagrado
   vinde ver a Deus Menino
   numas palhinhas deitado.

2 As palhinhas deitam lírios,
   menino sois meu alívio,
   as palhinhas deitam cravos,
   menino sois meus cuidados.

3 Ó meu menino Jesus,
   ó minha mimosa flor,
   fizeste-vos tão pequenino
   sendo tão grande Senhor.

4 Ó meu menino Jesus,
boquinha de marmelada,
quem vo-la comê-la toda
sem lhe deixar ficar nada.

5 Ó meu menino Jesus,
que estás sobre o altar,
quando for missa acabada,
quem irá sem vos beijar?

Dentro da casa cantam uns versos de autoria de dona Ritoca Veloso com a música de "A nossa lapinha", que ela intitula de "Pedimento de esmola":

Vinte e cinco de dezembro,
viemos lhe visitar,
lhe dar as boas-festas,
boas-festas lhe viemos dar.

Quem puder nos dar os Reis,
nos dê já sem demora,
está ficando tarde,
precisamos ir embora.

Uma vez que a dirigente das pastorinhas tenha recebido as esmolas, ela dá início ao canto de "A nossa lapinha", para em seguida retirar-se daquela casa visitada.

A NOSSA LAPINHA

A nossa Lapinha,
já vai se queimar,
em brasas de fogo,
já vai se tornar,
e nós pastorinhas
já vamos chorar.

A nossa Lapinha,
ai, já se queimou,
a nossa alegria
também se acabou,
inté para o ano
si nós vivas for.

Santeiros

Devido ao grande número de presépios, desenvolveu-se no vale do Paraíba do Sul um pequeno artesanato doméstico, periódico, especializado na fabricação de "figuras" – é a cerâmica religiosa. Um grande número de indivíduos, homens e mulheres, dedicam-se a ele durante 20 dias no máximo. É mais um *hobby* o trabalho desses artistas populares. Embora comerciando com figuras, não tiram seu sustento, é óbvio, desse comércio. Não são santeiros profissionais, pois estes, como sói acontecer, recebem muitas encomendas de figuras para presépios. Os santeiros profissionais preparam para as festas de Natividade e Reis grande número de figuras em barro cru, ou malcozido. Alguns possuem fôrmas de gesso. Raramente fazem de madeira.

Hoje os pouquíssimos santeiros que restam, apenas dois ou três, têm que competir com a industrialização de "figuras", havendo em Guaratinguetá uma fábrica de imagens, situada na rua Verde, e acresce que os padres recomendam aos fiéis que as "troquem" nas casas especializadas de Aparecida do Norte, por ocasião das romarias.

Um dos mais conhecidos santeiros do vale do Paraíba do Sul foi Pedro Pereira Rio Branco, que faleceu em 1947 com 74 anos de idade. Em quase todos os oratórios que tivemos oportunidade de observar, em várias cidades do vale, há sempre santos que foram esculpidos por este artista mais conhecido pela alcunha de "Mestre Pedro".

Filho de escravos, foi criado por Francisco Pereira, "Seu Chico Pereira, da Botica", que o mandou estudar no Rio de Janeiro onde se diplomou em arquitetura, tendo conquistado medalha de ouro. Voltando para sua terra natal, construiu a Igreja de Nossa Senhora do Rosário, e, mais tarde, reformou a matriz são-luisense. Era de fina educação, de maneiras lhanas e delicadas, palestra agradável de uma memória prodigiosa: não era apenas bom escultor, como também pintor, e um dos mais afamados músicos de sua terra. Faleceu na cidade de São Luís do Paraitinga, deixando muitos quadros a óleo e esculturas. Em Cunha, em 1945, apreciamos seus trabalhos, e em 1947 tivemos oportunidade de conhecê-lo pouco antes de falecer; era o mais célebre santeiro do vale do Paraíba do Sul.

Herdou seus caracteres artísticos seu filho Pedro Rio Branco Filho, mais conhecido por "Pedrinho do Mestre Pedro". Hoje em Cunha, estão presentes em alguns presépios os trabalhos de Pedrinho do Mestre Pedro, que vieram de São Luís do Paraitinga, passando por Lagoinha, em lombo de burro – os cargueiros, um dos meios de transporte mais usados naquela região. Certamente "Pedrinho do Mestre Pedro" passará à posteridade, imortalizado pelas obras que deixa, destacando-se dentre elas a imagem de São Luís de Tolosa, em tamanho natural, que por ocasião da reforma da matriz são-luisense foi colocada no frontispício da igreja. O viajor que passa poderá contemplar o bispo de Tolosa com seu báculo, "abençoando" os são-luisenses.

Amaro de Oliveira Monteiro, do bairro da Cachoeirinha, é atualmente um dos santeiros mais afamados, porque seus trabalhos são feitos em madeira, a canivete. (Na coleção de esculturas populares do autor há 84 trabalhos em madeira, feitos por Amaro.) Trabalha de sol a sol na conserva de estradas de rodagem (DER) e, na hora de seu almoço, aproveita para esculpir na madeira seus santos e figuras de Natal. Além de escultor, é o chefe de uma companhia de moçambique; bom violeiro, é compositor das músicas e letras que canta.

Há também muitas mulheres santeiras, que somente trabalham modelando no barro as figuras para presépio. Viajando a cavalo de Lagoinha a Cunha, tivemos oportunidade de numa casa de beira de estrada fotografar uma santeira em pleno trabalho. Infelizmente, quando a santeira viu a máquina fotográfica, fugiu para o interior de sua casa de sapé... só muito mais tarde é que foi possível adquirir Maria e José ao pé do bercinho, adorando o Deus Menino, lavor dessa santeira.

Pelas roças há os santeiros e santeiras que fazem só as 21 "figuras" para o seu próprio presépio. O piraquara, morador do vale do Paraíba, não chama de *santos* e sim de *figuras* os personagens que aparecem no presépio, excetuando-se o Deus Menino, que denominam de "Santinho" e generalizam chamando também de "figuras" os animais.

Os santeiros piraquaras fazem para o presépio as seguintes peças ou, como dizem, "figuras": três reis magos a cavalo; três reis magos ajoelhados; Jesus deitado num berço tosco; Jesus em pé, com uma esfera na mão; José e Maria; Anjo da Glória; Anjo da Guarda; três pastores; uma vaca; uma jumenta; um carneirinho branco com fita vermelha; uma fêmea de gambá; um galo; um burro; um cabrito; um caçador com espingarda na mão, tendo ao seu pé um cão, e uma camponesa (ou pastorinha).

Os "figureiros", também chamados "barristas", são artesãos anônimos que ajudam a perpetuar a tradição do presépio.

FUGA PARA O EGITO

Quando no dia da Purificação ou dia de Nossa Senhora das Candeias, Maria foi ao templo, ficou sabendo dos maus intentos do rei Herodes. A mãe de Deus apresentou-se com a criança nos braços, mas para fugir teve que cavalgar uma jumenta. Em muitas casas, há no oratório, ou mesmo no local onde fora armado o presépio, uma escultura simples representando a Fuga para o Egito. Maria montada numa jumenta, tendo no regaço o Deus Menino, e puxando a cavalgadura pela rédea está São José, apoiando-se no seu cajado. Esta escultura fica exposta até o sábado anterior ao carnaval.

De permeio com a verdade bíblica vem a lenda que enche de beleza a fuga para o Egito. Dizem que quando a Santa Família fugia, vinha uma tropa de soldados no seu encalço; uma árvore se dobrou, eles ficaram quietinhos; os soldados passaram e não os viram ali escondidos. Mas o caminho era longo, o sol causticante. As borboletas, na hora da canícula, faziam uma espécie de pálio, fazendo sombra sobre Maria. Eles tinham fome. As aves botavam nos ninhos das árvores, ao alcance das mãos de José. As abelhas vinham fazer suas colméias nos tocos das árvores, onde José podia facilmente colher o mel. O cajado de José florescia para dar mel às abelhas e sustento às borboletas. Quando o Menino precisava de leite, o rio se transformava em leite. José ia buscar água e os peixes vinham à flor para serem apanhados.

Lendas e parlendas

As lendas colhidas sobre o nascimento de Jesus têm a beleza de evangelhos apócrifos. E foi da tradição oral corrente em Cunha que registramos esta história.

José e Maria entraram por um pasto e encontraram uma cocheira. À meia-noite em ponto, ela deu à luz. Colocou o menino no cocho onde os animais comiam. Este fato significa que mais tarde a carne dele seria o nosso alimento na comunhão.

(À meia-noite do dia 24 de dezembro, o dono do presépio coloca no cocho o Deus Menino, nuzinho e deitado. Ali permanecerá até o dia 6 de janeiro, dia em que, após a Adoração dos Reis Magos, é retirado o cocho e a imagem é colocada em pé.)

Quando Jesus nasceu, surgiu no firmamento uma cruz onde estava escrito: "Glória a Deus nas alturas e paz na Terra aos homens de boa vontade." É o Anjo Glória que segura uma faixa com esses dizeres.

O galo do céu cantou e o da Terra, que estava sobre a manjedoura, também cantou: – "Jesus Nasceu!" O boi que pascia perguntou com seu mugido: – "Aonde?!" Um carneiro branco, que era do redil de São João Bastista, respondeu: – "Em Belém!" Um cabrito que pastava por ali não acreditou e, zombando, berrou dizendo uma blasfêmia: – Berda... (Geralmente os narradores procuram imitar com as palavras acima "a conversa entre os animais", imitando o cacarejar, o mugir, o balir e o berrar.)

Fazia frio. A vaca e a jumenta (burrica como dizem) começaram a bafejar sobre o Menino para aquecê-lo, e por isso foram abençoadas. Uma fêmea de gambá foi ao rio, banhou-se para tirar o mau cheiro, e veio oferecer seu leite para Maria dar ao Menino. Esta agradeceu e abençoou-a, dizendo que ela pariria sem dor, seus filhos nasceriam numa bolsa.

Uma estrela brilhou no Oriente. Os pastores que estavam apascentando suas ovelhas, vendo os raios da luz caírem sobre a manjedoura, para lá se foram. Dois deles tocando seus instrumentos e um levando um cordeirinho de presente. Este pastor era Dimas, o bom ladrão, que veio mais tarde a morrer ao lado de Cristo. Uma camponesa foi levar seus presentes de frutas e flores, visitar e adorar ao Menino. Mais tarde o povo da Judéia levou patos, frangos e frutas de presente. São essas as prendas que se pode dar aos foliões para as festas de encerramento das folias.

Saindo de uma gruta aparece um caçador que, por casualidade, encontrou aquela cena. Ele estava caçando e machucou a perna e um cão veio e lambeu suas feridas, pensando-as. É por isso que o cão é um animal abençoado. O caçador adorou o Deus Menino, pois ele viu, atrás do casal, o Anjo da Guarda, Gabriel, velando.

Os animais que aparecem no presépio são abençoados, com exceção do burro e do cabrito. O cabrito porque disse uma blasfêmia, e o burro porque comeu a grama do estábulo, e a sua maldição é de que terá que comer o dia inteiro sem parar. Há outras versões de que o animal que comeu a grama foi a mula, e a sua maldição é que ela terá que morrer sob carga, e será estéril.

A estrela que brilhou no Oriente foi o sinal dado aos reis magos. Três são os reis magos. Eram doutos e da classe sacerdotal, astrólogos. Nas esculturas populares são facilmente reconhecidos. Muitos caipiras dizem que os reis magos são: Rei Branco, Caboclo e Congo. Outros há que nos contam seus nomes e descrevem como reconhecê-los. Melchior ou Melquior é o Rei Branco. É ancião, usa barbas brancas e longas. A sua oferta foi ouro, que simboliza que Jesus é rei. Gaspar é o Rei Caboclo, jovem, imberbe e corado. Sua oferta foi mirra, que significa Jesus é homem. Baltasar é o Rei de Congo, preto, barba espessa. Sua oferta foi incenso, que significa Jesus é Deus. Muitos entrevistados dizem que os três magos simbolizam as três raças que deram origem ao povo brasileiro: a branca (o português), a cabocla (o índio) e a negra (o africano).

Quando os reis magos viram a estrela se puseram a caminho. O Rei Congo perguntou aos outros dois o caminho, e estes, por maldade, ensinaram-lhe errado. No dia da Adoração, porém, ele chegou primeiro. Sempre logram os pretos, mas Deus os protege.

Ao passar pela casa de Herodes disseram que iam visitar ao Rei dos Reis que havia nascido, conforme as predições de suas magias. Herodes ficou cheio de inveja. Como intentou a matar Jesus, pediu-lhes que visitassem, e, quando de volta, ensinassem o caminho, pois ele também queria vê-lo. Nisso a estrela desapareceu do céu. Saíram da casa de Herodes e, depois de caminhar um pouco, a estrela lhes apareceu de novo. É por isso que a folia de Reis só sai à noite, porque os reis magos só andavam guiados pela estrela. Foram eles que cantaram as louvações no nascimento de Jesus, daí ter ficado essa obrigação de cantar a folia de Reis por ocasião do Natal. Os foliões têm que imitar em tudo aos reis magos.

A estrela que os conduzia a um dado momento parou, então acharam onde estava o Deus Menino.

Embora enganado pelos outros dois reis, acerca do caminho, o Rei de Congo foi o primeiro a chegar. Aproximando-se da lapinha ele não tentou entrar, de medo de assustar o Menino, devido à sua cor. O Menino disse que chegasse, não tinha medo, pois todos são iguais. O Rei de Congo precisava chegar primeiro, porque levava um presente cujo significado é: Jesus é Deus, o incenso significa a divindade. Chegou depois o Rei Caboclo e por último o Rei Branco. Eles adoraram, fizeram seus presentes e para não passar pela casa de Herodes, tomaram outro caminho.

A viagem dos reis magos é feita a cavalo, e no dia da Adoração estão ajoelhados respeitosos: o Rei de Congo com incenso numa salva, o Rei Caboclo com mirra numa caixa, e o Rei Branco com ouro num alforge. Após a visitação, do dia 7 de janeiro em diante, os reis vão se afastando da lapinha; estão com as costas voltadas para esta, montados em seus animais.

Nos dias que se aproximam do Natal e Ano-Bom, as crianças perguntam ao que passa:

– De que o senhor gosta mais, de sal ou de pão?

A resposta não tardará:

– De sal.

– Então me dê as festa de Natal! – é o que lhe diz imediatamente o garoto. E se a pessoa responde:

– De pão!

– Então me dê as festas de Ano Bão!

É comum no meio rural, no fim do ano até dia 6 de janeiro, pessoas de parcas condições econômicas *pedirem o reis*, um óbolo para comprar alguma comida especial para festejar com ela o dia de Reis.

Terminada a "Missa do Galo" e mesmo quando se findou o Te Deum na noite de 31 para 1º de janeiro, não vimos um sequer "Bom Natal" ou "Boas-Festas" entre rurícolas. Entre os moradores da cidade, alguns trocavam felicitações com esses votos.

O piraquara ante o número 25

Temos encontrado, por diversas vezes, o número 25 nas coisas que os rurícolas fazem e dizem. Será porventura um número cabalístico ou terá ele alguma outra significação? Poderá emparelhar-se com o número 7 que dizem ser o número dos mentirosos, ou com o 13 que é o número do azar? Parece que o número 25 está mais relacionado com o 3, porque este tem grande virtude e uso nas coisas que se referem ao sobrenatural e à religião. Rezando 3 Padres-Nossos, ou rezando 3 "Crendospadre", essa tem uma função protetora. Temos encontrado o costume de rezar 25 vezes uma certa oração com o fito de alcançar uma graça. Parece, mesmo, estar o número 25 mais relacionado com as coisas e fatos ligados à religião.

Referindo-se à Natividade costumam dizer: "São 25 os versos que a gente canta em frente do presépio, mas me lembro só de 10 ou 12." Interpelados se o esquecimento desses versos concorreria para o não recebimento de uma graça, afirmaram que não acarretaria prejuízo nem cairiam em pecados.

Há duas datas religiosas que os piraquaras observam com reverência e que é o 25º dia do mês: o dia 25 de dezembro, que é o do nascimento do Deus Menino, e o dia 25 de março, que é da Anunciação de Nossa Senhora. Este último, que também é dia de guarda, deve ser guardado como se guarda a sexta-feira maior, isto é, a sexta-feira santa, é o que todos afirmam.

Na região do vale do Paraíba do Sul, encontramos também na dança religiosa de São Gonçalo os 25 versos que se deve cantar; "são 5 voltas, cada volta com 5 versos (quadras), dando, ao todo, 25 versos que é o que o santo requer".

Além do sentido religioso que emprestam ao número 25, observamos, também, que parece ter ele o significado de "infinito", "perfeição", "grandeza". O caipira, ao referir-se ao número de afinações da viola, para mostrar que uma pessoa é grande violeiro, diz: "ele sabe umas 25 afinações diferentes".

Pastoris

Pastoris são danças e cantos que por ocasião das festas do ciclo do Natal se realizam em homenagem ao Deus Menino. Em geral se desenvolvem defronte de um presépio. São em muitas cidades da região açucareira a mais importante forma de manifestação artística popular do ciclo do solstício de verão e compreendem as pastorinhas e os bailes pastoris. Aquelas populares, estes das classes economicamente bem situadas. As primeiras ainda existentes do Ceará a Pernambuco, os bailes pastoris, em vias de desaparecimento, encontrados ainda no interior baiano, alagoano e sergipano.

Em vias de desaparecimento a participação das *jardineiras* – moçoilas vestidas de saiotes azuis, corpete cor-de-rosa e muita fita, dançando segurando arcos enfeitados de flores, ao som de uma sanfona; os pares, meninotes, calça azul e camisa branca, nos pastoris nordestinos.

De estado para estado do Nordeste, varia a denominação dessa atividade garrida: pastorinhas, presepes, baile pastoril ou apenas "bale". Pastoril é, portanto, um rancho alegre de meninas que, ano após ano, entoam nas visitas aos presepes e no tablado (palco) em praça pública loas ao Deus Menino. Destacam-se pelos papéis de direção a mestra e contramestra e pelo desempenho a Diana, Camponesa, Belo Anjo, o "Velho" e as demais são simples pastoras. Este "velho" usa indumentária jocosa, os ditos que profere, as mais das vezes, são chistosos e apimentados... "é um velho caduco e inconveniente"...

As pastorinhas representam autos. É o festivo teatro popular, alegre, jocoso às vezes, mas quase sempre com as "jornadas" cheias de ensinamentos morais e religiosos. As músicas cheias de ternura enchem de encantamento as noites em que as pastorinhas visitam os presepes ou quando, nos dias de festa de Natal e Reis, o pastoril se apresenta no tablado das praças.

Quando o calor vai se tornando mais intenso e se torna mais agradável "dormir tarde", têm início os ensaios dos pastoris na região agrícola açucareira e da jangada. É de outubro em diante. A cidade participa intensamente porque, a partir dessa época, já seus moradores se dividem em dois partidos (nas cidades pequenas), cada grupo dando vivas às suas cores (encarnado ou azul), ao partido preferido, à pastora que lhe é mais querida. O entusiasmo que tal partidarismo suscita não raro se torna em "pé de briga". Em geral, no término das apresentações, quando um se torna vencedor, os partidários do derrotado não se conformam e chegam mesmo a fazer um "bafafá", empanando o brilho do pastoril.

As participantes trajam-se geralmente de azul um grupo e de vermelho o outro. Somente a Diana usa um vestido rubro-anil, para contentar a ambos os partidos. No próprio canto ela afirma não ter partido. Quando entram no palco para ensaio ou exibição, o partido encarnado fica à esquerda e o azul à direita.

Tais representações já perderam muito do caráter sacro que possuíam, a secularização cada vez é maior graças aos novos meios de divulgação musical como o rádio, cinema, televisão, onde as mestras se abeberam nas melodias que depois levam para seus pastoris. Dançam e cantam. O coro geralmente em uníssono é intercalado por solos vocais.

Conservam em alguns lugares do Nordeste o hábito de no dia de Reis queimar as lapinhas, é a *queima das palhinhas*.

Este "baile" foi recolhido na cidade de Piaçabuçu (AL), em 1952.

BAILE DO DEUS MENINO

Vamos, vamos, pastorinhas
No meio deste torrão sagrado
Vamos ver o Deus Menino
Entre palhinhas deitado.

Nossa entrada, ó pastorinhas
No meio deste torrão sagrado
Vamos ver o Deus Menino
Entre palhinhas deitado

Alerta, alerta pastoras
Vamos, vamos a Belém
Ver Jesus nascido
Hoje para o nosso bem.

Vamos adorar a flor
Que deriva de José
O filho da Virgem pura
Esposa de São José.

Em Belém se cantam glórias
Saudades de Nazaré
Pois que no Presépio assistem
Jesus Maria e José.

(Saem marchando)

Com passo lento já sigo
A Belém para adorar
Pois nasceu o Deus Menino
Hoje para nos salvar.

(Bailam)

– Pra lá vamos indo
Com passo apressado
Humildes louvaremos
A um Deus Humanado.

(Loa da pastora)

– Vós, Cordeiro Imaculado,
Que tão feliz Nascimento
Pusestes no esquecimento
O ídolo mais decantado
Por terra ficou prostrado
Do pecado o grilhão duro

Uma lapinha. São Luís do Paraitinga. À direita: Pastorinha – Pastoril de Piaçabuçu.

Procissão de Nossa Senhora dos Navegantes. Cananéia.

Festa de Nossa Senhora dos Navegantes, andor, no barco Capitânia. Cananéia.

A procissão de Nossa Senhora dos Navegantes no Mar Pequeno. Cananéia.

O barco Capitânia. Cananéia.

De Plutão o reino escuro
Dissipado há de ficar
Porque vieste encarnar
Cordeiro sem mancha.

(Cantam bailando)

– Bailem, bailem, pastorinhas,
Bailem com todo o primor,
Bailem que já é nascido
Nosso Deus e Salvador.

– Glória nos Céus e na Terra
Hinos entoem subindo
Que os anjos adoram
Jesus em Belém nascido.

(Loa da 1.ª pastora)

– Resplandece o horizonte
Abre-se a corte celeste,
De graça tudo se veste
Rega a terra clara fonte,
Descem pastores do monte,
Em extremos admirados
Ao ver tanta formosura
Revestido em criatura
O nosso Deus sublimado.
– Bailem, bailem, pastorinhas, ...

(Loa da 2.ª pastora)

Os anjos descem do Céu
Sobre a lapa pousando
Alegres vão entoando
"Glória in excelsis, Deo",
Descobre-se o branco véu
Aparece com ternura
A mais linda criatura
Toda coberta de flores
Rodeada de pastores
Nos braços da Virgem Pura.
– Bailem, bailem, pastorinhas etc.

(Loa da 3ª pastora)

> – Que ventura, que ventura,
> Que grande felicidade
> Vermos hoje a Divindade,
> Transformada em Criatura.
> Quem tanto por nós se apura
> Que formou tudo criado
> Em pobres panos deitado.
> Tudo só por nosso amor,
> Louvemos ao Creador
> Seja o Menino louvado.
> – Bailem, bailem, pastorinhas etc.

(Loa da 4ª pastora)

> – O campo cheio de flores,
> Açucenas, boninas belas,
> As pastoras com capelas,
> O Sol com seus resplendores,
> As estrelas superiores
> Já se mostram de constante
> Como o próprio diamante,
> Esmeralda, prata e ouro
> Sendo o Menino tesouro
> De perfeição semelhante.
> – Bailem, bailem pastorinhas etc.

(Canto de retirada)

> – Adeus, meu Menino,
> Que nós já nos vamos,
> Pois muito saudosas
> Hoje Vos deixamos.

> – Adeus, meu Menino,
> Adeus, linda flor,
> Que veio entre os homens
> Pelo vosso amor.

> – Adeus, meu Menino
> Que nós já vamos
> Pois muito saudosas
> Hoje Vos deixamos.

Outras festas do ciclo do verão

Dentre os *dias de festa do ano eclesiástico*, aqueles dedicados ao Senhor para comemorar episódios da vida de Cristo, o mais popular é sem dúvida o dia da festa de Natal, constituindo a *noite de festa* o núcleo do ciclo natalino. Ela é a mais importante do solstício do verão, atraindo as demais para gravitar ao seu redor.

No Sul do país apontamos o seu caráter religioso demonstrado nas *folias de Reis*, já no Nordeste e Norte, ele é mais profano, mais buliçoso, pomposo, barroco pela garridice dos participantes dos bailados, dos bailes intervalados pelas comidas típicas, pelos autos populares que se desenrolam nas praças públicas.

Procuramos apontar em folias de Reis o comportamento dos moradores da região cafeicultora, da ubá, do campeiro, do boiadeiro e da sul-mineira, ao passo que no Nordeste podemos englobar a região da jangada, agrícola açucareira, do vaqueiro e a área amazônica.

Como nas festas do "mês das festas" (dezembro) no Nordeste brasileiro há como principal atrativo as lapinhas, reisados, guerreiros, autos, pastorinhas, bumba-meu-boi, marujada, congada, espontão, carimbó e outros, deixaremos para estudá-los no seu devido lugar, isto é, em capítulo dedicado aos bailados.

Outros dias de festa são os comemorativos dos santos. Há grandes festas dedicadas a Bom Jesus ou "São Bom Jesus", como dizem popularmente em vários pontos do Brasil antigo, no dia 6 de agosto, referentes à transfiguração no Monte Tabor; para São Benedito, no Sul do país ele recebe em datas diferentes manifestações ruidosas de seus devotos, antigamente só dos pretos e hoje incluem-se os brancos destituídos de bens econômicos. Poderíamos nos alongar ao descrever as festas de outros santos populares como São Roque, São José, São Sebastião, mas deixemos para apontar as dedicadas à Nossa Senhora, que de norte a sul vão se tornando mais efetivas, concorridas, perdendo, como já apontamos, o caráter intermediário, rivalizando-se com as *festas do Senhor*: as de Nossa Senhora de Nazaré, em Belém do Pará, a de Nossa Senhora dos Navegantes em Porto Alegre, a de Nossa Senhora da Conceição, na Bahia, com todo aquele sincretismo de Janaína ou Iemanjá que lhe emprestam os devotos, vão atraindo para a sua data outras festas menores, que, quais satélites, passam a girar ao seu redor. Por outro lado, os principais elementos presentes nessas comemorações emprestam-lhe a denominação popular, assim em Belém do Pará é *festa dos Círios*, em Porto Alegre é *festa das Melancias*, em Salvador é *festa de Janaína*.

Na verdade, as festas dedicadas ao Bom Jesus vêm desde os primórdios da vida social brasileira e a partir do fim do século passado vêm sendo superadas e postas em segundo plano por aquelas que, com carinho e desvelo especial por parte do clero, são dedicadas à Nossa Senhora. Exemplo frisante é o que se passa em São Paulo: as festas de Bom Jesus de Iguape, Perdões, Pirapora e Tremembé foram superadas pela de Nossa Senhora da Aparecida. Naquelas, cuja data era a 6 de agosto, na segunda ou terceira década deste século foi proibida a parte profana que consistia em cavalhadas, congadas, batuques, jongos, moçambiques etc. Revogadas as proibições, por outros motivos que a este se juntaram, nunca mais tiveram seqüência regular. Desapareceram. O povo, por sua vez, confessa que "essas festas perderam muito a graça, já não se interessam muito mais pela própria romaria". A parte que se poderia chamar de folclórica ainda resiste em alguns lugares de romaria, em Aparecida, por exemplo, ainda são toleradas as manifestações profanas dos moçambiqueiros, congadas, caiapós etc. Em compensação, em Pirapora acabou-se o samba rural, em Perdões e Tremembé também...

Não foi somente a proibição que determinou o desaparecimento de tais manifestações, é óbvio que outros fatores entraram em jogo, mas não há dúvida que há um processo dinâmico no folclore. Vários elementos interagem para sua fixação ou extinção ou substituição. Podemos citar a festa de São Benedito da Praia, detalhadamente estudado por Bruno de Meneses[48], como exemplo de recriação, sincretismo. Vários elementos de festas extintas convergiram dando-nos outra.

Em Ver-o-Peso pode-se constatar o fenômeno da recriação do folclore. Onde a água abunda, há sempre o aparecimento de santos milagrosos, boiando, encontrados no elemento líquido da natureza. São Benedito da Praia foi encontrado nas águas do grande Amazonas por um mareante, nas praias do arquipélago do Marajó. Levado para Belém, passou a ocupar lugar de honra e destaque no bar "Águia de Ouro", onde teve início sua festa, aparecendo um crioulo de nome Carrão que se prontificou a sair com a "folia" para peditório. Do peditório para a festaria, um passo apenas: levantamento de mastro, comidas típicas onde não faltou feijoada, guizado, caruru com azeite-de-dendê, a onipresente farinha-d'água e também foguetório.

Na recriação dessa festa a São Benedito, ao lado dos elementos católicos romanos encontram-se os advindos da "linha de caboclo", do "guia Jandirana" e um pouco de catimbó. Houve sincretismo.

---

48 Bruno Meneses, *São Benedito da Praia. Folclore de Ver-o-Peso*, Belém do Pará, 1959.

Uma das conseqüências dessa nova festa foi a "purificação" do ambiente do bar "Águia de Ouro" que a presença de São Benedito trouxe. Ali não é mais o lugar de bebedices, de palavrões obscenos, de encontros de marafonas como sói acontecer nos bares que beiram todos os portos do mundo.

Ainda em Belém, podemos apontar uma festa que gravita no ciclo natalino, graças à sua proximidade – a de Nazaré, realizada no segundo domingo de outubro de todos os anos, popularmente conhecida por Círio de Nazaré.

Círio de Nazaré

Festa de origem portuguesa que surgiu com o aparecimento da imagem de Nossa Senhora de Nazaré, em 1721 ou 1733, junto a pedras lodosas do rio, encontrada por um escravo de nome Plácido que abrigou o achado em uma choupana de meriti no igarapé onde nasceu, posteriormente o bairro de Nazaré. Com o correr dos anos, erigiu-se a basílica, uma das peças arquitetônicas mais suntuosas do Brasil, onde há mosaicos, mármores, bronze e ouro em profusão, 36 colunas róseas formam as naves profusamente iluminadas por 53 vitrais. A basílica de uma claridade tropical que irradia às 10 capelas artísticas circundantes a luz coada pelos vitrais. No altar-mor de mármore branco sobressai a imagem de faces negras de Nossa Senhora de Nazaré.

A festa do Círio concentra milhares e milhares de devotos vindos dos mais recônditos rincões da Amazônia. Quinze dias antes a população se prepara para receber romeiros: as ruas e praças são tomadas por milhares de vendedores de refrigerantes de açaí, de tacacá com tucupi, de mil e uma guloseimas. No sábado que antecede o segundo domingo de outubro, à noite, há imponente procissão cujo acompanhamento é feito pelos milhares de devotos conduzindo velas, tochas, círios acesos. Cerca de 3.000 metros são percorridos por uma multidão incontável. À frente do cortejo vai um carro representando uma fortaleza donde partem foguetes, bombas, fogos de artifício em profusão. Esse carro é secundado por outro, onde há centenas de anjinhos, e por último um outro enorme, coletando as promessas – é o carro dos milagres. Finda a procissão, já na madrugada de domingo, o povo não se dispersa, oferta à santa o coto de vela com o qual acompanhou a procissão – círio que iluminou a mais linda noite da região amazônica.

Já nas primeiras horas da manhã, mal refeitos do "antecírio", os devotos conduzem em procissão a imagem para a basílica, após a vigília que lhe prestaram durante a noite toda. Dentre outros carros, destaca-se o último que conduz a imagem. É isolado por uma corda segura por homens e mulheres descalços. Os fiéis, não conseguindo tocar a corda, ao passar o préstito, contentam-se em tocar a fímbria das roupas dos que a estão segurando. Há algo de mágico que acreditam ser transmitido, basta apenas o toque.

Atrás da banda de música, o poviléu acompanha a procissão. Aí se pode ver o mais variado tipo de promessas: homens carregando pedras na cabeça, trajando hábitos religiosos, outros de mortalha, outros carregando caixão de defunto, pesadas cruzes nas costas etc.

Ao meio-dia a imagem é colocada no altar-mor. E o povo se dispersa para se dedicar ao repasto: tacacá com tucupi, o famoso pato que é prato paraense, vatapá, caranguejo, que é o passadio dos paludícolas do Tocantins, comedores dos milhares de crustáceos que abundam na Marajó. Não faltará o açaí para completar... e... refrescar.

No Ceará, a 4 de outubro de todos os anos, há a festa de São Francisco de Canindé que, segundo Florival Seraine, "recebe dos cearenses veneração idêntica à que os baianos tributam ao Senhor de Bonfim".

Em Salvador há uma proximidade de datas festivas: em dezembro, dia 4, dia de Santa Bárbara, na qual os negros adoram Iansã. Após a missa, no Mercado da Baixinha, empanturram-se orgiacamente os seus devotos. Já no dia 8 do "mês das festas", é Nossa Senhora da Conceição que recebe as homenagens de seus fiéis, entre os quais se avolumam pescadores, capueiras, mulatas e negros que ali, entre palmeiras e mar, na igreja de Conceição da Praia, dançam, cantam e comem.

A festaria se alonga, pois na segunda dominga após a festa dos Reis Magos festeja-se o Senhor do Bonfim, cuja devoção foi introduzida no Brasil, em 1745, pelo capitão-de-mar-e-guerra da marinha lusa Teodorico Rodrigues de Faria, em cuja lápide de jazigo na capela do Bonfim lê-se apenas Teodósio. O templo erigido no monte Serrate recebeu a imagem em 1754, tornando-se um dos mais conhecidos pontos de concentração religiosa do Brasil Império. Primeiramente da festa constava a queima de enorme fogueira, daí ter existido a Ladeira da Lenha.

Barracas onde há badofe, vatapá, caruru, galinha, peixe e outras onde há bebidas, refrigerantes desde o aruá até a coca-cola, sorvetes e bebidas consumidos pelos romeiros que até a *segunda-feira* dariam cabo de tudo... Novenas, lavagem do templo que hoje é feita simbolicamente da escadaria, forma que relembra a ablução. Sincretismo de usanças portuguesas, árabes e negras levadas a efeito no adro da igreja de Bom Jesus do Bonfim (Lançaté do Vovô), atualmente proibido pelo clero, contentando-se os devotos em lavar a escadaria do templo e arremessar para dentro das grades (nesse dia a igreja e grades estão trancadas, por ordem do bispo) os tufos de vegetação com os quais, à guisa de vassoura, lavaram a escada externa.

Da festa do Senhor do Bonfim, que no passado tinha caráter nacional, o que restou dos três grandes dias: sábado que era a véspera, domingo "o dia" e segunda-feira? A segunda-feira tornou-se o início do carnaval baiano. Acertadamente dizia o saudoso folclorista Antônio Viana: "As festas começavam por Todos os Santos e acabavam por todos os pecados, que a quaresma absorvia."

As festas se prolongam. Já no dia 2 de fevereiro de todos os anos há a dedicada a dona Janaína – orixá marítimo. E as praias, as encantadas praias da Bahia, no dia de dona Janaína ficam fervilhantes. Ali estão os freqüentadores dos candomblés, as filhas-de-santo carregando flores e oferendas rituais que irão em barcos e saveiros lançar cuidadosamente sobre a flor d'água os presentes a Iemanjá, protetora das viagens dos pescadores e de todos os que vivem cavalgando o colo encantado das ondas do mar da Bahia de dona Janaína – rainha das águas, princesa de Arocá.

Completando a festança não faltará na praia a capoeira, forma de luta consagradora da superiodade física do negro sobre o branco, nas brigas.

Festa de Nossa Senhora dos Navegantes

Do ciclo do Natal é também a festa de Nossa Senhora dos Navegantes, realizada em Porto Alegre a 2 de fevereiro, popularmente chamada *festa das Melancias*, produto típico do solstício de verão.

Quando os povoadores açoritas, quais sentinelas lusíadas, se postaram no "Porto dos Casais", implantaram seus costumes na nova terra no Estado do Brasil. Ali no Guaíba praticaram a sua devoção a Nossa Senhora dos Navegantes.

Implantada pelo português que, embora não possuindo "linha de cor" para delimitar suas relações, foi pouco a pouco abandonando-a, hoje ela está nas mãos dos negros gaúchos. Razão tem Roger Bastide ao dizer que "o branco (português) abandona o folclore, à medida que o negro nele penetra".

É uma festa realmente popular, fazendo balouçar sobre as águas do Guaíba centenas de barcos, e milhares de fiéis cumprem assim sua devoção, participando da procissão fluvial.

Antecipadamente a imagem é colocada em outra igreja, e a procissão leva-a de volta para a sua legítima edícula, alcançando o Porto dos Navegantes. Desembarcados, levam-na à igreja onde ficará até o ano seguinte.

Tal qual na Bahia, como fazem os devotos de dona Janaína, os gaúchos lançam nas águas do Guaíba oferendas a Nossa Senhora dos Navegantes: flores, fitas, grinaldas. É bem provável que atualmente ela tenha maior número de devotos entre as moças casadouras, pois aquelas que pediram à sua madrinha um bom casamento oferecem-lhe, nesse dia, seu vestido de noiva, cuja brancura fica contrastando com as águas do rio até submergir. O vestido sumiu-se nas águas, mas ela ganhou um marido...

O povo continua, após o fim da procissão, na festança. Barracas e mais barracas onde há comes e bebes. Há melancias em profusão, daí chamarem-na popularmente de a "festa das Melancias".

Realizada que é no ciclo natalino, há outros produtos da terra dessa época, como sejam o abacaxi bem como o butiá (Cocos *yatay*, Mart.), coquinho cheiroso e saboroso, irmão gêmeo da cachaça, pelo menos obriga sua companhia...

Na região da ubá, há outra festa dedicada a Nossa Senhora dos Navegantes, onde estiveram também açorianos – Cananéia – mas, pelo que se pesquisou, não foi tradição deixada por eles em terras paulistas e situa-se noutro solstício. Foi o padre Ângelo Lemarchant, bretão, criado entre rendeiras e marinheiros em sua terra natal, que a 15 de agosto de 1908 lançou nas águas do Mar Pequeno a primeira procissão, iniciando assim essa festa na cidade fundada por Martim Afonso de Sousa em 1531, quase destruída pelo maremoto de 25 de março de 1795.

A festa do Divino em Cananéia está hoje em plena decadência. Quem sabe com a inovação imposta na segunda década deste século – a festa de Nossa Senhora dos Navegantes – tenha também, além doutros fatores, contribuído para o seu declínio. Realizada pouco depois da festa do Divino, em agosto, a festa de Nossa Senhora dos Navegantes neste último decênio tem tomado grande incremento.

A festa do Divino em Cananéia tem início a 3 de maio com o "batismo" das bandeiras. Na noite de 2 de maio, há uma recepção na casa do festeiro, um lauto jantar e as duas folias recebem as bandeiras. No dia 3 pela madrugada, as duas folias, depois de seus membros tomarem um delicioso e quente chocolate na casa do festeiro, começam a alvorada, dando voltas pelas ruas da cidade, cantando. Vão à porta da igreja, cantam, mas não entram. Finda a missa, onde as bandeiras foram "batizadas", almoçam na casa do festeiro. Voltam à igreja, cantam, seguem para o cais embarcando em suas canoas. Uma seguirá para o norte, outra para o sul. Nesta as ofertas são: arroz, milho, farinha de mandioca, peixe, quando há abundância de tainhas. A zona sul é mais pobre, sendo que na do norte há maior contribuição em dinheiro do que em mercadorias. As folias percorrem suas zonas esmolando. A esse trabalho chamam de "romaria". Nos pousos os foliões comem e dormem. A visita da bandeira do Divino é um pretexto para festança; então, enrolam a bandeira com uma toalha branca, fecham o oratório e caem no fandango noite adentro.

No dia 13 de junho voltam as duas bandeiras e se encontram na igreja sob o retinir de sinos festivos. As bandeiras esmolam na cidade e arredores. A bandeira do Divino, que percorreu a zona norte, em seis dias visita o Rocio, e a do sul, em três os moradores do Carijó.

A 17 de junho tem início o setenário, as folias acompanham as idas e vindas do imperador à igreja. Enquanto no trajeto a banda de música silencia, a folia se faz ouvir. A banda de música começa bem cedo, pois fez a alvorada tocando o Hino do Divino pela cidade, matina que terminou na casa do imperador com chocolate quentinho, pão e broa.

Nas procissões o imperador e a imperatriz têm seus mordomos. Estes formam um triângulo ao redor do alferes da bandeira e mordomo-mor, ao passo que imperador e imperatriz têm direito ao quadrado de paus. São bastões enfeitados com fita vermelha, com os quais os mordomos fazem os "triângulos" e "quadrados" por ocasião da procissão ou acompanhamento que se forma para tomarem parte nos ofícios religiosos.

O imperador conduz a coroa e a imperatriz o "resplendor". A bandeira é carregada pelo alferes da bandeira, cercado por três mordomos. Capitão do mastro, mordomo-mor, todos têm seus pajens de estoque a rodeá-los.

A partir do dia 22, com a abertura do império às 10 horas, há almoço, "comes e bebes", começando também a funcionar o leilão. Daí por diante, todas as noites há fogos de artifício, luminárias na igreja, lanternas pelas janelas das casas, onde se vêem bandeiras do Divino hasteadas. Antes de as casas se fecharem, levam as bandeiras para dormirem no império, indo buscá-las pela manhãzinha.

Pela manhã saem as moças esmolando, cobrando sortes dos que desejam ser sorteados para imperador, escolha que se dará na igreja após a missa solene (das 10 às 12 horas) do dia 23.

Na casa do imperador há distribuição de doces e broas; defronte, funciona o leilão de prendas, dia e noite. No último dia, após o Te Deum, o novo imperador recebe a coroa, encerrando as festas com a procissão, que percorre toda a cidade, no quadrado tradicional.

A festa do Divino está sendo substituída pela de Nossa Senhora dos Navegantes. Existe por ela uma animação na cidade devido ao movimento econômico; aparecem muitos mascates e "arapuqueiros" com joguinhos "inocentes". As casas são todas caiadas, oferecendo um lindo espetáculo de cores garridas, vivas. Até as ruínas são pintadas. As ruas em cada canto têm um "turco" com barraca cheia de bugigangas, berloques, roupas etc.

A festa tem início no dia 13. Nesse dia e seguinte há leilão após a novena. Para anunciar a hora das novenas há sinais convencionais, dados pelos rojões: o 1º é solto ao meio-dia; 2º às 15 horas; 3º às 17 horas; e 4º às 19 horas; quando termina a novena, soltam muitos rojões às 20h30. Depois do rojão, ouve-se toque de sino.

No dia 15 pela manhã há missa solene. Às três horas da madrugada o festeiro manda soltar dois rojões com bombas muitos fortes, cujo estampido reboa lá pelos morros de São João. Às 5 horas há alvorada e os sinos bimbalham, festivamente. Aqueles que comparecerem à casa do festeiro tomarão um delicioso chocolate, bebida tradicional. Às 6 horas, novos rojões. Às 10 horas, missa solene. À tarde há procissão no mar. No navio capitânia todo enfeitado, colocam os andores. Os demais barcos são rebocados por este navio. Depois de dar uma volta no Mar Pequeno, desembarcam e rumam para a igreja. À noite há leilão, fogos de artifício e luminárias. No dia 16 pela manhã, missa campal e despedida dos romeiros que vieram de Iguape, Santos, Paranaguá, Guaraqueçaba, etc.

É uma festa que plagiou a do Divino. Na de Nossa Senhora dos Navegantes não há império, há entretanto uma folia composta de um tocador de viola, um de rabeca, um de caixa e um de triângulo. Há também o alferes da bandeira. É idêntica à do Divino. Sai de canoa com a bandeira de Nossa Senhora dos Navegantes, esmolando, partindo de Cananéia no dia 29 de junho, regressando a 12 de agosto para o início das festas. Os cantos da folia não apenas plagiam a música; as letras são adaptações das do Divino:

> A Virge dos Navegante
> rezando santa oração,
> pede auxílio pra festa
> uma prenda pro leilão.

A festa de Nossa Senhora dos Navegantes tomou o lugar da antiga festa do Divino na lendária cidade de Cananéia, debruçada sobre o Mar Pequeno iluminado à noite pelas ardentias. Na Cananéia do Bacharel, que em noites de festa do Divino parecia um presépio nas encostas do Morro de São João, centenas de luminárias iluminavam a igreja e a cidade toda. Panclinhas de barro, gomos de bambu serviam como recipiente para o óleo de mamona. Muitas casas usavam luminárias mais simples: retira-se o miolo da laranja azeda, deixa-se somente a casca, coloca-se azeite e uma pequena mecha de algodão o suficiente para que uma luzinha bruxuleante ficasse acesa até alta madrugada, tal qual se fazia antigamente da noite de 1 para o dia 2 de fevereiro de todos os anos.

Entrudo

Ainda no solstício de verão gravitam as festas do entrudo, hoje carnaval, o enterro dos ossos e a "micareta".

Foi a partir da guerra do Paraguai que se introduziu no Brasil o carnaval atual. Antigamente era entrudo ou "intruido", tal qual é ainda praticado em algumas regiões brasileiras.

No sul da região cafeicultora, onde ela se limita com a do campeiro, ainda é comum, nos bairros rurais, à noite, reunir-se um grupo de roceiros ao som de pandeiros, reco-recos, chocalhos, panelas e colheres, violas, cavaquinhos, violões, formando uma grande roda da qual participam homens, mulheres e crianças. Canta e dança até altas horas da madrugada. Na noite do sábado para o domingo de carnaval, amanhece na festança.

Com a chegada da "banda-infernal" o entusiasmo é redobrado, pois ela dá abertura às brincadeiras. Os mascarados que a compõem procuram tocar os instrumentos mais grotescos e barulhentos possíveis: instrumentos musicais quebrados, desafinados, tudo que possa provocar hilaridade.

Em geral a "banda infernal" e a vizinhança se dirigem a uma determinada casa do bairro rural que adrede colocou as luminárias de bambu com azeite de mamona ou espetou várias cascas de laranja azeda, com aquele líquido onde estão embebidas mechas de algodão que darão uma luz bruxuleante, mas a suficiente para iluminar homens e mulheres alegres e folgazões.

Nesta festa da arqueocivilização não falta a água que é atirada às cuiadas ou canecadas, a farinha de trigo ou o polvilho esfregados nos rostos dos mais acessíveis e não há fundo de panela que não forneça tinta preta para tisnar e borrar a face dos distraídos.

O entrudo foi praticado em todo o Brasil: a água, a farinha de trigo, as laranjinhas, os banhos d'água fria faziam a alegria dos fazendeiros e peões, nivelando as classes sociais urbanas e rurais de então, desde o juiz ao tabaréu, molhando a todos. Velho ritual da ablução revivido no entrudo com tais banhos que chegaram a aborrecer até d. Pedro II.

Do entrudo temos hoje nova versão no carnaval. Essa festa permite, em 72 horas, a eclosão de recalques represados durante trezentos e sessenta e três dias: através da música, dos cantos, do alarido, dos trejeitos, do trajar indumentária diversa, do afrouxamento das normas morais. Aqueles que vivem contidos em trajes masculinos, com tendências feminis contidas, nesses dias, trajam-se de mulheres. O inverso fazem as mulheres. É a troca de papéis: a grande festa dos sentimentos desenfreados.

No carnaval comparecem também alguns bichos. Em várias cidades capixabas aparece o boi-jaraguá, quem sabe sobrevivente do bumba-meu-boi. No vale do Paraíba do Sul, o boi-de-jacá não se desgarrou daquele bailado popular, é saudosismo das touradas. Os cordões-de-bichos, grupos fantasiados de animais, são comuns nos carnavais amazônicos. No sul do país, em Tatuí (SP), há um famoso cordão-de-bichos com mais de 30 espécimes caracterizados, da nossa fauna e da alienígena. Em Peruíbe o boi acompanhado pelo "Pereira", um gigantão que dança ao som da viola, caixa e pandeiros, defendendo o boi da sanha da criançada.

Carnaval é folclore: nele permanecem ritmo, instrumental, fantasia, máscara, figuras desgarradas de autos populares. Só não é folclore no carnaval o transitório: letras, músicas olvidadas já no carnaval vindouro...

Enterro dos ossos

Não confundir com o *enterro-do-ano-velho*, folguedo tradicional da Bahia que pode ser considerado o prelúdio do carnaval, por causa dos mascarados e das brincadeiras que se assemelham aos desse divertimento coletivo.

É comum chamar-se enterro dos ossos à reunião festiva que se faz no dia imediato a uma festa grande, para liquidar o que sobrou dos comes e bebes, com comezaina e bebedeira.

Na região do boiadeiro, em plena quaresma, no primeiro domingo, para quebrar o jejum e tristezas, préstito carnavalesco de fantasiados com roupas negras e caveiras brancas pintadas percorria as principais ruas de Corumbá (MT*).

Na antiga região cafeicultora tinha outra forma, outro significado. Era uma espécie de desforra alimentar. A quaresma é a época de abstinências e comedimentos, depois a Semana Santa com jejum obrigatório, hoje muito abrandado, em chegando a Páscoa, todos comiam a valer para ressarcir das abstinências quaresmais. Surge então o enterro dos ossos. As sobras dessa festa proporcionam outra no dia imediato, quando serão *enterrados os ossos*.

---

* Hoje Mato Grosso do Sul.

Certamente tal costume revive o da Idade Média, em que, chegada a Páscoa, os barões e senhores feudais comiam e bebiam a valer. Matavam muitos carneiros, bois, porcos, frangos e bebiam muito. Contudo, por mais que comessem e bebessem ainda sobravam algumas migalhas que distribuíam aos vassalos, servos da gleba, aos empregados, e estes, como era natural, se refestelavam com os ossos que sobravam... Alegres, satisfeitos, dançavam, pulavam e, em cada ano, era introduzida uma novidade, uma nota pitoresca a mais, nota essa que acabou caracterizando aquela festa singular que divertia os próprios senhores, satisfeitos com a alegria de seus súditos. Alguns desses senhores acabaram "oficializando" esse "enterro dos ossos", em novo carnaval, surgido na Páscoa, na segunda-feira seguinte. Aliás, os italianos comemoram, ainda hoje, a *Pascoela* com farta mesa regada de bons vinhos e coberta de raros e pitorescos acepipes.

Aqui no Brasil, durante os tristes dias da escravidão, os senhores brancos também costumavam realizar grandes festas durante a Páscoa, à semelhança dos senhores feudais, matando tantos bois, bodes e aves que não era possível consumi-los, por maior que fosse o número de convidados e comensais. Assim sobravam muitos ossos que eram distribuídos aos escravos negros das senzalas e estes se regalavam com a fartura e abastança da Páscoa na segunda-feira seguinte. Não podendo, como era óbvio, fazer sua festa juntamente com a festa do senhor branco, faziam-na separadamente e lhe davam, por influência da própria Igreja que sempre policiou essas manifestações populares, um certo cunho religioso.

Surgia, daí, a festa de São Benedito que em cada lugar assumia caráter próprio, ou melhor, regional. E, enquanto os brancos realizavam as suas cavalhadas, os seus bailes *masqué*, os negros em continuação, prolongando os folguedos sob os olhos benévolos e aquiescentes dos senhores fartos, satisfeitos (nos dois sentidos) e bem nutridos, preparavam as suas reuniões, os seus festejos, as suas festas de terreiro, o seu "carnaval" particular, comendo e sonhando até não mais poder. Era a desforra dos dias mal vividos, das horas mal alimentadas! Compensação salutar para o corpo e para o espírito, verdadeira válvula de segurança que entrava a funcionar e que dava aos cativos coragem para enfrentar com resignação e paciência o resto do ano, após o "enterro dos ossos".

Micareta

No sul do país procurou-se introduzir a "micareme", que parece não se ter aclimatado entre os nossos costumes. Já no Nordeste, na açucareira, existe a "micareta". Na Bahia ela "pegou de galho", principalmente nas cidades próximas da capital. Em Feira de Santana ela é realizada todos os anos.

É como o carnaval, tem a mesma duração e se realiza após a Semana Santa. As cidades marcam datas diferentes de sua *micareta* para que possam turistas ir até lá para recrearem-se. Assim é que, em Rui Barbosa, Itaquira, Mairi, as datas diferem das de Feira de Santana, que em 1961 foi nos dias 15, 16, 17 e 18 de abril.

A *micareta* nestas cidades baianas tem o mesmo sentido do carnaval, com cordões, mascarados, bailes nos clubes e frevo na rua. Mandam buscar o trio elétrico, isto é, um conjunto musical que toca dentro de um caminhão munido de potentes alto-falantes. O caminhão percorre a cidade e o conjunto é composto em geral por cavaquinho, violões, pandeiros, tambor de batucada. O povo aproveita para cair na onda do frevo, para dançar pelas calçadas, pela rua freneticamente, ao som do "aparelho de batucada".

As casas comerciais da cidade patrocinam o trio elétrico para que toque nas ruas até 4 horas da manhã. Já nos clubes, os bailes vão até o clarear do dia.

AS FESTAS DOS NEGROS

Localização geográfica

No triste tempo da escravidão assim eram chamadas as festas de São Benedito e de Nossa Senhora do Rosário.

Hoje não se pode mais chamá-las de *festas dos negros*, primeiramente porque os brancos nelas penetraram. Estão em franca decadência ou desapareceram, poucas resistem às mudanças sociais, como a de Guaratinguetá.

Grande é a importância que se dá a São Benedito na região cafeicultora paulista. No vale do Paraíba, sua festa é realizada após a do Divino Espírito Santo. Na região da ubá é também nesta data (Angra dos Reis). Ainda na cafeicultora, na zona da bragantina, é após o Natal (Bragança, Atibaia), e na da ubá, em alguns pontos ela é também nessa data (Guarapari, ES). É portanto a segunda festa após as maiores da comunidade: a do Divino e a do Deus Menino. Logo após a Lei Áurea, ela foi realizada em várias partes do Brasil, no dia 13 de maio.

Na região do boiadeiro, em Goiás, a festa de Nossa Senhora do Rosário é realizada ora a 13 de maio (data cívica), ora em outubro (data religiosa), havendo nessa ocasião verdadeira convergência de várias atividades, de vivências que se agrupam, certamente autodefendendo-se da extinção que paulatinamente vêm sofrendo. Nela aparece a congada, o moçambique, a dança dos tapuia ou "tapuio" e a roda de São Gonçalo, portanto danças de negros, índios e portugueses, tudo em louvor a Nossa Senhora do Rosário e a São Benedito.

Festa de São Benedito com dança do congo, festa de Nossa Senhora do Rosário onde se dançava o siriri e o marujo, estão desaparecendo de Cuiabá (MT), realizavam-se no Poconé, na praça Marquês de Aracati e no Campo do Ourique onde havia cavalhada e tourada.

Na congada, em Mato Grosso, encontramos um sincretismo patriótico: as tradicionais cores azul e branca dos congueiros foram substituídas pelas nacionais – verde e amarela.

A dança dos tapuias assemelha-se ao caiapó paulista; idêntica é a indumentária. A temática, o que lhe empresta caráter de dança dramática, é fundamentada em fatos da vida rural relacionados a São Benedito. De permeio com as palavras portuguesas podem-se ouvir algumas de origem africana, havendo também um pouco de congada no desenrolar das partes (sete ou nove) do bailado. É um bailado sincrético: presença dos traços culturais do índio e do negro e a tese catequética da conversão em louvor ao santo católico São Benedito.

Digna de nota é a presença da dança de São Gonçalo de Amarante nessa festa de Nossa Senhora do Rosário e outro fato importante é ser dançada exclusivamente por moças casadouras, todas vestidas de branco, que, duas a duas, empunham um arco enfeitado de flores e fitas. Elas vão dançar a roda de São Gonçalo, que não é dança de roda e sim de duas colunas, conforme registramos em Goiás e Mato Grosso.

As participantes da roda de São Gonçalo, após a missa matinal, saem da igreja e pelas ruas vão cantando loas ao santo casamenteiro. É claro que a saída das moçoilas atraía os rapazes. Os músicos que as acompanham ajudam-nas a cantar, tocando violas, rabecas, violões e pandeiros.

À noite, defronte das igrejas, dançam a roda de São Gonçalo. Agora os arcos estão iluminados por velas acesas. Postadas em duas colunas, o par que está na cauda (das colunas) se destaca e passa por baixo do arco das demais, vindo postar-se à testa. Os demais pares vão repetindo tal movimento até que tenham recomposto a ordem inicial.

Função social – As festas de São Benedito e de Nossa Senhora do Rosário perderam a sua função precípua de derimidora de pendências entre negros e brancos, escravos e senhores.

Embora tenha perdido esse caráter, pode-se ver que dia a dia aumenta o número de devotos brancos. Mas estes são aqueles que perderam o *status* econômico de suficiência e passaram para a classe dos destituídos da fortuna.

O que se pode notar é que, embora tenham aumentado os fiéis, as festas em seu louvor decaíram ou desapareceram.

CALENDÁRIO

De acordo com o hagiológio católico romano, dia 4 de abril é o dia dedicado a São Benedito. No tempo da escravidão era festejado nessa data. Agora o é na segunda-feira após o domingo da Ressurreição. Ele não tem dia certo, afirmaram os caipiras. "O dia dele é o em que se fizer a sua festa, é por isso que ele não tem dia certo. Mas escolhido o dia, precisa ser guardado, senão ele castiga. E castiga na hora. Deus disse a São Benedito que ele ia ser santo. Respondeu que não queria por ser preto. Então Deus disse que aquele que abusasse dele seria castigado na hora." É uma história que narram para justificar a transferência de caracteres humanos ao santo – a vingança, por exemplo. A convivência, a familiaridade com que é tratado, dá-lhes ensejo de transferir seus defeitos humanos, e nos "acontecidos" pode-se entrever laivos de preconceito racial. Fazendeiros que o desprezam são castigados; peões que procuram lograr o "santo preto" são logrados; outros que abusam de sua cor morrem fulminados. No passado era o padroeiro da classe escrava. Hoje não é tão-somente isso. A folha de serviços desse santo negro é enorme. É o protetor e padrinho de muita gente: de todos os que avolumam as classes dos destituídos, brancos ou negros.

Nenhuma procissão sai sem que à frente esteja o santo negro. Se não o fizerem, é chuva na certa. Interessante que uma divisão de classes sociais no tempo da escravidão – negros e crianças à frente, depois, perto do pálio, os senhores fazendeiros, donos dos escravos, e autoridades – é atualmente elemento de crendice, sendo aceita pelo consenso geral como elemento assegurador de bom tempo: a irmandade de São Benedito tem de sair à frente das procissões. Racionalização de uma situação de fato.

No vale do Paraíba do Sul, portanto na região cafeicultora, a segunda-feira após a Páscoa é o dia de São Benedito. Ninguém trabalha! O programa da festa consta quase que somente de bailados e danças. São Benedito também é Terpsícore! Antigamente a congada era o bailado que atraía a atenção, hoje o moçambique; mas a velha dança do jongo é o ponto final dos festejos ao santo advogado dos homens de cor. Dizem que dançam para alegrar o santo, "ele requer de nós as nossas danças".

No dia de São Benedito, as danças preferidas variam de uma região para outra, ou apenas a denominação delas que é diferente: jongo é também caxambu, batuque é também tambu. Há outras pouco conhecidas como a taieira, dança saroteada, de rebolamentos que as mulatas e negras do baixo São Francisco e imediações, quer em Sergipe ou Alagoas (Piaçabuçu), praticam.

Em Minas, persiste o candombe, dança profana. É tão secular que ao passarem diante do "palácio-do-rei-de-congo" os candombeiros cessam-na, ao passo que a congada passa sem deter o canto. Mas congada é dança de religião, dizem seus praticantes. Os candombeiros, numa verdadeira algazarra aturdida de membranofônios percutidos: desde o pequeno *crivo* ao enorme *santana*, ao agudo *grima* e o violento *chama* ou o compassado *tambu*. O santana, por ser o maior e mais importante, é tocado pelo mestre do candombe. (Não confundir candombe com candomblé. Aquele é dança profana; este é rito religioso afro-brasílico.)

Há os bailados, a congada e seus mais variados nomes, sempre danças guerreiras como o ticumbi capixaba, sob a direção de reis de congo e bamba.

"Não há dia certo para guardar São Benedito", assim afirmam os negros e caboclos seus devotos. O dia que se guardar, esse é o seu dia.

Alguns dados acerca da vida do "santo negro" nos ajudarão a esclarecer, em parte, por que seu dia de guarda é a segunda-feira de Páscoa. O taumaturgo franciscano, filho de escravos etíopes, Cristóvão Manasseri e Diana Larcan, nasceu na Sicília, na cidade de São Filadelfo, em 1524, e faleceu numa *terça-feira de Páscoa*, no dia 4 de abril de 1589, aos 65 anos de idade. Foi beatificado em 1763 por Clemente XIII e canonizado em 25 de maio de 1807, por Pio VII.

Entre os caipiras há a lenda de São Benedito: "Era napolitano, branco, e foi evangelizar os pretos da África. Sendo mal recebido, pediu para ficar preto e assim facilitou o seu trabalho. Também ele trabalhava na roça, dizem os moçambiqueiros, arando a terra e, para descansar e divertir os pretos, inventou o bailado do moçambique. Igual estória contam os dançadores de jongo, dando a mesma fonte de origem de sua dança.

Em geral, é o dia da morte do santo "que é o seu dia", o que não se dá com São João Batista, cuja festa é na data de seu nascimento. São Benedito faleceu numa terça-feira de Páscoa, não foi difícil transferir a comemoração de sua festa para a "pascoela". Já todos estavam mesmo na cidade para as comemorações da Semana Santa; anteciparam a comemoração de um dia apenas, o que equivaleria, na terça-feira, já estarem novamente na atividade agrícola ou pastoril. Tal hipótese da mudança, no passado, não invalida a outra da condensação, na atualidade, de festas por motivos econômicos bem como de posição social: primeiro a festa dos brancos, depois a dos negros.

Os irmãos de São Benedito

Em Campos Novos de Cunha (SP), há uma organização *sui generis* – "são os 12 irmãos de São Benedito". Cada um é escalado para, durante um mês, percorrer as roças esmolando, angariando óbolos para a construção de uma capela que terá por padroeiro o santo de cor. Os "12 irmãos da mesa" levam

Rainha da festa de São Benedito. Coroação do Rei Congo. Guaratinguetá. À direita: Saindo da missa na matriz de Guaratinguetá.

O séqüito real acompanha o rei quando vai buscar a rainha para as cerimônias. Guaratinguetá.

Na procissão da festa de São Benedito, antes da coroação do rei novo, o São Beneditinho é a nota barroca. Guaratinguetá.

Futura "infantaria" de São Benedito. Guaratinguetá.
À direita: Rainha e Rei de Congo são acompanhados pelo séqüito real. Guaratinguetá.

um pequeno cofre de madeira (chamado por eles de "caixinha de São Benedito"), onde se pode ver a estampa do santo que os cantadores de moçambique "dizem ser napolitano". A caixa mede mais ou menos 20 × 15 × 10 centímetros. É toda de madeira pintada de vermelho, enfeitada com flores de papel, tendo uma tampa trancada a chave, que só é aberta quando um irmão passa a "caixinha" para o outro, depois de conferir o dinheiro esmolado e entregá-lo ao presidente da mesa. Para facilitar ao "irmão" (branco, negro ou caboclo) percorrer as roças, pregam na caixa uma alça de couro, o que permite dependurá-la no pescoço, tendo os braços livres. Como o movimento dos passos do "irmão" provoca o tilintar dos níqueis, as pessoas que o ouvem procuram imediatamente depositar uns centavos na "caixinha" para serem abençoados pelo santo.

Talvez a "caixinha de São Benedito" seja uma reminiscência dos minúsculos oratórios que os ermitãos traziam pendurados ao pescoço. Era uma prática proibida, porque muita gente, sem licença da Igreja, aparecia pedindo esmolas, benzendo animais e pessoas, por "esses mundos de meu Deus", por "esse mundo velho sem porteira". Nos livros que manuseamos na prefeitura da cidade de Cunha, gentilmente cedidos pelo prefeito A. Acácio Cursino, tivemos oportunidade de ler o teor de algumas autorizações para que irmãos de determinadas ordens religiosas esmolassem. Certamente é um costume colonial, ainda vivo em Campos Novos de Cunha que, aliás, está localizada nas terras da santa – Nossa Senhora do Rosário.

O sorteio e a renovação dos "12 irmãos" se dão por ocasião da festa de São Benedito.

Coroação do Rei de Congo do Brasil

Festa de São Benedito de Guaratinguetá

Em nossos estudos sobre o folclore, temos dado maior atenção às festas. Não seria preciso recapitular aqui o interesse que elas oferecem não só aos estudos de folclore, dada a riqueza de tradições, hábitos e crenças populares, que nessas ocasiões encontram ampla e intensa manifestação, como também à sociologia e à antropologia social, sem mencionar a economia e até mesmo a demografia social.

Nos estudos sobre as festas populares paulistas, dois problemas nos preocupam no momento. O primeiro é o que diz respeito à época das festas, ou seja, o seu calendário. Uma observação que várias vezes nos tem ocorrido, nesse particular, é que, entre nós, o calendário das festas parece dotado de uma possibilidade de alteração ou ajuntamento nem sempre apontados pelos estudiosos do problema, em outros folclores. Cremos mesmo que, por um defeito de interpretação ou de coleta dos dados, tem havido uma tendência a descrever e interpretar o calendário das festas populares como algo rígido, inflexível, preestabelecido para sempre, como é a idéia do tempo que hoje possuímos. Poderíamos, em desabono dessa concepção e para demonstrar o caráter mutável e flexível do calendário das festas populares paulistas, citar o caso da festa do Divino Espírito Santo.

Um fator que poderá dificultar o estudo das festas do passado em comparação com as do presente é a sensível diminuição do número delas, motivada pela condensação, fusão e agrupamento em torno de uma só. Em torno da festa do Divino gravitam agora festas que, no começo da catequese e primórdios de nossa vida social, eram realizadas em várias épocas do ano, por serem implantadas de acordo com o calendário religioso. Embora não mais se realizem por motivos diversos, no entanto, quando da passagem da bandeira do Divino, em visita aos núcleos rurais do município, elas têm oportunidade de reviver nessa ocasião propícia. O tradicional se manifesta nessa ocasião, porque nos pousos do Divino as festanças para recebê-la e dar-lhe dormida, além da comezaina, incluem, conforme a região, as danças do cateretê, xiba, cururu, jongo, batuque, fandango etc. As danças sempre foram o ponto final dos mutirões para vários fins: roçada, limpa, colheita, "carpição", mutirões cheios de júbilo, graças ao canto de calango no eito, e à noite, "função", bate-pé e festança.

O ajustamento ao ciclo agrícola é outro fator de flexibilidade do calendário. Isso porque também o calendário agrícola não é rígido. As populações do campo estão em mudança, aceitam e abandonam novas lavouras e até novos gêneros de vida, como é o caso de Cunha, que está passando da agricultura de subsistência para o pastoreiro nalguns trechos do seu município, vizinho de Guaratinguetá.

Há também ligações do folclore com o gênero de vida. As festas que outrora ocupavam diversos meses do ano hoje se agrupam nos dois solstícios, havendo portanto dois ciclos distintos. No de verão, o ciclo do Natal, e no de inverno, o ciclo de São João. Poderíamos mesmo agrupar, no ciclo de Natal, a de carnaval; e no de São João, a do Divino. Nesta já assinalamos a condensação de várias outras. E por ser ela festa de consumo, é bem distinta da de São João, em cujo ciclo a incluímos, devido à sua grande proximidade com a data do solstício de inverno.

Outro problema que nos preocupa é o da utilização do folclore pela Igreja. É um problema assaz conhecido, como o da análise sociológica das festas para indicar o seu caráter de instrumento de acomodação social. Todavia, enquanto os sociólogos têm insistido em analisar sob este aspecto as festas populares, como se se tratasse a rigor de um fenômeno natural, acreditamos que seria melhor tentar a análise em termos mais reais, ou seja, como uma tentativa da Igreja em levar as populações a aceitarem um determinado padrão de valor cultural, usando e aproveitando determinados elementos do folclore local, e introduzindo ou criando outros. Assim, o que encontramos hoje, e descrevemos como folclórico, conquanto o seja em certo sentido natural, todavia não é outra coisa senão o resultado da interação entre a Igreja e as populações locais.

Chamamos a atenção para estes dois problemas com relação a uma das festas populares paulistas: a *Coroação do Rei de Congo do Brasil*, tal como a observamos em março de 1948, na cidade de Guaratinguetá.

A Igreja Católica Romana lançou mão do sincretismo como elemento de acomodação e assimilação, e organizou sobre a civilização tradicional (ou arqueocivilização, como diz André Varagnac) uma nova. Aproveitou os elementos existentes e os converteu em dirimidores de atritos. Atritos existiam e muitos, causados pelas diferenças dos estoques tribais postos sob o mesmo teto da senzala.

As marcas raciais podem dificultar a assimilação, mas a política da Igreja foi sábia, procurando transformar elementos heterogêneos, fazendo-os partilhar de experiências comuns, incorporando-os a uma confraria religiosa. Eis o nascimento das irmandades de *Nossa Senhora do Rosário dos Homens Pretos*, por todo o Brasil, logo que se iniciaram os choques entre escravos e senhores. Procurou-se desintegrar uma cultura sob o jugo ou pressão de outra, dando aos negros uma padroeira – Nossa Senhora do Rosário.

Colocou-se como padroeiro das confrarias um santo do hagiológio católico romano, mas para o escravo era mantido o caráter africano: Janaína, Iemanjá. Prestavam-lhe culto com a roupagem da liturgia da religião do branco, mas o fundo místico de sua adoração era religião negra e não cristã.

O culto de Nossa Senhora do Rosário era realizado primeiramente no mês de outubro, com muitas *festas, festanças* e *festarias*. Embora outubro seja o mês do Rosário, nas comunidades rurais por nós estudadas não o festejam mais. Antigamente sim. Nessa época podiam os negros folgar, pois estavam de acordo com o calendário agrícola. A "vagante" terminara. O plantio fora iniciado no dia de Nossa Senhora das Brotas, 8 de setembro. Em outubro, depois da primeira "limpa", havia um hiato no trabalho dos latifundiários. (Há uma crença de que não se deve plantar mandioca em outubro, porque ela só dará folhas em prejuízo das raízes.) Aos pretos era concedido o dia de folga. Graças a esses dias é que o folclore negro se manteve, porque neles o controle do senhor era frouxo, e os escravos assim podiam manter suas ligações espirituais com as divindades do continente de origem. A data da festa era o 7 de outubro. Só depois da libertação dos escravos é que se transpôs a festa da coroação para as da Semana Santa. O desamparo econômico em que se viu lançado o negro recebeu o conforto moral da Igreja e sua festa conseguiu agrupar-se aos demais festejos da Semana Santa. Outro fenômeno é o fato de se aproximar a festa do solstício do inverno. Já não é mais a festa da Coroação do Rei de Congo do Brasil realizada no dia de Nossa Senhora do Rosário, mas a *festa de São Benedito*, nome aliás atualmente encontrado na cidade de Guaratinguetá.

Houve outra agregação de festas. O dia do "santo advogado dos negros – São Benedito" é 4 de abril. Como geralmente a Semana Santa é nesse mês, a comemoração do santo negro, que tinha data fixa, passou a ser festejada na segunda-feira após a Ressurreição. Conseqüentemente, tal festa ficou com data móvel, elemento este que muito contribuirá para abreviar o seu desaparecimento. A adoção da segunda-feira de Páscoa como o dia de São Benedito é constatada por nós em todas as comunidades do vale do Paraíba do Sul, porque no vale do Tietê é outra a data em que reverenciam o santo, coincidindo com a da libertação, que é o dia 13 de maio; na bragantina é em dezembro, dia 28. Essa diversidade de datas, para o mesmo santo, já é outro problema, interessante sem dúvida, mas que não estudaremos aqui.

Hoje São Benedito não é apenas o padroeiro dos negros, mas também dos brancos, de todos os elementos que engrossam a classe dos destituídos. Felizmente, no meio rural não há preconceitos raciais, não há linha de cor, por isso os brancos aceitam-no como padroeiro.

A festa deixou de se chamar *Coroação do Rei de Congo do Brasil* porque sua função precípua, dirimidora de pendências entre brancos e negros, desapareceu. Para tal muito contribuiu o evento da República, igualando a todos perante a lei. Igualdade que também contribuirá para o desaparecimento dessa cerimônia luso-afro-católica, porque, hoje, o rei já não é necessariamente um homem de cor, pode ser mulato e mesmo branco, caso tenha feito promessa. O próprio fato de ter a festa ficado no dia de São Benedito mudou-lhe o nome, mas as cerimônias continuam mais ou menos as mesmas, pouco modificadas. A festa se vai descaracterizando e, conseqüentemente, desaparecerá. O dia de Nossa Senhora do Rosário, antigamente tão festejado, já não é mais comemorado. Passou a ser "dia santo dispensado".

Em Guaratinguetá, cidade de um passado histórico que remonta a três séculos, onde a agricultura tomou lugar de destaque, os filhos dos antigos latifundiários, que não conseguiram manter suas fortunas, passaram para a classe destituída. De modo que não só os mulatos – e os há muitos – como os brancos participam da festa. Muitos procuram ser festeiros, e isso não nos admira, porque sabemos que sob esse empenho não raro se esconde o desejo de ascensão social, e o *status* social do festeiro é sempre invejado – é rei ainda na III República brasileira!

Na festa da Coroação do Rei de Congo do Brasil, há um sincretismo luso-africano. Ela constitui mesmo um elemento simbólico da acomodação de duas estruturas sociais em conflito – a africana e a portuguesa. Foram elementos vindos de Portugal, oriundos da coroação do imperador, por ocasião das festas do Divino Espírito Santo, instituídas pela rainha Isabel, que influíram também na adoção dessa cerimônia por parte dos pretos, que imitavam os brancos. Só que o preto é rei de congo, e o branco é o *imperador do Divino*. Ajunte-se a isso que, na África, as tribos tinham seus sobas. Cremos que muito mais do que a imitação teve papel importante, na adoção dessa cerimônia, a finalidade conciliadora e a importância que assumia o rei de congo no desempenho de uma função apaziguadora entre seus irmãos de jugo.

A função do rei de congo não se limitava apenas ao recebimento de honrarias no dia da coroação. Ia muito além. Ele era o rei sem trono e sem coroa (pois esta fica sempre guardada na igreja), que intercedia pelo irmão de cor e por este era ouvido e respeitado. As confrarias eram organizações que tinham seus guias: o espiritual era o padre, o tesoureiro era um branco. Mas o rei tinha uma função importante: era o presidente. Atendia às questiúnculas entre os pretos e entre pretos e brancos, intercedendo sempre pelos seus. Por estes era respeitado e parece que viam nele traços sobrenaturais de realeza. Era meio divino, meio humano. No Brasil colônia e no império isso representou um grande e inestimável auxílio à manutenção da ordem. Por isso as cidades, vilas e freguesias escolhiam anualmente seu rei de congo.

Na atualidade restam traços do fastígio dessa festa. Vejamos o seu programa em linhas rápidas para nos deter mais demoradamente na descrição da cerimônia da coroação.

No Sábado de Aleluia tem início o programa. Logo após o "rebentar da aleluia", saem quatro "caixeiros de São Benedito", batendo caixas surdas, fazendo o percurso tradicional, por onde nos dias subseqüentes passarão o cortejo real e a procissão. À noite há leilões de prendas que se prolongarão até terça-feira.

No sábado, à tarde, às 16 horas, sai a Cavalaria de São Benedito, da qual participam mais de 300 cavaleiros. Há um chefe que tem como auxiliar imediato o "mantena"[49], espécie de ajudante-de-ordens; além desse mantena, dispõe de mais quatro ajudantes que são os "auxiliares do chefe". Todos trajam roupa branca, polainas pretas, boné branco com uma fita verde-amarela na pala. Outro distintivo que usam, além da fita verde-amarela na pala, é outra mais larga e das mesmas cores, presa a tiracolo da direita para a esquerda.

Costumam dividir os grupos segundo a cor de seus animais: à frente os cavalos brancos, baios e tordilhos, um segundo grupo, atrás, composto de cavalos pretos, ruanos e pangarés. Fazem duas longas filas, ficando mui próximas da calçada. Dão uma volta pela cidade, passam em frente ao cemitério para visitar os chefes mais antigos ali sepultados. A festa serve como elemento simbólico de ligação entre a estrutura atual e a passada. É uma reverência que fazem todos os anos aos que foram seus chefes na Cavalaria de São Benedito (uma sociedade organizada, com pagamento de recibos e de cunho nitidamente religioso).

Atrás da cavalaria vêm quatro tocadores de caixa, vestidos com a opa da Irmandade de São Benedito, blusão branco de golas grandes, pretas e punhos da mesma cor. Na retaguarda dos caixeiros de São Benedito vem a bandeira do santo, conduzida por oito moças pretas, virgens, algumas delas segurando firmemente a coroa que irá no topo do mastro. Pouco mais atrás, 20 ou 30 homens conduzem um mastro que tem 10 ou 12 metros de comprimento. Os carregadores do mastro revezam-se. O carregar o mastro implica o recebimento de uma bênção. Muitos fazem promessa para tal. Atrás dos carregadores do mastro, na procissão com ele pela cidade, vem a banda de música e a seguir o povo.

Após a volta pela cidade, atravessam o lendário Paraíba do Sul e se dirigem ao largo fronteiro à Igreja de São Benedito. Enquanto os homens levantam o mastro, a cavalaria, noutra pequena praça lateral à igreja, exibe-se executando voltas, fazendo algumas evoluções, como "meia-lua", caramujo etc.

O capitão do mastro determinou o lugar de fincar o mastro. Para se fazer o buraco de alguns palmos de profundidade, há muitos pedidos. Todos que-

---

49 Mantena – hoje é apenas um auxiliar, um bom homem disposto a servir na árdua tarefa de colocar em ordem os cavaleiros, de mantê-los disciplinadamente por ocasião do desfile da Cavalaria de São Benedito. Mantena certamente é o que ficou da antiga figura do mantenedor, isto é, o principal, o mais importante cavaleiro das justas e torneios.

rem fazê-lo, porque tal trabalho implica o recebimento de graças especiais dispensadas pelo santo. Precisa o capitão do mastro estar dirigindo, determinando a vez de cada um para cavoucar. Feito o buraco, colocada a bandeira pelo alferes da bandeira e a coroa pelo tenente da coroa no topo do mastro, todos querem levantá-lo. O mastro é erguido. A banda de música toca um dobrado festivo, disparam uma salva de 21 tiros, soltam foguetes, espouca a bateria de bombas, batem os sinos.

Finda assim a parte dos festejos do sábado, descendo o povo em procissão para levar a suas casas o rei, a rainha e os juízes, agora sem os símbolos religiosos, porém com os caixeiros de São Benedito. Nos dias da festa, a banda de música e os caixeiros de São Benedito alternam-se. Quando a banda pára de tocar, os caixeiros iniciam o rataplã monótono dos membranofônios "sagrados".

Na festa de São Benedito, os personagens principais são: o rei, a rainha, o juiz da vara, a juíza da vara, o juiz do ramalhete, a juíza do ramalhete, o capitão do mastro, o alferes da bandeira e o tenente da coroa. Os pajens, sendo membros da Irmandade, trajam-se com a opa. Ao finalizar a festa aparecerá um novo personagem, que é o *rei novo*, com os demais cortesãos.

O rei veste-se em geral de terno preto e uma faixa a tiracolo, sob o paletó. A rainha veste-se quase sempre de branco, rosa ou azul, um diadema na cabeça. Os juízes vestem-se de roupa comum, geralmente de escuro, porém, não levam faixa, carregam a vara ou ramalhete. O capitão do mastro, o alferes da bandeira, o tenente da coroa, vestem-se com roupas comuns, porém o alferes, caso seja da Irmandade, pode ir de opa. O capitão, nas procissões, empunha como distintivo um bastão trabalhado, de madeira, de 50 centímetros de comprimento.

As coroas do rei e rainha são feitas de prata e ouro. A do rei é bem maior do que a da rainha, por isso é de prata. A da rainha é menor, é de ouro. São conduzidas em salvas de prata portuguesa, implementos estes que pertencem à Igreja e estão em uso há mais de um século e meio.

Antes da festa, na última reunião da Irmandade, que é presidida pelo pároco, diretor espiritual Revmo. Pe. Rodrigues de Araújo, é feito o sorteio do novo rei, que por sua vez escolhe os seus juízes, alferes, capitão, tenente e pajens, participantes de seu séquito real. O novo rei somente aparece no final dos festejos, cabendo ao rei que está em "exercício" realizar os festejos. Esse é o festeiro e a ele dão o nome singular de rei velho.

O rei velho e a rainha fazem a casa da festa. As pessoas gradas da cidade, famílias tradicionais, cedem suas residências para a instalação da casa da festa. Antigamente havia apenas uma. Hoje, devido às dificuldades econômicas, para que as despesas não pesem, há três casas da festa: do *rei*, da *rainha* e da *coroa*. Esta última é pouco ataviada e as despesas são divididas entre os quatro juízes, ficando portanto acessível ao devoto, por mais pobre que seja, solicitar sua inscrição no sorteio a fim de receber a "graça" de ser escolhido como um dos elementos patrocinadores da festa tradicional da Coroação do Rei de Congo do Brasil.

Ao dealbar do domingo, há salva de 21 tiros, soltam foguetes e a banda de música percorre as ruas da cidade, fazendo alvorada. A alvorada consiste em toque de música da corporação musical ao percorrer o trajeto tradicional da cidade vale-paraibana, acordando o povo com alegres e festivos dobrados.

Às 10 horas, realiza-se a missa solene da Ressurreição, à qual comparecem rei, rainha, juízes e juízas, capitão, alferes, tenente e todo o séquito real. Os juízes e juízas da vara e ramalhete, capitão do mastro, alferes da bandeira, tenente da coroa e pajens vão à casa do rei, juntamente com a banda que há pouco realizara a alvorada, para depois buscarem a rainha e conduzirem-nos suntuosamente à missa solene. Rei e rainha possuem dois pajens cada, ao passo que juízes e juízas um só. Ao todo, oito pajens. O séquito se organiza como uma procissão e a banda de música acompanha, com dobrados e marchinhas. O rei recebe esta homenagem de seus servidores tanto na hora da missa solene, à qual deve chegar 10 minutos antes de começar, como à tarde, na hora da procissão.

O cortejo atravessa a cidade desde a casa da rainha até à igreja. Ao chegar à porta, está o padre, que os recebe e os abençoa com água benta, enquanto os coroinhas com seus turíbulos enchem do perfume do incenso a recepção do rei velho. Benze o padre as coroas que estão nas salvas seguras pelo rei e pela rainha. Ao entrar no templo, quando estão próximos do altar, aos pajens são entregues pelo rei e pela rainha as suas coroas, e eles depositam em uma mesa coberta com toalha de veludo de franjas doiradas, entre dois círios acesos. Acabada a missa, novamente os fâmulos retiram de cima da mesa as coroas e entregam-nas reverentemente aos seus amos.

Durante a missa, o rei e os cortesãos ficam ao lado direito da nave, e a irmandade fica assentada em duas fileiras no centro do templo com as tochas acesas. Estas são, após a missa, guardadas na sacristia, e toda a irmandade acompanha o rei e a rainha até à casa deste, onde almoçam. Há comidas e bebidas em abundância nas casas da festa. Para evitar invasão, há guardas, que são membros da irmandade, e se revezam durante os dias da festa, dando de 8 a 10 horas de "guardamento".

Chegando o séquito bem em frente à casa do rei, a banda que o acompanha toca uma música alegre. Pára de tocar. Os pajens escancaram as portas e janelas da casa da festa, tomam as coroas, levam-nas a depositar sobre uma mesa recoberta por um dossel de enfeites doirados e prateados, entre duas velas acesas. Há também altares armados nas residências, onde está a imagem de São Benedito. No dossel ou no altar ficam as coroas, enquanto transcorre o almoço. Nas casas dos juízes do ramalhete e vara, também são oferecidos doces, bebidas e café ao povo. Eles não estão presentes em suas residências, pois estão almoçando com o rei, mas os seus familiares servem aos amigos e visitantes.

Na segunda-feira, dia de São Benedito, há missa solene. Os juízes vão buscar o rei e este a rainha. A pajem da rainha é uma menina branca de família da elite de Guaratinguetá, que para servir fez promessa. O séqüito real é acompanhado pelos membros da Cavalaria de São Benedito. Hoje, porém, estão todos a pé. No sábado eram a "Cavalaria"; agora são "Infantaria".

Hoje são "Infantaria" porque os cavalos são cedidos por empréstimo somente para o sábado, pois a maioria dos membros da Cavalaria de São Benedito não possui animais. Costumam pedi-los de empréstimo aos fazendeiros. Nenhum fazendeiro se nega a ceder cavalo porque é crença corrente em Guaratinguetá que, se o negasse, "o cavalo morreria dentro de um ano, não alcançaria a outra festa".

O repique do sino também é um sinal avisando que se devem reunir para a procissão. Vão, porém, buscar o rei e a rainha em suas casas, como fizeram por ocasião da missa; para lá seguem os juízes, capitão, tenente, alferes, pajens e banda de música. Nesse ínterim, o padre fica organizando a procissão.

O rei chega com seus cortesãos, minutos antes de ter início a procissão. Esta sai tendo à frente o andor de São Benedito. Mais ou menos no meio vai Santa Cecília e, por último, Nossa Senhora do Rosário. Atrás deste último andor vem o rei, com seus criados, os juízes do ramalhete e vara, capitão do mastro, alferes da bandeira, tenente da coroa, e atrás do séqüito real vem o padre com o pálio e Santo Lenho. A Irmandade de Nossa Senhora do Rosário estende um cordão de isolamento desde o andor da padroeira dos "homens pretos" até ao padre. O rei e os cortesãos, que ficam atrás do andor e na frente do padre, também ficarão isolados. O simples fato de ser colocado assim em destaque numa procissão é uma honra digna de um rei e de uma corte... de tão curto reinado. Atrás do padre vem a banda de música e, na retaguarda desta, o povo. Na missa, o rei novo não acompanha o rei velho, porém, na procissão, o rei novo faz-lhe corte. A procissão passa pelas principais ruas da cidade e dela participam milhares de pessoas. Há alguns fiéis que, para cumprimento de promessa, acompanham a procissão descalços e outros vestem por sobre a roupa comum uma mortalha, acompanhando com uma vela na mão toda a cerimônia religiosa, em desfile pela cidade.

O melhor e mais bem comportado aluno do grupo escolar, menino de cor, é escolhido e vestido à moda de São Benedito, com o hábito religioso, levando no regaço um Deus Menino, imagem de louça. É impressionantemente barroca a passagem do "São Beneditinho".

A entrada da procissão na igreja, depois de ter passado pela cidade, é feita respeitosamente. E embora seja grande a vontade de se conseguir um bom lugar para ver a coroação, não há apertões. O rei velho encaminha-se e fica no mesmo lugar onde estivera por ocasião da missa. O padre faz um sermão sobre o rosário e lança a bênção sobre os fiéis.

A coroação do rei novo então é realizada. Rei velho e rei novo, ao mesmo tempo, ajoelham-se numa almofada em frente ao padre. O sacerdote oficia o ato solene com cânticos e orações apropriadas. Os turíbulos são balançados e a especiaria multissecular do incenso envolve o altar. Tem início o *Magnificat*, e o oficiante aproxima-se do rei velho. No momento em que são cantados os versículos da liturgia católica: *Deposuit potentes de sed et exaltavit humiles* (depôs os poderosos do trono e aos humildes exaltou), o sacerdote retira a coroa do rei velho e a coloca sobre a cabeça do rei novo. A mesma cerimônia se desenrola com as rainhas. A seguir, aproxima-se o juiz da vara que se ajoelha em frente ao padre e entrega, ao novo juiz da vara, a vara que traz em sua mão direita. O mesmo fazem a juíza da vara e o juiz e juíza do ramalhete. O bastão do capitão de mastro é entregue pelo rei novo.

A concentração, na pessoa do sacerdote, de funções tão fundamentais à estrutura objetiva e mística da festa, nos sugere a persistência de um elemento histórico, o conferimento simbólico de poder terreno à dominância de elementos místicos, religiosos. O dia em que um padre estrangeiro se negar à realização desta cerimônia, decretará certamente o desaparecimento da festa da coroação, como aconteceu na vizinha cidade de Cunha.

Terminadas as cerimônias, o rei velho acompanha o séquito até à casa deste. O séquito depois ruma para a casa do rei velho, pois esta é a derradeira homenagem que lhe prestam. Deixam o rei velho em sua casa, voltam para a casa do rei novo, agora sem a banda de música, para a festa da Recepção da Coroa. A festança prossegue noite adentro.

Pequeno grupo de homens, negros ou brancos, membros das "companhias de moçambique", bailado popular também conhecido por "dança de São Benedito", vem dançar em frente à casa do festeiro, prestando assim homenagem ao Rei de Congo no dia da coroação.

Festa de Nossa Senhora do Rosário de Cunha

Até há pouco tempo, em Cunha, no dia 7 de outubro, realizava-se uma das mais lindas cerimônias afro-brasílico-católica-romanas: a *Coroação do Rei de Congo do Brasil*. Com a libertação dos escravos, não havendo necessidade de eliminar o atrito entre brancos e negros, tal cerimônia foi perdendo o interesse e hoje desapareceu.

O mês de outubro, no hagiológio da Igreja Católica Romana, é dedicado ao Rosário, à padroeira das irmandades de homens de cor, que é Nossa Senhora do Rosário, e no 7 dedicam-lhe festas especiais, havendo o festejo da Coroação do Rei de Congo somente nas cidades que ainda guardam essa tradição.

O viajor que sobe de Guaratinguetá a Cunha, logo na entrada da cidade serrana, na rua principal, do lado esquerdo, depara com a Igreja de Nossa Senhora do Rosário, atualmente abandonada, pois os novos santos é que têm igrejas novas e concorridas. O seu aspecto vetusto nos impressiona agradavelmente. No altar-mor está a imagem de Nossa Senhora do Rosário e mais ou menos no meio do templo, à direita, está o altar de Santa Cecília, padroeira da Música (por isso os pretos são musicais até no próprio andar), e, defronte dessa linda imagem, a de São Benedito, o santo de cor, "que deixou para os negros uma das diversões rítmicas mais atraentes, por ele mesmo criadas – as danças do bailado do moçambique" –, segundo afirmam os moçambiqueiros cunhenses.

Nessa igreja, até há bem pouco tempo, eram realizadas as festas tradicionais e populares dedicadas à Nossa Senhora do Rosário, tendo como fecho dos festejos a coroação do Rei de Congo. Estas festas não mais foram realizadas, pelo que soubemos, devido aos seguintes motivos: o novo padre, que era estrangeiro, não quis mais realizá-las e por isso proibiu-as; após a Revolução Constitucionalista de 1932, vieram algumas pessoas estranhas morar em Cunha, as quais, por desconhecerem tais tradições, delas zombavam; mudaram-se muitos antigos moradores; morreram também muitos negros velhos, grandes animadores e devotos fiéis; por fim o pai da pessoa que nos forneceu esses dados, um dos mais entusiastas festeiros, e por isso diversas vezes rei, faleceu. A informante, dona Rita de Cássia Veloso, mostrou-nos os velhos guarda-chuvas reais, os forros de veludo, o dossel e as coroas reais. Essa senhora, depois da morte de sua genitora, por diversas vezes desempenhou o papel de rainha.

Na festa de Nossa Senhora do Rosário, os personagens principais eram: rei, rainha, juiz da vara, juíza da vara, juiz do ramalhete, juíza do ramalhete, capitão do mastro, alferes da bandeira. Os pajens eram os membros da

Irmandade de Nossa Senhora do Rosário que, em serviço, trajavam-se com opa. Ao finalizar a festa, aparecia um novo personagem, o rei novo, com os demais cortesãos.

O rei vestia-se de terno preto e uma faixa rosa a tiracolo. Rosa é a cor da fita de Nossa Senhora do Rosário. O distintivo real era uma faixa de quatro dedos de largura. A rainha vestia-se de branco ou rosa e trazia um diadema na cabeça. Os juízes vestiam-se de roupa comum, geralmente de preto, porém, não levavam faixa. O capitão do mastro e o alferes da bandeira também se vestiam com roupa comum, porém, caso o alferes fosse da irmandade, podia vestir opa. Os juízes iam ao lado do rei, e as juízas ao lado da rainha.

As coroas do rei e da rainha eram feitas de arco de barril, pintados com purpurina. A do rei era recoberta com papel doirado e a da rainha com papel prateado. A do rei era bem maior do que a da rainha, mais bem trabalhada e com mais enfeites. (Substituíram a de prata – do rei – e de ouro – da rainha – que desapareceram misteriosamente, há mais de 30 anos.) Eram conduzidas em salvas de prata portuguesa.

Antes da festa, na última reunião da Irmandade, presidida pelo pároco, era feito o sorteio do novo rei, que por sua vez escolhia seus juízes, capitão, alferes e criadagem, participantes todos estes de seu séqüito real. O novo rei somente aparecia no final dos festejos, cabendo ao rei que estava em exercício realizar os festejos por ser o festeiro. Davam-lhe o nome singular de rei velho.

O rei velho com a rainha fazem a casa da festa, esmolam, com a bandeira de Nossa Senhora do Rosário. Esses pedidos de auxílio eram feitos sem música, como sói acontecer atualmente naquela cidade por ocasião das outras festas, a do Divino Espírito Santo e a da Natividade. Iam apenas com a bandeira escoteira, pedindo esmola de casa em casa.

Ao dealbar do dia dedicado à Nossa Senhora do Rosário, havia salva de 21 tiros, soltavam foguetes, e a banda de música percorria as ruas da cidade, fazendo alvorada.

O característico da alvorada era o toque da banda, que percorria as principais ruas da cidadezinha adormecida entre as brumas da serrania, acordando o povo com alegres músicas de festivos dobrados.

Às 10 horas, realizava-se a missa solene, à qual compareciam rei, rainha, juízes e juízas, capitão do mastro, alferes da bandeira e todo o séqüito real. Os juízes e juízas da vara e ramalhete, capitão do mastro, alferes da bandeira e pajens iam à casa do rei, juntamente com a banda, para conduzirem suntuosamente o rei e a rainha à missa solene. Os pajens, quando da Irmandade, iam de opa. Rei e rainha possuíam dois pajens cada, os juízes e juízas, somente um. Os pajens abriam seus guarda-chuvas, também chamados umbelas, e cobriam aqueles a quem serviam. O rei e a rainha vinham debaixo de dois guarda-chuvas, pois cada um tinha o privilégio de ter dois pajens. Isso também os distinguia. Os guarda-chuvas da rainha eram de tafetá branco (antigamente, esses guarda-chuvas vinham de Portugal, por Parati). O séqüito em procissão era acompanhado pela banda de música. O rei recebia esta homenagem de seus servidores tanto na hora da missa solene, à qual devia chegar 10 minutos antes de começar, como também à tarde, na hora da procissão.

O cortejo atravessava a cidade desde a casa do rei velho até à igreja. Ao chegar à porta, o padre os recolhia e os abençoava com água benta, benzendo as coroas conduzidas nas salvas pelo rei e pela rainha, enquanto os coroinhas queimavam o incenso nos turíbulos baloiçantes. Ao se aproximarem do altar, entregavam aos pajens suas coroas, as quais as depositavam em uma mesa coberta com toalha de veludo de franjas doiradas, entre dois círios acesos. Acabada a missa, novamente os fâmulos retiravam de cima da mesa as coroas e restituíam-nas reverentemente aos seus amos.

Durante a missa, o rei e cortesãos ficavam do lado esquerdo da nave, e a irmandade ficava assentada em duas fileiras, no centro do templo, com as tochas acesas; estas eram, após a missa, guardadas na sacristia.

Toda a irmandade acompanhava o rei até sua residência, onde almoçavam. Havia comidas e bebidas em abundância na casa da festa.

Quando o séqüito chegava em frente à casa do rei, a banda tocava música alegre. Em seguida, os pajens escancaravam as portas e janelas da casa da festa, tomavam as coroas e depositavam-nas sobre uma mesa coberta por um dossel de enfeites doirados e prateados, entre duas velas acesas. Ali ficavam enquanto transcorria o almoço opíparo.

Nas casas dos juízes do ramalhete e vara, também eram oferecidos doces, bebidas e café ao povo. Eles mesmos não estavam presentes, pois estavam almoçando com o rei; então, seus familiares encarregavam-se de servir os amigos e visitantes.

Acabado o almoço, os convivas deixavam a casa da festa e iam preparar-se para a cerimônia do levantamento do mastro. Este media de 7 a 8 metros, apesar do que não era muito pesado: lavrado e todo enfeitado de fitas e papel de cores. Era ofertado pelo capitão do mastro, a bandeira que o encima era oferta do alferes da bandeira.

A cerimônia constava duma passeata com ele, carregado por oito homens da Irmandade, pelas ruas por onde passava a procissão. À frente dele ia a bandeira de Nossa Senhora do Rosário, levada por quatro meninas vestidas de branco. Depois de terem dado a volta pela cidade, no pátio ao lado da igreja, o capitão do mastro determinava o lugar onde seria fincado. Todos queriam ter o privilégio de fazer o buraco de três palmos de profundidade. Precisava o capitão estar dirigindo, determinando a vez de cada um cavoucar. Feito o buraco, colocada a bandeira, era levantado. A banda de música tocava um dobrado, ouvia-se uma salva de 21 tiros, soltavam muitos foguetes, rebentava a bateria, repicavam os sinos. Do topo do mastro desciam fitas brancas e rosas, e 12 meninas tomavam-nas pela ponta solta, dançavam ao som da música, enrolando-as nele. Era um belo espetáculo rítmico, pleno de desenvoltura das meninas: saltitantes, entrecruzando-se, uma passando ora sob a cabeça da outra, ora sobre, com a fita ia até enrolá-las todas no mastro. Era a dança-de-fitas. Antiqüíssima dança ariana, pagã, da árvore de maio, o milenar *Maipfosten* da arqueocivilização européia.

O repique do sino era o sinal convencional de reunirem-se para a procissão. Traziam o rei e a rainha, como fizeram por ocasião da missa, e para lá seguiam os juízes e juízas da vara e ramalhete, o capitão do mastro, o alferes da bandeira, os pajens e a banda de música.

O rei chegava com seus cortesãos cinco minutos antes de ter início a procissão. Organizada esta pelo vigário, saía, tendo à frente o andor de São Benedito; mais ou menos no meio ia Santa Cecília e, por último, Nossa Senhora do Rosário. Atrás deste último andor, vinha o rei, com seus criados segurando seus guarda-chuvas, os juízes do ramalhete e vara, o capitão do mastro, o alferes da bandeira e, atrás do séquito real, o padre com o pálio e o Santo Lenho. A Irmandade de Nossa Senhora do Rosário formava como que um cordão de isolamento, desde o andor de Nossa Senhora do Rosário até ao padre, separando, portanto, o rei e os cortesãos. Atrás do padre vinha a banda de música e atrás desta o povo. Na missa, o rei novo não acompanhava o rei velho, porém, na procissão, o rei novo fazia-lhe a corte. A procissão dava uma volta pelas principais ruas da cidade e entrava na igreja, respeitosamente. Era grande o interesse em arranjar um bom lugar para ver a coroação. O rei velho tomava o mesmo lugar em que estivera por ocasião da missa. O padre fazia um sermão sobre o Rosário e lançava a bênção sobre a procissão.

Realizava-se, então, a coroação do novo rei. Rei velho e rei novo, ao mesmo tempo, ajoelhavam-se numa almofada em frente ao padre. O rei velho tinha em suas mãos uma salva. Retirava da cabeça a coroa e a colocava na salva, entregando-a ao padre. Este, por sua vez, tomava a coroa e a colocava sobre a cabeça do rei novo que, logo após ser coroado, retirava-a da cabeça e colocava-a na salva, na mão do padre.

Rei de Congo com sua umbela.

O padre entregava a coroa e a salva nas mãos do rei novo. A mesma cerimônia se desenrolava com as rainhas. A seguir, aproximava-se o juiz da vara, que se ajoelhava em frente ao padre e entregava ao novo juiz a vara que trazia na mão direita. O mesmo fazia a juíza da vara. O juiz do ramalhete ajoelhava-se defronte do padre e passava para o novo juiz do ramalhete um ramalhete de rosas cor-de-rosa e brancas. A juíza do ramalhete fazia o mesmo.

O rei velho, após a cerimônia da coroação, conduzia o rei novo e todo o seu séqüito até a casa deste. A banda de música que deu a nota alegre a todas as cerimônias com seus dobrados festivos, depois de acompanhar o rei novo até sua casa, voltava à casa do rei novo para a festa da Recepção da Coroa. Os festejos prosseguiam noite adentro, enquanto no largo de Dona Vavá a dança de roda, de origem africana – o jongo –, entretinha os negros, todos afilhados de Nossa Senhora do Rosário, cantando, pondo e desamarrando ponto até que o Sol nascesse para todos...

FESTAS EM OCASO

Poder-se-ia enumerar uma série de festas desaparecidas, outras em plena decadência pelo Brasil afora. É claro que outras estão surgindo e muitas que perduram têm sofrido modificações, às vezes reais, outras vezes o saudosismo ou prestígio da distância (do passado) é que faz com que certos informantes se refiram até com suspiros de saudade às festas de antigamente. Acabaram-se as festas do Dia da Abolição, a 13 de maio. Cornélio Pires, quando comentávamos esse fato disse: isso é porque ninguém mais quer ser preto.

Apontaremos apenas duas festas em ocaso: de São Roque e São José.

Festa de São Roque

No dia 16 de agosto, em algumas cidades brasileiras, principalmente aquelas mais ligadas à vida pastoril, realizam a festa de São Roque, protetor dos cachorros e outros animais como cavalos, bois e aves domésticas. Cachorro dado a São Roque morre de velho, não fica louco. Mas a função medicinal precípua de São Roque é a de curar pestes e doenças das aves.

O programa de sua festa, na zona cafeicultora, consta quase que exclusivamente de danças de origem não africana, mas caipira, tais como o xiba e as portuguesas, canoa, cana-verde, ubatubana, marrafa etc. Isso em São Paulo. Noutras regiões, por exemplo, na Amazônia, é oferecido um lauto almoço aos cães. Prepara-se a comida, estende-se a toalha no chão, colocam-se nos pratos as comidas, e o promotor da festa recolhe todos os cachorros para o ágape. Ainda na Amazônia tal banquete aos cães também é oferecido no dia de São Lázaro.

Na região cafeicultora paulista, para que não dê mais peste nas galinhas, oferece-se um frango a São Roque. Passado algum tempo, ele se torna galo e dono do terreiro. O galo de São Roque jamais irá para a panela. Morrerá de velho, sendo enterrado para que os cães ou corvos não venham comê-lo. E com sua velhice, é óbvio, aparecerá outro dono do terreiro. O galo de São Roque ficará relegado a uma aposentadoria, sem mesmo o carinho das frangotas e galinhas. Acontece também venderem toda a galinhada, menos o "galo de São Roque". Galo de santo não entra no negócio. Ele fica "solteirão". E é por isso que a um moço que não se casou, que ficou solteiro, dizem pejorativamente, com um sorriso de malícia: "Ficou para galo de São Roque." Daí, por analogia, darem às mulheres que se não casaram e que fazem da religião uma compensação para suas desilusões, que vivem diária e fielmente madrugando, assistindo às missas, o epíteto irreverente de "galinhas de São Roque".

Registramos esta história. Perto daqui havia duas irmandades: São José e São Roque. Viviam sempre porfiando para ver qual era a mais importante. Chegou ao ponto de, em certo dia de festa, um emissário da irmandade de São José ir propor ao vigário que, se por ocasião do sermão falasse mais vezes o nome do santo padroeiro, ele daria mais dinheiro para um determinado fim pio. Por linhas tortas, os membros da irmandade adversa vieram a saber do pedido e também se dirigiram ao padre, solicitando que falasse mais vezes o nome de São Roque do que o de São José. Se ele o fizesse, lhe dariam uma determinada importância pelas vezes que pronunciasse o nome de seu padroeiro. Chegou o dia da festa. Ambas as irmandades estavam impacientes pelo sermão. Qual a irmandade que venceria? O padre era um piedoso sacerdote italiano. Estava desejoso de obter uma grande importância para a obra religiosa, na qual estava empenhado. Teve uma idéia. Quando iniciou o sermão, falando sobre a Sacra Família, os da irmandade de São José prelibaram a vitória. O orador sacro só no exórdio falara 20 vezes o nome de São José, e, quando começou a perorar, já estava a irmandade de São Roque desesperada; nenhuma referência sequer ao seu padroeiro, ao passo que o presidente da outra irmandade anotara mais de 30 vezes o nome do seu. Mas o padre, finalizando, disse: "Os fiéis não devem ignorar que São José era marceneiro; ele pegava o serrote e começava: roque-roque, roque-roque, roque-roque..." Depois de ter imitado o serrote muitas vezes, o presidente da irmandade, num gesto de vitória diz: "Chega seu padre, já disse mais de quarenta, e nós não temos mais dinheiro, já ganhamos mesmo!"

Festa de São José

Embora São José exerça função controladora das forças meteorológicas em várias áreas do Brasil, segundo os nordestinos "chovendo no seu dia, ter-se-á bom inverno". Na região cafeicultora, o padroeiro dos carapinas, carpinteiros, marceneiros (quando existiam corporações de trabalho na Europa), além de ser protetor dos moribundos e enfermos, é o dispenseiro das chuvas. De sua interferência miraculosa dependem as colheitas; conseqüentemente o bem-estar material dos moradores do município. É, sem dúvida, o santo mais festejado em Cunha (SP). Atualmente nem as festas de Reis, São João, São Pedro ou São Benedito chegam a atrair a atenção do povo como a festa de São José do Bairro da Boa Vista. O clero proibiu a festa do Divino, e ela não foi realizada durante seis anos, mas, nesse tempo, a festa de São José realizou-se ininterruptamente.

Possui um caráter eminentemente recreativo: há distribuição de "comes e bebes" e pequena comercialização nas "ramadas", onde se encontram café, refrescos, doces. Levanta-se o mastro; seguem-se as rezas e a procissão circunda a capela do Alto da Boa Vista.

É uma festa para a qual sai uma "bandeira escoteira", isto é, sem acompanhamento de foliões, com apenas um "alferes" angariando ofertas que são registradas numa lista por ele levada e entregue depois ao festeiro. A passagem da bandeira de São José é motivo de alegria. Beijam-na todos, e as crianças passam-na na cabeça para criar juízo. Nas crianças de braço as mães é que o fazem. Repetem o que fazem com a bandeira do Divino.

Como a chuva está intimamente ligada à grande necessidade do lavrador, sendo o controlador delas, é o santo mais venerado. Há, mesmo, um esforço coletivo para a realização dessa festa. Embora se perceba atualmente menor concorrência, ela é ainda a festa na qual há a participação emocional de quase todos os habitantes do município de Cunha, mesmo dos que moram nos bairros mais distantes. A transformação de município agrícola em pastoril já se está refletindo nessa festa. Seus festejos não têm o calor de antanho: o gado precisa menos de chuva do que as plantações.

CALENDÁRIO DE FESTAS FOLCLÓRICAS

Algumas cidades brasileiras finalmente descobriram que as festas tradicionais podem servir de motivo de atração turística, daí, por meio de órgãos oficiais, passarem a incrementar a sua prática, auxiliando as organizações folclóricas.

Até há pouco tempo os padres menos esclarecidos e delegados de polícia atrabiliários não permitiam manifestações folclóricas para não "envergonhar os foros de civilidade de uma cidade culta", fechando terreiros de candomblé, xangô, macumba, batuque, por serem afrontosos à religião dominante ou espaldeirando com os soldados macanudos os dançadores de cateretê, de fandango, de bumba-meu-boi, de coco de praia, de bambelô, prendendo bandeireiros no seu peditório pela cidade. Hoje são as autoridades que "promovem" as manifestações populares. Há prefeituras municipais com dotações de verbas para auxílio aos grupos folclóricos, que criaram Departamento de Turismo para cuidar também do folclore; incentiva-se o artesanato popular para a produção de *souvenirs*. A Secretaria de Turismo do governo paulista promoveu um "mutirão" com universitários, para coleta de dados, sobre turismo.

Não resta dúvida que tal atitude oficial é louvabilíssima porque favorece grupos de praticantes, afasta as ridículas taxações e multas que oprimentemente cobram dos brincantes. Entretanto, deixa margem para intromissões, arremedos, influências várias e mesmo orientação de folcloristas "sábios de palanque" que poderão tirar o sabor de autenticidade do fato folclórico.

As prefeituras municipais estão procurando incentivar da melhor maneira possível as festas populares e entre elas podemos destacar a de Recife, que tem, nas manifestações de seu rico folclore, uma importante fonte de renda. O seu Serviço de Recreação e Turismo da Secretaria da Educação e Cultura faz publicar e divulga o calendário das festas folclóricas do Recife apresentando também dados importantes sobre a culinária pernambucana com seus pratos, que Gilberto Freyre afirma: "Não se julgue, porém, que a nossa cozinha tenha a agressividade de certas cozinhas onde dominou o elemento negro. A qualidade principal da cozinha pernambucana reside naquele equilíbrio em que ela se situa, entre os excessos da cozinha africana – preponderante na Bahia – e os excessos da cozinha indígena, verificáveis nos estados setentrionais." Nos folhetos há indicações dos pratos do dia e locais onde o turista poderá saboreá-los, como: fritada de caranguejos e siris, goiamum, casquinhos de caranguejo, moqueca de siri-mole, mariscos; peixes em muquecas, sopa, peixadas; carne de sol, sarapatel, panelada; galinha de cabidela, galinha de resguardo com pirão; xinxim de galinha, canjica, pamonha, angu, cuscuz, mungunzá, bolo de tapioca, beiju, pé-de-moleque e os famosos "tira-gosto" de peixe-agulha frito de esturricar, rolinha, arribação, passarinha, tripinha, camarão, pata de caranguejo, caju torrado. Completam a lista as frutas mais deliciosas que só no Nordeste têm aquele sabor dulcíssimo: abacaxi, abacate, banana, caju, cajá, jaca, jabuticaba, laranja, laranja-cravo, manga-rosa, manga-espada de Itamaracá, mamão, mangaba, pinha (ata), graviola, sapoti; refrescos e sorvetes feitos de cajá, mangaba, tangerina, caju, abacaxi, maracujá, tamarindo, coco, pinha, graviola, sapoti, abacate, milho verde.

O calendário das festas folclóricas do Recife, de acordo com o nosso ano civil, tem a seguinte distribuição pelos meses, a saber: em janeiro, a 6, a queima das lapinhas, onde os cantos infantis encerram o ciclo natalino em cuja parte religiosa cristã aparece o primeiro grito de carnaval – a grande festa pagã que virá.

A partir da segunda quinzena, os tambores de xangô tocam festivamente para Abalu-aiê, que no hagiológio é São Sebastião, e a igreja o festeja no dia 20 de todos os anos do primeiro mês.

Em fevereiro o povo ferve no frevo no melhor carnaval do Brasil, o carnaval folclórico realizado na Veneza brasileira: blocos, cordões fantasiados, maracatus quer os de *baque virado* (com instrumentos de percussão), quer os de *baque solto* (de permeio vem os aerofônios), cabocolinhos, bumba-meu-boi, escolas de samba, troças, burras e ursos, clubes, corso, bailes de Zé Pereira.

Em abril, os terreiros de xangô estão alvoroçados com os toques para o filho de Iemanjá, Ogum, deus da guerra, cujo dia é a quinta-feira. Confundem-no com São Jorge Guerreiro. Na primeira semana após a Semana Santa, tocam para Obá, filha de Iemanjá.

No mês de maio, em alguns bairros da cidade, as *Bandeiras de Maio*, que remotamente nos fazem lembrar as do Divino Espírito Santo, saem em homenagem a Nossa Senhora.

As festas juninas se desenvolvem em torno de Santo Antônio, São João e São Pedro, sendo a mais concorrida a joanina, com fogos e muitas comidas derivadas do milho. Os terreiros em junho vibram em homenagem a Xangô que, para os afro-baianos, é São Jerônimo e Santa Bárbara.

Xangô é orixá dos mais prestigiosos, divindade controladora dos raios, chuvas, tempestades e trovões, seu dia votivo é a quarta-feira e a sua grande festa é a 30 de setembro noutras partes do Brasil. Entretanto, no Recife, os terreiros o cultuam como São João Batista, certamente porque este santo se apresenta muito jovem nas iconografias, sendo possível confundir-se com a divindade negra que é um homem viril, dançador exímio, qualidades que só um jovem pode exibir.

Em julho, enquanto os católicos romanos cultuam Nossa Senhora do Carmo, padroeira da cidade, os afro-católicos-brasileiros festejam deliramentemente a Oxum, deusa dos rios e fontes, tradução negra daquela.

Exu, divindade que requer despachos, é cultuada nos terreiros, ou melhor, nas encruzilhadas, no mês de agosto. É divindade temida embora seja orixá obscuro, um quase diabo ou o cão.

Em setembro os terreiros homenageiam a Ibeji, ou melhor, São Cosme e Damião, os gêmeos. Não se deve esquecer que a mais antiga igreja existente no Brasil foi mandada construir por Duarte Coelho em Igaraçu, sob a invocação desses santos anargiros do catolicismo romano, que para os negros simbolizam a fecundidade que tanto anelam.

Em outubro, aos sábados, nos xangôs pernambucanos há a festa do Inhame, que marca o início do calendário religioso afro-brasileiro-recifense, não coincidente portanto com o nosso ano civil, mas muito próximo do ano civil dos israelitas, fato este que poderá ter remota ligação com os negros muçulmanos do Recife. Na festa do Inhame reverenciam a Oxalá, o maior dos orixás, que na Bahia se confunde com o Senhor do Bonfim. A festa para Oxalá está no início do verdadeiro calendário das festas afro-recifenses por ser a maior divindade que os negros pernambucanos confundem com o Pai Eterno, o Deus Criador, iniciador de tudo. Sua festa é a abertura do calendário afro-recifense.

Finalmente o calendário anota para dezembro, dia 8, a festa para Nossa Senhora da Conceição, no morro do Arraial, e é, na Panela de Iemanjá, quando todos os xangôs vêm para as praias, principalmente na do Pina, e em Olinda, na do Rio Doce.

No dia 13, festa de Santa Luzia no bairro da Torre e desde os fins de novembro, na Mustardinha, o mamolengo prende a atenção de adultos e crianças. Ao entrar na segunda quinzena decembrina aparecem os presépios e lapinhas do ciclo natalino. Nas ruas, nos bairros pobres, dos milhares de mocambos saem os que brincam nos pastoris, no bumba-meu-boi, nos guerreiros e nas cheganças, com todo seu séqüito rememorando o naufrágio da Nau Catarineta – neste grande teatro popular nordestino, cuja ribalta é a praça pública, a rua, onde desempenham papéis de almirantes, capelães, generais, os mais pobres labregos do Brasil, porém portadores da maior fortuna de um povo – a sua tradição.

Na passagem do ano civil, a 31, o orixá poderosíssimo Orixalá, rei da pureza, símbolo do céu, recebe em alguns xangôs do Recife os toques ritmados de seus tambores religiosos.

O calendário das festas folclóricas do Recife, distribuído pela Divisão de Recreação e Turismo Municipal com as demais informações ali insertas, é um esforço oficial digno de ser imitado. Por outro lado é um incentivo para fixar na consciência do povo o valor de suas vivências, incrementa o artesanato popular, desde o da cerâmica dos municípios vizinhos de Caruaru, Trucunhaém, Goiana e outros ao dos trançados, desde a xilurgia ao preparo das ferramentas usadas pelas divindades do xangô, peças em miniaturas que a maioria dos turistas brasileiros acredita serem portadoras de felicidade, espécie de amuleto, ou talismã, procuradíssimas nas muitas bancas de raizeiros existentes no mercado de São José.

O patente interesse econômico da Divisão de Recreação e Turismo por enquanto não obnubila o esplendor das manifestações folclóricas, quer no campo do folclore material, quer no espiritual, sua atuação é positiva.

FESTAS E TURISMO

Festas de caráter religioso promovem turismo no estado de São Paulo, segundo constatamos em 1961, quando, a serviço do Conselho Estadual de Turismo, realizamos pesquisas nesse sentido. Somavam naquela época vinte anualmente, determinando movimentos de correntes turístico-religiosas. Eram, segundo se constatou, empreendimento de comunidade e, não isolado, apresentando em sua maioria motivos populares, folclóricos. Em geral tais festas se realizam em cidades, antigas e tradicionais do serra-acima, sendo apenas três encontradas no beira-mar nas "quatrocentonas" Cananéia, Itanhaém e Iguape.

Nas comunidades tradicionais as festas religiosas são de data móvel ou fixa. Dentre as primeiras predominam aquelas dedicadas ao Divino Espírito Santo e dentre as fixas as em homenagem ao Senhor Bom Jesus e à Santa Cruz.

Festas móveis. As festas móveis estão em geral em íntima relação com um grande acontecimento religioso, por exemplo, a Semana Santa; daí não ter data fixa. Cinco são dedicadas ao Espírito Santo e, uma, a São Benedito.

As festas do Divino se realizam em Tietê no último domingo de dezembro: nela, o "encontro das canoas" no lendário rio dos monçoeiros é um espetáculo digno de ser visto, há batuque e cururu; em Socorro, a 15 de agosto ou no domingo que o antecede, com procissões, barracas, muitos fogos de artifício, congada e caiapó; em São Luiz do Paraitinga, em maio ou junho, com império, moçambique, dança de fitas, jongo, cavalhada, João Paulino e Maria Angu; em Piracicaba, em maio ou junho, de conformidade com o nível do rio para o "encontro dos marinheiros", há exibições de danças promovidas pelos membros do Centro de Folclore de Piracicaba, mais de 20 modalidades folclóricas, bem como comidas e bebidas típicas paulistas; em Itanhaém, em maio, com casa de império e folias. Dedicada a São Benedito, realiza-se em Guaratinguetá uma festa no domingo e segunda-feira da Ressurreição e Pascoela com a Coroação do Rei de Congo do Brasil, cavalhada religiosa e moçambique.

Festas fixas. As festas fixas são em número de catorze: da santa-cruz, em Itaquaquecetuba, da noite de 2 para 3 de maio, com dança-da-santa-cruz; na Aldeia de Carapicuíba, na mesma data, com dança-da-santa-cruz, dança da zagaia e sarabacuê; em Tatuí, a 3 de maio, com procissão de carroças de lenha; na mesma cidade a 16 de agosto, Cavalaria de São Jorge; de Nossa Senhora dos Navegantes em Cananéia, a 15 de agosto, com procissão marítima; de Bom Jesus, a 6 de agosto, em Iguape, onde estão tentando reviver a marujada; em Pirapora, que recebe a Romaria de Cavaleiros de Santo Amaro; em Tremembé, com moçambique e congada; e em Perdões (Ajuritiba), com congada, catira e samba rural; de São João Batista, no dia do santo, em Atibaia, com cavalaria religiosa, congada e samba rural; de São Roque, em Porangaba, a 16 de agosto, com tourada, cateretê e fandango; de Nossa Senhora do Bom Sucesso, no município de Guarulhos, a 15 de agosto, e nesse mesmo dia, para a mesma santa, a de "Carpição", no município de São José dos Campos; e a de Nossa Senhora da Aparecida, em Aparecida do Norte, a 7 e 8 de setembro, com congada, moçambique, caiapó.

São ao todo 19 cidades paulistas que poderiam desenvolver ainda mais o turismo religioso, levando em conta precipuamente os cuidados higiênicos, transporte etc. Aparecida do Norte, Pirapora do Bom Jesus e Iguape são comunidades onde o turismo religioso tem caráter permanente.

Além das festas de caráter religioso, onde são tradicionais as manifestações folclóricas, estão agora as de produção, introduzindo em seus programas exibições folclóricas, comidas típicas paulistas. Nesse sentido, Accacio de Villalva, presidente do Conselho Estadual de Turismo, vem procurando incentivar e reorganizar algumas festas de produção que haviam ficado no olvido. Nas festas do vinho em São Roque, da uva em Jundiaí, do pêssego em Itaquera e Mairinque, da laranja em Limeira, do café em Ribeirão Preto, do morango em Moji das Cruzes, da maçã em Campos de Jordão, já se encontram comidas típicas paulistas como atrativo turístico. Nelas todas há, embora seja uma forma de intromissão oficial, algo que se relacione com a nossa tradição. Em muitas festas de produção comparece o Centro de Folclore de Piracicaba, sob a direção de João Chiarini, para, com seus membros, dançando nos tablados, nas ruas ou em cima de grandes caminhões, dar um espetáculo de brasilidade, chamando a atenção para aspectos pouco conhecidos do rico folclore paulista.

Para a festa natalina, para o preparo do presépio que a tradição secular recomenda que se arme nos lares, a partir do último sábado de novembro até o domingo que precede o Natal, nos mercados municipais de Taubaté e São José dos Campos dezenas e dezenas de bancas vendem inenarrável quantidade de figuras de barro, peças geralmente não cozidas ou malcozidas, pintadas.

O conjunto de 21 figuras compõem o presépio caipira, cuja procura ano após ano vem crescendo. O artesanato popular periódico tem nessa época o seu florescimento – quase não há mulher piraquara que a partir de setembro não dedique muitas horas na confecção das figuras. Elas terão venda certa. Turistas vindo especialmente de São Paulo adquirem tudo o que encontram. Pode-se mesmo afirmar que os presépios caipiras, ingênuos e garridos, as lapinhas enfeitadas de flores de cor berrante, constituem atualmente verdadeiro motivo de atração turística para aquelas cidades vale-paraibanas.

CAPÍTULO II
Bailados

DEFINIÇÃO DE BAILADOS

Foi Mário de Andrade quem denominou danças dramáticas aos bailados populares: "Reúno sob o nome genérico de danças dramáticas", disse o saudoso escritor paulista, "não só os bailados que desenvolvem uma ação dramática propriamente dita, como também todos os bailados coletivos que, junto com obedecerem a um tema dado tradicional e caracterizador, respeitam o princípio formal da suíte, isto é, obra musical constituída pela seriação de várias peças coreográficas."
 A nosso ver os bailados populares no Brasil foram largamente usados na catequese porque os jesuítas, criadores do teatro religioso, lançaram mão dele iniciando a conversão da indiada, depois do negro, e, por que não dizer, do próprio português que para aqui veio, cuja religião da maioria era a aventura e a conquista.
 No teatro catequético do bailado popular há uma dicotomia que se fundamenta no assunto central. E esse assunto é de religião: conversão e ressurreição.
 O primeiro tema é mais difícil de ser compreendido, mais elevado porque envolve algo de filosofia religiosa – a conversão; daí ser aplicado aos grupos, embora populares, mais selecionados, como sejam as confrarias, as irmandades de negros. Exemplo desse tipo é a congada.
 O segundo tema é o da ressurreição. Mais fácil de ser entendido porque está presente na civilização tradicional. Na arqueocivilização já se praticava através dos ritos presentes no renascimento do vegetal. Vive portanto no subconsciente coletivo. Por ser mais assimilável, mais fácil de ser entendido, mais popular, não foi preciso entregá-lo para que confrarias zelassem por ele, o próprio povo dele se apossaria. E é o que se dá por exemplo com o bumba-meu-boi e outros bailados simples onde o *leitmotiv* é a ressurreição.

O jesuíta é conhecedor da pedagogia. Sobre o conhecido se inicia a ensinar o desconhecido. Sobre os alicerces de algo que se praticara é que se levantou o edifício artístico do bailado popular. Aproveitou velhas práticas africanas, a índole belicosa, a hierarquia ábrega e quejandas, ensinou-lhes porém que para gozar as delícias do céu era preciso converter-se, deixar o paganismo ou maometanismo. Não desprezou o passado negro, deu-lhes um presente branco para gozar um futuro celeste, graças à conversão e abrigo no "seio da santa religião". Ensinou que há uma luta entre o Bem e o Mal. Este deve perecer, aquele vencer. O Mal é mouro, o Bem é cristão, foi o discernimento que o bailado popular deu.

Pode-se deduzir que não houve grande preocupação por parte do ministrador de tal forma de "diversão religiosa" quanto à intromissão de valores ameríndios. Aí está o cacique presente em muitas congadas. Além do cacique se imiscuindo entre os destacados, veio também o sincretismo militar com a hierarquia de alferes, tenentes, capitães e generais. Em alguns lugares adotaram as cores nacionais na indumentária. Deixaram em parte o azul (dos cristãos) e o vermelho (dos mouros) para adotar o verde (batalhão dos Periquitos) e o amarelo de berrante e ingênuo nacionalismo.

Com o conhecimento anterior da ressurreição, somaram-se as práticas conhecidas por aqueles habitantes cuja técnica de subsistência no Brasil rural é muito extensa – a pastoril. Implantou-se nessas regiões um brinquedo barroco de entrecho simples, buliçoso porém, garrido como seja o bumba-meu-boi.

Segundo essa dicotomia que o centro de interesse dos bailados populares nos dá, dividimo-los em dois grandes grupos:

– da *conversão*: congada, marujada, moçambique, ticumbi;

– da *ressurreição*: quilombo, caiapó, guerreiros, cabocolinhos, lambe-sujo.

Em algumas congadas, marujadas, além do tema fundamental que é o da conversão, pode acontecer que apareça o outro, o da ressurreição. Isso não invalida a nossa divisão que é de ordem didática.

A tese da conversão está também presente na cavalhada, mas acontece que esta era no passado bem próximo o teatro ao ar livre, da aristocracia rural brasileira.

A tentativa da catequese foi inaugurada com o índio primeiramente, é o que nos afirma o padre Fernão Cardim, com os reinados de índios e as danças de espada[1]. Graças ao espírito associativo do negro foi possível dar-lhe um

---

1 Fernão Cardim, *Tratados da terra e gente do Brasil*. São Paulo, Nacional, 1939, p. 312, v. 168. Coleção Brasiliana.

grau mais alto na escola de catecúmenos, não se lhe ensinou apenas o primeiro passo da ressurreição, foram mais além, pregou-se a conversão.

A própria difusão dos bailados populares de norte a sul do Brasil se deve primacialmente ao jesuíta que lhes deu unidade e uniformidade porque uma só era a diretriz desses religiosos. Caso dependesse dos africanos outra teria sido, porque estoques raciais diferentes se localizaram em regiões diferentes. Muitos negros nem no caçanje se entendiam; como poderiam ter as mesmas tradições? Os bailados se difundiram e guardaram uniformidade graças ao jesuíta. A congada, por exemplo, é conhecida de norte a sul do Brasil. O bumba-meu-boi também, e isso se deve ao erudito que os organizou e distribuiu sabiamente para as confrarias e para o povo. Caso tais tradições fossem somente de origem africana, como assoalham, não teriam essa unidade, essa uniformidade no tempo e no espaço.

O jesuíta, na própria África, nas colônias portuguesas e mesmo em Portugal, adotou o teatro popular com a escravaria negra. Lá se praticava também a escolha de reis e sua coroação. Coroação que muitos confundem com a congada. Uma coisa é a congada, outra é a coroação do rei de congo. Esta nós a estudamos em "Festas". O que o viajante Henry Koster[2] viu no século passado foi coroação de rei de congo e não congada. Congada é bailado, é teatro catequético cujo entrecho foi escrito certamente por algum erudito.

Então a congada não é folclórica. Foram eruditos que a escreveram. Tornou-se folclórica graças à aceitação, adoção e uso. É claro que na atualidade a função precípua para que foi criada deixou de existir. Fator interno, como chamaríamos a este da finalidade, aliado a outras causas, tem proporcionado o desaparecimento dos muitos bailados populares. Estas formas estão sendo abandonadas, outras vezes transformadas ou dando lugar para aceitação de novas. É o fenômeno que está se dando com os bailados populares no Brasil.

---

2 Henry Koster, *Viagens ao Nordeste do Brasil*. Trad. e notas de Luiz da Câmara Cascudo. São Paulo, Nacional, 1942, v. 221, Coleção Brasiliana. Ver p. 335, onde descreve um fandango (ou marujada); nas pp. 406 e 415 ss., descreve um batismo do rei dos mouros, uma porfia entre cristãos e mouros, realizada na praia, usando barcas, possivelmente uma chegança de marujos.

CONGADA

Localização geográfica

É provável que no tempo e no espaço seja o bailado popular mais notável. É Luís Edmundo que a surpreende no Rio de Janeiro colonial no tempo dos vice-reis. Dela há registros de vários viajantes que perlustraram nossas terras no passado. Neste século alguns estudiosos registraram-na em vários pontos do Brasil: Ceará, Paraíba, Bahia, Espírito Santo, Minas Gerais, Goiás, Mato Grosso, Paraná, Rio Grande do Sul. Particularizando podemos afirmar, graças a nossas pesquisas *in loco*, a sua presença em uma vintena de municípios paulistas. Em 1948, ao prepararmos um mapa das atividades folclóricas em São Paulo, apontamos Atibaia como a capital da zona congueira. Registramos a congada nos seguintes municípios: Ajuritiba, Aparecida, Atibaia, Bragança Paulista, Caraguatatuba, Eldorado Paulista, Iguape, Ilhabela, Itapetininga, Itapira, Itatiba, Joanópolis, Lindóia, Moji das Cruzes, Mojimirim, Jacareí, Nazaré Paulista, Piracaia, Salesópolis, Santo Antônio da Alegria, São Sebastião, Serra Negra e Socorro.

De uma região para outra seu nome pode variar, mas o *substractum* dela é sempre a luta entre cristãos e mouros. Alardo, ticumbi[3] ou baile-de-congos (ES); calumbi, cacumbi, corte-de-mouros, congo-do-morro, baile-de-congos (no interior baiano); congada, congado ou congo (MG, MT, GO, SP); congada (PR, RS). Neste é também conhecido por quicumbi. Em Minas Gerais há

---

3 Ticumbi – Forma simplificada da congada, em que dois reis negros lutam para ter o privilégio de realizar a festa de São Benedito. O rei Bamba é vencido pelo rei de Congo e por este batizado com sua gente, quando então se dança e canta o ticumbi. Na dramatização, embora haja embaixada, à qual poder-se-á atribuir cunho africano, como vários autores repetem, no fundo é nitidamente visível o intuito da catequese – conversão e batismo do pagão.

o catopês, que pode ser considerado como congada, ou melhor, arremedo de congada, foi o que vimos em agosto de 1961 em Montes Claros.

Histórico

O estudo dos fatos do passado, das canções, das gestas aponta-nos que a congada não é de origem africana[4], mas é uma reminiscência da "Chanson de Roland" sabiamente aproveitada pelo catequista.

O desfiladeiro de Roncesvales é o caminho[5] obrigatório de quem transitava entre o continente europeu e a península Ibérica. Está no caminho que atinge lá distante Santiago de Compostela[6 e 7] – uma das mecas do catolicismo romano mundial, portanto, desde os meados do século IX, os romeiros e peregrinos que por ali passaram contribuíram para difusão dos fatos desenrolados.

Os trovadores transformaram as personagens dessa refrega em tipos épicos e essa canção de gesta – epopéia nacional francesa – veio até nós através da península Ibérica. As epopéias nacionais, as canções de gestas floresceram ali pelos fins do século XI: canções líricas umas, épicas outras, nas quais os

---

4 Mário de Andrade, *Danças dramáticas do Brasil*, São Paulo, Martins, 1959, pp. 27 e 33, 2º v.
   P. 27: "Ainda sob o ponto de vista musical, cumpre notar que os *congos* não apresentam nada de particularmente negro-africano."
   P. 33: "E, além disso, os *congos*, quer por influência colonial ainda dos padres, quer por simples mimetismo popular, estão radicalmente contagiados pelos autos religiosos da nossa primeira vida colonial."
5 R. Menédez Pidal, *Poesía juglaresca y juglares*. Madri, Centro de Estudios Históricos, 1924, pp. 337-8.
   "Así cada vez encontramos más testimonios de lo muy propagadas que andaban por España las gestas de Carlomagno al lado de las nacionales, pues la peregrinación a Santiago, siempre creciente, activaba la comunicación con Francia. Además, la peregrinación no solo influía en los juglares españoles, sino en los franceses."
   P. 338: "Los juglares franceses, al entrar en España por Roncesvalles, habían de sentir una commoción profunda en los recuerdos propios de su juglaría; en su alma, la vista de aquellos montes levantaba un hervidero de memorias de los dose pares muertos allí, y del grand emperador que había conquistado de la morisma el camino que ellos como peregrinos iban a recorrer."
6 Teophilo Braga, *Cancioneiro portuguez da Vaticana*, Lisboa, Imprensa Nacional, 1878, LXII, cap. IV.
   "A phrase *caminho francez*, embora induza a determinar a corrente das pastorellas, significa também que a romagem a San Thiago influiu na comunicação d'este genero poetico; já Du Puymaigre observou e com elle Monaci, que a romaria de San Thiago de Compostella attrahia um grande numero de peregrinos, e a estrada por onde vinham era conhecida pelo nome de *caminho francez*."
   P. 132: "O hábito das romagens piedosas ainda tão popular na Província do Minho influiu em um gênero de cantos chamados de *ledino*. A romagem de S. Thiago a Compostela tornava a Galiza um centro de unificação poética, e é por esta circunstância secundária, mas que fortalece as condições étnicas, *que a Galiza ficou o foco de irradiação do gosto trovadoresco*." (O grifo é nosso.)
7 Alberto Vieira Braga, *Curiosidades de Guimarães*, Guimarães, Portugal, 1945, v. XVI.
   O autor de "Influência de São Tiago da Galizia em Portugal" (1933, neste novo estudo da série de *Curiosidades de Guimarães*), assinala à p. 7: "A primeira batalha do espírito, de inspirados luzeiros e desígnios e de afirmações de fidelidade e de obediência a um credo de salvação humana, foi desferida contra os mouros e judeus pela voz do Apóstolo, do asceta, de evangelizador S. Tiago..."

trovadores medievais relatavam em longos poemas os feitos dos cavaleiros cristãos. Inspiraram-se comumente em três ciclos: da França ou carolíngio, de Bretanha e clássico.

No primeiro ciclo a figura central é Carlos Magno. Foi de um episódio da vida desse grande campeão catequizador que surgiu a "Canção de Rolando": canção de gesta que pertence à classe das épicas, tal qual as "chaconas" entoadas pelos cegos errantes, outros a quem se deve a difusão das lendas criadas em torno dos personagens decantados. No reinado do batalhador da cristandade os fatos são de ordem militar e religiosa: ora é a conquista da Lombardia e submissão do ducado de Benavente, a guerra dos saxões, a campanha contra os bávaros, ou a entrada religiosa para sua coroação na basílica de São Pedro, coroado imperador no dia de Natal de 799, pelo papa Leão III. Tudo isso foi motivo para as canções de gesta e outras manifestações de arte, por exemplo, escultura[8].

Embora a moderna crítica histórica negue a vinda de Carlos Magno à Espanha, a poesia francesa e a provençal nos legaram a "Canção de Rolando", que descreve sua vinda à península Ibérica para combater os mouros infiéis – tema presente ainda hoje na congada –, repetindo algo daqueles fatos decorridos em 778 quando o emir de Saragoça e seus comparsas, sublevados contra Abderramane I, califa de Córdova, pediram apoio ao imperador cristão. Então as embaixadas vão e vêm, confabulam cristãos com mouros. Carlos Magno, tendo que regressar à Gália por causa dos levantamentos de saxões e outros

---

8 Manuel Monteiro, "*La Chanson de Roland* no Romântico português", *Bracara Augusta*, Revista Cultural da Câmara Municipal de Braga, Portugal, v. II, fasc. 2 (15), jul./1950, pp. 90-2.
 O autor refere-se à escultura da catedral metropolitana de Braga onde foram esculpidos motivos inspirados na "Chanson de Roland".
 "Ora esses incidentes do *Roman de Renart* foram inspirados ao remoto e ignorado escultor pelos rapsodos errantes – *jongleurs* –, quando, jornadeando com as caravanas de viajantes – as mais das vezes peregrinos – aqueles cantores e estas se associavam nas etapas das viagens, ou com estas marchavam ao longo dos longos caminhos, divertindo-as ou edificando-as com seus cantos ao som da viola, onde ressaltavam as alusões picantes da dita alegria jocosa, os aspectos mais emocionantes da lenda e martírio dos santos, os feitos prodigiosos das epopéias dos ciclos arturiano e carolíngio... É de se notar que ainda hoje, tanto no Norte de Portugal como na vizinha província da Galiza, na ocasião das romarias, os ranchos de romeiros transpõem formidáveis distâncias, a pé, ao som de descantes e dos rudes e primitivos instrumentos músicos."
 P. 91: "Mas nem só nas arquivoltas das entradas das igrejas se perpetuavam as histórias cantadas pelos trovadores e lhes eram sugeridas quer pelos livros sagrados, quer pelos hagiológios ou pelas proezas miríficas dos cavaleiros andantes. Segundo me parece, com efeito, um capitel do segundo formalote meridional, a partir da nave do cruzeiro, relembra, sem dúvida alguma, o episódio típico, ou mais saliente de 'La Chanson de Roland': o herói de Roncesvales, de pé e ao centro, aboca o olifante empunhado com a mão direita enquanto a esquerda retém as rédeas de dois cavalos, agora mutilados, que enquadram a pequena composição. É o momento em que Rolando, após a disputa com Oliveiros e obedecendo às razões do interveniente arcebispo de Turpin, se decide a fazer soar a sua tuba cujo dilatado e possante som ultrapassará os altos montes, alertará Carlos e sua hoste, em avanço, na vanguarda."

povos por ele submetidos, ao passar nos desfiladeiros dos Pireneus, é atacado de surpresa pelos vascônios, dominadores do vale de Roncesvales, que exterminam com os francos, inclusive com Rolando, que morreu por motivo do esforço de tocar a buzina para chamar ou avisar o imperador.

Personagens e lendas se misturam. A lenda substitui gascões pelos sarracenos; já pela existência da velha contenda entre mouros e cristãos, ela inventou a infragível amizade entre Rolando e Oliveiros; ela nos traz Fier-à-bras, herói sarraceno de uma canção de gesta do século XII, dando-nos Ferrabrás, filho do almirante Balão e rei de Alexandria; ela nos coloca o cavaleiro que se apaixonou pela filha do emir, a bela Floripes – o valoroso Gui de Borgonha. E este Reginer? Será Reginaldo ou será reginense, povo antigo de Espanha? E a nossa congada veio de lá, passou pela Espanha e Portugal[9] e, um dia, certamente os jesuítas, amantes do teatro, coligiram fragmentos e recompuseram, criando uma peça de teatro popular para conversão, agora não de mouros, mas dos filhos do ábrego continente que para o Brasil vieram na mais dura condição humana – a de escravos –, destituídos do muito que possuíam em África – a liberdade.

O fato da peripécia vivida em Roncesvales se renova, em parte, nos dias de hoje na congada e cavalhada em terras brasileiras, bem como na literatura de cordel das feiras nordestinas, fixadora de boa parte da farta messe da poética oral dos trovadores, dos cantadores, dos poetas do sertão do Nordeste brasileiro.

A linha divisória dos Pireneus nos chama a atenção para um fenômeno digno de ser estudado – a maneira de relatar os fatos ocorridos no desfiladeiro de Roncesvales de fusão com outros acontecimentos mais ou menos coe-

---

9 Luís Chaves, "Danças, bailados & mímicas guerreiros", Separata de *Ethnos*, Instituto Português de Arqueologia, História e Etnografia, Lisboa, 1942, v. II, pp. 23-5.

"O melhor documento da série de autos-bailados e autos-pantomimas é o da *Floripes*, auto representado pelo povo das Neves (Concelho de Viana-do-Castelo). Tem dois partidos, cada um com seu castelo, o dos cristãos e dos mouros (mais propriamente dos turcos). Passa-se ao ar livre. Os figurantes, durante o dia, tomam parte nos atos religiosos e vão na procissão "fazendo trajeitos e pantomimas.

Entram, da parte dos cristãos, o rei de saio e manto, coroa e espada e Oliveiros com a lança na mão; acompanham-nos porta-bandeiras. Do partido mouro fazem parte o rei, Ferrabrás, porta-bandeiras: saios vistosos, mitras cilíndricas, espadas.

Em versos, os reis exortam os seus à guerra. Fazem simulacro de ataques e de assalto aos castelos, com passes simbólicos de mímica guerreira. Tiros. Música. Bailados. Mouros presos, cristãos presos. Chega Floripes, filha do 'rei mouro'. Brutamontes guarda-a. Combates singulares. Os 'mouros' são vencidos. Ferrabrás é convertido. Floripes foge para o castelo cristão. Rufam tambores, freqüentemente.

Reconhecem-se nas personagens do auto-bailado as figuras de Carlos Magno e do conde Oliveiros no castelo de Mormiunda: do Almirante Balão e de seu filho Ferrabrás, rei de Alexandria, que os foram cercar."

vos. Além Pireneus, em França, as formas em versos, o canto dos bardos, dos trovadores que foram os principais órgãos de difusão dos episódios, culminando com a "Chanson de Roland", provavelmente composta no final do século IX, por autor desconhecido na época do florescimento das epopéias nacionais. A "Chanson de Roland" veio a se tornar a canção-símbolo da epopéia nacional francesa e inaugurou a história literária no país. Ela pertence ao ciclo de França ou carolíngio, repetimos.

Aquém Pireneus, na península Ibérica, de permeio com os fatos que caracterizam o ciclo da Bretanha, aparece a cavalhada.

O ciclo da Bretanha, que se caracteriza pela forma em prosa e não em versos, exerceu influência na península Ibérica. Deste são as novelas de cavalaria. Aqui veio se abeberar a cavalhada, forma lúdica de preparação para a cavalaria. A cavalhada nasceu portanto em terras ibéricas e revive as justas e apostas da França. Além da preparação, do manejo que não escondiam a belicosidade de suas evoluções, precisava ter um cunho cristão, uma finalidade que pelo menos satisfizesse a Igreja, que pudesse aparecer por ocasião de suas festas religiosas, não apenas como desfile, relembrando a velha Roma. Daí a sábia inclusão da parte dramática – a embaixada. Teatralizou-se o que a novela narrava – o episódio de Roncesvales. A cavalhada hoje rememora-o na parte dramática. E Carlos Magno – protótipo do catequista – volta-se com seus 12 pares de França contra o mouro infiel. A cavalhada é o teatro catequético. Quando de seu aparecimento havia um problema a ser enfrentado – o da recristianização da península Ibérica, ou melhor, a reconquista[10], que foi paulatina, pois os árabes em suas invasões dominaram-na quase toda em 714. Pouco a pouco a conquista cristã foi se dando. Em 840, no tempo dos Omíades, apenas o terço norte estava sob a égide cristã e os dois terços do Sul sob o domínio árabe. No século XII, em 1180, pouco mais da metade havia sido reconquistada. Foi nesse período, pouco antes, que os movimentos do recrudescimento religioso se processaram na península.

A meca do catolicismo romano em terras de Espanha – Santiago de Compostela – continuava a ser a meta dos peregrinos e romeiros do mundo católico romano ocidental. Desciam de França, vinham de Itália e de outros pontos, passando por Roncesvales, dirigindo-se para o santuário em terras do Reino de Leão, naquela pequena ermida que desde o tempo do Reino dos Suevos havia se tornado ponto de concentração de fiéis do catolicismo romano. Na farândola dos romeiros, quer nas estradas, quer ao redor do santuário, estavam presentes os troveiros – órgãos da opinião pública, os difundidores, arautos do pensamento de então, os cantadores de suas epopéias, os criadores da canção medieval, lírica quase sempre, mas também épica. Ali nasceram canções de gestas ou de história e as "chaconas" dos cegos errantes. (E os cegos ainda vivem hoje nas feiras a cantar, a trovar.) E os fatos do reinado de Carlos Magno forneciam-lhes o melhor pábulo a ser explorado. Ao troveiro anônimo das estradas que levam a Compostela, aos outros bardos e menestréis da literatura oral se deve a transmissão através do milênio desse fato – fato folclórico. O folclore é também documento para a História, quem não o conhece desconhece sua participação sociológica, humana, muito humana no escrevê-la, na transmissão para as gerações vindouras dos fatos vividos.

As romarias contribuíram para a difusão do episódio, e a tradição oral mantém vivo o relato dos fatos milenares. E é ainda hoje, no Brasil, por ocasião das romarias aos santuários ou das festas como a do Divino Espírito Santo onde os fiéis se congregam, que há a oportunidade para revivescência

---

10 Jaime Lopes Dias, "A descoberta da moura" (etnografia da Beira, teatro popular), Separata de *Ocidente*, Lisboa, 1951, nº 169, v. XLII, p. 199: "A moura agradece, de braços abertos, aos espectadores, que exultam com a vitória dos cristãos." (Peça assistida pelo ilustre etnógrafo beirão em 1951.)
  Ao tema da conversão, Luís Chaves, op. cit., 25, assim se refere: "Alude a costumes e fatos da conversão dos mouriscos esta dança de Arcozelo-da-Serra (Gouveia), a *Dança das donzelas*. Menciono-a aqui por essa razão; apesar de não ser guerreira, e pertencer a factos de religião, *liga-se verdadeiramente com o episódio da Reconquista, de que é conseqüência.*" (O grifo é nosso.)

desses fatos folclóricos: cavalhada ou congada. Em ambas vemos sua fonte inspiradora – o episódio de Roncesvales.

O mesmo fato histórico é interpretado literariamente de duas maneiras distintas: em versos e em novelas. Em versos – Canção de Roland, ou melhor, de Roldão, deturpação de seu nome adotado em Portugal. Da novela para o teatro, apenas acomodação inteligente. A novela teatralizada deu a embaixada para justificar dentro do cristianismo a belicosidade da cavalaria, blandiciada na cavalhada.

Ao passar para o Novo Mundo[11], os povoadores oriundos de Portugal e de Espanha, portadores da civilização ocidental, implantaram, como era de se esperar, as suas formas de recreação. Mas, no Brasil, nos primórdios de sua vida social, existiam duas classes distintas: a de senhores e a de escravos. Que fazer então?

A cavalhada, diversão dos nobres em terras de Espanha e Portugal, ficou com os senhores, com os fazendeiros, com a nobreza da terra. E para os escravos?

Para o escravo, para amenizar o espírito belicoso, para harmonizar os entrechoques criados pelos estoques raciais diferentes postos sob o mesmo tacão, para aplainar as relações entre os que estavam sob o mesmo jugo, o episódio centenário foi teatralizado, ajustando-se ao teatro de rua – a congada – catequese das massas, encarecendo a necessidade da conversão[12]. O pagão que se converter poderá gozar as delícias do reino, cantando e dançando.

É o que o documento da embaixada da congada colhido em Nazaré Paulista no-lo afirma.

Na reelaboração da história de Carlos Magno, que o teatrólogo anônimo fez para a congada, ou por um "erudidote" qualquer, outras histórias entra-

---

11 Luiz da Câmara Cascudo, *O folclore nos autos camonianos*. Departamento de Imprensa, 1950. El Rey seleuco, ed. de 1645: "Depois de cantarem farão uma dança, de espadas, cousa muito para ver..." "As danças de espadas, fingindo batalhas, foram de uso remoto e sempre popular. Resistiram em Portugal e no Brasil, estão nos autos tradicionais do congo e da chegança (cristãos e mouros)."

12 Jesus Taboada, op. cit. Em seu estudo, encontramos uns versos colhidos em Santa Maria de Trez onde há uma capela dedicada ao apóstolo São Tiago. Reproduzimos parte da louvação feita pelos "cristãos" ao santo, na porta de sua ermida: "Glorioso apóstolo Santiago, / portento de cielo y tierra, / amparo de los cristianos, / damos hoy valor y fuerza, / que, según tengo entendido / y my corazón recela, / me parece que va haber / una muy sangrienta guerra; / porque la tropa turquia / parece que se presenta / a cautivar los cristianos / y a profanar las iglesias. / No permitas, Santo glorioso, / que tal estrago suceda, / sino que se conviertan / a nuestra santa Iglesia. / Quisiera ser um David, / perseguido de Asalón, / y no verme enamorado / de una bárbara nación" (p. 337).

A tese catequética está também presente nestes versos da p. 341 da obra de Jesús Taboada, quando, na representação, o cristão diz ao mouro: "Mejor será y más perfecto / que tú tu vuelvas cristiano / serás mi compañero para defender la fe / de Cristo, Redentor nuestro."

riam, nelas figurariam as gestas portuguesas ou os autos brasileiros de assuntos africanos, levados a Portugal, fatos como a luta da suposta rainha Ginga[13], a famosa Njinga Mbandi de Angola, falecida há 300 anos. Nova também é a introdução de Floripes nesse auto de conversão. Por isso mesmo, o auto deixa de ter caráter medieval e se torna moderno, explorando o tema do amor de Floripes, noiva de Ferrabrás, agora apaixonada por um cristão, Oliveiros ou Gui de Borgonha.

Fenômenos dignos de nota devem ser apontados quando da passagem deste tema da península para as terras do Novo Mundo[14], da maneira como são apresentados. A cavalhada em pouco ou em quase nada se alterou.

Continua mais presa ao ciclo da Bretanha, porque, embora teatro catequético, o ponto central é a preparação, não escondendo portanto o adestramento militar, eqüestre. O próprio amor concebido como fonte de todas as virtudes humanas, tal qual se via na cavalaria, em suas novelas, cuja grande influência exerceu na península Ibérica, tem oportunidade de se manifestar na cavalhada. Nas cavalhadas de antanho, em São Paulo, muito namoro começou: as prendas, as alcanzias, a argolinha de ouro tirada na corrida na ponta da espada eram ofertadas a uma dama, namorada, noiva ou esposa. Isto não existe na

---

13 Mário Andrade, "Os congos", *Lanterna Verde,* Boletim da Sociedade Filipe d'Oliveira, Rio de Janeiro, n.º 2, fev./1935, pp. 50-3. Nesta conferência, o saudoso Mário de Andrade afirma: "Assim, na música dos *congos* nada nos permite garantir qualquer tradição africana pura. Se uma outra peça, pode, pela sua simplicidade melódica e fixidez rítmica, aparentar-se às melodias negro-africanas que conhecemos, isso nada tem de determinante. São caracteres que aparecem freqüentemente na música popular universal" (p. 42). Reforçando nossa tese, lemos mais adiante, à p. 43: "Assim pois, a música dos *congos* nada apresenta que permita garantir nela tradições imediatamente africanas. Pelo contrário, manifesta a mais extrema variedade de influência; e se são freqüentes nela os documentos especificamente afro-brasileiros, chega mesmo a conter peças da mais íntegra tradição européia, recordando especificamente a melodia da planície portuguesa."

14 À nossa afirmativa da presença do tema ibérico das congadas no folclore brasileiro e demais países latino-americanos, juntamos as referências encontradas no prestadio estudo de Paulo Carvalho Neto, "La rúa", baseado em documentos de 1795, 1938 e os de sua própria recolta em 1951: "En primer término, clasifico la rúa dentro del gran ciclo de las fiestas de cristianos y moros, folklóricas en la Península Ibérica y, posteriormente, en las Américas hispánica y portuguesa" (p. 620). "Como es sabido, todos los festejos de este ciclo están ligados, en sus orígenes, a la más cruenta lucha del cristianismo triunfante contra sus enemigos, que fue la sostenida para sojuzgar a los musulmanes de varias partes.

La rúa, pues, es una representación dramática paraguaya con escenas de guerra entre cristianos y moros. Dada su propia naturaleza debia gozar del beneplácito de los jesuítas, y inclusive, de su colaboración activa."

O autor aponta a dinâmica do folclore (p. 630): "Es de suponerse que turcos, moros y hungaros ya no hacían vibrar a nadie. Fueron, entonces, siendo naturalmente eliminados, mientras que en sus lugares entraban bueyes, el avestruz, el lagarto, abejas y avispas, toda una fauna rica de profundas significaciones en aquella área!" Paulo Carvalho Neto, "Lá rúa: una danza dramatica de moros y cristianos en el folclore paraguayo", Miscellania Paul Rivet, Octogenario Dicata, Mexico, 1958, pp. 617-44 (separata).

congada; ela é tão-somente a apresentadora de um herói cujo esforço é para o serviço de Deus e da Igreja. A congada, embora teatro de rua, não poderia ser filiada ao ciclo da Bretanha, mesmo porque não canta o amor ou loas à cavalaria e sim aos santos, dentre eles São Benedito, a Cristo, a quem o mouro deve submeter-se, batizando-se.

Na congada é mais viva a influência do verso, do canto. Revive então mais de perto a influência do ciclo carolíngio, qual a "Chanson de Roland". A maioria dos textos das embaixadas que temos recolhido no estado de São Paulo constitui-se de versos e não de prosa. Além dos versos, há cantos, o que não existe na embaixada da cavalhada.

O episódio que nos deu a parte dramática da cavalhada e congada atuais influiu também precipuamente a literatura de cordel nordestina, a qual podemos filiar à mesma linha do ciclo carolíngio, aquele de além Pireneus, pois é em versos. O nosso poeta popular, o trovador do sertão nordestino, é como o jogral – é repentista; canta fazendo o verso. Rica literatura de cordel – fixadora da literatura oral criada pelos cantadores do Nordeste brasileiro, pelos milhares de cantadores, de poetas do sertão, analfabetos na sua grande maioria, que nas alpendradas, nos copiares sob a luz do luar, ou nas feiras nordestinas, quais bardos, cantam o episódio do dia 15 de agosto de 778 que os troveiros e menestréis lá pelo século XI de permeio com a lenda auxiliaram a deformar a História, mas legaram um documento importante do folclore mundial – A "Canção de Rolando". Hoje, apertada nas sextilhas, ou noutras formas do sabor dos poetas nordestinos, revivem Carlos Magno e os seus pares, glosando a epopéia de Roncesvales, como a lemos em "A prisão de Oliveiros", do poeta sertanejo José Bernardo da Silva, natural da Bahia:

> Carlos Magno também
> tinha doze cavalheiros
> como outros iguais guerreiros
> o mundo hoje não tem.
> Nunca temeram ninguém
> segundo diz a história,
> tinham nas espadas a glória
> nunca torceram perigo,
> nunca foram ao inimigo
> que não contasse vitória.

Outro poeta sertanejo, Marco Sampaio, em "A morte dos 12 pares de França", literatura de cordel vinda de Juazeiro, canta:

"Eu sô Roldão, sobrinho de Carlos Magno." Congada de Piracaia.

Rei de congada. Terno dos Periquitos. Piracaia. À direita: *Congueiros em marcha, cantando. Nazaré Paulista.*

Em cima, à esquerda: *Congada de Piracaia.*

Em cima, à direita: *Um dos figurados do bailado da congada. Piracaia.*

À direita: *Tocador de tamborim. Congada de Poços de Caldas.*

> O exército de Carlos Magno
> sabendo do acontecimento,
> chorava como criança
> e com puro sentimento
> se puseram a caminho
> com um profundo lamento.
>
> Carlos Magno foi o primeiro
> que chegou onde ele estava,
> vendo ali morto Roldão
> em soluços se afogava
> e prostrando-se por terra,
> como que se desmaiava.
>
> Tornando recomeçou
> a chorar e a dizer:
> – Roldão meu caro Roldão,
> foi eu quem te fiz morrer
> em mandar-te para guerra
> e não ter vindo te socorrer.
>
> Oh! meu amado sobrinho
> braços que não se curvava
> semelhante a Macabeu
> em proezas não te igualava,
> honra de todos franceses
> homem que todos amavam.

A literatura de cordel nordestina[15], como vemos nesta pequena amostra, é em verso, tão-somente, uma prova da vivência do ciclo carolíngio a se estender em pleno século XX nas terras cálidas do Nordeste brasileiro. Do mesmo ciclo, do carolíngio, a teatralização, onde predominam o verso e o canto, encontramos no documento recolhido em Nazaré Paulista, cuja embaixada da congada a tal ciclo se filia, pois julgamos ter ali fragmentos da "Canção de Rolando".

Na embaixada, parte fundamental da congada, reencontramos personagens lendários que nos séculos distantes estiveram presentes na "Canção de Rolando" e agora vemo-los nas praças de algumas cidades interioranas paulis-

---
15 Alceu Maynard Araújo, "Considerações sobre a literatura oral em duas comunidades brasileiras", *Sociologia*, v. XIX, n.º 4, São Paulo, 1957.

tas a bailar, a falar, interpretados por pretos na grande maioria, mulatos e alguns caboclos: Carlos Magno na congada de Piracaia é um pretalhão ágil, voz atenorada, destro no manejo da espada; Roldão, Oliveiros, Rogério Deanoa, Ricardo ou Ricarte, Gui de Borgonha são pretos ou mulatos. Os "mouros" não falam o vasconço, mas dizem muitas palavras incompreensíveis. Os cristãos dizem palavras duras e ríspidas aos mouros, a Ferrabrás – um gigante negro, cuja voz estentórica é ouvida a distância nas vielas de Nazaré Paulista, quando após a conversão se torna humilde. Na parlenga dirigem-se ostensivamente ao almirante Balão, a Ferragum ou ao traidor Galalão, nome este de origem francesa *Ganelon* – daquele barão, um dos pares de França que traiu. Ganelon é o nome que rememora a traição, quando lá pelos idos de 637 os 12 chefes enviados por Dagoberto contra os vasconços (embora tivessem obtido êxito) foram traídos e, no vale do Subola, o duque de Harembert e outros chefes brancos pereceram por causa dessa traição. O Galalão de nossa congada é bem provável que seja o mesmo "Ganelon" das "Chansons de gestes".

Elementos da tradição se entrelaçam e a própria arqueocivilização está presente neste número "12 pares" da congada, rememorando o ciclo carolíngio, em que os heróis se punham a serviço do Deus cristão e da Igreja: Carlos Magno, o campeão da cristandade, recorda o Cristo, quando reúne em torno de si 12 fidalgos, barões de França, como os 12 apóstolos. Judas foi o traidor lá na Judéia, houve na França um Ganelon, presente hoje na congada paulista com o nome de Galalão.

Tivemos primeiramente uma dúvida a respeito de Galalão. Seria uma deturpação de Galaor, aquele herói da cavalaria andante que aparece nas novelas de guerra, principalmente as espanholas? Não. Pelo papel desempenhado na congada estamos convictos de que o nosso Galalão é o Ganelon.

Função social

A congada é folclore artificial, criado pelo catequista, visando uma função sublimadora (psicanálise) dos escravos e outra integradora do pagão, do fetichista na religião oficial. A escravatura, nas suas raízes em terras d'África, levava à destruição das civilizações africanas, procurando desagregá-las. Vieram nos tumbeiros negros de diversos estoques tribais. A política da Igreja entretanto procurou manter as nações. Ora, as nações africanas eram inimigas entre si, e essas lutas vieram continuar aqui no Brasil. O plano então seria evitar uma revolta contra o branco pela união das diferentes nações. O folclore artificial mantinha, em parte, a velha tradição. Os negros formavam tribos que se guerreavam – suas danças eram guerreiras. A Igreja transfere sabiamente esse instinto guerreiro do negro em espécie de cruzada religiosa. Ela introduz um sincretismo, misturando a atitude guerreira do negro com o sentimento religioso.

Simples instrumento de trabalho como eram considerados os escravos, para garantir boa produção, os capelães aconselharam aos senhores dar-lhes certos dias de festa por ano. A Igreja visava cristianizar, exigindo dos escravistas descanso nos dias das grandes datas religiosas. Graças aos dias de folga, à política de dar divertimento em certos dias do ano, muitas das músicas e das danças trazidas pelos negros se mantiveram. Os padres, defensores dos negros, mantinham severa fiscalização para que seus protegidos não dessem caráter muito sensual às suas danças. Esta, porém, era estimulada pelo senhor branco, que via nelas a maior possibilidade de procriação.

Desta interação entre padres, patrões e escravos, podemos separar as manifestações do folclore negro em três formas características: *congada*, que é dos negros e ministrada pela Igreja; *batuque*, condenada pela Igreja, favorecida pelo senhor: era a dança de prostituição das senzalas; e finalmente a *macumba* ou candomblé, condenada pelos patrões brancos e pela Igreja, mas tradicional do negro livre, persistindo nas zonas rurais. Só pôde ser conservada onde podia se esconder, fora do controle. Ela é representação da arqueo-civilização negra. Conservou-se também pura porque é obra de escravos, vem da civilização tradicional, negros relativamente livres, em permanentes contatos com a África, dela recebendo até instrumentos de culto por viverem em cidades litorâneas, realizavam a transmissão da tradição religiosa através da iniciação, como aconteceu com o candomblé, o xangô.

O batuque, dança erótica, recebeu a condenação da Igreja e a congada foi por ela prestigiada. Na congada, o seu participante fazia parte de uma confraria religiosa. O negro é menos individualista do que o branco, procurou sempre associar-se, formar grupo de cooperação. Formavam grupos que às vezes se desentendiam, como acontecia com os congos e moçambiques, disputando sempre; daí nunca terem o mesmo lugar nas procissões. Os negros eram colocados no começo dos cortejos religiosos ao lado dos meninos, costume que deu origem à seguinte crença: "Não vindo a irmandade de São Benedito à frente é chuva na certa."

A razão de ser da congada no passado era transferir, sublimar o instinto guerreiro do negro em fator criador, religioso: negro cristão × negro pagão. Sublimada, a atitude guerreira do negro era ao mesmo tempo uma defesa para o branco. Deste ele tinha ressentimentos que se traduziam pela agressividade. Os brancos procuraram um "pára-raios" – o feitor, em geral um mulato. A cólera do negro se voltou então contra ele. Às vezes colocavam-no contra o invasor, como foi o caso das guerras contra os holandeses. Na congada, os mouros simbolizam o invasor, herege. A necessidade de se coroar um rei negro que conservasse autoridade sobre os demais irmãos de jugo e fosse o intermediário entre o branco e o negro, entre o mestre e o escravo, foi outra válvula de segurança.

O folclore é uma forma de evasão. A congada bem representou essa forma, porque no presente a Igreja modificou sua atitude para com ela. Agora considera essas festas obstáculos à fé cristã, a religião não deve ser manifestada por danças e cantos como a congada, o moçambique, a marujada. As confrarias não as fazem mais, são os pretos obrigados a criar suas próprias "companhias" e "ternos" de congo, de moçambique, espécie de "sociedades teatrais" que mantêm esse folclore artificial. Sociedades folclóricas mantidas em união graças a três elementos distintos: econômico, demográfico e solidário.

O negro é mais social do que o branco. Como o branco é mais individualista tem, por exemplo, no cururu ou no frevo, a sua possibilidade de maior evasão, e o negro, menos individualista, acomodou-se mais facilmente na congada. A congada apoiou-se no sincretismo guerreiro mais cristianismo. Ela transformou o instinto guerreiro do negro em fator criador, religioso, sublimado portanto. Sobre as ruínas de tribos negras, em geral inimigas entre si, criou-se uma forma de solidariedade, uma confraria que tinha sua grande festa ou oportunidade de aparecer, na congada.

É bem verdade que o folclore negro artificial no Brasil é um teorema de composição de forças. O próprio perigo da união dos negros contra o branco tinha vazão no folclore. Neste podia-se sentir a luta entre o senhor de engenho e o jesuíta, porque o fazendeiro permitia a dança sensual na senzala onde estavam presentes os ritos da procriação, para aumentá-la em seu proveito econômico, e o jesuíta proibia-a, incrementando a de cunho religioso – a congada. Catolicismo dos jesuítas × catolicismo sensual dos senhores fazendeiros. Para manutenção desse folclore precisava prender-se a um grupo, daí as confrarias que respondiam à necessidade de associação do negro. Seus grupos se formavam para grande cooperação sob todos os pontos de vista: econômico, familiar, religioso etc. A confraria correspondia a uma necessidade de agrupamento: Irmandade de São Benedito ou de Nossa Senhora do Rosário.

Presentemente, o folclore inventado pelo catolicismo – a congada – foi rechaçado pela Igreja. Entretanto ela se mantém graças a esse espírito de solidariedade dos negros – elemento que compõe a quase totalidade dos ternos de congueiros ou "congado".

Terno de Congada dos "Periquitos"

Qui hora tão bunita
nosso bataião chegô,
pa festejá o Sinhô Divino
qui o festero cunvidô, ai, ai.

♩=100

Qui ho-ra tão bu-ni-ta nos-so ba-ta-ião che-gô (Pa) fes-te-
já_o Si-nhô Di-vi-no qui_o fes-te-ro cun-vi-dô, ai ai Qui

A festa do Divino Espírito Santo promoveu a concentração de fiéis na cidade de Nazaré Paulista nos dias 27, 28 e 29 de junho de 1947, ensejando a vinda de três ternos de congada das cidades circunvizinhas: o "Batalhão Verde" ou dos "Periquitos", os "Marinheiros de Piracaia", e do município mineiro de Camanducaia, os "Congado". Como sói acontecer, os grupos chegam cantando[16], saudando, com cantigas, a cidade hospedeira:

♩=92

Eu que-ro pi-di li-cen-ça pro meu ba-ta-ião dançá; pro si-nhô do-no da fes-ta_i pro po-vo des-ti lu-
gá. Vi-re-mo di lá, i vi-re-mo di cá, meu si-nhô Di-vi-no vie(mo) fes-te-já.

---

16 As melodias que ilustram este trabalho sobre a congada em Nazaré Paulista foram recolhidas pelo maestro Manuel Antônio Franceschini, que autorizou publicação das cantigas da primeira parte e as melodias da embaixada.

Eu quero pidi licença
pro meu bataião dançá;
pro sinhô dono da festa
i pro povo desti lugá.

Viremo di lá, i viremo di cá,
meu sinhô Divino viemo festejá.

Tem início nas primeiras horas da manhã o desfile dos batalhões de congada. A cidade toda está em festa. O antigo caminho dos bandeirantes guardou um pouco da tradição, dos costumes do passado, que ainda permanecem ilhados nas encostas da Mantiqueira, como acontece em Nazaré Paulista.

As arrancadas do ouro, rumo às Gerais, semeou nos "pousos" dos bandeirantes e tropeiros núcleos agrícolas para suprimento de víveres e semeou cidades. Unida às arrancadas, unida aos "pousos", a Igreja, força mística de concentração dos homens, transmudava o interesse econômico adventício, num motivo de ordem social, profundo, orgânico, constituindo-se a alma das cidades. Foi assim que, nas escarpas abruptas da Mantiqueira, no século XVII, surgiu a pequena capela de Nossa Senhora de Nazaré, no município de Atibaia.

De suas taipas brancas, uma força descia pelas ribanceiras e se espalhava pelos bairros rurais, marcando os contornos do atual município. Dos bairros rurais de Paiol Velho, Mascate Pequeno, Marmeleiro, Vargem Grande, Monte do Rosário, Pedra Vermelha, Alto dos Remédios, Tapera Grande e doutros municípios chegam os devotos, para a grande e tradicional concentração que a festa profano-religiosa promove. Não há uma acomodação sequer desocupada. Os velhos casarões – que atestam seu fastígio no passado – ficam repletos. Por todos os cantos há esteiras pelo chão, as pensões ficam lotadas, repletas. O velho casario, desabitado durante 360 dias no ano, nestes cinco é um formigueiro humano. A festa do Divino congrega e congraça os homens. Impera a alegria, a harmonia domina.

A congada é o teatro popular de rua, é a ribalta onde se pode presenciar a multissecular porfia entre cristãos e mouros infiéis, tornando-se nesta região o atrativo maior das festas do Divino Espírito Santo. É na congada que se pode sentir como foi grande a contribuição hispânica ao nosso folclore. É um pouco da luta contra a África branca chegando até nós, através de Castela[17],

---

17 Jesús Taboada, "Moros y cristianos en tierras de Laza (Orense)", *Revista de Dialactología y Tradiciones Populares*, Madri, 1955, t. XI, caderno 3º, pp. 334-52.
 "A las fiestas y pantomimas de *moros y cristianos* se les asigna un área característica y peculiar en la Península, que abarca la zona de Levante; pero el estudio cada vez más intenso del folklore espa-

que deu uma direção nova aos impulsos guerreiros dos "congos" ou dos próprios mouros, transformando um ódio racial em uma lição evangélica. A congada, uma tese guerreira que recorda a reconquista da península Ibérica, é empregada como elemento catártico, sublimando ódios, dirigindo-os em algo construtivo – um auto popular da luta de cristãos e mouros que termina com a blandícia daqueles, trazendo para seu redil o adversário. A despeito da violência dos membranofônios, nesse cantochão azabumbado, sente-se a música cheia de ternura e misticismo da liturgia da congada; nesse complexo do cerimonial do canto, os atabaques acompanham com a seguinte batida:

O terno congada é uma verdadeira confraria religiosa, seguindo a orientação de um rei cuja função transcende a de dirigir as danças, evoluções e embaixada, ele é um líder, um conselheiro. O padroeiro da congada é São Benedito:

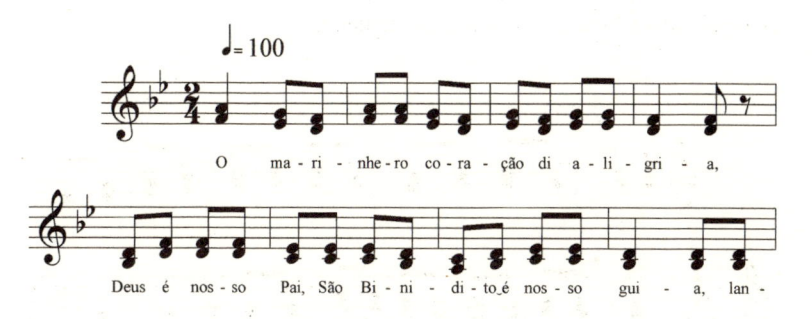

O ma-ri-nhe-ro co-ra-ção di a-li-gri-a, Deus é nos-so Pai, São Bi-ni-di-to é nos-so gui-a, lan-

ñol va descubriendo nuevos campos del mismo tema, escondidos, como en este caso, en lugares lejanos, que dan una extensión insospechada a este tipo de representaciones" (p. 334).
"Risco y Lorenzo, al referirse a su viejo abolengo, aluden a la porfia de Rolán y también a la historia de los Doce Pares de Francia, en que discuten Oliveros y Fierabrás, moro de Alejandria. Tengo recogida una versión popular de esta historia, en la que existen disputas muy análogas a las que quedan reproducidas, y en relación con el *Auto de Floripes*, de Portugal" (Luís Chaves, *Danças religiosas*). "La Edad Media tuvo afición a estas piezas, que entusiasmaron a Raimundo Lulio" (p. 351).
"Temas de motivos guerreros, como el de *moros y cristianos*, llamado de los *Almoravides*, abundaban en el Siglo de Oro, ejecutándose incluso en fiestas de bodas.
Tan abundantes fueron entonces estas pantomimas, que de ellas pudo decir Quevedo que 'no hay autor que no escriba comedias ni representant que no haga su farsa de moros y cristianos'. Con mucha mayor extensión, como se ve, que la abarca la región valenciana, ha persistido el recuerdo del antagonismo entre moros y cristianos, y, si mucho se ha perdido, quedan todavía en los cortejos religiosos de lejanos pueblos estas presentaciones de exaltación hagiográfica, si bien con lenguaje moderno, supervivencias ciertas de viejas figuraciones litúrgicas" (p. 352).

çai sua santa bença nesta hora i nesti dia, alegrai seu coração di quem tem malinconia, ai, ai!

O marinhero coração di aligria,
Deus é nosso Pai,
São Binidito é nosso guia,
lançai sua santa bença
nesta hora i nesti dia,
alegrai seu coração
di quem tem malinconia, ai, ai!

A congada participa intensamente do programa dos festejos. Muito antes de o Sol nascer, ouve-se o canto dos congueiros:

O Sor já vai saíno lumiano o mundo intero, lumiô o Sinhô Divino i os sinhô qui são festero.

O Sor já vai saíno
lumiano o mundo intero,
lumiô o Sinhô Divino
i os sinhô qui são festero.

Ao passar em marcha pelas congostas, pelas ruas íngremes da cidade em festa, cantam músicas alusivas ao desenrolar desta:

O povo da cidade
todo esti povo daqui,
alerta o seu ovido
sai na jinela ovi,
presti bem atenção
no que os Piriquito diz,
o povo brasilero
deve di adorá o Brasi.

E o coro canta:

Brasil dorado
Brasil querido,
é a terra bençoada
da Senhora Aparecida.

Mãi groriosa,
mãi cuncebida,
seja nossa adevugada
nesta i na otra vida.

Acreditamos que de todas as músicas da congada recolhidas nesta pesquisa a única que termina na tônica é esta. Na melodia no alto da página 277, são empregadas todas as notas da escala, exceto a sensível. A parte do solo repete quatro vezes a mesma frase, constante de quatro incisos progressivamente descendentes.

Enquanto os tambores são tocados, após a melodia do solo, entra o coro, depois de dois pequenos floreios separados por pausa, canta novamente a frase do solo. Novamente repetem os floreios e a frase. A seguir vem novamente o solo aludindo a um outro fato qualquer, porém sempre de cunho religioso. Cantam alternadamente solista e coro. Quando o coro canta, sobressaem as vozes dos meninos em oitava acima e as dos homens que cantam em falsete. Outros acompanham o canto numa terça abaixo da melodia. Estas vozes em falsete são muito do gosto africano.

Capa de folhetim da literatura de cordel.

Nos cantos pode-se tomar conhecimento da procedência dos diversos ternos de congada presentes à festa:

[partitura, ♩ = 84]

É do Pi - ra - ca - ia qui é nos - so lu - gá, ho - ji é o seu di - a, va - mo fes - te - já.

> É do Piracaia
> qui é nosso lugá,
> hoji é o seu dia,
> vamo festejá.

A melodia acima é em terças. A voz superior é a principal. Outros cantos indicam a denominação do seu terno:

[partitura, ♩ = 100]

Ma - ri - nhe - ro dan - ça nes - ta o - ca - si - ão, ma - ri - nhe - ro a - ba - xa ren - ti co chão, le - van - ta pra ri - ba, meu ba - ta - ião, os ma - ri - nhe - ro são di pro - te - ção, nóis se - mo de - vo - to nóis se - mo de - vo - to di São Juão.

> Marinhero dança nesta ocasião,
> marinhero abaxa renti co chão,
> levanta pra riba, meu bataião,
> os marinhero são di proteção,
> nóis semo devoto di São Juão.

Nas idas e vindas do festeiro à missa, os congos desfilam à frente do séqüito, bem como das procissões religiosas, dançando e cantando loas. O solista improvisa texto e melodia, embora de permeio possa ser reconhecida a presença de músicas e letras tradicionais.

*Qui vai marchano nosso Piriquito
lá vai o festero pra i na missa.*

Os cantos são também dirigidos aos santos, aos andores ou pedindo bênçãos ao Divino. O pedido de bênçãos é comum porque a congada presta-se para que um grupo de devotos possa, coletivamente, cumprir promessas, dançando para o santo de sua devoção – o advogado dos pretos – São Benedito.

O marinhero
vai cantano e vai pidino
a santa bênção
do Sinhô Divino.

Viva o altá,
viva o andô,
Sinhô Divino
no meio da frô.

Às vezes há cantos com letras sugestivas, de cunho religioso, e a melodia é agradável, fluente. A voz principal, a superior, percorre todos os graus da escala, menos o segundo. As vozes em falsete procuram "enfeitar" a voz principal. Cantam com unção e respeito:

Ói Sinhora Sant'Ana
rainha do céu, ai,
ó Virge Maria
tem seu lindo véu,
ói marinhero,
semu fílio di Deus,
nóis dança no mundo
i os anjo canta no céu.

Não somente as palavras estão repassadas de sentimento religioso, as próprias músicas ressumbram a hinos sacros.

♩= 108

Solo: To - do o mun - do ti co - nhe - ci ói Se - nhorá A - pa - re - ci - da
Coro: Pa - dru - e - ra do Bra - sil, ói, em to - do mun - do é co - nhe - ci - da.

Todo o mundo ti conheci
ói Senhorá Aparecida   (solo)
Padruera do Brasil, ói,
em todo mundo é conhecida.   (coro)

O "Batalhão dos Periquitos" se deslocava com a seguinte formação:

| reco-reco | pandeiro | canzá | viola | viola | viola (mestre) |
caixa	pandeiro	pandeiro	zabumba	reco-reco	canzá
X	X	X	X	X	X
X	X	X	X	X	X
X	X	X	X	X	X
m	m	m	m	X	X

(Representamos o congueiro com espada por um X e os meninos sem espada por m.)

Ao marchar vão cantando, batendo espadas, dançando, "tramando", isto é, trocando de lugar, mas, pouco antes de finalizar um "estirão", o deslocamento de uma praça ou rua para outra, voltam à formação anotada.

O desfile dos ternos de congada com a sua cantoria chama a atenção; porém, é sem dúvida a embaixada o espetáculo mais empolgante – teatro de rua – cuja função na catequese do negro foi importantíssima, bem como assinalados serviços prestou para ajustar as relações raciais e mesmo sociais entre o senhor e o escravo.

Dos três ternos presentes, recolhemos apenas os textos da embaixada dos Periquitos. Esse grupo, também chamado "Batalhão Verde de Piracaia", onde praticamente a totalidade era de homens de cor e adultos, trabalhadores braçais, poucos meninos participavam, era a congada mais numerosa e bem uniformizada, cerca de 40 elementos, e os personagens principais eram: *rei*, João Desidério, preto de 65 anos de idade, na embaixada fazia o papel de Carlos Magno; *general*, Francisco Antônio de Almeida, preto de 40 anos de idade, era o mestre ensaiador; três *capitães*: Benedito Florindo, preto de 29 anos, Antônio Elias, mulato de 30 anos, e José Florindo, mulato de 35 anos. Dos demais personagens da embaixada daremos apenas o "cargo": príncipe, primeiro e segundo secretários, Galalão, Ferragum, Oliveiros, cabo da Guarda, Roldão – sobrinho de Carlos Magno, Gui de Borgonha, embaixador, Guaris, Rogério Deanoa, almirante Balão[18], duque de Reginer, Ricardo, alferes da bandeira, cacique, pombeiro de guerra, Ferrabrás – rei de Alexandria, filho do grande almirante Balão. Há mais 12 empregados ou "os 12 pares de França". Completa o terno de congada a "banda de música", composta de três violeiros, sendo um o mestre, isto é, o que dirige a banda, três tocadores de pandeiro, dois de reco-reco, dois de canzá, uma caixa e uma zabumba.

A composição da "banda de música" das congadas é muito variável. Umas trazem um número maior de membranofônios: zabumbas, caixas de guerra ou tarol, adufes, puítas, atabaques, outras há predominância de idiofônios: reco-reco, canzá, marimbas, triângulo, não faltando violas, violões e cavaquinhos.

---

18 Rodney Gallop, *Portugal: A Book of Folk-Ways*, Cambridge University Press, 1936, p. 177: "Os primeiros atores a chegar ao teatro foram Carlos Magno e seus doze pares do reino. Acompanhados por uma banda, marcharam duas vezes ao redor do palco antes de nele subirem pelo lado direito. Os mouros chegaram em seguida e tomaram posição do outro lado da plataforma. Trajavam ricos mantos de púrpura, carmim e ouro, com calções ou saiotes franjados de amarelo abaixo dos joelhos. Sobre a cabeça envergavam coroas cilíndricas de cor vermelha. A do líder, que levava o estranho nome de Almirante Balão, era, como seria de se esperar, serrilhada nas bordas. Já os cristãos trajavam-se com menos esplendor. É certo que Carlos Magno usava uma coroa e um manto de brocado, mas seus cavaleiros distinguiam-se principalmente pelas calças brancas curtas, que chegavam até pouco abaixo dos joelhos, e pelos gorros de marinheiro de cor azul. Quando tudo ficou pronto, um velho e rabugento tambor colocou-se entre os dois exércitos e a peça começou."

Nos ternos mais pobres, menor é o instrumental. Numa congada até banjo apareceu, o que vem revelar novas influências, dentre elas a do cinema.

O terno da congada para a representação da embaixada divide-se em dois grupos distintos: os *cristãos*, chefiados na referta no auto pelo imperador Carlos Magno, "que era o primeiro rei cristão" – o "nosso Rei de Congo", como dizem os congueiros; e os adversários, os *mouros*, comandados por Ferrabrás, acompanhados dos "seus turcos", onde se distingue pela capa vermelha e bizarra o embaixador.

A parte dramática por excelência da congada é a embaixada, que se torna o ponto central desse bailado popular.

Embaixada

Na praça pública, em local tradicionalmente usado para a representação teatral, como sejam os pátios fronteiros às igrejas de Nossa Senhora do Rosário ou de São Benedito, chegam os congos, dançando e cantando. Silenciam. Formam um grande quadrilátero, sentando-se em uma cadeira (trono) o Rei de Congo ou Carlos Magno.

Para dar início ao teatro catequético – a embaixada – os congos cantaram:

Quem num viu piriquito falá   (bis)
Alerta os ovido i venha iscuitá.   (bis)

É a parte "invitatória": compõe-se de quatro membros de frase; o primeiro igual ao segundo, e o terceiro semelhante ao quarto. Há três terminações iguais na nota acentuada *si*. *Harmonicamente* trata-se da oscilação de quatro cadências; as duas primeiras são plagais (graus IV-I-IV-I); as outras, perfeitas (V-I-V-I). A sensível no fim do compasso 6 resolve na mediante; no 8º, finaliza na tônica.

A primeira música cantada pelos congos tinha finalidade precípua – a de convidar os circunstantes para que presenciassem a embaixada. (Nos anos subseqüentes, outras foram as músicas cantadas, mas, no fundo, sempre se percebe o convite e o nome do grupo que ali está.)

Novo silêncio. Há expectativa. O rei, pigarreando, como que para chamar a atenção dos circunstantes, com voz tonitruante chama o secretário:

> Ó meu nobre secretaro,
> meu sordado desempenhado,
> vinde logo depressa,
> atender o meu chamado.

Secretário responde:

> Pronto imperadô
> vim atendê o seu chamado,
> sou eu mesmo o secretaro,
> um sordado desempenhado.

Rei:

> Chamei ocê meu secretaro
> por sê um sordado desempenhado,
> vai vê que gente canaia são essa,
> bruto sem inducação
> qui vai entrá em nosso reinado,
> sem nos dá sastifação.

Secretário:

> Rei de Congo manda vê,
> que gente canaia são essa,
> que vem entrano neste reinado adentro,
> cum grito e zumbaiada,
> muinto toque de caixa
> e baruio de pandero,
> e vem entrano no nosso reinado adentro,
> quereno deixá
> o nosso reis ficá suspenso.

O general responde:

> O imperadô Carlos Magno
> é um home de estudo e de grande pensá.
> Voceis adoram o vosso Deus

> e nóis temo o nosso pra adorá,
> e vorta atrais secretaro
> cum essa vossa valentia,
> num venha mais cum atrevimento,
> atrapaiá as minha cantoria.

O secretário volta e diz ao rei:

> Imperadô Carlos Magno
> aprevina seu bataião,
> o generá está disposto
> de tomá conta desta nação.

O rei responde, constrangido:

> Não me diga isso meu secretaro
> que essa palavra balanciô meu coração.
> Descanse que você já fez obrigação.
> Chame lá o segundo secretaro
> que dele tenho percisão.

Aproxima-se o segundo secretário, dirigindo ao rei, diz:

> Pronto imperadô, estô aqui
> pra atendê o seu chamado.
> Sô eu mesmo o segundo secretaro,
> um sordado desciprinado.

Rei:

> Chamei ocê meu segundo secretaro
> por sê um sordado mais famado,
> ocê num sabe qu'eu neste meu assento
> estô me veno apertado.
> Ocê vai me fazê um serviço,
> leva muinto cuidado,
> vai entregá esta carta
> ao generá, aquele atrevido marcriado,
> pra ele ficá sabeno
> que tem reis neste reinado.

Dirigindo-se ao general mouro, o secretário diz:

> Dá licência generá,
> aqui vim le cunhecê,
> o Reis de Congo manda esta carta,
> faiz favô de arrecebê.

Ao receber a carta o general responde:

> Eu sô um generá guerrero,
> sô um home desempenhado,
> vim fazê uma visita
> para o reis deste reinado,
> vós me manda carta de guerra
> que eu estô me vendo apertado,
> mas si quisé entrá em combate
> eu tenho força aperparada.

Aproximando-se do rei, diz o general:

> "Eu sô um generá guerrero
> que tanto tenho combatido,
> não é o primero combate
> que eu já tenho vencido.
> Esse que eu hei de perdê,
> sendo que vim bem apervinido?
> O que tem imperadô
> que tanto me olha
> cum a carranca tão frangida?
> Veja lá que agora mesmo
> eu le bato a espada no ovido.

Ricardo entra em cena, falando alto e rispidamente:

> Arto lá, generá,
> seu atrevido marcriado,
> a quem tu pediu licência
> pra entrá no nosso reinado?
> Tu sabe que sô o Ricardo,
> o sordado mais famado,
> pegue nas tua arma
> e cunvide a tua cumpanherada.
> Quando fô daqui, há pouco

acho bão tu pegá a estrada,
sinão tu vai na prisão
por sê um atrevido marcriado.

Responde o general com altivez e arrogância:

Vorta atrais, seu Ricardo,
não percisa tanta ânsia,
ocê pode se arretirá
e do meu lado num avance,
senão eu te dô
um soco no quexo e otro na pança,
ocê há de saí gritano,
chorano inguar uma criança,
ocê há de saí gritano,
por prova de uma vingança,
enquanto ocê vivê no mundo
há de servi de lembrança.
O imperadô Carlos Magno
diz que é um home tão valenti,
que veio do Estado da França,
tamém sô um generá guerrero,
sô um home de tantas bondanças.

Ricardo:

Arto lá, generá,
o que tu tá pensano?
Aqui tu fala cum o Ricardo
empregado de Carlos Magno,
eu te dô um soco no quexo
que tu sai arrenegano.

O general responde a Ricardo:

Vorta atrais seu Ricardo,
não esquente o meu sentido,
ocê chame o Galalão,
voceis dois são unido,
comigo voceis num pode,
porque hoje tou arresorvido.

Ramalhetes do juiz e juíza do ramalhete. Guaratinguetá. À direita: Caixeiro de São Benedito. Guaratinguetá.

Os caixeiros de São Benedito são os arautos da festa de Coroação do Rei de Congo. Guaratinguetá. À direita: A infantaria de São Benedito, na procissão, faz cordão de isolamento: separam o sagrado (rei e rainha) do profano *(plebe).*

Cavalaria de São Benedito. Guaratinguetá.

Evoluções da cavalaria de São Benedito. Guaratinguetá.

Levantamento do Mastro de São Benedito. Guaratinguetá. À direita: Mastro de São Benedito da festa da Coroação do Rei de Congo do Brasil. Guaratinguetá.

Fala Galalão, de cabeça baixa:

> Eu sô o Galalão guerrero,
> que agora venho chegano
> com minha espada na cinta,
> venho cum ela manejano
> e co'o atrevido generá
> desejo de i encontrano.
> Eu quero que vóis me diga
> o que tu anda ordenano?

O general responde a Galalão:

> Vorta atrais seu Galalão
> ocê num faiz o que ocê pensa.
> Cumbine cum o Ricardo
> e cum tuda vossa gente,
> cumigo ocê num pode,
> porque eu tenho força suficiente,
> senão eu te bato a espada na boca
> e te arrebento todos os dente
> e te mando pra ilha das Cobra,
> feito isca de serpente!

Entra em cena a discutir com Oliveiros, com tom provocante, o principal dos mouros – Ferrabrás: "O imperadô Carlos Magno é um home simpre, sem valô, me manda dois ou treis ou quatro do mais valenti e mior dos 12 par. Contra mim somente espero vencê a bataia ainda que seje Rordão ou Oliveira, Teter, Ruger e Danoa, juro por Deus que a minha cara nunca mais vorta. Eu tô em campo de bataia, longe de meu exército, percorrei por tudo mundo a cubardia da resistência dos teus cavaieiro. E direi que são indigno me tratar de valeroso."

Grita alto o rei ao ouvir a arenga de Ferrabrás: "Ô Ricardo, ô Ricardo, que palavra são essa tão injuriosa que vem nos provocano?" Ricardo dirige-se ao rei respondendo: "Senhor, filhos do almirante Balão, reis de Alexandria, sinhor de muinta província e riqueza em Roma; matô Apostolado, outros qui muinto sangriô, robô o santo relique pelos quais tem apadecido muintos trabaio. O sinhô mermo é home de grande força, munto estruído em todas arma."

Responde a Ricardo o rei:

> Munto bem, Ricardo,
> a sua soberba há de sê humiado;
> já estô veno que os doze par de França
> nem se move pra i em campo de bataia,
> cumbatê cum aqueles turco danado.

Oliveiros, aproximando-se, dirige-se ao rei:

> Dá licência, rei sinhô,
> quero fazê uma expricação,
> quero que o sinhô me dê licência
> pra i mesmo de presunção
> combatê o valenti turco,
> pra defendê nossa nação.

O rei dirigindo-se a Oliveiros: "Oliveira, licência num te dô, ocê está veno aqueles turco são disciprinado pra trocá umas arma."

Oliveiros, volvendo para a direita, chama:

> Guari, seje esperto e venha digero,
> aprevina as minha arma
> enquanto vô me aprontá,
> eu quero tirá prosa
> do turco sem batizá.

Guari fala:

> Afrito, doido, indignado,
> vô te dá um conseio,
> num sei si faço mar de falá,
> primero deite em sua cama
> e segundo vá se tratá.
> Onde ocê está cum a vossa tolícia
> de i cum os turco pelejá?

Oliveiros diz:

> Cala a boca Guari,
> ocê num sabe nada,
> será possíver que eu,
> cum os doze par de França

> num terá um mais desempenhado?
> Antes perfiro entregá a morte
> do que deixá o turco sem bataiá.

Entra o duque cristão e diz:

> Reis Carlos Magno
> nos seus pé chego pedi,
> eu sube que meu filho Oliveira
> estava para o combate segui.
> Ele num está suficiente
> para o combate segui.
> Si ele fô e morrê
> eu com esta minha velhice,
> não sei o que será de mim.

O rei amistosamente dirige-se ao duque, pai de Oliveiros:

> Duque, ô amigo,
> eu num posso louvá a Deus
> para seu filho Olivera,
> somente peguei um par de luva
> e dei pra ele em sinar de licência.

Oliveiros, aproximando-se do duque, juntando as mãos, pede-lhe a bênção respeitosamente: "Abença meu pai."

Responde-lhe o duque:

> Deus te abençoe, meu filho!
> Seje acompanhado de Deus
> e a Virge Maria
> e aqui fico arrogano a Deus
> que logo ocê vortará
> na nossa cumpania.

O rei dirigindo-se a Roldão: "Ô, Rordão, meu subrinho, ô, Rordão, meu subrinho!!!"

Roldão, aproximando-se do rei, diz-lhe:

> Pronto, Imperadô,
> estô na sua presência,

> conheço que sô seu subrinho,
> vim arrecebê a santa bença.

O rei, enfático, diz a Roldão:

> Eu chamei ocê, Rordão,
> pra vim se armá
> e em campo de bataia
> com os turco pelejá.

Roldão:

> Reis Carlos Magno,
> nunca desobedeci o seu mandado,
> mais hoje perfiro sê morto
> do que i em campo de bataia.

O rei, colérico:

> Uh!... seu atrevido,
> então ocê desobedece o meu mandado,
> veje lá que tiro a sua vida,
> no corte de minha espada.

Roldão responde:

> Rei Carlos Magno,
> tome sentido e cuidado,
> si não tivé amô na vida,
> avance então do meu lado.

O duque intervém, dirigindo-se ao sobrinho do rei, ponderando:

> Rordão, pense bem pra falá,
> nóis num podemo levantá
> as arma contra o nosso reis maiorá.

O meninote que faz o papel de Oliveiros aproxima-se dizendo:

> Adeus, Carlos Magno,
> adeus minha cumpania gerá,
> eu vô em campo de bataia,
> a minha destreza eu vô mostrá.
> Fique e rogue a Deus por mim
> que logo aqui hei de vortá.

Ferrabrás adianta-se interceptando a saída de Oliveiros:

> Ocê é munto pequenino de corpo,
> primero vá se criá,
> ocê está munto sem frente
> pra cumigo pelejá.

Oliveiros, desembainhando a espada, altaneiramente responde:

> Alevanta turco infier e vamo pelejá,
> que isso num são sistema de vê seu inimigo
> em frente tá em campo deitado.
> Levante e vamo pelejá
> que a nossa hora está chegado.

Ferrabrás, com menosprezo:

> Ocê é piqueno de corpo,
> fala osada, atrevido,
> perfira tomá o meu conseio
> pra vivê mais sussegado.
> Si a porfia pelejá cumigo
> e não cessá, quero que vóis me diga
> qual é o sangue que primero aprocede?
> Muinto bem nóis podemo cumbatê,
> pra mim entrá em combate
> o seu nome desejo sabê.

Oliveiros responde apressadamente: "Tu não pode sabê o meu nome sem ao menos sabê o teu: parece nas tua ação, só no ver as tua ameaça, diga vir encontrá imperadô Carlos Magno."

Ferrabrás responde: "Cristão que home são, é o Carlos Magno com Rordão e Oliveira, desejo conhecê aqueles que são mais afamado."

Oliveiros responde:

> Turco, tu não sabe
> que Carlos Magno é home tão poderoso.
> Tu é valenti por tua pessoa,
> mais do meu lado num venha
> que comigo termina à toa.

Ferrabrás, impetuosamente, diz:

> Cristão, então mande o Carlos Magno,
> o Rordão ou o Oliveira,
> dos doze pares aquele que vié,
> que eu espero cum a minha arma,
> firme de ponta em pé,
> pra resisti do modo que quisé.

Oliveiros afirma: "Rordão nunca feiz conta de um só turco em prontidão, com isso nem Rordão se move que em campo de bataia só um pra ele num dá pra nada."

Ferrabrás, colérico:

> Mió cale a boca,
> não tenho mais nada pra dizê,
> aprevina as tuas arma e vamo combatê,
> que pra mim é perjuízo mais tempo perdê.

Oliveiros:

> Tu diz que é muito prejuízo o tempo perdê
> que eu jurgo santo o meu nome,
> que eu sô suficiente
> pra te matá ou te prendê,
> que se vacê não me conhece,
> eu vos dô de conhecê:
> aqui vacê fala com Guari,
> um home de grande podê.

Ferrabrás, com a espada em riste:

> Muinto bem seu Guari,
> fiquei munto sastifeito
> do seu nome eu sabê,
> aprevina a vossa arma
> e bamo pelejá,
> na primeira batida que eu dé,
> vacê há de se arrependê.

Enquanto os dois estão esgrimindo no centro, os demais congueiros cantam:

> Assegura a batida Olivera,
> combate de turco não é brincadera.

Nova referta se ouve entre Oliveiros e Ferrabrás após a cantoria:

Oliveiros:

> Ó temeroso turco,
> home tão atrevido,
> com a batida que vóis me deste
> quase que me acabô coa minha vida.

Ferrabrás:

> Munto bem seu Olivera,
> fiquei munto sastifeito
> do seu nome contá.
> Corpo firme e olho aceso,
> pra outra vez nóis pelejá.

Enquanto os dois esgrimem, os demais congueiros repetem a cantoria anterior.

Oliveiros:

> Outro soldado eu num chamo,
> sei que não é perciso chamá,
> eu sô home pra combatê
> noite e dia sem pará.
> Eu tenho fé em meu Deus,
> eu cum esta minha espada
> sozinho hei de ganhá.

Ferrabrás:

> Então vacê tem fé no seu Deus,
> com essa tua espada ganhá?
> O meu Deus tão poderoso
> também me valha no meu chamá.
> Segue a vossa batida
> que a minha eu faço pra segurá.

Nova cantoria, ficando apenas os dois que estavam na referta, batendo as espadas, dando o ritmo. Param o canto e Oliveiros diz:

> Ó minha Virge Maria,
> ó minha Nossa Senhora,

> que temeroso gorpe Ferrabrás
> tu me deste nesta hora.
> Meu Deus poderoso
> tenha piedade de nóis,
> eu num quero sê morto
> nas mãos deste turco feróis.

Ferrabrás:

> A minha boa e admiráver esquadra
> há tanto tempo a possuo e estimo,
> mas pesará a perdê.
> Olivera, toma a tua espada
> e deixa a minha
> e vamo novamente
> outra veiz de combatê.

Oliveiros:

> É certo Ferrabrás
> que eu num dexo a espada
> sem vê a bondade dela,
> por isso se se ponha em orde
> e vamo com a bataia prossegui.

Guari:

> Dá licência reis de Congo
> eu quero falá verdade:
> afrito, doido e indignado
> tive assistino o combate de Olivera
> com o turco no arto daquela torre
> adonde eu tive parado.
> Reis, pode ficá ciente
> que Olivera está no campo de bataia,
> mas está desarmado.

Roldão:

> Reis Carlos Magno
> nos seus pé chego pedi,
> quero que vóis me dê licência

> que no combate eu quero i,
> eu quero vê se aqueles turco
> é home pra me arrisisti.

O rei responde enfaticamente para seu sobrinho:

> Ô Rordão eu não le digo nada mais.
> Vacê pode se arretirá
> que no combate vacê não vai.

Ferrabrás indaga de seu antagonista: "Olivera qué prossegui a bataia ou qué deixá pra adespois?" Imediatamente Oliveiros responde: "Ói, Ferrabrás, não tenho mais nada pra te dizê, por isso se ponha em orde, feroz como leão e vamo com a bataia consegui."

Ferrabrás, jubiloso, diz:

> Agora acabei de crê
> que Olivera é um guerrero campeão,
> com a batida que vóis me deste
> me pois cum o joeio no chão.
> Quero recebê o batismo
> e consegui a santa religião.
> Tamém de hoje por diante
> num quero mais sê turco pagão.

Ferrabrás acaba de dizer as palavras acima, perde o combate. Umas vezes vimo-lo baixar a espada, outras, lançou-a ao chão. Estava derrotado.

Oliveiros, jubiloso, diz:

> Ói, Ferrabrás,
> essa palavra que vóis me disse
> me abrandô o meu coração;
> agora de poca hora,
> tivemo forte combate,
> feróis como lião.
> Agora vacê qué recebê
> o santo batismo
> e consegui com a riligião?
> Isto eu sei que será um gorpe
> quando o seu Armirante Balão

> recebê essa má notícia
> de seu filho Ferrabrás,
> sendo um guerrero campeão,
> de sê vencido por Olivera
> que obrigô a ficá cristão.

O general, dirigindo-se a Oliveiros: "Ô valenti Olivera, faça o favô de me contá por que motivo vacê prendeu o Ferrabrais?"

Oliveiros responde:

> Ferrabrais ficô preso
> por sê home que não sabe pensá.
> Dois combate nóis tivemo,
> quase que me deixa no lugá.
> Derradero combate que nóis tivemo
> foi eu que fui ganhá,
> por erro de uma batida,
> fiz o turco enjoeiá.
> Eu num matei,
> porque quis acabá de te matá.

Quando um mouro se aproxima, ouve-se:

> Arretire turco atrevido
> que eu num güento desaforo
> e de medo eu num corro
> si eu batê a minha espada
> te faço voá o miolo.

O general, agora dirigindo-se ao almirante Balão:

> O meu armirante Balão
> faça o favô de me dizê,
> com o atrevimento do Olivera
> está custoso nóis podê.

Almirante Balão:

> Fiquei munto sastifeito
> do sinhô participá,
> eles combate na fé de Deus,
> é escusado nóis teimá.

Roldão dirige-se ao general dizendo:

> Ó, meu nobre generá,
> chega na minha presência
> pra nóis tê uma conversa
> debaxo de uma consciência.
> Acho bom que ocê arretire,
> com todos vossa gente,
> que com o reis vacê num pode,
> ele tem força suficiente.

O general responde:

> Fico munto agardecido
> do conseio que veio dá,
> hoje estô mesmo disposto
> de morrê ou de matá.

Novo canto, enquanto, no centro, dois congueiros combatem: Rogério Deanoa, um menino lépido, contra Ferrabrás.

Fala Rogério:

> Entrei por este reinado,
> rei Carlos Magno me mandô,
> vim conhecê este turco,
> este lote de traidô;
> aqui fala Rugero Deanoa,
> pequeno mais é escoradô.

Ferrabrás:

> Vorta atrais seu Deanoa
> que aqui vacê num passa,
> vacê parece uma bonequinha
> que eu levo debaxo do braço.

Deanoa apela para Roldão:

> Avança Rordão, avança Rordão
> com as vossa arma previnida,
> que os turco tão quereno
> me acabá cum a minha vida,

    me derrubaro no chão
    me levaram suspendido;
    os grande me batiam
    e os pequeno gritava viva,
    que pra vóis combatê co turco
    venha bem aprivinido.

Roldão irritado:

    Alto lá Ferragum,
    seu cara de turco traidô,
    se vóis não sabe do meu nome,
    vos conto quem eu sô.
    Aqui vacê fala com o Rordão,
    subrinho do Imperadô.
    Vô te dá inducação
    porque teu pai num te inducô.
    Só pr'ocê ficá sabeno
    que Rordão é batedô.
    Eu sô filho de Deus,
    pra ninguém desejo mar,
    tudo quanto querem vivê
    eu desejo de ajudá.
    Sô um guerrero aventuroso
    que existe neste lugá,
    mas si fô em campo de bataia,
    eu sô o primero a te exprimentá.

Responde o general:

    Vorta atrais seu Rordão
    largue mão de me amolá,
    vacê está um poco sem frente
    para comigo pelejá,
    vóis está munto criançola,
    primero vai te criá.

Roldão:

    Munto bem seu generá
    outra veiz torno a le dizê,

vacê num é suficiente
pra comigo combatê.
Então chame o embaixadô
que eu desejo le cunhecê.

General:

Ó meu nobre embaixadô
me valha nesta ocasião,
pegue na vossa espada
e venha rompendo o chão,
venha mesmo arresorvido
de combatê cum o Rordão.

Embaixador:

Dá licência Rordão
eu cum vóis quero falá,
quero sabê por que motivo
que vóis manda me chamá,
de tão longe que eu estava
custô munto pra mim chegá.
Hoje eu tô na sua presença
e vóis na minha presença está.
Decida logo seus caso
que eu tô pronto pra iscuitá,
se vóis nunca encontrô um home
hoje vai incontrá.

Roldão:

Arretire embaixadô
tu deixa de valentia,
que hoje aqui encontremo
aqui neste belo dia,
num demora vacê conhece
o que é minha companhia,
eu te dô uma sova de facão
e um banho de água fria.

Embaixador:
> Munto bem Rordão,
> com essa palavra que vóis me diz,
> alegrô meu coração.
> Por enquanto vacê num viu
> o peso de minha mão.
> Si eu dé um tapa no seu ovido,
> de susto vacê cai no chão,
> si vacê levantá e torná a vim,
> daí eu suspendo no facão,
> daí vacê fica sabeno
> pra quanto presta o vosso ermão.

Roldão:
> Arretira embaixadô,
> vacê pra mim é muito novo,
> não demora muitas hora
> nóis damo o que vê pro povo,
> te quero quebrá a tua boca,
> pr'ocê vê como é gostoso.

Embaixador:
> Cala a boca vacê Rordão,
> oh! que home teimoso!
> Eu vô deixá ocê envergonhado
> perto de munto povo.
> Como num será bonito ocê apanhá
> do irmão mais novo.
> É bom que ocê fique quieto,
> ao menos num está enganado
> que daqui há cinco minuto
> vacê vai vê o resurtado.

O embaixador, dirigindo-se para Ferragum, diz:
> Avança Ferragum,
> depressa que eu tô sozinho,
> eu sendo um home formado
> tão me tratando de menino.

Ferragum:

>Arto lá Rordão
>que cumigo tu tá enganado,
>que no arto daquela torre
>adonde estive chamado,
>saí na janelinha
>e oiei pra tudo lado.
>Cheguei à cidade de França
>ao palácio que o reis morava,
>só pra você ficá sabeno
>que eu falo mesmo a verdade.
>Os doze par de França
>pra mim são uma caçoada,
>levo tudo no pé
>e no corte de minha espada.
>Eu tiro o reis da cadeira
>e deixo o generá assentado.

Roldão:

>Naquela torre bem alta
>adonde tu tiveste parado,
>saíste na janelinha
>e oiô pra tudo lado,
>enxergô a cidade de França
>e o palácio que o reis morava,
>cum certeza tu não viu
>o Rordão adonde estava.
>Ele estava pelejando
>naquele campo de bataia,
>só pr'ocê ficá sabeno
>o que é o Rordão
>pra tocá numa espada.

Ferragum:

>Alto lá seu Rordão
>que você tá munto mesquinho!
>Pr'ocê combatê cum o Ferragum
>ocê vem cum esse destino,

te pego vacê pra perna
e você vai avuano pra nuvem
parece um passarinho.

Roldão:

Volta atrás Ferragum,
seu cara de turco traidô,
se vacê não me conhece,
eu conto quem eu sô,
aqui vacê fala cum o Rordão,
sobrinho do Imperadô,
só pr'ocêis ficá sabeno
que o Rordão é batedô.
Avança Guari,
cum suas espada previnida,
vamo vê si nóis tira prosa,
desses turco atrivido.

Guari:

Alto lá Ferragum
não venha que o reis está aqui,
não venha cum isto aqui
pra combatê com o Rordão,
primero dá atenção ao Guari.
Quano eu sube essa notícia,
eu estava em Birigui,
ponhei minha arma em frente,
custei pra chegá aqui,
coa minha espada aguçado
dá fogo que nem fuzir,
a primera batida que eu dé
tiro a ponta do teu nariz.
Depois quano eu fô m'imbora,
num quero vê turco tussi.

Ferragum:

Alto lá Guari
da donde que você vem vino,

> nem home me arresisti,
> que direi este menino?

Guari:

> Alto lá Ferragum,
> outra veiz torno a le dizê,
> si vacê num me conhece,
> nem vos dô de conhecê,
> esconda no raio do sor,
> faça a terra tremê,
> cum Guari você num pode
> e nunca há de podê.
> Turco mar atrevido,
> home mais imprudente
> que vive só amolano a gente,
> tu por sê um home robusto
> é que vive só amolano a gente.
> Tu pode ficá sabeno
> que na terra de Carlos Magno
> turco de fora num entra.
> Eu acabo com a tua vida,
> por sê tu um home trelente.
> Aparo a ponta do beiço
> e deixo apareceno os dente.

Ferragum:

> Quano sube desta notícia,
> estive em São Simão,
> ponhei as minha arma na frente
> pra valê nessa ocasião
> o Guari, o Rordão tão valente,
> parece um gavião,
> ponha eles na frente,
> no corte do meu facão.

Roldão:

> Alto lá Ferragum,
> seu cara de turco maroto,

isto não são sistema
de entrá em terreno dos otro.
Vacê sabe que o Rordão
num usa fumá charuto,
veja lá que agora mesmo,
eu te faço pulá o pescoço,
pra mim bebê o sangue do turco
por sê uma bebida doce.

Ferragum:

    Ó, meu generá,
    me valha nesta ocasião,
    Rordão me deu uma batida,
    fez esparramá lágrima pelo chão.

O general, com impetuosidade:

    Levanta rei de Congo,
    cum vóis eu quero falá,
    o sinhô não me conhece,
    agora vamo encontrá,
    eu sô um generá guerrero,
    destemido pra guerreá.
    Eu estô na sua presência,
    vós na minha presência está,
    ocê nunca encontrô um home,
    agora vai encontrá.

O rei, com altivez:

    Retira generá,
    não seje tão marcriado,
    eu sendo um home de poder,
    que tomo conta deste reinado,
    neste trono você num senta,
    pode ficá assussegado.

O general, tentando puxar a espada:

    Você me diz que nesse trono eu num sento,
    eu mostro si eu sento ou não,

> você olhe nos meus exercícios,
> no meu compreto bataião,
> estão só esperano a hora
> de puxá da armação,
> daí o rei fica sabeno
> o que deu a tua intimação,
> nóis temo neste baruio
> por vóis num tê inducação.

Guido de Borgonha intervém e, logo que acaba de falar, traça com sua espada um risco no chão:

> Arto lá com o movimento
> seu atrevido generá,
> já ando munto enteirado
> de você m'insurtá,
> deste risco pra cá,
> num deixo ocê passá.

General:

> Tu disse que deste risco pra cá
> tu não deixa eu passá,
> isso que eu passo mesmo
> porque a minha corage dá.

Gui de Borgonha:

> Você diz que passa mesmo,
> porque a tua corage dá,
> tu não faça o contrário
> que senão arresurta mau.
> Ponho ocê na prisão,
> você custa pra se livrá.

General:

> Tu diz que põe na prisão,
> custa pra me livrá,
> ocê tem sede e vontade,
> acho bom experimentá.

Gui, com valentia:

       Guido de Borgonha
       toda vida foi um guerrero estruído,
       só hoje nesta bataia
       que me vejo perdido,
       com o valenti generá
       que é pequeno e arresorvido,
       eu bateno a minha espada,
       você escuite o tinido,
       afirma o pé generá,
       que eu te levo suspendido.

General:

       Vorta atrás seu Guido de Borgonha,
       deixa de intimação,
       vá roncá tua valentia
       lá cum o teu bataião.
       Quero vê si voceis são home
       pra levá eu na prisão.

Gui de Borgonha:

       Eu tô munto amolado
       de você vim m'insurtá,
       eu te aparo a vossa garganta
       e te faço amarelá.

General:

       Você diz que apara a minha garganta
       e me fais amarelá,
       fuja da minha frente
       cum essa não venha cá,
       porque eu sô um generá guerrero
       sô um home de munta valia,
       eu moro no sertanejo
       e ando na sertania
       arriscano a minha vida,
       para mim tudo são alegria.
       O combate do imperadô
       de longe eu percebia,

> hoje vim encontrá cum ele
> aqui neste belo dia,
> na ponta de minha espada
> o imperadô padecia,
> eu cortava num relampo,
> ele nem gemia,
> eu deixei ele amarelo
> iguar uma fror da melancia.
> Comigo é tempo seco,
> é batê em ferro fria,
> tenho força suficiente
> para combatê nesse dia.

O rei com indignação volta-se para seu filho que finge estar dormindo. Ronca ao lado do rei.

Rei:

> Ó meu filho prinspe,
> tá durmino, tá acordado?
> Aonde você está
> que não ouve o meu chamado?

O príncipe de um salto responde solícito:

> Pronto, rei meu pai!
> Estou pra fazê o seu mandado,
> conheço que sô seu filho prinspe
> que tomo conta do seu reinado.

O rei referindo-se a Galalão:

> Chamei você meu filho prinspe,
> você não sabe que eu neste meu assento
> estô me vendo apertado,
> com o atrivido generá, mais Galalão,
> fez a traição, mas fez de caso pensado,
> está querendo tirá eu do trono
> pra ficá ele assentado.

O príncipe dirigindo-se ao general:

> Eu sô um prinspe guerrero,
> sô filho de Carlos Magno

que neste reinado venho chegano,
com este atrivido generá
desejo de i encontrano,
quero que você me conte
o que você está ordenano?

General:

Vorta atrás querido prinspe.
O que é que você está pensano?
Que interesse você tem de sabê
o que estou ordenano?
Eu sô um generá guerrero,
por aqui venho chegano,
eu venho mesmo arresorvido
de acabá com o prinspe
e o imperadô Carlos Magno.

Príncipe:

Eu sô um prinspe guerrero,
sô filho de um magistrado,
agora mesmo cheguei
porque estive chamado,
conhecê o generá atrivido
que entrô no nosso reinado.

General:

Munto bem seu prinspe
isto pra mim são novidade,
aperpare as suas arma,
que as minha tão aperparada
pá nóis entrá em combate
que as nossas hora estão chegada,
faça fila minha rapaziada,
coas arma toda aperparada
eu quero mostrá pro prinspe
e o rei desse reinado.
Quano avistei o imperadô
na sua cadeira bem sentado,
com os doze par de França

estava todo arrodeado,
a minha perna amoleceu,
eu fiquei desfigurado,
assim como voceis
faz todos os meu gosto,
eu fazerei a tua vontade.
E vamo todos combatê
com tanto gosto e alegria,
e avança minha rapaziada,
ninguém morre sem chegá o dia.

Enquanto combatem cristãos e mouros, batendo espada sob o ritmo do instrumental que acompanha o canto:

Eu quero i, eu quero i
no combate de guerra, eu quero i.

Após esse canto, o rei chama o príncipe para fazer a prisão do general mouro, derrotado no combate:

Ó, meu filho prinspe,
filho da minha santa benção,
chegue no generá,
tire as arma dele e traga na prisão.

O príncipe, altivo, dirigindo-se ao general:

Entregue as arma generá
ou por bem ou por mar,
que o reis Carlos Magno
mandô te buscá.

Mal termina o príncipe de dar voz de prisão ao general, ouve-se pelos congueiros o canto:

A palavra do rei, palavra di proteção, lá vai preso o generá... naquela tristi prisão.

> A palavra do rei,
> palavra di proteção,
> lá vai preso o generá...
> naquela tristi prisão.

Cantada com freqüentes portamentos em andamento lento, a melodia é "chorosa". Os quatro membros de frase são ritmicamente iguais. O terceiro e quarto são quase repetição do primeiro e segundo. Suas terminações são "femininas" e separadas por pausas um pouco prolongadas, o que vem denunciar mais a tristeza do aprisionamento do general.

O general entrega as armas e nada diz. Uma vez preso, ouve-se outro canto em 6/8; embora melodia graciosa, há nela um certo sabor de tristeza. Compõe-se de quatro membros de frase de formas ritmicamente iguais. De quando em vez, alguns cantadores acrescentaram uma voz secundária, uma terça acima. O canto da prisão, como os demais, é repetido várias vezes.

> Mi valha Nossa Sinhora
> meu bom Jesuis do Bonfim,
> prenderam meu generá...
> meu Deus qui será di mim?

Findo o canto, apresentam-se vários personagens desse teatro catequético procurando defender o general. São os defensores do general.

Cabo da guarda:

> Aqui fala um cabo da guarda,
> um home de garantia.
> quando entrei neste reinado
> encheu o mundo de aligria.
> Toma atenção meus sinhores

que aqui eu venho falá,
eu não sei si eu penso bem,
eu num sei si eu penso mal,
aqui eu venho pedi sortura
pá meu valente generá.
Será possive, meus sinhores,
que meu voto não será atendido?
Que eu sei que o reis Carlos Magno
que não fez o meu pedido.
Vô m'imbora pra Turquia
cum esta dô no coração,
vô deixá meu generá
preso nesta triste prisão.
Inda tem pá nossa defesa
o nosso armirante Balão.
Ó armirante Balão
puxe pá suas espada
e venha cortano chão
pá nóis sortá nosso generá
que tá preso nesta prisão.

Capitão:

Dá licença reis de Congo
que cum vóis quero falá.
Eu sô um capitão guerrero
que tive estudo pra guerreá,
quano arrecebi o telegrame,
eu estava na Turquia
eu puis a minha espada na cinta
e balanciei pra cá e pra lá.
Eu quero sabê quar é o motivo
que prendero o generá?

O príncipe com energia responde ao capitão mouro:

Vorta atrás, capitão,
deixa de intimá,
o generá tá preso
por sê home que não sabe pensá.

Capitão:

> Vorta atrais prinspe
> que tu é minha vingança,
> aqui tu fala cum home
> mas num fala cum criança.
> Manejando a minha espada
> te corto a tua garganta.
> O generá sempre foi guerrero,
> venceu muntos combate
> e nunca foi prisionero.
> Alevante generá,
> sô eu quem mando alevantá!
> O galo canta de aligria,
> canta pra me desfarçá,
> tenho um grande sentimento
> de você tá preso neste lugá.

Os congueiros cantam: "Vamos nóis fazê a paz, é do rei cum o generá." É o canto da paz. Com a conversão dos mouros ao cristianismo, finalidade de representação teatral da congada, está prestes a terminar a representação na ribalta das ruas. O "canto da paz", quer pelo andamento rápido, quer pelo desenho melódico, revela um estado de alegria. Sendo o segundo verso bisado, tem-se uma frase musical de três membros; o primeiro termina em *si*, o segundo em *lá* e o terceiro em *sol*. Sendo a tônica a nota inicial e terminal da melodia. Há jovialidade no canto.

♩= 126

Va - mos nóis fa - zê a paz, é do rei cum_o ge - ne - rá, é do rei cum_o ge - ne - rá.

Parece-nos que de nada valeu o canto tão alegre e pacificador; a referta continuou entre o rei e o general que está ajoelhado aos seus pés:

> Levanta dos meus pé generá.

General:

> Dos seus pé num alevanto.

O rei, mais enfático:

> – Levanta de meus pé generá!

General: "Dos seus pé num alevanto enquanto não recebê a minha espada e sua santa benção."

Rei:

> Então você quano entrô no meu reinado
> veio feito valentão,
> perdeu esse combate
> e foi pará na prisão,
> agora você está quereno
> a minha espada
> e a minha santa benção?
> Vá s'imbora pra sua terra,
> num vorte mais aqui.
> Si você torná, na sua prisão,
> de tua vida eu dô fim.

General:

> Como ficô contente
> o reis de Congo
> na sua cadera bem assentado.
> Você trouxe eu na prisão
> por eu tá desarmado,
> si eu tivesse coa minha espada
> a tua vida no que ficava?
> Eu te aparava o teu bonito pescoço
> na primera batida que eu dava!

Rei, com indignação:

> Fuja de minha frente,
> caboclinho feição de cara dura,
> si você torná a vortá na prisão,
> eu num te dô mais a sortura.

General:

> Quá o quê, imperadô,
> isso tudo são bobage e tontura,
> você pensa que carne de turco
> é doce de rapadura?
> Si ocê repeti a prosa,
> agora mesmo nóis se mistura,
> nóis semo home de peito a peito,
> sobe morro e desce a serra,
> eu te pego na minha espada
> e te arranco a vossa guela.
> Si eu apanhá, cum chicote,
> você apanha cum vara de marmelo:
> déis varada te dô na costa,
> cinco ou seis pra tua canela,
> só pá ocê vê si é gostoso
> o docinho de marmelo.

Termina a parlenga, os mouros são batizados, todos, sob a égide do cristianismo, exultantes, cantam, finalizando a parte dramática da congada:

> Com favô de Deus esta bataia acabô,
> a bataia está vencida, reis de Congo que ganhô.

Como na "Canção de Rolando", na congada, o campeão, o vencedor, é Carlos Magno – o grande rei cristão, aqui chamado *reis de congo*.

A congada é a canção épica da catequese em terras brasileiras*.

---

* Parte do estudo acima integrou a tese "A congada nasceu em Roncesvales", que mereceu o 1º Prêmio "Câmara Municipal de São Paulo", de 1959. Jubilosamente inserimos trechos do valioso estudo do ilustre arquiteto português Antônio d'Azevedo, confirmadores da tese defendida pelo autor.

Antônio D'Azevedo, *Mais um passo da "Chanson de Roland" no românico português*. Braga, Portugal, 1957. "O *caminho francês* das peregrinações, que de França, pelo Norte de Espanha, conduzia a Sant'Iago de Compostela, foi o veículo dos elementos de formação do novo foco artístico, onde se criaram e educaram gerações de operários e mestres que, com o tempo, se haviam de espalhar pela região do noroeste peninsular, cujos habitantes, de tradição já bem definida pela cultura dos castros e pela herança romana, estavam perfeitamente aptos a recuperar, embora lentamente, a técnica perdida num crepúsculo de quatro séculos, pelo menos."

Foi assim que se formaram os dois grandes centros do românico português: Braga primeiro, Coimbra a seguir.

"A Braga chegaram ainda os derradeiros trovadores que nas suas igrejas do século XII deixaram gravados os últimos acordes da velha *Chanson de Roland*, cujos ecos se ouvem ainda, não muito longe, todos os anos, em agosto, nas margens do velho Lethes, não se confirmando assim a lenda de ser o rio do esquecimento, pois não se perdeu no olvido, ao atravessá-lo, esse patético e lanci-

Baile de São Benedito

Xiririca, nome de origem tupi, significando "água ligeira, corredeira", é proveniente da denominação de uma tribo de índios que residia naquelas paragens ribeirinhas quando ali, pelos fins do século XVI, os brancos chegaram. Infelizmente propuseram a troca desse nome eufônico para Eldorado, pelo fato da existência de muito ouro nas minas a serem exploradas. O que levou a população a pedir a substituição de um topônimo brasílico por um estranho foi o fato de existir generalizado o costume de qualquer pessoa, ao referir-se a um lugar distante, o "cafundó do mundo", dizia: "Isso fica pra lá de Xiririca." Quando, na velha política, podiam os "salvadores da pátria" remover a seu bel-prazer as heroínas anônimas – as professoras primárias – porque seus maridos não haviam votado com o Governo, isto é, com o PRP (Partido Republicano Paulista), o lugar preferido para tais castigos era ameaçar com uma remoção para Xiririca. É bem verdade que para os conceitos da distância e isolamento geográfico dessa localidade muito colaborou o fato de Xiririca sempre figurar em último lugar, é óbvio, nas listas alfabéticas dos municípios paulistas.

Ao lado da margem direita do Ribeira, sofrendo de quando em vez as enchentes desse rio navegável, Xiririca no passado foi uma cidade de grande movimento. Não só as terras fertilíssimas da região mesopotâmica, como as explorações auríferas e doutros minerais do Apiaí, atraíram grande número de exploradores e muitos aí se fixaram. Descendentes de bandeirantes ainda vivem em Xiririca: os Betim, os Pais Leme e outros. Clima ameno, proximidades do litoral, terras férteis onde há em abundância o "pau-d'alho", grandes matas, boa água, povo bom e hospitaleiro fazem de Xiririca uma cidade acolhedora; uma vez visitada, o viajor quer matar as saudades visitando-a de novo.

Através dos Recenseamentos vejamos os dados acerca de Xiririca, podendo-se tirar várias conclusões. A primeira que devemos adiantar, ouvida da boca de vários moradores: "Estamos abandonados!!!"

No Recenseamento de 1890 a população era de 6.630 habitantes, sendo que nesse total figuravam apenas oito estrangeiros. O crescimento vegetativo de 1890 a 1920 foi de 1.267. A diferença entre o Recenseamento de 1890 mais o crescimento vegetativo de 1920 é igual a 5.200. O Censo de 1920 dá

---

nante quadro da cena final de Roncesvales, porque um escultor pujante o deixou narrado para sempre, a traços largos e fortes, num capitel do arco triunfal da pequenina igreja romântica de Rio Mau, nas imediações da Póvoa de Varzim e de Vila do Conde. Nele está representado o tocar na rabeca, o pobre rapsodo que, cantando e tocando, de terra em terra, trouxe o poema até este extremo cristão da Europa e nos diz, com a sua presença, que o autentica e que foi ele o veículo transmissor da velha crônica medieval para não restar a mais pequena dúvida sobre a sua origem e o seu itinerário."

para Xiririca 13.097 almas. A diferença entre o Recenseamento de 1890 e o Censo de 1920 é de 6.467; o crescimento vegetativo de 1920 a 1934 é igual a 2.765. A diferença entre o Censo de 1920 mais crescimento vegetativo de 1934 é igual a 2.405. Segundo o Recenseamento de 1934, havia em Xiririca 18.267 habitantes. A diferença entre o Recenseamento de 1934 mais o crescimento vegetativo e o Recenseamento de 1940 é igual a 4.500. O Censo de 1940 registra 14.946 habitantes. A diferença entre o Censo de 1934 e o de 1940 é de menos 3.321. É uma diferença sensível. Finalmente, o Censo de 1950 acusou uma população de 10.785 habitantes na antiga Xiririca, hoje Eldorado. A diferença entre os dois últimos Censos é de menos 4.161.

Boas estradas, restabelecimento da lancha de carreira, comunicações fáceis, amparo oficial às explorações agrícolas, dariam ressurgimento àquela zona ubérrima de nosso estado, cuja decadência a estatística comprova.

No passado remoto, para o trabalho de mineração foram encaminhadas as primeiras levas de escravos para Xiririca. Eles ajudaram a pilar as taipas da igreja de Nossa Senhora da Guia, ritmando com o canto as batidas no taipal. Só a mineração é que pode explicar a presença dos negros em regiões tão próximas ao litoral. É óbvio que não se dediquem aos labores da pesca, pois é um gênero de vida de onde o negro sempre esteve ausente; os remanescentes dos bateiadores hoje vivem do trabalho da lavoura.

Descendentes de antigos escravos vindos do Congo, de Angola, trouxeram seus cantos, suas danças e por causa dos novos contatos, novo ambiente, nova religião, motivos vários aprenderam e participaram do que é hoje em Xiririca o baile de São Benedito – teatro catequético, usado pelo jesuíta, pois este bailado popular é a congada.

A vida não é trabalho só, é também recreação. O preenchimento das horas de lazer no meio rural é feito comumente pela dança e mais raro pelo bailado popular. Os brancos têm dado preferência às danças mais individualistas. Dentre elas se destacam as do fandango. Nesta região, graças à influência espanhola, pois sabemos que por aqui andaram os filhos de Castela, indo um dia dessas paragens até Assunção, no Paraguai, encontramos nomes que nos afiançam a sua influência: piricó (deturpação do Pericón, espanhol), monada (significando em castelhano "preciosidade" e não "macaquice" ou "imitação") e tirana. Ainda no fandango há outras como: manjericão, anu, vilão de lenço, graciana, volta senhora, faxineira, engenho novo, "bamo na xacra", passadinho, roda... estas de origem portuguesa.

No meio rural não há "linha de cor" a dividir os seres humanos de pigmentação diferente; portanto não é por esse motivo que a presença dos negros tenha sido afastada nas danças acima enumeradas porque os encontramos irmanados com os brancos e caboclos na dança religiosa de São Gonçalo. É provável que os negros tenham preferido a dança do Grancheno, entressachada no baile de São Benedito.

A congada em Xiririca, também chamada baile de São Benedito, é realizada por ocasião das festas cíclicas do Natal (dia 26-12) e, às vezes, por ocasião da festa da Padroeira, dia 8 de setembro. Todas elas são realizadas defronte à igreja matriz, onde adrede armam pequena arquibancada.

Já mencionamos os três elementos que mantêm as sociedades folclóricas: o econômico, o demográfico e o solidário. Podemos apontar o econômico e o demográfico atuando no sentido de favorecer o desaparecimento da congada da cidade de Xiririca, hoje Eldorado. E acrescente-se o falecimento de muitos membros idosos do baile de São Benedito, mudança de outros, enfim, isso tem concorrido para afrouxar a solidariedade.

O culto festivo popular e profano-religioso ao santo "advogado dos pretos" tende a desaparecer. De há muito que os membros da congada de Xiririca não saem às ruas e praças para homenagear seu patrono com o baile de São Benedito. Até 1934, 21 figuras no dia de festa religiosa, do padroeiro da histórica e lendária Xiririca, saíam como em todos os anos anteriores para bailar e louvar através do canto e da dança dramática a São Benedito, "este santo respeitoso, que é nosso amparo e vida".

Passaram-se os anos. Um dia, em 1947, novamente às margens do calmo, ora tumultuoso, Ribeira, foram acordadas com o canto semi-religioso dos congueiros do Dulcídio, do velho Artur Auto de Morais. E, infelizmente, tudo se calou, daquela época para cá. A despedida que envolve uma promessa de voltar no ano que vem não foi cumprida. E é uma pena! Um elo de nossa tradição que se partiu. Seria tão bom que a promessa se cumprisse:

> Acabou-se o baile assim,
> a festa também, assim,
> até para o ano que vem,
> pro ano que vem assim.

O sentido saudosista de nossa frase: "é uma pena que a congada esteja desaparecendo", não tem a intenção de esconder o conhecimento que temos das forças sociais que interagem em nosso folclore, é apenas um desabafo poético, sentimental, e não científico...

A congada de Xiririca traz um elemento por nós não encontrado em outras – a rainha Ginga, a célebre d. Ana de Sousa. Nos textos recolhidos da congada de Piracaia e mesmo da vizinha cidade de Iguape, não consta a presença de uma rainha, a enviar embaixador para a perlenga neste lindo teatro popular que é a embaixada. Na de Piracaia vemos reviver na praça pública as figuras de Carlos Magno, dos 12 pares de França. Na de Iguape, apenas, um Rei de Congo que rebate com palavras enérgicas as investidas do embaixador de Mafoma:

> O grande Rei de Congo
> não sabe insulto sofrê
> meu trono não sofre injúrias
> que de leve possa ofendê.
>
> Duros, pesados grilhões
> puderá mandá pô em teus braço
> para sabê o respeito
> que eu dô neste meus paço.
>
> Mais quero sê generoso
> para contigo mostrá,
> que um rei é uma majestade,
> deve tudo perdoá.

A rainha Ginga não aparecerá na representação, apenas o seu nome é citado. Em Xiririca, não figura mulher como nos demais bailados a que temos assistido no estado de São Paulo, abrindo uma exceção para o moçambique. Em São Luís do Paraitinga, por exemplo, há uma rainha, Tia Teresa, com 112 anos de idade, a mesma que figurava na antiga e hoje desaparecida dança dos moçambiques, realizada nos salões dos escravocratas dessa imperial cidade. No estado de São Paulo, noutros bailados não participam figuras femininas, muito comuns nas danças dramáticas populares nordestinas, como a Catirina no Quilombo... embora seja homem fantasiado de mulher.

No baile de São Benedito tomam parte 21 figuras. O responsável pela congada é o Rei de Congo, cujo nome é às vezes proferido em língua africana: Guanaiame, ou Guizunganaime e Gama-Zumbiganaime. As outras figuras são: um embaixador, um príncipe, um secretário, às vezes chamado por Ganaturiza, um cacique, oito vassalos e oito conguinhos. Os vassalos e conguinhos também têm seus nomes na hierarquia que vai do primeiro ao oitavo. O primeiro é Grande Honra, o segundo Quendaiame, o terceiro Bonizame, o quarto Narquim, o quinto Subão, o sexto Canator, o sétimo Cusame e o oitavo Acunda. Dos congos, ou melhor, conguinhos, porque todos são meninos, seus nomes são segundo a ordem: primeiro é Guia, segundo Sufator, terceiro Dalquim, quarto Ansico da Guiné, quinto Zefe, sexto Zambásio, sétimo Zaía (Isaías?) e oitavo Londado. Não encontramos nas congadas paulistas o Príncipe Sueno, herdeiro da coroa, que é aprisionado como refém no desenrolar da embaixada.

O rei trajava-se de calção azul com meias cor-de-rosa, sapatos brancos, camiseta branca, capa azul ferrete com galões dourados nas bordas, bordados com vidrilhos brancos, estrelas, ou melhor, signos de Salomão. Na cabeça, uma coroa prateada. Na cintura uma espadinha. As jóias e cordões de ouro são enfeites que as pessoas tradicionais da cidade lhes cederam por empréstimo para a festa; é um velho costume. Às vezes o rei se apresenta com um guarda-chuva, empunhado por um popular qualquer. Esse implemento é a representação popular e pobre do pálio. Da realeza traz um símbolo – o cetro, um bastão de madeira preta.

O príncipe era portador de calção azul, corpete amarelo, capa azul-clara cheia de estrelas brancas, boné branco com muitos enfeites e espada curva.

O embaixador trazia uma capa vermelha muito enfeitada, calça branca comprida comum, uma fita azul a tiracolo sobre a camisa branca, turbante vermelho adornado de pedras e berloques, sapatos comuns, empunhando espada pequena.

O secretário, calção azul, camisa branca e turbante azul, portador apenas de um apito.

O cacique, com calção branco, capa azul e um cocar de muitas penas coloridas na cabeça. Não usava espada. Único que estava descalço.

Os vassalos usam roupas de cores diferentes, a camisa de uma cor, o calção abombachado doutra, predominando porém as cores azul e rosa. As meias sempre pretas, afiveladas com uma jarreteira azul-celeste. O chapéu de palha do vassalo é coberto de pano, quebrado na testa. Nessa dobra figuram enfeites e espelhinhos a granel. Do chapéu, em geral de dois bicos, pendem muitas fitas. Todos calçados com sapatos ou botinas comuns. Os vassalos usam espada comprida, sempre na cintura.

Os conguinhos, calções pequenos, pelos joelhos, camisolas cor-de-rosa, frouxas, dando-nos a impressão de japonas, amarradas na cintura por faixa vermelha. Todos de turbante. Os conguinhos são meninos de 12 ou mais anos, portadores de pequenas lanças de madeira.

Pelas espadas usadas pelos vassalos, retas, e pelas lanças dos congos podem-se distinguir na congada os dois grupos que irão pelejar.

O baile

Finda a missa da qual participaram, caminham todos silenciosos e, na praça próxima da igreja, o Rei de Congo senta-se numa cadeira no local adrede preparado, formando à sua frente os demais membros da congada, dispostos em duas fileiras que se defrontam. O príncipe fica à esquerda do rei, e o secretário, à direita. Mais distantes estão cacique e embaixador. Nas duas fileiras estão os quatro primeiros vassalos e a seguir os quatro primeiros conguinhos; noutra, Subão, Canator, Cusame, Acunda e os conguinhos Zefe, Zambásio, Zaía e Londado, com suas pequenas lanças, ao passo que todos os "cristãos", ou melhor, vassalos, estão com suas espadas. Todos cantam, menos

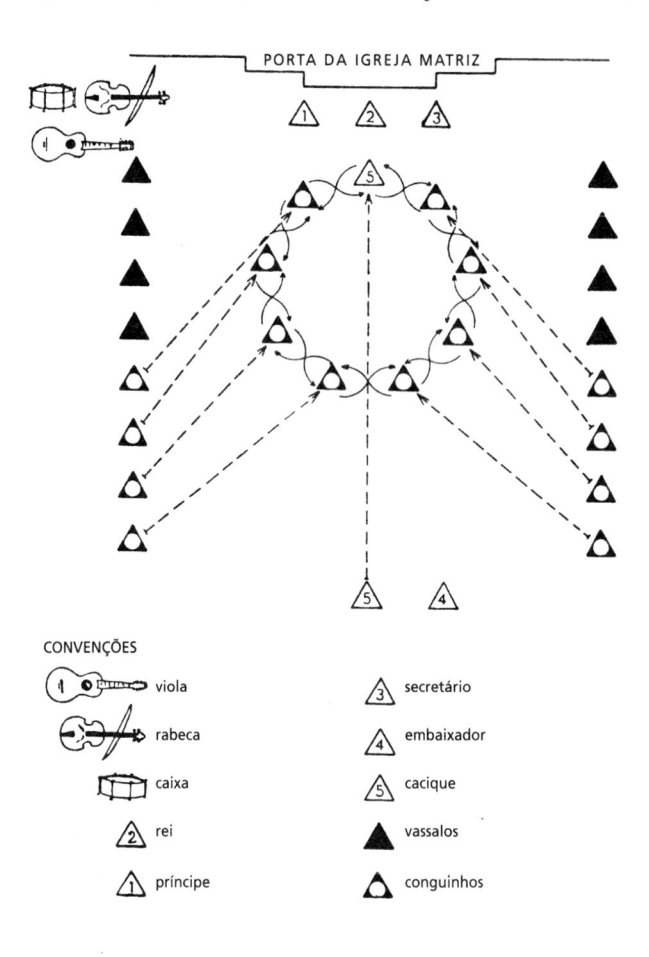

CONVENÇÕES

- viola
- rabeca
- caixa
- rei
- príncipe
- secretário
- embaixador
- cacique
- vassalos
- conguinhos

o rei, que permanece o tempo todo sentado em seu trono. Levanta-se apenas para dar início ao baile. O príncipe e os demais ficam em pé o tempo todo. Formadas as filas, os vassalos vão saindo um a um para prestar homenagem ao rei, com o braço estendido horizontalmente até chegar ao trono, voltando para o lugar oposto ao que estava, bem atrás, próximo portanto do embaixador. No momento em que o último vassalo prestar sua homenagem, todos estarão em seus lugares primitivos.

Param de tocar os instrumentos (caixa, rabeca e violas) e o Rei de Congo, com um aceno de cabeça, determina a saída do príncipe da esquerda para a direita, o que este faz em marcha normal, passos seguros e com imponência. Ouve-se então a fala do trono:

"Hoje é o solene dia do ilustre vassalo do congo real, a quem devemos mostrá afeto de mim cordeais. Pela grandeza de meu trono ilustre trono de congo venho o Santo Benedito, em nosso amparo e abono. Quenda, Cusame a nossa Acunda, secretário do meu peito e vós todo os meus vassalos vinde a mim mui satisfeito, que hoje é o dia festejado por todo o mundo cristão, trazeno São Benedito com a mais pura devoção. Assim venham todos alegre cheios de amor e respeito para Cumbanda conquena dar gosto neste meu peito."

Adiantando-se, fala o secretário, dirigindo-se reverentemente ao rei:

"A mim Guizunganaime, contai com o meu amô, enquanto neste meu peito, meu coração vivo fô, nem era grande senhô preciso vos ordená que é do nosso devê a majestade louvá."

O rei, dirigindo-se aos vassalos e nomeando alguns, paternalmente:

"Assim sempre eu esperei de vós vassalos querido, assim nesta sorte ocupará o meu sentido, vós vassalos mui amado de alma e de coração, o Grande São Benedito será vossa proteção. Assim venha todos os moradores de bosques, brenhas e serras, para assisti os festejos da nossa querida terra. Quendaiame, Bunisame, Narquim, Subão e Canatô, ó filhos de minha arma, vinde a mim com puro amô, falais, falais, quereis todos prestamos nesta função."

O príncipe, batendo a mão no peito, em tom enfático:

"Enquanto neste meu peito batê este coração, enquanto neste meus braço as armas pudê sustê, hei de meu rei ajudá a até vida perdê. Rei senhô, Aganiame, o festejo deste dia, será feito com afeto e com a mais sincera alegria. Este Santo é respeitoso, que é nosso amparo e vida trago no meu coração como a prenda mais querida; em festejá este santo é meu gosto, meu prazê festejá este santo é meu prazê a mais linda majestade para vos obedecê."

O primeiro vassalo, Grande Honra, dando um passo à frente, empertiga-se para dizer:

"Si eu não tenho, Grande Honra, de ser senhor filho vosso, tenho por grande razão de estimá o quanto posso o nosso rei a grandeza de vosso cépitro o pendô fazerei de mim um tesouro, que é brio pundenô acompanhar-vos nesta festa deste santo sublimado e a vossa grande virtude satisfais o meu agrado."

Quendaiame, segundo vassalo, a seguir, com uma voz atenorada profere as seguintes palavras:

"Meu agrado Guanaime grande rei o senhô dar-vos com grande gosto para mostrar o meu amô, quanto mais que hoje é a causa da nossa grande função de um santo tão querido, querido do meu coração, assim para concordá com a vossa real vontade fazerei o que pudé para agradá a majestade."

Fala Bonisame, terceiro vassalo, voz abemolada e difícil de ser entendida sua arenga:

"Para agradá a majestade Quenda Cusame, senhor presente está Bonisame para ter esse consolo de um reino tão afamado que nunca ficou vencido toda as nações exaltadas e engrandecida esta festa e de fama ela mar não ficará para seu desempenho Bonisame aqui estará."

O quarto vassalo é Narquim, pretinho retinto, dentes alvos, sempre sorrindo, numa fala nervosa e ensaiada diz:

"Narquim, ó bom Guanaiame, que está sempre ao vosso lado como um fiel vassalo que sustenta vosso agrado, será forte, será firme, em sustentá o vosso trono, será um de puro vassalo, honra, crédito e abono, para louvarmo este santo que tem um trono na grória e deixará também gravado sua eterna memória."

De Subão (ou Zumbão), quinto vassalo, é a vez de falar:

"Senhô aqui está Subão que sempre vos estimô que nesta batalha dezena por vós a vida arriscou-se na batalha, dei vida, hoje darei alegria, no festejo deste santo tão grande simpatia. Cantemos de coração os louvores merecido um dia tão glorioso dos cantigo mais bem sabidos."

O sexto vassalo, Canator ou Canatô, em tom plangente:

"Canatô, senhô que vos ama no fundo do coração, que no secretos conselho mostra puro afeição saberei sempre sê firme a sua monarca adorá mas fazerei com que na glória nada possa se exaltá concorrerei o quanto posso para o brio desta festa e todas minhas alegria e senhores somentes esta."

Guanaime, muito alegre, do trono, fala pela terceira vez:

"Meus filhos e meus vassalos, não podeis avaliá, a alegria que em meu peito acabaste de despertá; vóis vassalos mui amados de alma e de coração que eu não sei como neste meu peito cabe este coração que só parpita de alegri, de amor e satisfação."

Pela segunda vez ouve-se a voz do príncipe:

"Satisfação é maió que se pode conhecê, são senhô de suas palavra para nos reconhecê; vosso filho vos estima com a fé mais subrimada vossa vida, vossa grória com a mais sincera amizade."

O secretário, dirigindo-se ao rei, parece segredar:

"Quem vive sempre a seu lado como um vosso secretário, só uma vez vos pede em recompensa o salário; já vos é mui conhecida e escusa de vos dizê que agradar-vos em tudo, é o meu maior prazê e no forguedo de hoje fazerei por vos merecê."

O rei enfático e solene, com gestos de orador sacro, profere:

"Vós bem sabeis a importância que tem esta grande função, escusa de vos fazer-vos maior recomendação os santo e incelência de Palermo e descendentes as virtudes mais subrime dos herói ascendente cantam os anjo no céu para a mais santa paciência. Hoje é o dia que nos move e celebra a sua grória, e o santo Benedito, santo de eterna memória o hino de amô nascido de um coração, cantai, dançai meus filhos nesta brilhante função."

Os vassalos todos, a uma só voz, tonitruam:

"Esta festa é de fama, o rei nosso Aguanaiame, por esse reino de Angola muito grande ela se chama, nós todos pronto estamo a cantá tanto louvores ao santo nosso patrono, que faz todo nosso amores. Cantemo, dancemo todos unido que assim é bonito entroando viva, viva, viva Santo Benedito."

Cantam primeiro e depois executam meia-lua. Ao finalizar o último vassalo a sua louvação, o secretário apita para começar o "Grancheno".

O vassalo ao dançar o "Grancheno" toma a seguinte posição: mão direita sobre o peito e a esquerda para trás. Dançam sob a chefia do príncipe, ao passo que os conguinhos são dirigidos pelo cacique.

Os fidalgos, os oito vassalos, marcham fazendo meia-lua, a seguir ouve-se um dueto, secretário e príncipe cantam:

> Louvemo de coração
> o nosso tão grande santo
> lá no céu ouvido seje
> o nosso sincero cantigo.
> São Benedito é nosso patrono,
> no céu está assentado
> em brilhante trono.

Bonisame e Narquim, isto é, terceiro e quarto vassalos cantam:

> Peçamo que ele nos guie
> com a sua proteção,

> que nos dê a fé precisa
> para salvar os cristão.
> São Benedito
> é nosso patrono
> no céu está assentado
> em brilhante trono.

O quinto e sexto vassalos, Subão e Canator, cantam:

> A sua virtude são tantas
> que Deus lhe dê o valô,
> que nos dê o reino da gróría
> em troca de seus amô.
> São Benedito
> é nosso patrono,
> no céu está assentado
> em brilhante trono.

Ouve-se um dueto do sétimo e oitavo vassalos, Cusame e Acunda cantam:

> Na corte todos festeja
> a gróría de Benedito,
> que abraça tantas virtude
> Som seus louvore inifinito.
> São Benedito é nosso patrono,
> no céu está assentado
> em brilhante trono.

Findo o canto, sob a melodia convidativa tocada pelos instrumentos, dançam todos os fidalgos. Vão desde a frente do rei até à extremidade oposta, onde se encontra o embaixador. Este, ao ver a aproximação daqueles alegres cristãos festejando e louvando São Benedito, pede licença para entrar. Logo a seguir, o embaixador repete seu pedido de entrada. Ninguém lhe deu atenção. Pela terceira vez, insta pedindo licença para entrar, e em tom zangado:

"Embaixadô pede entrada que a sua embaixada vem dá vem lá dos centros dos bosque o seu rei representá. Traz gente toda luzida que tamém sabem dançá, assim como nas batalhas sabem as arma manejá se forem recebido saberão se desforrá, já e por três vezes que eu brado me deveria me escutá."

Preocupado, ouvindo palavras do embaixador, o príncipe ordena ao secretário:

"Guanaturiza depressa vai ao nosso rei dizê que nosso reino está em perigo é preciso defendê e o embaixadô artivo faltando com todo respeito parece que qué fazê do nosso reino sujeito."

Antes de sair correndo, ouve-se a voz do secretário, respondendo à ordem do príncipe:

"Jaminqüenda minha príncipe, correndo vô avisá o nosso rei do periga em que o nosso reino em periga está."

Alvoroçado, o secretário, respeitoso e ofegante, fala ao rei:

"Minha rei minha senhola príncipe mandu dizê que o nosso reino está em perigo é precisa defendê e embaixadô artivo faltano com toda lespeito, parece que qué fazê o nossa reino sujeito."

O rei ordenando com rispidez ao prestativo secretário:

"Valhas-me meu Zambiapongo, corre, corre secretário vai a príncipe dizê que morram esses temerário que não haja compaixão de acabá com essa gente senão nosso grande reino se mostra tão insolente."

Antes de sair correndo para transmitir a ordem ao príncipe, o secretário, reafirmando sua lealdade, diz ao rei:

"Nestes braços descansai grande rei o meu senhô que seus vassalos mostrarão quanto pode seu valô."

O rei, ordenando, diz em língua africana (assim explicou posteriormente o sr. Artur Auto de Morais): "Fundumuca"... A resposta do secretário é dada no mesmo linguajar: "Jaminqüenda"... e sai correndo, dirigindo-se ao príncipe para dizer-lhe:

"Minha príncipe, el-rei manda dizê que a mais cruenta guerra mostra a esses inimigo quanto pode a nossa terra."

O príncipe, dirigindo-se aos vassalos, determina:

"As armas nobres guerreiro o brio neste se encerra leva as armas aos inimigo guerra mais guerra, guerra."

O embaixador, enraivecido, diz para os conguinhos:

"Avança nação da Ginga vossa honra defendê, levanti os alcos e flechas desaflontai o vosso rei."

Vassalos e conguinhos cantam três vezes a seguinte quadra:

> Guerra, mais guerra,
> guerra sem nunca descansá,
> . se os nossos inimigo
> corremo a matá.

Nos intervalos do ato, o secretário apita. O rei levanta-se, coloca a mão na espada, ficando em pé na frente de sua cadeira. Para começar o rei senta-se, diz bem alto: *jaminqüenda*, quer dizer, "ande, depressa"!

O príncipe chefia os seus vassalos que manejam as espadas em frente dos conguinhos contra a lança destes. A lança é empunhada pelas duas mãos deslizando entre os dedos da esquerda. É a guerra, estão em combate. O príncipe ordena: *avançar*! repetindo três vezes até que o secretário apite. Termina a guerra. O embaixador entrega-se à prisão.

Pela terceira vez se ouve a voz do embaixador, agora suplicante, não mais arrogante. Dirige-se ao príncipe: "Suspende, príncipe, a guerra, não façais sangue corrê que eu não venho guerreá, venho a minha festa fazê. Sou do Reino de Merticua, de meu rei meu senhô que vem trazê amizade em troca do seu amô."

O príncipe, sobranceiro, defrontando as hostes dos conguinhos que trazem à frente o embaixador, fala enérgico, porém amistosamente:

"Sois brava nação da Ginga acaba de conhecê que não vieste guerreá, viestes nos reconhecê. Corre, corre secretário vai ao nosso rei senhor avisá do sucesso que entre nós acaba-se de passá."

O secretário, procurando imitar um africano se expressando em língua portuguesa, suplica ao rei o pedido do príncipe:

"Minha rei, minha senhola príncipe manda dizê que vos há de perdoá que essa gente que aqui venham não nos venham fazê mar e o embaixadô de Merticua que traz uma tropa de zente mui luzida e asseada que vos pede licença para vossa mão beijá."

O rei, com um gesto de concordar, responde: "Diga-lhe que tem licença e que pode logo chegá. Funambuca"... Esta palavra é proferida em tom áspero.

O secretário, a correr, aproxima-se do príncipe, transmitindo a ordem real: "Ó ambelo, ó atalanjo podeis ir embaixadô com toda vossa falange."

O príncipe transmite a ordem de seu pai, rei do congo ao embaixador:

"Vamo já reais fidalgo depressa a real presença apreciamo esse gosto que não haja resistência."

Com meneios de cabeça, segurando na aba de sua capa de seda vermelha, o embaixador, procurando ser gentil e afável ao príncipe:

"Sim, meu príncepe, estes gosto muito que ambiciono, e vós, minha boa gente, que são do meu rei abono. Esperai aqui por um pouco enquanto vou alcançá licença para levar-vos contente ao pé daquela reá presença."

Parte do príncipe o convite, apontando o caminho para o embaixador:

"Partamo para o Estado para ser executado." Marcham todos os fidalgos e o embaixador até à presença do rei.

Respeitosamente o príncipe dirige-se a seu pai:

"Rei meu pai, senhô, aqui está embaixadô o quar vem dá prova da amizade e do amô, foi engano que eu tive de causá o motim por me ver enganado dei aquela guerra por fim."

O rei, apontando para uma cadeira que está ao seu lado, convida o embaixador para que a ocupe: "Sim, sentai meus vassalos primeiro embaixadô quar eu quero dá prova do meu reá grande favô. Porém não deixei de estranhá em pulítica em que no meu reino entras-te digno de toda crítica isto seria descuido ou poco causo."

O embaixador fala ao rei: "Não pensei que o embaixadô julgasse em tão grande atraso, que não é hoje a primeira embaixada que a meu pai eu tenho dado em todas as minha missão tenho sido mui respeitado."

O rei, virando-se sobressaltado para o embaixador: "Pois não mostrais que neste ofício esteja mais exercido para pores um tão grande reino em tão eminente perigo."

O embaixador, vendo a atitude do rei, fala-lhe mui zangado: "Exercido não estais vós em recebê a embaixada parece-me sê um rei da nação mais atrasada, assim se me insurta meu enviado do meu rei meu senhô sem ouvires a embaixada já taio de machado não cuides que o ferro mata ou cause susto e horrô para defendê o meu trono tenho sobeijo valô. Esta espada, esta seta e os meus ferozes soldado te mostrarão que as insulta não estão acustumado."

O rei, ríspido, fala ao embaixador, que se levanta: "Ó soberbo embaixadô da mais soberba nação, aqui tu pagareis o teu atrevimento e a tua presunção. Bem pudera te mandar prendê na mais ascura prisão mais não quero que tu diga que eu me valho da ocasião. Sarta já da minha presença atrevido embaixadô ponha a tua gente em arma e tema o meu furô."

Inesperadamente o embaixador dá um pulo para trás e pede auxílio aos seus conguinhos. Então, para cantar, ficam defrontando-se, porque para o combate vieram todos em fila, comandados pelo cacique e embaixador.

O embaixador volta-se para o cacique, seu melhor cantor lá das terras da rainha Ginga, e diz-lhe: "Agora sim minha gente está a rainha ofendida puxa pela vossa seta até perderes a vida."

Conguinhos e vassalos todos cantam:

> As armas nobre guerreiro, calunga,
> contra os inimigo, calunga
> defendê a nossa pátria, calunga,
> que está em grande perigo, calunga.

O cacique, distinguindo-se dos demais pelo cocar de penas, puxa o canto pelo embaixador.

O rei levantando-se vai prender o embaixador que fica de joelhos, testa no chão, e os vassalos cruzam as espadas na sua cabeça. Quando o rei chega, todos os vassalos se afastam dando-lhe lugar. O embaixador, ao ver a resoluta atitude do monarca, ouve submisso suas palavras: "Reconhecei, atrevido, quanto é o meu podê!"

Ainda de joelhos o embaixador respeitosamente diz ao rei: "Supende meu grande monarca, não faças mais sofrê já que fui insolente em te faltá com o respeito foi por me vê insultado e cometê desfeita mais as minha intenções sempre foram de respeito."

Ao embaixador, agora paternalmente, o rei profere as seguintes palavras: "Pois o grande rei de congo não sabe insulto sofrê. Meu trono não sofre injúrias que leve possa ofendê, duro pesá de grilhões pudera por nos teus braço para saber o respeito que devo ter nos meus paço mais quero ser generoso para contigo mostrá que do rei a majestade te há de perdoá. Levanta-te!"

O embaixador agradece ao rei: "Agradecido senhor por tão imensa bondade. Grato serei a meu rei para toda a eternidade."

O rei convida o embaixador: "Partamos para o estado que lá seraes executado. Sim sentai meus vassalos, primeiro o embaixadô. Agora quero dar prova da amizade e do amor. Qual foi o motivo que vos trouxe a esta terra tão afastada?"

Procurando justificar-se o embaixador, perante o rei, fala: "A mais brilhante função de um santo mais subrimado que a minha rainha soube que aqui era festejado mandou-me, pois que eu aqui viesse com toda aquela minha gente a vossa reá presença, assim respeitosamente. Escolhi de meus vassalos um da mais nobreza frô para testemunhá o seu respeito o seu amor, dai ele pois com o grande gosto do beijá a vossa mão, e de termos uma pequena parte nesta brilhante função."

Alegre e satisfeito, o rei fala ao embaixador: "Ó meu querido embaixadô, tal era a minha alegria que em toda a minha vida outra melhó não teria, de vossa rainha agradeço a embaixada. Diz-lhe que por mim sempre foi muito respeitada e se algum dia este meu cépitro fô de necessidade com ele podeis contá com franqueza e amizade. Ó lá secretário corre, vai-me aquela gente trazê que eu quero vê aqui a meu lado com todo gosto e prazê."

Ouvindo o chamado do rei, o secretário apresenta-se: "Sim. Já senhor. Pronto, obedeço o que mandares fazê." Sai dançando, pulando para buscar os vassalos, cacique e conguinhos.

"Gentil vassalos e cacique que minha rei manda dizê que ela tem o grande gosto de junto dêla vás vê."

Todas as falas do secretário são acompanhadas pela música; a cada vez que ele apita ela pára. O secretário está sempre dançando quando canta.

O cacique responde ao secretário: "Partamos pois minha gente a Guanaiame saudá. Mostra que os preto lá da Ginga tenham gosto de folgá." (Os conguinhos todos falam:) "Sim meu querido cacique se esse rei quereno ver, para o dia dessa festa queremos nós se oferecê."

O cacique à frente dos conguinhos vai com eles cantando até chegar próximo do rei. Nesse momento, o embaixador já está sentado ao lado do rei, porque é seu prisioneiro e havia mandado buscar sua gente, ali chegando agora, dançando buliçosa marchinha.

Duetando, secretário e cacique cantam:

> Vamo minha gente, vamo
> com amor de coração.
> Vamo vê rei nosso Angana,
> para lhe beijá as mão.
> Nosso rei já deu a todos
> da sua ira o perdão.

Enquanto cantam aproximam-se do rei, o secretário apontando para o cacique e conguinhos: "Aqui está senhor o todo."

O cacique e os conguinhos ajoelham-se na presença do rei, genuflexo ainda, diz:

"Permita-me embaixadô que o cacique respeitoso mostre se na real presença o quanto se acha gostoso Senhor Zumbiganaiame. Eu venho do reino distante para o festejo deste dia com vontade e minha constante alegria e todos meus companheiros deseja parte tomá para louvá a Benedito e sua virtude. Cantá, dar-nos senhô tar licença a sua vintura de louvá Benedito com a fé mais grande e pura."

O rei diz ao cacique ainda ajoelhado em sua frente:

"Ó meu grande cacique, agradeço essa oferta tão sincera das minhas engratidão. Somente amizade espera tamém desejo que toda sua gente me digão todos seus nome."

Os conguinhos atendendo à ordem do rei, transmitida pelo cacique, levantam-se. Todos em pé olham para o rei. O cacique, dirigindo-se aos conguinhos: "Gama Zumbiganaiame pede como vos o chama."

O primeiro congo, de nome Guia, postado à esquerda, é o primeiro a falar:

> A mim me chamo Guia,
> guia de meus companhero,
> que venho assisti,
> esta festa deste santo verdadero.

Sufator, segundo congo, que está à direita, diz:

> A mim me chamo Sufato,
> que vem com seu Embaixadô,
> que venho vê El-Rei
> que festejo o seu santo primô.

O terceiro congo é Dalquim, ao lado de Guia, portanto à esquerda, fala:

> A mim me chamo Dalquim
> que canta e dança muito bonito
> para vim festejá este santo
> trago desejo enfinito.

Ansico, ao lado de Sufator, imóvel à direita do grupo de congos:

> A mim me chamo Ansico
> lá da parte do Guiné,
> que venho para este dia
> celebrá com toda fé.

O quinto a falar é Zefe, conguinho que está ao lado de Dalquim:

> A mim me chamo Zefe,
> vassalo muito constante,
> como fier a seu santo
> a sua terra amante.

Zambásio, do lado direito, imediatamente depois de Ansico fala:

> A mim me chamo Zambásio
> que tenho firme coração,
> que desejo cantá
> nesta brilhante função.

O penúltimo a falar é Zaía (ouvimos algumas vezes pronunciarem Isaías). É também o último congo que está à esquerda:

> A mim me chamo Zaía,
> que minha terra deixei,
> só lembrano do meu santo,
> minha furtuna encontrei.

Do lado direito vem a fala do último conguinho, é Londado o oitavo a manifestar seus protestos ao rei:

> A mim me chamo Londado,
> do meu rei obediente,
> que venho da Ginga mandado,
> para esta festa contente.

O embaixador, com toda sua autoridade de enviado da rainha Ginga, aconselha o cacique:

> Obedecei meus vassalos
> a estes reá mandado,
> cantai como lá na Ginga,
> um cantigo bem afinado.
> Dai-vos o som o cacique
> que sois o melhó cantô,
> fazei cantá nossa gente
> a este santo de primô.

O cacique, atencioso, dirige-se ao embaixador:

> Obedeço embaixadô
> com fé amô e amizade.
> Fazerei cantá nossa gente
> com prazê e amizade.

Cantam os conguinhos na frente do rei, chefiados pelo cacique. Os vassalos estão ao lado. Agora só os conguinhos dançam o grancheno. Como são meninos, a dança é mais viva, mais alegre.

O cacique, há pouco mencionado como o melhor cantor das terras da rainha Ginga, com sua voz de barítono canta:

> Celebremo desta festa
> do nosso Santo Benedito,
> o nosso amado patrono,
> que se chama Benedito,
> ó meu Santo Benedito

> é nossa guia,
> é nossa festa
> de nossa alegria.

Guia e Sufator, primeiro e segundo congos, cantam:

> Viemos de longe terra
> assisti nesta função,
> para cantá neste dia
> com a maió satisfação.

Dalquim e Ansico da Guiné, terceiro e quarto congos, cantam:

> Alegremo meus irmãos
> do nosso bom tratamento,
> que do nosso rei de Congo
> que não haja esquecimento.

Zefé e Zambásio, quinto e sexto congos, cantam:

> Quem pudera se esquecê
> do nosso rei a grandeza,
> será por vós sempre amado
> com a mais fier firmeza.

Finalmente, Zaía e Londado cantam lembrando a ordem de sua rainha:

> Rainha minha senhora
> logo nos fez viajá,
> para virmos nesta terra
> a este santo festejá.

O rei, vendo a disposição dos conguinhos, dirigindo-se ao cacique: "Façam dançá, façam forguedo bonito para que os amundilo orregale, o arregalito." A resposta do cacique é: "O avulo, sim senhor Aguanaiame."

Os participantes da congada, alegres, vão dançar. Conguinhos e vassalos vão bailar. No baile de São Benedito, no final da parte dramática, com exceção do rei, embaixador, príncipe, secretário e cacique, os demais dançam o grancheno. Essa palavra de origem francesa – *a grande corrente* – foi se deturpando na boca dos conguinhos. Pouco importa a sua pronúncia: grancheno ou mesmo canereno, o que todos acertam são os movimentos rápidos e complicados executados pelos oito pares de participantes.

O sol está quente, o dia vai ao meio, irão finalizar o baile de São Benedito, por causa do almoço, para, à tarde, ainda repetirem a congada defronte das casas das autoridades civis e religiosas da bucólica Xiririca. Como sempre acontece no estado de São Paulo, as danças dramáticas são realizadas somente durante o dia e o bailado popular se desenrola enquanto há sol, porque à noite têm lugar as danças: fandangos, jongos, cateretês, cururus.

O rei, levantando-se de sua cadeira, volta-se para o embaixador que se aproxima e diz:

> Minha rei, é tempo,
> quero segui,
> quero que me dê licença
> para eu me despedi.

O rei, ordenando a retirada dos congueiros, responde ao embaixador: "Vai-te honrado embaixadô para aquela gruta agreste. Agradeço os louvores que me deste nesta festa."

O rei levantando-se determina a saída. Todos tomando seus lenços agitam-nos rodando-os sobre a cabeça, sob o ritmo da música, e parados ainda cantam:

> Acabou-se o baile assim,
> a festa também assim,
> até para o ano que vem
> pro ano que vem, assim.
>
> Adeus senhores, adeus,
> senhoras também adeus,
> até para o ano que vem,
> para o ano que vem, adeus.
>
> Adeus meninos, adeus
> meninas também adeus,
> até para o ano que vem,
> para o ano que vem, adeus.

O secretário apita, terminou o baile, seguem para outro local, pois o primeiro onde bailam é ao lado da igreja.

É uma pena que tenha ficado apenas a promessa de voltar o ano que vem. Os congos não voltaram mais. Talvez não voltarão nunca mais...

Fidalgos de França na Congada

No dia de São Pedro de 1957, na cidade de Caraguatatuba, registramos e gravamos o texto todo da embaixada e as músicas da congada. Estavam alguns moradores do bairro da Caputera ensaiando para as festas de São Benedito, que dentro em breve seriam realizadas naquela estância balneária. E a festa foi pomposa. Os congueiros aprestados se apresentaram nas comemorações cívicas e religiosas, comemorativas do aniversário de Caraguatatuba, nome de origem tupi, corruptela de *"curaá-guat-aty-bo"*, significando "enseada com altos e baixos", segundo dr. João Mendes de Almeida.

Fundada entre 1653 e 1654, instalada como município a 23 de novembro de 1857, tendo sido criada com a freguesia de Santo Antônio de Caraguatatuva, criada pela Lei Provincial n.º 18, de 13 de março de 1847. Depois de freguesia passou a vila pela Lei n.º 30, de 20 de abril de 1857, desmembrando-se do município de São Sebastião.

Praticamente nula na sua população foi a presença dos grupos de franceses que há mais de um século foram morar em algumas cidades paulistas, como Ubatuba, São Luís do Paraitinga, Natividade da Serra. Neste último município há um grande grupo que permaneceu isolado até há bem pouco tempo: somente os homens freqüentavam rarissimamente a "vila" de Natividade, as mulheres não saíam, nem para ir à igreja. Falam muito mal o português. No povoado na serra, o linguajar é um verdadeiro *patois*, mistura de francês com raros vocábulos portugueses. Vivem da agricultura e criação de gado de pequeno porte. As mulheres trajam-se com roupas de estilo antigo e chapéus largos de pano branco. Mas este grupo parece não ter nenhuma ligação com Caraguatatuba ou outra cidade próxima. É uma ilha cultural.

Caraguatatuba tomou impulso novo a partir de 1947 quando se tornou estância balneária, porque no último quartel do século passado houve um verdadeiro despovoamento da vila, chegando a ser conhecida como a "vila que desertou". Verdadeiramente, o braço escravo que seguiu nos batalhões da "Guerra do Paraguai", bem como o abandono da lavoura, contribuíram para esse fenômeno ímpar no litoral paulista. Ali moravam apenas os caiçaras que persistiram na técnica de subsistência da pesca em ubás, aproveitando a piscosidade do sítio.

Possivelmente seja essa uma das razões da ausência do negro nas congadas de Caraguatatuba. Então poderíamos apontar nesse folguedo, nessa dança dramática, a passagem de um tipo de diversão do negro para o branco ou caiçara. Podemos provar a mobilidade étnica dentro desse bailado popular, graças às nossas observações. Em 1947, observação feita na mesma cidade na festa de São Benedito da qual fizemos várias fotos, constatamos ainda a presença de alguns pretos participando. Hoje não. Não há mais pretos na congada de Caraguatatuba. Convém assinalar a crescente saída do negro da orla marítima paulista. Estão se mudando para serra-acima. Eles nunca se deram bem no trabalho da pesca, portanto este tipo de técnica de subsistência não os prenderia.

No passado, a congada era só de pretos. Foi essa, pelo menos no Brasil, a imposição que a catequese fez. Mas em Caraguatatuba já não se pode mais dizer que "congada é dança de preto". Seriam os processos sensíveis de urbanização que Caraguatatuba vem sofrendo um dos motivos dessa mobilidade étnica na congada?

A pacata cidade litorânea, antigo refúgio de pintores (Bernardino Sousa Pereira, Diógenes Duarte Pais), está se tornando estância balneária das mais procuradas pelos moradores abastados do vale do Paraíba do Sul, da capital paulista e dos mineiros que para lá se dirigem na época do veraneio e férias escolares. O progresso vem bafejando as praias até há pouco habitadas por pescadores, cavalgadores da ubá monóxila que o índio lhes legou. As novas casas se enfileiram na areia branca onde a maré alta não chega. Ali estão os planaltinos veranistas, com outros costumes, e até… com outra língua… não a nacional.

Ao registrarmos os textos da congada de Caraguatatuba pudemos constatar uma referência que nos chamou particularmente a atenção: a presença da França em várias tradições populares brasileiras. Não apenas na cavalhada, nas rondas infantis, ela está também presente nos bailados populares. Na congada estão os *fidalgos de França* – justamente a facção cristã, pois a outra é mourisca, a dos "infiéis pagãos". A chegada do "rei de França" é comemorada com alegre canto:

> É chegado o rei de França
> com seu atino de guerra.
>
> O xibá, o xibá, } coro
> o seu bangulê.   }

Xibá é o xiba assim acentuado para o canto, pois xiba é dança paulista, e outra dança que se faz em louvor de sua chegada é o bangulê. Bangulê é nome de antiga dança que os negros executavam em homenagem ao seu rei ou soba africano. Embora tenha havido mobilidade étnica como se assinalou, o "folclore espiritual" aí ficou. Brancos e caiçaras se referem ao bangulê sem saber o que significa.

Não serão essas danças em louvor ao rei, mas esses fragmentos que nós colhemos dessa congada reinterpretações das *reinages* francesas, ou melhor, européias, porque os impérios peninsulares tinham o mesmo caráter festivo? Sendo peninsular, encontramos então a presença do jesuíta a patrocinar a catequese, agora nas novas terras, através da congada – teatro de rua. E a congada é uma instituição permanente, nela estão integradas a escolha do rei de congo, obediência a este, quer nos ensaios bem como nas lides cotidianas, coroação, preparo para a festa com marchas de desfile, embaixada e cantos, tudo fica enfeixado nas mãos do escolhido. Este é obediente ao líder religioso de sua comunidade – o padre.

Possivelmente, mais do que mera distração para as folgas dos escravos, nos poucos dias santos que o senhor lhes dava, o jesuíta impunha-lhes a prática de uma atividade que distrairia num sentido – função catártica – e por outro lado atraía... Atraía a atenção para as coisas da religião. Não há dúvida de que a teatralização é de inenarrável valor didático para despertar a atenção dos catecúmenos.

Há certa identidade nas práticas dos ternos de congo, da estruturação de sua confraria com as atividades das *reinages* francesas, segundo nos aponta Arnold van Gennep. Mera coincidência? Ou na realidade reinterpretação? Optamos por esta última. E estamos em boa companhia: no Nordeste, Theo Brandão assinala o mesmo processo de reinterpretação no maracatu. Retomando uma opinião de Guilherme de Melo, mostra como os maracatus, derivados dos reinados de congos, eram uma reinterpretação dos reinados e impérios portugueses e das *reinages* francesas. Apontou o estudioso alagoano que a experiência dos reinados não começara com os negros, mas com os próprios índios no século da descoberta, conforme noticiou o padre Cardim, com um "reinado de índios". Fato este que apontamos também para a origem do caiapó paulista, com a presença da ressurreição do curumi, resquício do que lhes ensinou o jesuíta, resultado de experiências anteriores.

Como nas outras congadas que se realizam em qualquer parte do Brasil, esta se compõe de dois grupos distintos: os cristãos e os congos, ou dos "cristãos" e "infiéis". Enfim, os que são do partido do Bem e os que pertencem ao Mal. No final, o Bem vence o Mal. Ainda bem...

Os cristãos são chefiados pelo rei de França, e os congos, pelo embaixador. No grupo dos cristãos há: rei, príncipe secretário, cacique de primor e 12 *fidalgos de França*. Na facção dos pagãos há: embaixador, dois guias assim denominados Inganaiame e Intertié (dizem ser nomes africanos), dois contra-guias, cacique do embaixador de congo e 12 congos. A banda da congada é composta de: tambaque grande, tocado por João Antônio Ferreira, tambaque pequeno, por Ezequiel Cândido, e marimba, por Pedro Cândido. Quando usam *repique* o couro é de cabrito e *surdo* é couro de boi, som grave. O toque corrido predomina.

Os "oficiais" da congada, os que falam na embaixada e não apenas cantam como fazem os demais participantes, são: rei – Benedito Barbeiro, príncipe – Nestor Germano Ferreira, secretário – Benedito Germano Ferreira, cacique de primor – Deolindo dos Santos, cacique do embaixador de congo – Nélson César. Mas quem são os *fidalgos de França* presentes na congada de Caraguatatuba? São 12 homens brancos, caiçaras, trabalhadores braçais, cuja fidalguia se revela no desvelo de manter a tradição do louvor a São Benedito, que na luta simulada terçam armas com os congos, vencendo-os. Nos trajes brancos dos *fidalgos de França*, só falta a flor-de-lis, em compensação há muita fita colorida enfeitando-os, cruzes e medalhinhas. Medalhinhas de santos, mas as cruzes não são de braços duplos – Cruz de Lorraine – como usavam os fidalgos de França.

Após as marchas e cantigas ou modas de locomoção, tomados os assentos respectivos, tem início a embaixada, aberta pela "fala do trono".

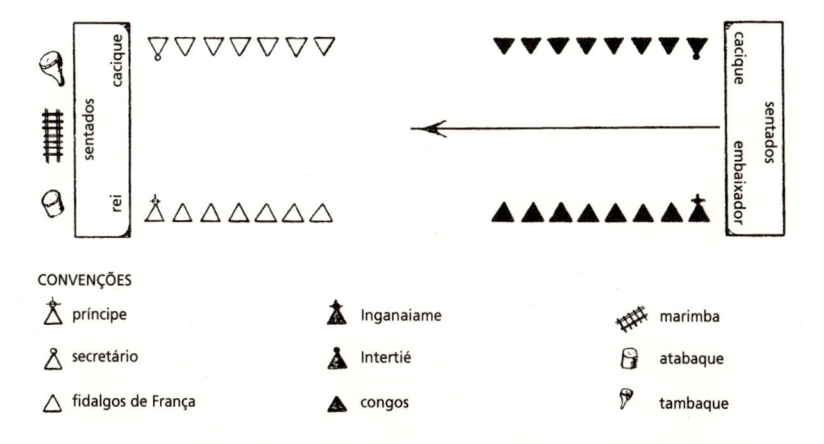

CONVENÇÕES

- ⛢ príncipe
- ⛢ secretário
- △ fidalgos de França
- ▲ Inganaiame
- ▲ Intertié
- ▲ congos
- ⚒ marimba
- ☷ atabaque
- ♀ tambaque

Os personagens assim se distribuem: sentados o rei e cacique de primor, pouco atrás os tocadores de instrumentos. À esquerda, a coluna onde à testa está o secretário e seis fidalgos de França, à direita a coluna de fidalgos tendo à frente o príncipe. Separados cerca de 12 metros, mais ou menos, estão sentados o embaixador e seu cacique. Duas colunas de congos, à testa da esquer-

da Inganaiame e a seguir seu contraguia, na coluna da direita, Intertié, e a seguir seu contraguia.
   Silêncio.
   Com voz firme e clara, depois de pigarrear, diz o rei:

    Hoje é o dia dos profeta,
    hoje é o dia que se festeja
    o santo da nossa oferta,
    nem que caia mil raio,
    hoje rompe os novo ensaio.

Secretário:

    Pois meu rei sinhô,
    chegado é o tempo e ocasião
    de festejarmo a São Benedito
    e com toda a nossa devoção,
    porque hoje eu sei de fato
    e me conservo do pecado verdadero.

Rei:

    É verdade secretário
    eu estava tão esquecido
    de louvor a São Benedito,
    é um santo esclarecido,
    hoje eu sei que eu tenho
    os vassalo suficiente
    e para melhor desta festa,
    convidai toda essa gente.
    Príncipe que me seja o primeiro
    que reconheça o secretário
    que são meus filho verdadero.

Secretário:

    Ó meu reis, eu desejava sabê o nome
    dos vosso querido fidargo,
    para trazê em memória
    esse principe exaltado,

>que desses outro eu não pergunto
>porque tem seu nome separado,
>que Dão Francisco e Dão Antônio
>e Dão Manuel Engraçado.

Rei:

>O nome eu te contarei
>é por seres tão verdadero
>é o Rodão de boa paz
>o sobrenome de Olivera.

Secretário:

>Oulá, Rodão, este rei
>é mal determinado,
>para o festejo de São Benedito
>eu sô o mais empenhado,
>quem é estes outros fidargo
>que falam por derradero?
>Todos obedecerá
>as ordens aqui do Olivera.

Falam os fidalgos a *una voce*:

>Ué, essas coisas não me engraça,
>a orde secretário
>faz o meu coração em pedaço.

Secretário:

>Oulá fidargos farso,
>não sejam contra a coroa,
>vamo falá ao nosso reis
>que é uma real pessoa.

Falam os fidalgos em coro:

>Dele queríamos as orde,
>depressa obedeceremo,
>aqui estamo, meu sinhô,
>no vosso reino prostado
>para recebê as orde,
>seja logo executado.

Rei:

> Me seja possive prinspe
> eu não te vejo falá,
> deixaste o secretário
> tomá o vosso lugá.

Príncipe:

> Pai, meu rei sinhô
> e pai meu muito exaltado,
> honrarei a vossa coroa
> na forma do vosso Estado,
> vós de mim não vos esqueceis,
> que havia um secretário verdadero.

Rei:

> O nome de Rodão era o primero,
> isso não há tal,
> não há um pai
> que a seu filho queira mal.

Príncipe:

> Porque vemos o Menino Deus encarnado,
> pois os meus intento é vê
> aquele santo festejado,
> por mais intento de maravilha,
> mais vale um festejo hoje nesse dia
> de que louvor em mercidade,
> mercidade que influi no coração
> pela continência do festejo de São Benedito
> hoje no seu dia faz admirar tuda gente.

Rei:

> Prinspe e secretaro
> devie de está escuitando
> lá no campo do bataia
> sinal de guerra estão dando
> e o tempo já é chegado
> e o dia vai se acabá.

Forma toda nossa gente
pra dança principiá.

Secretário:

Saberás meu reis de Congo
e que sem demora já vai:
deserta o céu e a terra
e a estrela do seu lugá,
que São Benedito lá no céu
ele prêmio vai nos dá,
nós da Lua não falamo
é porque ela que nos cria,
lá no céu na eterna glória
e a estrela será nossa guia.
Toca-me, toca-me essa marimba
que são instrumentos de afagos
que eu hoje quero mostrá
esses meus dançá trocado.

Fala um fidalgo:

Ó meu reis, aqui tá um fidalgo distinto,
que no vosso pé 'stá prostrado
para defendê a batalha
daqueles valenti soldado.
O que vieres contra vós
sem respeito e sem temor,
puxarei pela minha espada
e serei o vencedô.

Fala outro fidalgo:

Santana é mãe de Maria
e Maria é mãe de Jesus,
se não fosse vós, Maria,
o mundo se perderia.
Brilha ouro e brilha prata
e nada mais tem que brilhá?
E brilha São Benedito
naquela glória real.

Fala um fidalgo valente:

> Prinspe e secretário
> eu lhe peço com amor
> para combatê a batalha
> contra aquele embaixadô.
> Na ponta de minha espada
> faço eles conhecê
> para que diga ao meu reis
> que em guerra não há de morrê.

Fala outro fidalgo:

> Estou vendo um barulho longe
> que daqui tô escuitano,
> é pelo aquele embaixadô
> que a guerra tá começano.
> Manda secretário e príncipe
> que são dois filho deste Estado
> que com esta minha espada,
> faço aquela guerra em nada.

Outro fidalgo:

> Viajei cinqüenta légua,
> achei um turco deitado,
> pensava que era meus reis
> que o turco tinha matado.
> Se o turco matá o meu reis,
> eu matava ele também,
> quem mata um turco pagão
> crime de morte não tem.

(Toques de tambaques e marimba, dando o ritmo)

Canto do secretário:

> Vamos camarada
> com toda aligria,
> e vai o vosso embaixadô ⎫
> preso em nossa cumpania ⎭ bis

Coro:

> Soldado de guerra
> com armas no ombro,
> vai o nosso embaxadô
> preso naquele rei de Congo.

Secretário canta:

> Vamos camarada
> com gosto e prazê,
> vai nosso embaxadô
> nessa prisão vai morrê.

Coro:

> Não temo prazê ⎱ bis
> não temo aligria ⎰
> de ver o nosso embaxadô ⎱ bis
> preso em tão má cumpania. ⎰

Solo do secretário:

> Vamos camarada
> com voz verdadera,
> e vai o nosso embaixadô
> e nessa prisão vai morrê.

Fala o rei:

> Senta o prinspe e o secretário.
> Filho meu muinto estimado,
> conta que guerra foi
> aquela que tu frojaste
> e me trais aqui um prisionado?

Secretário:

> Eu trago aqui o prisionado
> é porque é um atrivido embaxadô
> que contra nóis tem entrado
> e sem respeito e atenção
> ainda gritava de vóis arta
> que do trono havera de rancá
> pedaço do teu coração.

Rei:
>Embaxadô, foste muito atrivido
e nas minhas terra entraste
sem me dá sastifação
e nem obediência me dá,
eu sei que trajaste muito bem
para preso vós ficá.
Senta para podermo conversá.

Embaixador:
>Eu não quero sentá
e nem tão pouco conversá.
Eu não quero que esses teu fidargo diga
que eu aqui venho brigá.
Eu somente te venho dizê
que estô muito bem acostumado
de exercê a minha arrogância
do que me vejo acercado.
Mas eu disse e digo
que no belo efeito,
que do trono tenho de arrancá
um pedaço do coração do peito.
Esses teus fidargo favorito
não te há de valer
e nem te há de te dar a bomba
eu em campo não temo
esses teu fidargo favorito
sem a minha covardia
que dele venho corrido
que rei que comigo combate
jamais nenhum tem valor
e desce tu já desse trono
e chegue em bárbaro sem tê valor
e já como vim desarmado
a mim valor no coração,
se não puderes vencê
o pescoço vai no chão.

A embaixada da congada. Caraguatatuba.

Fala o embaixador dos mouros da congada de Caraguatatuba.

Instrumental da congada de Caraguatatuba: atabaque, marimba e tamborim.

Os congos de São Gonçalo do Sapucaí (MG).

Secretário:

>Oulá, fidargos armados,
>vamo acabá com a geração marvada.

Canto:

>Solista: "Ó Virge santo da redenção."
>Coro: "Vamo vê o sangue corrê no chão."

Rei:

>Olha a guerra no estado em que estais,
>não podes consigo, inda queres pelejá?
>Prinspe e secretário, cacique de Primor,
>morra o brabo do trevido embaxadô.

O rei, dirigindo-se ao embaixador:

>Embaxadô, olha aqui eu vô lá para riba,
>eu lá vô te esperá,
>si tu fores em paz,
>em paz se há de acabá,
>mas se tu falá em guerra,
>guerra e guerra,
>vô te matá degolado.

Príncipe:

>Embaxadô, recebe esta prisão
>que é de meu pai rei sinhô,
>si não recebes a prisão
>eu te mato já neste instante,
>debaxo de ferro marque,
>martizado covarde.

Embaixador:

>Príncipe exaltado
>a orde da vossa Arteza
>seja já logo executado.
>Eu sei que são contra mim,
>como pássaro no verão.
>Estô debaxo de bandera

>devo me entregá na prisão.
>Meu querido secretário
>um favô te quero pedi,
>leva toda a minha gente
>e não dexe nenhuma aqui.

Secretário:

>Em favor de tua gente
>darei-te uma corrente.

Secretário dirigindo ao cacique, havendo o seguinte diálogo:

>Oulá, cacique de Primor!
>Não engane o rei sinhor.
>Desce com esta corrente
>pra prendê o embaxadô.

Ouve-se o toque de marimbas e tambaques, em surdina, enquanto o cacique se dirige ao rei, dizendo:

>Senhor rei, secretário me chama
>com voz de muita alegria,
>pra mandares esta corrente
>pra prendê o embaxadô
>como aprova neste dia.

Rei:

>Toma lá ó meu cacique,
>leva lá esta corrente,
>prende aquele atrevido
>traga aqui na minha presença.

Cacique:

>Sim, senhor!

Cacique do embaixador:

>Oulá, cacique de Primor,
>que orde vos traz
>de prendê o embaxadô?

Cacique de primor:

> A orde que eu trago
> e levo de presente
> é a orde de prendê o embaxadô
> e levá aos pés do meu sinhô.

Cacique, dirigindo-se ao secretário:

> Secretário, secretário,
> meu rei manda dizê
> que logo, logo sem demora,
> ele qué vê o embaxadô preso
> lá nos vossos pé agora.

Secretário:

> Ele já vai já sem tarda.

O embaixador vem chegando preso e ajoelha-se ante o rei. Os fidalgos cantam:

> Ó jasmim sucê (açucena?)
> do resplandor maior.

Os congos, cantando, respondem:

> São Benedito grorioso,
> tende dó e compaixão.

Canta o secretário:

> O celeste cravo,
> em rosas flô criô.

Cantam os congos:

> Mandai sortá o embaxadô
> daquela forte prisão.

Canta o secretário solando:

> Ó jasmim sucê
> do resplandô maior.

Cantam os congos alternadamente:

> Já bem sabeis o quanto custa,
> naquela forte prisão ficô.

Secretário dirigindo-se ao rei de Congo:

    Sabeis, meu rei de Congo,
    que aqui estamos descansado
    já vencemo a batalha
    eu trago aqui um prisionado.

Rei:

    Senta o prinspe e o secretário,
    meu filho tão estimado,
    conta que guerra foi aquela que tu frojaste
    e me traz aqui um prisionado.

Secretário:

    Eu trago aqui um prisionado
    é porque é um atrivido embaxadô
    e para melhor sinal
    ele está a vossos pé
    ainda podeis aperguntá.

Rei:

    Quem sois vóis?
    Quem sois vóis?
               (alterando-se)
    Quem sois vóis
    seu embaxadô atrivido?
    Que quereis combatê
    com o rei subido?
    Todo cercado de arma,
    estais de ouro vestido,
    quem sois vóis, seu trivido?

Embaixador:

    A minha puna vinda em amurinha atirá.

Rei:

    Eu não te entendo seu embaxadô estragado,
    fale-me em lingua certa, em português decrarado.

Embaixador, ajoelhado, cabisbaixo, pedindo perdão ao rei:

>Arreia as armas de me songo
>que quero falá a este rei de Congo,
>dar a minha embaxada,
>forte e poderoso monarca
>valor de vossa ciência
>é o que mais me tem prostrado
>com a deligência que eu venho corrido
>em coisas de não pará;
>encontrei com a vossa gente,
>pensei que me mandava festejá,
>mas eu como um bruto sô,
>a farta de um batistério,
>apelo por Deus do céu
>e que me leve ao seu império.
>Eu não ponho em borbos tempo
>e nem dolor ocasião,
>estô debaxo da bandera,
>devo me entregá à prisão.
>Naquele santo sinhô
>é um santo tão agradado,
>correndo pro meu sentido
>e que devia sê festejado.
>Vós Benedito santo,
>a quem vos venho festejá,
>que desceis do céu a terra
>e o vosso santo lugá,
>para ver si com esta vinda
>se este rei me manda sortá,
>ele hoje está contrito
>de lová a Benedito.

Rei:

>Prinspe e o secretário,
>tire o embaxadô da corrente,
>que de hoje em diante
>faz parte de nossa gente.

Secretário:
>Pois eu sendo o secretário
>e fiel do vosso estado
>vô tirá o embaxadô da corrente,
>bem contra a minha vontade.

Embaixador:
>Rei, eu inda não istô bem satisfeito
>desse meu bom comportá,
>que estando em vossa presencia
>ainda te posso a degolá.

O embaixador sai correndo e o rei corre atrás dele, alcança-o, fá-lo voltar e diz:
>Embaxadô, prendes a garra vante,
>vorta, senta naquela cadera honrada
>que para tu está lá guardado.

O embaixador senta-se na cadeira ao lado do rei. Este diz:
>Conta que gente tu traz?

Embaixador:
>A gente que eu trago aí,
>é gente boa e briosa,
>escolhida por meus olhos
>naquele jardim de rosas.

Rei:
>Mande tudo pra cima,
>pode ser que seje prosa.

Embaixador:
>Oulá, cacique de Primor.

O cacique dos congos ajoelha-se aos seus pés e diz:
>Nos vossos pés estô prostrado.

Começam a bater as marimbas e atabaques, em surdina. Embaixador, dirigindo-se ao seu cacique:

> Vai avisar o Zaniabunde,
> embaxadô está soltado.
> Também manda dizê,
> subam todo para cima,
> uma ária bem cantada,
> uma dança bem dançada
> que São Benedito no céu
> hoje qué sê festejado.

O cacique vai e volta para falar com seu embaixador novamente para dizer-lhe:

> Embaxadô, eu não queria assim,
> queria que esse rei fosse esbandaiado.

O embaixador, gritando com o cacique:

> Cacique de meu estado,
> obedece o meu mandado.

O cacique, dirigindo-se aos congos, diz:

> Olha lá, seu Zaniabunde,
> que o embaxadô já está soltado
> e tamém manda dizê
> subam tudo para cima,
> cantar alegremente
> aos pés daquele rei monarca
> o nosso agradecimento.

Zaniabunde:

> Sim senhor.

Cacique:

> Alerta camarada,
> não assuste o espírito
> porque dero e já está dado
> em louvor de São Benedito.

Os congos respondem alegres:

> Olué!

Os congos acompanham o cacique aproximando-se do local onde se encontram rei, embaixador, príncipe, sentados. Cantam:

> É chegado o rei de França
> com seu atino de guerra.

Cantam os demais membros da congada estribilhando:

> Ô xibá, ô xibá,
> ô xibá seu bangulê.

> Vem fazendo a paz conosco,
> por sermo filho da terra.

> Ô xibá etc.

> São Benedito no céu,
> com menino Deus no braço.

> Ô xibá etc.

> Tava olhando para seu filho,
> está achando tanta graça.

> Ô xibá etc.

Agora, todos ajoelhados, cantam:

> Ó meu rei, é meu sinhore,
> vossa mão quero beijá,
> perdoai o atrevimento,
> eu não posso renegá.

> Nóis viemo aprontamente,
> neste instante merecido
> e aceitai a nossa festa
> então nóis seremo aceito.

> Perdoai o meu monarca,
> perdoai por esta vez,
> nóis vimo dá agradecimento
> assim como mereceu.

> Perdoai o meu monarca,
> hoje nesta ocasião,

eu me ajoelho em vossos pé,
para vos pedi perdão.

Finalizando a parte teatral, antes de saírem marchando pelas ruas da cidade, o rei fala:

Muito bem satisfeito
de me pedires perdão,
que acabô-se as harmonia
e abrandô o meu coração.
Esse vosso forte peito,
e boca, dentes e garganta,
alegrô meu coração,
uma coisa que já canta,
no fundo do mar é que canta
a voz da sereia encantadera.
Sobre a flor da terra tem
quem nos é competidera,
ô Inganaino, ô Intertié,
a mim vem oferecendo
a vida alma e coração,
reconheceno que eu sô monarco
de alta repartição,
que sodosa despedida
meus congo viero dá,
vão cantano e vão marchano,
seguino pra seus lugá.

Retiram-se marchando ao som de atabaques e marimba.

MARUJADA

Histórico

A origem deste bailado popular é controvertida. Para uns, é obra anônima, para outros, xácara de origem portuguesa ou fatos que rememoram o naufrágio de Jorge Albuquerque Coelho, em 1565. Entre os primeiros está Mário de Andrade: "obra anônima, relativamente moderna, provavelmente completada na sua integridade contemporânea durante o século XVIII. Deriva de um romance velho do século XVI, que foi a grande época da constituição dos romances tradicionais". Outra é a opinião do etnógrafo português Fernando de Castro Pires de Lima, exposta em documentado estudo há pouco vindo à luz em Portugal. Em seu ensaio de interpretação histórica da Nau Catrineta, referindo-se ao nome de Catrineta afirma: "Catrina, na linguagem popular de várias regiões do país, além da sua representação onomástica significa, também, *seio de mulher*. A graciosidade da nau e o arredondado harmonioso das suas linhas teriam levado o povo, que freqüentemente crismava as naus com nomes a seu jeito e a seu gosto, a compará-la a um seio de mulher, adoçando mais ainda a imagem com o diminutivo *catrineta*. Portanto, *Catrineta* não seria, em corruptela vulgar, um diminutivo do nome próprio Catarina, mas sim uma alcunha gentil da marujada."

É conhecida em todo o Brasil: no Nordeste, no Centro-leste e no Sul, reveladora, portanto, de sua origem portuguesa por causa da unidade que este povo imprimiu no Brasil. Aí está a língua com a qual cerca de 70 milhões de brasileiros se comunicam, para confirmar tal unidade. Tão profundos são os caracteres lingüísticos que a marujada, por exemplo, é guardadora de modismos que lembram o linguajar de Gil Vicente no "Auto da barca do inferno", como este "oulá (ou olá) da marujada" ou "olá da proa", vocativo usado no início de cada uma das "partes" para chamar a atenção dos participantes do auto popular.

Na grande extensão territorial brasileira recebeu diferentes denominações: maruja, nau catarineta, barca (MG), barquinha (interior baiano, certamente fragmentos da marujada), fragata (interior baiano), fandango (na região da jangada) e a designação erudita de chegança. Esta é ainda dividida em chegança de mouros ou chegança de marujos.

Outra incógnita é a origem do nome de Catarineta dado à barca tetracentenariamente celebrada. Várias são as versões além da acima citada, de autoria de Pires de Lima, e às demais hipóteses podemos lançar também as nossas.

Digno de se notar em nosso populário é a presença dessa Catarineta e das Catarinas ou Catirinas. Donde virão? Nossa hipótese é a de que se quis celebrar no auto popular aquela preferência que Luís de Camões deu às Catarinas, pois quatro mulheres com esse nome passaram por sua vida...

Porventura essa Catirina do nosso folclore não terá alguma ligação com Lucius Sergius Catilina, denunciado por Marcus Tullius Cícero na sua "catilinária"? Essa Catirina do folclore brasileiro que "aborrece a paciência" de quem busca saber a sua origem não terá nascido com a função precípua de atrapalhar, de conspirar (como no Quilombo)? Será que o urdidor do entrecho não o tenha introduzido ajustadamente... "Quousque tandem" Catirina...

Há pelo menos três Catarinas na vida de Camões, segundo nos aponta Afrânio Peixoto. Porventura tão grande preferência do vate por este nome teria influído na aceitação popular, cujo reflexo temos ainda hoje no bailado popular com a presença das Catirinas? Possivelmente não. Quanto à denominação de "Nau Catrineta" aceitamos a valiosa opinião de Fernando de Castro Pires de Lima[19]. Mas nos restam as "Catirinas" ou Catarinas dos bailados populares.

Não foi certamente a dona Catarina Ataíde de Sousa, filha de Álvaro de Sousa, nem Catarina de Ataíde da Gama, filha de dom Francisco da Gama, almirante da Índia, neta de Vasco da Gama, e nem mesmo a bela Catarina d'Ataíde de Lima, filha de Dom Antônio de Lima, acobertada sob o anagrama de Natércia.

Como teria surgido a Catirina?

---

19 Fernando de Castro Pires de Lima, A "Nau Catrineta", Lisboa, Portucalense, 1954, p. 92.
  "A Nau Catrineta nasceu em Portugal, encontrou-se na Madeira e Açores, e chegou ao Brasil. Não há dúvida nenhuma que se trata de uma jóia folclórica de real valor e cheia de emocionante enredo. Profundamente lusíada, só o Brasil a poderia compreender e sentir, porque o Brasil é o prolongamento legítimo da pátria portuguesa. O sofrimento dos grandes capitães do mar largo sem ter fundo é bem descrito nesses versos admiráveis da Nau Catrineta. Os Lusíadas cantam a Índia e o seu descobrimento; a Nau Catrineta canta o drama intenso da história trágico-marítima."

Localização geográfica

A marujada é praticada com maior amplitude na *região da jangada*, como atrativo alto das festas natalinas (RN, PB, PE) e na agrícola açucareira. Surge em alguns pontos no interior dos estados de Minas Gerais e Bahia, na *região do vaqueiro*; constatada em três pontos na *região da ubá*: no Espírito Santo (barca, maruja), em São Paulo e Rio Grande do Sul. Em agosto de 1961, a marujada de Montes Claros (MG) chamou-nos a atenção, primeiramente pelo grande número de versos cantados e a semelhança das músicas com as de Alagoas. Embora em regiões tão distantes, dão-nos a idéia de unidade, ou seja, do *substratum* luso que vive em nossas tradições.

No estado de São Paulo vimo-la em dois municípios caiçaras: Iguape e Sete Barras. Do primeiro município daremos o texto completo colhido em agosto de 1947. Dessa época para cá não tem sido mais realizada.

Havendo uma certa semelhança entre as cheganças nordestinas, daremos o texto por nós gravado em 1952 na cidade de Piaçabuçu. Aliás, em junho de 1961 estava sendo ensaiada em Penedo (onde a gravamos em 1952) para festas comemorativas que se realizariam dentro em breve. Com satisfação verificamos que as músicas e o texto eram praticamente os mesmos que há uma década havíamos recoltado.

Marujada de Iguape

A marujada é um capítulo dramatizado das lutas trágicas da conquista do mar vivido pelos portugueses; nela o canto é resto de lamúria dos muitos naufrágios que fizeram jeremiar a alma lusitana. A marujada compõe-se de páginas dos feitos náuticos, cantadas pelos homens simples de Iguape sob o comando de Eugênio Cravinho de Freitas, na maioria pescadores acostumados à haliêutica, capazes de interpretar com sentimento aquele poema épico de lágrima e de dor que ficou fora dos cantos dos *Lusíadas*, mas que está vivo na alma da gente simples do Brasil. São farrapos da epopéia marítima de Portugal alinhavados pelos versos e cantares, ora alegres, ora tristes, dos membros da marujada, cuja representação se dá na praça pública da cidade tricentenária.

A marujada é um bailado popular muito antigo, originário de Portugal. Talvez seja a transcrição de idéias tradicionais da época das grandes conquistas náuticas do bravo povo luso, tecidas num ambiente novo; nos deram então o auto, escrito certamente por eruditos ou semi-eruditos, o qual sofre na linguagem dos homens simples que o representam as mais variadas deturpações.

Nota-se na marujada a fusão de várias tradições ibéricas. Tais representações rememoram a vitória das armas sobre o mouro invasor. É a reconquista. É também a comemoração de uma vitória do catolicismo romano sobre o maometanismo, tese encontrada na congada, nas cavalhadas e até no moçambique. Nas congadas vem de permeio um regular contingente de influência africana, com seu rei de Congo, pombeiro de guerra (pambelu), embaixada etc. Tanto na congada e no moçambique como na marujada paulista há o louvor a São Benedito, "primeiro advogado" dos negros brasileiros. Este santo "advogado" é um sincretismo afro-católico-romano dos negros aculturados nas plagas brasileiras.

Em várias cidades nordestinas ainda é realizada, porém somente em duas localidades paulistas encontramos a marujada: em Iguape e em Sete Barras. Nesta notamos ser uma cópia arruinada do bailado iguapense. Tais localidades acham-se à beira-mar e às margens do Ribeira uma, e outra à margem do rio, pouco distante do litoral. Vivem ambas, contudo, sob a influência do mar. No Sul do país (em Porto Alegre não existe mais) não temos conhecimento da realização da marujada noutros locais além dos citados, ao passo que no Norte e Nordeste do Brasil ela é encontrada com maior freqüência e rotulada com os nomes de barca, fandango, fragata, barquinha, Nau Catarineta, chegança, chegança de marujos. Estranho é o fato de ter sido encontrada no litoral sul-paulista. Segundo os informes colhidos ela já existia, porém não era representada há mais de um quartel de século. Por mais que tivéssemos indagado, folhado velhos documentos da Igreja, não conseguimos descobrir sua origem, quem a trouxe, quem a representou primeiro. Dentre as respostas mais comuns dos mais antigos "marinheiros" predominava esta: "Meu avô já dançava e tomava parte no ato." Se, por um lado, o apelo à memória coletiva não atingiu o resultado colimado – desconhecimento histórico –, por outro resultou positivo e nasceu naturalmente, espontaneamente, a recomposição e realização do bailado.

A história da colonização do Brasil nos mostra que ele é um país onde houve dispersão demográfica. Não é de se estranhar, portanto, que o fenômeno da dispersão tenha se dado também com a memória coletiva.

Acreditamos que a marujada tenha sido trazida por nortistas, "nordestinos do litoral que são uns andejos". É bem possível, pois é muito maior a mobilidade dos moradores do litoral do que a dos interioranos.

Pode ser que a marujada seja a desagregação de um rico tema primitivo. Como nada de positivo temos a esse respeito, porque a documentação escrita é parca ou inexistente, acode-nos também a idéia de que se está processando a composição de um tema. Esta é outra face do problema. Se a composição de um tema está se dando, então urge registrar tudo a fim de que possamos firmar nossos estudos sobre bases sólidas. Se decomposição, mais urgente deve ser a missão de se fazer tal recolta.

Graças à data fixa, dia de São Bom Jesus, 6 de agosto, muito próxima do solstício de inverno, tal festejo poderia continuar, isso porque a imobilidade das datas redunda em continuidade. A proximidade do solstício também poderia ser tomada como elemento de inalterabilidade. Há, repetimos, maior condensação dos nossos festejos tradicionais e populares no Sul do país, circundando o solstício do inverno. O fator econômico, em Iguape, predominou sobre a influência dos ciclos, estações e data fixa. Estes desapareceram, preponderou aquele.

Pretendendo justificar uma situação de fato, aparecem lendas; mas, na realidade, a decadência do município vem desde a guerra de 1914, acrescida da verdadeira causa que produziu paulatinamente seu depauperamento econômico: o desuso do Porto Velho. A obstrução da barra do Icapara se deve aos depósitos sedimentares carreados pela Ribeira de Iguape, vindos todos esses escolhos do Valo Grande, que insulou a cidade de Iguape, contribuindo para desviar a rota dos navios de maior calado de seu porto trissecular. O desvio dessa rota dos cargueiros de transporte trouxe, é óbvio, a decadência econômica.

O reflexo incidiu primeiramente sobre o folclore, pois a alimentação abundante, que outrora era distribuída gratuitamente por ocasião dos festejos tradicionais da marujada, foi-se tornando escassa e desapareceu. O folclore nacional, que é por excelência alimentar, também desapareceu.

Presentemente o novo surto de progresso bafejando Iguape, a política construtiva de seus últimos prefeitos, o empenho profícuo do seu capitão de portos, tenente Manuel Arquimedes Vieira, deram oportunidade ao ressurgimento de tão valiosa tradição.

No ano de 1946, reuniram-se os antigos dançadores sob a direção de Eugênio Cravinho de Freitas e tentaram reviver o bailado. Aqueles que sabiam as suas partes de cor foram recompondo-as e, com o auxílio de "uma pessoa de boa letra", puderam reconstituir todas elas e escrevê-las. Uma vez escrita, foram distribuídos os papéis entre os "novos marinheiros". A aceitação por parte dos "marinheiros" foi imediata, pois propalou-se a crença de que para haver de novo progresso na cidade – uma das mecas do catolicismo romano do sul do estado de São Paulo (quiçá do Brasil) – havia necessidade de incluir-se no programa dos festejos que celebram a data do encontro do

Bom Jesus de Iguape nas areias da praia da Juréia[20] esse bailado tradicional, já de há muito olvidado.

No dia 6 de agosto de 1947, recolhemos o auto da marujada de São Bom Jesus de Iguape. Digna de nota é a quase completa correção de linguagem encontrada na representação desse auto; isso se deve, muito especialmente, à pessoa que a reescreveu, para distribuir os papéis aos figurantes da marujada. O informante, que foi o mestre ensaiador, Eugênio Cravinho de Freitas, mulato de 54 anos de idade, afirmou-nos que há 30 anos ele dançava a marujada, é uma tradição em Iguape, seus avós já a dançavam. Essa foi a data mais remota que pudemos obter. Há muito (26 anos pelo menos) que não a dançavam, porque a decadência econômica daquela zona foi sensível.

Na vizinha vila de Sete Barras, à margem do Ribeira, realiza-se também a marujada, embora não possua a beleza dramática da iguapense; os diálogos são curtos, e as deturpações são frisantes. Segundo nos informaram mais tarde, foi pelo fato de presenciarem o brilhante êxito da representação em Iguape, no ano de 1946, que alguns moradores de Sete Barras, muito bem-intencionados, e num gesto louvável, tentaram representar a marujada.

Como em quase todos os bailados tradicionais brasileiros, o elemento feminino também não entra na marujada de Iguape.

Oitenta pessoas tomam parte na marujada: general ou general almirantado, capitão inglês, padre capelão, rei mouro, príncipe ou infante de marrocos – que também é o embaixador, capitão-de-mar-e-guerra, ajudante-de-ordens do capitão inglês, piloto, tenente guarda-marinha, bandeireiros (dois, um menino dos mouros e um moço dos cristãos), gajeiro grande, médico, dentista, ajudante Laurindo, comandante, tocador de caixa, de tambor, de rabeca (dois rabequistas), vassalos (Irra e Delerário), capitão patrão, caretinha (ou comissário ou cozinheiro), cristãos (30, todos trazem um rosário), também

---

[20] Registramos a lenda do aparecimento do santo na Praia da Juréia: estando algumas pessoas na faina da pesca, toparam com um caixão enorme. Foram verificar. Era uma imagem de São Bom Jesus. Bem defronte de uma grande pedra que ficou chamando "Registro de Nosso Pai". Dizem os caiçaras que nessa pedra pode-se ver o desenho do rosto de Jesus Cristo.
As pessoas que encontraram a imagem trataram de removê-la para a capela da então nascente vila. Como estava com muita salsugem, ao passar por uma fonte, procuraram lavá-la. Esse local da primeira lavagem é bem distante da vila. Aí se ergue hoje uma gruta. A pedra onde ela está edificada, dizem, é milagrosa. Uma pequena partícula dentro de um pote-d'água torna-a medicinal. Qualquer pessoa que a beba ficará curada de dor de cabeça, estômago etc. Os romeiros vão com uma talhadeira e martelo tirar pequenas lascas e levá-las para casa, de volta da peregrinação. Esses peregrinos afirmam que a pedra cresce, pois há mais de 300 anos que as pessoas tiram pedaços, e ela continua na mesma... Os moradores de Ilhabela contam a seguinte história: "Quando o São Bom Jesus, que hoje está em Iguape, passava pelo canal entre a ilha e S. Sebastião, à noite, sobre o caixote flutuante viam-se velas acesas, e as *pedras do sino*, que ficam ao norte da vetusta cidade, começaram a dobrar, fazendo as vezes do sino da matriz que naturalmente naquela hora estava fechada."

chamados portugueses ou marinheiros, e os mouros (24, não trazem rosário), também chamados infiéis.

Indumentária

Mereceram cuidado especial as roupas que trajavam, denotando o afã de fazer "como nos bons tempos de dantes". Era primorosa a indumentária dos dançantes da marujada.

General – Casaca, calça preta com galão amarelo em toda a costura lateral, dragonas, punhos doirados, luvas brancas e muitas medalhas e santinhos no peito. Chapéu de três quinas, com medalhas e uma pena azulada. Faixa azul e branca a tiracolo, pendente do ombro esquerdo e uma faixa azul-ferrete com bordas doiradas, na cintura, à guisa de cinto, onde está preso o espadim. Sapatos pretos.

Capitão inglês – Boné vermelho, túnica vermelha, talabarte azul e branco. Calça branca com uma lista azul, sapatos brancos, medalhas, dragonas prateadas, luvas brancas, espada reta.

Padre – Batina preta, chapéu de padre, um rosário de contas de capiá no pescoço, grande crucifixo no peito. (O chapéu é de palha coberto de pano preto.)

Rei mouro – Coroa dourada com estrelas, destacando-se a meia-lua. Capa vermelha, com muitas estrelas e crescentes bordados com vidrilhos prateados, franjas douradas em volta. Corpete rosa. Calção azul-marinho e meias cor-de-rosa, até aos joelhos. Faixa verde-amarela no peito. Muitos enfeites de lentejoulas. Sapato preto com fivelões no peito do pé.

Infante de Marrocos, príncipe ou embaixador – Calção-bombacha azul-marinho, preso à altura do joelho pela liga dourada que também segura a meia cor-de-rosa. O corpete róseo é enfeitado com galões e rendas, capa preta com galões amarelos. Turbante preto com duas penas azuis. Sapato preto com fivelões prateados. Faixa azul a tiracolo, onde se prende a espada curva. Luvas brancas, braceletes de metal dourado.

Capitão-de-mar-e-guerra – Roupa branca de oficial de Marinha, sapatos brancos, duas divisas douradas em cada braço. Platinas. Boné com divisas douradas e espada reta.

Ajudante-de-ordem do capitão inglês (são dois, igualmente uniformizados) – Uniforme branco, com divisa em "A" vermelho nos dois braços. Espadim e o número 3 no boné, que tem pala e faixa vermelhas. Sapatos brancos.

Piloto – Roupa branca e divisas pretas nos braços.

Bandeireiro – Dos cristãos, em uniforme branco de marinheiro (igual ao de nossa Marinha Nacional), boné com listas azuis e brancas; dos mouros é um menino trajando calção amarelo, camisa vermelha e caxangá branco, lenço grande no pescoço, e aí também um cordão branco trançado. Sapato preto. (Fica atrás do rei o tempo todo do "ato".)

Gajeiro grande – Roupa branca, gorro de marinheiro. Tem divisas pretas nos braços e dois canhões cruzados bordados na manga do dólmã. Ele é gajeiro-artilheiro.

Médico – Uniforme branco, sapatos brancos, platinas e divisas de medicina (caduceu) nos braços.

Dentista – Uniforme branco, boné com uma estrela na frente.

Ajudante Laurindo – Uniforme branco de marinheiro, gorro com uma fita azul, e seu melhor distintivo é a valise, que ele segura o tempo todo.

Comandante – Roupa branca de oficial com quatro divisas pretas, platina, boné e sapatos pretos.

Cristãos – Roupa comum de marinheiro, sapatos pretos. Os marinheiros todos trazem um espadim reto e a sua melhor característica é o rosário de contas de capiá.

Mouros – Calção amarelo com friso branco, camisa vermelha, gorro vermelho em forma de coador de café com bola de lã na ponta e que fica roçando nas costas. Este gorro é parecido com chéchia de zuavo[21]. Lenço grande vermelho-amarelo, amarrado ao pescoço. Os mouros são 24 meninos que empunham uma lança de madeira, de 1,20 m de comprimento, mais ou menos.

Vassalos (são dois) – Bombacha creme e mais comprida, meias cor-de-rosa, sapato preto com fivelão. Corpete azul, capa azul-escura e cheia de galões dourados.

Capitão patrão – Uniforme branco com platina dourada. Boné de oficial. Leva consigo um adufe que toca só quando representa.

Caretinha, cozinheiro ou comissário – Uniforme branco, comum, de marinheiro; gorro de "mestre-cuca".

Tenente guarda-marinha (são dois) – Uniforme branco de oficial, platina e divisas pretas nos braços. Um binóculo a tiracolo é o seu melhor distintivo.

---

21 Tipo semelhante de gorro é usado pelos "irmãos-da-canoa", os pirangueiros que tomam parte na festa do Divino Espírito Santo em Tietê e remam nos batelões no dia do "Encontro".
 Também os mourinhos da congada de Xiririca usam gorro idêntico. É sem dúvida uma nítida influência portuguesa porque o gorro nada mais é do que a carapuça.

Auto da marujada

Lá no Porto da Peça[22], no alto do morro, velho canhão dá um tiro de pólvora seca. Os que foram a pé até ao Porto da Ribeira, vêm agora numa só barca que, "chegando de Portugal", aporta no Porto Grande, o primitivo porto da cidade. Desembarcam e, formando duas colunas (cristãos na frente e mouros atrás), dirigem-se à igreja de São Benedito. Esperam que finalize a missa para dar início ao "ato", que é desenvolvido defronte da igreja. Formam, aí, um retângulo de mais ou menos 25 × 8 metros de tamanho. Nos dois lados maiores do retângulo, duas colunas se defrontam. Nos dois lados menores, em cada lado, são colocadas três cadeiras. As seis personagens que vão tomar assento nessas cadeiras defrontam-se. O retângulo formado pelos marujos tem uma área de mais ou menos 120 m², na qual eles podem movimentar-se com desembaraço.

Cristãos e mouros ficam separados. Os cristãos ficam a leste quando sentados: general, capitão inglês e padre capelão. Os mouros ficam a oeste, quando também sentados: rei, embaixador, havendo uma cadeira livre que, no desenrolar do drama, será ocupada. Atrás dos cristãos fica uma bandeira, que eles dizem ser a bandeira de Portugal; é azul e branca, tendo no centro o antigo escudo português. Um marinheiro, de bonezinho com listas brancas e azuis na pala, empunha essa bandeira. Atrás dos mouros, um menino segura a bandeira da Turquia. É vermelha, tendo no centro o crescente e uma estrela. A bandeira da Turquia é feita de cetim vermelho, e a de Portugal, de filele.

Uma vez todos acomodados, tem início a parte dramática, com a saída do capitão patrão, que está na fila encabeçada pelo capitão-de-mar-e-guerra. Batendo um adufe, dá uma volta na área interna do retângulo e, em voz alta e compassada, diz:

> Cheguemo todos camarada,
> em frente desta Capela;
> o lucro desta jornada,

---

22 Porto da Peça: Esse ancoradouro ficou sendo chamado "Porto da Peça" porque ali existia antiga peça de artilharia – um canhão colonial com o qual davam as salvas no dia da festa de Bom Jesus. Funcionava primeiramente no canto do morro, depois trouxeram-na para a cidade, no atual Beco da Peça, para, no dia 6, na hora da missa, dar as salvas que levavam 5 quilos de pólvora, cada. Certa feita, a "peça foi levada para Cananéia, para as festas, e sendo carregada com demasia, não resistiu, partiu-se."
   A embarcação chamada "Paulistano", que naufragou no rio Una, ia buscar os membros da marujada no Porto da Ribeira e vinha pelo Valo Grande até o Porto Grande onde desembarcavam, seguindo para a igreja de São Benedito.

General almirantado da marujada de Iguape. À direita: Capitão inglês e seus ajudantes. Marujada. Iguape.

Marinheiros de marujada. Iguape. À direita: Ajudante Laurindo, comissário, infante de Marrocos, caixa e caretinha.

O general almirantado em revista.

Choram os contrabandistas à frente do general almirantado que está ao lado do capitão inglês e capelão.

cheguemo em frente dela.
Dá gosto hoje, neste dia,
ao nosso São Benedito,
a quem devemo louvá.

Os 30 marinheiros, que ficaram 15 de cada lado do retângulo, cantam fazendo o gesto de quem rema, e, quando vai finalizando o canto, prestam continência ao general que se levanta de perto do rei mouro e se dirige ao príncipe. Os marinheiros fazem o gesto de remar, ritmando seus movimentos com o canto a duas vozes:

> Rema que rema,
> senhô contramestre,
> olhai, quem não rema,
> não ganha seu frete.

> Rema que rema
> toda marujada,
> olhai, quem não rema,
> não ganha soldada.

> Rema que rema
> galéria-fragata,
> cum remo de ouro,
> toletera de prata.

E com outra música prosseguem:

> É chegado nesta nau,
> Dão Silvestre de Marinha,
> General feito em campanha,
> dono de grande fidalguia.

Finalizando o canto, o general diz com voz clara e bem pausada: "Prinspe, filho meu, nobres fidalgo e cavaleiro, tomai assento, vós que sois a forte coluna de meu trono, que alimentais a lei do Estado. Já deliberei a guerra contra aquele povo bárbaro e desenfreado da Turquia, que o castigo do céu desconhece e a justiça da terra não teme. Dizei-me, pois, nobres e valorosos soldados, si estão resolvido a derramá o vosso sangue ao bem-estar de meu trono, em defesa da nação?" À pergunta do general, todos os marinheiros, a uma só voz, respondem: "Sim, senhor; sim, senhor." O general continua a sua arenga: "Maria, singular minha, daquela celeste glória que promete nos dar a vitória que este valor me anima, num brado que todos estimem, vitória que todos alcance. Daí viva a São Benedito em louvor desta chegância."

Logo que o general finaliza, todos, deslocando-se alguns passos para a frente e voltando para trás, fazendo este movimento de vaivém três vezes, cantam:

> Viva, viva, viva,
> hoje com tanta alegria,
> ora viva meu São Benedito,
> que é o santo deste dia. (bis)

O general, altivo, fala:

> Chegando em Lisboa,
> pra meu rei vô me queixá,
> que drento desta nau,
> todos quisero se alevantá.

O comandante responde cantando:

> Vossa Incelência,
> não me queira fazer mal,
> que eu pretendo dar-lhe conta,
> desta nau em Portugal.

> O senhor mestre-piloto,
> desta nossa nau de guerra,
> trate de mandar dar a fundos,
> para saltarmos em terra.

> O senhor mestre-piloto,
> dessa nossa nau de guerra,
> mande pôr a lancha ao mar,
> para podermos saltar.

Com a voz irada e gesticulando, o piloto se dirige ao gajeiro-grande, que o ouve atenciosamente, porém com o rosto contrafeito e, antes que se trave o diálogo entre os dois, todos os marinheiros cantam tirando os rosários das algibeiras e agitando-os no ar, enquanto cantam. Ao finalizar o canto repetem duas vezes o gesto marítimo de ferrar as velas, tão comum naquele beira-mar que é Iguape.

Diz o piloto autoritariamente: "Gajeiro-grande, pois eu não te disse que tu subisse as amuras, que ferrasse os pano todo, traquetes e velachos, cutelos e varredeiras? Cos trezento mil diabo!!!"

Todos os marinheiros, cantando:

> Ave Maria, que isto não é nome
> que se chame neste dia!

> Aqui está o meu rosário,
> a vista de todo mundo,
> ferra, ferra, ferra,
> vamos até ao fundo.

> Ferra gavias e traquetes
> na maravilha do mundo,
> ferra, ferra, ferra,
> ferra até ao fundo.

> Com prazer e alegria,
> seguros temos, no porto temos,
> perigo não pode havê,
> não, não pode havê,
> ainda com tantas tormenta
> sempre nós temo alegria.

O comandante dirigindo-se ao piloto, cantando:

> Sinhor piloto,
> qual era o seu sentido?
> Você mesmo é a causa
> da companha andá perdido.

O piloto contrariado, com uma bengala às costas, anda de um lado para outro, e canta lamuriosamente, com a mesma música que o comandante cantou há pouco:

> Desgraça minha,
> não acerto co'o lugá
> porque tenho perdido
> a agulha de mareá.

O patrão dirigindo-se ao piloto:

> Sinhor piloto,
> eu venho le contá,
> que o nosso gajeiro-grande
> agulha lançô ao mar.   (bis)

O piloto, irritado e ríspido: "Gajeiro-grande, dizei-me por que razão tu lançaste ao mar a agulha de marear?"

O gajeiro, respeitoso e enfático, responde: "Sinhor piloto, tal coisa não é. Tudo isso é um falso que me levantô o patrão e toda companhia desta nobre embarcação."

O piloto, ameaçando com a bengala que estava como que escondida nas costas, se dirige ao gajeiro, que imóvel ouve: "Gajeiro-grande não me venhas zangar, senão com esta bengala a cara te vou quebrar."

O patrão se intromete e diz: "Essa rezinga nunca há de se acabar sem que o senhor piloto aqui venha se explicar."

Há trocas de palavras que são ditas asperamente. O gajeiro: "Sinhor piloto, não me venhas azedar, senão com esta buzina as ventas te vou quebrar."

O piloto responde acremente: "Gajeiro-grande, não me venhas zangar, senão com a cana do leme a cara te vou quebrar."

O piloto, sem dar atenção ao gajeiro, diz: "Qual é o piloto que navega indo a pique a triste nau? Pus a mão sobre a bóia, da bóia fui ao mastro, do mastro fui ao leme, do leme fui senhor. Perdi tudo quanto tinha no brinquedo do amor."

Todos os marinheiros procurando serenar a discussão cantam:

> Viva, viva, viva,
> hoje com tanta alegria,
> ora viva meu São Benedito
> que é o santo deste dia.   (bis)

O piloto, prepotente, retorna dirigindo-se ao gajeiro-grande:

> Gajeiro-grande,
> por tu seres petulante,
> ficas preso nestes ferro,
> por ordem do comandante.

O gajeiro, dirigindo-se ao capitão-de-mar-e-guerra: "Ai, ai, maurotão, ai que estou preso por ser gibatão. Senhor capitão-de-mar-e-guerra, a quem pretendo rogar prisão rigorosa, nestes ferros hei de acabar."

O capitão, em tom de desprezo, responde:

> Gajeiro-grande,
> sofre as tuas dores,
> que eu a semelhante homem
> não vô pedi favores.

Num gesto de desespero, o gajeiro dirige-se olhando os personagens, aos quais apela: "Capitão Apolinário, sinhô Licenciado, guardas marinha, sinhô Padre Capelão e toda companha desta nobre embarcação, peçam ao nosso comandante que me mande soltá desta prisão. Meu comandante, se me pretende soltá eu vô lhe mostrá a agulha de mareá."

Com voz branda e paternal o comandante diz ao suplicante: "Gajeiro-grande, solto já, porque em dia de festejo não costumo castigá."

O gajeiro sai alegre, "gingá-gingando" e, olhando para o alto, diz:

> Graças ao céu,
> dentro do meu coração,
> por me vê livre dos ferro,
> bailando neste salão.

Ao sair, porém, encontra-se com o piloto, reiniciando a briga: "Senhô piloto não me venhas azedá, senão com a barra do cabrestante as ventas te vô quebrá."

Irritado, o piloto, sacando de sua adaga, dirige-se ao gajeiro falando imperativamente:

> Puxa a tua faca,
> mostra a tua fama,
> essa tua prosa
> a ti mesmo te engana.
>
> Arreda, arreda, arreda,
> arreda todos marinhero,
> que eu quero me despicá
> do gajeiro-artilhero.

O piloto faz o gesto de enterrar a arma no peito do gajeiro que cai numa cadeira, cantando com voz triste a música também triste de um fado, fado cuja influência portuguesa é nítida:

> Ai, Jisus, que eu morro,
> que acabo a triste vida,
> por causa de uma estocada
> que me deu um atrevido.

Indagativo, aproxima-se o comandante dizendo: "Oulá... oulá... da brejerada! Vejo uns triste, outros tão desmaiado"... Ao que respondem cantando em coro os marinheiros:

> Estemo triste
> com muita razão,
> porque nosso contramestre
> está espichado no chão. (bis)

Aproxima-se o comandante, vê o ferido e, voltando-se para o médico, diz-lhe militarmente, isto é, asperamente: "Oulá... oulá, senhô Licenciado, vá vê o gajeiro-grande que parece está com uma estocada."

A caixa começa a ser repicada quando o médico se dirige marchando para onde está o ferido. Abaixa-se, examina a ferida na altura do peito e desanimado, volvendo os olhos para o comandante, diz-lhe: "A ferida é grave e perigosa. Não posso fazê a cura sem que os chefe está presente."

Aproxima-se o Estado Maior e as autoridades ordenam que se faça a cura, voltando para seus lugares, enquanto o diálogo entre médico e comandante continua: "A ferida é grave e perigosa. Tem dois centímetros de profundidade e três de largura." O comandante enfático, sereno, determina: "Pode fazê o tratamento." O médico, virando-se para à esquerda, grita: "Vem cá, Laurindo, vai-me na botica, vai com gosto e alegria, vai buscar-me a medicina."

Marchando, com sua valise na mão esquerda, o auxiliar aproxima-se do médico cantando:

> Meu rico amo,
> meu belo sinhô,
> aqui está a medicina,
> saiu tudo a seu favô.

Enquanto faz o curativo, o médico canta:

> Ingüento novo,
> na tua ferida,
> bálsemo cheroso,
> pra te salvá a vida. (bis)

O gajeiro levanta-se e dirigindo-se ao médico, entre lamuriante e feliz, fala, levantando os dois braços para o alto, num gesto quase patético, onde há laivos de alegria e de vingança: "Graças ao céu, já estou mais alentado, Deus que dê saúde ao sinhô Licenciado. Graças ao céu ainda não estou bem forte, mas porém este maroto há de acabar em uma morte."

O médico e o ajudante Laurindo voltam para seus lugares e a caixa toca marcialmente enquanto eles marcham.

O comandante, dirigindo-se ao dentista, lhe dá uma ordem: "Oulá sinhô dentista, vai tirá o dente do capitão patrão para ele não sê trelente." Enquanto ele marcha na direção do paciente, a caixa toca, rufando suas baquetas marcialmente. O dentista dirige-se ao capitão patrão e ordena que abra a boca. Feito o trabalho da extração do dente, volta tendo na mão um alicate e preso um dente (de boi) que na hora é colocado pelo paciente no boticão, tão jeitosamente que nos dá a impressão que o dentista de fato arranca o dente do capitão patrão. A caixa novamente é rufada, enquanto o dentista volta, deixando o capitão patrão cuspindo, fazendo caretas e sapateando de dor.

O comandante ordena imperativamente: "Saiam dois tenente desta nau prendê o sinhô piloto para um conselho de guerra." Os marinheiros, ouvindo a ordem, falam em coro: "Há de sere degredado, há de sere degredado." E a seguir cantam:

> Pelas tuas própia mão,
> trabalho procurô,
> chora agora sem remédio,
> já que ninguém te mandô.

Quase chorando, o piloto dirige-se aos dois tenentes que vieram prendê-lo, ordenados pelo comandante: "Camaradas, por piedade, camaradas, por piedade!"

Um dos tenentes diz ao piloto:

> Já de ti não há piadade,
> quem faz morte por seu gosto,
> morre agora sem desgosto,
> pelos filhos da maldade,
> já de ti não há piadade!

Tirando o lenço, o piloto procura cobrir o rosto, como que enxugando as lágrimas, e canta:

> Deixai-me viver em duras penas,
> já que a sorte assim condena,
> não me venha aumentá, aí aumentá
> as saudade do meu amô, do meu amô.

Em coro, os marinheiros respondem cantando:

> Pelas tuas própia mãos,
> trabalho procurô,

chora agora sem remédio,
já que ninguém te mandô.

Novamente o piloto canta:

> Deixa-me viver em duras penas,
> já que a sorte assim condena,
> não me venhas aumentar,
> um triste amante lá da terra,
> sua beleza e formosura, e formosura.

Dirigindo-se enternecido ao piloto, o comandante diz-lhe: "Sinhô, solto já, que em dia de festejo, não costumo castigá."

Sai o Caretinha todo lampeiro, diz:

> Eu sou Caretinha,
> tenho opinião,
> ainda que eu morra,
> não peço ração.
>
> Eu vô me queixá
> para o meu patrão,
> que aqui há certos marujo
> que nos furtam a ração.

Voltando-se para o capitão inglês:

> Capitão inglês,
> dinheiro não há,
> meio tostão de soldo,
> será nosso jantá.

O capitão inglês, procurando ser fleumático, diz compassadamente, procurando imitar o sotaque britânico: "Mim é cavalerra, cavalerra honrata, por estas medalhas mim foi batizata, o sol quando nasce, nasce lá do leste e não se recolhe agora senão quando Deus quiserr. Mim pede minha dinherra, sinão já querr darr mila pancatas, mim agorra fica afrontata, mim pega nesta morrão, no paiorr de nossa pólvorra mim fogo vai tocarr."

Cantam os marinheiros:

> Pelo amô de Deus te peço,
> Capitão, não faça tal,

> que o dinhero da soldada
> nós havemo de pagá.

O capitão inglês, em tom convincente:

> Comissarra já mim disse
> que cofra caiu no marr,
> dizei-me por que raçom
> nom me querrem pagarr?

Motejando, os marinheiros cantam:

> É mentira, é mentira,
> o dinhero aqui está,
> o dinhero da soldada,
> nóis havemo de pagá.

Intervém o comandante: "Quanto se lhe deve?"

Queixoso, o capitão inglês afirma: "Muinta dinherra, duas mila cruzata e uma xiquilim."

Retirando-se, o comandante diz ao capitão inglês: "Espere aí um pouco que já lhe vem o pagamento." Chegando em seu lugar, dirigindo-se aos dois oficiais que têm o binóculo a tiracolo: "Sai dois tenente desta nau prendê o capitão ingleis para um conselho de guerra."

Destacam-se os dois tenentes, respeitosamente cantam:

> Capitão ingleis,
> nobre cavalheiro,
> dai-nos vós lecência,
> para vos prendê.

Cantando, o capitão inglês responde:

> Quem terá força,
> quem terá podê
> de resistir agora,
> contra um capitão ingleis?

Com a música que cantaram a primeira quadra de aprisionamento, os dois tenentes em dueto cantam:

> Capitão ingleis,
> nobre cavalheiro,

> olhai para estes ferro
> sinal de vos prendê.

E o diálogo entre tenentes e capitão inglês prossegue. Canta o capitão: "Quem terá força etc. E os dois tenentes voltam a cantar:

> Capitão ingleis,
> entrega-te já,
> a culpa que tu tens,
> confessa já,
> no paiol de nossa polva
> fogo quiseste tocá.

O capitão inglês:

> Mim está inocenta,
> vóis quereis prendê,
> ajudante de minha orde,
> vinde cá me defendê.

Aproximam-se os dois ajudantes-de-ordem e vão defender o capitão inglês, cruzando suas espadas, impedindo os dois tenentes. O general, vendo aquela cena tão decidida de defesa por parte dos ajudantes-de-ordem, levanta-se e na frente do capitão inglês canta:

> Capitão ingleis,
> cavalheiro honrado,
> por estas medalha
> ficas perdoado.

Dando uns passos para a frente, os dois ajudantes descruzam as espadas, apontando-as para a terra; o capitão inglês canta duas quadras e com a voz repassada de sofrimento conclui em tom declamatório:

> Meus sinhores, que a mim estão vendo,
> veja, em mim este exemplo,
> não queira que vossos filhos
> sigam o meu regimento.

> Cinco anos mim foi soldata
> antes de sê Capitom,
> nunca o minha brigadero,
> meteu-me nesta prisom...

(e depois falando) "Sem temor da terra alheia segue o mundo traidor depois de preso eu achei duros, pesados grilhões; de seis mil amores se eu tivesse dava de molhadura de gosto de tão dura prisão."

O comandante ordena a prisão dos dois tenentes que foram prender o capitão inglês: "Sai dois ajudante-de-orde desta nau prendê os dois guarda-marinha para arrespondê o conselho de guerra." Saem os dois ajudantes-de-ordem que tomam as armas dos dois tenentes e os trazem presos perante o general-almirantado.

Os marinheiros todos caminham para a frente do lugar onde está sentado o general, onde estão os dois oficiais cabisbaixos e imóveis. Os marinheiros, apontando-os, cantam monotonamente: "Há de sere degradado, há de sere degradado."

Duetando, os tenentes cantam, cobrindo os olhos com seus lenços brancos:

> Deixa-me triste saudade,
> senti minha grande dor   (bis)
> não me venhas aumentá, ai aumentá,
> tua beleza em formosura.

Os marinheiros repetem "há de sere degradado", e os dois tenentes tornam a cantar, "deixa-me triste saudade" etc. O general solta os dois tenentes, dizendo resoluto:

> Os guarda-marinha
> eu solto já,
> porque em dia de festa,
> não costumo castigá.

Os dois guardas-marinha, aproximando-se do capitão inglês, dizem-lhe:

> Prosta-te aos nossos pé
> e pede perdão,
> que é um falso que levantaste
> de nossa embarcação.

Zangado, responde o capitão inglês:

> É assim que se responde,
> atrevidos marotões.
> Tu não sabe e não conhece
> que sô um chefe de devisão?

Um dos tenentes responde: "Conhecemo que sois o chefe de devisão, mas não mostra tere política nem tão poco inducação."

O comandante volta e há trocas de palavras, ordens e canto.

O comandante: "Saiam dois ajudante-de-orde para prendê os guardas-marinha para um conselho de guerra." Os marinheiros cantam para os dois oficiais que vão ser presos:

> Pelas tuas própia mão
> o trabaio procuraste,
> chora agora sem remédio   (bis)
> já que ninguém te mandô.

Os tenentes cantam:

> Deixai-me vivê em duras pena,
> já que a sorte assim condena.   (bis)

Os marinheiros repetem: "pelas tuas própia mãos" etc. e os tenentes cantam, com a mesma música dos dois versos anteriores, em dueto, com os lenços cobrindo os olhos:

> Deixai-me triste saudade,
> sentir minha grande dô,   (bis)
> pobre amante lá da terra, lá da terra,
> sua beleza e formosura.   (bis)

Ouvindo-os cantar, o comandante olha-os paternalmente e diz: "Senhores tenente, solto já, que em dia de festejo não costumo castigá." Quando os tenentes se vêem soltos, dizem cochichando ao capitão inglês: "Trago fazendas bem finas para as moças do Brasil; também trago buqueres de flores para fazer zamparinas." Nova altercação entre os tenentes contrabandistas e o capitão inglês: "Mim dá-te vinte e uma cruzata pela fazenda real, si não quiserres venderr, mim vai darr parrte a comandantis, mim vai darr parrte ao comandantis." Os tenentes, resolutos, respondem: "Pois vá dá parte."

Cantando o capitão inglês dirige-se ao general:

> Saiba Vossa Senhorria,   (bis)
> meu tenente comandantis,   (bis)
> que até os guarda-marinha,
> estão vendendo contrabando
> a borda da embarcação.

Os dois tenentes são abordados pelo capitão-de-mar-e-guerra e comandante, que a eles se dirige, furioso: "Dizei-me, guardas-marinha, por que razão estais vendendo contrabando a bordo de nossa embarcação, sem orde de nosso rei dão João?" Mostrando sua matalotagem, dizem resolutos ao comandante: "Pode revistá." Os dois aproximam-se e revistam as algibeiras dos dois tenentes. Quando seus superiores se retiram, voltam e dirigem-se ao capitão inglês e, visivelmente enraivecidos, dizem: "Prosta-te aos nossos pé e pede perdão, que é um falso que levantaste em nossa embarcação." Os tenentes, vendo que o comandante lhes ordena:

> Saia dois tenente desta nau,
> fazê ronda em frente nosso pavilhão,
> ver se enxergam algum moiro,
> que queira se fazê cristão.

Os dois oficiais, colocando os binóculos, fazem como que estivessem olhando um ponto distante, vão e voltam três vezes até à frente do rei mouro que está sentado. Enquanto fazem esses vaivéns, a caixa toca o seu rataplã bem vivamente. Dirigindo-se ao general, os tenentes cantam duetado:

> Na linha vejo treis vela   (bis)
> velejando barra adentro,
> parece sere os ingleis
> que vem trazê mantimento...
>
> Saiba Vossa Senhoria,
> meu tenente-generá,
> que são cinco milhão de home,
> contra nóis vem brigá.

O embaixador, que está desde o início sentado ao lado de seu pai, o rei mouro, levanta-se e vai até ao general, e diz respeitoso: "Licença, Sinhô, que nessa nau quero entrá." Os marinheiros cantam: "Viva, viva, viva" etc. Novamente o embaixador pede licença. Voltam os marinheiros a cantar. Pela terceira vez, insiste o embaixador pedindo licença e também, pela terceira vez, os marinheiros cantam. Estes, quando cantam, fazem uma evolução em suas colunas, descrevendo uma elipse e vão cantando até que todos voltem aos seus primitivos lugares. Pela quarta vez o embaixador insiste, porém cantando:

> Licença, sinhô, licença, sinhô,
> que nessa nau quero entrá,

> com tão grande fidalguia,
> sem de mim havê temô,
> entre medo do furô,
> si vieres me perguntá,
> me declararei quem sô.

O comandante, vendo que o general nada diz, pergunta: "Quem é o sinhô?" O embaixador, todo orgulhoso, responde: "Eu sô inlustre embaxadô que venho trazê as minhas embaxada que me manda meu sinhô." "Quem é teu sinhô?", pergunta-lhe o comandante. Cantando, responde o embaixador:

> É o sultão da Moretana,
> rei e sinhô de meio mundo,
> goza tão perfeita aliança,
> de um governo tão tranqüilo.

Os marinheiros cantam:

> Viva, viva, viva,
> quem vem da Turquia,
> vem trazê suas embaxada,
> com tão grande fidalguia.

Com altivez, o embaixador: "Mais de quinhentos mil homens que vóis vereis ao meu favô se levantarde a arma contra meu pai Imperadô." E os marinheiros respondem cantando:

> Somos neto de Santana,
> filhos da Virge Maria,
> não permita Deus,
> que sejamo prisionero da Turquia.

O embaixador, dirigindo-se arrogantemente ao general: "O general desta nau há de sere o sultão da Moretana, rei sinhô de meio mundo, de meio mundo." Polidamente, o general ordena: "Avizinha-te embaxadô, toma assento e diz de mim o que queres." O embaixador, orgulhosamente, com voz bem alta, quase gritando, diz: "Na tua presença tens general, um inlustre embaxadô, sô mouro, sô argelino, precedido pelo meu Deus e enviado pelo meu monarca, por mim saudades te manda ele. Que não te esqueça de teu valeroso Deus, nem do temô das tuas arma, nem do valô dos teus fiéis vassalo que te salvaram a cabeça; entrarei pela nau adentro, dar-te-ei um grande esquadrão, escalarei a nau e a todos destruirei a fogo e sangue."

O general, vendo tanta arrogância, diz pausadamente: "Oulá embaxadô, que estas embaxada costumam dar-se mais amoderada!" Arrefecido, o entusiasmo do embaixador fala, agora, moderadamente: "Segundo tive educação para dá as minha embaxada, mas enfim, general, dá-me licência, quero partir ao meu monarca." Com resolução o general diz: "Parte ao teu monarca, diz a ele que espero de pé firme dentro da minha nau, que não me farei de vela sem saber a vossa decisão." O embaixador, aturdido, pergunta: "Para que generá?" Firme e resoluto o general responde: "Para te mandá dá a poderosa morte; se não fosse tu um inlustre embaxadô que pagava com a cabeça." O embaixador, retirando-se: "Esta resposta para mim é torta. Obedeço."

Os marinheiros cantam:

> Já se afasta o embaxadô,
> vai com raiva do furô,
> das terrive ameaça,
> contra nosso governadô.

O embaixador, chegando aos pés de seu pai, faz um salamaleque, beija-lhe a mão, ajoelha-se e diz: "Rei, meu pai e meu sinhô, o generá por mim vos manda dizê que vos espera dentro daquela nau, de pé firme, que não se fará de vela sem saber decisão sua." Levantando-se, o rei coloca a mão sobre o copo da espada, inflando o peito, diz: "Para lá irei eu."

Antes que o rei mouro chegue, o general canta:

> Valoroso será os soldado,
> que nesta guerra me acompanhá,
> por aqui tu bem verá,
> teu tenente-generá.
> Si ele é um fidalgo,
> da nobre casa reá.
> Imperadô de Marroco
> que nos mandô ameaçá
> com as tremenda embaxada,
> que hoje nos veio dá,
> nosso grande rei,
> ele mal não ficará,
> quem o meu rei agravá,
> oito légua eu vô buscá,
> eu sô da Lusitânia,

do reino império de Portugá,
ainda que eu morra,
aqui neste dia,
aqui nesta guerra,
será mais glória,
do que desgraça.

Todos os marinheiros, desembainhando suas espadas, apontando para o lado, cantam:

Juremo, juremo todos pela coroa reá,
si a guerra nóis não vencê,
permite que não está,
si os moiro vencê esta peleja,
acabou o Breve da Santa Igreja,
já misericorde Deus é por nóis,
que lá vem os moiros nos acabá.

O general, cheio de ânimo: "Tenham ânimo, companhero, não esmoreçai que nóis havemos de vencê esta batalha reá. Si vóis sois os inimigo que conosco vem brigá, lança mão da tua espada, vamo todos pelejá, cutelo afora, vamos cutelá, estamo em campanha vamo todos degolá."

Todos os elementos da marujada deslocam-se para o centro, há uma luta simulada. Ouve-se o retinir das espadas. São os portugueses e mouros em renhida peleja. Todos cantam, movimentando-se:

Cutila, cutila,
vamo todos cutilá,
nóis estamo em campanha,
vamo todos degolá.   (bis)

Os mouros com suas lanças parecem esgrimistas fazendo o "a fundo", e os portugueses com suas espadas fazem "molinetes", manejam-nas, dando mil e uma viravoltas com elas acima de suas cabeças. Os dois grupos estão se defrontando. Chefiando os cristãos, o general, e, os mouros, o embaixador, ladeado pelos seus vassalos: Irra e Delerário. O rei mouro permanece sentado. Depois de alguns minutos de combate, o comandante dirige-se ao embaixador, dizendo-lhe valentemente: "Entrega-te bravo moiro, não persigas a nossa lei, pela fé de Deus juramo, nós havemos de vencê." A resposta do embaixador não se faz esperar: "Se a guerra nóis não vencermos não será por tuas fúria é porque já me vai faltando dar mais forma em formatura." E o comandante, secundado por todos: "Preso estais, entrega-te já, por ordem do rei de Portugá." O comandante, levando a espada que tomou do embaixador, dirige-se ao general: "Já está prisionero quem vos deu crué batalha, estes moiro peralta que nos queriam matá... Saiba Vossa Senhoria meu tenente-generá, aqueles moiro peralta que vos queriam matá, puxaram por esta espada para com ela vos matá, eu puxei por esta minha para com ela vos livrá."

O general, convidando o comandante: "Partamos para o Estado."

Os marinheiros dizem: "Lá será executado."

O embaixador e demais mouros (menos o rei que continua sentado, com sua bandeira atrás) ajoelham-se perante o general que lhes diz:

> Entrega-te bravo moiro,
> qual era a tua intenção?
> Levar-me prisionero
> ao teu rei, ao teu sultão?

O embaixador ajoelhado, súplice, olhando para o lugar onde está o rei, pede:

> Sinhô eu queria
> pelo meu grande valô
> vos levá prisionero
> ao meu pai imperadô.

Levantando-se, o general diz, iracundo:

> Cala-te, bravo moiro,
> não te faças valentão,
> olha lá que te dou
> um horrendo pescoção.

O embaixador, suplicante:

> Sinhô, eu sô rei,
> também tenho majestade,
> dai-nos vosso batismo
> para nossa cristandade.

Mostrando contrariedade e uma certa irresolução para responder satisfatoriamente ao pedido do embaixador, ordena aos seus comandados: "Leve esses moiros para perto do cabrestante que antes que amanheça o dia mandarei degolá." Dada esta resposta, o embaixador canta:

> O que vos digo é verdade,
> não nos mateis por piedade,
> dai-nos batismo
> para nossa cristandade.

O general com sotaque lusitano dirige-se ao padre: "Ó lá sinhoire Capulão, batize esses moiros que querem se fazeire cristãos." O padre colocando ternamente a mão sobre a cabeça do embaixador: "Filho, quere se batizá?" Estabelece-se um diálogo entre o padre e o embaixador, que continua ajoelhado, e responde:

– Quero, sim sinhô.
– Quem quere para vosso padrinho?
– O porta-bandeira.
– Como é o vosso nome?
– Infante de Marrocos.
– Vos batizo em nome do padre, do Fílio
  e do Esprito Santo. Amém.

O padre dirige-se a Delerário, que é um dos vassalos: "Filho, quere se batizá?" Ele responde: "Quero, sim, sinhô." "Quem quere para vosso padrinho?" "O comandante" – é a resposta de Delerário.

O padre dirige-se a seguir ao vassalo Irra, com as mesmas perguntas, e este escolhe para padrinho o capitão-de-mar-e-guerra.

O padrinho põe a mão direita sobre a cabeça do seu afilhado e o capelão diz: "Te batizo em nome do padre, do Fílio e do Esprito Santo. Amém." Finalizando esta cerimônia, coloca o crucifixo nos lábios do batizando. O capelão dirige-se para os meninos que são os mouros. Estes dão qualquer nome que queiram, geralmente de santos, e o capelão faz o batizado de todos os mouros, exceto o rei. Demora-se um pouco com este cerimonial, findo o qual o capelão dirige-se ao general, fazendo o sinal-da-cruz, dizendo: "A paz esteja convosco, está tudo batizado generá!"

Ajoelhados ainda, os mouros cantam:

> A paz sempre eu desejava,
> eu desejava hoje neste dia,
> com prazer e alegria. (bis)

O general, em ouvindo-os cantar, diz-lhes: "Levanta-se moiros." Todos se levantam e continuam presos na frente do general e permanecendo imóveis porque o rei mouro, levantando-se de sua cadeira, se dirige ao general: "Agora intento saber do triunfo e da vitória que em combate aprisionaram um filho que tanto adoro. De mim ninguém tenha medo que não venho fazê mal, venho somente nesta nau o meu filho resgatá. Solta já dessa prisão, ó inlustre general! que darei a minha filha para contigo casar, 70 mil peça de ouro darei a ti, general, a fim de resgatar meu filho infante de Marroco. Não pense tu generá-almirantado e nem outro vice-rei da Índia, nem mais generais que de passagem vão nesta nau que onde levá meu filho preso nessa nau tão forte, tão arrogante, de tão grande fama!"

O rei, volvendo para seu filho preso, conclui: "Mete, meu filho, mete a mão nas aljavas e tira essas setas matadoras; crava, meu filho crava, no peito desse traidor, não é bem quem tem a vida que afronte o imperadô!" Mal acaba de falar o rei mouro, o seu filho que é o embaixador diz: "Eu, infante de Marroco, me acho com grande valô, general, de reduzi à cristandade o reino do meu sinhô." E ajoelhando-se aos pés de seu pai prossegue: "Rei, meu pai e meu sinhô, aos vosso pé me prosto com profunda humildade somente para vos dizê que seguimo a lei errada, onde habita Ana Bolena, a cabra, a cabrita e a cabrona, somente para desprezar a Jesus de Nazaré."

Irritado, o rei responde: "Tu bem mostra que é infiel vassalo de minha imperiá coroa." Voltando-se para Delerário, seu vassalo de confiança: "Delerário, secretário, tu que é fiel vassalo da minha imperiá coroa, vós que sois a forte coluna do meu trono, vamo para o meu império adorá o deus Mafoma." Delerário, confuso, responde: "Eu Delerário, secretário de Estado de Vossa Alteza Reá, por minha cristandade tentei-me batizar." E o diálogo entre rei e vassalo prossegue: "Tu bem mostra Delerário que é um fiel vassalo de minha imperiá coroa; vamo para meu império adorá o deus Mafoma, far-te-ei sinhô e prinspe de setenta mil castelo e se tu nisso fores constante, dar-te-ei minas de prata, ouro e diamante."

– "Agradeço sinhô esse seus rico tesouro de Vossa Alteza Reá, por minha cristandade tentei-me batizar. Suberano sinhô, uma verdade vos digo, si eu a deus Mafoma adorá serei seu eterno inimigo." E o rei com despreso: "Ah! que si soubera que em nossa monarquia, em nossa fidalguia haveria tal mudança, antes meu peito quisera transpassado por uma lança. Mete meu filho, mete a mão nas aljava e tira essas seta matadora, crava meu filho no peito daquele traidor, que não há quem tenha vida que afronte o imperadô."

O embaixador, para o rei com voz suplicante, quase chorosa: "Falta-me o valô, meu pai..." O pai, irado: "Qual é o valô que te falta, não trema de minha ira, nem deixe-me mais irado senão com este punhal o peito irei transpassarte." Seu filho diz, suplicante: "Atenda, meu pai, atenda, não mate o vosso filho que pela vossa morte subirei ao trono, ganharei sete coroa, governarei meu povo com feliz amô. Prinspe da Turquia, fidalgo da monarquia me acho com grande valô destroná o deus Mafoma que tanto me enganô." O rei, desgostoso, quase desanimado: "Ah! si eu subera que em nossa monarquia, em nossa fidalguia haveria tal mudança, antes meus peito quisera transpassado por uma lança. Agora ficarão pasmos, mar, céu e terra de ver a triste morte de um imperadô."

O filho, lendo no semblante do pai tão grande desespero por causa de sua conversão ao cristianismo, e notando que seu pai vai desmaiar, grita desesperado: "Atenda, meu pai, atenda"... O rei, ao cair morto na cadeira, diz as suas últimas palavras: "Deixa, meu filho, deixa, quero morrê, quero acabá..."

Todos os participantes da marujada aproximam-se do morto e cantam elegiacamente:

> É morto, é morto o imperadô,
> ai dolor, ai dolor...   (bis)

Como se recebessem uma ordem, todos os marujos voltam para seus respectivos lugares, e movimentando-se alegremente, agitando-se, gesticulando, cantam:

> Vamo, vamo embarcá a toda pressa,
> que a nossa nau atirou a peça,
> a nau atirô o certo é largá,
> segunda fera, terça o mais tardá.

> Fui em casa da Pampoia,
> juntei toda brejerada,
> ficô Mané da Pampoia,
> dentro da algibeira, nada.

> Amaina, amaina, amaina,
> terra, terra, terra,
> puxemo o ferro,
> larguemo as vela.

> As saudade de Lisboa,
> é um coração brasileiro,
> faz chorá as dura pedra,
> quanto mais um marinhero.

> Amô de marinhero,
> não dura senão uma hora,
> dá o vento, arma a vela,
> tira o chapéu e vai embora.

Com a mesma formatura que vieram para a realização da chegância, retiram-se cantando, pontofinalizando a marujada, com uma música alegre e brejeira:

> Mocinhas baianas,
> saiam na janela,
> só para ver a marujada, seu bem,
> quando vão pra guerra;
> eles vão pra guerra,
> pois deixá-los ir,
> si eles lá não morrerem, seu bem,
> tornarão a vir.
>
> Grande sentimento,
> levo desta terra,
> só para ver a marujada, seu bem,
> quando vão pra guerra.
>
> Dão, dão, sinhô capitão,
> queremos dinhero pra nossa ração,
> o marujo que é gibatão,
> come na mesa com seu capitão.
> Holandês, holandês, holandês,
> somos marujo, porém português.

Marujada de Piaçabuçu

A marujada ou chegança, nome erudito dado a este bailado popular, compõe-se de páginas de feitos náuticos, cantada pelos homens simples de Piaçabuçu (AL), na qual está presente a tese da conversão do infiel à religião católica romana. A conversão é o tema central deste libreto poético do "bailado dos marujos", onde entrou a "mão" do erudito e o pendor poético de muito poeta travestido de religioso que nas muitas e muitas horas de meditação nos cenóbios arquitetou a marujada, alinhavando a tradição popular nas rimas e nos cantos com sabor luso.

No dia da festa, em geral a 3 de janeiro, dedicado a Bom Jesus dos Navegantes, portanto dentro do solstício de verão, o grupo se reúne em geral em local onde ensaiou durante alguns meses a fio, daí se dirige à praça onde está a barca "Santa Cruz" nas proximidades do cemitério municipal.

Os membros da marujada fazem algumas evoluções sob a direção do pescador sexagenário Manuel Inácio, mais importante na sua farda do que um almirante em dia de parada. Os marujos formam duas colunas. Ouve-se um enérgico "Alá às caixas!" (oulá as caixas). Os pandeiros ficam chiando só as castanholas enquanto os marujos viram à esquerda e à direita. "Sentido!" Todos param. "Atraca!" As colunas unem-se e as caixas e os pandeiros tocam a marcha de saída. Seguem rua até à praça, onde se dará a representação.

Ao sair do local onde estavam reunidos, isto é, a casa onde ensaiaram, vão cantando o que chamam a "parte de rua":

Canta o patrão e depois o coro repete:

> Alerta! Alerta! quem dorme, (bis)
> Olha a moça na janela, (bis)
> venham ver a nau tirana (bis)
> pelo mar largando as velas. (bis)

O general-de-mar-e-guerra diz: "Forte!"

Canta o patrão e o coro repete:

> Já vejo a nau tirana (bis)
> pelo mar largando a vela;
> Deus a leve, Deus a traga, (bis)
> Deus a bote em porto alegre. (bis)

"Forte!", brada o mar-e-guerra. E o coro repete:

> Avistei o campo lustroso (bis)
> Com o seu brilhante dia (bis)
> Arre lá marcha baiada (bis)
> Com seu rico ondurio. (bis)

Um silvo longo do apito, mudam de canto. Já se aproximam do tablado (ou navio).

Canta o patrão e os demais repetem em coro:

> Marchamos com gosto, com muita alegria, (bis)
> Vamos festejar a Vige Maria (bis)

a Vige Maria seja nossa guia, (bis)
Ela nos queira ajudá, hoje e todo dia. (bis)

Ao chegar na barca da "Santa Cruz", todos sobem no tablado, compenetrados, e o patrão canta:

> O cozinheiro foi à proa
> Não temeu a maresia
> Louvô viemos dá, ô lê, leu, ô lê, ô léu (bis)
> Conceição de Maria.

Fala o patrão:

> Sua Alteza tem dois guarda
> Manda o rei ao generá
> Que apareia-se o barco, ô lê, leu, ô li, ô léu (bis)
> Para de manhã largá. (bis)

Fala o mar-e-guerra:

> O patrão quando for hora
> Vá na proa manobrá
> O piloto no governo, ô léu... (bis)
> Na agulha de mareá.

Fala o cozinheiro:

> Estando eu lá na cozinha
> Vi a fumaça girá
> Indiquei o contramestre, ô léu... (bis)
> Para de manhã largá.

"Aos ferros!", brada o patrão.

> Nós que somos marujos
> dentro desta anau de guerra,
> já que puxamos o ferro, ô lê, léu (bis)
> largamos a grande vela.

Canta o contramestre puxando uma corda:

> No dia segunda-fera,
> Esta anau parti queria
> Pela manhã embarca os gajeros, ô lê, lê, ô lê, léu (bis)
> À tarde artilharia. (bis)

> Chora as belas alagoana
> Por esta anau rigoroso
> Militares, marinheiros, ô lê, léu   (bis)
> São homens carinhosos.

Mar-e-guerra brada: "Forte!" E o coro repete.

Continua o contramestre:

> Belos e forte marujos
> igual a estes não há outros,
> nem em França, e nem Olinda, ô lê, léu   (bis)
> nem na cidade de lindo Porto.

Entremeando os cantos ouve-se o mar-e-guerra gritando: "Forte!" A seguir o coro repete o que foi cantado pelo contramestre:

Canta o patrão:

> O brilho dos marinheiro
> Não dura mais de uma hora
> Caiu o vento e larga as vela, ô lê, léu   (bis)
> Tira o chapéu e vai embora.

"Forte!", brada o mar-e-guerra e o coro bisa:

> Triste vida dos marujos,   (bis)
> Dos quais a mais cansada
> Daquela mais enfadada
> Passam tormento.   (bis)

"Forte!", alterna o mar-e-guerra e o coro repete.

Canta o patrão:

> Passando os dias inteiro   (bis)
> Sem se podê cozinhá
> Sem podê se assá
> As nossas comida.   (bis)

"Forte!", grita o mar-e-guerra.

Canta o piloto:

> Arrenego eu de tal vida   (bis)
> Que nos dá tanta cansera

> Que sem nossa bebedera
> Nós não passamo.   (bis)

Canta o capitão-tenente e o coro repete:

> Quando eu vejo a aventina   (bis)
> o mar a se arrebentá
> tenho medo de passá
> por aquela praia,
> n'aquela praia.

Novamente canta o capitão-tenente e o coro repete:

> Antes eu queria ser visto   (bis)
> Na porta de um botequim
> Do que eu viver assim
> No fim da vida.   (bis)

O capitão-tenente canta e a seguir o coro:

> A 25 de março   (bis)
> Saímos nós de Lisboa   (bis)
> o porto é longe e certo   (bis)
> banco, c'roas e baxios   (bis)
> o piloto vai ao leme   (bis)
> sabe salvá o navio   (bis)
> o barco é forte não teme (bis)
> ação do difuração   (bis)
> o nome é Santa Cruz   (bis)
> não teme viage, não,   (bis)
> oficiais e marujos   (bis)
> toca, toca navegá   (bis)
> só temos a divindade   (bis)
> é quem nos protege no mar. (bis)

Ouve um apito longo. "Alá às caixas!" os pandeiros ficam chiando apenas. "Sentido!" Pausa. "Atraca!"

Canta o patrão:

> Seu contramestre   (bis)
> eu também sô contramestre, (bis)
> eu também mando   (bis)
> alguma coisa.   (bis)

Seu contramestre (bis)
sua abordada descarregue (bis)
vão aferrá a grande sobre. (bis)

Canta o piloto:

O sinhô, seu contramestre, (bis)
aqui não manda ferrá, (bis)
eu istô aqui e vejo (bis)
a agulha de mareá. (bis)

Canta o contramestre:

Mando eu, posso mandá, (bis)
dentro desta anau de guerra, (bis)
mando em toda marujada (bis)
pois também sô contramestre! (bis)

Canta o piloto:

O sinhô seu contramestre, (bis)
aqui também não pode mandá, (bis)
que eu istô, dali bem vejo (bis)
os arrecife im procurá. (bis)

Canta o contramestre:

O sinhô, mestre patrão, (bis)
já não posso mais comandá. (bis)
– Por quê? (bis)
– Que o sinhô mestre piloto (bis)
Só me faz é insultá. (bis)

O piloto canta:

Aqui adepois do chefe (bis)
mando eu que sô piloto, (bis)
seu contramestre, (bis)
para ensinar os otro. (bis)

Fala o patrão:

Aqui adepois do chefe (bis)
mando eu que sô patrão, (bis)

> deixe a anau andá acima (bis)
> em quanto é minha a razão. (bis)

Canta:

> O que aguacero (bis)
> que do céu vem se formano (bis)
> acuda meu comandante (bis)
> que a anau vai se arrasano. (bis)

O piloto, cambaleando no navio, resmunga: "Não me consuma gente, deixe eu dormi. O comandante está embriagado." Finaliza cantando:

> Si a tormenta vem (bis)
> deixá-la vir. (bis)

> – Mestre piloto, para onde vai olhando? (bis)
> – Pro copo.
> – Olhe que por sua causa (bis)
> tudo nóis tamo chorando. (bis)

O piloto canta:

> Não me consuma gente, (bis)
> deixe eu dormi.
> Si a tormenta vem
> deixá-la vire, deixá-la vire. (bis)

Dialogam cantando piloto e patrão.

Patrão:

> Mestre piloto, (bis)
> onde está o seu sentido? (bis)
> por causa de sua cachaça (bis)
> estamo nóis todo perdido. (bis)

Piloto:

> Mestre patrão (bis)
> eu não queria mais bebê, (bis)
> por causa de minha cachaça (bis)
> vejo tudo se aborrecê. (bis)

Cantam os marujos:

> Triste de nóis coitado,   (bis)
> que será de nossa vida?   (bis)
> que lá no ferrá das água
> lá se vai a nau perdida.

Canta o patrão:

> O home, que vai ao leme,   (bis)
> pode orçá, pode arribá   (bis)
> na proa tem um baixiu,   (bis)
> esta anau pode atopá.
>
> Minha mãe bem me dizia,   (bis)
> que eu não fosse m'embarcá   (bis)
> esta anau se perdiria   (bis)
> e me lançarei ao má.   (bis)
>
> Senhô padre capelão,   (bis)
> me bote a sua atenção.   (bis)
> eu vô me lançá ao mar,   (bis)
> vô morrê sem confissão.   (bis)

O padre capelão canta:

> Eu te abençôo, filho   (bis)
> filho de meu coração,   (bis)
> pede pra Vige Senhora   (bis)
> que nos dê a salvação.   (bis)

Canta o patrão:

> O homem que vai ao leme,   (bis)
> pode orçá, pode arribá,   (bis)
> já safano o baixiu,   (bis)
> já podemo navegá.   (bis)
>
> Eu venho do má, eu venho   (bis)
> lá do golfo de Leão,   (bis)
> venho tangido da calma,   (bis)
> procurando a viração.   (bis)
>
> Calafatinho,   (bis)
> eu te venho perguntá   (bis)

si aquele brejero, (bis)
também sabe navegá? (bis)

O home que não estuda, (bis)
seu serviço e lá na ré (bis)
querendo sê bom mariante, (bis)
no caso, você não é. (bis)

Capitão você não intime, (bis)
não queira sê bom piloto, (bis)
descarregue sua abordada (bis)
vá ferrá os grande sobre. (bis)

Eu aceito por desafio (bis)
Estou pronto pra combatê (bis)
queira Deus, vô se brejero (bis)
hoje não queira morrê. (bis)

Milagre, da Vige Maria (bis)
Todo nós escapamo cum vida (bis)
era chuva, era mar, era vento, (bis)
as onda do mar escapamo com a vida. (bis)

Canta o cozinheiro:

Toma lá marujo (bis)
esta fatia de pão, (bis)
quando eu chegar im terra (bis)
te darei tua ração. (bis)

Cantam os marujos:

Não, não, não, (bis)
Ó sinhô mestre-patrão, (bis)
nós queremo é dinhero, (bis)
e também nossa ração. (bis)

Canta o patrão:

Toma lá marujo (bis)
esta fatia de pão (bis)
quando eu chego im terra (bis)
dô dinheiro e a ração. (bis)

Cantam os marujos:

> Sim, sim, sim,　　　　　　(bis)
> sim, sinhô mestre-patrão,　(bis)
> arrecebe a mão de custo
> de todo meu coração,
> nóis queremo é o dinhero
> é também nossa ração.

O patrão grita:

> Anau!

Respondem em coro os marujos: "Sinhô."

Estabelece-se um diálogo:

> – Já comero?
> – Sim, sinhô
> – Já bebero?
> – Sim, sinhô.

A seguir o piloto grita, estabelecendo com os marujos o mesmo diálogo; estes agora negam.

> – Anau!
> – Sinhô.
> – Já comero?
> – Não, sinhô.
> – Já bebero?
> – Não, sinhô.
> – Qual a razão?
> – Porque nos falta a ração.

O patrão grita novamente:

> Anau!

Repete-se o diálogo com a afirmativa por parte dos marujos e ao repetir com o piloto, com a negativa. Este a seguir canta:

> Ó sinhô mestre-patrão,　　　　　(bis)
> tenha a bondade consigo,　　　　(bis)
> venha dá sua ração　　　　　　　(bis)
> que a marujada está carecida.　(bis)

O patrão responde:

> A sinhô mestre-piloto   (bis)
> não me venha incomodá
> que estou dando meu quarto   (bis)
> não me venha arrastá.

A resposta do piloto é:

> Venha você para-cá
> com a sua chibanteria
> que eu pego esta buzina
> e na cara hei de amassá
> e os osso eu hei de quebrá.

O patrão, de punhal na mão, investe cantando para o piloto:

> Arreda, arreda povo
> que eu quero é me vingá,   (bis)
> brejero, é a ocasião,   (bis)
> que a vida hei de tirá.

Canta o piloto:

> Oi que punhalada   (bis)
> que me deu o sinhô patrão,   (bis)
> com aquele seu punhá   (bis)
> transpassô meu coração!   (bis)

> Em ânsia de sangue   (bis)
> já me vejo consumi,   (bis)
> aqui desta anau   (bis)
> não me parece tê amigo.   (bis)

> Mandai-me chamá o dotô,   (bis)
> que eu quero me receitá,
> a ferida é mortá   (bis)
> dela não hei de escapá.

O gajeiro, depois de ter chamado o médico, entra cantando:

> Derrota minha   (bis)
> hoje aqui neste lugá
> si eu a vida não te dei   (bis)
> nos ferro eu hei de acabá.

Eu não faço cura   (bis)
sem o meu chefe não vê,
arreceite a medicina
tudo isso é pra fazê.

Venha cá Laurindo,   (bis)
vai depressa na butica
vá buscar ingüento nobre
daquele que eu mais aplico.

Ó meu rico amo,   (bis)
também meu belo sinhô,
arreceite a medicina,
saiu tudo a seu favô.   (bis)

Ingüento nobre,   (bis)
para fazê curativo,
bálsemo liro cheroso
é que vem te dá a vida.

Piloto:

Mande-me chamá o padre,   (bis)
que eu quero me confessá,
a ferida é mortá   (bis)
dela não hei de escapá.

Canta o padre:

Que é que tem, meu bom piloto,   (bis)
filho do meu coração,
aqui está seu padre-mestre
e também seu capelão.

Se me levares à croa
as minhas mão sagrada está,
dá-me um jogo de pistola,
que eu a morte irei vingá.

O patrão é um assassino
desde já deve morrê,
o piloto é um bom home
não se deixa padecê.

> Que tu faz meu mar-e-guerra
> dentro desta embarcação,
> e não vê o capitão-piloto,
> morto caído no chão?

O mar-e-guerra, mostrando enfado, apenas diz: "Não é da minha conta!"

Canta o patrão respondendo ao padre:

> Sinhô padre capelão   (bis)
> outros modo de vivê,
> não se fie nas oração,
> que também pode morrê.

O padre canta:

> Não me fio em orações   (bis)
> nem delas eu quero usá,
> dá-me um jogo de pistola
> que a morte irei vingá.

Levantando-se, o piloto canta:

> Eu estô entregue   (bis)
> pela orde de meu mar-e-guerra,
> agora como eu estô preso
> faça-se os conselho de guerra.

Canta o patrão:

> Pela pureza de Maria,   (bis)
> pela santa do artá,   (bis)
> peço a toda marujada   (bis)
> – (Não é com nóis) – dizem os demais,
> não me deixe castigá.   (bis)

> Tudo isto é um aleive,   (bis)
> que me querem alevantá,
> é um aleive do sinhô-piloto
> que em mim se qué vingá.

D.M. ♩= 72

Na be-la Ca-ta-ri-ne - ta a-go-ra eu vô le con - tá:
se - te a-no e um di - a o - tra lin - da an - dei nas on-da do má.

Na bela Catarineta
agora eu vô le contá:
sete ano e um dia, otra linda
andei nas onda do má.

Não tinha o que cumê   (bis)
nem também o que manjá,
botando sola de molho, otra linda,   (bis)
para no domingo jantá.

A sola era tão duro otra linda   (bis)
que não podia tragá.   (bis)

Sobe ali um gajero   (bis)
meu gajerinho reá,
para vê se avista a França, otra linda,   (bis)
areias de Portugá.

Gajeiro:

Alvíssara
meu comandante,   (bis)
alvíssara lhe venho dá,
não avistei terra de França, o tra linda,   (bis)
nem areias de Portugá.

Oulá da proa
meu contramestre.   (bis)

Contramestre:

Que é lá isso
Que tu ainda chama?   (bis)

D.M. ♩= 60

Ou - lá da pro - a meu con-tra - mes - tre.

Que é lá is - so Que tu ain - da cha - ma?

É_u-ma nu-ve_es - cu - ra que nos a - pa - re - ce,

Responde:

> É uma nuve escura (bis)
> que nos aparece,
> chegue meu marujo,
> venha me pegá, (bis)
> que a tormenta é tanta
> que eu vô me lançá ao má. (bis)
>
> O mestre que luta, que é cabra (bis)
> do meu gajero caí,
> si a tormenta era tanta, o linda, linda, (bis)
> meu amô, não mandasse subi.

O patrão com voz potente diz: "Alá às caixas!"... Dos pandeiros ouvem-se apenas os guizos com som de castanholas em surdina. "Sentido!" "Atraca!." Adiantam-se dois guardas-marinha e em dueto cantam:

> Trago fazenda bem fina (bis)
> Para vender no Brasil,
> Trago raminho de flores (bis)
> Para dar aos meus amores.
>
> Cheguem os senhores mercantes, (bis)
> Os seus preços venham dar,
> A fazenda é muito nobre (bis)
> Para as senhoras trajar.

Piloto canta:

> Dou-te 21 cruzados (bis)
> Pela fazenda real,
> Se não quiseres venderes (bis)
> Vou dar parte ao general.

Um guarda-marinha diz irado: "Vá!"...

Canta o piloto:

> Saiba Vossa Excelência (bis)
> Meu capitão-mar-e-guerra (bis)
> Que os dois guardas-marinha
> Estão vendendo contrabando
> Fazenda nobre em terra. (bis)

Mar-e-guerra canta perguntando:

> Vinde cá guarda-marinha (bis)
> Dizei-me qual a razão,
> Estão vendendo contrabando (bis)
> Dentro desta embarcação?

Os guardas-marinha cantam respondendo:

> Não vendemos contrabando (bis)
> Dentro desta embarcação,
> Somos dois guardas-marinha (bis)
> Que nos damos a estimação.

Foram presos por ordem do mar-e-guerra. Cantam presos:

> Trabalho nós procuramos (bis)
> Pelas nossas próprias mãos,
> Chora agora sem remédio (bis)
> Nos ferros deste porão.

Prostrados imploram, o canto é lamurioso, jeremiado:

> Valha-me nossa Senhora (bis)
> Jesus Cristo verdadero,
> Nossa fazenda está presa (bis)
> Perdemos nosso dinhero.

Vendo-se presos, procuram socorrer-se apelando para um e para outro. As respostas do patrão são ríspidas. Suplicam para o:

– Primeiro-tenente.
– Não está bordo!
– Segundo-tenente.
– Está de quarto!
– Tenente-ajudante!
– Está de serviço!
– Capitão-tenente!
– Está incomodado!
– Ó meu imediato!
– Está na escrita!
– Ó meu comissário!
– Está de plantão!
– Capitão-piloto!
– Está em terra bêbado!
– Sargento-mar-e-guerra!
– Anda em diligência!
– Padre capelão!
– Anda em desobriga!
– Doutô surgião
– Anda em curativo!
– Toda marujada!
– Não é com nós!   (Respondem em coro.)
– Capitão patrão, peça ao comandante   (bis)
Para nos soltar desta prisão.   (bis)

O patrão respondendo canta:

Guardas-marinha
já me sobe tua dô   (bis)
Que eu assim mediante homem   (bis)
Eu não vou pedi favô.

Dirigindo-se ao mar-e-guerra canta:

Ó meu mar-e-guerra   (bis)
Também meu belo senhô   (bis)
Me solta os guardas-marinha (bis)
Me faça este favô.   (bis)

O mar-e-guerra manda soltar, chamando os gajeiros.

Cantam os dois guardas-marinha:

> Graças ao céu de todo meu coração
> que agora estamo livre dos ferro desta prisão   (bis)
> Graças ao céu de todo meu coração,
> Agredeço este favô ao senhô mestre patrão.   (bis)

> A noite era de inverno   (bis)
> Mandei ferrá a grande vela
> Deixe de está se alembrando
> De seus amores em terra.   (bis)

Canta o piloto:

> – Subam forte ó marujo.   (bis)
> – Ai não subo.
> – Vá ferrá a grande vela,
> Deixe de está se alembrando   (bis)
> De seus amores em terra.

> – Suba um outro marujo!   (bis)
> – Eu não subo.
> – Vá ferrá a grande vela,
> Deixe de está se alembrando   (bis)
> De seus amores em terra.

> – Pois eu subo, sinhores.   (bis)
> Vou ferrá a grande vela
> Mas não me sai da lembrança   (bis)
> De meus amores em terra.

Canta o piloto:

> Ninguém viu o que eu vi ontem   (bis)
> No peito do generá,
> Duas rolinhas cantando,   (bis)
> Toda as duas por iguá.

> São José do Triunfo,   (bis)
> O triunfo será o seu título,
> Quem quisé jurá bandeira,

jurá bandeira,
Traga o seu nome escrito.   (bis)

Olha adeus que eu já me vou,
Belas meninas lá vai seus amores   (bis)
Elas chamava, se maldizia
Silenciosa até vinte e um dia.   (bis)

Ó, que belos mareante
Como festejam Bom Jesus dos Navegantes,   (bis)
Pelos marujos que vão marchando
Na bela marcha que se vai arretirando.   (bis)

Cantam os marujos:

Olha, adeus que eu já me vou,   (bis)
Belas meninas lá vai seus amores (bis)
Senhor mestre piloto,   (bis)
Vá ouvindo se quisé,   (bis)
Previna o seu batalhão   (bis)
Pra quando os turcos vié.   (bis)

Canta o piloto:

Meu batalhão está pronto,   (bis)
Está disposto em bom lugá   (bis)
O senhor mestre patrão   (bis)
Dê aviso ao generá.   (bis)

Eu aviso ao meu generá   (bis)
Um aviso eu venho dá,   (bis)
Previna sua artilharia,   (bis)
Pra quando os turco chegá   (bis)
Já preparei a artilharia   (bis)
Capitão patrão, pus a cavalaria. (bis)

Canta o patrão:

Paisano vamo, paisano vamo, vamo
Ao Rosário, vamo ao Rosário
Ouvi a missa, vamo ouvi a missa
O cantá do galo, o cantá do galo.
Com muita alegria, com muita alegria,

Vamo vê Jesuis, vamo vê Jesuis
José e Maria, José e Maria.

Embarca, embarca, embarca, embarca, embarca
A toda pressa   (bis)
Tocam apito, já tocou o apito
Atirou a peça.   (bis)

Marcha os ingleses,   (bis)
Para o seu barracamento   (bis)
As inglesas chora   (bis)
Lágrima de sentimento.   (bis)

Chegada dos mouros:

Lá na linha avistam vela
Sobe em cima um gajeiro   (bis)
Para ver si avistam ela.

Fala o menino:

Navegando a barlavento   (bis)
Duas fragatas de vela.

Canta o mouro:

Ó generá dai-me licença   (bis)
Em seu anau quero atracá,
Eu venho dar-te uma embaixada (bis)
Quem nos mandou foi o meu sinhô.   (bis)

"Quem é o teu senhor?", pergunta o general.

É o soberano   (bis)
Que a Turquia é sua   (bis)
E o senhô do sol
E da meia-lua.   (bis)

– "Suba", diz o mar-e-guerra.
– Generá está a bordo?
– Sim.
– Que queres com ele?
– Dá a embaixada.
– "Suba", diz o mar-e-guerra.

— Que é o generá?
— Pela divisa o verá.
— Generá é tu?
— Tu, como patife beberrão, vê como trata meu chefe em divisão?
— Como é que queres que trate?
— Generá, a vós.
— Generá a vós manda dizê meu soberano sinhô que vos passe para o rei da Turquia, é um rei de grande fidalguia. Generá, olhá, avante de uma légua tem uma grande mina de ouro, onde existe uma rica dama, filha de um generá de mouro para com ela vos casá. Se vós assim não fizé, cabeça hei de tirá e em guerra há de acabá.
— Que dizes?
— Sim.
— Que dizes?
— Sim.
— Repete.
— Generá, a vós, manda dizê meu soberano etc.
— Que dizes?
— Sim.
— Se tu não fosse embaixadô levava na ponta da minha espada, mas sois embaxadô; vai, eu não faço nada, mas vai dizê ao teu soberano sinhô que si tivé a capacidade de atacá a sua armada na minha grande anau eu hei de levá-lo acima mais alto do que as Sete-estrelas e trazê-lo ao chão sujeito a lei dos cristão pela santa religião.
— Que dizes, generá?
— Sim.
— Que dizes, generá?
— Sim.
— Se tu não fosse embaxadô levava na ponta da minha espada, mas sois embaxadô, vai eu não faço nada, mas vai dizê ao teu soberano sinhô etc. etc.
— Que dizes, generá?
— Sim.
— Darei-te resposta.

Canta o patrão:

> Lá se vai embaixadô
> Com grande raiva e grande dó   (bis)
> Porque não levô a embaixada   (bis)
> Do nosso governadô.
>
> Retira-te bravo mouro
> Não persiga a santa lei.   (bis)
> Com a fé que Deus nos deu   (bis)
> Nós há de os vencerei.
>
> Minha Santa Catarina,
> Minha santinha do céu,   (bis)
> Ó que santa milagrosa   (bis)
> Mora em Montevidéu.

Fala o mar-e-guerra:

> Minha Santa Catarina   (bis)
> Santa do cabelo loiro,
> Mal empregado aquela Santa   (bis)
> Morá ela em terra de moiro.

Canta o gajeirinho:

> Lá na linha avistam vela!   (bis)

Canta o patrão:

> Sobe em cima um gajeiro
> Para ver se avistam elas.
>
> Navegando o barlavento
> Duas fragatas de vela
> Lá na linha avistam vela.   (bis)

Canta o embaixador mouro:

> O generá, dai-me licença   (bis)
> Em seu anau quero atracá
> Eu venho dar-te outra embaxada
> E quem nos mandou foi o meu sinhô.   (bis)

"Quem é o teu sinhô?", pergunta o general.

O mouro responde com arrogância:

É o soberano
Que a Turquia é sua   (bis)
É sinhô do sol
Da meia-lua.   (bis)

Suba.

Avança, avança   (bis)
Avança, ligeiro   (bis)
Morra toda a cristandade
O generá seja o primeiro!

Estás enganado!

O ferro treme,   (bis)
Tremei com ele, (bis)
Os anjos canta   (bis)
Ave Maria.   (bis)

A vige do Rosário
Senhora da Guia,   (bis)
Não sejamos preso (bis)
Pelos bárbaro da Turquia. (bis)

Façam fogo, artilharia   (bis)
Que nós estamos em campanha. (bis)

"Estão em combate!", grita o general.

Chegue o primeiro tenente (bis)
Também venha combatê
São dois contrário   (bis)
Não arreio.

Chegue o segundo-tenente (bis)
Também venha combatê
São dois contrário   (bis)
Não arreio.

Toda oficialidade entra em combate:

Salta gajeiro
Também venha combatê (bis)
A ferro frio
que havemo de vencê.   (bis)

Cantam os gajeiros:

> O entregar-te corsário (bis)
> Nesta nossa religião
> Aqui dentro deste anau (bis)
> Temos padre capelão?

Respondem, cantando, os mouros:

> Não me entrego
> E não pretendo
> No meio de tanta gente, (bis)
> Somos filhos da Turquia
> Temos fama de valente.

Novamente, cantam os gajeiros:

> O entregar-te corsário
> Nesta nossa religião, (bis)
> Aqui dentro dest'anau,
> Temos ferro no porão.

Os mouros alternam, respondendo:

> Não me entrego e nem pretendo
> Pois não é da nossa lei, (bis)
> Somos filhos da Turquia
> Que o nosso Deus é um rei.

Os mouros a seguir são presos e o padre adianta-se para *batizá-los*, enquanto cantam dirigindo-se ao sacerdote:

> Nós mouros pedimos
> Ao senhor padre capelão (bis)
> Para ver si assim nos livra (bis)
> Dos ferro deste porão.

– "Joelho em terra, moiro", diz o padre.
– "Padre batize aqui mesmo", dizem os mouros.
– Joelho em terra, moiro!
– Padre batize aqui mesmo.
– "Queres que ordene à força", grita o padre capelão para os mouros:

– "Como quiseres", respondem os mouros concordando.
– "Anau", grita o padre.
– "Senhô", respondem os marujos.
– Joelho em terra, moiro infié.
– Padre batize aqui mesmo.
– Tira a chibança.
– Queres que batize à força?
– Tira a chibança.

Canta o padre:

> Moiro, eu te batizo   (bis)
> Si tu és pagão,
> Ao depois de batizado
> De moiro serás cristão, (bis)
> Moiro eu te batizo
> Pela lei da cristandade (bis)
> Si, a vida quiseres teres
> Há de seres batizado,
> Si prestares um juramento
> Pela lei da cristandade. (bis)

Cantam os mouros depois de batizados:

> Graças ao céu
> de todo o meu coração,(bis)
> Inda ontem fomos moiro,
> hoje somos cristão.   (bis)

> Graças ao céu
> de todo o meu coração,(bis)
> agradeço este favô
> ao sinhô padre capelão.(bis)

Canta o patrão antes de saírem os marujos da ribalta popular o "navio Santa Cruz".

> Que estrela aquela   (bis)
> que nos clariô
> É o três reis mago
> que Jesus apresentô. (bis)

> Meu comandante
> que estrela é aquela?   (bis)
> Vamos a viagem,
> estamos de mar a vela.   (bis)

Mar-e-guerra:

> Capitão patrão   (bis)
> a estrela do Oriente
> seguimos a viagem,
> com o nosso contigente.   (bis)

> Meu comandante
> que estrela é aquela?   (bis)
> Vamos a viagem,
> estamos de mar a vela.   (bis)

> Meu comandante,   (bis)
> a estrela é o nosso rumo,
> previna o piloto
> si a agulha vai no prumo.   (bis)

O patrão canta e os marujos repetem:

> Capitão piloto   (bis)
> sentido em sua proa
> olha os arrecife
> da saída de Lisboa.   (bis)

> Meu contramestre,   (bis)
> a estrela não aparece,
> vou de rumo feito
> com a proa para o leste.   (bis)

> O galo canta
> ao clareá do dia,   (bis)
> vamos vê Jesus,
> Jesus Filho de Maria.   (bis)

> Nossa viagem   (bis)
> é do sul para o norte,
> o nosso destemido,
> este barco é muito forte.   (bis)

Somos marinheiro,   (bis)
não devemo negá,
nosso barco é forte,
na onda do má.

Nossa viagem,   (bis)
é toda coisa boa
fazemo um porto
na Capital de Alagoa.   (bis)

D.M. ♩= 88

A - la - go - a - na, che - gue na ji - ne - la.
A - la - go - a - na, che - gue na ji - ne - la. Ve - nha vê sol -
dado lin - do a - mor quan - do vão pra guer - ra. Ve - nha vê sol -
dado lin - do a - mor quan - do vão pra guer - ra.

Alagoana,
chegue na jinela.   (bis)
Venha vê soldado lindo amor
quando vão pra guerra.   (bis)

Eles vão pra guerra,   (bis)
deixá-los ir,
se ele não morrere,   (bis)
tornarão a vir.   (bis)

Abram-me a porta
que eu venho firido,   (bis)

de uma punhalada
de vosso marido.   (bis)

Si tu vem firido   (bis)
entra para dentro,
leite de meu peito, lindo amor,
te servirá de ingüento.

Ingüento nobre
pra curá firida,   (bis)
ai Jesus qu'eu morro,
perco minha vida.   (bis)

Perdê a vida,   (bis)
perdê imbora,
pois é de meu gosto
vô de mar afora.   (bis)

Não sei que tire   (bis)
que vô me imbarcá,   (bis)
muita tormenta   (bis)
incontrei no má.   (bis)

Eu sentei praça,   (bis)
não por um meu gosto,
foi um convite
do capitão-piloto.   (bis)

Alagoana,
viva São Jusé!   (bis)
até para o ano,
si Deus quisé.   (bis)

Mataro o Lope,   (bis)
jurá bandera,
para não ser farso
à Nação Brasileira. (bis)

Mataro o Lope
dentro do salão,
para defendê, lindo amor,
Capitão-patrão.

Mataro o Lope
noutro lugá,
para defendê,
lindo amor, nosso generá.

Que marujo é aquele
da gola encarnada,
é o namorado, lindo amor,
da mulé casada.

Que marujo é aquele
da gola amarela,
é o namorado, lindo amor,
da moça donzela.

Alagoana,   (bis)
é a dispidida,
venha dar um adeus
por dispidida.   (bis)

Grita o capitão-patrão, tirando do bolso um rosário: "Joelhos im terra!"

Tocador de tamborim.

Todos os membros da marujada ajoelhando-se cantam finalizando a dança dramática:

> Toda marujada,
> joelho im terra,
> preparando as armas, lindo amor,
> vamo pra guerra.

* * *

Nos folguedos, nos bailados populares, notadamente na marujada é comum o aparecimento de tipos e nomes que provocam hilariedade. Em Maceió, por exemplo, há o "Frei Ramela", o "Frei Jaçanã"; são padres e capelães mais jocosos que tivemos oportunidade de ver entre os marujos e marujadas alagoanos.

Não resta dúvida de que os participantes dos folguedos populares têm neles uma oportunidade para aparecer, para serem notados pelos demais membros da comunidade, daí os gastos não raro excessivos com a indumentária. Vazão ao exibicionismo que mora na alma de muita gente! Função catártica do folclore.

MOÇAMBIQUE

Histórico

Os vários estoques tribais postos sob o jugo da escravidão, nivelados em tão triste condição, não apresentavam nem podiam apresentar o mesmo nível cultural, não eram portadores das mesmas crenças e tradições. Na própria senzala se desentendiam. Quando começaram a se entender, o resultado foram os quilombos. Tanto lá no Nordeste açucareiro com os famosos quilombolas dos Palmares, como em São Paulo, no rio Paranapanema, segundo Hércules Florence. Aqui eram mais chamados canhamboras.

Esse entendimento entre os negros era perigoso para a organização escravocrata.

A destribalização dos negros que a escravidão impunha, aglomerando servos das mais diferentes origens étnicas, não permitia a perpetuação das civilizações tradicionais africanas. Ficaram reduzidas, destroçadas. Entretanto o sofrimento unia a todos, o azorrague do feitor era o liame aglutinador para uma revolta contra o branco. Havia superioridade numérica de negros sobre o branco dominador. Necessário se tornava a manutenção das "nações" negras que se digladiavam, dividindo-se, para se evitar, assim, somarem-se e irem contra os senhores.

Igreja e governadores viram claramente o problema que a destribalização produziria e produziu, bem como a necessidade de manter certos grupos unificados, antagônicos dentro da mesma linha de cor, não se voltando contra o domínio do branco.

A Igreja incrementou os bailados populares, e os governadores, as danças que poderiam em conseqüência aumentar a população escrava. Aquela luta-

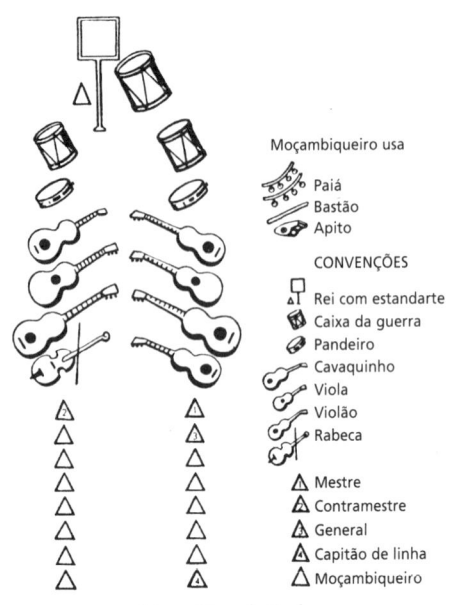

Moçambique de Cunha.

Moçambiqueiro usa
- Paiá
- Bastão
- Apito

CONVENÇÕES
- Rei com estandarte
- Caixa da guerra
- Pandeiro
- Cavaquinho
- Viola
- Violão
- Rabeca
- Mestre
- Contramestre
- General
- Capitão de linha
- Moçambiqueiro

va pelo folclore artificial, estes pelo folclore tradicional. A Igreja pela recreação onde houvesse a moralidade, os governadores pela lúdica que provocasse, como a dança do batuque, o aumento do bem econômico – o escravo.

O folclore tradicional manteve-se a despeito da sanção da Igreja. O folclore artificial precisava de algo para se manter. Era necessário institucionalizá-lo e para tal foi inscrito na vida dos grupos. Surgem, então, as confrarias religiosas onde se congregam negros e mulatos. A tais confrarias foi confiado o papel de mantenedor desse folclore artificial das congadas, moçambiques, maracatus, taieiras, cacumbis etc. Instituições que têm chegado até nossos dias graças ao espírito associativo dos negros. Apareceram as confrarias de Nossa Senhora do Rosário dos Homens Pretos (ou de Cor), São Benedito e Santa Ifigênia. Esta última praticamente inexistente hoje. A de Nossa Senhora do Rosário foi adotada pelos congos, e a de São Benedito, pelos moçambiques.

As lutas intertribais agora se renovam e têm vazão nas pendências entre moçambiques e congos. Os negros congos se julgavam mais importantes do que os moçambiques. Aliás, estes reconheciam tal superioridade.

Nas próprias procissões religiosas, as confrarias de negros, nivelados às crianças, portanto colocados à frente, muitas vezes se desentendiam "congos e moçambiques não iam juntos à missa..." Era preciso contornar a situação criada. E isso foi feito.

Para um determinado grupo de negros organizados sob a égide de Nossa Senhora do Rosário dos Homens de Cor, já estava surtindo efeito o bailado chamado popularmente de "congada" ou dos congos. Dele participavam homens adultos dos quais não se exigia grande exercício físico para executar a dança, isso porque o centro de interesse desse bailado repousava na tese da conversão que se encontra incrustrada na embaixada. O fato de participar de um teatro popular aumentou o prestígio dos negros congos e seus descendentes.

O outro grupo não foi esquecido. O jesuíta veio em seu socorro. Conhecedor como era de outros tipos de danças praticadas em Portugal, como a dos pauliteiros de Miranda e na península Ibérica, já aprendida pelos ingleses, que a chamam de *morris dance* (*a rustic dance long popular in spring and summer time in England*), ensinou-a aos moçambiques, já permeados, na própria terra de origem, pelos mouros. As danças guerreiras vêm de priscas eras. Sábio foi o aproveitamento delas na catequese, como precioso fator de recreação popular.

Da organização da confraria, folclore artificial, pouco restou. As danças porém ficaram, pois pertencem ao patrimônio tradicional. Elas não eram de todo desconhecidas na África e principalmente em Moçambique, onde a influência árabe foi sempre decisiva nas terras em que o português Lourenço Marques, em 1544, lançou uma feitoria. Ali era Moçambique, onde bem antes de Vasco da Gama aí tocar, era domínio de um pirata árabe Miliki e posteriormente a terra de seu filho Muça Miliki, de quem se originou Muçamiliki, Muçambiki e hoje Moçambique.

Ao atual bailado do moçambique precede, pelo menos em idêntica denominação, a dança do moçambique a qual chamamos de *antiga dança do moçambique*. (Ver Apêndice nº 10.)

A experiência anterior com a *antiga dança dos moçambiques*, realizada antes dos bailes da aristocracia rural brasileira, não havia colimado sua meta. Na prática daquelas danças mouras estava certamente a solução. Ela foi adotada. Tentou-se também a sua teatralização. Desse esforço há os vestígios que sobraram: estandartes, reis, rainhas. O uniforme branco foi adotado, as faixas cruzadas no peito, mais baratas do que uma jaqueta colorida, foram usadas como distintivos das facções de dançadores, que em geral são 16 ou 24. Raramente mais ou menos para a execução das "figurações".

O fator econômico muito contribuiu para a sua modificação. Não tendo quem financiasse os dançantes na feitura do camisolão, passaram a usar camisa e calças brancas comuns (branco é traje predileto dos negros, forma de compensação); os enfeites foram reduzidos a fitas de cores variegadas, predominando o vermelho e rosa (cor de Nossa Senhora do Rosário). Antigamente usavam dois pares de paiás, um nas pernas outro nos pulsos, hoje foram abolidos, talvez os do pulso por sugerirem algemas... O gorro vermelho parecido com chechia de zuavo ficou reduzido a um barrete branco, bordado com linhas de cores. Não usam chapéu como na congada, no reisado, nos guerreiros. Passaram a dançar nas praças e ruas, descalços, e nas mãos de homens livres, empunhando o bastão.

Moçambique atual é um bailado[23] onde há várias danças. Neste bailado a parte dramática é insignificante, não é a parte central da exibição, como acontece na congada. O moçambique atual é um conjunto enorme de variações de temas coreográficos, cujas danças recebem nomes "figurações" que nada mais são do que o característico de uma das variações da coreografia. Denominações em geral de cunho religioso: escada de São Benedito, estrela da guia etc. A parte coreográfica do moçambique é muito rica, ao passo que, na congada, há uma única modalidade de dança, muito simples, como seja a marcha com ligeiras variações.

São Benedito, de quem há pouco desembarcara nas terras cabralinas a fama de taumaturgo e de humildade cristã, foi o paradigma e padroeiro dessa confraria. Até lendas correm entre os moçambiqueiros atuais apontando a origem de sua dança: "São Benedito trabalhava na roça e, para descansar (ou distrair) seus companheiros, inventou esta dança de religião."

Outra versão sobre a invenção do moçambique nos foi dada por Tito Feliciano, de Lagoinha: "Nossa Senhora deu seu filho para São Benedito batizar. Ele por ser preto ficou tão honrado com essa maneira de Nossa Senhora de lhe dar um afilhadinho, sendo pobre, não tinha com que recompensar, inventou essa dança para presentear Nossa Senhora." A seguir repetiu:

> Esta dança é de São Benidito,
> São Benidito foi que dançô,
> Ele dançô e subiu pro céu,
> hoje dança nóis pecadô.
>
> São Benidito subiu pro céu,
> aqui dexô sua lição,

---

23 O bailado do moçambique já foi aproveitado condignamente no teatro pelo teatrólogo e folclorista dr. Luís Carlos Barbosa Lessa na expressiva peça baseada no folclore paulista intitulada "Rainha de Moçambique". Um exemplo a ser imitado.

ele dexa a sua dança
pra sê batido cum dois bastão.

Nosso reis subiu pro céu,
seu nome ficô escrito
N. R. S. B.
Nosso Rei São Benidito.

As confrarias dos moçambiqueiros são mais folclóricas do que a dos congueiros. Estas parecem ter ficado sob o domínio dos escravos mais idosos, zeladas de perto pelos padres e por um branco que era sempre o tesoureiro das irmandades de Nossa Senhora do Rosário. Já dos moçambiqueiros, elementos mais jovens, menor coerção por parte dos brancos, menos artificial, daí quem sabe a razão de chegarem até hoje com maior vitalidade as "companhias de São Benedito" ou ternos de moçambiqueiros. Pelo fato de não possuírem estatutos escritos, residir portanto no consenso geral do grupo o seu regulamento, ter portanto cunho folclórico, transmitido oralmente, é que chega até nós, progredindo. Novas "companhias" estão aparecendo em vários pontos do Brasil.

LOCALIZAÇÃO GEOGRÁFICA

Desde que nos iniciamos nos estudos do folclore nacional, ainda quando nos encontrávamos nos bancos universitários, em 1944, coletando dados para uma tese em antropologia social, relacionamos cerca de duas centenas de companhias de moçambique só em São Paulo, sem falar das que registramos em Minas Gerais, Rio de Janeiro, Goiás e Mato Grosso.

Nos muitos municípios tradicionais do vale do Paraíba do Sul, raros são os que não possuem nos seus bairros rurais companhias de moçambique. Na época da vacância agrícola, no período das romarias, dezenas e dezenas de companhias vão até Aparecida para cumprir promessa. Nesse cumprimento de promessa é que poderia residir o caráter mágico do moçambique e não na prática de artes mágicas que moçambiqueiros possam praticar através dos "pontos".

Anotamos a presença de uma companhia de moçambiqueiros em São Caetano do Sul, grupo formado por alguns antigos moradores de Cunha, Lagoinha e São Luís do Paraitinga. Organizaram-se e houve adesão de outros elementos. É a necessidade da recreação uma das determinantes, não há dúvida, porém não se deve esquecer a função religiosa que atribuem a essa atividade sã, ginástica, catártica. Os membros desses ternos de moçambiqueiros avolumam as classes dos destituídos cujo patrono é São Benedito.

Moçambique é em geral praticado por maior número de moços, de jovens. Estes têm mais mobilidade do que os velhos. Os moços vão arriscar a vida noutras cidades, daí a possibilidade de difusão, de serem constituídos novos grupos. Da cidade, ou melhor, do município de Cunha, desde que se passou ali a dar maior atenção à vida pastoril abandonando a agrícola, houve regular evasão dos rurícolas. O "gado traz o deserto", antigos roceiros migraram para outras cidades ou municípios, no pastoreio não são empregados tantos braços como na agricultura, deixaram as terras, mas levaram as tradições. Em vários municípios vale-paraibanos organizaram novas companhias: Aparecida do Norte, Lorena, Cruzeiro etc. E tal não se deu apenas no âmbito paulista, foram para outros estados.

Essa difusão[24] que está acontecendo em nossos dias vem provar que o meio rural é melhor guardador das tradições do que os urbanóides. O fenômeno de difusão que estamos apontando é resultado de observação feita nestes três últimos lustros. Possivelmente foi o que se deu no passado. Não podemos assegurar que tenha partido do vale do Paraíba do Sul para outras regiões, mas pode-se provar que os contatos dos grupos de romeiros caipiras que vão a Aparecida do Norte têm, pela imitação, criado grupos de moçambiqueiros como os que registramos em Camanducaia e outros municípios do Sul de Minas Gerais, que há menos de dez anos aprenderam ali o moçambique. No passado, por mais que se apelasse à memória dos macróbios da região, nada encontramos a respeito do moçambique e sim a presença da congada, da qual os inquiridos faziam perfeita distinção nesta região das Alterosas.

Houve, não há dúvida, ampla difusão no passado destas danças do moçambique, presentes em Minas Gerais, Goiás, Mato Grosso e até Rio Grande do Sul. Pequenas são as variantes da paulista nesses estados. No caminho das tropas que vinham até à feira de Sorocaba, o moçambique era conhecido. Em ltapetininga, no início deste século era praticado à *maneira antiga*. A ele se referiu o então poeta Júlio Prestes de Albuquerque, que um dia viria a ser presidente (como eram designados os governadores) de São Paulo e eleito do Brasil. Testemunho pessoal de meu saudoso pai confirma a presença do moçambique, bem como do caiapó, na terra de Venâncio Aires e do folclórico

---

24 Alguns dos municípios paulistas onde o moçambique é praticado: Aparecida do Norte, Cunha, Cruzeiro, Guararema, Guaratinguetá, Jacareí, Lagoinha, Lorena, Moji das Cruzes, Natividade da Serra, Paraibuna, Pindamonhangaba, Poá, Queluz, Redenção da Serra, Santo Antônio da Alegria, Santa Branca, Santa Isabel, São José dos Campos, São Luís do Paraitinga, Socorro, São Caetano do Sul, Tremembé, Taubaté.

"Nhô Quim Gancho". A esses depoimentos juntamos o do professor José de Castro Freire, mestre de primeiras letras, aposentado, que em carta escreveu: "Em Itapetininga, lá por volta de 1902, havia a dança da congada e outra dança também de negros, chamada moçambique. Estes usavam uma túnica branca até aos pés, tinham uma rainha, dançavam nas ruas. Eram meneios de corpo para a frente e para o lado. Dançavam e bebiam o dia inteiro. Não usavam bastões, tinham uns guizos nos pés e nos braços. Todos descalços. Saíam com uma salva de prata pedindo esmolas."

No início das nossas pesquisas sobre o moçambique colhemos informes acerca do seu aparecimento com alguns macróbios de São Luís do Paraitinga, Cunha, Natividade da Serra, Redenção, todos foram acordes em afirmar que aprenderam com luisenses. O caminho das romarias tem sido poderoso meio de difusão, mas como teriam alcançado áreas tão distantes? Difícil será explicar. Aceitamos como "informação" o seu centro de nascimento, isso porque no Brasil não há documento escrito a que se possa recorrer. Aceita-se então a informação, pois esta é uma "verdade folclórica" com a qual trabalhamos. Mas não olvidamos a participação do jesuíta na difusão dessa forma de se distrair pensando nas coisas da religião, bem como aquela força de unidade que o português imprimiu na colônia sul-americana.

Enquanto noutras regiões o bailado do moçambique tende a desaparecer, no vale do Paraíba do Sul ele vive um período de floração. Em 1944 constatamos só no município de Cunha 13 companhias de moçambique em franca atividade. Em 1948, em São Luís do Paraitinga, por ocasião da festa do Divino, estiveram presentes 18 ternos de moçambique. Graças a essa vitalidade chamamos São Luís do Paraitinga de *capital da zona moçambiqueira paulista*.

Por ocasião das romarias, período da vacância agrícola, é comum em Aparecida do Norte constatar-se a presença de companhias de moçambique vindas dos bairros rurais de municípios circunvizinhos. Lotam caminhões, apinhados de "devotos de São Benedito", que irão dançar para "Nossa Senhora da Capela", como é popularmente conhecida a padroeira do Brasil entre os piraquaras, isto é, moradores do vale do Paraíba do Sul. Romeiros que palmilham as estradas das mecas, dos santuários, escrevem os capítulos da geografia religiosa do Brasil, na região cafeicultora!

Evolução e dinâmica

Tentamos trazer alguma documentação sobre as origens do moçambique como primeiramente era dançado, dança ostentatória com a qual o senhor de escravos os exibia nos salões; posteriormente, com a República, esses libertos percorriam as ruas da cidade pedinchando esmolas em salvas de prata, até desaparecer definitivamente no dealbar deste século.

Do moçambique atual o que sabe é o que temos procurado documentar desde 1944 através de artigos, fotografias, desenhos e lançando os diagramas e plantas baixas da coreografia tanto das danças como dos bailados populares paulistas, contribuição didática que a antropologia social nos ensinou e nos induziu a levar para o folclore, razão de utilizarmo-nos de certos símbolos, padronizando-os para os estudos do folclore nacional.

Da origem do moçambique-bailado, há o que em linhas anteriores foi apontado, assinalando-se a existência de uma evolução. É claro que essa evolução tenha sido passível de influências de bailados irmãos, como seja a congada e o próprio caiapó. Vários fatores contribuíram para essa evolução. É o dinamismo ditado quem sabe pela necessidade de recreação que no meio rural brasileiro existe. A despeito desse dinamismo, há elementos que permaneceram, por exemplo, o traje completamente branco, o gorro em vez de chapéu (como existe na congada), o andar descalço, observado rigorosamente pelas companhias mais antigas por nós estudadas, a presença da *rainha*, elemento que não existe na congada.

Houve um certo arrefecimento na prática de tais danças. Durante nossas recoltas anotamos sua proibição por parte de autoridades religiosas e policiais. Estas em geral instadas por aquelas. Há no entanto padres esclarecidos que a permitem. Deve-se também levar em conta que o povo realmente admira o espetáculo que o moçambique oferece e quem sabe reside nisso a sua própria vitalidade no presente, além doutras causas mencionadas (necessidade de recreação). Mesmo o encarecimento de certos implementos do bailado (fitas, guizos) tem sido transposto e parece expandir-se vitoriosamente. Às vezes essa mutação é quantitativa em vez de qualitativa. Do ponto de vista coreográfico acreditamos seja qualitativa. Houve grande progresso nessa manifestação, mormente com referência ao aproveitamento das antigas danças de origem ibérica. Há uma seleção natural, porque o bater de paus e sapatear sob um determinado ritmo lhes dá uma grande precisão. Há um desenvolvimento estupendo do controle neuromuscular: o dançador que errar recebe forte pancada nos dedos, não por mal, mas pelo fato de sua incapacidade coordenadora. Outro fator é o da renovação: novas companhias procuram desenvolver-se; então, do que era no passado, isso se deu de maneira auspiciosamente positiva. O *antigo moçambique* era *dança da escravidão*; o novo, o atual, aparece com a decadência desta e, numa sociedade livre, vem para suprir a

CONVENÇÕES

- Alferes com estandarte
- Caixa "tarola"
- Mestre
- Contramestre
- Meirinho
- Capitão do bastão
- Ministro
- Capitão de linha
- Moçambiqueiro
- Moçambiqueiro usa bastão com fita amarrada
- Apito só o mestre
- Paiá

Moçambique de Natividade da Serra.

necessidade (repetimos) de recreação e se ajusta bem à índole religiosa do nosso povo, cultuando um santo que é o paradigma da humildade e da dedicação ao trabalho – São Benedito.

FUNÇÃO RELIGIOSA

O fato de ter um estandarte aponta-nos, como já nos referimos, de estar intimamente ligado a uma instituição religiosa, nesse caso a uma confraria. Aliás, hoje algumas companhias ou ternos de moçambiqueiros pertencem à "Conferência de São Benedito". Os vínculos religiosos, pretéritos ou não deste bailado, estão presentes no simbolismo do estandarte. Ali está a efígie de São Benedito, que pertence ao *flos sanctorum* católico romano. Prestam reverência ao símbolo, beijam-no, descobrem-se em sua presença. É o rei quem o conduz e, ao visitar uma casa, o dono o recebe nos umbrais de sua porta. No local onde está o estandarte não fumam nem falam alto, não proferem dichotes ou palavras obscenas. Não usam estandarte sem que tenha sido benzido pelo padre. Os que, por velhos, ficaram fora de uso, são guardados na capela. Traços reveladores da concepção de que há entre eles uma hierarquia, de objetos sagrados, pontilhados desse culto rústico a São Benedito.

Outro vínculo entre o bailado do moçambique e a religião reside no fato de o moçambiqueiro sentir que está desempenhando um serviço ao santo. E por ser "dança de riligião", como dizem, não recebem pagamento para executá-la, bem como se esforçam para comprar todo o uniforme para "agradar o santo", isso revela também o caráter religioso das funções do bailado.

O grau de institucionalização dessas companhias de moçambique pode ser avaliado pelos elementos recolhidos em 1944, em Cunha, com Benedito Domiciano da Silva, do bairro de Capivara: "Os moçambiqueiros têm que fazer matrícula e pagar um imposto anual para São Benedito. Esse dinheiro é pago à Diocese de Taubaté. Cada um paga 2$000 por ano. Na igreja eles dão recibo. (Exibiu um dado pela igreja de Nossa Senhora do Rosário de Cunha.) Há registro para se obter ordem do padre para funcionar a companhia e em qualquer lugar que vá para dançar (em Cunha, Lagoinha, Campos Novos) o moçambiqueiro precisa também pedir ordem para as autoridades. Às vezes, os festeiros se encarregam disso, quando a festa é do Divino. Numa procissão, sendo da irmandade de São Benedito, o moçambiqueiro pode ir e pegar a opa. Mesmo que esteja descalço, pode acompanhá-la, ninguém reclama "porque moçambiqueiro só anda descalço", frisou o informante. "Pode estar com o uniforme de moçambiqueiro, é só colocar a opa por cima, opa branca com gola preta e acompanhar", reafirmou o moçambiqueiro.

O pertencer a uma companhia de moçambique dá ao indivíduo uma posição destacada no bairro rural onde vive e pode ser mesmo uma forma de ele recuperar seu *status* social na classe destituída. Por outro lado, o moçambiqueiro aceita as sanções impostas aos membros da confraria: não beber (em demasia), não fumar quando em formatura, não brigar com outro "irmão" da companhia. Não se deve esquecer que a condição *sine qua non* é ser católico romano para poder pertencer a um "terno" de moçambique.

Função medicinal

A dança atual de moçambique, além de se prestar para que devotos prestem um culto coletivo e ao mesmo tempo individual em louvor a São Benedito, assume também caráter de dança medicinal, curativa. Quando um menino ou moço fica doente das pernas, uma das promessas mais comuns é a de dançar moçambique.

Outras funções da dança poderíamos apontar, porque, embora tenha o caráter profundamente religioso, os moçambiqueiros e mesmo as autoridades não percebem que ela é uma forma de recreação sadia para se aproveitar eficiente e beneficamente as horas de lazer. É musical, coreográfica, ginástica, social e seletiva. Sim, seletiva, os próprios moçambiqueiros afirmam: "Quando ficar velho vou ser congueiro, porque moçambique é dança de moço, não se pode ter as juntas enferrujadas e... velhice." Não encontramos algo que evidencie o "caráter mágico" do moçambique, o religioso sim.

A DANÇA DENTRO DA CAPELA

Como a consideram "dança de religião", *dançam-na dentro das capelas rurais*, principalmente por ocasião dos ensaios da companhia. Em setembro de 1948, recolhemos os dados a seguir do ensaio realizado na capela de Nossa Senhora Aparecida do bairro da Cachoeirinha, em São Luís do Paraitinga.

Aberta a capela, os moçambiqueiros deixaram fora os bastões. Entraram colocando-se em duas fileiras, todos de gorro na cabeça. Amarraram os paiás, e o mestre cantou o início que é o *beijamento*.

> Bejá Nossa Senhora, todas imagem da capela (coro)
> Que hora bunita, qui hora tão bela. (solista)

A seguir:

> Chegamo com Deus irmão (solo)
> Adorá São Binidito (coro)
>
> A Virge Nossa Sinhora, irmão (solo)
> Ó Virge da Conceição (coro)
>
> Vamo bejá São Paulo (solo)
> Cum o livro na mão (coro)
>
> Bejá Nosso Sinhô (solo)
> São Roque, São Sibastião (coro)
>
> Bejá São Binidito (solo)
> E as image que ali 'stão (coro)
>
> Bejá São Binidito (solo)
> O buniteza, irmão. (coro)

O beijamento é feito nos diversos altares da capelinha rústica. O dançador ao beijar ajoelha-se, faz o sinal-da-cruz. Após todos os dançantes terem beijado um altar, passam para outro, sem jamais dar as costas para o santo, o que consideram falta de respeito. Há os altares de Nossa Senhora da Conceição, Nossa Senhora Aparecida, São Sebastião e São Benedito.

Dentro da capela não dançam com bastão, somente cantam e dançam batendo os pés. O bastão é arma, e esta deve ficar fora do lugar sagrado. Entretanto, pode ser colocado no chão para se pular, e tão-somente; o que não pode é bater um contra o outro como se estivesse esgrimindo.

Como prelúdio as companhias geralmente cantam em tom de reza acaipirada:

    O irmão vamo cum Deus   (solo)
    Junto coa Virge Maria   (coro)

    Nosso reis São Binidito   (solo)
    Que é da nossa cumpania.   (coro)

Seguiu-se outra cantoria:

    Vô dá um viva aos padroero.   (solo)
    Do lugá, do município, do estado, da nação.   (solo)

Respondendo o coro:

    Oi viva Nossa Sinhora.
    São Pedro, São Luís, São Paulo e São Sibastião.

Seguiram-se outros cantos:

    Ó meu irmão, vamo cum Deus,   (solo)
    junto coa Virge Maria   (solo)

    O nosso reis São Binidito   (coro)
    Está na nossa cumpania   (coro)

    O meu São Binidito   (solo)
    Mandô me avisá   (solo)

    Saiu pa linha afora,   (coro)
    Pra vê nóis dançá   (coro)

    Na linha do chão, na linha do a (ar)   (solo)
    Na batida da caxa pelo som do paiá   (coro)

    Esta dança é de São Binidito,   (solo)
    São Binidito é que dançô   (solo)

    E dançô e subiu pro céu,   (coro)
    Hoje dança os pecadô   (coro)

O caminho do céu, cercado de frô,	(solo)
Onde passa o fiio de Nosso Sinhô	(coro)
De tão longe venho vino, pelo chão e pelo ar	(solo)
Pelo craro de uma istrela, numa noite de luar	(coro)
Pelo craro de um dia, numa noite de luar,	(solo)
Pelo craro de uma istrela, passei onda do mar	(coro)
Pela ponte de Piraí, meus irmão não facilite	(solo)
Só pode passá na ponte, o terno do moçambique.	(coro)

Abraçando-se, executaram uma "figuração" semelhante a uma asa de moinho, à qual chamaram de "cruzeiro" e cantaram a toada do cruzeiro:

Meu São Binidito sua casa cheira (ai, meu Deus),	(solo)
Chera cravo e rosa, chera frô de laranjera.	(coro)

O pesquisador depositou, no intervalo de uma das danças, uma oferta para a companhia de moçambiqueiros, então cantaram:

Deus le pague o bom presente,	(solo)
Ai, meu Deus, eu vô le agardecê	(coro)
Deus le dê um bom lugá, ai, meu Deus,	(solo)
Na gróría quano morrê.	(coro)

Cantaram finalizando o ensaio:

Oulá ô capitão,	
oulá ô generá,	(solo)
Tirá o paiá	
pa nóis descansá.	(coro)

Acabado o canto, o mestre da companhia deu os seguintes vivas: "Primeiramente, viva Nossa Sinhora, São Roque, São Sebastião, São Benedito, São Paulo, as image da capela, o festero, o zeladô da capela, o nosso reis."

Com os paiás enfiados nos bastões, ao responder o viva, batiam um no outro em suas próprias mãos. Rezaram Padre-Nosso e Ave-Maria, encerrando.

Coroação

De modo geral a cerimônia da coroação do rei e da rainha se passa dentro da capela ou no pátio fronteiro e assim se processa: sentam-se ao centro da roda que os moçambiqueiros formam. Em pé ficam os príncipes e princesas que porventura façam parte do séqüito real. O rei é o guardador, quem empunha o estandarte.

Os moçambiqueiros vão cantando e rodando, batendo os bastões acima da cabeça dos que estão ao centro da roda. Cruzam os bastões, dois a dois, e os colocam sobre a cabeça do rei, depois da rainha. Aumentam o raio do círculo e diminuem, quando então colocam os bastões, coroando. Giram tanto no sentido lunar como no solar. Primeiramente no lunar, e, a um apito do mestre, começam a girar no sentido solar, isto é, no sentido dos ponteiros do relógio.

A companhia pode convidar uma pessoa qualquer para ser rei. Então é preciso coroá-lo.

Há coroação simples como a descrita acima, registrada em Cachoeirinha, São Luís do Paraitinga. Já em Cunha, no bairro do Capivara, ela é mais pomposa. Companhia mais rica, tem um ritual mais complicado.

Após os ensaios da companhia de moçambique, no dia que ela vai sair uniformizada, fazem a coroação do rei e da rainha. O treinamento é feito com qualquer roupa, porém nesse dia todos os dançadores são obrigados a aparecer uniformizados. Uma vez coroados terão que sair com a roupa, que é a seguinte: rei – calça e blusa branca, túnica azul, galões de prata. Gorro verde e coroa de prata. É o único calçado. Aliás, tocadores da banda podem também usar sapatos. A rainha vestida toda de branco, túnica azul celeste e coroa branca.

Entram cantando na capela da roça:

> Sinhô capitão, sinhô generá,
> o nosso reis nós vamo coroá,
> coroa bonita, Nossa Sinhora que fez
> pra nós coroá o nosso reis.

Sentam-se rei e rainha, quando duas almofadas trazidas pelo capitão, uma verde e outra amarela, são colocadas na frente destes, ajoelham-se e os dois menores moçambiqueiros da companhia coroam o rei primeiramente e depois a rainha. E a companhia canta:

> Sinhô reis, sinhô reis,
> sinhô reis, dona rainha,
> sinhô reis foi coroado
> pela mão de dois menino.

Depois de coroado o rei, os dois moçambiqueiros mais jovens repetem, coroando a rainha, enquanto cantam:

> Sinhô reis, sinhô reis,
> dona rainha deu lugá,
> pro sinhô reis sê coroado
> cum a coroa imperiá.
>
> Ó sinhô reis, ó sinhô reis,
> o que é lá sinhô mestre, ai, ai,
> ora veja a vossa coroa,
> de longe parece mais.

Coroação do rei e da rainha de Moçambique de Cachoeirinha

Na cerimônia realizada para a coroação do rei e da rainha, cantam, alternando, mestre e contramestre. O canto do contramestre é acompanhado pelo coro feito pelos demais moçambiqueiros.

Mestre:

> Lá no céu ouvi uma voz
> do nosso reis São Benidito
> coroá o reis da cumpanhia,
> fica a dança mais bonito.

Contramestre e coro:

> Coroá o reis, coroá a rainha
> de São Benidito da Cachoeirinha.

Mestre:

> Nosso reis São Benidito
> me mandô avisá, irmão,
> pra dançá bem no compasso,
> pelo paiá, precura o são (som).

Contramestre:

> Afirma o peito e pisa firme
> pra afirmá minha lição,
> (ó que beleza, meus irmão)
> pela batida da caixa
> dô um tinido no bastão.

Mestre:
> A coroa do nosso reis
> de longe até parece,
> ô que beleza de alegria,
> uma estrela que resplandece.

Contramestre:
> A cumpanhia de São Benedito
> de longe até parece,
> que beleza de alegria,
> um jardim que se afroresce.

Mestre:
> Ô que céu tão estrelado,
> cada estrela tem um sinal,
> a brilhante e a dorada
> a estrela do sete mar.

Contramestre:
> A estrela branca do mar,
> é do manejo de guerra,
> lua de branca do luar
> é do sete mar da terra.

Mestre:
> É pa nóis manejá, ó sinhô capitão,
> na batida da caxa procura o são,
> ora lá, meus irmão.

Contramestre:
> É pa nóis manejá, ó sinhô capitão,
> na batida da caxa, repica o bastão,
> ora lá meus irmão.

Mestre:
> Nosso rei são Benidito
> me mandô avisá, irmão,
> quero vê quatro batida,
> mão virada no bastão.

Contramestre:
>Mão virada no bastão
>cada dois, quatro batida,
>me ajudai, São Benidito,
>virge mãi Aparecida.

Mestre:
>No céu ovi uma voz,
>de nosso reis São Benidito,
>coroá o reis e a rainha
>que ficá dança mais bonito.

Contramestre:
>Lá no céu tem um pé de fror
>que parece maravia,
>lá do céu caiu uma rosa
>e disfoiô na cumpanhia.

Mestre:
>Vamo despidi irmão,
>vamo despidi pra i s'imbora,
>vamo despidi irmão,
>quem tivé coração amoroso, chora.

Contramestre:
>Cumpania de São Benidito
>se dispede nesta hora,
>se dispede de São Benidito
>e a virge mãe Nossa Senhora.

Mestre:
>Vamo nos tirá paiá, ai, ai, meu Deus,
>cumpania vai s'imbora, ai, ai, meu Deus,
>dispidi de todo mundo, ai, ai, meu Deus,
>quem tem coração amoroso chora, ai, meu Deus.

Organização

Uma companhia de moçambique[25] compõe-se de no mínimo seis dançadores. Os maiores ternos conhecidos são de 32, contando-se os instrumentistas. Há um rei, às vezes uma rainha, príncipes e princesas, um mestre, um contramestre, dois capitães. Algumas companhias têm um general.

A figura mais importante de uma companhia é o *mestre*, que enfeixa em suas mãos a disciplina e organização da companhia e a quem compete realizar os ensaios, combinar os dias para a realização das danças nas festas comunitárias ou de bairro rural, as viagens. A ele está afeta a parte musical. As cantorias são "puxadas" pelo mestre que as improvisa, segundo as necessidades, saudando autoridades ou lugares onde vão dançar. O mestre determina o início das danças, é o coreógrafo da companhia, dele parte a ordem de preparar-se para a dança, o imperativo "amarrar paiá". Desta ordem, já surgiu quem a denominasse erradamente de "dança do marrapaiá".

Após as confabulações com o rei, o mestre canta:

>Sinhô reis mandô marrá paiá,
>pode marrá o seu paiá
>pra ficá bunito.

>Me marra paiá tiribido,
>ei, a, ei, a,
>na linha de São Benidito,

>O sinhô reis, escuite a voz do generá,
>me marre guizo de bronze
>que se trata de paiá, ei, a.

>Sinhô reis, escuite a voz do capitão,
>me marre guizo de bronze
>pra despois batê bastão.

---

[25] Em Cunha (SP), em 29 de junho de 1945, assim estava constituída a Companhia de Moçambique, chefiada por Benedito Teresa, vulgo Marechal, que era o rei dessa confraria, Benedito Teresa Filho, mestre; José Teresa, contramestre; capitão, João Pinto Ribeiro; rabequista Benedito Engrácio Rodrigues; violeiro Izaltino Rodrigues; violão, Francisco Pedro; violeiro, José Benedito Ribeiro; cavaquinho, José dos Reis; tocadores de caixa: Jorge Rodrigues, Marcolino Benedito, Evaldo Rita; pandeireiros: Francisco Antônio Guimarães, Benedito Jerônimo e Geraldo dos Santos; e dançadores: José Marco Eva, Benedito Marco Eva, Benedito Teresa Neto, Salvador Teresa, Benedito Teresa Neto II, José Teresa Neto, Afonso Teresa Neto, José Teresa Neto, Geraldo Rodrigues Sobrinho, Emílio Rodrigues, Benedito Teresa Sobrinho e Antônio Teresa Sobrinho. Benedito Teresa tem 63 anos de idade, o capitão 55 anos. Há cinco meninos cuja idade medeia entre 10 e 13 anos.

> Nosso reis São Benidito
> me mandô avisá irmão,
> pa dançá bem no compasso,
> pelo paiá percurá o som,
> afirma o peito e pisa firme
> pra firmá minha lição,
> que beleza, meus irmão,
> pela batida da caxa,
> dá um tinido no bastão.

Embora desempenhe várias funções administrativas, de mando, encargos de destaque e importância, sendo na verdade sobre quem repousa o bom andamento de uma companhia, o mestre presta obediência ao rei. Isso porque, na hierarquia interna que os moçambiqueiros aceitam, "abaixo de São Benidito é o reis quem manda", este tem por função, na maioria das vezes, apenas a de carregar o estandarte. Noutras ele é também o conselheiro, o mais velho, o dirimidor de atritos e pendências entre os irmãos. Certamente pelo fato de ser o porta-estandarte, símbolo sagrado do qual acreditam certamente partir algo, quem sabe o "mana" que dá ao rei um *status* ímpar na hierarquia moçambiqueira paulista.

Um dos melhores distintivos para se reconhecer o mestre de uma companhia é o apito e o número de cordões usados neste implemento. Geralmente dois ou três cordões, sendo cada um de uma cor.

Na ordem hierárquica vem depois do mestre o contramestre, cuja função precípua é responder ou duetar ou repicar a cantoria do mestre. Usa também apito, com apenas um cordão.

O general, além de cuidar da boa ordem no bailado, participa da embaixada quando a companhia a tem e ordinariamente distribui os paiás.

Aos capitães de linha está confiado o papel de zelar pelos bastões todas as vezes que entram em igreja ou no momento de descanso da companhia, na hora das refeições etc.

UNIFORME

A uniformização é a mais simples possível: trajam-se geralmente de branco. Camisa, calças, gorro brancos. Neste há diversos enfeites bordados com linhas de cores verde, vermelha, azul, amarela ou fitas e lacinhos de cores pregados com alfinetes. A camisa é branca, tendo algumas fitinhas pregadas nos ombros. Nos braços às vezes pregam também alguns laços de fitas. Usam a tiracolo uma fita da cor adotada pela companhia de moçambique a que pertencem. Geralmente a cor preferida é a vermelha. A calça é branca, nela não há enfeites. Somente é amarrada sob o joelho por um paiá, e pouco acima do tornozelo por barbante, ficando aculotada para dar maior liberdade de movimentos ao moçambiqueiro.

Com exceção do rei e de todos os tocadores de instrumentos, todos os moçambiqueiros usam um bastão de madeira, preferivelmente de guatambu, de 1,20m, mais ou menos, de comprimento, da grossura de um cabo de vassoura. Alguns bastões são cuidadosamente bordados a canivete, com sulcos entalhados, representando geralmente árvores, galhos, folhas e flores. Em algumas companhias enfeitam-nos com fitas amarradas no cabo ou empunhadura.

> Óia lá a flô no bastão
> óia lá quem é que fez,
> foi nosso sinhô mestre,
> mandado do nobre reis.

O paiá é um idiofônio usado aos pares, amarrado nas pernas à guisa de jarreteiras. São também chamados matungos, gungas, coquinhos, ou conguinhos. Alguns são feitos de guizo de metal presos numa pequena cinta de couro e fivela. Há uma divisão interessante para o número de guizos de paiá a ser usado pelos moçambiqueiros, observada rigorosamente nas companhias bem organizadas.

Outro tipo de paiá, mais econômico, é feito de pequenos tubos de latão contendo, no seu interior, pedrinhas, contas de capiá ou sementes ou bagas de chumbo. Por fora duas alças onde prendem os barbantes ou fitilho para ajustá-los na perna do moçambiqueiro. Estes não têm o som limpo dos paiás de metal.

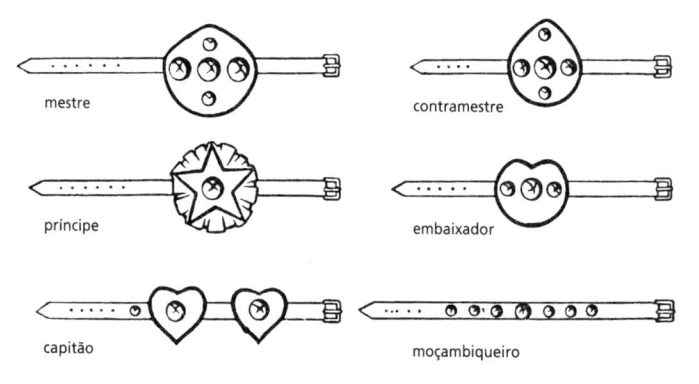

O paiá evoluiu do simples cestinho de taquara com contas de capiá dentro, que os dançadores do moçambique antigo usavam presos nas pernas e nos braços para os de guizo metálico. Atualmente só é usado nas pernas, e não o fazem mais de taquara porque, não dançando mais dentro de salão, mas sempre ao ar livre, tiveram que usar um tipo cujo som fosse mais audível, daí terem adotado o metálico. Foi devido à guerra que encareceu sensivelmente os guizos metálicos que passaram a fazer paiás de pequenos tubos fechados de latão.

Há companhias de moçambique que primam pela organização e até os paiás são feitos de acordo com o posto de seu ocupante: determinado número de guizos grandes, rodeados de guizos pequenos. O príncipe por exemplo usa um guizo grande, que fica ao centro de uma rosa de couro. Outros, um pequeno escudo de couro, com os guizos dispostos em determinada ordem. Os desenhos da página anterior são uma reprodução dos paiás da Cia. de Moçambiques da Cachoeirinha de São Luís do Paraitinga, dirigidos por Amaro de Oliveira Monteiro.

INSTRUMENTOS MUSICAIS

Variam de um terno para outro. Os mais ricos possuem violas, violões, cavaquinhos, rabecas, caixa-de-guerra, caixa clara ou repique, adufes ou pandeiros, canzás, chocalhos de lata, "pernengome", tamborins, reco-recos. As companhias mais modestas e de recente formação, apenas uma caixa clara e um adufe ou chocalho.

O paiá, também chamado matungo ou conguinho ou coquinho, segundo sua função, pode ser integrado entre os instrumentos musicais. O mesmo pode acontecer com o bastão, quando se entrechoca para dar o ritmo. No entanto consideramo-lo um implemento, como implemento é o apito usado pelo mestre para chamar a atenção dos dançadores; o próprio estandarte também é um implemento, implemento sagrado.

Preparação – Os ensaios são feitos aos domingos pela manhã ou sábados à tarde.

A duração dessa preparação hebdomadária é de mais ou menos seis horas. Não precisam estar uniformizados para os ensaios.

Em dezembro de 1947, assistimos a alguns ensaios da Companhia do Bairro Capivara, onde permanecemos alguns dias realizando uma pesquisa sociológica[26].

---

26 Mesmo antes de nos graduarmos em ciências sociais, nossos estudos no campo da sociologia e subsidiariamente do folclore se caracterizaram pela pesquisa direta. A observação participante tem nos permitido conhecer verticalmente a vida das comunidades brasileiras. Nos últimos dias de dezembro de 1947 fomos ao bairro do Capivara, onde permanecemos alguns dias. Jamais nos esquecemos do que lemos na fronha do travesseiro da casa simples do moçambiqueiro Benedito Teresa Filho, vulgo Marechalzinho. Em ponto de marca, com linha vermelha, estavam bordados estes di-

No domingo pela manhã o programa constou dos seguintes figurados: estrela da guia, raio de sol, escada do mestre, túnel, roda de quatro e pontal do bastão.

Estrela da guia – Cruzam os bastões no chão. Os dançantes, um de cada vez, vão pulando sobre o desenho que os bastões fizeram. (Em algumas companhias, é um par de moçambiqueiros que dança esta figuração.) Enquanto dançam, cantam:

> Estrela da guia que vai e vem
> meu São Benidito dai os parabém.

Raio de sol – Desenham no chão, com os bastões, um círculo flamejante. Os dançadores saltam para a frente e para trás sobre os bastões, fazendo a volta a partir do local onde começaram a dançar.

> Estrela do céu brilhante
> é o raio de sol de luz,
> de dezembro a vinte e quatro
> nasceu o Menino Jesus.

Escada do mestre – O rei fica sentado na frente dos demais dançadores e, sobre uma cadeira ao lado, coloca a coroa e o estandarte. Os moçambiqueiros seguram dois a dois, de cada vez, dois bastões. Desde o mestre até o último moçambiqueiro vêm por cima daquela escada improvisada, pisando sobre os bastões. Ao chegar em frente ao rei, descem no chão, "visitam" a coroa fazendo-lhe uma reverência e beijam o estandarte. Os moçambiqueiros

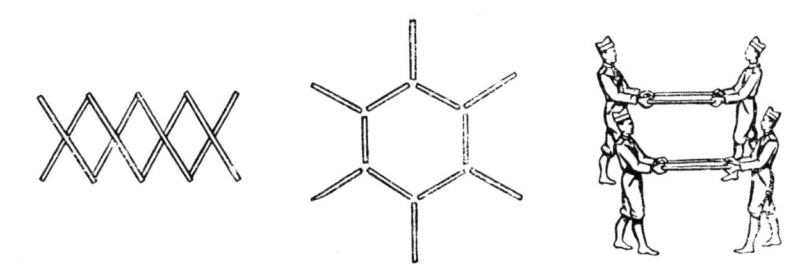

---

zeres: *Deitado na minha cama vi um sabiá cantar.* Mesmo com este vi, que seria *ouvi*, a poesia deste travesseiro ficou imorredoura na alma deste estudioso da antropologia social brasileira. Assim é a nossa gente simples e hospitaleira – convite permanente para que lhe conheçamos melhor, para que se acentuem com seriedade os estudos rurais brasileiros que bem merecem a criação de um Instituto de Folclore, em nível universitário, ou melhor, pós-graduado.

vão se revezando no segurar os bastões que constituem a "escada". (É também conhecida esta figuração por "escada de São Benedito".)

Cantam:

> Escada do mestre, escada verdadera,
> vigitá a coroa e bejá a bandera.

Túnel – Os dançadores seguram os bastões à altura do ombro. Os de uma extremidade passam por baixo batendo nos bastões, sob o ritmo da música, até atingir a extremidade oposta por onde iniciaram. Quando um par termina, outro inicia. Dessa "figuração" há uma variante chamada de *ondas do mar*, porque passam sob um bastão e a seguir por cima do imediato, assim alternadamente.

Para a primeira figuração cantaram:

> Passiá no tune   (solou o mestre),
> quero vê irmão   (respondeu o coro).

Para a figuração das ondas do mar, cantaram:

> Meu São Benidito saiu passiá
> nas rua de pedra, nas onda do má,
> encontrô sinhora Santana,
> mandô chegá, mandô chegá.

Roda de quatro – Vários grupos de quatro dançadores. Ficaram como se estivessem no ângulo de um quadrado. Dois a dois iam cruzando no centro, alternadamente, cantando:

> Oulá meus irmão   (bis)
> a roda de quatro
> encruzá no bastão.

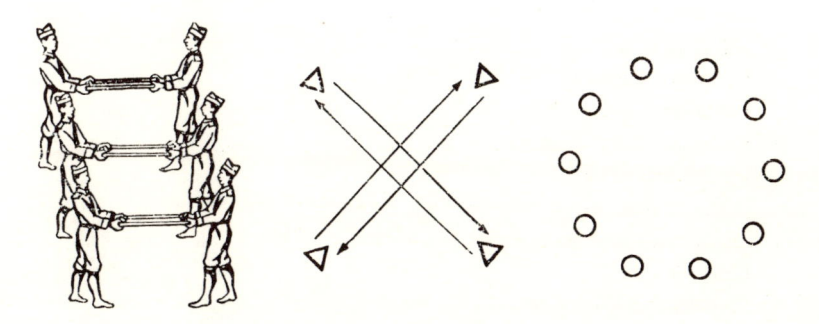

Pontal do bastão – Formaram um grande círculo. A um determinado momento, uns voltavam-se para trás e batiam no bastão do que se encontrava à sua frente. Depois, aqueles que não haviam voltado para trás fazem agora e batem os bastões. Às vezes batem só em cima, outras vezes batem embaixo e em cima. Esta figuração é mais atrativa.

Cantam:

>Sinhô meus irmão   (bis)
>encruzá no ar,
>encruzá no chão.

Ao finalizar o ensaio, que durou cerca de duas horas, cantaram como despedida, antes de rezar o Padre-Nosso e Ave-Maria, o seguinte:

>São Benidito pede licência   (mestre)
>pa Virge Nossa Sinhora,   (mestre)
>nóis queremo descansá,   (coro)
>são hora irmão, são hora.   (coro)

Cantoria e dança – A qualquer ação precede o canto. Compete ao mestre improvisar o verso e a música.

Podem-se dividir as cantorias de acordo com os ambientes em que se encontra a companhia: *cantorias de roça* e *cantorias da cidade*.

Na *roça* é a visitação à capela ou casas onde pedem para ir cantar. Na *cidade* se apresentam outras oportunidades, como sejam as de acompanhar procissões, dançar defronte à igreja, prestar homenagem às autoridades religiosas ou civis.

Algumas companhias obedecem a uma certa ordem na sua cantoria à qual chamam de "linha".

Linha de chegada
Linha de reza
Linha de bandeira
Linha de guardar a bandeira
Linha de saudar a rainha
Linha de amarrar o paiá
Linha de descanso
Linha de pedir o bastão
Linha de dançar
Linha de agradecimento

Moçambiqueiro. Cunha.

Rei de moçambique. Cachoeirinha. À direita, em cima: Capitão de linha, moçambiqueiro. Natividade da Serra. Embaixo: Princesa, rainha e rei de moçambique. São Luís do Paraitinga.

Escada de São Benedito. Moçambique. Redenção da Serra.

Linha de cumprimento de promessa
Linha de despedida.

Essa ordenação não é fixa, compete ao mestre aumentá-la ou diminuí-la e o mesmo fazer com as quadras ou versos cantados, dependendo, é óbvio, da inspiração poético-musical ou da habilidade inventiva de cada um. E é neste momento que se pode apreciar, não raro, a influência radiofônica inspirando novas melodias que desbancam as originais, as primitivas.

Tanto na cidade como na roça, ao iniciar as atividades coreográficas, cantam uma espécie de preparação que é a introdução da cantoria, é como dizem, para "puxar a cantoria". Assemelha-se a uma reza invocatória. É um verdadeiro cantochão acaipirado. Canta primeiramente o mestre e todos repetem:

> Ô irmão vamo cum Deus, ô...
> ai junto coa Virge Maria,
> o nosso rei São Benidito
> que é da nossa cumpanhia.

Logo que chegam, para iniciar a dança, há a ordem para amarrar o paiá.

Eu mando marrá paiá, irmão	(mestre)
eu mando amarrá contrito,	(mestre)
nóis marra paiá, irmão,	(coro)
na linha de São Benidito.	(coro)

Na roça, ao aproximar-se de uma casa onde foram convidados para dançar, a Companhia do Bairro do Capivara, sob a direção do mestre Benedito Teresa Filho, cantou:

Nóis viemo de tão longe,	(mestre)
com prazer e alegria,	(mestre)
visitá o meu sinhô	(coro)
com vossa honrada famia.	(coro)
Meu sinhô sai aqui fora	(mestre)
nesta hora, neste dia,	(mestre)
vem recebê São Benidito	(coro)
com a vossa cumpanhia.	(coro)
São Benidito aqui chegô,	(mestre)
nesta hora abençoada,	(mestre)

visitá o meu sinhô	(coro)
vossa famia honrada.	(coro)

Me dá licência, sinhora	(mestre)
nesta hora verdadeira,	(mestre)
pa nois podê consegui	(coro)
pa dentro de vosso terrero.	(coro)

Primeiro eu peço licença	(mestre)
Ai com prazer, ai com alegria	(mestre)
Dá licença, meu senhor	(coro)
Pra nós chegá nossa Companhia.	(coro)

Me dá licença, meu senhor	(mestre)
nesta hora tão verdadera	(mestre)
pra chegá nossa companhia	(coro)
presença vai nossa bandera.	(coro)

Caso o dono da casa tenha enfeitado o terrero para receber a companhia de moçambique há uma saudação especial:

São Benedito está salvano	(mestre)
nesta hora de primera	(mestre)
em princípio nadamente	(coro)
as flor aqui deste terrero.	(coro)

São Benedito vem na frente	(mestre)
meus irmão vem mais atrás,	(mestre)
bom dia meu sinhô	(coro)
de saúde como vai?	(coro)

Ao chegar à cidade de Cunha a Companhia do bairro da Capivara cantou:

Avistei a casa santa	(mestre)
meu coração se alegrô,	(mestre)
avistei Nossa Senhora,	(coro)
avistei Nosso Sinhô.	(coro)

Avistei a casa santa	(mestre)
onde Deus fez sua morada,	(mestre)
onde está o cálice bento	(coro)
e a hóstia consagrada.	(coro)

Viemo de tão de longe	(mestre)
viemo pa passiá,	(mestre)
vigitá todos image	(coro)
e o povo paroquiá.	(coro)
Da onde nós viemo	(mestre)
chegano por aqui,	(mestre)
vigitá Nossa Senhora	(coro)
rainha do Brasir.	(coro)
Viemo de tão longe	(mestre)
cum uma bunita união	(mestre)
vigitá Nossa Sinhora	(coro)
virge mãe da Conceição.	(coro)
Nossa bandera na frente	(mestre)
que ela é nossa guia	(mestre)
nos braços de São Benidito	(coro)
Jesus menino de Maria.	(coro)
Bamo lová todas image	(mestre)
que é im primero lugá,	(mestre)
adepois as otoridade	(coro)
e todo pessoá im gerar.	(coro)

Estas cantorias são da Companhia de São Benedito da Cachoeirinha de São Luís do Paraitinga, do mestre Amaro de Oliveira Monteiro:

Si amanhã alguém perguntá, aiê,	(solo)
quem foi que aqui cantô, aiê	(solo)
foi irmão de São Benidito, aiê,	(coro)
filho de Nosso Sinhô, aiê.	(coro)
Cumpanhia bunita de nossos irmão,	(solo)
fita em flor, fita em botão,	(solo)
cumpania bunita de Nosso Sinhô,	(coro)
fita em flor, fita em flor.	(coro)
O céu é um paraíso	(solo)
o mundo um belo jardim	(solo)
ó virge Nossa Sinhora	(coro)
não vá esquecê de mim.	(coro)

Quando avistei aquela bandera,	(bis)
até doeu meu coração,	(bis)
avistei São Benidito,	(bis)
que meu deu tanta lição.	(bis)
Aí vem as três Maria	(mestre)
as sete mil virge atrais,	(mestre)
lumeano São Benidito	(coro)
que é nosso bondoso pai.	(coro)
Ói o sino da matriz	(mestre)
bateu dez hora,	(mestre)
eu tô me despidino	(coro)
que aminhã vô imbora.	(coro)
Já é por Deus	(bis)
que esta cumpania vai,	(bis)
irmão de São Benidito	(bis)
o sereno do arto cai.	(bis)
Esta dança de moçambique,	(mestre)
não cuide que é cavalhada,	(mestre)
esta dança é no compasso,	(coro)
no bastão dá três pancada.	(coro)
Estrela do norte,	(mestre)
estrela da guia,	(mestre)
que alumeia	(coro)
esta cumpania.	(coro)

Cantou o mestre:

São Benidito andô pro mundo
pareceu festejamento,
uns a cavalo, outros de a pé,
cum seus lindo instrumento.

Responderam em coro:

Deixô congada
pros congueiro
e a cavalhada
pros cavalero.

O manejo do bastão dá aos moçambiqueiros uma verdadeira coordenação motora, impressionante pela precisão. A cada verso que cantam há um manejo especial do bastão. Ora é segurado no meio, ora embaixo, tal qual uma espada. Batem-no tanto com o companheiro que está à sua frente como volve para bater com o que está atrás. Seguram-no com duas mãos, batem-no em várias posições de esgrima: prima, quarta, sexta, sempre no compasso ditado pela caixa.

É inenarrável a quantidade da versalhada, da composição poética da cantoria do moçambique[27].

---

27 Colhidos da cantoria de moçambique da Companhia do Cume, município de Cunha, no dia 24 de janeiro de 1945. Versário do moçambique:

São Benidito
está em primeiro lugá,
Senhor dono da casa
Dá licença pra nóis chegá.

Receba a visita alegre
como deu o alegre dia
São Benidito vem salvando
sinhô sua famia.

São Benidito aqui chegô
Chegô pedindo licência
salvá tudo em geralmente
tudo que estão em presência.

Óia lá, meu irmão,
Nesta hora e momento
entregai os nosso bastão
Pra nóis fazê o bejamento.

Entra sol sai as estrela
e mais tarde vem o luá,
Marrá paiá, marrá paiá,
Na areia da praia, nas ondas do mar.

O nosso Jesus
no seu paraíso
queremo licença
pra amarrá os guizo.

Esta dança é de Santo
ninguém sabe, pra santo é,
nóis dança pra São Benidito
Pro glorioso São José.

Viva São Benidito
Viva a Nossa Senhora,
O torneio do bastão
Com o batê na linha fora.

São Benidito na bandera
Enfeitado de nobreza
visitano meu senhô
com toda delicadeza.

Aqui chegô São Benidito
Enfeitado de fita e renda
Vem salvando meu sinhô
Dentro de sua fazenda.

Viva São Benedito
Meu Bom Jesus do Carvalho
Meu sinhô guarde a bandera
Pra nóis até logo mais.

Viva São Benidito
Nossa Senhora da Dor
Entregai nosso bastão
Capitão faça o favô.

Os anjo celeste
Se asseste com luis
Trazendo as benção
do nosso Jesuis.

Esta dança é moçambique
gente diz que é congada
com licença de São Benidito
serená a sua escada.

Sinhô Capitão
Sinhô Generá
Queremos a vossa licência
Pra nóis descansá.

Viva São Benidito
Viva com alegria
Derrama graças benção
Nesta vossa companhia.

Meu senhor dono da casa
com sua bondade rica
a nossa bandeira vai-se embora
e o milagre dela fica.

Nóis canta pra São Benedito
Nóis canta pra Nossa Senhora
Nóis cantano aqui no mundo
O anjo canta na Glória

EMBAIXADA

Por ocasião da festa do Divino Espírito Santo em São Luís do Paraitinga, 13 de junho de 1948, estiveram presentes várias companhias de moçambique. Tivemos oportunidade de observar com maior atenção as do rio abaixo, do bairro da Fábrica, da Cachoeirinha e do Chapéu Grande. Delas todas a que mais se destacou foi a da Cachoeirinha, que nos proporcionou uma novidade – a embaixada. Dentre as duas outras que havíamos recolhido em companhias de moçambique (Natividade da Serra e do bairro do Quilombão em Areias), esta foi a que desenvolveu maior "falação" e impressionante dramati-

Vamo nóis agradecê
a mesa que o sinhô nos deu,
não te faz farta nenhuma
há de servi de aumento seu.

São Benidito andô pro mundo
foi coberto com o véu
quem adora aqui no mundo
adora de lá do céu.

São Benidito na bandeira
é o verdadeiro nosso pai
sem os poderes de São Benidito
nada no mundo se fais.

Compania se despede
com muita dor de coração
se cantano nóis agravemo,
chorano peço perdão.

São Benidito está de saída
nesta tão bonita hora
despede de meu senhor
também da sua senhora.

Compania vai imbora
nesta hora verdadeira
eu lhe peço de favor
entregai a nossa bandeira.

São Benedito
aqui chegou
serenando com frô e fita
e com fita e frô.

Deus lhe pague, meu sinhô
que vós deu bonita mesa
prô sinhô será alegria
pros anjo serão grandeza.

Hoje vi brilhar uma estrela
da banda do Oriente
São Benidito que agradece
trabalho de seu servente.

São Benidito subiu pro céu
no mundo deixou escrito
quem falar de nossa dança
fala de São Benedito.

Companhia vai s'imbora
se despede neste verso,
se cantando nóis agravemo
chorano perdão eu peço.

Companhia vai s'imbora
estamos pedindo licência,
despeço de meu sinhô
nesta sua residência.

São Benidito vai s'imbora
despede de meus irmão
está dizendo adeus, adeus,
até outra ocasião.

São Benidito na bandeira
lá no céu é nosso pai,
sinhô rei sai na frente
esta irmandade num sai.

Bendito louvado seja
é o sinal de alegria
meu sinhô adeus, adeus
adeus até outro dia.

Vamos nóis agradecê
o seu bom coração
quando chegá na glória
tem a rosa e tem o botão.

São Benidito vai s'imbora
ele vai s'imbora já
ele está dando os parabém
pra este povo em gerá.

Amanhã quem perguntá
quem por aqui cantô
a irmandade de São Benidito
que é o nosso protetô.

cidade, dentro da simplicidade de sua apresentação na praça Osvaldo Cruz, apinhada de milhares de pessoas atraídas pelo espetáculo anunciado no boletim dos festejos que a paróquia fez distribuir.

Os moçambiqueiros, dispostos em duas colunas que se defrontam, ficaram postados à frente do rei. Da extremidade oposta onde estava o rei Mimoso do Brasil com o estandarte destacava-se um embaixador para saudar o reino, isso depois de todos terem cantado:

>O sinhô rei nesta hora honrada,
>venha vê sinhô prinspe,

Bendito louvado seja
é o sinal da religião
adeus, adeus meu sinhô
adeus, adeus até outra ocasião.

São Benedito vai s'imbora
pra capela de Belém
o sinhô dono da casa
está dando os parabém.

Amanhã quem perguntá
quem foi que cantô aqui
a irmandade de São Benidito
que cantô pra diverti.

São Benidito vai s'imbora
com prazê e muita alegria,
e deixa sua santa bença
pro senhô e sua famía.

Colhidos da cantoria de moçambique da Companhia do bairro da Aparição do município de Cunha, no dia 29 de junho de 1945.

Nóis viemo de tão longe,
passeá neste logá
o nossos irmão   (bis)
parabéns nos vamo dá.

Santo Rei da Glória
São Benedito veio na frente
a companhia mais atrais
veio sarvando em geralmente
meu pessoal de saúde como vai?
Às 4 horas da tarde
nós chegamo por aqui
visitando Nossa Senhora
que é rainha do Brasil.
Senhor São Benedito
aqui nesta residência
no reino de Nossa Senhora
pedindo a sua licência.
Vamo adorá nosso Pai Celestiá,
Nosso Pai Celestiá,
O generoso São Benidito
tá no céu, tá na terra
e os podê pro mundo intero.
Esta companhia boa
gosto de vê ela dançá.

Nóis viemo de tão longe
aqui passeá
viva irmão, viva irmão
viva as autoridade do lugá.

Ai bendito louvado seja
nesta hora verdadera,
Deus vos salve companhia
que chegou aqui primeiro.

Vamo fazê cortesia irmão,
vamo fazê cortesia irmão,
fazê cortesia nesta hora,
no reino de nossa Senhora.

Lá do céu é que cai as bença
Do céu é que cai as flô,
Bênção São Benedito que pedimo
este nosso dançadô.

O meu São Benidito,
Jesus Menino de Nazaré
se despede em gerá
até amanhã si Deus quisé.

Se despede, se despede
nesta hora de alegria
se despede do senhor
também de sua família.

Meu senhor dono da casa
Tamo dando a despedida
tão alegre na chegada
tão contente na saída.

sinhô prinspe de Congo
declará sua embaxada.

Embaxador: "Deus vos salve, São Benedito, que istá no quadro do istandarte. Deus vos salve, Menino Deus, que é de nossa obrigação salvá. Deus vos salve nobre reis Mimoso do Brasir, com sua coroa imperiá. Eu sô capitão embaxadô que venho representá, fazendo sua vezes, sua imbaxada vô declará."

Fala o segundo embaxador: "Só vejo terra e não vejo mar, meu capitão-generar, só vejo três donzela debaxo de um parreirar. Abaixai meus embaxadô que eu quero te abraçá, te darei meu cavalo branco, pra tu em França passeá. Darei minhas três barquinhas para no mar tu navegá. Te darei munto dinheiro para que não possa até contá. Quero a tua alma para comigo combrigar, quero a última gota de sangue do teu corpo para o meu bastão molhá."

O príncipe se destaca e toca um apito. O rei então pergunta: "Quem são vóis?" O príncipe responde: "Somos um prinspe mandado do generá, venho pedindo licência para no seu reino entrá. Não istô cum valentia, istô cum muita aligria, venho adorano São Benedito que é da nossa cumpania e o sagrado Menino Deus que é filho da Virge Maria."

Fala o rei: "Ó nobre prinspe, tu garante que não traz força nenhuma contra mim?" Responde-lhe o príncipe: "Ó home de Deus, tu não aquerdita em mim? Toma aqui os meus paper (e entrega um papel ao rei)."

O rei, batendo nas costas do príncipe, diz: "Então ficará preso para não poder mais voltar." A seguir o rei grita: "Embaxadô, embaxadô, que havemo de fazê, vem aí um generá tão valenti, quereno nos prendê?"

Aproxima-se um embaxador do rei: "Ouvimo a voz que tu chama, tô aqui pronto e armado para honrá tua fama."

O rei com voz pausada e paternal: "Ó meu nobre embaxadô, eu acho bem que vós vá naquele campo de bataia vê que generá valenti são aquele que vem apitano, tocano corneta e fazeno chamada e tem a orde e a gentileza de querê entrá em nosso reinado."

O embaxador dirige-se ao general para dar a embaxada, repetindo o que o rei lhe disse. Então o general responde: "Sô eu um generá mas não estô com valentia, estô com munta aligria, venho pedindo a tua licença para no teu reino chegá."

O embaxador volta para o rei e repete o que o general lhe disse, ao que responde: "Vorte lá, meu nobre embaxadô, diga que não, tu licença não tem, não tem licença para no meu reino chegá, nobre rei não está com valentia e vem cum muita alegria, o nobre rei está prevenido, não tem medo e nem pavô, se arme e venha combatê comigo para vê quem é que eu sô."

Caminha o embaixador repetindo as palavras do rei ao general. Este fala: "Vorte lá, meu nobre embaxadô, e diga que o nobre reis está sentado na sua cadera de almofada, se arme cumo quisé e venha que a tua força vale nada. Eu sô um generá do Congo, do armirante Balão, cortarás pés e mão, repicará com a espada de Adão. Eu venho de munto longe pra diante do mar de Espanha, eu sendo um generá, passei nas onda do mar, dominado por uma estrela e uma noite de luá, pelo baque da carreta mais ligero vô andá, para chegá em sua pátria hei de chegá. Percuro o meu prinspe, não sei si achará, hei de achá, hei de achá."

O embaixador repete estas palavras ao rei, que responde: "Volte lá meu nobre embaxadô e diga àquele valenti generá co prinspe dele já foi preso aqui no reino imperiá e agora por causa desse prinspe não faça conta de morrê e nem de vê meu sangue corrê."

Novamente o embaixador volta e repete as palavras ao general. Este responde: "Ó meu nobre embaxadô da nossa santa religião, chega de tanta embaxada e de tanta tapiação, com todo estardalhaço já não passa na verdade de tão ruidoso fracasso, a minha bandera vai na frente, são bandera verdadera, minha força vão atrás, são força combatedera. Vamo tudo se armá e dá um combate pra no teu reino chegá. Toma a coroa do reis e traz a mim que sô generá."

O embaixador volve ao rei repetindo as palavras. O rei, com voz branda e conciliatória, diz: "Ó meu nobre embaxadô, volta lá e diga para aquele generá tão valenti que isso não são coisas que se faz, suspende sua bandera branca e vamo se acabá tudo em paz, não seja assim tão teimoso, nem assim tão revoltado, não queria ver esse solo todo de sangue manchado, que vós como embaxadô de nossa santa religião vorte e dize àquele generá que volte atrás com seu batalhão, senão nobre reis manda buscá debaxo de uma grande prisão, que é desafio ele tomá minha coroa de prêmio, coroa de muita valia. Coroa que Deus me deu por eu sê merecedor."

Um dos embaixadores vai levar ao general esta embaixada, quando ainda o emissário está falando, manda o segundo embaixador para prender o general, dizendo-lhe: "Nobre generá esteje preso debaxo de uma grande prisão, com a orde do nobre reis e também do capitão. O meu nobre generá, tão valenti esteje preso, com sua força evidente com a orde do nobre reis, mande que passarai pela frente."

Vem o general preso entre os dois embaixadores e se aproximam do rei. Este vira-se para o príncipe que está preso, diz: "Ó nobre prinspe assim que vós não veio me enganá?" O príncipe responde: "Ó meu nobre reis, eu não vim te enganá, eu vim te exprimentá, se eu achasse uma franqueza, apitava mais depressa para minha força aqui chegá."

Fala o rei: "O nobre generá foi preso por ordem do nobre reis e também do capitão. Pergunto eu ao generá si vóis fais combinação? Nobre generá foi preso aqui numa terra de cristão, aceitai o santo batismo pela tua sarvação."

O general responde triste porque está preso no meio de todos: "Já me veio na tristeza, nada posso resolver, enquanto um sordado existi a guerra só tem que havê."

O rei grita para seu secretário: "Ó meu nobre secretaro, o que é que você acha que pode fazê para esse generá?" Responde-lhe o secretário: "Ó meu nobre reis, eu acho bão que esse generá é preciso mandá matá ele, que ele é munto bruto, munto estúpido, não tem pose pá falá. Ele é do armirante Balão, eu não acho que ele seja bão, vem apitando na linha, com uma grande soberbia e se tem por mais valenti da Turquia."

Entra então o escudeiro (alguns pronunciam escoteiro) que é a favor do general, dizendo: "Ó seu nobre reis, penso que acima de vóis, terá outro reis maioral, pedi combinação e solte o prinspe, generá que ele vem de munto longe apitano e tocano corneta e fazeno chamado, si não houvé combinação, tem que passá po fio de uma cortante e valerosa espada."

O rei, num gesto conciliador, bate nas costas do general para ver se ele deseja reconciliar-se, dizendo: "Ó meu nobre generá da nossa santa religião, pergunto a segunda veis, si não fais cumbinação." Ao que o general responde: "Podemos combinar com grande gosto e alegria e os poder de São Benidito que é de nossa cumpania e o sagrado Menino Deus, filho da Virge Maria. Viva Deus do Céu, Viva Nossa Senhora Aparecida, Viva São Benidito, Viva os santo tudo im gerá, Viva nossa cumpania, Viva tudo quanto se acha presente."

Confraternizam-se todos os moçambiqueiros, abraçando-se com efusão d'alma, findando assim a embaixada.

Após a embaixada, dançam fazendo diversas e complicadas variações, ora colocando os bastões no chão, ora batendo-os como se esgrimindo estivessem e cantando:

> Vosso generá foi preso
> pra ele reconhecê
> que a orde do sinhô rei
> não pode desatendê.
>
> Nosso generá foi preso
> pela voz do capitão,

> pergunto eu generá,
> se vós faz combinação.
>
> Viva o santo da batalha,
> São Roque, São Sibastião,
> aquele o santo da batalha,
> vamo manejá irmão.

Agora mais ritmado, com mais vivacidade por parte dos moçambiqueiros, canta o mestre e o contramestre, a seguir canta com o coro da Companhia.

Mestre:

> Ô sinhô rei, o que há capitão?
> A bandera branca, vermelha não,
> ai, ai, ô sinhô capitão,
> a bandera branca, vermeia não.

Contramestre:

> Ô sinhô rei, o que há capitão?
> a bandera branca, vermeia não
> ai, ai, ô sinhô capitão,
> este é um dizê para dois
> intendê de irmão com irmão.

Mestre:

> É pra nóis manejá, ô sinhô capitão,
> na batida da caxa,
> percure o são dela, meu irmão.

Contramestre:

> É pra nóis manejá, ô sinhô capitão,
> na batida da caxa,
> repica o bastão, óia lá meu irmão.

Mestre:

> Grorioso São Benedito
> uma coisa vô le pedi,
> nesta hora de aligria.

Contramestre:
> Saúde e boa sorte,
> felicidade e vida
> pra nossa cumpania.

Mestre:
> Virge Mãi Aparecida,
> o seu manto é tão lindo
> azu craro cor de anir.

Contramestre:
> A sua coroa é tão briante
> que de longe tanto bria,
> resprandece todo o Brasir.

APÊNDICE N° 10

A antiga dança do moçambique

O moçambique antigo era uma dança realizada pela escravaria, patrocinada pelo senhor, pelo fazendeiro, à noite, nos salões, logo depois do jantar, como primeira parte dos festejos; a seguir, após a dança dos moçambiques, o baile em que todas as pessoas gradas, os membros da aristocracia rural iriam dançar até amanhecer. Os moçambiqueiros de antanho, todos do sexo masculino, trajavam camisolão branco, comprido, cuja barra ficava sobre os pés. Na cintura uma faixa preta, amarrada; usavam um gorro vermelho, pés descalços. Sob os camisolões usavam calças comuns. Os paiás das pernas não eram vistos porque o camisolão os cobria. Somente os dos braços eram divisados. O rei usava camisolão de seda vermelha, na cintura uma faixa branca e, em letras doiradas, os seguintes dizeres: "Viva São Benedito!" A única participante feminina era a rainha, em geral uma mucama ricamente enfeitada pela sua "sinhá dona": vestia-se de branco, lindo diadema na cabeça, faixa azul-clara na cintura, sapatos brancos, ricos colares e jóias, adereços que as fazendeiras ricas lhe davam por empréstimo. Portadora de uma salva de prata para angariar donativos para a Irmandade de Nossa Senhora do Rosário dos Homens Pretos, após a exibição de seus irmãos de jugo, receber os óbolos ofertados também a São Benedito por aqueles que iam assistir no salão à dança do moçambique, demonstração que assumia uma forma de exibir os escravos pelo senhor, dono da festa.

A dança não era como as atuais, adiantam os informantes; os pretos, dez ou 12, entravam no salão, cantando em língua africana, dando passos de marcha, ressaltando o ritmo com as batidas dos paiás presos nos pulsos e tornozelos.

> Ê, ê, ê! Sum Binidito, sua casa chera,
> quilavo, rosa, fulô de laranzera.

Segundo testemunho oral de várias pessoas inquiridas, geralmente os macróbios da região, assim descreviam a antiga dança dos moçambiques. Prosseguiu nos informes o saudoso mestre Pedro (Pedro Pereira Rio Branco, coevo de Osvaldo Cruz, aliás criado pelo pai do sanitarista) de São Luís do Paraitinga: "Logo que foi extinta a escravidão, os negros já não dançavam o moçambique em salão. Houve também um empobrecimento dos fazendeiros; os mais ricos mudaram-se, e os que ficaram, devido à supressão do braço escravo, tiveram que arrostar dificuldades econômicas, não havendo dinheiro supérfluo para gastar como outrora em exibições. Muitos venderam as jóias e não podiam dá-las emprestadas aos pretos, ou enfeitar a rainha com berloques e penduricalhos, não podiam dar axorcas e nem uniforme para os moçambiqueiros, afinal, já não eram seus escravos... e os pretos, por sua vez, não puderam mais dançar o *antigo moçambique* nos salões; tiveram que se misturar com os caipiras, pois já se haviam misturado, aos poucos, pelo casamento. Aqueles que não dançavam a congada, pela falta de espadas (que os antigos membros da Guarda Nacional emprestavam), começaram a se misturar com os caboclos. Estes praticavam o bailado do caiapó e nas salas de suas casas as muitas danças do fandango."

Possivelmente aqueles antigos dançadores de moçambique, dispostos a encontrar uma nova forma de recreação, não criaram, mas fundiram várias danças dando forma nova ao bailado. Aproveitaram a batida de paus do caiapó, algumas figurações do jogo de paus, "dos paulitos portugueses", algumas danças do fandango foram modificadas, ficando apenas os movimentos fundamentais, agora quase irreconhecíveis por causa do uso de bastões e outro ritmo; das congadas conservaram aquela marcialidade existente nesse bailado, dele também é o estilo dos cantos entremeados da doçura dos cantos religiosos; aproveitaram a embaixada e um pouco da nomenclatura dada aos participantes. No moçambique, muito mais do que na congada, pode-se perceber que os títulos dos componentes que desempenham papéis importantes sofreram influência militar quanto às denominações dos postos ocupados no bailado. O atual bailado do moçambique recompõe-se logo após o evento da República, quando os militares começaram a exercer papel destacado na vida da Nação, daí termos: marechal, general, capitão de linha, alferes.

Da antiga dança de salão denominada moçambique, ficaram na atual: o nome, a cor das vestes e um dos implementos usados – o paiá. Este permaneceu. Quando escravos, usavam-no também nos pulsos. Agora, como negros livres, usavam-no à guisa de jarreteira, não mais nos pulsos, pois quem sabe fazem lembrar algemas. Tanto na dança antiga, como no bailado atual, dançam descalços, pois o sapato atrapalhará a execução de alguns movimentos. Estes são muito variados, destros e ágeis. A razão de ficar descalço não é só por falta de dinheiro para aquisição de sapatos, acreditamos mais ser por motivo religioso, um voto de humildade ou resquícios da arqueocivilização o de "pisar em lugar sagrado". Afinal dançar descalço no moçambique poderia ser uma forma respeitosa que relembra o "tira os sapatos (*calceamentum*) de teus pés, pois onde pisas, lugar santo é". Estão praticando uma dança de religião.

Possivelmente o depoimento que alcança data mais remota sobre o moçambique seja este de São Luís do Paraitinga, que se refere à fusão de vários elementos. Entretanto o que se pode afirmar é que sua difusão foi rapidíssima graças ao fervor religioso dos moçambiqueiros. As romarias anuais aos santuários de São Bom Jesus de Tremembé e notadamente ao de Nossa Senhora da Aparecida contribuíram para que se difundisse logo. É por isso mesmo que, segundo nossos estudos, a zona moçambiqueira se localiza no vale do Paraíba do Sul e vale de seus formadores: Paraitinga e Paraibuna.

CAIAPÓ

Histórico

Segundo o professor Herbert Baldus os caiapós pertencem à família lingüística Jê (os caiapós do Sul dominavam os sertões situados entre as cabeceiras do Araguaia e a bacia superior do Paraná, e os caiapós do Norte vivem na região situada entre o Araguaia e o Xingu, ao norte do rio Tapirapé). Os do Sul foram duramente combatidos pelos bandeirantes nos séculos XVII e XVIII, forçados a abandonar suas terras que se localizavam ao sudoeste do atual estado de São Paulo, noroeste do Paraná e ia até Mato Grosso, nas cabeceiras do rio Paraguai. Premidos pelos bandeirantes foram para Goiás, onde seus inimigos praticamente os exterminaram. Seus remanescentes passaram a habitar as proximidades de Goiás, velha capital, justamente onde anotamos também o atual bailado do caiapó goiano, tendo uma semelhança impressionante com o bailado paulista abaixo descrito. É bem possível que o entrecho desse bailado advenha desse capítulo de sangue e extermínio incruento praticado em nome da civilização branca.

O caiapó é um bailado ou, como diria o saudoso Mário de Andrade, uma dança dramática. Hoje é raramente encontrado. Sabemos notícias a seu respeito, fora do estado de São Paulo, no Sul de Minas e em Goiás. No passado, era dançado em várias cidades paulistas (Itapetininga, Piracicaba, Botucatu, Tatuí etc.) por ocasião do Natal.

Tivemos oportunidade de vê-lo poucas vezes: em 1942 em Atibaia, em 1945 em Ilhabela, em 1949 em São Luís do Paraitinga e Mairiporã, em 1953 em Piracaia, São José do Rio Pardo e recentemente em Ubatuba.

Descreveremos o caiapó, por nós cinegrafado em Ilhabela, em 1945.

Participantes

O caiapó era um grupo composto de 12 elementos: curumi, cacique (assim o chamavam, embora suas funções fossem de pajé) e dez dançadores. Pela pequena parte exposta do corpo dos participantes, tivemos a impressão de que havia três pessoas de cor preta e as demais eram caiçaras, de tez bronzeada.

Indumentária

Todos usavam máscaras com bastos penachos, pintadas de cores bizarras. Uns vestiam camiseta branca sem mangas, outros, cor-de-carne, mangas compridas. Todos de calção e, por cima deste, um saiote de palha. Na cintura, uma faixa de barbante trançado, com pequenas penas coloridas, atravessadas. Jarreteiras e tornozeleiras de penas. Todos descalços. Alguns traziam a tiracolo uma faixa de algodão trançado, onde costuravam tufos de penas de cores naturais das aves: saíras, tiês, bonitos, puvis e sanhaços. Colares de pequenos búzios ou conchas nacaradas. Todos, com exceção do curumi e cacique, empunhavam arco e flecha. A função principal desse instrumento era acompanhar o ritmo do tambor. Se bem que, no momento da morte do curumi, eles apontassem a "arma" na direção dos "brancos" (assistência).

Instrumentos musicais

Tambor, caixa, pandeiro, reco-reco, arco e flecha. Esse conjunto de instrumentos tocado para dar ritmo à marcha, à dança e à representação é mais conhecido pelo nome de "pancadaria de caiapó".

Os tocadores acompanhavam de perto o grupo de dançantes e, no momento da representação do pequeno *drama da morte e ressurreição* do curumi, ficavam afastados cerca de dois a três metros, postados ao lado do estandarte.

Em São Luís do Paraitinga e Atibaia, o cacique usava uma buzina de chifre de boi; em Ilhabela, não. Estava armado com um punhal de taquara, enfeitado de penas, com o qual riscava em torno do curumi, quando "morto", estirado no chão. Foi essa arma que o auxiliou no *ritual da ressurreição*.

Embora não houvesse canto e os instrumentos musicais fossem idiofônios e membranofônios de percussão indireta (tambor e caixa) e direta (pandeiro), não chegaremos a afirmar que tenha havido música e sim ritmo para o acompanhamento dos passos da dança, cuja coreografia é paupérrima, monótona.

Caiapó. Flagrantes do bailado popular realizado em Ilhabela.

Pintura popular de um quilombo de Piaçabuçu (AL). Iconoteca do autor.

Outra pintura popular de um quilombo. Piaçabuçu. Iconoteca do autor.

Pássaros. Cenas do bailado popular em Belém do Pará.

Implemento

O único implemento usado nesse bailado é um estandarte com a efígie de São Benedito e garatujadas algumas letras que não as distinguimos. Denotava-se, porém, um sabor deliciosamente ingênuo na pintura popular do santo "advogado dos pretos".

Bailado

Aparecem na praça pública, marchando em coluna por dois, vindo à frente do "terno" o cacique e curumi. Na retaguarda vem a "pancadaria", ladeada pelo porta-estandarte (1ª fase do diagrama). O porta-estandarte vestia roupa comum, endomingada. O curumi sustou seus próprios passos. Parou assustado. Os demais dançadores (2ª fase) formaram um círculo em torno dele. Começaram a dançar em redor do curumi (3ª fase) com passos batidos, ora dando pequenos saltos, sempre batendo o arco-e-flecha. O curumi sentiu-se mal (4ª fase), todos os dançantes procuraram protegê-lo, fechando o círculo, pois alguém de fora, o "branco", queria matá-lo. Caiu "morto" no chão. O cacique (aqui as funções são de pajé), com suas "artes mágicas" baforadas de fumo e exuberante mímica, o ressuscitou (5ª fase). Todos dançaram alegremente, celebrando o acontecimento e se deslocaram (6ª fase) em marcha, parando para repetir o bailado – esse drama sem palavras e sem música – na proximidade da casa de alguém que desejavam homenagear.

Há de fato no caiapó a parte dramática. Embora não digam uma palavra sequer, a não ser sons guturais quando cercam o curumi, protegendo-o, há nessa dança a representação de dois temas, que vivem na infra-estrutura de nossa sociedade: o ataque do branco invasor ao índio – choque de culturas – e a ressurreição. Esta é sem dúvida um elemento da arqueocivilização latente em nosso folclore.

O caiapó, como todos os demais bailados brasileiros nossos conhecidos (folclore paulista), só é representado durante o dia, ao passo que as danças são em geral realizadas à noite. Aliás, o fato de ser levado a efeito durante o dia é uma das características distintivas do bailado folclórico.

O pai do autor contou que em Itapetininga, lá por 1907, havia um "terno" de caiapó. Conforme sua descrição, o tema e a indumentária eram idênticos aos dos demais caiapós que temos visto em nosso estado. Somente o personagem que fazia reviver o curumi era um "médico", pois usava óculos, fraque, cartola e bengala, ao passo que, nos que temos visto, usavam a mesma

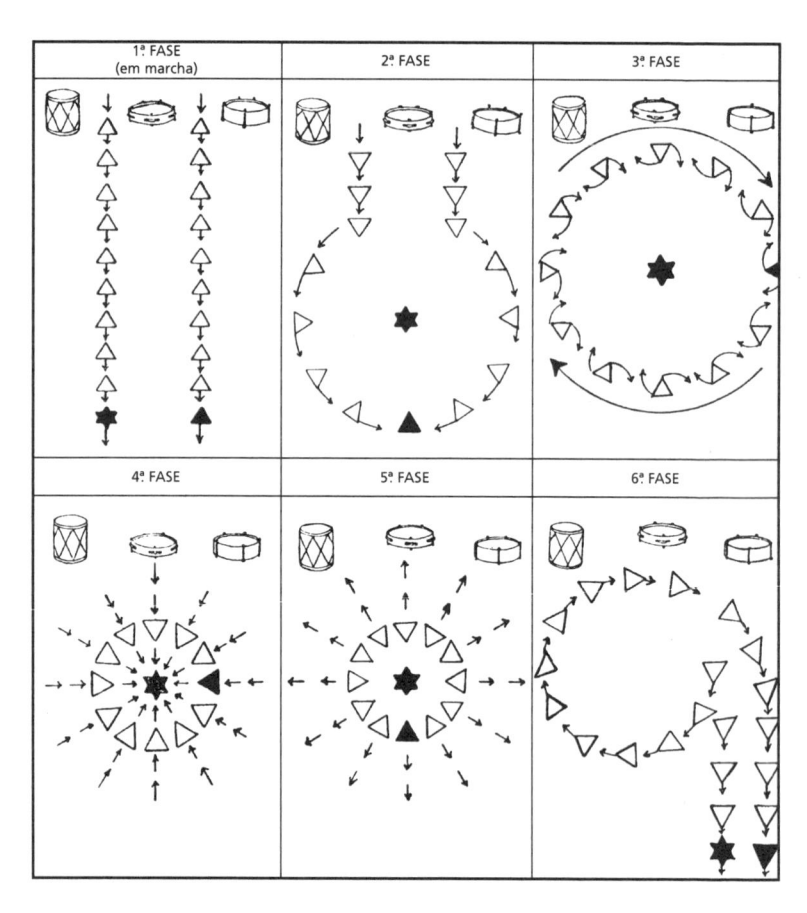

1ª FASE (em marcha)	2ª FASE	3ª FASE
4ª FASE	5ª FASE	6ª FASE

CONVENÇÕES

- ✶ Curumi
- ▲ Cacique
- △ Caiapó
- ⊠ Tambor
- Caixa (tarola)
- Pandeiro
- Reco-reco
- Arco-e-flecha

indumentária dos demais componentes do bailado, e eram chamados caciques ou "chefes do terno".

No caiapó de São Luís do Paraitinga (1949), os dançantes não usavam arco-e-flecha e sim pequenos bastões. Não cantavam, pois no caiapó não há canto. A "pancadaria" era composta de um tarol e pandeiro. As ordens eram transmitidas pelo "chefe-cacique" por meio de uma buzina[28]. A indumentária dos membros desse caiapó são-luisense, dirigidos pelo sr. Caié, era uma tanga de penas, dorso nu e enfeites nas pernas, com palhas de acondicionar garrafas.

Calendário

É um bailado próprio do Ciclo da Natividade e Reis, ou melhor seria dizer, das festas que se localizam no solstício do verão. Esporadicamente aparece noutras épocas: festa do Divino e Sábado de Aleluia. Quem sabe motivada pela solicitação de veranistas que ultimamente procuram esse recanto pitoresco do litoral paulista, até por ocasião das festas juninas bailam o caiapó. Segundo afirmação de velhos moradores da "Vila Bela da Princesa", o caiapó só era realizado por ocasião das festas do Deus Menino.

---

[28] Em Poços de Caldas (estado de Minas Gerais) usam buzina com a qual marcam o início e o fim da exibição. Aparecem também as "bugrinhas", meninos travestidos de indiazinhas, que devem ser protegidas pelo grupo, pois ficam ao centro na hora da representação dramática, sem palavras, só gestos (13 de maio de 1958).

QUILOMBO

O quilombo é um folguedo tradicional alagoano muito pouco conhecido dos estudiosos de nossa demopsicologia.

Piaçabuçu, última cidade brasileira à margem do São Francisco, fica em terras alagoanas, distante da foz do grande rio genuinamente brasileiro, cerca de duas léguas. Por ali vicejaram canaviais ondulantes, por ali andou o senhor açúcar que deu riqueza aos senhores de engenho. Riqueza que pesou mais do que qualquer outra na balança econômica do Brasil nascente e que trouxe certamente escravaria grande. Com ela vieram costumes e tradições. Estas ficaram, os canaviais desapareceram.

A recreação é uma necessidade orgânica e ao mesmo tempo integradora do homem ao meio social. Ela estabelece e facilita as relações de cordialidade. As festas foram sempre uma força de acomodação social. Ajudaram a integrar o ádvena ao novo ambiente para onde veio sob jugo servil. Quilombos, reisados, guerreiros, baianas etc. eram as distrações profanas permitidas.

Participantes

O quilombo compõe-se de cerca de 50 pessoas. São dois grupos distintos: pretos e caboclos. Cada qual com seu rei. Cada rei tem o seu secretário, cujas funções são as de "carteiro", embaixador. No bando dos pretos há uma rainha, um "Catirina" e um "pai do mato". Às vezes aparece a "onça." Além desses elementos destacados, no *quilombo* a "tripulação" de cada grupo é de 20 pessoas. "Tripulação" significa componentes, participantes. É, quem sabe, devido à influência da marujada a adoção deste termo no quilombo.

O chefe-geral do quilombo no bailado faz o papel de rei dos caboclos, um homem branco, João do Carmo da Silva, seu ensaiador há mais de 30 anos.

O TRAJE

A uniformização dos participantes, embora simples, é cuidada com esmero. Os pretos trajam calça de algodão azul, tipo usado pelos escravos antigamente, denominada "salta riacho" ou "meia coronha", faixa azul na cintura, caindo para o lado esquerdo. O busto nu. Pés descalços. Armados de foice. O rei tem roupas pomposas, capa de pano reluzente, "cirê" vermelha, paletó cheio de galões pelas mangas, calça abombachada, meias brancas, calçado com um sapatão preto encimado por um fivelão prateado. Na cabeça ostenta uma coroa ofuscante. Uma menina de cor, de 6 a 7 anos de idade, muito bem vestida de branco, capa de arminho, com muitos berloques, traz na cabeça uma pequena coroa, é a rainha.

O "secretário" ou "carteiro" traja-se com menor pompa do que os reis. Tanto o dos pretos como o dos caboclos. Não usam capas nem coroas, porém o chapéu do "carteiro" da facção dos pretos é todo cheio de medalhas e espelhinhos, calção abombachado, e meias brancas, presas pouco abaixo do joelho. O cocar do "carteiro" dos caboclos é vistoso, porém não é branco.

Os caboclos vestem calções sob as tangas de penas, trazem o busto nu, capacete de penas, andam descalços e usam como armas o arco-e-flecha. O rei dos caboclos diferencia-se pela sua linda indumentária de penas, tacape e cocar de penas alvíssimas. As penas de suas vestes são todas brancas. O rei disse-nos que matou um pato branco, tirou-lhe os ossos e carne, curtiu a pele e forrou-a fazendo um vistoso capacete.

O pai do mato veste roupa de estopa e a máscara de uma azêmola, chapéu de couro de vaqueiro. Catirina, um homem que se veste de mulher. Vestido bem sujo, molambento, pano na cabeça, amarrado atrás, o rosto todo melado de preto. Misturou banha de porco com "tirna" de fundo de panela.

PREPARAÇÃO

Na praça pública constroem uma grande paliçada, um cercado de palha – é o mocambo. Há uma porta só. Permanentemente guardada por um "fiscal". Fazem mais dois pequenos mocambos, um para os pretos, outro para os caboclos. Eles servirão para acomodar os participantes do quilombo pouco antes da parte dramática.

Na noite anterior ao dia da festa, os participantes do quilombo fazem os "roubos". "Roubam" tudo que é possível. Chegam a trazer canoas taparicas, animais, cadeiras, sacos de mantimentos etc. Nada, porém, entra ali sem ser registrado o nome da pessoa de quem foi "roubada" alguma coisa. A finalidade do "fiscal" é a de registrar. Os animais não passam fome porque até sua alimentação é providenciada. O mocambo fica abarrotado com os "roubos" feitos pelos quilombos.

No dia.da festa os donos das casas "roubadas", quando não dão pela falta, são avisados para retirar do mocambo o que foi "roubado", tendo que pagar uma importância qualquer. Uns pagam com larga generosidade, outros nem tanto. O "roubo" é reposto mediante pagamento, dinheiro esse que reverterá para cobrir as despesas da festa.

O ESPETÁCULO

Tem começo mais ou menos às 15 horas, quando o povo começa a rodear o mocambo, momento em que se iniciam os resgates das cousas "roubadas". Caboclos destroem a seguir o mocambo grande. Depois dessa parte inicial vem a dramática e a seguir as danças: *samba negro e dá-lhe toré*.

Os caboclos roubam a rainha dos pretos. Esta é levada para o mocambo dos caboclos. O rei dos pretos envia uma carta, por intermédio do carteiro, ao rei dos caboclos. Este, por sua vez, manda seu carteiro entregar uma carta ao rei dos pretos. É a carta anunciadora da guerra. Tem início o combate dos caboclos contra os pretos. Estes manejando suas foices, e os caboclos, arco-e-flecha. Enquanto lutam sob o ritmo ditado pelas zabumba, caixa e tabocas (pífanos), às escondidas, pai do mato e Catirina roubam novamente a rainha, trazendo-a para o mocambo dos pretos. A luta prossegue. A vitória é dos caboclos, pois estes matam todos os pretos. *Mas o rei dos caboclos, tomando uma folha de mato, fá-los ressuscitar.* Tornam-se então seus "escravos".

Aparece a onça e quer pegar um preto. "Negro é isca de onça", gritam freneticamente. A luta é grande entre o preto e a onça. Luta sob a regência da música vivaz das tabocas. Depois de dançar muito, a onça é presa. Os demais fazem como cachorros, latindo, ganindo. É na taboca que tocam o chamado dos cães caçadores. Vai acuando até que a onça procura esconder-se no mocambo. Prendem-na e a vendem. É vendida aos pedaços: "Quanto me dão pela rabada, pelo couro, pela cabeça, pelas unhas da onça?"...

Às vezes, quando o povo está distraído com as representações, ainda Catirina sai para fazer mais alguns "roubos" que são trazidos para o círculo que se fecha em torno, feito pelos quilombos.

Finalizando a parte dramática, os caboclos saem pelas casas e pela rua vendendo os "escravos". A rainha é vendida na casa das principais autoridades da cidade. Os demais são vendidos nas casas das pessoas de posse. O dinheiro arrecadado com a venda dos "escravos" é empregado para pagar as despesas da festa.

Na rua, o preto se ajoelha perto do transeunte: "ioiô, compra o nego véio", "Meu branco tem pena do nego véio", "Meu branco, solta o nego véio". Só se levanta quando dão uns níqueis. O dono do escravo os recebe. Ai daquele que não der, pode ser abraçado em plena rua... e o "escravo" está sujíssimo.

O rei dos caboclos bate palmas numa casa. "Ó de casa! Dotô Toinho (assim é chamado o Sr. Prefeito pelo povo) tá? Vim vendê este escravo, que por ser rei dos pretos alcança bom preço na mão de vosmicê." O comprador dá uma importância ao vendedor do "escravo". É a reminiscência da destruição dos Palmares, o "zumbi" alcança o melhor preço.

Finda a venda da "escravaria", voltam para a praça e os caboclos destroem os mocambos pequenos. Têm início as danças. Caboclos dançam o toré, e os pretos, o samba negro. Zabumba, caixa e tabocas entram em ação.

No primeiro, os caboclos requebram mais do que no frevo e cantam:

♩ = 80

Dá - lhe to - ré, dá - lhe to - ré, fa - ca de pon - ta não ma - ta mu - lé.

Dá-lhe toré, dá-lhe toré,   (bis)
faca de ponta
não mata mulé.

Os pretos "fervem" no samba negro. Zabumbas, caixas e tabocas não param. Cantam alegres e já açulados pela cachaça:

D.M. ♩ = 144

sam - ba ne - gro, bran - co não vem cá, si vi -

nhé, pau há de le - vá, si vi - nhé, pau há de le - vá.

Siririca faca de cortá
samba negro, branco não vem cá
si vinhé, pau há de levá.

Samba parente,
negro não é gente,
samba negro,
branco não vem cá,
si vinhé,   ⎫
pau há de levá. ⎬ (bis)
                 ⎭

E na dança[29] amanhecem os quilombos. Os padecimentos do passado são desforrados, tudo é alegria. Nessa reminiscência, nem um ódio sequer a

Rainha de quilombos, terno de zabumba e pai do mato.

---

29 Durante os ensaios do quilombo, no bairro da Coréia, quando há um intervalo, os membros destacados desse bailado aproximam-se dos assistentes e o Catirina, com a sua vassoura às costas, traz uma flor e a põe na lapela. O homenageado tem que lhe dar um "agrado" em dinheiro. O pai do mato coloca sua espingarda em nossas mãos, recebe um "agrado". O tocador de pífano coloca a taboca nas mãos do prefeito. A rainha dos quilombos traz uma flor de papel e a coloca nas mãos do frei Adalberto, de Waldemar Costa, agente de Estatística.
  Um gaiato grita: "Catirina, quedê seus anéis?" Catirina, varrendo, varrendo coloca uma flor nas mãos do pesquisador. Quando esperava o "agrado", disse: "Prefiro um queimado (cachaça com vermute) para me animar"...

empanar o brilho da festa tradicional que relembra as lutas e o anseio de liberdade dos negros escravos que um dia se refugiaram nas florestas de Palmares, criando os núcleos de Zambi, Arutirene, Tabocas, Bambiabonga, Subupira, Macaco, Ozengá e Andolaquituxe, redutos liquidados definitivamente em 1694. Duzentos e tantos anos depois, os caboclos, os pretos, os Catirina ladrões, os pais do mato, no seu bailado que se apresenta na ribalta da praça pública, mostram-nos que os entremezes desta dança dramática de hoje são fragmentos do episódio histórico da "Tróia Negra", farrapos dessa Ilíada alagoana, escrita com o sangue de milhares de negros, índios e brancos, sabiamente aproveitada pelo catequista que, além de teatralizá-la, não se esqueceu de fixar certos preceitos religiosos como o da ressurreição.

Ficou no esquecimento o que era comum ouvir-se:

> Nego, nego num drome,
> só leva a vida a apanhá,
> levando couro de brancos,
> nego só presta pra trabaiá.

Tal preconceito ficou no esquecimento, felizmente.

LAMBE-SUJO

A festa do lambe-sujo é conhecida em Sergipe, principalmente na sua capital bem como em algumas cidades são-franciscanas como Parapitinga, Neópolis, Propriá, arremedo muito desataviado do quilombo alagoano. É o nome de um bailado popular regional sergipano.

Na penúltima semana de outubro, grupos de negros quilombos percorrem a cidade empunhando uma foice de madeira, esmolando. A criançada em algaravia atrás dos pedintes faz tal qual quando segue os palhaços dos "bulantins", dos circos, uma gritaria zombeteira.

Em São Cristóvão presenciamos um combate dos lambe-sujos contra os caboquinhos; estes venceram e prenderam os pretos fujões. Começa a dança. Desenrola-se então a parte dramática, repetindo o episódio da destruição dos quilombos dos Palmares.

No interior de Sergipe há pequenas variantes do tema descrito deste autêntico bailado com motivo nacional, que infelizmente ainda não foi aproveitado nem no teatro, cinema ou televisão. Este, da antiga capital sergipana, é uma forma arruinada do quilombo alagoano assistido em Piaçabuçu em 1952.

Os lambe-sujos são os palmarinos, e os caboquinhos, vencedores do combate, embora mais jovens, meninos mesmo, são comandados por um capitão (não disseram, mas é o capitão-de-mato). A indumentária destes caboquinhos é a indígena... sem os disfarces civilizados de calças, sobre o corpo nu, uma tanga de penas de galinhas, patos e perus braceletes e outros enfeites de pena. Alguns empunhavam arco-e-flecha. Os lambe-sujos são realmente sujos, pois, além da roupa esfrangalhada, borravam-se com graxa e "tirna" do fundo de panela, numa lambuzeira (melação, como disseram) arrepiante. Alguns traziam velhos chapéus de palha de ouricuri propositadamente esfiapados.

No que presenciamos em São Cristóvão em 1952 apareceu um rei que permaneceu durante as duas horas de interminável monotonia no centro da exibição, ouvindo impassível o canto sempre o mesmo de vocábulos engrolados, cuja música se assemelha remotamente ao samba negro dos quilombos alagoanos. Ali ficou estático até que os lambe-sujos, irredutíveis, se renderam, foram aprisionados e seguiram pedir perdão ao "governador", que os soltou.

CABOCOLINHOS

Possivelmente um dos bailados mais antigos que existem no Brasil. Sua origem talvez se encontre entre as danças índias que os curumis executavam sob a vista dos catequistas. O padre Fernão Cardim registrou-a lá pelos idos de 1584.

É sabido que o jesuíta iniciou a conquista do bugre através dos seus filhos menores e certamente incentivou a prática dessa forma lúdica tão do gosto da indiada. Foi através de bailados como este que de norte a sul do Brasil ensinou, entre outras coisas, a tese da ressurreição.

De sabor indígena este bailado, pois no Nordeste o vocábulo caboclo, sua acepção mais generalizada é de designar o índio, o autóctone, o filho da terra, o natural, o legítimo brasileiro, quando muito, cruza de índia com branco, dando aquele tipo de cor bronzeada e cabelos escorridos, lisos. E "cabocolinhos" são os filhos dos caboclos.

Outra presença do bugre nesse bailado se faz sentir através dos instrumentos musicais, destacadamente o pífano. Conhecido também por taboca. Às vezes entram de parceria canzá e reco-reco (conforme nos informaram em Sapé (PB). Completa o instrumental, utilizado tão-somente para o ritmo, um arco-e-flecha que a maioria dos cabocolinhos (caboquinhos raramente é ouvido) empunha.

Os cabocolinhos do Nordeste na região açucareira e da jangada assemelham-se ao caiapó paulista, mais simples porém, porque pouco vai além do cortejo, do desfile pelas ruas em demanda das praças públicas onde pinoteiam, imitam ataque e defesa quando aparece o apaziguador, um rei cuja túnica azul (vermelha em Penedo, Alagoas) chama a atenção, mormente quando vem acompanhado por dois curumis[30] (príncipes?) em trajes de índios – quase nus. A falação não existe, porém a gesticulação é abundante. Fingimento de morte, embora tragicômico, apresenta arte, ou melhor, grande habilidade pessoal do caboclo-velho (ex-embarcadiço, sargento reformado da Marinha), quem sabe acostumado a ver a morte, pois é conhecido como grande rezador de "sentinelas", isto é, velórios em Mamanguape (PB).

Numa das representações carnavalescas desses cabocolinhos, as danças não tiveram a mesma seqüência. A dança de batidas de flecha no arco em três lugares foram feitas como penúltimo número, antes da dança de saída, outras duas vezes antes da dança ao redor do reis. O mesmo se deu com a dança de batalha. Nos dois dias em que foram presenciadas, variavam a ordem. Parece-nos que pelo fato de receber muitos aplausos a dança das batidas de arco-e-flecha, o inteligente "caboclo véio" dedicava-lhe especial cuidado, mesmo porque era uma espécie de preparação para sua *morte e ressurreição*. A primeira verdadeiramente teatral, a segunda jocosa. A coreografia pura, a mímica abundante deram verdadeiro sentido e unidade ao bailado, embora o "entrecho" sem falação não obedecesse à mesma ordem, como apontamos anteriormente.

Merece especial destaque neste bailado a atuação do terno de música (cabaçal ou cavaçal), cuja habilidade dos dois pifeiros (ou gaiteiros) completava o espetáculo... isso antes de os músicos terem "enchido a cara de cachaça", bebido em demasia, trazendo aborrecimentos ao sargento Mundico, mestre dos cabocolinhos. No primeiro dia afirmou que na qualidade de diretor expulsaria aqueles dois que "bebem de apanhar de lenço" (os dois pifeiros). Mas, noutro dia, lá estavam firmes com suas flautas de taquara, prontos para nova audição – e nova bebedeira – e nova ameaça de expulsão feita todos os anos, segundo afiançaram, há mais de dez. E não é à toa que dizem "que tocador de pífano entra no céu de banda, logrando até São Pedro", justificou-se o diretor dos cabocolinhos paraibanos.

No Nordeste, na região açucareira, da jangada e também na do vaqueiro, nas cidades que estão na linha demarcatória das áreas que tentamos traçar, as denominações dos chefes e personagens dos cabocolinhos variam: cacique,

---

30. Raimundo Nonato Oliveira apresentou orgulhosamente ao pesquisador seus dois netos – os cabocolinhos ponteiros do desfile, já participando da "mangofa". Estava todo empafiado, imponente e cheio de rapapés. Mais tarde, tomamos conhecimento de que nosso motorista, à noite, após o primeiro dia de exibição, contou-lhe que havíamos ficado em sua cidade para ver melhor os cabocolinhos e que havíamos afirmado ser ele um verdadeiro artista, digno de se exibir na televisão "polista" (paulista). Sua autopropaganda foi tão eficiente que várias pessoas nos perguntaram: "É verdade que seu Mundico vai com os senhores para São Paulo?"

morubixaba, caboco-véio, matroá, diretor e o birico. Varia também o número de participantes, entre 12 e 20. Na Paraíba, em Alagoas, Pernambuco e no Ceará e Rio Grande do Norte realiza-se nos dias do carnaval. Na região mineira verifica-se por ocasião das festas de agosto do Divino Espírito Santo, e o chamam de "cabocolinhos" ou cabocladas ou catopês, e outros de caiapó. Nas cabocladas mineiras aparece estandarte (como no caiapó paulista), rabeca, violas, violões e cavaquinho. Há cordofônios e não há a presença de aereofonos (pífanos), como existe nos cabocolinhos nordestinos. Fausto Teixeira assinala a presença dos cabocolinhos na região mineiradora de Minas Gerais com morubixabas, caciques, contramestre, pantalões e muitos indiozinhos componentes da *guarda*. No Espírito Santo denominam cabocleiros, guaribeira, ou dança de caboclos.

REISADO

No período natalino, na região brasileira da jangada, aparece o auto popular denominado *reisado*, alegrando geralmente à noite as cidades e povoados nordestinos.

No baixo São Francisco, notadamente, misturou-se com outros bailados, por exemplo com o dos congos, pelo menos é o que se percebe através da indumentária. Sincretismo também com o próprio bumba-meu-boi, que o admite como um dos seus *entremeios*, isto é, as representações, as *peças* que são as danças cantadas, narrativas de assuntos e motivos os mais variados em que misturam amor e guerra, religião e história local, representando a guerra com o vibrar de espadas e toques de maracás.

INDUMENTÁRIA

Dentre os vários bailados, o reisado certamente é o que apresenta os trajes os mais garridos pelos muitos e vários enfeites, destacadamente por causa dos espelhinhos, vidrilhos, lentejoulas, aljôfares, que enchem os saiotes axadrezados e capas de cetim. A parte mais atraente está no chapéu todo enfeitado de fitas e espelhinhos. Esses espelhos têm uma finalidade mágica, funcionam como amuleto, servem para o choque de retorno: todo o mal, todos os maus desejos que baterem naqueles espelhos retornarão para quem os tenha tido. Eles têm função amulética, defensiva, protetiva, é o que afirmam.

As coroas são de uso privativo do rei e da rainha. Já os palhaços usam um chapéu cônico chamado *cafuringa* ou *gafurinha*.

Participantes

Vários são os participantes do reisado: rei, rainha, secretário, guias e contraguias, mestre, mestra e contramestre, Mateus, palhaço, lira, embaixadores ou embaixatrizes, governador, estrela, índio Peri, sereia. O número de mestres, guias, embaixadores, mateus, varia de cidade para cidade. Em Piaçabuçu (AL), além do rei, rainha, havia um mestre, um mateus e só. No Ceará, por exemplo, são outros os nomes: Papangu, Careta, Mascarado, Caboclo, Velha, Caboré, Ema, Bode, Cazuza, Galante, Dama, Burra, Capelão, figuras que pertencem em outros lugares ao bumba-meu-boi. É que houve sincretismo com o boi-de-reis.

Danças

A coreografia é paupérrima. Nas danças por eles denominadas *peças*, executam os mais variados passos, deixando aparecer a criação individual dos dançadores. Costumam batizar os passos com os nomes mais diferentes e, duma cidade para outra, variam; somente alguns fundamentais são conhecidos aqui e acolá: "vai-não-vai", "corrupio", "gingado", "esquipança" (imitando o galope do cavalo), "sapateado", "pisa-mansinho" etc. O mesmo acontece com as representações onde há a presença de vários animais: urso, cavalo-marinho, burrinha, jaraguá, zabelê, bem como pessoas: Corcunda, Mané-da-velha-Rita, Capitão-de-Campo ou Capitão-do-Mato e o infalível Boi, que repete a tese da ressurreição mediante um bom clister que lhe dão, constituindo a parte tragicômica do reisado. Aliás, nos *guerreiros* a cena da ressurreição se repete, quando a Lira morre sendo a seguir ressurreta.

No ciclo natalino, cantam e dançam sob o ritmo ditado pelo fole (sanfona ou harmônica), adufes, caixa de guerra ou zabumba. Ao chegar num local, cantam os pedidos de licença ou abertura de porta, fazem as louvações aos donos da casa ou dos cercados, agradecem os comes e bebes oferecidos, depois retirada ou despedida. Dançam nas casas, nos cercados, praças, mercados, galpões etc.

Mateus dos reisados de ontem e dos guerreiros de hoje.

Quando há muita gente ao redor do reisado, os participantes colocam seus próprios chapéus ou entregam seu instrumento musical ou espada nas mãos desses assistentes ou colocam uma fita ou lenço no ombro de um conhecido qualquer, ficando este na obrigação de dar-lhe um "numerado", isto é, uma oferta em nota, dinheiro em papel. Ai de quem não der, de quem não lhes atribua uma "sorte", ficará por conta dos Mateus... que não lhes pouparão os chicotes de réstias de cebola, os mesmos com os quais espantam a meninada afoita que atormenta o boi na hora de sua "repartição" e morte.

GUERREIROS

Segundo nos afiançaram vários informantes, os guerreiros são auto muito novo, datando de 30 ou 40 anos, quando muito, o seu aparecimento.

Nota-se nele a mesma constituição dos antigos reisados, houve certamente algum sincretismo com outros temas: a presença de dois grupos de guerreiros confirma a hipótese da mistura de episódios representados.

É um bailado de temas soltos, sem ligação. Notamos que a tese da ressurreição por duas vezes é pregada nesse novel bailado: quando morre a Lira e depois por ocasião da morte do boi, entremeio final dos guerreiros alagoanos. Aliás, os guerreiros parecem ser exclusivamente alagoanos.

Chapéus espetaculares das participantes dos guerreiros.

BUMBA-MEU-BOI

O bumba-meu-boi é um bailado popular largamente praticado no Brasil no qual se nota a presença de vários elementos da arqueocivilização: animais que falam e dançam, a ressurreição do boi, animal este que para alguns autores é um elemento totêmico. Há um pequeno enredo, de grande simplicidade, sendo que após algumas peripécias matam o boi e sua carne é distribuída. É uma reminiscência do banquete totêmico ou tal distribuição simbólica, feita por um cantador, um trovador que sempre provoca hilaridade, não representará o antigo *pottlatch*?

Histórico

Não se pode afirmar com base histórica seja este bailado popular genuinamente brasileiro e será literatice sem fundamento científico, escudada apenas na observação de palanque, o afirmar seja o bumba-meu-boi o mais notável do Brasil. O boi é tema de bailado universal e em nosso país não se restringe apenas à região da "civilização do couro", ele é encontrado tanto na área da pesca como na agrícola.

Noutras terras o boi tem figurado em bailados, cerimônias, rituais ou totem desde a mais remota antiguidade. Animal útil, que dos festins pagãos dos *aigizein* dos cultos de Dionísio Zagreus entrou pela tradição a figurar na iconografia católica romana, simbolizando o evangelista São Lucas. O boi em muitas catedrais ou igrejas católicas romanas figura nas pinturas do teto, num dos quatro cantos além do leão, da águia e do homem ou anjo*.

---

* O leão é símbolo do evangelista Marcos, o touro de Lucas, a águia de João e o anjo de Mateus.

Não há fundamento nem documentação que nos leve a aceitar ter o bumba-meu-boi provindo do fato de esse animal figurar na cena bucólica da manjedoura de Belém, anualmente rememorada nos presepes armados por ocasião das festas natalinas, ou pelo fato de ele ser irmão gêmeo do escravo, no trabalho, no sofrimento nos eitos dos canaviais da vida agropastoril nascente nas terras cabralinas.

Dos elementos formadores de nossa etnia, apenas o ameríndio desconhecia-o, porque o africano e o europeu tinham-no na cultura milenar donde provieram. Foi fácil ao catequista aproveitar como motivo absolutamente popular a figura do boi para ensinar a tese da ressurreição para índios, negros, portugueses e seus mestiços. Sim, mestiços, porque no bumba-meu-boi domina a presença do mestiço. Todos têm seu papel nesse bailado: o *branco* é o dono do boi, o *negro* é que vai roubá-lo na fazenda onde há a conivência do capataz (mulato), e o *índio* é representado pelo pajé, o doutor ou médico que fará ressuscitar o animal-tema.

Bumba-meu-boi.

Não conseguimos ver através de todas as representações a que assistimos e dos estudos realizados, vislumbrar, pelo menos, mesmo através do simbolismo, algo de totemismo no bumba-meu-boi. O "repartimento" é que poderá ter alguma ligação com o banquete totêmico.

O *boeuf-gras* francês não se relaciona com o bailado do bumba-meu-boi e sim com o boi-na-vara dos santa-catarinenses. Segundo Arnold van Gennep, o *boeuf-gras* descreve-o como sendo um desfile que tem lugar na época do carnaval e Páscoa em algumas regiões da França, cortejo esse que acompanha um boi coroado com ramos, flores e enfeitado de fitas coloridas. Não há auto e nem brincantes*, não há arremedo de boi ou outros bichos. Há música e muita alegria. O *boeuf-gras* na França é boi de verdade, tão verdadeiro como o boi-na-vara santa-catarinense que, após a correria feita com ele, os moços "barriga-verde" matam-no e comem-lhe as vísceras e carne ainda quentes, tal qual faziam os adeptos dos cultos dionísicos da Grécia. Aqui no Brasil, terminam o boi-na-vara com um churrasco coletivo, popular. O *boeuf-gras* faz apenas uma boa promoção de venda para os magarefes franceses...

O bumba-meu-boi brasileiro não tem boi de verdade, é boi-de-jacá, boi-de-armação, feito de taquaras ou ripas finas de madeira, recoberto por um pano ordinário; de real tem apenas a cabeça que é uma caveira de boi ou vaca com os respectivos chifres. Nessa peça imitativa do boi se intromete o *tripa homem*, que se propõe a sair com a carcaça bovina sobre a sua...

LOCALIZAÇÃO GEOGRÁFICA

Poder-se-ia pensar que o bumba-meu-boi fosse um bailado cuja prática estivesse circunscrita exclusivamente à área pastoril. Tal não se dá. É encontrado noutras áreas, onde as técnicas de subsistência são outras.

Na *área da pesca*, na região da jangada é praticado em toda ela, sua denominação é vária: bumba-meu-boi no Maranhão, Ceará (onde também é boi-de-reis), no Rio Grande do Norte, na Paraíba (também chamado boi-calemba), em Pernambuco (também chamado boi-calemba), em Alagoas, Sergipe e Bahia.

Na região da ubá é boi-jaraguá, boi-pintadinho, reis-de-boi ou simplesmente boi no Espírito Santo, bumba-meu-boi no Rio de Janeiro, boi-de-mamão no litoral do Paraná e largamente em Santa Catarina e boizinho no Rio Grande do Sul.

---

* Criou-se um vocábulo novo e que está ganhando foros folclóricos, para denominar o participante dos folguedos populares brasileiros, notadamente dos bailados, é o *brincante*.

Na *área agrícola*, na região açucareira recebeu as denominações citadas nos estados da Bahia, Sergipe, Alagoas, Pernambuco, Paraíba e Rio Grande do Norte.

Na região cafeicultora até há pouco era desconhecido o bumba-meu-boi. Acontece que as grandes levas de migrantes nordestinos que vieram contribuir para a maior expansão econômica de São Paulo, Paraná, trouxeram para o Sul tal prática. Na capital paulista, nos bairros operários, moradores de favela têm "tirado bumba-meu-boi" por ocasião do Natal. A difusão tem se processado através desses elementos, sendo que alguns repetem, e outros, cuja experiência não foi coroada de êxito, desaparecem. Em Itanhaém (SP), região da ubá, para onde foram muitos nordestinos para as plantações de bananeiras, no Natal de 1953, um pernambucano que exerce a profissão de barqueiro saiu com um bumba-meu-boi. Foi bastante aplaudido pelos veranistas, mas pouco conseguiu monetariamente o organizador, que desistiu reclamando: "Os polistas são uns pão-duro, não quere recebê o bumba-meu-boi em suas casas."

Na região das novas culturas tem aparecido esporadicamente graças aos migrantes nordestinos.

Na *área da mineração* constata-se sua presença na região mineradora de Minas Gerais: Montes Claros, Pirapora, Várzea da Palma, Coração de Jesus, Araçuaí, Salinas. Acontece que Montes Claros é uma cidade onde os dois Brasis se encontram: o Brasil nordestino e o sulino. Cidade digna de ser estudada demoradamente por um sociólogo, pois ali até no traje os brasileiros se encontram: é o sulista a adotar o chapéu de couro, diminuindo-lhe um pouco a aba, que entre os baianos é muito larga, muito mais larga do que o chapéu de couro do pernambucano ou paraibano; é o nordestino usando bota sanfona gaúcha, passeando pelas ruas dessa progressista cidade mineira, cadinho onde se pode ver o contato das culturas. Em Montes Claros são dois nordestinos (um baiano e um pernambucano) os "donos" do bumba-meu-boi. Num deles é o boi-abre-campo que faz diabruras ao som das violas, caixas e pandeiros. Noutro, a maioria de seus participantes é de seleiros, os que trabalham com o couro do boi. Em Pirapora, o bumba-meu-boi era composto apenas de baianos.

Não são bumba-meu-boi o *boi, boizinho, dança do boi* de Peruíbe ou de Ubatuba, bem como o *boi-de-jacá* de Pindamonhangaba. Não são, como se poderia supor, figuras desgarradas do bumba-meu-boi. Pode-se pensar em alguma ligação é com o boi que saía acompanhando a Miota em Cunha ou São Luís do Paraitinga, por ocasião das festas do Divino Espírito Santo, porque o boi morre, sua carne é repartida pelo violeiro cantador, depois o boi ressuscita dando investidas aos presentes. É o boi Araçá, Pitanga, Barroso, Espaço etc. para quem, diz o canto popular em todo o Brasil, com algumas variações:

> mandei fazer um laço
> do couro de um jacaré,
> pra laçar o boi barroso,
> no meu cavalo pangaré.

Boi-de-jacá pindamonhangabense ou boizinho ubatubano e peruibense não são figuras desgarradas do bumba-meu-boi. A presença deles em São Paulo se deve provavelmente à antiga prática da tourada largamente disseminada, uma das distrações mais populares. Em Peruíbe o boi é acompanhado por um gigantão – o "Pereira". São pescadores, caiçaras paulistas, os componentes desse grupo carnavalesco. Além doutros fatores socioeconômicos, acrescente-se a sua proibição. Não havendo mais tourada aí ficaram o boi-de-jacá ou o boizinho para rememorá-la. O bumba-meu-boi não existia anteriormente no estado bandeirante. Temos pesquisado, lido os alvarás, as posturas das câmaras municipais paulistas, jamais encontramos uma licença para bumba-meu-boi, outrossim, folias de reis e divino, congadas, batuques, sambas de negro, jongos, cateretês, cavalhadas, touradas, são mencionados.

À tourada exclusivamente pode-se filiar o boi-de-jacá ou o boizinho, dois folguedos recentes em São Paulo, posteriores ao Decreto Federal nº 24.645, de 10 de julho de 1934, que proibiu a realização das touradas... Boi-de-jacá e boizinho nem são bailados, são apenas figuras independentes, sem enredo, sem dramatização, que se apresentam no carnaval. Às vezes se associam e poderão fazer um *cordão-de-bichos*. E foi dessa associação que nasceu o célebre cordão-de-bichos de Tatuí, hoje um verdadeiro zoológico com mais de 30 bichos no carnaval de 1961.

O boi-de-jacá de Pindamonhangaba é o que restou das antigas e famosas touradas da região vale-paraibana do sul, nada tem de bumba-meu-boi, repetimos. Achou guarida no carnaval, que é uma festa da arqueocivilização e que se enquadra no solstício de verão no Brasil. É, juntamente com a burrinha, o que sobrou das pantomimas que se faziam antes de os toureiros terem os "pegas" com os animais bravios. Preparava-se um jacá, colocava-se nessa armação a caveira de um boi. Sob o jacá bastante palha de milho ou algodão em rama para amortecer as marradas dos garrotes que eram toureados pelos palhaços na parte primeira, na pantomima que precedia à grande e espetacular tourada. Acabaram-se as touradas, ficou o boi-de-jacá, reaparecendo anualmente no carnaval de Pindamonhangaba.

Entrecho

A urdidura da composição dramática é de grande simplicidade, não emprestando ao bailado foros de notabilidade. O fundamental é a ressurreição do animal-tema, havendo pequenas variações das quais daremos as três mais encontradiças. O boi é guardado por vaqueiros. Um destes, num momento de desatino, sacrifica-o. Há uma contenda por causa da morte do boi. Entrementes, sai um brincante correndo buscar um doutor que lhe aplica um clister miraculoso, fazendo-o reviver. Depois de dançar novamente, retira-se para repetir noutro lugar o mesmo draminha.

Outra variação: entra o boi que investe como na tourada. Zangam-se e matam-no. O boi não devia morrer porque "ele não sabia que seu dia é hoje", é preciso fazê-lo reviver. Chamam o médico e basta que este encoste no boi sua espada de prata para que ele ressuscite.

No Maranhão, entrecho do bumba-meu-boi consiste no roubo de um boi da fazenda de um latifundiário (branco e opulento), por um preto velho, que deseja saciar o desejo de comer carne manifestado por mãe Catarina, que se encontra grávida, cheia de desejos... O ladrão tem a complacência do capataz da fazenda que faz "vista gorda"; no entanto, provoca a reprovação do proprietário e a ira geral se manifesta como censura a tal ato. Os culpados e mais o boi se apresentam, dançando sob o ritmo vivaz dos tambores.

Calendário

De uma área para outra e mesmo de região para região varia a época da apresentação do bumba-meu-boi. É no Natal que ele tem maior expressão e amplitude.

Na área da *pesca*, na região da jangada e da ubá, é natalino; na *amazônica*, é junino.

No Piauí o boi sai todos os dias de 23 a 29 de junho, à noite, e fixam sua morte definitiva para julho. É, portanto, junino. O escritor Raimundo Rocha registrou:

> Lá vai, lá vai,
> o nosso boi guerreiro,
> leva o nosso boi, vaqueiro,
> pra rua da Redondeza.

Lá vai, lá vai,
o boi de fama, Serrador,
morena varre o terreiro,
te prepara qu'eu já vou.

Em algumas regiões há bois tanto no solstício de inverno como no de verão. No Ceará há disso: boi-de-reis é natalino e boi-de-São-João é junino. Segundo o antropólogo Florival Seraine, no Piauí, boi-de-reis e boi-de-São-João "mostravam certas diferenças na apresentação, sendo o último acompanhado, em seu trajeto pela cidade, pelo espocar de bombas, busca-pés e outros fogos da temporada, que lhes atirava a rapaziada do lugar".

O bumba-meu-boi é um folguedo noturno, uma recreação sadia e distração para os que mourejaram de sol a sol.

PERSONAGENS

Vários fatores contribuem para que os nomes e número de personagens variem de região para região. Em alguns lugares constata-se a presença da mulher participando do bailado, noutros, homens travestidos de mulher. Aliás, a Catarina ou Catirina é sempre um homem com trajes femininos. Presença de meninos. Os trajes são muito simples, roupa comum. Só estão fantasiados alguns participantes. O boi é infalível e onipresente. Os animais como a ema, sapo, burrica, cavalo-marinho são fantasiados a caráter de tais motivos. O número de participantes varia muito. Os grupos medeiam entre 18 e 30 brincantes. A farândola que os acompanha é incontável, às vezes.

No Amazonas e no Pará os nomes mais comuns são: dono da fazenda, amo ou feitor, vaqueiros, índios, mãe Catarina, padre, sacristão, doutor ou curador. No Maranhão, pai Francisco, mãe Catarina, pajé, menino, outros como índios, caboclos e galantes. No Piauí: vaqueiro, Chico, Catirina, primeiro e segundo amo, primeiro e segundo rapaz, caboclo guerreiro, doutor cachaça, doutor pilintra, caboclo real. No Ceará costumam distinguir os participantes, chamando àqueles que representam bichos de *figuras*. Há então os mascarados, papangus, vaqueiro, capelão, careta, velha, rapaz, Romão, Eliseu, caboclo, damas, galantes, Mané-gostoso, Juca, e as figuras: Isabelinha, que é a burrinha, caboré, ema, bode, cabeçuda, chamego, fantasma. No Rio Grande do Norte: birico, rosa, contramestre, padre, burrinha, zabelinha, gigante, Mateus, jurubeba, sururuca, pinicapau, amo, bode, urubu, sisudo, bate-queixo, galantes. Em Pernambuco, a nosso ver, o de Goiânia é um dos mais atraentes, mais rico em fantasias do que o de Recife, porém não se igualam aos bumba de Pará e

Maranhão, estes verdadeiramente pomposos, sendo que o esmero com que trabalham o boi, os enfeites, são de chamar a atenção. Há grupos com seis galantes, primeira e segunda damas. Mateus, Bastião, valentão, caboclo, caçador, capitão, cavalo-marinho, padre, caipora, burrinha, menino, mulher, ema, babau, Gia Pimenta, chorão, dentista, morto-vivo, Durival. Na Bahia, mestre, vaqueiro, dono do boi, capitão, Mané-cheiroso, burrinha e muitas pastoras. As mesmas que tomam parte na *jegada*. Nessa região o jegue, isto é, o jumento, desempenha muitas funções e a "jegada" é uma farândola de moços e moças que acompanham os "bois". Em Alagoas e Sergipe, principalmente na terra dos Marechais, os reisados e guerreiros absorveram o bumba-meu-boi, sendo mera parte daqueles bailados. No Espírito Santo: vaqueiro, Catirina, pai Francisco, cavalo-marinho, "a Fantasma", lubisome, engenho, loba, tartaruga, jacaré e particularmente o boi jaraguá que os folcloristas Guilherme Santos Neves e Renato Costa Pacheco dão-lhe "batistério" de capixaba genuíno. Em Santa Catarina, boi-de-mamão tem por companheiros o Mateus, doutor, Bernúncia, veado, urubu, cachorro, urso, carneiro, onça, tigre, sapo e vaqueiro. Finalmente, no Rio Grande do Sul, o boizinho é acompanhado pelo vaqueiro, doutor, ginete, cachorro, caipora, urubu, leão, urso e cavalinho.

Instrumental

Os membranofônios são os instrumentos musicais fundamentais do bumba-meu-boi no Norte e Nordeste; já no Sul é a sanfona, harmônica ou gaita de foles. No Piauí, antigamente, usava-se a matraca e apito, hoje há pandeiros, tambor, maracás e puítas. O apito continuou, a matraca desapareceu. No Ceará, além da harmônica, há caixas, cavaquinhos, tamborins, pandeiros e pratos. No Recife, Goiânia e Paulista, zabumba, canzá, viola, violão, rabeca e pandeiros. Em Santa Catarina, pandeiros, gaita de foles, caixa clara, violão. No Rio Grande do Sul, unicamente sanfona.

Repartimento

Após a morte do boi, há, pelo violeiro ou o cantador que em muitos lugares é chamado o "cabeceira", porque tira as cantigas, a repartição dos pedaços do boi. As peças de carne são oferecidas às pessoas de acordo com o seu grau de importância social e respeito que merecem na comunidade. A língua é considerada o melhor pedaço e é então oferecida ao dono da casa ou às autoridades. Mas os chifres... são oferecidos a um desafeto qualquer e não raro provoca desavença tal oferta pública que traduz uma ofensa. Ao repartimento também chamam de "matança".

No ato do repartimento das carnes do boi, nos seus pesos mais procurados, distribuindo carne para o banquete é que alguns autores vislumbram laivos de totemismo do bumba-meu-boi.

O boi morre muitas vezes e ressuscita outras tantas.

Que será do boi?

A iniciativa oficial e o amparo de entidades particulares têm permitido intromissões, inovações no bumba-meu-boi, aberrações para agradar os promotores dessas benesses. Tais proteções que felizmente a maioria das vezes tem ficado apenas em promessas e adarvadas à burocracia, tem contribuído para o falseamento, a mistificação de grupos folclóricos, a oportunidade para que "curiosos" sem formação universitária intervenham, havendo "novas criações folclóricas" que levam os folcloristas de gabinete, "sábios de palanque", a afirmarem ser o "mais notável bailado do Brasil".

Antes de mais nada é preciso atinar com o processo de desenvolvimento acelerado que o Brasil vem sentindo, progresso que tem causado bruscas mudanças no gênero de vida das populações, levando-as à adoção de novas técnicas de subsistência. Formas antigas têm sido abandonadas, mas insistem em "proteger" ao folclore. Nunca será demais reler o que nos ensina André Varagnac. Esquecem-se de que há um laço entre gêneros de vida e cerimônias tradicionais.

"Um novo instrumento torna tecnicamente impossível uma antiga cerimônia. Quando uma única máquina corta o trigo e amarra os feixes, não é mais possível coroar a moça que fez o feixe mais rico. Antigamente distinguiam-se em França modos diferentes de confeccionar os feixes de trigo; a máquina, em todos os lugares, trabalha do mesmo modo. Era tradicional, no começo da colheita, fazer um feixe bonito e grande e oferecê-lo à senhora das terras, como em outros lugares oferecia-se um ramo ou uma espécie de boneca. Tais cerimônias perdem seu sentido e nem mesmo são mais realizáveis quando é uma máquina que, automaticamente, faz o trabalho todo e corta montes de tamanhos iguais. O instrumento novo não só suprime as causas da tradição, mas determina o aparecimento de um novo modo de pensamento em desacordo com o antigo. As inovações técnicas que conseguem mudar os gêneros de vida não possuem uma ação menos eficaz sobre o comportamento tradicional ou sobre o próprio pensamento."

PÁSSAROS

No Pará, especialmente em Belém, há um folguedo popular realizado no solstício de inverno, por ocasião das festas de junho, que é um misto de bailado, quase burleta porque representa um pequeno drama jocoso e musicado, cujo tema central é a caçada, ou melhor, a morte e ressurreição de uma ave ou de uma caça do mato.

Acontece que o pássaro pertencia à sua amada; então o caçador se vê em sérias dificuldades e o remédio é conseguir a *ressurreição* dessa ave de tanta estima. Uma vez ressurreta, a festa continua, mudando apenas de local.

Às vezes, em lugar de uma ave, há um animal da fauna amazônica: caititu, quati ou outro que faz parte do passadio de muitos beiradeiros.

A indumentária dos participantes é em geral muito rica e chama a atenção pela beleza dos penachos, dos cocares rutilantes. A criança que faz o papel de ave que vai morrer e depois ressuscitar, em geral, é a que traja as melhores fantasias.

Os pássaros paraenses têm nomes cuja origem está ligada ao ambiente, como sejam, japim, periquito, uirapuru, quati, guariba, e os destoantes, por não serem brasileiros como o rouxinol, além dos animais domésticos: gato, galo.

Por causa da presença desses outros animais que não são pássaros, certamente vem a outra denominação pela qual é também conhecido na Amazônia este bailado, embora com pequenas variações do entrecho referido, chamam-no *cordão-de-bichos*.

A influência indígena se faz sentir neste bailado através do largo uso das plumas, a arte plumária de enfeites se aproxima muito daquela que os autóctones ameríndios empregavam; no uso do arco-e-flecha, sendo ricamente enfeitada a arma do caçador, arma assassina que matou o pássaro de estimação.

Alguns componentes do grupo usam bastões enfeitados de penas coloridas. Em alguns pássaros o personagem que faz por gestos mágicos a ressurreição é um fantasiado que se parece muito com os pajés. Os próprios tipos humanos participantes desses pássaros são portadores de traços físicos indígenas, raros são os negróides participando e uma boa porcentagem de brancos.

A nosso ver o bailado dos pássaros é uma adaptação amazônica do bumba-meu-boi, feita para crianças, porque a maioria dos participantes é de adolescentes. Em alguns dos pássaros, quem promove a ressurreição da ave é uma fada e não o pajé. Isso revela-nos uma ligação mais recente com o folclore europeu, ou melhor será dizer, com o cinema, que tem explorado em desenhos animados as histórias de fadas tão do sabor infantil, revivendo as que viviam nos contos que o ritmo da vida moderna está roubando, terminando com o hábito de contá-las, provocando uma solução de continuidade porque não serão transmitidas oralmente.

Na grande simplicidade do bailado popular dos pássaros aflora a tese da ressurreição, coluna vertebral de uma série de danças dramáticas brasileiras, embora se possa acoimar de muito pobre o entrecho, mas a tese catequética aí está vigorosa.

CAPÍTULO III
Mitos e lendas

DEFINIÇÃO DE MITOS E LENDAS

Donald Pierson, nosso professor na Escola de Sociologia e Política de São Paulo, procurava ressaltar a importância e necessidade de o pesquisador social conhecer o "mundo mental" do indivíduo pesquisado. Afirmava: "Por *mundo mental* de uma pessoa entendemos a amplitude de sua atenção, os objetos que lhe são familiares e com os quais ela se sente à vontade. Reflete muito decididamente a herança social dessa pessoa e sua participação na cultura do momento."

Verdadeiramente é um reflexo da herança social (cultura) – "sistema dinâmico e funcional de língua, *folkways*, *mores*, instituições, idéias, atitudes, sentimentos e técnicas, transmitidos de geração a geração, e que tende a impor-se ao indivíduo desde o nascimento, através da interação com outras pessoas; varia de grupo para grupo e de época para época; cresce e muda".

A maneira justa e perfeita de se tomar conhecimento desse "mundo mental" é através da abordagem que o pesquisador deve ter, realizando assim um melhor entendimento e compreensão do pesquisado. Há certos refolhos do "mundo mental" – crendices, mitos, lendas – que só chegarão ao nosso conhecimento graças à boa abordagem porque é comum, como defesa e principalmente medo de serem considerados tolos, crédulos, atrasados, não as revelarem, guardarem avidamente, ou melhor, resguardarem-se de cometer o ridículo.

A boa abordagem dará ao pesquisado uma liberdade tal que provocará até confissões, "destravará a língua" e uma verdadeira torrente de informações jorrará pela palavra – caminho pelo qual se penetrará nos arcanos do "mundo mental".

Crendices, lendas, mitos somente são narrados quando se percebe que o ouvinte não está com o desejo de menoscabar, de achar que "aquilo é uma bobagem". O ouvinte é o pesquisador. Este deve estar sempre em atitude compreensiva, simpática, porque o pesquisar é uma arte. A arte mais sublime das ciências antropológicas.

Este capítulo resultou das experiências que tivemos na busca de conhecer melhor o "mundo mental" dos moradores de algumas comunidades paulistas estudadas nestes últimos 15 anos.

Àquelas crenças que vivem no mundo mental do povo rústico, nós que vivemos nos meios urbanos, damos-lhe depreciativamente o nome de *superstições*. Outros, mais compreensivamente, as chamam de crendices ou abusões. Para os do meio rural é vivência, para outros é sobrevivência.

As poucas "crendices" aqui arroladas poderiam figurar no capítulo de Ritos, bem como os mitos e lendas no de Linguagem popular, entretanto procuramos enfeixá-los neste nosso terceiro capítulo, como variedade de fatos folclóricos familiares, com os quais o indivíduo se sente à vontade. São representações vivas em sua mente, embora muitas vezes ele viva nos meios urbanóides ou nas grandes cidades; mesmo fora de seu meio original, a crença em mitos e lendas o acompanha, bem como as crendices, pois seu "mundo mental", reflexo de sua herança social, não cresceu e não mudou muito. As crendices continuam vida afora na órbita de seu imaginário, são um objeto familiar.

Qual a razão de estabelecer um novo capítulo, não colocando as lendas, os mitos e as crendices naqueles outros referidos e sim destacadamente?

Além dos já mencionados, poderemos aduzir este de ordem técnica de obtenção, ou, em outras palavras, de meios e dificuldades para atingir o fim colimado: a simples conversa, o contato secundário nas relações formais, "onde há a tendência de tratar os indivíduos como a meros objetos físicos e não sociais", poderá tal contato oferecer muito material sobre a *linguagem popular*, bem como a simples apreciação do indivíduo em seu ambiente poderá revelar muitos de seus *ritos*. Entretanto, somente se obtêm os outros quando se estabelecem os contatos primários, "encontro onde há simpatia, afeição, amor, lealdade, dedicação; onde as relações são informais, espontâneas, íntimas, sentimentais, intensas, completas, relativamente permanentes, um fim em si mesmas; onde os indivíduos tendem a assumir uns os papéis dos outros, a identificarem-se continuamente uns com os outros, a compartilhar de suas respectivas experiências; onde o *controle social* é informal e, assim, intenso e efetivo".

Então quando há o contato simpático ou o primário é que se poderá penetrar realmente nesse mundo povoado de mitos, lendas e crendices.

O folclorista Basílio de Magalhães[1] assim definiu *mito* e *lenda*. "Do mito – transfiguração dos seres e fenômenos naturais em corpos inaturais e forças sobrenaturais, *totens* e *tabus*, pelo *eu projetivo* do homem inculto – foi que se geraram as lendas, os contos e as fábulas da tradição popular. O que caracteriza a lenda é a apoteose, ligada a proezas heróicas ou a maravilhas supra-sensíveis, ao passo que o conto é a narrativa de façanhas míticas, ou mesmo históricas, nimbadas pelo halo da lenda, e a fábula é a forma de que se serviu o homem, pela observação de si mesmo e dos animais, em que projetou a sua linguagem e às vezes os seus sentimentos, para constituir a moral primitiva."

Adotaremos também sua classificação para os mitos em *primários* e *secundários*, e estes, em *gerais* e *regionais*.

Ao estudarmos as lendas propusemos uma dicotomia baseada na experiência e conhecimento maior que temos do estado de São Paulo, feudo folclórico palmilhado em todos os seus quadrantes em pesquisas sociológicas. Assim é que dividimos o *Lendário paulista* em: lendas do beira-mar e lendas do serra-acima ou planaltinas.

Não nos interessou buscar as origens. Não cogitamos saber do "batistério" do saci-pererê, se é negro, ameríndio ou descende do ciapodo europeu. É um trasgo infantil e assim o anotamos.

Está muito em voga os "folcloristas" escreverem que este ou aquele fato folclórico se localiza na *área luso-brasileira*. É muito perigosa essa maneira de enquadrar. Esquecem-se de que o português era um andejo. O índio também. Herbert Baldus nos ensinou que os brasilíndios eram uns andarengos. E os negros? A que estoques raciais pertenciam? Como a senzala sincretizou os seus usos e costumes. Depois do abanhaenga foi a língua portuguesa o traço de união entre as gentes do "Estado do Brasil", a língua em que o feitor dava ordens, em que a mucama cantarolava dorme-nenê, o cambiteiro gritava com suas alimárias, os meninos se xingavam nas suas zangas e as velhas contavam as histórias, narravam as lendas.

Há fatos folclóricos, principalmente aqueles que pertencem à literatura oral, ao lendário, à mitologia, que, uma vez esmiuçados, verificar-se-á que não são lusos, e sim asiáticos ou africanos. Seria menos errado dar uma ascendência européia a determinados fatos do que, por "conta própria", ir afirmando ser lusa, hispânica etc.

Poderíamos chamar as lendas que adiante serão lidas de *lendas paulistas*? É perigoso assim proceder. Ninguém foi mais andejo do que o paulista pla-

---

[1] Basílio Magalhães, *O folclore no Brasil*, Rio de Janeiro, Ed. O Cruzeiro, 1960, p. 71.

naltino. Ele esteve presente nos quatro cantos cardeais do Brasil. Não foi apenas o conquistador, o alargador de fronteiras; foi antes de tudo o *povoador*. E quem povoa transmite seus usos e costumes. Leva também um acervo de lendas – o *lendário*.

Muitas lendas que poderíamos chamar de *gaúchas* e por lá foram arroladas possivelmente foram na patrona do homem de botas e calção de couro. Há *lendas mineiras*? Seriam originárias das Alterosas? E os paulistas, que foram por lá à cata de ouro e pedraria preciosa, não as teriam levado nas bateias de sua memória?

De São Paulo partiram povoadores, monçoeiros. O *lendário paulista* acompanhou-os, não resta dúvida.

Hoje, o inverso está se dando em São Paulo, quando milhares e milhares de migrantes brasileiros, vindos de todos os pontos geográficos do Brasil para trabalhar nesta forja ciclópica que é a indústria paulista, estão trazendo aquela bagagem cultural onde a lenda se faz presente. É lenda cearense, maranhense, capixaba ou gaúcha a que registramos no barraco da favela onde mora o "pau-de-arara"?

Aquele Romãozinho do Piauí não tem muito do saci-pererê paulista? E o negrinho do pastoreio, o mais comovente mito gaúcho, cuja lenda nos enternece? O seu protagonista tem a mesma cor do saci-pererê paulista. Sim, do saci-pererê, porque o saci-trique e o saci-saçurá são mais claros.

E o mito da porca e dos sete leitões não freqüenta um sem-número de cidades tradicionais do Brasil? E por que ele está desaparecendo, já não se ouve mais falar nessa porca prolífera?

Esse é outro problema.

É verdade que a industrialização está liquidando com as lendas? Sim e não. E as novas religiões? Não estariam elas contribuindo para uma reinterpretação?

As lendas nada mais são do que episódios conservados na tradição oral popular, onde o sobre-humano, o maravilhoso estão presentes e sofreram deformações, incrustações pela imaginação popular.

É possível localizar a lenda no tempo e no espaço, mas isso é trabalho dos mais árduos, que reclama tempo. Já o próprio fato de as lendas possuírem as mesmas características do conto popular (anonimato, antiguidade, oralidade e persistência) dificultou-nos melhor seleção, pois até que ponto uma lenda é lenda e não conto ou fábula?

E como separar a lenda do mito? Só o confronto e exame da função poderiam nos ajudar nesse trabalho. Luiz da Câmara Cascudo afirmou: "O mito

Em cima: *Fogo corredor ou João da Lavínia (boitatá)*, óleo de Miguel Arcanjo da Silva. Piaçabuçu (AL). Iconoteca do autor. Embaixo: *Porca e os sete leitões; papa-fígado; onça maneta; mula-sem-cabeça.*

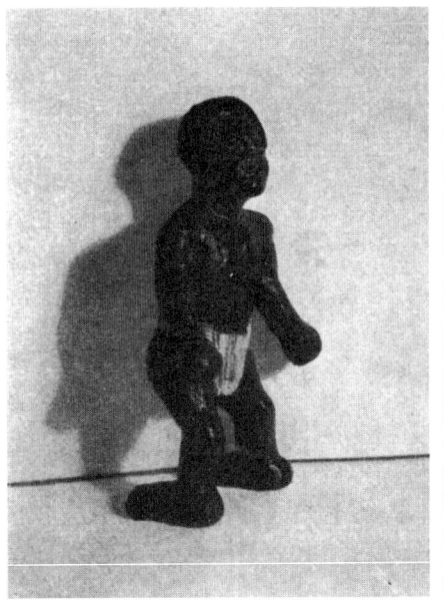

Curupira.

Saci-pererê.

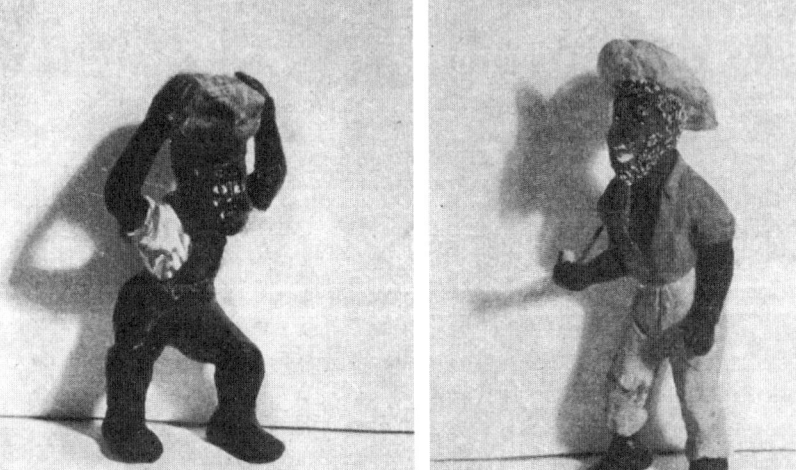

Alma penada. À direita: Pai Jacó ou Nego de cachimbo. Cerâmica popularesca de Lourenço Ceciliato. Tatuí.

pode ser um sistema de lendas, gravitando ao redor de um tema central, com área geográfica mais ampla e sem exigências de fixação no tempo e no espaço."

Não importa a ascendência, lusa, negra ou ameríndia, a verdade é que nós brasileiros temos os nossos mitos. O pai Çumé nos foi legado pelos tamoios. E Ubatuba é a praia dos tamoios. Será que foi por ali que ele andou? E o *Çaa cy perereg*? Esse negrinho de um pé só, brincalhão, que passa correndo nas trilhas que há séculos palmilhou o povo tupi, pois foi por onde passaram nossos avós índios, caminhos estudados por Curt Nimuendaju, que esse mito se espalhou, esse negrinho que fuma, brinca e é mais travesso do que um Ciapodo europeu, esse negrinho que é mito-síntese de três raças, que em quatro séculos distantes gerou a alma nacional, esse negrinho que tem muito de tupi, a cor e o rosto de africano, o barrete vermelho do nauta luso e catolicizou-se no "negrinho do pastoreio".

Pelo fato de a lenda possuir características de fixação geográfica, poderíamos então chamar de *lendas paulistas*. Embora o tema seja muitas vezes universal, a deformação, a roupagem com a qual são vestidos os personagens de um mito, de uma lenda, emprestam-lhe sabor local, situam-nos no ambiente mesológico. Tornam-se regionais. O corpo-seco freqüenta um número considerável de cidades antigas onde muitas vezes a necessidade de expansão da área urbana, comercial ou industrial, teve que mudar de lugar os antigos cemitérios. Qual o burgo paulista que não cresceu? A mula-sem-cabeça, cuja origem dizem ser de mulher que teve relações sexuais com sacerdote, era no passado uma forma de proibição, de sanção que se inventou para que as mulheres não tentassem os padres, fazendo-os quebrar o voto de castidade. O que é interessante nesse mito é que o castigo só é para a mulher que deslizou. Ela virará mula-sem-cabeça. O padre não terá castigo. Ele representa o sagrado, ela a tentação, o demônio.

Tesouros de jesuítas, "enterros", o boitatá, a mãe-de-ouro, as almas penadas vivem também no lendário paulista.

Autores simplistas do passado afirmavam serem alguns aspectos da cultura produtos da natureza. Davam verdadeira ênfase ao ambiente natural. Este era um verdadeiro determinante. Aí reside o erro porque a natureza *condiciona* e não determina as ações humanas. Os elementos naturais que *condicionam* diretamente são relevo, solo, clima e os menos diretos como subsolo, reino vegetal e animal, isolamento e outros.

A natureza, em geral, condiciona limitando a cultura, e não a promovendo. Contatos com outras populações é que na realidade contribuem para incremento cultural. Talvez seja por esse motivo que se possam apontar algumas pequenas características diferenciadoras entre os homens do litoral e do interior, entre os portadores do lendário, dos mitos, das crendices aqui arrolados.

A antropologia nos leva a verificar que há algumas pequenas diferenças entre o homem *rural* e o *urbano*. Aquele tem uma vida mental intensa, repleta de crendices, de mitos e lendas.

O rurícola tem mesmo maior sensibilidade, qualquer coisa pode melindrá-lo. É desconfiado. E tal pode ser um obstáculo para a abordagem do pesquisador. Seu mundo mental é realmente diferente. O homem da cidade rege a sua vida pela rigidez dos ponteiros do relógio. O rurícola não. É dono de uma simplicidade, de um horário elástico que vai do nascer ao pôr-do-sol. O significado do ambiente precisa estar ligado ao elemento tempo, só assim se apercebe da realidade cultural.

Outro é o tipo de vida mental do homem da cidade. Anseios, desejos e sonhos diferem entre este e aquele. Falta-lhe tempo até para meditação.

O homem do beira-mar, onde a alimentação é mais fácil de ser obtida (na pesca), meios de comunicação facilitados pelo uso da canoa, tendo portanto maior comunicabilidade, têm maior espontaneidade, maior sociabilidade. O caiçara paulista é mais comunicativo, mais alegre, mais folgazão do que o caipira planaltino.

No interior, no serra-acima, dois tipos humanos podem ser apontados: morador do planalto propriamente dito e aquele que vive na região de relevo mais acidentado, na região serrana.

O homem do planalto, vivendo nas regiões mais ventiladas, acostumado a olhar a distância, é comunicativo quase como o litorâneo. Entretanto o que vive nas regiões das serras, onde o horizonte fica mais perto de si, e a terra parece confinar-se com o céu no cimo dos montes mais altos que o cercam, reduzindo assim o seu campo de visão, muitas vezes nasce, cresce, vive e morre sem conhecer o outro lado da serra.

Possivelmente é por isso que crê que atrás dos morros existe o desconhecido. Povoa-se-lhe a mente de mitos, lendas, crendices, tornando o seu mundo mental mais rico: ali mora o boitatá, no tembé adusto que forma um paredão intransponível mora o saci-pererê.

Repetindo Basílio de Magalhães, "o mito é a transfiguração dos seres e fenômenos naturais em corpos inaturais e forças sobrenaturais", assim ordenamos entre os *mitos primários*: saci, mula-sem-cabeça, lobisomem, curupira, caipora.

Os mitos secundários compreendem *gerais*: boitatá, mãe de ouro, minhocão; e os mitos secundários *regionais*: corpo-seco, porca e os sete leitões, porco preto, cavalo branco, mão de cabelo, pisadeira, onça maneta, papa-fígado.

No lendário paulista arrolamos as *lendas do beira-mar*: Tiago – o negro do Corcovado, um santo que cumpriu pena na cadeia, o pontal da Cruz, gruta da Tapagem, rio das Mortes, a sepultura; e as *lendas do serra-acima ou planaltinas*: alferes do diabo, a moça vestida de branco, procissão das caveiras de padres, pai Jacó, padre do diabo, dinheiro enterrado, alma penada, rumeiro!, Serra Negra, Serra Negra!, João Palavrão, jantar ao diabo, Ana Freira, a flor de São João, o cururu e o urubu.

Destacadamente inserimos umas páginas sobre o "Galo no folclore", onde há lendas de permeio com crendices e mitos.

Finalmente as crendices que acompanham o homem do berço ao túmulo.

Mitos

MITOS PRIMÁRIOS

Saci

Em São Luís do Paraitinga, o major Benedito de Sousa Pinto afirmou: "Conhecemos três espécies de saci: trique, saçurá e pererê. O saci mais encontrado por aqui é o saci-pererê. É um negrinho de uma perna só, capuz vermelho na cabeça e que, segundo alguns, usa cachimbo, mas eu nunca o vi. É comum ouvir-se no mato um 'trique'; isso é sinal que por ali deve estar um saci-trique. Ele não é maldoso; gosta só de fazer certas brincadeiras como, por exemplo, amarrar o rabo de animais."

"O saçurá é um negrinho de olhos vermelhos; o trique é moreninho e com uma perna só; o pererê é um pretinho, que, quando quer se esconder, vira um corrupio de vento e desaparece no espaço. Para se apanhar o pererê, atira-se um rosário sobre o corrupio de vento."

E mais uns informes sobre o saci: "Quando se perde qualquer objeto, pega-se uma palha e dá-se três nós, pois se está amarrando o 'pinto' (pênis) do saci. Enquanto ele não achar o objeto, não desatar os nós. Ele logo faz a gente encontrar o que se perdeu porque fica com vontade de mijar." (Amaro de Oliveira Monteiro.)

Quando se vê um rabo de cavalo amarrado, foi saci quem deu o nó. Tirando-se o gorrinho do saci-pererê, ele trará para quem lho devolva tudo o que quiser.

Quando passar o redemoinho de vento, jogando-se nele um garfo sai o sangue do saci. Outras versões: jogando-se um rosário o saci fica laçado; jogando-se a peneira, fica nela.

Mula-sem-cabeça

Moça solteira que tem relação sexual antes do casamento, ou comadre com compadre, mulher casada com padre, vira mula-sem-cabeça. Aparece na sexta-feira: para evitar que ela ataque é só esconder as unhas e os dentes.

Mula-sem-cabeça, quando encontra uma pessoa, chupa os olhos, as unhas e os dedos.

Passar correndo diante de uma cruz à meia-noite faz aparecer a mula-sem-cabeça.

Quando uma pessoa enxergar assombração ou mula-sem-cabeça, deve deitar-se de bruços e esconder as unhas, para não ser atacada.

A pessoa que enxergar alma do outro mundo ou qualquer outra visão não deve acender luzes ao chegar em casa. Deve esperar a luz do dia chegar.

Lobisomem

Quando um casal tem sete filhos, todos do sexo masculino, precisa dar o mais novo para o mais velho batizar a fim de evitar que um deles se torne lobisomem. Tratando-se de filhas, uma será bruxa, se a mais nova não for batizada pela mais velha.

Homens amarelos, pálidos, esquálidos são tidos como lobisomens.

De quinta para sexta-feira é que os "que têm tal sina" viram lobisomem ou bruxa. Havia uma senhora que saiu com seu marido levando em seus braços seu filho pequeno, envolto num cueiro de baeta vermelha. Depois de terem viajado alguns dias, seu marido lhe disse uma noite: – Olhe, fique com este cacete, caso algum animal a ataque, surre-o com pancadas. E saiu dizendo que tinha necessidade de ir até um lugar perto. Não demorou muito a mulher foi atacada por um cão muito grande. Defendeu-se com verdadeira bravura. Aquele canzarrão estava querendo comer as fezes da criança que ficara no cueiro. Com as cacetadas feriu o cão negro que, ao ver sair sangue da ferida, fugiu. Ela percebeu que algum animal espojou-se por ali próximo. Não demorou muito apareceu o seu marido com o supercílio sangrando. Pensou-o. Dormiram. Noutro dia, quando estavam conversando a mulher verificou que havia fiapos de baeta vermelha nos interstícios dos dentes do marido. Ela então percebeu que seu marido era um lobisomem. Entretanto, como havia feito sair sangue dele com as cacetadas, quebrou-lhe o encanto. O homem nunca mais virou lobisomem.

A licantropia está toda neste relato sobre o lobisomem que recolhemos em Botucatu, contou-nos vovó Olímpia.

Canhambora.

Lobisomem.

Em São Luís do Paraitinga recolhemos:
"O lobisomem sai às sextas-feiras. Quando é gente branca vira cachorrão preto e quando é gente preta vira cachorrão branco. É um homem que vira cachorro e sai às noites de quinta para sexta-feira para comer fezes de galinha. Quando não encontra galinheiros, então procura criança de braço exclusivamente para lamber as fraldas e cueiros."

"Assombração quando aparece, ou mesmo o lobisomem, só andam até que o galo cante. Depois que o galo canta, pode procurá-los que não serão encontrados, pois todos desaparecem. É por isso que os caipiras se recolhem cedo e acordam depois que o galo canta, assim não verão assombrações."

CURUPIRA

É um menino escurinho da cor de índio que tem os pés voltados para trás, vive metido no meio do mato. Pressentindo as tempestades que poderão trazer danos à floresta, bate nas árvores para que estas despertem e assim resistam à fúria das intempéries.

CAIPORA

Protetor das caças do mato. É um homem peludo que anda montado num queixada, isto é, num porco-do-mato. (Caipora é sinônimo de azar, de má sorte.)

MITOS SECUNDÁRIOS GERAIS

Onde mora o Boitatá

Mombocaba ou Mombucava foi porto de mar importantíssimo na Província de São Paulo. Dele partia a estrada Cesaréia atingindo Minas Gerais. O movimento das Alterosas era feito por este porto abandonado que hoje poucos o conhecem.

A estrada Cesaréia passava por São José do Barreiro, cortava o encachoeirado rio da Onça no Sertão dos Mineiros, bairro rural, onde parece que estão as quedas maiores dessa caudal de águas límpidas. Aí, à margem direita há uma caverna.

Ouvimos dizer que ali morava um boitatá. Percorremos trechos da estrada secular e fomos visitar a caverna de São José do Barreiro, em local de acesso difícil, cuja entrada larga fica voltada para o nascente. Desce-se para o seu interior onde há um salão de mais ou menos 600 metros de extensão, *onde mora o boitatá*, segundo afirmavam os caipiras que jamais ali entravam ou mesmo de onde nunca se aproximavam.

É a gruta soturna da qual, em 1933, o então delegado de polícia de Guaratinguetá, Arlindo Ribeiro Horta, retirou oito ossadas humanas e restos de cipó aimbê. Dizem os caipiras que tal cipó dura uma eternidade, não apodrece.

Antigo roceiro empregado da fazenda de Antônio Alves Salgado, o centenário Cesário Velho, alcunha de Cesário José de Carvalho, contou-nos que no tempo de dantes, quando desciam com o ouro para embarcar para Portugal, um dos encarregados da Colônia descaminhou as bruacas e arcas onde transportava o metal precioso. Entrou naquela gruta com oito negros escravos, seus comboieiros, mandou abrir uma cova, enterrou o roubo. Depois amarrou os negros com cipó aimbê, sangrando-os, seccionando-lhes a aorta desapiedadamente para que houvesse segredo. Há ali um "enterro", isto é, ouro enterrado.

O desalmado descaminhador nunca foi buscar o ouro tingido de sangue. "Quem sabe morreu", disse Cesário Velho, "os moradores antigos daqui tinham razão. Afirmavam que naquela gruta mora o boitatá. Mora mesmo, porque na gruta há ouro enterrado, por isso a cobra-de-fogo guarda o lugar desse enterro. O boitatá faz um risco de fogo no céu, quando a noite é bem escura."

A Mãe-de-Ouro

Em Ubatuba, Candinho Manduca, pescador do Perequê-açu, conta que viu a Mãe de Ouro – uma grande bola de fogo – atravessar o céu de um canto a outro; saiu lá das bandas do rio Acaraú e foi cair no morro do Caruçu-mirim.

Outros caiçaras já viram, em noites escuras e sem estrelas, aquela bola incandescente fazer a curva no céu, caindo sobre o morro, indicando que ali há tesouro enterrado.

"E pode ser verdade", diz Candinho Manduca: "Ali na Prainha, no tempo de dantes havia um casario rico e assobradado ladeando o trapiche. À direita do antigo trapiche há um túnel que atravessa o morro de lado a lado, desembocando na estrada do Perequê-açu. Na metade do túnel, há um salão, onde estão empilhadas canastras e bruacas cheias de ouro e pedras preciosas. Riqueza tirada das entranhas da terra mineira, das lavras e que se destinava ao reino, mas, aqui chegando, fora descaminhada. Era o contrabando."

"Houve algum contratempo, por isso o tesouro lá ficou escondido. Mas quem há de varar o túnel, moradia de cobras e de outros bichos peçonhentos, encostar-se naquelas paredes de umidade pegajosa e desmoronadas pelo tempo? Já tentaram, mas não tiveram coragem de chegar até o salão onde a riqueza está guardada. E ela ainda lá continua, pois de vez em quando há quem veja a *Mãe de Ouro* riscando o céu e caindo onde está o tesouro enterrado."

MINHOCÃO

Antigamente, em Itapetininga, contavam que um frade que por lá viveu no começo do século, uma vez afirmou que se o povo continuasse a portar-se mal, vivendo em jogatinas e bebedeiras desenfreadas, um minhocão cuja cabeça estava perto da igreja da matriz, e cujo corpo passava por baixo da rua do Gado ou das Tropas (hoje Quintino Bocaiúva) e a cauda lá pelas bandas do Paquetá, poderia, como advertência aos corrutos, movimentar-se.

Seu movimento provocaria uma espécie de terremoto, as casas se partiriam, a terra se fenderia e tragaria os maus.

Dizem que na terra do famoso Nhô Quim Gancho, muita gente ficou de rosário na mão de medo do minhocão porque viram a terra gretada lá pelas barrancas do rio do Chá, conforme informou Flávio Xavier de Toledo.

MITOS SECUNDÁRIOS REGIONAIS

Corpo seco

Cidade antiga como é, São Luís do Paraitinga tem suas lendas e mitos aos quais a repetição verbal vai dando permanência. Conta-se que, há mais de 50 anos, residia na cidade um português de nome Cabral, homem mau e dissoluto. Sua casa ficava situada na saída da cidade, lá para os lados de quem vai para Ubatuba.

Era homem que não ajudava ninguém e procurava sempre amealhar fortuna sem ouvir as lamúrias e necessidades do próximo.

Certa vez, uns frades mendicantes bateram-lhe à porta e pediram-lhe uma esmola; ele fez ouvidos moucos, soltou seus cachorros em cima dos frades e maltratou-os, não lhes dando um vintém sequer. Os frades amaldiçoaram-no por ter negado a esmola.

Quando esse estrangeiro morreu, o cadáver virou corpo seco. Não podia ficar no cemitério e mandaram colocá-lo no alto da Terra Podre.

Dizem que esse corpo seco ainda está por lá e que aparece para as pessoas que atravessam aquela região à noite.

Porco preto

No beco do Império, hoje rua da Ponte, sobre o rio Paraitinga, conta-se que, à meia-noite, saía um porco muito grande e muito preto que atravessava a estrada de um lado para outro sem que ninguém pudesse pegá-lo.

Porca e os sete leitões

É um mito que está desaparecendo, pouca gente o conhece. É provável que a geração infantil atual o desconheça. (Em nossa infância em Botucatu, ouvimos falar que aparecia atrás da igreja de São Benedito no largo do Rosário.) Aparece atrás das igrejas antigas. Não faz mal a ninguém, pode-se correr para apanhá-la com seus bacorinhos que não se conseguirá. Desaparecem do lugar costumeiro da aparição, a qual só se dá à noite, depois de terem "cumprido a sina".

Em São Luís do Paraitinga, informaram que se a gente atirar contra a porca, o tiro não acerta. Ninguém é dono dela e por muitos anos apareceu atrás da igreja de Nossa Senhora das Mercês, na cidade onde nasceu Oswaldo Cruz.

Cavalo branco

Em noites claras de luar, em Iguape, ali no Valo Grande, aparece pastando as relvas marginais um fogoso cavalo branco.

O luar se reflete no pêlo alvinitente da alimária encantada.

Dizem que se alguma moça virgem passar por perto, ele a espanta até que caia nas águas do Valo Grande, desaparecendo com ela. Noutro plenilúnio ele voltará para buscar outra moça para viver com ele no fundo das águas.

É por isso que as mães ficam aflitas quando vem a lua cheia, pois nas margens do Valo Grande infalivelmente aparecerá a pastar o cavalo branco.

Mão de cabelo

Quando não se consegue dormir, uma velha alta, magra, vestida de branco, cujos dedos são macios como cabelo, vem passar as mãos no rosto para que se concilie o sono.

Pisadeira

É uma negra gorda, muito pesada, que vem pisar escarrapachadamente sobre o estômago de quem dorme com ele cheio ou de barriga para cima.

Onça maneta

É uma grande pintada que não tem uma das patas dianteiras, foi decepada por um tiro. Aparece roubando bezerros novos. É difícil de ser caçada, tiro não acerta. Precisa chumbo que recebeu água benta.

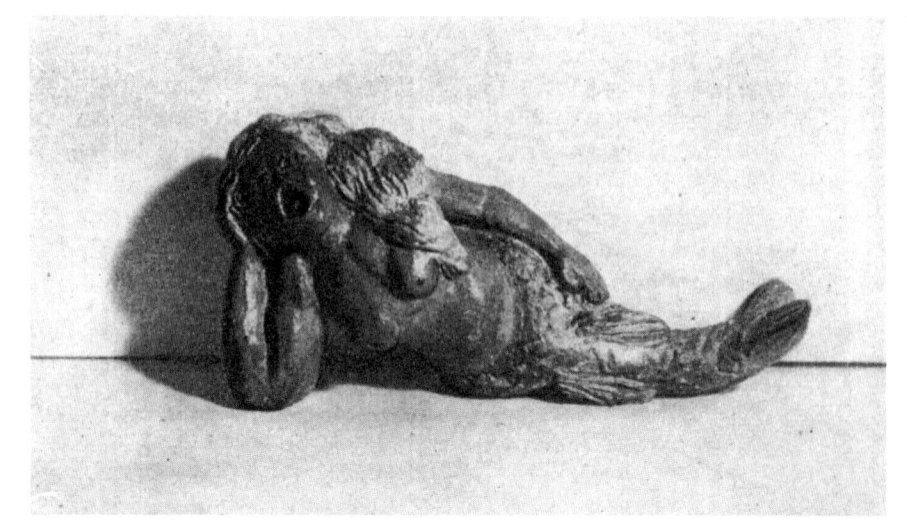

Sereia.

Pisadeira. À direita: *Mão de cabelo. Cerâmica popularesca de Lourenço Ceciliato. Tatuí.*

Papa-figo (papa-fígado)

É um preto velho comedor de fígado das crianças mentirosas. No saco que carrega às costas traz uma grande reserva de fígados. Na mão direita está um fígado, ainda quente, da última criança mentirosa que ele encontrou fazendo das suas. Mito da angústia infantil.

Lendas

LENDAS DO BEIRA-MAR

Tiago, o negro do Corcovado

O outro Corcovado da Serra do Mar, sem a Guanabara aos seus pés, alteia seu vulto majestoso por entre os demais morros da cordilheira marítima, enfeitando com seu perfil alcantilado o beira-mar ubatubano.

Baliza no roteiro do viajor fatigado que ao avistá-lo, senhor sobre as demais elevações circundantes, aviva as esperanças da próxima chegada – Ubatuba fica aos seus pés.

É o Corcovado onde Tiago, o escravo fiel, há dois séculos, pouco mais, aguarda a chegada de sua sinhazinha.

Um portuga rico, cansado de mercadejar com a carga humana, traficando negros d'África nos tumbeiros, resolveu acabar seus dias no Brasil, onde ganhara, "pelos bons serviços prestados à Coroa", uma sesmaria extensa, desde a praia até a serrania. Com ele viera o que restava de sua família, uma filha mui formosa. Trouxe também a escravaria para o trabalho no plantio da cana-de-açúcar e na dura labuta do engenho que por ali estabelecera.

Os anos foram-se passando. Eis que um dia, vindo de além-mar, desembarca em Ubatuba um jovem fidalgo de gentil aspecto que "vinha fazer América".

Enamorou-se perdidamente da filha do velho e rico fazendeiro. Este opôs-se ao casamento. Trancafiou-a na alcova onde ficou sob severa vigilância.

Tiago, que acompanhara sua iaiá desde os tenros anos de vida, vendo-a sofrer, tornou-se o estafeta, o moleque de recados. Os enamorados planejaram a fuga: quando o galo cantasse pela primeira vez, ela sairia. Tiago recebeu todas as jóias de Mécia e, logo após as Ave-Marias, embrenhou-se pela mata e escarpas, foi esperá-los lá no Corcovado.

O pai descobre a trama. O jovem fidalgo é assassinado. Mécia é levada para Portugal, e o perfil de Tiago, até hoje, quando as estrelas brilham mais intensamente no céu, se destaca a cavaleiro do morro: ali está o velho escravo na sua fidelidade infrangível, apoiado no bastão, pitando o seu cachimbo, esperando a chegada dos que fugiriam por amor.

As estrelas brilham por sobre a carapinha de Tiago e às vezes desaparecem, se escondem por entre as nuvens de fumaça quando ele tira uma baforada maior do seu pito de barro...

A GRUTA QUE CHORA

Os nossos índios desconheciam a existência do dragão, se havia algum ente fantástico, um gênio das fontes ou um inimigo dos caçadores, não passava de ipupiaras. Estas acabaram sendo tão fantásticas, assemelhando-se às hórridas serpentes que a mente medievalesca fazia engolir os infiéis.

Certamente quem ensinou o medo aos povoadores destes chãos brasílicos foi o catequista. O jesuíta Fernão Cardim descreve até a maneira como esses duendes matavam a indiada irreverente.

Anchieta em 1560 referia-se a Igputiara, moradora das águas, comedora dos índios.

E esta lenda é uma história que se liga à história.

A gruta que chora fica na praia da Sununga, ali pouco adiante de Iperoig, nas terras dos tamoios, onde Anchieta foi refém.

Contam que todos os anos emergia do mar uma enorme serpente e só aplacava sua ira após ter engolido uma índia virgem, repasto, opíparo, que a fazia voltar para as águas.

A indiada assustava-se sempre com a horripilante aparição.

Um dia, quando a serpente apareceu e a bugrada espavorida temia dar sua contribuição, um catequista que ali estava, de crucifixo em punho, enfrenta o monstro marinho, que, saindo d'água, refugiou-se para sempre naquela furna. (Repete-se o Teseu em terras paulistas.)

Hoje, quando alguém visita a furna da praia da Sununga, faltando com o respeito ao ambiente lendário, falando pouco mais alto, gotas d'água caem do teto – é a *gruta que chora*.

O fenômeno da permeabilidade da pedra, onde há estalactites, é interpretado pelo caiçara como *a gruta chora*, sim chora, são as lágrimas da serpente que o padre catequista aprisionou ali para sempre...

Pedra de raio

Juliano Leal, pescador de Peruíbe, contou-nos que o lugar onde cai uma *pedra de raio* pega fogo. Uma pedra preta, lisa, afunda sete metros no chão. Passados sete anos, ela aflorará. Não presta ter essa pedra em casa porque ela chama raio. Por ocasião das chuvas de trovoada ela começa a fuzilar. A melhor coisa que se faz quando se encontra uma pedra de raio é pinchá-la no mato, concluiu o informante.

Pedra de raio é o machado lítico de nossos índios.

Um santo que cumpriu pena na cadeia

Em São Sebastião, cidade do beira-mar paulista, conta-nos a lenda, havia um homem valentão, turbulento, que se comprazia em acabar com as procissões e festas religiosas.

Graças à sua valentia, ninguém ousava repreendê-lo, todos o temiam e respeitavam.

Certa manhã é encontrado morto. Segundo alguns depoimentos, seu corpo inanimado estava na porta da igreja matriz, segundo outros, na praia.

Quem teria assassinado o valentão?

Tem início o processo, que, segundo afiançam antigos moradores da cidade, ainda se encontra no cartório local. Várias pessoas são inquiridas.

Alguém disse: Para matar esse homem só mesmo São Sebastião, nosso padroeiro, que foi homem guerreiro. Um valentão como este só poderia ter sido morto por ele, principalmente pelo fato de ter acabado com várias procissões em seu louvor.

Certa pessoa, ao depor, informou ter visto na manhã do crime, correndo pela praia, um moço loiro, com os traços fisionômicos de São Sebastião.

Correu célere a notícia de que fora São Sebastião quem abatera o valentão com sua lança de guerreiro, pois o ferimento indicava ter sido feito por tal arma. Outros chegavam a afirmar que uma das setas que se encontram em seu ícone foi utilizada, pois até sangue tinha.

Levado a juízo, São Sebastião não contestou. Continuou mudo como todas as imagens. E o velho ditado, "quem cala, consente", foi o veredicto.

O santo padroeiro é julgado e condenado a vários anos de prisão pelo crime de morte do valentão caiçara.

Dizem os antigos moradores que, de fato, São Sebastião esteve preso na cadeia local e que por ocasião das festas do santo, a 20 de janeiro de todos os anos, pagava um alvará de 1.600 réis para que pudesse acompanhar as procissões. Havia, porém, uma exigência: o santo sairia na procissão, acompanhado por um soldado de arma embalada para que não fugisse, voltando depois para a cadeia, pois estava cumprindo pena de reclusão.

Cumprida essa, foi São Sebastião liberto, voltando para o altar onde até hoje se encontra.

O Pontal da Cruz

Em São Sebastião morava um velho pescador numa casinha de tábuas, rodeada de coqueiros, cajueiros e laranjeiras. A moradia enchia-se de perfume, quando estas floriam, e todas as manhãs de música, quando o sabiá cantava saudando o nascer do Sol. Porém a alegria maior morava no coração do velho – era a filha única, moça prendada e de uma beleza ímpar.

Um moço de Ilhabela um dia se enamorou da jovem e todas as tardes, na sua canoa, atravessava o canal para vê-la, trocar juras de amor.

Certo dia, um moço, filho de um médico que o imperador designara para trabalhar naquele porto, vem passar suas férias escolares e também se enamorou da filha do pescador. Esta correspondeu ao moço romântico, bem trajado, que a pediu em casamento, antes de voltar para a Corte.

O choque de sentimentos, o fato de abandonar o primeiro namorado, levou-a ao definhamento. O seu antigo pretendente, que todas as tardes vinha vê-la, prontificou-se a sacrificar-se para amainar aqueles sentimentos tempestuosos e desencontrados que estavam originando o aniquilamento progressivo de sua amada.

Numa tarde, depois de despedir-se da jovem, deixou sua embarcação ao sabor das ondas. E a canoa virou. O corpo do moço relegado foi noutro dia encontrado sobre as pedras do Pontal. Ali erigiram uma cruz tosca de pedra.

A moça morreu de saudades.

Hoje, de longe, avista-se, ao lado da cruz, dois pés de abricó entrelaçados que fazem recordar os que morreram de amor e saudade.

Gruta da Tapagem

Na mesma região do Votupoca, que dizem ser um vulcão extinto, no antigo município de Xiririca, hoje Eldorado Paulista, subindo-se o Ribeira de Iguape, antes da barra do Braço, envereda-se para o sudeste, galgando-se um cômoro e, depois de algumas léguas, chega-se à boca da gruta da Tapagem. É verdadeiramente deslumbrante o seu interior. Vários salões onde a luz do sol não penetra. No primeiro ainda moram morcegos, já do segundo em diante, onde a escuridão é completa, nem esses mamíferos penetram.

O vasto salão que a luz dos projetores elétricos faz surgir das trevas milenares aos nossos olhos dá-nos a impressão de uma catedral. As estalactites pendentes do teto da gruta parecem candelabros irisados refletindo os focos luminosos, e as estalagmites assemelham-se a milhares de devotos genuflexos: visões que o gotejar de milênios criou na concreção calcária, no âmago da terra paulista.

Ouve-se a queda das águas de um riacho nas profundezas das trevas e a voz humana reboa impressionantemente nas paredes úmidas da caverna.

Da gruta da Tapagem não há caipira que se aproxime. Chegam até perto dela e não penetram. Por quê?

É assombrada, dizem. "Aqui por perto não se ouve o canto do galo, então as visões, as aparições podem permanecer aí sem serem molestadas pelo canto da ave anunciadora da aurora. O saci-pererê vem dormir na gruta, para descansar das estripulias que andou fazendo."

A gruta da Tapagem, que poderia ser uma das fontes exploradas pelo turismo paulista, continua a guardar um tesouro – a lenda de que ali moram visões, assombrações, almas do outro mundo, pouso permanente do saci-pererê brincalhão.

RIO DAS MORTES

Em alguns estados brasileiros há um rio das Mortes que rememora episódio doloroso, geralmente ligado à sede do ouro, à cobiça.

No antigo município de Xiririca, atual Eldorado Paulista, há um rio das Mortes, afluente do rio Pedro Cubas e este, por sua vez, afluente do Ribeira de Iguape.

O rio das Mortes, paulista, tem mais ou menos 10 km de extensão e em seu leito houve cata de ouro. Chegaram mesmo a desviar-lhe o curso, conforme verificamos *in loco*.

Conta a lenda que ali há muito ouro enterrado em tubos de taquaruçu, porque alguns bandeirantes, pressentindo a aproximação de um grupo de espanhóis que desejava apossar-se dessa ourama, apressadamente enterraram tudo que haviam entesourado naqueles recipientes onde costumeiramente transportavam o metal precioso.

Chegando os assaltantes, houve resistência. Os atacantes liquidaram com os bandeirantes paulistas que ofereceram infrangível resistência e, por sua vez, os sobreviventes não resistiram, sucumbiram quer pelo cansaço, quer pelas febres, sem tomar posse do ouro.

Até hoje ninguém sabe onde estão os taquaruçus (outra versão diz serem garrafões) enterrados. Muita gente tem ido até ali: encontram as catas, as lavras, o rio desviado de seu leito em vários pontos, e alguns, embora sem resultado, se aventuram a escavar.

Afirmam os ribeirinhos que os corajosos de lá fogem, ninguém resiste passar a noite ouvindo um combate tão encarniçado, brandir de espadas, gemidos e gritos de dor, sabendo-se que ali não há um vivente sequer: é o rio das Mortes.

A SEPULTURA

Os bandeirantes, na febre da busca de riquezas minerais, foram semeando embriões de cidade nas paragens por onde passaram, fecundando a mente de seus moradores com as lendas ligadas ao ouro. E as lendas vêm passando de geração a geração graças à perpetuidade que a literatura oral lhes dá.

Contam que no bairro do Faxinal, na serra do Cadeado, município de Jacupiranga, vai-se andando no mato virgem quando repentinamente encontra-se um retângulo de pedras no chão, numa clareira, como se fosse uma sepultura.

Ali há ouro enterrado, dizem.

A pessoa marca o local, mas noutra viagem que empreende para apossar-se do tesouro enterrado não consegue encontrar o sítio da sepultura.

E o tesouro continua à espera de que alguém, algum dia, o desenterre.

LENDAS PLANALTINAS OU DO SERRA-ACIMA

ALFERES DO DIABO

No tempo triste da escravidão, quando o açúcar era a principal riqueza do vale do Paraíba do Sul e o café ameaçava tirar-lhe a primazia, como de fato fez, surgiu a lenda do *Alferes que tinha partes com o diabo,* porque em tempo recorde para a época, ia de Taubaté ao Rio de Janeiro e regressava.

A lenda gira em torno de uma figura destacada, ascendente de João Ortiz Monteiro, que a narrou para que a registrássemos, o alferes Francisco Alves Monteiro, taubateano que esteve presente ao ato do Grito da Independência nas margens do Ipiranga.

Diziam que o alferes, ao sair na besta ruana com o escravo Leôncio Martinho, pajem fiel, entre a matalotagem levava uma garrafa onde estava preso o diabo. Dava para a besta beber o diabo e ela criava asas e ficava voadora. Levantava vôo ali no fim das suas terras no Aterrado. Saía naquela besta ruana ricamente aperada e nela voltava, tão depressa que proeza tal era só possível porque o alferes tinha partes com o diabo.

Na verdade, o escravo levava uma garrafa de cachaça para esfregar o líquido no lombo da mula quando ele e o animal ficavam na primeira "muda" a esperar o regresso do amo cavaleiro, em Guaratinguetá.

O alferes tinha uma resistência notável para viagens e além disso a rara capacidade de dormir montado no animal de sela. Saía de Taubaté, de sua fazenda do Aterrado, no caminho que liga Tremembé ao Pirapoama, na estrada de Campos do Jordão. Ia trocando de animal de sela e de pajem de pontos e pontos, viajando sem parar para dormir porque ele dormia montado. Assim, nos postos de remonta saía com novo pajem e novo animal vaqueano completamente descansados para uma longa estirada. Dessa maneira atingia rapidamente a Metrópole Imperial, realizava seus negócios e regressava tão logo que chegou a dar motivo para que se criasse uma lenda e, como afirma o saudoso Basílio de Magalhães, "o que caracteriza a lenda é a apoteose, ligada a proezas heróicas ou maravilhas suprassensíveis".

Pai Jacó

O chicote de couro cru, cruel bacalhau nas mãos do feitor, cevou-se nas costas dos negros escravos, nestas plagas do vale do Paraíba do Sul. Primeiramente nas derrubadas das matas, açulando machadeiros e desbastadores de toras de madeira, depois cotidianamente nos eitos dos cafezais, nos enxadeiros.

Tão grande era a crueldade dos fazendeiros que mandavam seus feitores desalmados surrar a pobre criatura humana até ela morrer, tendo muitas vezes nos braços as algemas torturantes.

Conta-se que um desses fazendeiros de café, que depois foi agraciado com o título de barão pelo escravagista d. Pedro II, mandou surrar o negro de carapinha branca, o pai Jacó, como era conhecido, por causa de seus anos de cansaço e de labor.

Pai Jacó foi crudelissimamente vergastado pelo feitor sanhudo. Morreu com as algemas nos pulsos de machadeiro.

Conta a lenda que o "barão", ao passar por onde seu escravo fora sacrificado, ouviu uma voz dizer: "Num bate mais patrão, negro véio já morreu, é mió tirá as corrente pá preto véio subi pro céu."

Dizem os filhos da Candinha que o "barão" enlouqueceu por causa de ter ouvido o defunto já em adiantada decomposição falar.

Pode ser verdade, dizem uns. Pode ser também que a sífilis que deixa azul o sangue da nobreza cabocla o tenha enlouquecido, segundo afirmam os taubateanos mais velhos...

A moça vestida de branco

Na antiga estrada Rio–São Paulo, em um trecho entre Areias e São José do Barreiro, quando o motorista de caminhão em horas caladas da noite passava, uma jovem vestida de branco dava sinal e pedia um lugar para viajar na boléia.

Em se tratando de mulher não há motorista de caminhão que seja descortês. Parava o veículo que ali subia em marcha resfolegante, recolhia a moça vestida de branco e a viagem prosseguia.

Quantos motoristas não ficaram de cabelo em pé porque depois de algum tempo de viagem a moça vestida de branco desaparecia, diluindo-se como nuvem que se desfaz.

Contavam os motoristas de caminhão que dormiam ou paravam para fazer refeição no Hotel da Rola em Areias, que a moça vestida de branco era uma noiva que ia a caminho da igreja quando foi atropelada e morta por um automóvel; daí cumprir seu fadário pedindo carona para fazer uma viagem tão curta porque a viagem de seus sonhos foi interrompida ali naquele lugar onde ela embarcava em noites de sexta-feira.

Padre do diabo

No tempo de dantes, quando o cavalo era o meio de transporte mais rápido e em certas regiões como a de Areias, era necessário que as alimárias fossem bem ferradas, principalmente nas pedregosas.

Não havia então cidade planaltina que não tivesse o seu ferreiro. Uns eram o João Ferreiro, o Zé Bigorna, o Totó Pempém, porque malhavam ferro o dia todo fazendo ferraduras, aros de carroças etc.

O Totó Pempém caprichava, fazia uma ferradura dobrando o rompão, batendo o martelo até que o adorno ficasse a seu gosto, depois fazia os oito ou sete furos, as craveiras. Os cravos que Pempém preparava entravam justamente nas craveiras sem dar nenhum jogo. Preparava as ferraduras e ferrava os animais nas quatro patas com um préstimo sem-par. E o serviço era tanto que às vezes mal tempo tinha para as refeições.

Um dia, o Sol já estava entrando e ele com fome, quando ia saindo para o jantar, chega um padre que lhe diz imperativamente:

– Ferre a minha mula.

O Pempém apanha dois pares de ferradura e passa automaticamente para ferrar. Quando vai pregar o primeiro cravo no casco observa que a mula tinha patas de cabra. Isso já o assustou e depois, de cabelo em pé, olha melhor para o padre e verifica ser o Padre Zeca, que há muito havia morrido e deixara fama de homem dissoluto, sensual. Era um padre do diabo que havia quebrado todos seus juramentos e votos e se tornara então tal qual o Lúcifer... sua propriedade ali no Quilombão ficou para seus escravos e a maior parte tornou-se terra devoluta do estado, conforme afirmou José Elme.

Procissão das caveiras de padres

Na aldeia dos guaianases do M'boy, Embu, administrada pelos jesuítas, quando o marquês de Pombal fez restrições a esses religiosos, em 1759, conta a lenda que, antes da fuga, os padres colocaram as pedras preciosas, a prataria e a ourama toda num grande tacho (diz outra versão que em pote de barro), puseram-no numa jangada de toros de bananeira, e quando esta atingiu o meio do lago fronteiro ao povoado, fizeram afundar o tesouro nas águas.

Ali ficou mais um tesouro dos jesuítas, diz a lenda.

Dizem os antigos moradores da aldeia que à noite, determinadamente de quinta para sexta-feira, sai uma procissão macabra. Só se vêem caveiras com batina preta. São os jesuítas que foram enterrados sob o altar-mor da igreja que para ali se dirigem cantando soturnas litanias. Caminham sobre as águas e não se afundam, são como sombras. Param no centro do lago, depois seguem até ao cemitério situado na colina, onde confabulam com os que ali estão sepultados. Só se ouve lúgubre ladainha no negror da noite.

Quando dealba o dia, antes que os galos amiúdem, o cortejo funéreo dos padres mortos volta à Igreja de Nossa Senhora do Rosário do Embu. Assim, continuarão, encantados, até que um dia seja encontrado o tesouro oculto nas águas do ribeiro represado pelos próprios jesuítas há mais de trezentos anos...

Alma penada

"Meu irmão", disse o Baixinho, "teve um sonho que em determinado lugar estava enterrado um pote de barro cheio de moedas."

Por várias vezes, à noite, aparecia um homem de estatura meã e lhe dizia: "Venha, quero lhe mostrar onde enterrei o dinheiro que passei a vida guardando; preciso que você o desenterre para que eu possa ter descanso; minha alma vive penando."

O Baixinho continuou: "Meu irmão não tinha vontade de ir até ao local porque acreditava que aquilo não passava de um sonho, quem sabe até seria um pesadelo, mormente depois das noites em que comia umas gordas bistecas no restaurante do Zico.

Certa noite sonhou novamente e a visão aproximou-se e disse: 'Venha, quero lhe mostrar onde enterrei o dinheiro que foi tudo o que mais amei na vida.'

Meu irmão criou ânimo e acompanhou a visão. Chegaram ao lugar e a visão disse: 'É bem aí, cavouque uns três palmos de fundura que você dará num pote. Faça do dinheiro o que você quiser, mas tire-o, quero descansar.'

Como meu irmão esqueceu de levar qualquer coisa para assinalar, permaneceu ali algum tempo, depois lembrou-se de defecar no local indicado para o deixar pelo menos marcado desse modo. Assim fez porque deveria voltar para casa antes de o galo cantar, avisou-o a visão. Não lhe desobedeceu.

Mal amanhecera o dia, de enxadão, pá e um grande saco para lá se dirigiu. Rodeou o lugar e nada encontrou. Certamente os porcos que andavam soltos por ali liquidaram com o sinal deixado sobre o tesouro enterrado.

Meu irmão, disse o Baixinho, quase enlouqueceu, teve vontade de revolver o pasto todo. Lembrava-se apenas de que o lugar procurado era perto de uma grande mangueira. Desistiu de procurar.

"Não demorou muito a visão apareceu e meu irmão, agora mais previdente, já dormia com uma estaca sob a cama. Lá se foram para o local. Ele fincou a estaca e voltou antes que os galos cantassem.

Ao romper do dia lá estava junto à estaca cavoucando. Cada vez que o enxadão se encravava na terra, ouvia-se um gemido lúgubre. Meu irmão continuou. Não demorou muito encontrou um pote cheio de moedas de prata do tempo do Império e muitas libras esterlinas."

Concluiu o Baixinho: "Nunca mais soube de meu irmão. Ele enricou tanto, tanto que foi embora pras estranja e ninguém mais falou em alma penada em Tatuí."

Dinheiro enterrado

Aquele dinheiro continua enterrado sob a queda-d'água daquela cachoeirinha no município de Tatuí. Ninguém tem coragem de ir tirá-lo. Precisa ser muito corajoso para dele se apossar. E é uma grande fortuna – é a notícia que corre de boca em boca.

Quem se aproxima da cachoeirinha com o intento de retirar o tesouro enterrado ouve o galopar de um cavaleiro que rápido se aproxima e diz: "Ó moço, você quer ficar com esse tesouro? Pode ficar, mas com a condição de arrumar primeiramente os meus olhos."

É quando a pessoa repara melhor com quem está falando e então olha e vê que os olhos do cavaleiro estão fora das órbitas, dependurados à altura do queixo. É uma visão tão horrorosa que ainda não houve quem quisesse colocar seus olhos no lugar e tomar posse do tesouro.

Outro dia, Jucão Andrade, o homem mais corajoso que por aqui andou, foi encontrado desacordado junto da cachoeirinha.

Foi ele que nos contou desse dinheiro enterrado.

Rumeiro!

Lá pelas bandas do Guareí, de quando em vez aparece uma alma doutro mundo gritando nas horas mortas da noite da última sexta-feira de cada mês.
É um grito cavernoso e soturno, que faz arrepiar e tremer a todos os que o ouvem:
– Rumeiro! Rumeiroooo! Rumeirooooooo!
Esse vulto aparece gritando por causa das terras que foram roubadas: as cercas foram colocadas prejudicando o vizinho.
Quantas mortes não tem havido por questão de terras! Quantos roubaram viúvas e órfãos avançando a cerca em terrenos alheios! Por isso, para dar o rumo certo por onde deve passar a divisa, aparece um vulto do qual só se ouve o grito forte na calada da noite:
– Rumeiro!...

João Palavrão

Em Piracicaba, na primeira década deste século, havia um lixeiro que, além de barulhento, gostava muito de proferir palavrões. À boca pequena o chamavam de "João Palavrão", porém jamais alguém ousou chamá-lo pelo apelido, porque estaria sujeito a ouvir a cartilha todinha, da primeira à última página dos nomes feios, sem gaguejar nas sílabas.
Logo pela manhã, lá vinha ele blasfemando, ora cantando, ora surrando os burros que puxavam o carroção coletor de lixo da sempre limpa "Noiva da Colina".
Um dia encontraram o lixeiro morto na boléia do carroção.
Depois disso, na última noite de quinta para sexta-feira de todos os meses, nas horas mortas da noite, ouvia-se o passar do carroção de lixo e o barulho de alguém a fustigar os animais. Ia-se ver, nada se via, só se ouvia o barulho que passava.
Certa noite, um grupo de estudantes da Escola Superior de Agricultura "Luís de Queirós" e outros moços da cidade esperaram para "segurar" aquele carroção barulhento. Eis que, em determinada hora, ouviu-se o barulho do carroção de lixo que vinha pela rua Alferes abaixo. Todos se aprestaram para acabar com a barulheira, ficando no meio da rua para impedir a passagem. Eis porém que o barulho do carroção, do resfolegar dos animais chicoteados, passa por eles e ninguém viu nada. Até os mais corajosos trataram de ir para as "repúblicas" ou para casa, com o cabelo em pé e o corpo todo arrepiado, alguns mais malcheirosos do que o antigo carroção coletor de lixo.

Dizem os barranqueiros que aquele lixeiro blasfemo cumpriu sua pena, acabando, assim, lá por 1915, essa aparição, não saindo mais à noite para cumprir o seu fadário.

Serra Negra, Serra Negra!

Lourenço Franco de Oliveira, pelos idos de 1820, saindo de Bragança com família e escravaria, lançou os primórdios de Serra Negra, no Bairro das Três Barras. Onde havia escravos, inteligentemente os seus senhores davam como orago um santo prestigioso entre os negros: ora era São Benedito e, as mais das vezes, Nossa Senhora do Rosário; daí uma infinidade de cidades brasileiras sob a proteção desta santa de cor mulata.

É correntia a lenda de que o nome de Serra Negra foi dado popularmente por viajantes, por tropeiros. Dizem os filhos da Candinha que nessa paragem havia um senhor de escravos que tirava madeira das matas e numa volta do caminho montou uma serraria. Em jiraus toscos os toros eram desdobrados: braços humanos moviam as serras.

Como era pequeno o número de seus escravos, os homens embrenhavam-se na mata a derrubar grossas árvores que arrastavam nos carretões até ali à beira da estrada, para serem abertas em grandes tábuas e, no trabalho do desdobramento da madeira, empregava mulheres. Quando estas, mais fracas, se cansavam e se extenuavam de tanto mover de cima para baixo a folha da serra, o feitor chicoteando-as gritava: "Serra Negra, Serra Negra!"

Os viajantes que ali passavam se condoíam daquelas pobres escravas e acabaram chamando o local de "lá no serra negra". Daí, diz a lenda, ter nascido o nome de uma das mais pitorescas estâncias hidromineral-climáticas paulistas.

Jantar ao diabo

Em Botucatu, na rua do Curuzu, ao lado da casa do Maneco Fernandes, morava uma velha que mantinha uma pensão para os "cometas", viajantes que ali chegavam, e fornecia pensão aos presos quando o Chiquinho Padeiro era o delegado de polícia da pacata cidade serrana, onde viveram Dioguinho, Cassutazinho e outros famanazes. Muitos cometas de bom apetite – o que era regra geral – passaram aquele dia pela sua modesta porém limpa pensão de viúva pobre e honesta.

Ela, cansada de tanto trabalhar, num desabafo disse: – Puxa, que hoje só falta o diabo para jantar aqui em casa!

Mal anoitecera, chega um cavaleiro montando numa belíssima besta ricamente aperada. Afastando um pouco o poncho preto de sobre as pernas, apeia-se da cavalgadura, entra casa adentro, muito sorridente, e diz:

– Nhá Tudica, aceitei seu convite e vim para jantar em sua casa.

Nhá Tudica vendo aquele cavaleiro tão bem vestido, cujos trajes ricos não se poderiam sequer comparar com os dos cometas, dos viajantes, foi buscar o melhor lampião para iluminar a mesa tosca recoberta por uma toalha alvinitente, onde puxando uma cadeira de palha o cavaleiro depois de tirar o poncho assentou-se.

Azafamada Nhá Tudica vai para a cozinha e não demorando muito traz a sopa cheirosa e fumegante. Colocou-a à frente do hóspede.

Quando o cavaleiro foi tirar as luvas para pegar na colher, Nhá Tudica verificou que em vez de mãos ele tinha patas de cabra. Olhou melhor e agora, estando ele sem o chapéu de feltro negro, reparou que tinha chifres.

Ela reconheceu que era o diabo. Ele mesmo, o seu convidado daquele dia...

Nhá Tudica, antes de desmaiar, gritou certamente por algum santo. E ela contava: só ouvi um estouro e desmaiei com o cheiro de enxofre... nunca mais pronunciei o nome dele... (do diabo).

ANA FREIRA

Ela nunca perdera uma procissão, desde menina, de vela acesa na mão acompanhava os demais devotos, cantando as rezas que as sabia todas de cor.

Por causa dessa acendrada religiosidade, os mais irreverentes a chamavam de "galinha de São Roque", outros de "a rezadeira", e ficou largamente conhecida por Ana Freira, como os antigos moradores de Botucatu a chamavam. Isto porque, nos dias de Semana Santa, ela colocava luto fechado para substituir o hábito franciscano com o qual todos os dias ela amanhecia na missa que o padre Ferrari durante algumas décadas rezava às 5 horas da manhã.

Ana, mulata gordalhona, saía de sua casa lá no largo do Rosário e ia "num só tranco" até à matriz, diariamente, em jejum. Nos dias de procissão Ana ficava alvoroçada. Iria percorrer a cidade montanhosa de ruas que sobem e descem, com seu rosário na mão, cantando estentoricamente, ou melhor, esganiçadamente.

Um dia Ana ficou muito doente, mais ainda porque era dia de procissão de Semana Santa e dela não poderia participar. Que pena! Passaria o cortejo religioso pela frente de sua casa e, ali na esquina, a Verônica cantaria. O quanto Ana não desejou um dia ser Verônica. Entretanto o Pedrinho Músico, maestro, dizia que a desafinação de Ana Freira dava para desandar até uma tachada de sabão que estivesse sendo feito se ela cantasse perto.

Depois de Verônica ter cantado a procissão continuou. Ana debruçou-se na janela para ver o cortejo religioso passar. Uns eram seus conhecidos, outros não, entretanto ela conhecia todas as irmandades, desde a de São Benedito que ia à frente, para que não houvesse chuva, até a última.

Do meio dos devotos que desfilavam destaca-se uma velha com duas velas nas mãos, aproxima-se de Ana e diz-lhe:

— Toma para você, um dia precisará delas.

Depois que passou o último acompanhante que engrossou a plebe atrás do pálio virando a esquina do Carlino de Oliveira, Ana saiu da janela e guardou as duas velas no fundo de seu baú azul todo enfeitado de flores desenhadas caprichosamente.

Ana piorou, pensou mesmo que ia morrer, lembrou-se então das velas que recebera naquela procissão, a única da qual não participara desde que se conhecia por gente. Pediu que lhe trouxessem as velas que deixara no fundo de seu baú.

Que surpresa quando vão buscar as velas. Uma era realmente uma vela igualzinha às que usava acompanhando as procissões, a outra entretanto era um osso de defunto, uma tíbia muito branca.

Ana Freira morreu de susto. Nem teve tempo de morrer com uma vela acesa na mão.

Almas rezando

A igreja do Rosário foi reformada; quem a reformou foi o mestre Pedro, mas ela não ficou bonita como era antigamente, naquele "estilo pesadão"; hoje é de estilo moderno, todo cheio de minaretes.

Uma vez, quando voltava à noite, vi de longe a igreja aberta e toda iluminada; fiquei parado e sem poder sair do lugar. As almas lá estavam rezando. Muitas pessoas tinham visto isso aqui em São Luís do Paraitinga, assim nos contou o major Pinto.

Afirma o mesmo informante luisense que, olhando pelo buraco da fechadura do cemitério, a gente enxerga as almas rezando ao pé do cruzeiro. Poucas pessoas fazem isso porque lhes falta coragem.

A MOÇA DE ANEL DE BRILHANTES

Na Usina, na ponte, justamente no lugar onde existiu em São Luís do Paraitinga a primeira fábrica paulista de algodão, havia uma aparição.

À noite, nessa ponte, surgia uma linda moça vestida de branco e mostrava o dedo com um anel de brilhantes. Às pessoas que por ali passavam ela pedia que lhe tirassem o anel. Nunca se soube que alguém tivesse tido coragem de fazê-lo.

PRISÃO DA BANDEIRA DO DIVINO

A cadeia velha ficava situada num largo, hoje praça Coronel Virgílio. Por causa de um festejo do Divino Espírito Santo, o delegado de polícia prendeu o festeiro e a bandeira do Divino.

Houve nessa noite uma enchente do rio Paraitinga, coisa nunca vista, que derrubou a cadeia. Certamente foi alguma tromba-d'água que caiu, mas todos interpretaram como sendo uma lição severa àquele que quis prender a bandeira e os foliões.

A FLOR-DE-SÃO-JOÃO

A festa, as comemorações de São João proporcionam ao povo brasileiro muita alegria; daí terem os poetas anônimos criado quadrinhas como esta:

> Se João soubesse
> qual era o seu dia,
> o mundo se acabava
> de tanta alegria.

Os homens simples do povo acreditam que ele colocaria fogo no mundo ao comemorar o seu dia de festa, soltando rojões de estrelas e busca-pés de cometas. Por essa razão ele adormeceu, só acordando depois que a festa passou, isto é, ao amanhecer do dia 24 de junho.

São João, não podendo estar na Terra, fez florescer na sua noite uma flor vermelha que se parece com labaredas – é a flor-de-são-joão.

À meia-noite em ponto do dia 23 de junho, quem colher as flores-de-são-joão terá muita sorte, ficará rico. É por isso que os homens colhem-nas e as colocam em suas carteiras de dinheiro, para que este nunca falte. Entretanto, todos os anos é preciso renová-la porque, com a passagem de um novo São João, ela se descorará completamente, e também não será portadora de felicidade.

As mocinhas que desejam se casar costumam apanhar muitas flores-de-são-joão e com elas procuram escrever o nome do namorado, porque acreditam que, ao chegar noutro São João, estarão casadas.

O CURURU E O URUBU

Era uma vez um sapo muito esperto e um urubu que sabia tocar viola muito bem.

Naquele tempo faziam muitas festanças. Houve uma festa no céu e foram convidados todos os bichos cá da Terra.

O urubu, violeiro afamado, não faltaria, e... as danças dependiam de sua marcação.

O urubu, que é um bicho muito porco e vive com os pés sempre sujos, foi lavá-los na lagoa e aproveitar para tomar um gole d'água quando avista um sapo-untanha dorme-dormindo.

– Como é, compadre cururu – disse o urubu –, você não vai à festa do céu?

Em nheengatu, meu filho, língua dos nossos bugres, cururu é o nome do sapo. O urubu só aprendeu a língua dos índios, a nossa ainda não.

O sapo, sendo interpelado, abriu bem os olhos e disse:
– Irei logo, estava tirando uma soneca para poder me divertir a noite toda. Tomei um banho, quase me afoguei, por isso estou aqui me enxugando ao sol, descansando para a função, quero bater o pé até o Sol raiar.

Enquanto o urubu se dessedentava, o sapo, lampeiro e sorrateiramente entra na viola do seu compadre. O crocitador apanha sua viola e alcandora-se em demanda da festa. Voou, voou, voou...

Em chegando ao céu é recebido com ruidosa manifestação pela bicharada que lá por cima já se achava. Os bichos estavam-no esperando para dar início à função, ao cateretê.

Antes, porém, convidaram-no para tomar um "lava-goela", um quentão, deixando sua viola num canto do salão. O sapo safou-se da viola sem ser visto por ninguém enquanto todos estavam distraídos com a recepção ao violeiro. Saiu pula-pulando chegando primeiro do que todos na "ramada" (barraquinha dos comes e bebes).

Efusivo, recebeu o compadre urubu:
– Ué compadre cururu, já por aqui?
– Aqui pra lhe servir, meu compadre urubu. Tome esta, que já faz tempo que estamos esperando pelas quadrilhas bem marcadas, que só você, meu compadre, sabe marcar... Em cateretê nem se pensou, faltando viola... eu nem deixei que o sanfoneiro começasse as quadrilhas sem você. Contei pra bicharada que o meu compadre estava bebendo água na lagoa e que viria logo.

O urubu virou a tijelinha de quentão e estalou a língua.

A função prolongou-se até ao despontar da manhã. O cururu fingiu-se de cansado, de pernas bambas, passou ginga-gingando na frente do compadre, foi contando que iria dormir mais cedo. Bocejando, desapareceu.

Finda a função, o urubu, esfaimado como sempre, volta para dar uma vistoria na ramada e na cozinha.

O sapo aproveitou-se da oportunidade e zás... enfiou-se novamente na viola.

O urubu, andando com aquele passo de quem está cumprimentando, despediu-se da bicharada, apanhou a viola, enfiou-a no saco e regressa à Terra. Falou com seus botões – ele estava vestido com uma linda jaqueta: "Mas que viola pesada! Toquei a noite toda e não estava assim. Será que estou muito cansado?"

Voou mais um pouco, procurou averiguar. Dá uma sacudidela e eis que vê lá dentro o cururu, refestelado.

– É você que está aí, seu malandro? Pois de agora em diante não me logrará mais, vou lhe pregar uma peça.

Vira a boca da viola para baixo, procura desvencilhar-se do intruso.

O sapo, com os olhos arregalados de medo, vendo que ia se esborrachar no solo, gritou:

– Me jogue em cima de uma pedra, não me atire na água que eu me afogo.

O urubu ficou branco de raiva, olha e vê pouco distante ainda uma lagoa e pensa lá com seus botões: "Este trapaceiro sem-vergonha me paga, vou dar-lhe uma lição de mestre."

Voa até à lagoa e zás, derruba seu compadre cururu.

Crocitando e com os olhos chispando de raiva diz:

– Pois você agora me paga, seu cara feia, agora o afogo!

E assim atirou o cururu à lagoa.

Pensou que tinha se vingado do cururu.

E o espertalhão do cururu, lá do fundo da lagoa, saiu rindo e dizendo: "Enganei um bobo na casca do ovo".

Não presta ser vingativo, o urubu não conseguiu o que desejava.

E foi assim que o cururu foi à festa do céu embarcado na viola do urubu.

* * *

Há uma frase feita entre os moradores do meio rural paulista que caracteriza bem o estado de espírito da pessoa desapontada ou que perde uma contenda. Numa discussão, quando um dos adversários se cala, dizem: enfiou a viola no saco.

Essa frase feita é reveladora de um costume, de um hábito de nosso caipira, à maneira de conduzir ou guardar a viola.

– A lenda do *cururu e o urubu* eu a ouvi de minha avó materna, Olímpia de Sousa Nogueira Maynardes, em Botucatu, lá por 1920.

O GALO NO FOLCLORE PAULISTA

Perde-se nas brumas do tempo a origem das relações entre o homem e o galo. E relações amistosas, devemos dizer. Na antiguidade, ao senhor marido da galinha eram atribuídos certos dons sobrenaturais divinatórios.

Na mitologia grega o galo foi consagrado a Marte, devido talvez a seu instinto pugnaz e anunciador da vitória. Conta-nos também a mitologia que, certa vez, Marte surpreendeu um galo nos braços de Vênus, e por esse motivo tornou-se vigilante, símbolo mesmo da vigilância. Ele vai despertar a aurora, tornando-se seu arauto. Por ser ave sagrada foi consagrado a Esculápio. Tido também como protetor das casas.

No grego temos dois vocábulos: *alectoromancia* e *alectoromaquia*. O primeiro significando as sortes tiradas com o galo. Riscava-se um círculo no solo, onde também eram escritas as letras do alfabeto. Sobre estas punham grãos de comida. A ave era colocada no círculo... após um dia de jejum... Começava a comer. Cada letra descoberta ou junção delas daria uma mensagem. Assim consistia a adivinhação feita com o galo, a alectoromancia. E nela acreditavam piamente...

A alectoromaquia ("alektor" – *galo* e "makhe" – *luta*) é a briga de galos. Bem nos indicam os vocábulos o quanto é antigo esse "esporte" sádico.

Havia também a crendice (*alectória*) de que uma pedra encontrada no fígado do galo tinha poderes mágicos. O homem em todas as épocas sempre gostou de amuletos.

Mais tarde, nas catacumbas romanas, nos primeiros túmulos dos cristãos, lá aparece o galo como símbolo da ressurreição ou do Juízo Final – a nova vinda do Cristo.

Vemo-lo entrar para as páginas sagradas do Evangelho, para despertar a consciência daquele discípulo imbele que O negaria por três vezes (número também mágico). Narra o texto sacro, segundo São Mateus, 26, versículo 34: "Disse-lhe Jesus: em verdade te digo que, nesta mesma noite, antes que o *galo cante*, três vezes me negarás." E o médico amado, Lucas, em seu capítulo 22, registrando o ato de Pedro negar a Jesus, no final do versículo 60, escreve: "E logo, estando ele ainda a falar, *cantou o galo*. (61) E virando-se o Senhor, olhou para Pedro, e Pedro lembrou-se da palavra do Senhor, como lhe havia dito: 'Antes que o *galo cante* hoje, me negarás três vezes.'"

Símbolo já consagrado entre os pagãos quer de Roma, quer da Hélade, subiu o galo para o pináculo dos templos, desde o século X, para indicar a direção dos ventos e também a aurora do cristianismo, pois ele foi o emblema da vigilância adotado pelos pregadores.

Tomado também como símbolo da luta fratricida.

Swantevit, que para os antigos eslavos era considerado o deus da luz e do Sol, vinha cavalgando um cavalo branco tendo a seu lado um galo – arauto da luz do dia que dealbaria dentro em pouco. Por isso mesmo os antigos povos da Pomerânia adoravam o galo. Se no folclore germânico o vemos como o anunciador da luz do dia, tal qual na mitologia grega, isso comprova uma origem comum, remota, que se prende à arqueocivilização.

Passam-se anos e mesmo séculos e é William Shakespeare quem nos dá notícias do galo, ligado aos *folk-ways* de sua gente, e o abusão lá na Inglaterra é idêntico ao de nossos caipiras: "Depois que o galo canta, os duendes, fantasmas, abantesmas e assombrações se recolhem."

Alinhavado assim rapidamente o que nos ocorre acerca do galo, vejamos o que temos encontrado a seu respeito em nossas pesquisas folclóricas diretas no estado de São Paulo.

O galo um dia foi pinto e antes foi ovo, assim começaríamos a biografia do senhor Galo. E como até hoje não está suficientemente esclarecido quem apareceu primeiro, se o ovo ou a galinha, não entraremos na discussão desse problema, pois para discutir há sempre tempo... não é verdade que até já se discutiu em concílio ecumênico quantos anjos poderiam sentar-se na ponta de um alfinete?

Vamos então aos ovos. Comecemos com as crendices a seu respeito.

"Deve-se colocar uma galinha para chocar em mês que não haja trovoada pois esta gora os ovos. Para evitar que tal aconteça, deve-se riscar os ovos com carvão, neutralizando os efeitos dos raios, picando assim toda ninhada."

"Quando a ninhada pica no dia de Natal, o frango que ficar galo será 'galo músico'. O galo músico é aquele que tem o canto mais longo do que os galos comuns. É apreciadíssimo pelos caipiras. É por isso que é costume deitar a galinha choca no dia 4 de dezembro, dia de Santa Bárbara (santa que os livra das chuvas e tempestades) para que 21 dias depois, tempo que leva para chocar a ninhada, possam os pintos nascer na linda noite do Deus-Menino."

E por falar em galinha choca, guardei na memória uma quadrinha que a ouvi há uns 40 anos, na casa de meu bisavô materno, capitão José de Sousa Nogueira, em sua fazenda dos Pinheiros, em Botucatu. Um cantador, no fandango, glosando, disse:

> Meu amigo Juão Basílio
> do que tá tão jururu,
> parece galinha choca
> pinicada de peru.

Na medicina popular, há uma "simpatia para curar" criança que não fala ou que está demorando muito a falar: "Quando o ovo está picando, tirar o pintinho e fazê-lo dar o primeiro pio dentro da boca da criança. Outro remédio para o mesmo fim é pegar a casca donde acabou de sair o pintinho e dar água para a criança beber nesse recipiente." Ainda este: "Deve-se pegar a casca de ovo recentemente picado, torrar bem e dar esse pó no chá de hortelã."

"Não presta sonhar com ovos, é sinal de intriga. Para que tal não aconteça, a pessoa, em jejum ainda, deve ir até onde estejam guardados os ovos, no samburá, e trocá-los de posição. Tal procedimento desfará as intrigas urdidas."

"Para curar icterícia, urinar na casca de um ovo e colocá-la no fumeiro."

"Cair ovos no chão é sinal de azar."

"Depois que pica uma ninhada de ovos, fazer uma defumação dos pintinhos com palha de alho. Soltam-se depois os pintos no terreiro e não haverá perigo de apanharem quebranto."

As pessoas que têm os lábios franzidos e cuja boca toma uma certa conformação, imediatamente são apelidadas de "boca de chupar ovo". E o ofendido é capaz de atirar ovos podres sobre o ofensor... Aliás, o ovo choco é uma arma poderosa usada contra oradores de comícios políticos. O ovo podre atirado às costas de feiticeiro serve para desencantá-lo, quebrar-lhe suas forças maléficas.

"Enganei um bobo dentro de uma casca de ovo" é um dito bem conhecido das crianças, quando conseguem ludibriar uma outra...

Adivinha popular: "O que é que trabalha antes de nascer? O pinto, que ajuda a romper a casca do ovo dando-lhe bicadas."

"Para criação de galinhas ir para frente, na véspera do Natal, vender uma delas e dar o dinheiro para o Deus-Menino. Elas não pestearão."

Há uma simpatia para que os frangos e galos (a que o povo sempre se refere como "minha criação de galinhas") não apanhem pestes, há uma reza: "À noite debulhar o milho que se vai dar noutro dia para as galinhas. Ao levantar-se, ainda em jejum, atirar o milho em forma de cruz, dizendo: 'Ave Maria', joga-se um punhado, depois, 'Santa Maria', outro, 'Salve Rainha' e o quarto punhado na cabeceira da cruz, diz-se 'Estrela do Céu'. Essa simpatia deve ser feita três vezes e a pessoa deve estar em jejum, e três dias seguidos para surtir efeito."

Para curar pigarra das galinhas, quando começam a morrer muito, finca-se um bambu bem alto na beira do terreiro com uma garrafa de boca para baixo enfiada. Nos três cantos da residência do dono das galinhas coloca-se um papelzinho no qual está escrito nove vezes "Ave Maria".

"Dá azar ter galinha preta em casa."

"Por que será que a galinha do vizinho é mais gorda?"

Nas macumbas paulistas, para os despachos tem grande voga a galinha preta. Nos bairros paulistanos, às vezes, pela manhã, pode-se topar com alguma galinha preta, morta e recheada de farofa amarela que é a cor que lhe deu o azeite de dendê.

"Dá azar comer os pés da galinha; a pessoa fica bisbilhoteira. Como também é tabu o coração de galinha, quem o come ficará medroso."

"Quem comer as asas da galinha, ao morrer, vai direitinho para o céu."

"A água de banho de criança recém-nascida não deve ser jogada onde as galinhas possam bebê-la, pois se isso acontecer, a criança perderá a voz e não aprenderá nunca a falar. Outra versão: ficará com o sono tão leve como o das galinhas. Outra, quando crescer será sem juízo, 'terá miolo de galinha'."

Já vimos uma porção de coisas de nosso biografado, pois na fase em que ainda vive de mistura com as galinhas, é quando muito "um frango". Nessa época de sua vida, pode-lhe acontecer uma coisa importante: é ser oferecido ao santo. Para que não dê peste nas galinhas, oferece um frango a São Roque.

Ei-lo agora, o senhor galo, na idade adulta. É de grande utilidade para o nosso caipira. É o seu relógio noturno. A partir de uma hora da madrugada o galo começa a cantar. Canta pela segunda vez às duas; pela terceira, às três horas. Das quatro em diante, começa a amiudar, isto é, a cantar com intervalo cada vez menor: não mais de hora em hora, mas de meia em meia hora. Logo que nasce o Sol, pára de cantar. É sabido também que os nossos galos não obedecem ao horário de verão... a lei, ora a lei foi feita só para os homens e não para os galos.

À noite, quando o galo canta fora de hora, dizem os caipiras: é moça solteira que está fugindo de casa... vão se casar na igreja verde...

Já falamos do galo no alto das igrejas. Certamente é por esse motivo que, ao levarmos uma pancada ou batida na cabeça e imediatamente crescer-lhe um "calombo", logo dizemos: "Levantou um galo." E, quando é nosso filhinho, procuramos consolá-lo: "Não foi nada, filhinho, é um pequeno galo...

um galinho garnizé... ele vai cantar já...", e começamos a imitar o canto, distraindo o pequeno. E, antes que nos esqueçamos, o alto da cabeça os caipiras chamam-no de "sinagoga". Um "galo" no alto da "sinagoga"...

Mais uma receita da medicina popular, para curar criança que tenha o feio hábito de urinar na cama: deve-se dar-lhe crista de galo para comer. E... quando o bigode custa a parecer, dizem que é bom passar titica de galo no lugar respectivo. Muitos adolescentes já fizeram tal prática por estes Brasis afora...

O galo está presente em nosso rifoneiro, nas modas e desafios de violas, nas danças, nas adivinhas, na medicina popular e no anedotário em que ocupa lugar de destaque tal qual o papagaio. Conhece esta do galo e do papagaio? É a última... bem, ficará para depois, vamos ao rifoneiro.

"Cantar de galo", é falar com valentia.

"O galo, onde canta, janta."

"Meio-dia, galo canta, macaco assobia e eu tenho fome, dona Maria."

"Em casa quem canta é o galo", diz-se do casal cujo marido é autoritário.

"Galinha que canta como galo, corta-se-lhe o gargalo." Isso nada tem a ver com a vida conjugal, é a galinha que canta como galo, os caipiras têm muito medo dela, pois traz azar, e o que se deve fazer é matá-la. Outros dizem que é "serviço do 'diacho' (diabo)" essa história de galinha cantar como galo.

Moça namoradeira é "galinha", diz a gíria impiedosa, e namoro com muitas liberdades é "galinhagem". Moço novo namorando mulher mais velha é frangote metido a galo. E moça quando vai ficando velha fica com o rosto cheio de pés-de-galinha...

Nas modas de viola, nos desafios, no cururu, ao novato chamam-no de frango, frangote, e ao bom cantador, ao modinheiro experimentado, galo.

Na dança de origem africana, jongo, recolhemos:

> Galo véio tá cantano,
> pinto tá doromino.
> Galo véio tá saravano,
> eu truxe meu saravá,
> vim de longe, desci morro,
> vim caminhano, subi morro,
> na povaria cheguei,
> cheguei saravano os padroero,
> as otoridade da povoaria,
> os pinto no terrero,
> provocano os otro galo,
> o sor tá perto de chegá etc...

Neste trecho dum fandango:

> Os galo já tão cantano,
> chora morena,
> o dia amanheceu,
> chora morena...

E no batuque:

> Os galo já cantô,
> é dia,
> vamo simbora
> Ana e Maria.

Na dança da corriola (Taubaté, Guaratinguetá), hoje pouco conhecida, entre as imitações de animais e aves, lá está a do galo. E conforme o imitador, já lhe aparece um adjetivo: se é pessoa baixa é "galo peva" e, se gordo, é "galo sura", pois sura é sem rabo.

Numa roda infantil, num lindo brinco cantado, encontramos em "pai Francisco", recoltada em Cananéia, uma referência e imitação:

> Pai Francisco entrai na roda
> tocando seu violão, seu violão,
> como ele faz seu requebrado,
> parece um pinto
> que caiu no melado
> grita lá seu delegado.

Nesta parlenda, uma versão recolhida em Cunha, temos:

> Hoje é domingo!
> Pé de cachimbo,
> galo monteiro,
> pisou na areia,
> a areia é fina,
> bateu no sino,
> o sino é de prata,
> bateu na mata,
> e a mata é um tesouro
> bateu no teu olho...

Nas adivinhas, que o nosso caipira paulista chama de "puia", temos:

"Por que o galo fecha os olhos quando canta? E a resposta não se faz esperar: Porque sabe a música de cor. E... ainda com o ovo: O que é que no ar é prata e no chão é ouro?"

Na salmodia folclórica que é o "ABC" encontramos o galo também:

> Com "g" se escreve galo
> de dia dono do terrero,
> de noite marca as hora
> e canta sem ganhá dinheiro.

Major Pinto, de São Luís do Paraitinga, que é "um galo no jongo", contou-nos que na Imperial Cidade, quando alguém anda numa vadiação franciscana, é costume "receitar-lhe" um emprego: "Mande esse camarada tratar do galo da torre."

Uma receita de nossa "pingaterapia": um remédio fortificante feito com pinga (cachaça) ou vinho. É a "cabreúva". Não há remédio melhor do que este para resfriado, afirmam os caipiras, e até para as doenças do peito. Bate-se uma ou duas gemas de ovo, com açúcar até ficar bem clara, junta-se a seguir pinga ou vinho. Bebe-se em jejum.

E para que a voz fique boa, bate-se uma gema de ovo com açúcar, junta-se uma pitadinha de breu em pó. É só se tomar que se agüentará cantar a noite toda. É bom para cururueiro, canturiões e canturinos.

Homem de fala fina é porque tomou muito caldo de galinha quando criança, outros dizem o contrário, que é porque não tomou "canja de galinha" quando teve sarampo...

E a clara... quantos remédios com ela: para dor de barriga, misturada com polvilho doce. Não há "desando" que ela não segure. Para queimadura, é de uso tópico. E a clara para fazer suspiro e o doce de ovos nevados, fios d'ovos, é de criar água na boca, mas não cabe aqui nesta "biografia" do galo as receitas de nossa doçaria popular.

Triste fim têm alguns galos. Ainda frangote é castrado. Fica então para criar pintos. "Fala choco", cisca e trata dos pintinhos. E como engorda mais do que um cantor de ópera, torna-se candidato apetitoso para a panela, pois sua carne se torna tenra e gostosa. É por isso que as línguas maldosas, quando avistam uma pessoa adulta sempre rodeada pelas crianças, e isso acontece muito com os tios solteirões, chamam-nos de "galo capão".

Dizem que os testículos do galo são afrodisíacos, por isso há quem os considere um prato apetitoso... e necessário. Na "pingaterapia" há também a seguinte receita: Torra-se o testículo do galo, transformado em pó é misturado na pinga. Enfim, pinga é remédio para tudo... O galo na medicina excretícia é usado para curar panarício e unheiro. Para tal, introduzem o dedo doente no ânus da ave.

Quando uma pessoa, fugindo da boa conduta, comete faltas, referem-se à sua reputação: "Fulano está mais sujo do que pau de galinheiro."

Na poesia popular dos palhaços-músicos que enchiam de alegria e chocarrice os saudosos circos *de cavalinhos*, cantavam no picadeiro, lá por volta de 1920, quando passaram por Botucatu e ainda guardamos de memória:

> A mulher e a galinha
> são dois bicho interesseiro
> a galinha pelo milho
> e a mulher pelo dinheiro.

Acreditam que homem que vira lobisomem é fácil de ser reconhecido: às sextas-feiras, entra no galinheiro, espoja-se nos excrementos das galinhas para poder transformar-se em lobisomem e bater sete partidas do mundo. Dizem que "o bafo (hálito) do homem que vira lobisomem tem um cheiro de titica de galinha, a cor de sua pele é amarelada e gosta de atacar criança nova para lamber-lhe os cueiros".

Vejamos mais isto sobre o galo: "Não matou o galo no primeiro dia." Corre por aí a seguinte história: Havia um homem dominado pela sua mulher. Em sua casa a galinha é que cantava de galo... Desse casal nasceu uma filha. A moça ia seguindo as pegadas da mãe, geniosa, mandona, autoritária. Um dia ficou noiva. O noivo às vezes tinha que suportar as mandonices dela. Casaram-se. O sogro sempre dizia lá com os seus botões: pobre de meu genro, vai ser outro cordeirinho nas garras de minha filha, porque ela saiu à mãe...

Passaram-se anos. Um dia o casal vem para visitar os pais da esposa. A filha, outrora era mandona, agora cordata e até submissa. O pai ficou admirado. E às escondidas pergunta ao genro como foi que tal aconteceu e o que ele fez para conseguir isso da esposa. O genro contou-lhe que desde a primeira noite, quando o galo pela madrugada começou a cantar perturbando-lhes o sono, quando a esposa mandou-o que fosse tirar o galo para fora a fim de não incomodá-los, disparou sua garrucha matando o "despertador empenado".

O sogro pensou: vou fazer o mesmo. Preparou uma garrucha e colocou-a sob o travesseiro. Deixou que o galo dormisse nas proximidades da janela de seu quarto para ser a vítima de sua pontaria libertadora.

Lá pelas tantas da madrugada começa o galo a cantar. A mulher manda-o tirar o galo. Ele todo satisfeito tira de sob o travesseiro a garrucha e eis que a mulher lhe toma a arma e manda-o levar o galo para o galinheiro e diz-lhe: quem não matou o galo na primeira noite, nunca mais... E lá se foi o nosso herói levar pacífico e bonzinho o galo para o galinheiro.

Pontofinalizando nossa "alectorologia folclórica" não poderíamos nos esquecer de que o galo é a única ave que aparece no presepe caipira. Os "belenistas", quando reproduzem anualmente a cena bucólica do nascimento do Salvador da Humanidade, nas arrumações toscas do presepe, lá colocam o galo, no alto da manjedoura. Diz a lenda que foi ele o primeiro a anunciar o nascimento do "Sol da justiça" cantando: "Jesus nasceeeeuuuuuuuuuu!!!!"

Quando as folias de Reis vão saudar o presepe, há um verso para o galo:

> Deus ti sarve este galu,
> qui cantô no nascimentu,
> Nossa Sinhora abençuô
> po benditu galu bentu.

Há mais estas quadrinhas que nos dão margem a pesquisas. Que relação terá o galo de nosso folclore com o da mitologia grega ou eslava, pois nosso caipira fala de um galo do céu que canta, e na cerâmica popular religiosa para o presepe preparam uma "figura" – é o galo do céu –, uma ave cuja crista são três bolotas espetadas em palitinhos.

> Esta noiti, meia noiti,
> quem tava acordadu fui eu,
> um galo du céu cantô
> aqui do mundu arrespondeu.
>
> Os galu já estão dizenu
> Jesuis Mininu nasceu,
> o mundo briô de luz
> us ar arresprandeceu.

CRENDICES

Crendices ou abusões são explicações errôneas de fatos naturais. Agrupamos alguns abusões de acordo com as fases da vida do indivíduo, os acontecimentos fundamentais da vida humana, o homem do berço ao túmulo. Nestes abusões podem-se vislumbrar ritos produtivos, protetivos e outros, de medicina etc., acervo de práticas presentes no "mundo mental" de moradores da comunidade de São Luís do Paraitinga (SP).

Gravidez

Quando o marido tem dor de dente, sem razão de ser, é porque a mulher está grávida.

À mulher grávida que não quer sofrer as conseqüências da gravidez, enjôo etc., é fácil livrar-se disso: quando o marido estiver dormindo é soltar o hálito na nuca dele. O marido é que terá os enjôos.

A mulher grávida não deve carregar chave ou medalha no colo, pois a criança sairá com marca na pele.

A mulher grávida não deve passar por cima de cabresto, senão padecerá muito ao dar à luz.

A mulher grávida não deve passar por cima de anzol ou pegá-lo, senão padecerá muito ao dar à luz.

A mulher grávida não deve sentar-se sobre taipa, mesmo do fogão, senão padecerá muito ao dar à luz.

A mulher grávida não deve sentar-se no pilão, senão padecerá muito ao dar à luz.

A mulher grávida não deve sentar-se na soleira da porta, senão padecerá muito ao dar à luz.

Se a mulher grávida, por esquecimento, sentar-se sobre taipa de fogão ou pilão, deve raspá-los, fazer um chá de raspa e tomar. Evitará ter grandes "trabalhos".

A mulher grávida não deve comer raspa de panela ou nada que seja grudento para evitar dificuldades no trabalho do parto.

Mulher grávida não deve passar por baixo de cerca de arame, pois enrolará o cordão umbilical na hora de a criança nascer.

Não presta passar por trás de mulher grávida, pois ela terá mau parto.

Não presta criança estar rodeando mulher grávida. Traz embaraços.

Criança que chora no ventre materno nasce com muita sorte. Tudo que fizer é bom e bem-feito. É dada a adivinhações.

Parto (cuidados com a parturiente)

A parturiente, para livrar-se logo, deve ficar de cócoras e assoprar uma garrafa. Deve também colocar um chapéu de homem (do marido) na cabeça, para ter bom e rápido resultado.

Uma comadre ou parente da parturiente, para abreviar os trabalhos, deve vestir roupa de homem e dar três voltas em redor da casa. Outra versão: essa pessoa bate palmas, pede "ô de casa". Entra e convida a doente para sair. Sai sozinha, dá três voltas em roda da casa.

Para dar à luz logo, devem dois homens segurar a parturiente pelas axilas e ela ficará de cócoras. O marido deve dar três voltas ao redor da casa, com um peso nas costas, para abreviar o parto.

Untar o ventre da parturiente com azeite da igreja apressa e facilita.

A "prática" (parteira) deve benzer e colocar o santo no ventre da parturiente e o caso se resolverá logo.

Para dar à luz logo, cruzar as mãos sobre o ventre da parturiente e rezar a Salve Rainha até o trecho que diz: "nos mostrai Jesus o milagre". Depois que ela "desocupa", então reza-se o resto da Salve Rainha, oferecendo a Deus Nosso Senhor Jesus Cristo. Rezar três vezes.

Quando mulher está custando para dar à luz, o marido deve dar um tiro para o ar com a espingarda, lavar o cano, e a água que foi usada em tal' mister, dar para a mulher beber. É um porrete! Dará à luz imediatamente.

A secundina deve ser enterrada na própria casa. (Mal a mulher dá à luz, lá está o marido com a enxada, enterrando a secundina.)

Para evitar dores de barriga após o parto, a interessada deve tomar três colherinhas d'água misturadas com três de sal e três de farinha de mandioca.

A mulher que deu à luz não deve comer carne de animal macho, faz mal; escolher sempre carne de galinha; o melhor é de franga.

Cuidados com a criança

Quando nasce a criança, defumar com arruda e pôr um galhinho atrás da orelha para curar mal de sete dias (é ar). Para entrar no quarto é preciso esquentar as mãos senão arroxa o umbigo. Não entrar com cheiro de espécie alguma, principalmente cheiro de verdura. Pode dar o desando e a criança começará a evacuar verde.

Quando a criança nasce e não chora, bater pratos para acordá-la e fazer chorar.

Para se evitar o mal dos sete dias, não tirar a criança do quarto onde nasceu antes de completar o sétimo dia de vida.

Não apagar as luzes até que a criança seja batizada para que o saci não venha pegar (a criança do sexo masculino; a bruxa não venha pegar a menina).

Enquanto a criança não for batizada, devem deixar uma luz acesa no quarto, pois o pagão precisa de luzes. (A luz deve ser de azeite, preferivelmente. Como medida de economia, os avós batizam, não precisando assim manter acesa a candeia.)

A luz poderá ser apagada antes dos sete dias, após o nascimento, se se colocar um galho de cambará preto no quarto ou uma tesoura aberta.

Enterrar o umbigo de recém-nascido debaixo do cocho para dar sorte. Idem, debaixo da porteira para ser fazendeiro.

Quem conserva o umbigo, guardado como lembrança, ou quem o enterra, nunca sairá a viajar. E, se o fizer, estará sempre desejoso de voltar à terra onde nasceu. Daí nascer o ditado "quero morrer na terra onde foi enterrado o meu umbigo".

Se gato, rato ou cão comerem o umbigo de alguém, este ao crescer será ladrão.

Para amansar uma criança recém-nascida, muito chorona, colocá-la numa peneira sob a cama dos pais. Outra versão: pô-la nos pés da cama.

Para criança não ter dor de barriga, não se deve torcer os cueiros e fraldas.

Nascer num domingo indica que a criança terá muita sorte.

Aleitamento

A mulher que está amamentando não deve visitar uma pessoa mordida de cobras, pois, se tal acontecer, o veneno subirá, morrendo (o picado) o que foi ofendido pelo "bicho peçonhento".

Para evitar inflamação do seio, a mulher quando está amamentando não deve deixar a criança arrotar e, caso tal aconteça, deve fazer o amamentado ficar ao contrário da posição normal de amamentar, enquanto se alimenta.

A mulher que está amamentando deve comer bastante canjica, aumentará o leite.

Após o desmame da criança, caso ela fique doente com "aguamento", isto é, vontade de mamar no peito, pelo fato de ter visto outra criança mamar, a mãe deve pedir leite de peito de três mulheres chamadas "Maria". Esse leite é misturado ao leite de vaca que será dado em mamadeira.

Infância (Batismo, crescimento, dentição, moléstias da infância)

Batizar a criança logo que nasça. Os avós podem fazer tal. Com uma caneca com água e um ramo de arruda (*Ruta graveolens*, Lin.), batizam. Então podem apagar as luzes. Não se dispensará o batismo na igreja, pelo padre. Nesse ínterim, se a criança morrer, não irá para o limbo, pois já foi batizada.

A mãe não deve assistir ao batizado de seus filhos, pois lhe trará azar.

Os pais não podem batizar seus próprios filhos; é pecado.

Criança que morre sem ser batizada vira serpente.

Criança que morrer sem ser batizada vai para o limbo. À noite ouve-se choro dela, pedindo que a tirem de lá.

Casal que tem sete filhos homens seguidos precisa fazer o primeiro batizar o sétimo para que este não vire lobisomem. Quando se trata de filhas, é necessário que a sétima seja batizada pela primeira, para que não vire bruxa.

Não presta saltar por cima de uma criança quando ela está sentada no chão, pois não crescerá mais.

Quando a pessoa é criança, passando por baixo de qualquer coisa, não cresce mais.

Não presta deixar um menino pular por cima de uma menina; impede seu crescimento.

Não deixar criança entrar dentro de casa com o guarda-chuva aberto, pois caso isso aconteça não crescerá mais.

Não se deve deixar criança brincar com barrica; caso entre dentro, não crescerá. Outra versão: não aprenderá a falar.

Não presta assoprar o rosto de criança; ficará boba.

Não se deve deixar criança olhar em espelho; não aprenderá a falar.

Duas pessoas vestindo a mesma criança é mau agouro.

Quando uma criança nova, que já sabe andar, começa a gatinhar é porque vem visita à casa.

Quando nasce uma criança e logo fica doente, terá azar a vida inteira.

Não presta colocar chapéu do pai na cabeça da criança, ela custará muito a aprender a falar.

Não deixar criança colocar chave na boca porque não aprenderá a falar.

Para criança falar logo, colocar água em cincerro e dar para ela beber.

Para criança falar logo, rebentar-lhe amendoim bravo na boca. (Dar o estalo.)

Para criança falar logo, colocar água no gogó de um bugio (que tenha sido caçado para tal fim) e dar-lhe para beber.

Para criança falar logo, lavar o prato no qual comemos (um adulto), não enxugá-lo, e dar-lhe água para beber nele.

Uma criança que não fala consegue fazê-lo se, quando se encontrar com a bandeira do Divino, levar-se um copo d'água ao bico da pomba no tope da bandeira e dar-se a água para a criança beber.

Não presta deitar criança nova sobre a mesa para trocar seus cueiros e fraldas, pois lhe traz a morte.

Não deixar criança virar taramela, porque emagrece.

Não deixar criança sentar-se em peneira, pois, se um dia cair n'água, afundará.

Para a criança nascer com juízo, passar a bandeira do Divino na sua cabeça.

Menino que passar por baixo de arco-íris vira mulher, e menina, vira homem.

O arco-íris, quando se curva no córrego para beber água, chupa as crianças.

Quando uma criança nova começa a brincar e fica com as mãos apoiadas no solo e as nádegas para cima, está chamando mais um irmãozinho.

Numa brincadeira, caso duas crianças batam as cabeças, devem dar três cuspadas no chão para que não lhes morram os pais.

A primeira pessoa que vir um dente de um bebê deve dar-lhe de presente um objeto de ouro, senão a criança ficará com azar.

A pessoa que vir em primeiro lugar os dentes de uma criança deve dar-lhe um presente. Caso seja um mimo que se quebre facilmente, os dentes apodrecerão logo. Deve-se dar um presente inquebrável para que os dentes sejam fortes e bons.

Quando a criança arrancar um dente, deve-se atirá-lo sobre o telhado para vir um dente novo e são. Deve-se dizer quando lançar o dente no telhado:

"Andorinha do verão, leve este dente podre e traga outro são." Outras versões colhidas:

"Morão, morão, leve este dente podre e traga outro são."
"Dentinho, dentão, leve este dente podre e traga outro bão."
"Ratinho, ratão, leve este dente podre e traga outro são."
"Morceguinho, morcegão, leve este e traga outro bão."

Não presta deixar criança brincar com vassoura, pois fica teimosa e desobediente.

Não se deve bater com vassouras em crianças; elas ficam sofrendo do peito (tuberculosas). Outra versão: ficam sem-vergonha.

Para criança aprender a andar, fingir que se está socando a mesma no pilão, três sextas-feiras seguidas.

Para criança aprender a andar, fazê-la caminhar em três cantos da casa, três sextas-feiras seguidas.

Para curar criança que não anda, passar-lhe espuma quente de lenha nas pernas.

Para curar criança que baba, fazer morder ou limpar a baba na saia da madrinha.

Para curar criança que baba, fazer cachorro lambê-la.

Quando a "moleira" não fecha, colocar clara de ovo batida em cima dela.

Criança que dorme com os olhos abertos (semicerrados) é porque tem bichas (lombrigas).

Não se deve deixar as fraldas expostas ao sereno da noite, pois a criança terá dor de barriga. Outra versão: caso as fraldas tomem a luz da "luma" as crianças obrarão (defecarão) verde.

Quando uma criança, já desmamada, mesmo grandinha, estiver doente pelo fato de ter ficado com vontade de comer alguma coisa, a mãe deve sair com uma cuia de combuca a pedir uma colher de comida que dará à criança para comer de uma vez só, para que sare.

Criança que brinca com fogo à noite mija na cama.

À primeira vez que se cortar o cabelo de uma criança, deve-se oferecê-lo à Virgem Maria, ou ao santo da devoção dos pais. (É uma oferta primicial. Os antigos não sabiam a causa e razão do crescimento do cabelo; sendo um elemento mágico, vital, era, portanto, uma oferta de valor.)

Iniciação

Quando o pai quer que seu filho seja "macho", isto é, homem de caráter, deve, por ocasião da puberdade (quando começa apontar o buço, bigode), dar ao menino uma faca para ele usar na cintura. (No sítio é faca, na cidade é canivete.)

Namoro

Moça que derruba faca corta o encontro com o namorado.

Se uma moça costuma ficar com namorado à janela, "o rapaz não se casará com ela". (cidade)

Namorados cruzando os dedos, quando estão de braços dados, é briga na certa.

Não presta perder grampo; é perder o namorado.

Quando um grampo estiver "cai-num-cai" do cabelo de uma moça, é porque estão lhe conquistando o namorado ou noivo.

Se dois namorados tirarem retratos juntos, não se casarão. (cidade)

Quando galo canta à noite, fora de hora, é porque moça solteira está fugindo de casa. O namorado roubou-a.

Não presta ganhar guarda-chuva de namorado; traz briga.

Namorado que dá espelho e sabonete para a namorada não casará.

Namorados não devem presentear-se com um lenço branco; não se casarão, é briga na certa.

Namorados não devem presentear-se com um pente. Não se casarão: é certo brigarem.

Namorados não devem presentear-se com um anel de prata, não se casarão; é briga na certa.

Noivado

A noiva não deve fazer seu próprio vestido de noiva, pois será infeliz.

Noivos que batizam uma criança não se casarão.

Não presta a noiva sonhar com o noivo; é sinal de rompimento de noivado.

Moça solteira não deve ajudar a vestir uma noiva, pois nunca se casará.

Noiva que usa objeto azul no dia do casamento terá muita sorte a vida toda.

Caso o noivo nunca acerte o casamento, esteja demorando muito a fazê-lo e freqüente a casa, dar-lhe café misturado com uma gota de menstruação; é casamento na certa.

Dar à moça, misturada na água de beber, um pouco de água com a qual lavou as partes pudendas. É para "amarrar" o namorado. Casará na certa.

A moça que se colocar diante do espelho ao terminar a aprontação de uma noiva terá uma grande desgraça.

Se um dos noivos der ao outro uma medalha de Santo Antônio, o casamento não se realizará nunca.

As noivas devem evitar pentear-se com o espelho iluminado por uma vela, pois arrisca perder o noivo. Luz de lamparina não traz esse perigo.

A noiva deve levar em alguma peça do seu enxoval, bordada, uma espiga de trigo para ter felicidade e nunca faltar nada para o casal. (cidade)

A noiva, no dia do casamento, não deve trazer jóia alguma, pois atrai infelicidade. Maior ainda se a jóia for pérola. (cidade)

O noivo não deverá colocar a aliança até o fim do dedo de sua noiva, no altar, para evitar uma vida de brigas.

Caso os noivos, ao saírem da igreja, virem um enterro, nunca serão felizes.

Se uma moça quiser de fato casar-se com um rapaz, quando ele for visitar sua família, deve coar o café na meia que estiver usando. É casamento na certa.

Ferver Santo Antônio na água em que se vai fazer o café e dar para o namorado beber, é casamento na certa.

Casamento

Chover no dia do casamento significa sorte para o novo casal.

O solteiro, que comer na panela, terá chuva no dia do casamento.

Moça solteira, que come e raspa a panela, chama chuva no dia do casamento.

Para um casal ter sorte é preciso que se case numa quinta-feira ou sábado.

Casar no ano bissexto dá azar.

Ninguém deve casar na quaresma, será infeliz a vida toda. Outra versão: acontecerá um desastre a um dos cônjuges, antes do Natal.

Dá sorte aos noivos jogar arroz, quando eles saem da igreja. (cidade)

Uma noiva não deve usar crucifixo no dia do casamento, pois carregará uma cruz o resto da vida conjugal.

Não presta dois irmãos casarem-se no mesmo dia; dividem a felicidade.

Em festa de casamento é mau presságio apagarem-se as luzes.

Cair o anel da noiva na hora do casamento é sinal de infelicidade no casamento.

Os noivos não devem avistar-se antes do casamento, só na hora da solenidade. (cidade)

Na noite do casamento, aquele que apagar a luz será o primeiro a morrer.

Quando a aliança de um cônjuge se parte inesperadamente, é porque o outro vai morrer.

A mulher que pular por cima do marido, quando se levanta da cama, acaba mandando no marido. Ele obedecerá "que nem" um cachorrinho.

Moça que bebe água em concha (de cozinhar) ou vasilha de coco casará com homem careca.

Moça solteira não deve pôr o vestido de noiva; senão não se casará.

Moça solteira que arrumar quarto de noiva não se casará.

Moça que se veste de Verônica, em procissão de enterro, não se casará.

Varrendo-se o pé de uma pessoa, tira-se também a possibilidade de ela se casar.

Não presta varrer os pés das pessoas. A moça solteira, que os tiver varridos, casará com viúvo.

Moça que lava a casa aos sábados nunca será levada ao altar para casamento.

Não presta passar por baixo de andaime ou escada; a pessoa nunca se casará, sendo solteira.

Solteiro não deve sentar-se no canto da mesa; não se casará.

Estando um animal preso, não se deve passar sob as rédeas, pois quem passar jamais se casará.

Noiva que tira a aliança do dedo tira também a sorte de casar; não realizará o casamento.

Noiva não deve experimentar aliança de mulher casada, pois não se casará.

Alimentação

Laranja de manhã é ouro, de tarde é prata e de noite é chumbo. Outra versão: laranja de manhã é ouro, de tarde é prata e de noite mata.

Dá azar comer os pés de galinha. A pessoa fica bisbilhoteira.

Quem comer carne de vaca na quaresma vê o cuca, o demônio.

Comer carne na Sexta-feira Santa, dizem que faz nascer rabo.

Comer carne na Semana Santa é pecado. Os dentes se afundarão na gengiva.

É pecado comer carne na Sexta-feira Santa porque é comer um pedaço da carne de Cristo.

Na sexta-feira não se deve comer com a mão esquerda porque dá azar.

Não se deve tomar leite na Sexta-feira Santa, porque o leite vira sangue.

Quando se está comendo e cai um bocado da boca, é sinal de que há pessoa da família passando fome.

Quando se está comendo alguma coisa e esta cai da mão é porque alguém está com vontade de comer aquilo que estamos comendo.

Banana com manga não se deve comer ao mesmo tempo; é veneno, mata.

As frutas gêmeas inconhas devem ser comidas separadamente, para não trazerem azar.

Não se deve comer banana com leite; traz empachamento.

Não comer semente de goiaba porque dá nó nas tripas (apendicite).

Não se deve chupar laranjas antes do dia de Santa Cruz, porque no meio delas há uma que é venenosa. Na sua noite (2 para 3 de maio) a Santa Cruz vem benzer as fruteiras e a que tem veneno cai. Então pode-se chupar as demais. Quando uma fruteira é nova, as primícias não devem ser chupadas. Noutro ano já não há perigo.

Quando derem a alguém alguma coisa para comer, esse alimento cai no chão se for dado de mau coração.

Tomar água de chuva dá papo (bócio).

Água que nasça perto de árvore serinã ou tabua (*Typha dominguensis*, Pers.) dá dor de barriga, não presta para se beber.

Na Sexta-feira Santa é pecado tomar vinho porque se bebe o sangue de Cristo.

Quando se vai tomar café, deve-se colocar primeiro o açúcar, senão nunca se ficará rico.

Quando se beber água num copo, não se deve deixar resto, pois outra pessoa bebendo-o descobrirá todo o segredo de quem o deixou.

Não presta beber água de bruços. Caso isso aconteça, benzer-se para não enxergar o inferno.

Derrubar um copo-d'água sobre a mesa dá sorte.

Quando uma pessoa derrama água em outra, significa que vão brigar e haverá separação delas.

Quando se vai beber pinga, antes de tocar o cálice na boca, derramar um gole, para "saravá os santos".

Ao meio-dia, deve-se atirar um copo-d'água no chão para que as almas que estão com sede possam saciá-la.

Vinho quando cai na mesa, à hora da refeição, é sinal de sorte.

Quando cair vinho sobre a mesa, molhar a ponta do dedo indicador na toalha onde ele caiu e colocar o dedo atrás da orelha.

Quando cair cerveja sobre a mesa, molhar a ponta do dedo indicador na toalha onde ela caiu e colocá-lo na testa.

À pessoa que chupar um sorvete de pauzinho e não quebrar este no fim, morre-lhe a mãe. (Recolhida entre as crianças da cidade.)

A mulher casada que tomar café em xícara sem pires ficará viúva, "desimparcerará" o casal.

Cair bolo de noiva sobre a mesa é sinal de morte próxima para um dos cônjuges. (Recolhida na cidade.)

No dia de aniversário, antes de assoprar as velas do bolo, é bom pensar numa coisa que ela será realizada. (Recolhida na cidade.)

Derrubar bule com café é mau agouro.

Derramar arroz dá alegria.

Cair azeite no chão é sinal de má sorte.

Derramar açúcar dá sorte.

Cair ovos no chão é sinal de azar.

Não presta derrubar sal, traz azar.

Pedir sal emprestado e depois devolvê-lo dá azar.

Dá azar pisar em cima de sal derramado no chão.

Não se deve ferver leite com café juntos, formam um veneno.

O bolo se estragará se duas pessoas o mexerem quando estiver sendo feito. Ele desandará e não crescerá.

Não presta sentarem-se 13 pessoas a uma só mesa, pois morrerá a mais moça. Outra versão: morrerá a mais velha.

Roubar Santo Onofre dá sorte à pessoa que o roubou, mas é preciso sempre deixar pinga e farinha para o santo beber e comer. É santo pau-d'água; não deixará faltar nada de "provisão de boca" ao seu dono.

Jogar fora o pão dá azar, chama miséria. Deve-se queimá-lo.

Se um pão cai no chão e não se vai comê-lo, apanhá-lo e beijá-lo. Depois, jogá-lo fora.

Nunca se deve deixar o pão virado sobre a mesa, chama pobreza.

Quem comer a ponta do pão costumeiramente não se casará.

Quando se está rebentando pipoca e os piruás ficam em grande quantidade é porque o saci estragou o trabalho.

Quando a pipoca não rebenta, bater, no testo da panela, sapatear e dizer: "Rebenta pipoca, Maria sapiroca, mulher do ferreiro, caiu na barroca."

Beber vinagre para emagrecer, pois o vinagre enferruja o sangue.

Vestuário

A pessoa que, em casa, abotoa salteadamente a camisa, evita a má língua.

Vestir o casaco no avesso é sinal de que se vai ganhar presente.

Quando se vai estender as calças de um homem no varal para enxugar, não se deve puxar os bolsos para fora, pois isso chama miséria. Deve-se virar a calça toda do avesso; assim não será preciso virar as algibeiras.

Não se deve estender no varal camisas penduradas pelas costas; o dono delas morrerá queimado.

A esposa não deve passar a ferro as costas da camisa do marido, pois atrairá outras mulheres que virão disputá-lo.

Não se deve passar a ferro as costas da camisa, pois isso dá azar.

Em mês de agosto colocar a gravata do lado esquerdo para não ser mordido por cachorro louco. Outra versão: vestir uma peça de roupa no avesso.

Calçar as meias no avesso, no mês de agosto, para não ser mordido por cão danado.

Não se deve passar as meias para isso não dar azar.

Roupa feita no dia de sábado, queimar-se-á facilmente.

Roupa feita no dia de sábado, caso seu dono esteja para morrer, se vesti-la, não morrerá.

Costurar roupa no corpo é de mau agouro.

Não se deve costurar roupa no corpo, porque só se costura a mortalha em defunto. A pessoa que assim procede está chamando a morte para si.

Se um rapaz se fantasiar vestindo-se de mulher e se um galo cantar, ele virará mulher.

Não se deve colocar chapéu em cima da cama, porque senão haverá briga para a pessoa que o põe.

Não se deve comer com o chapéu na cabeça, pois Nosso Senhor está à mesa. Fora da mesa pode-se comer de chapéu, na roça, por exemplo.

Quando uma pessoa pega o chapéu de outra por engano e o coloca na cabeça, tudo que o dono do chapéu tem de mal na vida passará para a primeira pessoa.

A moça que roubar a fitinha da carneira do chapéu de um rapaz sem que ele o perceba e colocá-la no seu bolsinho, casará com ele.

Dar de presente um lenço a uma pessoa sem ter espetado nele previamente um alfinete significa briga na certa.

Quando se der um lenço de presente a uma pessoa amiga deve esta dar de volta um níquel, preferivelmente de tostão, pois assim nunca se acabará a amizade.

Quem receber um lenço e não retribuir com um tostão ficará de mal com o ofertante.

Quando um time de futebol entra em campo para jogar deve dar um nó na camisa para não perder a partida. (Recolhida na cidade.)

Quando se vai jogar futebol, deve-se amarrar a ponta da camisa e dar uma dentada no nó para não se perder o jogo. (Recolhido na cidade.)

Limpar o nariz na ponta da saia significa que alguém está falando mal da pessoa que assim procedeu.

Dá azar dormir com meias.

Dormir com meias faz a pessoa ficar vesga.

Não deixar o chinelo com a sola para cima, pois vira o juízo. Outra versão: morre a pessoa dona do chinelo.

Sapato em cima da mesa é mau agouro.

Quando a gente joga o sapato e ele ao cair vira para cima, é que está pra acontecer alguma coisa má para o dono.

Ganhar na loteria e com o dinheiro comprar sapatos dá chute na fortuna.

Quando, ao se levantar, alguém trocar o sapato calçando o esquerdo no pé direito, tudo lhe correrá às avessas durante o dia.

Tamanco virado com a sola para cima chama azar.

Sapato virado com a sola para cima chama azar.

Não se deve abrir guarda-chuva dentro de casa.

Guarda-chuva aberto num dia de sol chama chuva.

Guarda-chuva ou chapéu sobre a cama chama doença.

Não se deve abrir guarda-chuva dentro de casa; morre o dono do guarda-chuva.

Não presta achar colar, é sinal de desgraça.

Dá azar usar pérolas como enfeite. (Recolhida na cidade.)

Não se deve dar de presente a uma moça um broche, pois desfará a amizade.

Cair anel ou outro objeto de uso pessoal num rio é sinal de que se irá morrer afogado.

Sonhos (mundo psíquico)

É sinal de mau agouro sonhar com pessoas vestidas de branco.

Sonhar que uma pessoa falecida está de branco é sinal de que ela se salvou, foi para o céu; já não está mais no purgatório.

Sonhar com santos ou defuntos é sinal de que um parente está pedindo missas e orações.

Sonhar que se está cantando, ou com música e cantoria, é sinal de tristeza.

Sonhar com água limpa e clara é sinal de que virão lágrimas e tristezas.

Sonhar com água suja e barrenta significa pedaços difíceis de serem vencidos na vida.

Não presta sonhar com galinha; é sinal de sofrimento e pesar.

Sonhar que se está comendo doce é sinal de desgosto.

Não presta sonhar com carne; é azar.

Não presta sonhar com uvas; é encrenca ou lágrimas que teremos.

Sonhar com peixes é mau agouro; é que línguas más estão "atassalhando" a vida alheia.

Sonhar com peixe é enchente.

Sonhar com ovos é intriga ou briga. Para se desfazer a intriga, ao levantar-se deve-se, em jejum, ir até ao samburá onde estejam os ovos e mudá-los de posição; assim se desfará o que estiverem urdindo.

Sonhar com comadres é sinal de que haverá brigas.

Sonhar com mandioca ou batata é sinal de que haverá defunto. Elas estão debaixo da terra.

Sonhar com sangue é sinal de felicidade.

Sonhar com caixão de defunto é prenúncio de que alguém vai morrer.

Sonhar com machado não presta; é a vida de alguém que está para ser cortada.

Sonhar com brasas indica que nos virá perseguição.

Não presta sonhar com dinheiro; é sinal de miséria.

Sonhar com dinheiro em níquel é miséria que se aproxima.

Quando se sonha pela segunda vez que há panela de dinheiro enterrada no quintal, deve-se examinar o local, mesmo que seja à noite, marcá-lo, depois cavoucá-lo e oferecer velas à alma de quem enterrou o dinheiro, pois ela necessita que desenterrem o tesouro para poder descansar.

Sonhar com piolho é defunto ou mau agouro.

Sonhar com preto nu é morte ou desastre na certa.

Sonhar com vaca brava é mulher que está perseguindo homem casado.

Sonhar com homem é sinal de traição.

Sonhar com assombração é sorte.

Sonhar com igreja e procissão dá azar.

Sonhar que estão gritando, falando alto, indica que receberemos notícias de falecimento de pessoa querida que está distante.

Sonhar que estamos beijando alguém ou que esse alguém nos está beijando, é sinal de que desse alguém partirá uma traição.

Sonhar que estamos descendo uma escada é sinal de que vamos ter grandes aborrecimentos. Sonhar que estamos subindo escada indica que, apesar das dificuldades por que vamos passar, melhorará a situação de nossa vida.

Sonhar que perdemos um dente sem dor é sinal de morte de parente.

Sonhar que os dentes estão caindo é sinal de morte próxima ou grande desgraça.

Para não se impedir a realização de um bom sonho, de alguma coisa boa que está para nos acontecer, não se deve contar o sonho a ninguém antes de se quebrar o jejum, pois assim ele se realizará, mas não se for contado.

TRABALHO

Negócio ou trabalho que é contratado em uma encruzilhada não irá adiante.

Não presta falar com a pessoa que está fazendo sabão, pois este desanda. A pessoa invejosa também faz desandar o sabão, apenas com o olhar. Para isso, encruzar duas palhas e atirá-las no tacho.

Trabalho feito no dia de domingo só serve para atrasar.

Trabalho de domingo só presta para curar bicheira, razão pela qual evitam trabalhar nesse dia. Acreditam que o "que se faz no domingo não adianta, não vai para frente, traz atraso".

VIDA SOCIAL

Querendo-se realizar qualquer negócio, deve-se ir a uma encruzilhada de caminhos e rezar um Padre-Nosso de trás para diante: assim não há quem impeça a realização.

Quando alguém estiver costurando com agulha, e esta se quebrar, é sinal que esse alguém morrerá logo.

Quando quatro pessoas se encontram não devem cruzar as mãos no cumprimento, pois se assim fizerem, cortarão a amizade. Outra versão: não se casarão sendo solteiros. Outra versão: uma delas morrerá, porque se fez uma cruz.

Deve-se dar três pancadinhas no ferro ou na madeira quando uma pessoa roga praga.

Quando uma pessoa troca o nome ao chamar uma outra, é porque aquela cujo nome foi chamado está falando acerca da que a chamou.

Não presta pedir agulha emprestada; nasce inimizade entre a pessoa que pediu e a que deu.

Quando se der um presente a uma pessoa, deve-se colocar uma caixa de fósforos dentro dele para que assim ela retribua, mandando outro.

Quando se receber um presente de aço, deve-se dar de volta um tostão para não cortar a amizade.

Quando se entra no cemitério, por uma porta, deve-se sair pela mesma, para não se ter que voltar para lá morto. (Em São Luís há sete cemitérios!)

O morto virá puxar a perna da pessoa que, indo ao cemitério, pular três túmulos seguidos.

Não se deve perder objeto no cemitério, pois, quando quem o perdeu morrer, voltará a procurá-lo.

Quando se passa em frente a uma igreja, é preciso tirar o chapéu, senão acontecerá qualquer desgraça naquele dia. É bom dizer: Deus te salve casa santa! Outra versão: Deus te salve casa santa, onde Deus fez sua morada, onde está o cálice bento e a hóstia consagrada!

Quem acha uma oração de Santo Antônio na rua, precisa passar adiante treze cópias dela, senão morre alguém da sua família ou acontece desgraça em sua casa. (cidade)

Quando duas pessoas, passeando pela cidade, passam uma de cada lado de um poste ao mesmo tempo, determinam o fim de sua amizade.

Quando se vir um anão, para se ter sorte e evitar azar, dar três voltas ao seu redor. (Recolhida na cidade.)

Não presta ver mulher carregando mala; dá azar.

Ver um homem entre duas mulheres dá azar. (Justifica o costume de andar um atrás do outro. "Caminho da roça", como dizem na cidade.)

É mau agouro ver mulher corcunda.

Homem corcunda dá sorte. É bom, quando se vê um deles, passar a mão direita na "cacunda".

Comprar bilhete de loteria de corcunda é ganhar na certa.

Quem tem sorte no jogo não a tem no amor.

Ver homem barbudo dá sorte, porém só de cavanhaque dá azar.

Não presta deixar cair fósforo no chão e depois apanhá-lo; fica-se exposto a perder todo o dinheiro que se possui.

Ver uma pessoa vesga (estrábica), "que olha contra o governo", na rua, traz azar para o dia todo.

Se numa luta tira-se sangue de um adversário, é isso sinal de infortúnio por uma lua (mais ou menos uma semana).

Maldizer pessoa morta não presta, porque ela virá perseguir a que maldisse.

Ver enterro dobrando a esquina é ter em breve notícias de desgraça na família.

Queimar o Judas no sábado de aleluia é bom para castigar os que maltrataram o Cristo.

Andar de costas traz azar, pois se está pisando no cabelinho de Nossa Senhora.

Não se deve falar a palavra "lazarento" porque, quando se fala, doem as chagas dos lázaros (leprosos).

Quando a gente espirra é bom dizer "saúde". "Deus te crie", quando é pessoa casada: "filho macho em quantidade".

Quando alguém passar por uma ponte e estiver mentindo a ponte cai.

OUTRAS ATIVIDADES

Quando uma pessoa se esquecer de alguma coisa, volte ao lugar em que pensou nela pois logo a lembrará.

Quando alguém perder qualquer coisa, deve fincar um pauzinho no chão que logo a encontrará.

Quando uma pessoa perder qualquer coisa, deve colocar um vintém debaixo de Santo Antônio.

Mijar na água dá azar; nunca se deve urinar em um rio. A água é nossa madrinha.

Dormir de barriga para baixo causa pesadelo.

Dormir nu faz com que não se receba a bênção do anjo quando ele passa à meia-noite.

Caírem os fósforos da caixa de uma pessoa é sinal que tal pessoa vai ficar muito rica. Não deve ela "catar" os palitos.

Antes de se entrar n'água para nadar, deve-se fazer o "pelo sinal-da-cruz", pois então não há perigo de se morrer afogado.

Dizem que não presta cantar logo ao se levantar.

Quando se vai abrir um novo maço de cigarros, não se deve dar o primeiro cigarro a uma pessoa que estiver perto, pois o dono ficará com azar. (Recolhido na cidade.)

Para saber qual o "bicho" que vai dar, pôr um pouco de café com água num copo, riscar um fósforo e apagá-lo, mergulhando-o nesse líquido. É só observar bem que se vê desenhado o "bicho".

Quando se jogar no "bicho" não deixar outra pessoa ver o talãozinho, porque isso dá peso e não se ganhará.

Enterrando-se um Santo Antônio no gol, não há perigo de varar uma bola sequer. (Recolhida na cidade.)

Dá azar picar papel sem ter necessidade.

Não se deve passar por encruzilhada à meia-noite; há o risco de se ver o diabo.

Virar o santo da devoção de cabeça para baixo dá sorte no "jogo de bicho".

Quando se perder qualquer coisa, deve-se rezar uma Salve Rainha até a palavra "mostrai". Só depois que achar, finalizar a Salve Rainha e oferecê-la para as almas.

Parentesco

Não presta andar de costas (de "fasto") porque senão morre o pai e a mãe de quem assim fizer.

Andar uma pessoa à ré é mandar seus pais para o inferno.

Se morrer uma pessoa de uma família, três outras, membros da mesma família, também morrerão, dentro de pouco tempo.

Quando morre um parente no dia de aniversário de um dos que ficam vivos, é que outro morrerá, também em data de aniversário.

Duas pessoas que falam a mesma palavra ao mesmo tempo se tornarão compadres.

Não presta rogar praga sobre um parente a quem se queira bem, porque isso acontecendo na hora da raiva, pode algum anjo de boca mole dizer "Amém", e então a praga cairá mesmo.

Partes do corpo

Quem der uma cabeçada, deve dar três cuspadas, para que não morra a sua mãe.

Para que uma pessoa não fique careca, não deve pentear os cabelos antes de meio-dia, na Sexta-feira da Paixão.

Não se deve arrancar os fios de cabelos brancos, pois arrancando-se um, nascerão cem.

Se se cortar o cabelo na lua crescente, ele cresce depressa e engrossa; na lua nova, arrebenta; na minguante, custa a crescer e afina, ficando sedoso.

Não devemos pentear os cabelos à noite, pois isso chama a morte de nossos pais.

Para encrespar o cabelo (de mulher) é bom enterrá-lo no buraco onde esteve o mastro de São João.

Depois que o Sol entra não presta cortarmos o cabelo, pois isso chama a morte para nossa mãe.

Quando a mulher vai pentear o cabelo e alguns que caem no chão se enleiam, é sinal de que a sua vida está se atrasando.

Maus olhos arruínam o sabão no tacho.

Olhos invejosos põem quebranto; até derrubam passarinho do poleiro da gaiola.

Quando o olho esquerdo começa a tremer, é sinal de infelicidade para acontecer.

Não se deve costurar até a hora de o Sol se pôr, pois perde-se a vista.

Não presta alguém fingir que é vesgo, pois acaba ficando vesgo mesmo.

Quando uma pessoa morde a língua é sinal de que estão falando mal dela.

Coceira na sobrancelha direita é prenúncio de contrariedade.

Quando o ouvido assobia é porque alguém está falando mal da gente.

Coceira no nariz é sinal de que quem a sente vai receber presentes.

Coceira no nariz ou é gripe ou sinal de briga.

Quando alguém estiver com dor de dentes, deve amarrar um lenço no rosto. O dente pára de doer.

Quando a orelha esquerda de uma pessoa estiver vermelha e ardendo é porque estão falando mal dessa pessoa. Deve ela morder a manga do paletó e dizer: "Quem estiver falando mal de mim que morda a língua três vezes."

Quando nos começa a arder a orelha esquerda devemos morder o colarinho da camisa. A pessoa que estiver falando mal de nós morderá a língua.

Quando a nossa orelha direita estiver ardendo é porque estão fazendo boa ausência de nós.

Quando se sentir coceira na palma da mão, deve-se coçá-la três vezes e três vezes fazer o gesto de guardar uma coisa no colo, pois se ganhará um presente na certa.

Quando a mão direita estiver com coceira, é este um aviso para se pagar alguma dívida.

Quando a palma da mão esquerda estiver com coceira, alguém vai pedir-nos um presente ou alguma coisa emprestada.

Não presta alguém deitar-se com as mãos na nuca, a morte virá para um membro da família.

Quando uma pessoa receber presente deve pegá-lo com a mão esquerda para se livrar de feitiçaria.

Não se devem dar esmolas com a mão esquerda; o ofertante ficará pobre.

Não se devem dar esmolas em notas, mas sim em níqueis, e dar com a mão direita para não se chamar a miséria.

Espetar o dedo indicador indica que se vai ter desgosto.

Manchas nas unhas de alguma pessoa é sinal que vai receber presentes. (As manchas são chamadas pelo povo de "fortuna".)

Não deve uma pessoa cortar as unhas à noite, porque assim chama a morte para a sua mãe.

Não se deve cortar as unhas nas sextas-feiras, pois o diabo bem pode apanhá-las; é dia em que ele está solto.

Cortar as unhas na sexta-feira não presta porque nascem "espiguinhas".

Não se deve cortar as unhas à noite, pois se perderá o sono.

Dizem que quem corta as unhas à noite não poderá assistir (prestar auxílio) por ocasião da morte dos entes queridos.

Amarrar uma "muqueira" no braço é bom para dar força. (A muqueira é uma tira de couro, um bracelete.)

Homem que tem uma "cana" só no braço é de muita força. (Dizem que há homens que em vez de ter os ossos rádio e cúbito só possuem um deles. A "cana só" é um desses ossos.)

Para se saber se alguém tem "espinhela caída", basta ver se seus braços, erguidos acima da cabeça, não têm o mesmo comprimento.

Quando uma pessoa tem "espinhela", quase não come; perde o apetite e sempre está adoentada. (Espinhela é o nome vulgar do apêndice xifóide.)

Não presta receber pancada ou batida forte no braço ou pé esquerdo, é mau agouro.

Quando alguém chegar ao cemitério, deve entrar com o pé direito, porque se o fizer com o esquerdo, chama a morte.

Entrar na Santa Casa (ou hospital) com o pé direito, para ter sorte.

Não presta alguém dormir com os pés cruzados, pois sonhará com defuntos.

Quando, sem motivo algum, uma pessoa torcer o pé, é isso sinal de que estão falando mal dela.

Levantar-se alguém com o pé esquerdo é ter azar o dia todo.

Coceira no pé é sinal de que se vai perder dinheiro.

Coceira na sola do pé é sinal de viagem.

DOENÇA

Não presta assoprar fogo, porque isso faz nascer papo (bócio).

Não se deve cruzar as mãos sobre a nuca, pois corre-se o risco de ver a mãe ficar doente.

MORTE

Quando morre uma pessoa, deve-se abrir todas as janelas e portas para a alma sair. Fecham-se porém os fundos da casa. A alma deve sair pela frente. A casa não deve ser fechada antes de sete dias pois o fel (as vísceras) do defunto só se arrebentará nesse prazo. Então a alma vai para o seu lugar. A novena de defunto é para a alma ir para onde foi destinada.

Não se deve chorar a morte de anjinho, pois as lágrimas molharão suas asas e ele não alcançará o céu.

Quando, numa procissão, o pálio pára defronte de alguma porta de uma casa, é isso presságio de morte de alguma pessoa dessa casa, porque o pálio pára sempre defronte das janelas.

Homem velho que se muda de casa morre logo.

Quando a pessoa tem um tremor é porque a morte passou por perto dela.

Deve-se bater na pessoa que está próxima e dizer: "Sai morte, que estou bem e forte."

Acender os cigarros de três pessoas com um fósforo só provoca a morte da terceira. Outra versão: morrerá a mais moça dos três fumantes. (cidade)

Derrubar tinta é prenúncio de morte. (cidade)

Quando várias pessoas estão conversando e param repentinamente, é que algum padre morreu.

Perder pedra de anel é prenúncio de morte de pessoa da família.

Quando uma pessoa vai para a mesa de operação, não deve levar nenhum objeto de ouro, pois se tal acontecer, morre na certa.

Não presta tirar fotografia, sendo três as pessoas, pois morre a que está no centro.

Doente que troca de cama morrerá na certa. Outra versão: não morrerá.

Não se deve deitar no chão limpo, pois isso chama a morte para uma pessoa da família.

Quando pessoas vão caçar ou pescar, nunca devem ir em número de três, pois uma será picada por cobra e morrerá na certa.

Quem come o último bocado morre solteiro.

Se acontece de se ouvir barulho à noite, em casa, é que a morte está se aproximando.

Quando morre uma pessoa idosa, morre logo um anjo seu parente (criança) para levar aquela para o céu.

Defunto que está com os braços duros amolece-os se se pedir que assim faça.

Defunto que fica com o corpo mole é indício de que um seu parente o segue na morte.

Quando um defunto fica com os olhos abertos é porque logo outro da família o seguirá.

Não se deve beijar os pés de defunto, pois logo se irá atrás dele, morrendo também.

Na hora da morte, fazer o agonizante segurar uma vela para alumiar o caminho que vai seguir.

Em mortalha, a linha não deve ter nó.

Água benta ou alcânfora temperada na pinga joga-se com um galho de alecrim (*Rosmarinus officinalis*, L.) sobre o defunto.

Quando uma pessoa jogar terra sobre o defunto na cova, deve pedir ao mesmo que lhe arranje um bom lugar no Além. Se ele for para um bom lugar, arranjará; se para um mau, quem pede está azarado. Bom é pedir lugar para o cadáver de um anjinho, pois este sempre vai para bom lugar.

Não se deve trazer terra do cemitério quando se volta de um enterro, pois ela traz a morte para casa.

A pessoa que apaga as velas após a saída do enterro morrerá logo.

É bom colocar perto do caixão do defunto um copo-d'água benta.

Não presta ver muitos enterros, pois com isso se chama a morte para si.

Quando passa um enterro, não se deve atravessar o acompanhamento, pois isso traz a morte para pessoas da família. Bom é acompanhar o enterro.

Não presta acender só três velas para defunto; deve-se acender quatro.

Habitação

Quando a gente vai morar numa casa nova, é bom, para ter sorte, levar o boião de sal na frente e colocá-lo em primeiro lugar, no canto onde irá ficar.

Em mudança, deve-se levar primeiro o sal e o carvão.

Quando se vai morar numa casa é bom jogar em todos os cantos das paredes um punhadinho de sal, dizendo as seguintes palavras: "Em nome da Virgem e de todos os santos, que desapareçam os encantos."

Se uma pessoa se mudar de casa e chover logo depois, é este fato sinal de que a pessoa vai ter muita sorte na nova residência.

Quando uma pessoa se muda de uma casa, na última viagem que faz com os tarecos não deve olhar para trás. Caso tal aconteça terá cagüira a vida toda. (O Policarpo, ao mudar-se, esqueceu-se dos seus aviamentos de caçada: polvarinho, chumbeiro e embornal, dentro de uma cumbuca no jirau da casa antiga. Volta a buscá-los e ao entrar na casa a procurar sobre o jirau, eis que vê um velho barbudo, cabeludo, com unhas grandes, que lhe diz: "Já que voltaste hei de te acompanhar sempre, pois eu sou o Cagüira." E conclui o major Pinto, nosso informante: O Policarpo é mesmo de muito azar, tem cagüira para tudo.)

Não se deve tirar as teias de aranha de uma casa, pois tira-se a sorte também.

Teia de aranha nos cantos das paredes dá sorte.

Casa de marimbondo ou vespeira, na porta da entrada da casa, é sinal de que o dono vai ficar muito rico.

Caramujo dentro da casa é sinal de morte.

Não se deve barrear a casa na lua crescente, porque o barro se gretará. Na minguante, sim, porque o barro não racha; mingua.

Plantando-se um pé-de-guiné (*Anona acutiflora*, Mart.), em casa, fica-se livre de azar e mau-olhado.

Deve-se colocar uma cruz na porta de entrada, para o demônio não entrar.

O "sino sarmão" (signo-de-salomão), feito antes de o Sol nascer e pregado na porta de entrada da casa, espanta o saci. De casa assim guardada saci não se aproxima. No monjolo, onde ele costuma reinar, brincar, deve-se desenhar o signo-de-salomão, com carvão. Ele não deixa entrar o demônio.

No dia de Reis, fazer três cruzes na porta de entrada da casa (na externa, que dá para a rua) e na interna escrever o nome dos três Reis Magos: Baltasar, Gaspar e Melchior, para se ter sorte o ano inteiro.

Colocar uma pata (ou pato) feita de telha de barro numa das extremidades do telhado, para livrar de tudo quanto é ruim. O palmípede é em geral feito de telha. (No antigo Fórum de São Luís, existia uma pata; vimos uma casa no caminho do bairro Rio-abaixo, ostentando uma pata na cumeeira.)

Escrever no chão ou na parede com carvão traz desgraça e doença para pessoa da família.

Numa quadrinha cantada pela folia do Divino, cujo mestre era Ismael Gomes Gouveia, encontramos a "crendice" de que quando se entrar numa casa, deve-se sair pela mesma porta pela qual se entrou para não levar consigo a felicidade:

> Meu sinhô e dona sinhora,
> sua licência tô quereno,
> é pá nóis fazê saída
> é pra porta que nóis entremo.

Plantando-se no quintal de uma casa um pé de santa-bárbara, dificilmente um ladrão ou bandido entrará para roubar a casa.

Quando você construir sua casa própria, se enterrar na porta uma raiz de guiné, evitará que lhe façam qualquer mal.

Não presta assobiar à noite dentro de casa; é chamar cobra.

Em casa de pessoa desconhecida, beber água com a mão esquerda para não beber algum feitiço de mistura.

Não presta cortar papel dentro de casa; tira a felicidade.

Não se deve acender fogueiras defronte de casa; é mau agouro.

Deve-se entrar numa casa com o pé direito para ter felicidade.

Entrar numa casa com o pé esquerdo é sinal de mau agouro.

Quando os noivos se casam e vêm para a casa, ao entrar pela primeira vez, devem fazê-lo com o pé direito.

Não se deve acender três velas e colocá-las acesas no chão, porque chamam a morte para uma pessoa da família.

Não presta trazer sebo de vela da igreja para casa, pois morrerá pessoa da família.

Quando há uma pessoa indesejável em visita numa casa, deve-se jogar água e sal no chão, quando a mesma sair, porque assim se fazendo ela nunca mais voltará.

Para a pessoa ir-se embora virar a tampa do pote ou o testo da panela.

Lenha no fogão dando estalidos é sinal de hóspede que virá.

Quando há um hóspede e demora-se muito, ir ao fogão e virar o tição ao contrário. A parte não queimada no braseiro, e a queimada para fora. O hóspede irá embora imediatamente.

Quando uma visita está aborrecendo muito, é só colocar um garfo enfiado na vassoura que ela logo trata de sair.

Quando uma visita está demorando muito a sair, é só colocar a vassoura com a palha para cima que ela resolverá ir-se embora.

No primeiro dia do ano, se a primeira pessoa a chegar em casa for um menino, o ano será bom, de felicidade; se mulher ou homem velho, de azar.

No Sábado de Aleluia, buscar água benta na igreja, espalhá-la nos quatro cantos da casa; sai o azar da residência.

No Sábado de Aleluia pedir para o padre benzer o fogão, e ao benzedor para expulsar as formiguinhas e baratas com suas rezas e benzeduras.

Não presta duas pessoas varrerem a casa ao mesmo tempo; isso traz infelicidade.

Quando se varrer a casa não se deve deitar o lixo pela porta da rua e sim pela porta do quintal, para não se ter azar.

Varrer a casa dos fundos para a frente é pôr fora a felicidade da casa.

Quando a vassoura vira de baixo para cima, a esposa brigará com o marido.

Varrer a casa depois do pôr-do-sol chama azar para a casa.

Não se deve ficar com os braços abertos na porta da casa, porque isso chama a morte para dentro dela.

Não deve uma pessoa ficar com os braços abertos na porta da casa, porque isso chama a morte para seus pais. Os braços abertos formam cruz.

Fogão não se varre, pois é trazer azar para quem o faz.

Um chifre, na entrada da casa, no móvel que fica mais perto da entrada, evita mau-olhado ou quebranto.

Encontrando-se ferradura de sete furos, deve-se pregá-la na porta da casa; dá sorte.

Encontrar ferradura atrás da porta da rua dá sorte.

Quando uma porta se abre, sem ninguém tocar nela, quem entrou foi o diabo.

Quando uma porta se abre sozinha quem entrou foi a morte.

Quando se faz uma casa nova, deve-se matar um frango na porta da mesma, derramar aí do seu sangue para se ter sorte durante o tempo em que viver nela.

É de mau agouro dormir com os pés voltados para a porta de entrada duma casa.

Lavar o rosto no Sábado de Aleluia e não enxugá-lo e em seguida bater na porta da casa, gritando. Assim se espantam os demônios e espíritos maus.

Não se deve deixar criança pular as janelas, pois se tornará ladra.

Não se deve jogar o cigarro, depois de fumado, pela janela; isso dá azar.

Não se deve dar esmolas pela janela; isso chama a miséria para quem a dá.

Saindo-se de casa para viajar e encontrando-se uma mulher, deve-se voltar. Sendo essa a primeira pessoa a ser encontrada, dará azar se se prosseguir. Deve-se voltar e ficar sem sair. Caso, ao sair, a primeira coisa que se encontre seja uma cobra, isso dá muita sorte.

Elefante de barro, enfeite de casa, com a cabeça voltada para o lado da porta da entrada, traz azar. Deve ser usado com a cauda para esse lado.

Não presta ter estátua ou estatueta quebrada em casa. Nem santo. Estes quando se quebram devem ser levados para a cruz ou santa-cruz de beira de estrada.

É bom colocar estatueta de animal com a cauda virada para o lado da porta da rua para não entrar ladrão na residência. (cidade)

Estátua de gesso, enfeite de casa, chama má sorte.

Não se deve colocar crucifixo ao lado da cama e sim na cabeceira, para não trazer sofrimento ao dono do leito.

Quando três pessoas arrumam a mesma cama, a mais moça morrerá.

Não presta deixar cadeira vazia perto da cama, pois à noite poderá uma alma doutro mundo vir descansar ali.

Cheiro de vela dentro de casa, não estando nenhuma acesa, é sinal de que morrerá alguém.

Quando se quebra uma vela que está acesa é isso sinal de morte para a pessoa que a está segurando.

Levantar-se da cama com o pé direito dá sorte; com o pé esquerdo dá azar.

Cair um quadro da parede é indício de que uma pessoa da família vai morrer.

Não presta brincar com a cadeira, fazendo-a rodopiar; traz briga em casa.

Quando alguém jogar cartas, baralho, e estiver perdendo, deve dar uma volta em redor da cadeira para ganhar.

Sentando-se 13 pessoas à mesa, uma delas morrerá.

Na hora de refeição, é mau agouro virar o saleiro. (cidade)

Quem coloca dinheiro sobre a mesa nunca o terá nem para comprar o que comer.

Colocar dinheiro sobre a toalha da mesa traz miséria.

Sentar-se sobre a mesa onde se come é chamar o diabo para dentro da casa.

Deitar-se sobre a mesa é mau agouro.

Não se deve limpar a mesa com papel pois isso traz fome em casa.

No terceiro dia de entrudo, quando estiverem à mesa, as pessoas não devem olhar-se fixamente, pois senão morrerá uma delas.

Pente sobre a mesa traz azar.

Não se deve cruzar os talheres, após a refeição; é sinal de morte. (cidade)

Talheres desarrumados na gaveta trazem brigas ao casal.

Não devem duas ou mais pessoas enxugar as mãos numa toalha ao mesmo tempo; as que assim fizerem morrerão logo.

Gaveta aberta é túmulo à espera.

Mala aberta é túmulo à espera.

Guarda-roupa aberto, de porta escancarada, é agouro de morte para a família.

Se uma pessoa que nos quer mal trocar a fronha de nosso travesseiro, virará nosso pensamento, causando-nos malefícios.

Se sonharmos com uma pessoa e quisermos que ela sonhe conosco é só virarmos o travesseiro que isso acontecerá.

Cair faca é briga; se garfo, é visita. Caindo colher, visita de mulher.

Não presta deixar a faca com o corte para cima, pois o diabo vem afiar as unhas nela.

Quando estiver trovejando não presta segurar faca na mão; ela chama raio.

Não presta limpar o fogão com papel; é sinal de briga na família.

Não presta deixar a folhinha atrasada pois atrasa a vida.

Relógio parado é mau agouro.

Quando olharmos para o relógio e os ponteiros estiverem em linha reta (por exemplo, 5 minutos para 5 horas) é porque a pessoa que nos ama está pensando em nós.

Dentro do cofre é bom colocar três grãos de milho; trazem muita sorte.

Toda louça que homem não estréia, quebra-se, porque se é mulher que a ocupa pela primeira vez, deixa "peso" nela.

Louça quebrada dá azar, e este será maior ainda se a conservamos quebrada.

Traz muito azar bater latas. (Exceção: se é para espantar gafanhotos da roça. Nesse caso não traz.)

Cair tinta preta no chão dá azar.

Dar de presente a uma pessoa um espelho significa traição.

Passar por baixo de escada é mau agouro.

Não presta cruzar com uma pessoa defronte de alguma escada.

Não presta quebrar espelho; traz azar. Outra versão: traz sete anos de atraso, de infelicidade.

Se dois amigos olharem num espelho ao mesmo tempo, acabarão com a amizade.

Tesoura aberta e dependurada traz azar. (A não ser por ocasião de nascimento de criança.)

Cair tesoura aberta no chão é sinal de que vai haver briga em casa.

Não presta varrer a casa à noite porque morrerá alguém da família.

Encontrar agulha é sinal de miséria.

Não presta perder agulha; traz azar.

Quando a mulher vai lavar o coador de café no rio, não deve torcê-lo para não chamar miséria para sua casa.

Não presta mijar no fogo, pois ele é nosso padrinho.

Se no primeiro dia do ano vier visita à nossa casa e dormir nela nesse dia, será muito raro dormirmos em nossa própria cama esse ano.

Quando o Cruzeiro do Sul (constelação da Cruz de Cristo) aparece em frente de uma casa, é porque haverá nela casamento próximo.

ÍNDICE DE FOTOS

"Irmãos da canoa" 25
Cortejo para buscar o "imperador do Divino" e São José | Fiéis chegando à capela de roça | Moçambiqueiros ajoelhados | Chegada do "imperador novo" 26
Andor do Divino | Tope de bandeira | Princesa e príncipe | Visita da folia do Divino 43
Imperador e imperatriz | Coroas e cetro do Divino 44
Promessa para cozinhar na casa da festa | Comida para todos 55
"Comem à tripa forra" | Café em tigelas 56
Instrumentos da folia do Divino 57
Mestre-violeiro | Leilão 58
Jogatina "inocente" | Nhô Juca Teles 67
Pau-de-sebo 68
João Paulino e Maria Angu 87
O pau-de-fitas ou dança das fitas 88
"Encontro" das canoas das irmandades 89
Irmãos-da-canoa | Marinheiros | Batelão do Divino | Meninotes cumprindo promessas | Canoeiros mirins | Aguardando a salva de partida 90
Mastros dos santos do ciclo junino | Santo Antônio e o vintém | Primícias da terra no mastro | Fogueira 107
"Comes e bebes" | Fogueteiro | Distribuição dos enfeites das carroças 108
Quebra-pote | Porco ensebado | Mastros de junho 133
A "furiosa" | Procissão das carroças de lenha | Leilão das carroças 140
Mascarados e violeiros da folia de Reis de Cunha 165
Presépios | Os três reis magos 188

Lapinha | Pastorinha | Procissão de Nossa Senhora dos Navegantes 205
A procissão no Mar Pequeno | O barco Capitânia 206
Rainha da festa de São Benedito | Saindo da missa | O séqüito real 225
Procissão da festa de São Benedito | Futura "infantaria" | Rainha e Rei de Congo 226
Roldão, sobrinho de Carlos Magno 267
Rei de congada | Congueiros em marcha | Congada de Piracaia | Figurado do bailado da congada | Tocador de tamborim 268
Ramalhetes do juiz e juíza do ramalhete | Caixeiros | A infantaria de São Benedito 289
Cavalaria de São Benedito | Levantamento do Mastro 290
A embaixada da congada | Fala o embaixador dos mouros 349
Instrumental da congada | Os congos de São Gonçalo 350
General almirantado | Capitão inglês e seus ajudantes | Marinheiros de marujada | Ajudante, comissário, infante de Marrocos, caixa e caretinha .. 369
O general almirantado em revista | Choram os contrabandistas 370
Moçambiqueiro 445
Rei de moçambique | Capitão de linha | Princesa, rainha e rei do moçambique | Escada de São Benedito 446
Caiapó em Ilhabela | Pintura de quilombo 463
Outra pintura de quilombo | Pássaros, cenas do bailado popular 464
Fogo corredor | Porca e os sete leitões | Papa-fígado | Onça maneta | Mula-sem-cabeça 501
Curupira | Saci-pererê | Alma penada | Pai Jacó 502
Canhambora | Lobisomem 511
Sereia | Pisadeira | Mão de cabelo 518

ÍNDICE ONOMÁSTICO E DE ASSUNTOS

A
ABC, 77, 548
Ablução, 116, 212, 217
Abusões, 498, 551
Açaí, 211, 212
Acalanto, 131
Acomodação social, 229, 231
Açorianos, 7
Açoritas, 7, 22, 213
Açucareira, 149, 209
Adivinhas, 77
Adoração dos Reis Magos, 152, 153
Adufes, 13, 32, 34, 51, 73, 77, 81, 84, 91, 143, 150, 164, 283, 368, 441
Aerofônio, 478
Afilhado-de-fogueira, 127
Ajudante Laurindo, 365, 376
Aigizein, 484
Alagoas, 152, 223, 486
Alardo, 152
Alectória, 542
Alectoromancia, 542
Alectoromaquia, 542
Aleitamento, 554
Alexandre de Gusmão, 7
Alferes, 36, 37, 38, 39, 62, 76, 79, 96, 155, 157, 164, 166, 167, 173, 176, 215, 233, 235, 237, 238, 239, 244, 460
Alferes do Diabo, 529
Alfenins, 23
Alfredo Firmo da Silva, 151
Alimentação, 559
Alma penada, 532, 533
Almirante Balão, 270, 455
Almoço dos cães, 242
Almofadinha, 42
Alvorada, 23, 34, 39, 41, 45, 79, 146, 214, 216, 234, 238

Amuletos, 542
Ana Bolena, 389
Ana Freira, 536, 537
Anchieta, 524
Andor do Divino, 69, 91
André Varagnac, 114, 116, 229, 492
Angola, 12
Angolo-conguesa, 12
Angona, 12, 81
Angra dos Reis, 221
Anguaia, 12, 81, 138
Anhembi, 30, 36, 47, 48, 50, 54, 62, 91
Anjo Custódio, 20
Anjo da guarda, 189, 196, 198
Anjo Glória, 179, 189, 192, 196, 197
Ano agrícola, 82, 114, 137
Ano cósmico, 114, 125, 138
Ano eclesiástico, 18, 209
Antecírio, 211
Antônio D'Azevedo, 318
Antônio Viana, 213
Aparecida do Norte, 13, 195, 210, 258, 426, 427
Apito, 439, 441, 454, 491
Araçariguama, 142
Arapuqueiros, 216
Arauto, 39, 263
Arco e flecha, 462, 470
Área agrícola, 484, 487
Área amazônica, 209
Área de mineração, 487
Área da pesca, 484, 486, 489
Área pastoril, 486
Áreas culturais, XV, 6, 7, 8, 11, 14, 111, 152, 153
Areias, 530
Arnold van Gennep, 114, 486
Arocá, 213

Arqueocivilização, XIV, 7, 10, 18, 19, 29, 37, 82, 85, 111, 113, 114, 117, 128, 141, 154, 217, 229, 240, 255, 270, 271, 460, 465, 484, 488, 543
Arrasta-pé, 186
Artesanato doméstico, 195
Aruá, 212
Árvore de Natal, 150
Assembléia de Deus, 35
Assimilação, 229
Associação Brasileira de Presepistas, 151
Assombração, 527, 564
Atabaque, 275, 283
Atibaia, 221, 258, 274, 461, 462
Autos, 209, 265, 361, 483
Avaré, 37
Axorcas, 459

B
Bacamarte, 50, 51, 59
Badofe, 212
Bahia, 149, 150, 152, 213, 266, 486
Baiana, 149, 152, 468
Bailados, 256, 258
Baile-de-congos, 258
Baile de São Benedito, 319, 320, 336
Baile masqué, 219
Bailes pastoris, 152, 201
Balão, 113, 115, 138
Baltasar, 189, 198
Bambelô, 112
Bambu, 45, 65, 91, 96, 189, 216, 544
Banda de música, 92, 95, 112, 144, 146, 212, 215, 233, 234, 235, 236, 237, 239, 283
Banda-infernal, 217
Bandeira do Divino, 36, 39, 40, 41, 49, 51, 59, 61, 62, 69, 76, 79, 82, 83, 103, 165, 214, 215, 228, 244, 538, 555
Bandeira do mastro, 45, 46
Bandeira do Santo, 232
Bandeira escoteira, 36, 76, 91, 237, 244
Bandeira nova, 41, 81
Bandeira velha, 40
Bandeireiro, 48, 50, 51, 52, 91, 92, 165, 172, 365
Bandeirola, 54, 126, 145
Bando de reis, 150, 479
Bangulê, 339
Barba-de-pau, 189
Barranqueira, 62
Barriga-verde, 54
Barristas, 196
Basílio de Magalhães, 499, 504
Bastão, 440
Bate-pé, 228
Bateria, 45, 46, 79, 233, 240
Batismo, 388, 414, 415, 554

Batismo das bandeiras, 214
Batistério, 499
Batuque, 30, 51, 60, 112, 117, 143, 210, 223, 228, 271, 416, 488, 547
Batuqueiro, 141, 143, 146
Beijamento, 168, 431
Beira-mar, 28, 32, 150
Belém, 184, 185, 187, 192
Belém do Pará, 24, 209, 211
Belzebu, 115
Bendito, 34, 104, 110
Benedito Pires de Almeida, 31, 48, 54, 60
Benzedeira, 190
Bernardino Sousa Pereira, 339
Bernúncia, 152
Bíblia, 180
Bicho-papão, 152
Bichos, 112, 218
Birico, 478
Boeuf-gras, 486
Boi, 47, 83, 84, 85, 86, 112, 113, 197, 218, 219, 482, 484, 485, 486, 487, 489, 491
Boiadeiro, 8, 10, 23, 149, 209, 218, 221
Boi-bumbá, 152
Boi-calemba, 113, 486
Boi-de-jacá, 113, 218, 486, 487, 488, 489
Boi-de-mamão, 85, 113, 152
Boi-de-reis, 152, 486, 490
Boi-de-São-João, 112, 490
Boi-jaraguá, 218, 486
Boi espaço, 82, 85
Boi-na-vara, 7, 486
Boi-pintadinho, 82, 486
Boitatá, 503, 504, 513
Boizinho, 486, 487
Bolinho de arroz, 156
Bom Jesus de Pirapora, 51, 210
Bom Jesus dos Navegantes, 392
Botucatu, 461, 510, 517, 535, 536, 541, 543
Bragança, 221
Brincantes, 486, 489, 490
Brinco cantado, 547
Bruaca, 139
Bruno de Meneses, 210
Bruxa, 190, 510
Bumba-meu-boi, 6, 12, 85, 113, 149, 151, 152, 153, 209, 218, 255, 256, 480, 484, 485, 486, 487, 488, 490, 492, 494
Bumbo, 142
Buré, 60
Butiá, 214
Buzina, 143, 462, 467
Buzo, 83

C
Cabaçal, 477
Cabocolinhos, 152, 476, 477

Caboclo véio, 477
Cabreúva, 548
Cacique, 256, 322, 323, 324, 331, 332, 333, 335, 340, 352, 353, 357, 358, 462, 465, 466, 467, 477
Cacumbi, 152, 422
Cadeia, 126
Café com..., 187
Cafeicultora, 8, 11, 13, 28, 82, 83, 112, 149, 151, 209, 217, 218, 221, 223, 242, 244, 427, 487
Cafuringa, 479
Caiapó, 30, 47, 83, 210, 222, 256, 341, 426, 459, 462, 465, 476, 478
Caipira, 29
Caipora, 504, 512
Caititu, 493
Caixa, 13, 22, 39, 49, 60, 77, 84, 91, 150, 164, 166, 168, 201, 216, 218, 227, 283, 325, 376, 377, 392, 462, 471, 491
Caixeiras, 22, 23
Caixeiros de São Benedito, 231, 232
Caixinha, 142, 143, 166, 172, 173, 176, 227
Caixinha de São Benedito, 227
Calango, 228
Calendário agrícola, 35, 36, 37, 38, 45, 60, 72, 82, 228, 229
Calendário religioso, 35, 61, 72, 82, 146, 228
Cambapé, 150
Campeiro, 8, 10, 23, 149, 209, 217
Campinas, 12
Cananéia, 7, 32, 214, 215, 216, 547
Cana-verde, 51, 112, 117, 154, 186, 187, 242
Canção de Rolando, 269, 318
Candeeiro, 96
Candombe, 223
Candomblé, 213, 271
Candongueiro, 12, 82, 138
Canhamboras, 421
Canhão, 368
Canjica, 125, 152
Canoeiros, 49
Cantadeiras, 152
Cantochão, 49, 62, 149, 275, 447
Cantoria da cidade, 444
Cantoria de roça, 444
Canturião, 51
Canzás, 283, 441, 491
Capela, 112, 192, 431, 433
Capela de roça, 146
Capelão, 190, 388
Capelão-caipira, 51
Capitão do mastro, 145, 215, 233, 237, 239
Capitão inglês, 365, 368, 378, 379, 380, 381, 382
Capixaba, 149, 152
Capoeira, 143, 213

Caracaxá, 91
Caraguatatuba, 338, 339
Carapicuíba, 142
Carapuça, 367
Caretada, 150
Caretinha, 367, 378
Carimbó, 152, 209
Carlos Magno, 260, 261, 263, 264, 265, 266, 269, 270, 283, 284, 318, 322
Carnaval, 19, 20, 114, 143, 152, 197, 213, 217, 218, 219, 220, 228, 478, 486, 488
Carpição, 228
Carregadeira da bandeira, 33
Carreira de cavalos, 21
Carroça de lenha, 48, 96, 114, 139, 142, 144, 146
Carro de bois, 5, 7, 20, 42, 80, 96, 144, 151
Carteiro, 468, 469, 470
Caruru, 126, 210, 212
Casa de festa, 23, 24, 30, 33, 37, 41, 42, 47, 49, 60, 78, 79, 81, 82, 91, 92, 143, 144, 234, 235, 238, 239, 243, 426, 448, 452
Casamento, 558
Castelo, 122
Catança, 8, 18, 461
Catarineta, 361
Catecúmeno, 38, 257, 340
Catequese, 141, 228, 255, 256, 264, 283, 339, 340, 421
Catequista, 149, 259, 270, 473, 476, 485, 524
Cateretê, 30, 51, 77, 112, 117, 121, 124, 143, 228, 488, 540
Catereteiro, 146
Catimbó, 210
Catira, 77, 151
Catirina, 152, 166, 167, 322, 361, 468, 469, 470, 489, 490
Catopês, 152, 259, 478
Causos, XIV
Cavalaria de São Benedito, 232, 235
Cavalhada, 31, 45, 81, 83, 210, 219, 221, 256, 261, 264, 265, 266, 340, 363, 488
Cavalo branco, 504, 517
Cavalo-marinho, 81
Cavaquinho, 13, 81, 151, 155, 217, 220, 283, 441, 478, 491
Caxambu, 12, 223
Cerâmica religiosa, 195
Ceroferários, 41
Chaconas, 260, 263
Chama, 224
Chanson de Roland, 259, 260, 262, 266
Chechia, 53, 61, 424
Cheganças, 152, 361, 363, 391
Chocalhos, 143, 217, 441
Chocolate, 214, 216
Ciclo agrícola, 32, 76, 83, 135, 146, 228

Ciclo de inverno, 18
Ciclo do verão, 18, 209
Cidade trincheira, 71
Ciranda, 34, 154, 186, 187
Círios, 209, 211
Cobra-de-fogo, 514
Coco, 112
Coco-de-praia, 112
Cometas, 536
Comezaina, 153, 154, 187, 218, 228
Compadre de fogueira, 118
Compadre de igreja, 118
Compadrio, 116, 117, 118, 133, 146
Companhia de moçambique, 434. 438, 439, 440, 444, 448
Companhias de São Benedito, 426, 427, 430, 449
Congada, 21, 30, 92, 209, 210, 223, 257, 258, 260, 261, 264, 265, 266, 269, 271, 272, 274, 275, 283, 318, 321, 337, 340, 422, 424, 427, 459, 488
Confrarias, 257, 272, 275, 340, 422, 423, 424, 429, 430, 438
Congo, 12
Contramestre, 165, 177, 393, 395, 435, 436, 438, 439, 457, 478, 480
Conversão, 256, 257, 391, 421
Coquinhos, 440
Corações, 153
Cordão-de-bichos, 143, 218, 488, 493
Cordofônios, 24, 478
Coreto, 145
Cornélio Pires, 31, 48, 60, 86
Coroa, 45, 46, 48, 49, 50, 69, 81, 91, 95, 122, 215, 442, 469, 479, 523
Coroação, 45, 46, 49, 230, 231, 236, 256, 433, 434, 435
Coroação do Rei de Congo, 227, 229, 230, 231, 237, 238, 257
Corpo de Deus, 20
Corpo-seco, 503, 504, 516
Corrida de sacos, 47, 145
Cortada do mastro, 20
Corte-de-mouros, 258
Corriola, 547
Corumbá, 218
Cotia, 48
Crendice, 31, 223, 497, 498, 504, 505, 542, 551
Cristãos, 340, 365, 368, 386
Crivo, 224
Cruz das Almas, 127
Cuiabá, 221
Culto do fogo, 137, 191
Cunha, 31, 36, 48, 70, 71, 72, 80, 82, 131, 146, 153, 187, 191, 193, 195, 197, 226, 227, 228, 236, 237, 244, 434, 448, 453, 547

Curt Nimuendaju, 503
Curumi, 462, 465, 447
Curupira, 504, 512
Cururu, 30, 50, 51, 61, 66, 117, 141, 143, 272, 539, 540, 541, 546
Cururu rural, 65
Cururu urbano, 65
Cururueiros, 52, 66, 141, 146

D
Dança de batalha, 477
Dança-de-fitas, 47, 81, 83, 131, 240
Dança de moçambique, 458
Dança de religião, 429, 430, 460
Dança-de-velhos, 47, 83
Danças de espada, 256
Danças dramáticas, 255, 320, 338, 461, 472, 473
Danças guerreiras, 271
Dança medicinal, 430
Dendrolatria, 21, 96, 135, 141
Descalço sobre brasas, 137, 143, 148
Desfeiteira, 112
Deus Menino, 125, 135, 138, 154, 156, 157, 164, 168, 176, 189, 190, 192, 193, 196, 197, 198, 199, 201, 202, 221, 236, 544
Deuterose, 14
Dimas, 198
Dinheiro enterrado, 532, 533
Diógenes Duarte Pais, 339
Dobrado, 49, 59, 79, 144, 233, 234, 240
Dom Dinis, 28
Dominga, 20, 212
Dom Pedro II, 217
Donald Pierson, 497
Dorme-nenê, 499

E
Efó, 126
Eitos, 73, 75, 76, 77, 228
Embaixada, 262, 264, 266, 269, 283, 284, 338, 341, 452, 454, 455, 456
Embaixador, 150, 322, 337, 340, 365, 368, 383, 384, 387, 453, 454, 455, 480
Embaixatriz, 480
Embu, 532
Encomendação das almas, XIV
Encontro das bandeiras, 36, 41, 47, 52, 54, 60, 61, 62, 65, 79, 80, 83, 91
Encontro das imagens, 176
Enterro, 503, 514
Enterro-do-ano-velho, 218
Enterro dos ossos, 217, 218, 219
Entrada dos palmitos, 48, 96
Entremeios, 479
Entrudo, 20, 143, 190, 217
Epifania, 18, 152

Escopeta, 59
Escudeiro, 456
Esmola, 153, 157, 186, 193, 428, 516
Espada, 386
Espelho, 479
Espontão, 209
Estandarte, 48, 429, 434, 442, 453, 462, 478
Excelências, XIV
Ex-voto, 96
Ex-voto coletivo, 69

F

Fada, 494
Fala dos animais, 197, 198
Fandango, 7, 30, 34, 51, 117, 121, 138, 148, 152, 215, 320, 363, 459, 542, 547
Farinha-d'água, 210
Fato folclórico, XIII, XIV, 6, 7, 8, 14
Feira de Santana, 126, 220
Fernando de Castro Pires de Lima, 360, 361
Fernão Cardim, 476, 524
Ferrabrás, 261, 265, 270, 283
Ferrinho, 150
Festa calendária, 18
Festa da apartação, 21
Festa da canoa, 21
Festa das melancias, 209, 213, 214
Festa de consumo, 28, 29, 83, 149, 228
Festa de Janaína, 209, 213
Festa de padroeiro, 18, 20
Festa de produção, 21, 29
Festa da santa-cruz, 141, 144, 145, 146
Festa de São João, 17, 114, 147
Festa de São Joaquim, 26
Festa do Divino, 8, 17, 22, 23, 24, 25, 26, 27, 31, 35, 36, 37, 38, 39, 42, 47, 50, 54, 60, 65, 72, 77, 81, 82, 86, 114, 214, 215, 216, 228, 230, 244, 273, 452, 453, 478
Festa do fogo, 148
Festa do mastro, 20, 21
Festa do reisado, 152
Festa dos Círios, 209, 211
Festa dos congos, 21
Festança, 21, 39, 65, 78, 82, 112, 122, 142, 148, 213, 215, 217, 228, 229, 236, 539
Festaria, 21, 26, 65, 82, 121, 124, 142, 229
Festas do Senhor, 18, 233
Festeiro, 28, 29, 36, 38, 41, 45, 46, 49, 54, 59, 61, 69, 73, 77, 79, 81, 82, 91, 134, 142, 214, 216, 231, 237, 244, 280
Festeiro novo, 46, 65, 66, 81
Festeiro velho, 46, 215
Festejo, 82
Fidalgos, 338, 340, 341
Figueiros, 196
Figurações, 423, 433, 443, 444
Figuras do presépio, 189, 190, 195, 196

Filha-de-santo, 213
Fincada do mastro, 20, 21
Floripes, 261, 265
Florival Seraine, 212, 490
Fogos de vista, 26, 122
Fogueira, 113, 115, 116, 118, 119, 121, 124, 126, 127, 128, 132, 134, 136, 139, 143, 146, 148, 191
Foguete, 45, 46, 79, 122, 127, 129, 130, 133, 147, 233
Foguetório, 22, 113, 147, 210
Folclore rural, 7
Folclore urbano, 7
Folclorista, 5, 66
Folguedo, 469, 488, 493
Folia, 210
Folia de Reis, 7, 19, 78, 149, 150, 153, 154, 167, 169, 192, 199, 200, 209
Folia do Divino, 29, 30, 31, 35, 36, 37, 38, 39, 48, 61, 73, 74, 76, 79, 81, 82, 83, 91, 96, 135, 150, 166, 168, 169, 214, 487, 573
Foliões, 39, 40, 42, 49, 50, 51, 54, 75, 77, 78, 83, 103, 154, 155, 157, 172, 186, 198, 199, 231, 237
Fortaleza, 130
Fragata, 361, 363
Frei Jaçanã, 420
Frei Ramela, 420
Frevo, 220, 272
Fuga para o Egito, 191, 196
Função catártica, 12
Furrundum, 138

G

Gafurinha, 479
Gaita, 186
Galalão, 270
Galinha de São Roque, 243, 545, 546
Galo, 541
Galo de São Roque, 243, 545, 546
Galo do céu; 182, 189, 197, 550
Gama-Zumbiganaime, 322
Gambá, 189, 196, 198
Ganaturiza, 322
Garapa, 145
Gaspar, 189, 198
Gênero de vida, 6, 9, 10, 28, 48, 228, 319, 320, 492
Gengibirra, 60
Gentil Camargo, 95
Gesta, 269, 260, 261, 263, 265
Gineteadas, 21
Ginga, 265, 321, 329, 331, 335
Girândola, 46
Governador Valadares, 12
Grancheno, 327, 335
Gravidez, 551

Grima, 224
Gruta da Tapagem, 526
Guaiá, 143
Guaiano, 152
Guanaiame, 322
Guarapari, 221
Guaraqueçaba, 216
Guaratinguetá, 22, 27, 31, 48, 71, 190, 195, 221, 227, 229, 230, 231, 235, 237, 529, 547
Guardamento, 234
Guarda Nacional, 459
Guareí, 534
Guari, 292
Guarulhos, 142
Guerreiros, 149, 152, 209, 481, 483, 489
Guião, 153
Gui de Borgonha, 261, 265
Guilherme Santos Neves, 491
Guizunganaime, 271
Gungas, 440
Guzunga, 12, 81, 138

H
Habitação, 572, 577
Hagiológio católico romano, 229
Haliêutica, 9, 362
Herbert Baldus, 499
Herodes, 150, 185, 196, 199
História, XIII, XIV, XV, 11, 141, 196, 222, 224, 243, 494, 499, 524, 548

I
Iansã, 212
Idiofônios, 283, 440, 462
Iemanjá, 209, 213, 229
Igarapé, 211
Iguape, 216, 322, 362, 364, 365
Ilhabela, 461, 462, 526
Ilha cultural, 338
Imperador, 28, 38, 42, 45, 46, 59, 69, 80, 215, 231
Imperador novo, 31, 38, 46, 215
Imperador velho, 31, 46
Imperatriz, 215
Império, 22, 28, 30, 34, 37, 39, 41, 47, 49, 79, 91, 95, 96, 215
Implemento, 8, 9, 323, 441, 465
Infantaria de São Benedito, 235
Infante de Marrocos, 366, 388
Infiéis, 341
Iniciação, 557
Inspetor de quarteirão, 39, 142, 146
Iperoig, 32, 130, 524
Ipupiaras, 524
Irmandade de São Benedito, 69, 271, 272
Irmandade do Rio Abaixo, 53, 59, 91
Irmandade do Rio Acima, 53, 59, 91

Irmão, 224
Irmão Andante, 53
Irmão-da-canoa, 30, 49, 51, 53, 59, 61, 86
Itanhaém, 22, 32, 487
Itapecerica da Serra, 48
Itapetininga, 426, 461, 465, 515
Itaquaquecetuba, 142
Itaquira (Bahia), 220
Itu, 48, 95, 96

J
Jacá, 5, 83
Jacuba, 138
Jacupiranga, 528
Janaína, 209, 212, 213, 214, 229
Jangada, 8, 9, 22, 130, 149, 202, 209, 476, 477, 479, 489
Jangadeiro, 9, 130
Jardineira, 202
Jegada, 491
Jenipapo, 111, 125
Jesuíta, 19, 141, 142, 255, 256, 257, 261, 272, 320, 340, 427, 476, 503, 532
Joanina, 20, 114, 115, 116, 117, 129
João Chiarini, 66
João Palavrão, 534
João Paulino, 47, 81, 83, 84
Jogo do caipira, 79
Jongo, 10, 11, 30, 47, 83, 117, 138, 143, 154, 186, 223, 224, 228, 241, 488, 546
Jornadas, 202
Juíza da vara, 233, 236, 237, 239, 241
Juíza do ramalhete, 233, 236, 237, 239, 241
Juiz da vara, 233, 236, 237, 239, 241
Juiz do ramalhete, 233, 236, 237, 239, 241
Junina, 111, 115, 116, 117, 120, 122, 129, 131, 467
Justas, 262

K
Kerbe, 21
Khagdhadmischim, 38

L
Lagoinha, 72, 195, 425, 430
Lambe-sujo, 474
Lapinha, 151, 152, 184, 191, 192, 209
Lava-goela, 540
Lavagem do santo, 123, 124, 136, 143, 148
Lavagem do templo, 212
Leilão, 46, 79, 121, 122, 142, 144, 145, 147, 148, 154, 186, 215, 232
Lenda, XIII, 10, 29, 71, 197, 224, 261, 365, 424, 497, 498, 499, 500, 501, 502, 503, 504, 505, 514, 524, 526, 527, 528, 529, 530, 531, 532, 535, 590
Lendário, 499, 500

Lendário paulista, 499, 500
Levantamento do mastro, 143, 146, 210, 239
Linha, 444, 445
Linha de cor, 230
Literatura de cordel, 261, 266, 269
Loas, 13, 101
Lobisomem, 12, 503, 510, 549
Lorena, 72
Louças de barro, 7
Luís Carlos Barbosa Lessa, 424
Luiz da Câmara Cascudo, 264
Luminárias, 215, 216
Lundum, 152

M
Maceió, 420
Macumba, 271, 544
Mãe-de-ouro, 12, 503, 514
Magias, 191
Mairi (Bahia), 220
Mairiporã, 461
Manaus, 24
Mandado, 51
Mantena, 231
Mão de cabelo, 503, 517
Maracás, 479, 490
Maracatu, 152, 341, 422
Marambiré, 152
Marcelo Tupinambá, 31, 60
Marcha, 112
Maria Angu, 47, 81, 83, 84, 153
Maricota, 153
Marília, 12
Marimba, 283, 346, 352, 359
Marinheiros, 61, 62
Mário Araújo Júnior, 48
Mário de Andrade, 360, 461
Mário Wagner Vieira da Cunha, 70
Marrafa, 34, 242
Marrapaiá, 438
Marujada, 209, 255, 272, 360, 362, 363, 364, 365, 386, 390, 391, 420, 468
Máscara, 150, 166, 167, 218, 462
Mascarados, 112, 166, 167
Mastro, 112, 113, 115, 116, 121, 122, 131, 134, 135, 138, 139, 145, 146, 153, 233, 238, 239, 244
Mastros de junho, 115, 131
Mata-bicho, 102
Matança, 492
Mateus, 480, 481
Matina, 215
Matroá, 478
Matungos, 434, 440
Mau-olhado, 82, 137
Mazurca, 126
Mecas, 427

Médico, 152, 365, 376, 466, 485, 489
Meganha, 61
Melchior, 189, 198
Membranofônio, 24, 232, 275, 283, 462, 491
Menêmio Campos Lobato, 48
Menino Deus, 135, 138
Mestre, 39, 438
Mestre violeiro, 50, 91
Micareme, 219
Micareta, 217, 219, 220
Milagre das rosas, 28
Minhocão, 422
Miota, 47, 82, 83, 84, 86, 153, 487
Missa do Galo, 154, 168, 200
Mitos, 497, 498
Mitos primários, 499, 509
Mitos regionais, 499
Mitos secundários, 499, 513
Mobilidade, 20
Moçambique, 13, 30, 47, 72, 81, 83, 147, 154, 186, 210, 222, 223, 224, 236, 272, 322, 422, 423, 424, 425, 426, 427, 428
Mocambo, 112, 470, 471
Mochinho, 62
Mocorongo, 150
Mocotó, 42
Modinheiro, 59, 62
Moji das Cruzes, 48, 96
Monçoeiros, 50, 52, 59
Montevidéu, 412
Mordomo, 64, 79, 80, 215
Morris dance, 423
Morte, 571
Morubixaba, 478
Mouros, 284, 363, 365, 367, 386, 410, 411, 412, 414, 415, 423
Mucama, 458, 499
Mula-sem-cabeça, 503, 504, 510
Mulemba, 143
Mundo mental, 498, 504, 551
Mutirão, 21, 238

N
Namoro, 557
Natal, 18, 19, 125, 135, 149, 151, 152, 153, 193, 196, 199, 209, 213, 221
Natividade da Serra, 36, 338, 426, 427, 429, 446, 452
Nau Catrineta, 360, 363
Nazaré Paulista, 30, 36, 91, 211, 264, 269, 273, 274
Negrinho do pastoreio, 500
Noite de festa, 209
Noivado, 557
Nossa Senhora da Aparecida, 210
Nossa Senhora da Capela, 173, 175, 427
Nossa Senhora das Brotas, 229

Nossa Senhora das Candeias, 149, 152, 153, 157, 186, 191, 196
Nossa Senhora dos Navegantes, 213, 214, 215, 216
Nossa Senhora do Rosário, 45, 221, 222, 227, 229, 230, 235, 237, 238, 241, 284, 422, 423, 425, 430, 532, 535
Nossa Senhora do Rosário dos Homens de Cor, 422, 423
Nuto Sant'Ana, 20

O
Oliveira, 12
Oliveiros, 261, 265
Onça maneta, 501, 517
Oratório, 40, 164, 192, 215, 227
Ordenações Filipinas, 27
Orixá, 213
Orvalhada, 116
Oulá, 361, 392, 404, 433, 443

P
Paçoca, 41, 124, 138
Padre, 65, 157, 191, 231, 234, 236, 239, 271, 340, 368
Padre do Diabo 531
Pães ázimos, 92
Pai do mato, 469, 472
Pai Jacó, 530
Pai João, 153, 166, 167
Pai Mateus, 152
Pai Çumé, 503
Pai toco, 13
Paiás, 424, 433, 438, 439, 440, 447, 459, 460
Pajé, 462, 485, 494
Palhaços, 150, 166, 167
Pancadaria de caiapó, 462, 467
Pandeiro, 62, 153, 155, 164, 168, 200, 217, 220, 222, 283, 395, 405, 441, 466, 491
Panis gradilis, 27, 28
Pão-por-Deus, 7, 153
Pãozinho de Santo Antônio, 120
Papa-fígado, 501, 519
Papai Noel, 191
Papos-de-anjo, 23
Pará, 209, 493
Paranaguá, 216
Parati, 22, 158
Parentesco, 568
Parlendas, 197, 547
Parto, 552
Páscoa, 18, 37, 61, 218, 219, 223, 224, 230
Pascoela, 219, 224
Passa-pachola, 51
Pássaros, 493, 494
Pastoril, 149, 152, 201, 256, 426
Pastorinhas, 152, 193, 196, 201, 202

Pau-de-arara, 10
Pau-de-fitas, 131, 152
Pau-de-sebo, 81, 83, 131, 142
Pauliteiros, 421
Pauliteiros de Miranda, 13
Paulo Setúbal, 54, 143
Pé-mestre, 51
Pé-de-moleque 145
Pedir-o-reis, 200
Peditório, 22, 24, 35, 48, 73, 149, 150, 210
Pedra de raio, 523
Pedreste, 51, 69
Pegou de galho, 220
Pentecostes, 18, 22, 27, 31, 37, 48, 81, 82, 96
Perdões, 210
Peregrinos, 263
Pereira, 218, 488
Pereiras, 62
Pernengome, 441
Peruíbe, 32, 218, 488, 525
Piá, 141
Piaçabuçu, 203, 224, 362, 391, 468, 474
Pífanos, 152, 189, 477
Pindamonhangaba, 36, 48, 488
Pinga, 157
Piracaia, 270, 322, 461
Piracicaba, 47, 48, 60, 62, 69, 461, 534
Pirangueiro, 29, 50, 52
Pirapora do Bom Jesus, 141, 210
Piraquara, 11, 29, 135, 137, 190, 196, 200, 427
Pirolátricos, 115, 132
Pisadeira, 517
Pistão, 155
Poconé, 221
Polca, 126
Pombeiro de guerra, 274
Pontificale Romanum, 31
Pontos, 13, 143, 425
Poranduba, 11, 19
Porca e os sete leitões, 500, 517
Porco ensebado, 81, 83
Porco preto, 516
Porto Alegre, 209, 213, 363
Posição profana, 176
Posição religiosa, 52, 176
Potlatch, 28, 29, 82, 484
Pouso da bandeira, 29, 33, 39, 50, 51, 52, 62, 73, 74, 97, 102, 228
Prática, 190, 552
Prenda, 142, 144, 145, 147, 148, 186, 198, 215, 232
Presépio, 150, 151, 152, 156, 157, 158, 165, 168, 176, 177, 180, 186, 187, 190, 191, 192, 193, 195, 196, 197, 198, 200, 201, 485
Presépio caipira, 188, 550
Princesa de Arocá, 213

Príncipes, 34, 322, 323, 324, 325, 371, 438, 440, 454
Procissão, 139, 146, 148, 153, 212, 215, 223, 232, 236, 239, 244, 280
Procissão da esmola, 34
Procissão das carroças de lenha, 142, 144, 146
Procissão do mastro, 45
Procissão fluvial, 213
Procissão marítima, 216
Procurador do Divino, 78
Promessa, 136, 145, 166, 186
Protestantes, 32, 35, 75, 156, 176, 191
Puíta, 142, 152, 283, 491
Puxada-do-mastro, 20

Q
Quadrilha, 112, 126, 540
Quaresma, 218
Quati, 493
Quebra-potes, 47, 81, 83, 142, 145
Queima das palhinhas, 202
Quentão, 60, 111, 120, 122, 124, 145, 148, 540
Quibebe, 145
Quicumbi, 258
Quilombolas, 421
Quilombos, 20, 150, 152, 255, 322, 361, 421, 468, 470, 472, 474
Quingengue, 143

R
Rabeca, 13, 38, 49, 81, 150, 216, 222, 325, 441, 478, 491
Rabo-de-arraia, 150
Rainha, 233, 234, 235, 237, 240, 469, 470
Rainha de Moçambique, 423, 428, 434, 458, 459
Rainha do congo, 152
Rainha Ginga, 265, 321, 335
Rainha Isabel, 26, 231
Ramada, 243, 540
Rancho, 112, 154
Raposinha, 179
Recife, 20
Reco-reco, 51, 81, 86, 217, 441, 462
Reconquista, 275, 363
Recorrida, 40, 48, 50, 74
Rede de defunto, 136, 137
Redenção da Serra, 36, 426
Regiões culturais, 8
Rei, 233, 234, 235, 237, 239, 240
Rei Branco, 189, 190, 198, 199
Rei Caboclo, 189, 190, 198, 199
Reis de Caixa, 154, 161, 164, 165, 168, 176, 186
Rei de Congo, 189, 190, 198, 199, 231
Rei de moçambique, 439
Rei Mouro, 367, 383, 385, 389, 390
Reinados de índios, 256

Reinages, 340
Reinterpretação, 341
Reis-de-boi, 152
Reis de música, 154, 157, 168
Rei novo, 233, 235, 236, 238, 240, 241
Reisado, 85, 149, 150, 152, 209, 480, 481, 482, 483
Reis magos, 78, 150, 153, 154, 155, 164, 167, 180, 184, 189, 197, 198, 199, 212
Rei velho, 233, 235, 236, 237, 238, 240, 241
Remeiros, 49, 51, 53, 54, 59, 61, 65, 87
Renato Costa Pacheco, 491
Rendas de bilro, 7
Repartimento, 491, 492
Repartir uma reza, 132
Requeijão, 42
Reses, 150, 153
Ressurreição, 85, 255, 257, 341, 462, 465, 473, 476, 477, 481, 483, 485, 489, 494, 542
Ribeirão Preto, 12
Ricardo, 270, 287, 288, 291
Rio de Janeiro, 20
Rito pluvial, 116
Ritos, 134, 272
Ritos da fecundação, 134, 137
Ritos de passagem, 127
Ritos produtivos, 17
Ritos protetivos, 17, 132, 551
Roda de São Gonçalo, 222
Roda-pagode, 112
Roger Bastide, 114, 213
Rojões, 59, 62, 80, 115; 122, 134, 138, 144, 145, 147, 216
Rolando, 260, 264
Roldão, 264, 267, 269
Romãozinho, 500
Romaria, 135, 215, 263, 427, 460
Romeiros, 211, 216, 259, 263, 264, 425, 427
Roncesvales, 259, 260, 262, 264, 265
Ronqueira, 51
Rosário, 34, 96
Roxo, 138, 172, 187
Rui Barbosa (Bahia), 220
Rumeiro, 534

S
Saci-pererê, 12, 500, 504, 509, 527
Saci-saçurá, 500, 509
Saci-trique, 500, 509
Sairé, 152
Salvador (Bahia), 126, 209, 212
Salveiro, 49, 51, 53, 54, 59
Salve Rainha, 552
Samba, 23, 112, 143
Samba de roda, 117
Samba-de-matuto, 152
Samba-lenço, 112, 117

Samba rural, 60, 143, 144, 210
Sanfona, 126, 153, 186, 202
Sangavira, 138
Sant'Ana, 24
Santa Isabel, 20, 28
Santana de Parnaíba, 48
Santeira, 196
Santeiro, 195
Santo Menino, 121
Santo Amaro, 37, 48
Santo Antônio, 20, 119, 120, 132, 135, 147
Santo Onofre, 561
Santo Preto, 223
Santos, 216
Santos-reis, 152
Santuário, 263, 427, 460
São Beneditinho, 236
São Benedito, 13, 134, 164, 210, 219, 221, 222, 223, 224, 227, 235, 236, 275, 280, 338, 339, 341, 342, 343, 344, 345, 424, 426, 429, 433
São Francisco do Canindé, 212
São Gonçalo de Amarante, 119, 200, 222
São Jerônimo, 154
São João, 19, 20, 28, 111, 114, 115, 116, 123, 124, 127, 128, 131, 134, 135, 136, 137, 138, 139, 143, 147
São João Batista, 111, 121, 123, 125, 132, 147, 189, 224
São João Crisóstomo, 154
São Joaquim, 24
São José, 80, 152, 159, 189, 209, 242, 243
São José do Barreiro, 513, 530
São José do Rio Pardo, 461
São Luís do Maranhão, 22
São Luís do Paraitinga, 12, 38, 41, 42, 48, 71, 82, 85, 95, 139, 195, 338, 425, 434, 461, 509, 512
São Nicolau, 19
São Paulo, 48, 152, 210, 421, 433
São Pedro, 129, 130, 131, 134, 135, 147, 154, 338
São Roque, 209, 242, 243, 433
São Sebastião, 20, 152, 209, 338, 433
São Telésforo, 154
Saranga, 49, 59
Saruê, 112
Schottish, 21, 112
Semana Santa, 218, 220, 224, 230
Senhor do Bonfim, 213
Sentido lunar, 77, 434
Sentido solar, 77, 434
Sentinelas, 477
Serenga, 62
Sergipe, 223, 474, 486
Serra-acima, 28, 35, 38
Serra Negra, 535

Setenário, 34, 41, 215
Sincretismo, 256, 272, 363
Siriri, 221
Sobrevivência, 11, 14, 21
Sociedade de História e Folclore de Taubaté, 95
Sogra de São Pedro, 130
Solidariedade vicinal, 125
Solstício, 19, 28, 36, 82, 111, 114, 120, 125, 131, 136, 147, 149, 153, 214, 217, 230, 467, 490, 493
Sonhos, 563
Sorte, 116, 117, 127, 128, 135, 136, 137, 143, 150
Sortilégios, 136
Superstições, 498

T
Tabocas, 471
Tacacá, 211
Tacurubas, 122
Taieras, 152, 223, 422
Taipal, 320
Tambaque, 341
Tambor, 152, 278, 462
Tambor de batucada, 220, 462, 491
Tambores de onça, 23
Tamborim, 81
Tambu, 12, 138, 143, 223
Tantã, 155
Tapuia, 222
Tarol, 467
Tatuí, 54, 121, 125, 139, 141, 142, 144, 146, 147, 218, 461, 488, 533
Taubaté, 95, 430, 529
Teatro catequético, 263, 265, 284, 320
Técnica de subsistência, 6, 7, 8, 9, 11, 13, 17, 18, 338, 486, 492
Tenente da coroa, 233
Teo Brandão, 341
Terno de moçambique, 430, 438
Terno de zabumba, 150
Ternos-de-reis, 149, 150, 152
Tiago, 523
Tição, 138
Ticumbi, 224, 258
Tietê, 31, 36, 38, 47, 48, 49, 50, 54, 59, 60, 62, 142
Tiple, 38, 62, 73, 165, 168, 176
Tiradeira de reza, 130
Tiramento de jóia, 24
Totem, 484, 486
Totêmico, 484
Tourada, 81, 86, 488
Trabalho, 565
Trabuco, 49, 50, 54, 59, 62
Trelado, 180
Tremembé, 210

Triângulo, 38, 49, 51, 62, 73, 91, 96, 216, 283
Tribunais, 23
Tripa, 486
Tripulantes do Divino, 32, 34
Trono, 23
Tropa arreada, 70, 71, 74
Troveiros, 263
Turco, 216
Turundu ou turundum, 150

U

Ubá, 8, 9, 22, 32, 130, 149, 150, 152, 209, 214, 221, 362, 486, 489
Ubatuba, 22, 32, 35, 130, 335, 338, 461, 503, 514, 516, 523
Umbelas, 239
Uirapuru, 493
Urubu, 539, 540, 541
Urucubaca, 47
Urucungo, 143
Usança, 96, 145, 150, 153

V

Vacância agrícola, 76, 112, 425, 427
Vacante agrícola, 42, 136, 229
Vaqueiro, 8, 10, 149, 152, 209, 362
Vaquejada, 21
Vassalos, 322, 326, 331, 332, 335, 336, 367
Vatapá, 126, 211, 212
Vela benta, 191
Velho, 202
Velório, 477
Verônica, 537
Versário do moçambique, 451, 452, 453

Vestuário, 561
Vicinal, 125
Vigília, 111, 124, 127, 138
Vigiliatura, 50
Viola, 6, 13, 38, 50, 52, 62, 81, 141, 150, 164, 168, 176, 200, 216, 218, 222, 283, 325, 441, 478, 491, 537, 540, 541, 546
Violão, 81, 152, 155, 217, 220, 222, 283, 441, 478, 491
Violeiro, 84, 86, 91, 124, 141, 150, 164, 172, 176, 186, 196, 200, 283, 491, 540
Virago, 152
Virgem Maria, 186
Visitação de Nossa Senhora, 20
Vissaca, 166
Vivência, 14, 21, 221
Vivório, 151
Vodos, 27, 36

W

William Shakespeare, 543

X

Xácara, 360
Xangô, 271
Xarás, 131
Xiba, 34, 77, 154, 172, 176, 186, 228
Xinxim, 126
Xiririca, 319, 320, 321, 322, 526, 527

Z

Zabumba, 150, 470, 471
Zambiapongo, 329
Zuavo, 424
Zumbi, 471

IMPRESSÃO E ACABAMENTO

YANGRAF

GRÁFICA E EDITORA LTDA.
WWW.YANGRAF.COM.BR
(11) 2095-7722